JN418424

해운실무론

SHIPPING PRACTICES

김 명 재

머리말

해운은 국제무역의 파생수요에 의해 발달되는 산업이다. 국제무역에 거래되는 물동량의 99%가 해운에 의해 수송되고 있으며 글로벌 물류의 중요한 기능을 수행하고 있음은 재론할 여지가 없다. 아울러 국제무역에서 80% 이상의 업무가 운송과 관련된 것이며 특히, 원자재 및 벌크화물의 운송은 물류비용 절감의 관점에서 매우 중요한 부분을 차지한다.

오늘날 해운산업은 장기적인 침체기에 있으며 한층 심화된 자유화, 개방화의 패러다임에 편승하여 완전경쟁에 노출됨으로써 날로 경쟁이 치열해지고 있다. 해운기업들은 비용절감에 매우 예민해 있으며 최소운항비로 최대의 운임수익을 추구하고는 있지만, 인류생존의 지속가능한 성장을 위한 환경문제 등으로 선진국을 중심으로 선박의 규제가 날로 심화되고 있는 실정이어서 비용절감 한계에 직면하고 있다.

이에 친환경 첨단 선박운항을 위한 기술진보도 가속화되고 있어 가까운 장래에 e-Navigation 글로벌 해상물류시스템 및 무인선박운항 등으로 대표되는 제4차 산업혁명 적용이 해상운송에서도 일반화 될 전망이다. 해운은 모든 업무가 무역과 밀접하게 연결되어 있으므로 업무에 적응하기 위해서는 무역과 연계된 프로세스를 잘 이해하여야만 한다.

실무에 임함에 있어서는 각종의 국제운송계약 및 돌발적으로 발생하는 클래임 등에도 잘 대처할 줄 알아야 하며 운송과정에서 일어날 수 있는 다양한 위험관리 능력도 겸비해야만 한다.

이와 같은 관점에서 이 책은 다음과 같이 구성되어 있다.

첫째, 1장에서는 해운산업에 적응될 제4차 혁명의 e-Navigation의 개요와 무인선의 기술동향에 관하여 언급하여, 장래의 첨단기술혁명에 의한 지속적인 연구와 적응력에 대비할 수 있도록 하였다.

둘째, 2~4장에서는 해운과 무역에 관한 개념정리를 하고, 실무처리 과정에서 사용되는 각종의 문서 등에 관하여 소개를 함으로써 실무적응력을 높이려 노력하였다.

셋째, 5장과 6장에서는 국제운송에서 사용되는 용선계약서를 유형별로 소개함으로써 화주와 선주의 관점에서 업무의 이해력을 증진시키고, 해운기업에서 화물운송 및 선박 운항의 비용관리 및 수익성 분석에 적용되는 기법을 설명하였다.

마지막 제7장에서는 각종의 클래임 처리방안 및 위험관리를 위한 해상보험의 실무를 설명하였다.

아무쪼록 본서가 학생들과 현업에서 유익한 지침서로 활용되기를 기대해 본다.

1,897개항 낭만항구 맛과 예향의 도시
유달산 기슭에서 저자 드림

차 례

Chapter 3 해운의 종류와 형태

Chapter 4 무역거래와 해운서식(shipping documents)

Chapter 5 용선계약(ship's chartering)

Chapter 6 해운 수익성 분석

Chapter 7 해운위험관리와 해상보험

e-Navigation의 개념과 산업동향

1. e-Navigation의 의의

The Organization defines e-Navigation as "the harmonized collection, integration, exchange, presentation and analysis of marine information on board and ashore by electronic means to enhance berth to berth navigation and related services for safety and security at sea and protection of the marine environment."

선박의 출항부터 입항까지 전 과정의 안전과 보안을 위한 관련 서비스 및 해양환경 보호 증진을 위해 전자적인 방법으로 선박과 육상관련 정보의 수집(Collection),통합(integration), 교환(exchange), 표현(presentation)및 분석(analysis)을 융합하고 통일하여 수행하는 체계를 말한다.

2. e-Navigation 탄생의 역사적 배경

2005년 11월 영국의 교통부 장관 Stephen 박사는 Royal Institute of Navigation에서의 연설에서 해상안전과 환경보호를 위하여 선박의 항해를 감시하는 관제소 및 항행하는 선박에 유용하고 정확한 정보가 더 많이 필요함을 역설하였다. 그리고 첨단 기술에 의해 자동화된 항공 항법분야를 예로 들면서, 선박의 항법 분야도 항해와 관련된 모든 시설 및 작업을 전자적 수단으로 대체하는 개념인 e-Navigation으로 전환되어야 하며 영국은 이에 필요한 작업을 주도하겠다는 의견을 피력하였다.

Stephen은 e-Navigation 도입으로 얻을 수 있는 이익으로,

첫째, 항해 실수로 인한 사고 확률저감,

둘째, 사고 발생 시 인명 구조 및 피해 확산을 위한 효율적 대응,
셋째, 전통적인 항해시설 설치 불필요로 인한 비용 저감,
넷째, 선박입출항 수속의 간편화 및 항로의 효율적 운용으로 인한 상업적 이익 등을 들었다.

반면에 e-Navigation 체계로 전환 시 예상되는 장애로는,
첫째, 체계 구축을 위한 비용(특히 개발도상국가들의 경우 어려움 예상),
둘째, e-Navigation의 성과 달성을 위하여 세계 전 해역의 모든 선박이 e-Navigation 체계에 동참하도록 유도하는 문제,
셋째, 전자해도 표시 및 선교 장비들에 대한 표준화 문제,
넷째, 육상에 설치할 e-Navigation 센터의 설계 및 구축 등을 꼽았다.

e-Navigation은 Electronic Navigation(전자항법)의 약어로 Stephen이 언급하기 전에 이미 사용되어 왔다. 그러나 이전에는 단순히 전자 항해장비들을 사용한다는 의미였으나 Stephen이 제안한 e-Navigation은 전자 항해장비 및 새로운 통신수단을 이용하여 사람이 수동으로 수행하던 작업들을 자동화하고, 이를 통하여 항해안전 뿐만 아니라 환경보호, 구난, 보안, 물류에 이르기까지 다양한 해양 분야의 업무 효율 및 신뢰성을 향상시키겠다는 적극적인 의미로 차이가 있다고 볼 수 있다.

EU에서는 2004년부터 13개국 44개 사업자의 참여 하에 4년간 2,720만 EURO의 예산으로 MARNIS(Maritime Navigation Inforation Service) 사업을 수행한바 있다. 본 사업에서는 VTS, VTMIS, PCS 등에 기반을 두고 범 유럽의 안전과 보안개선, 환경보호, 효

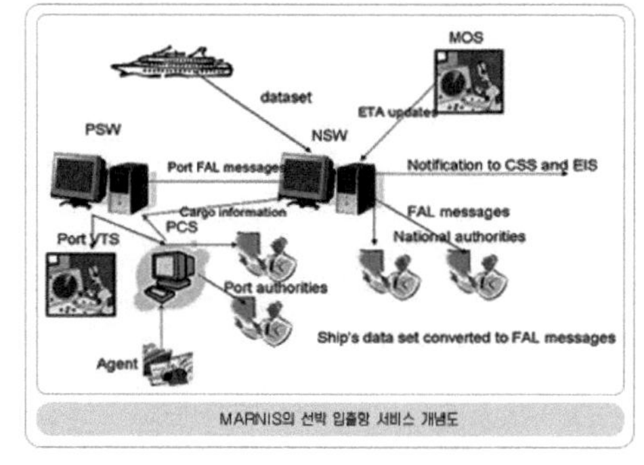

MARNIS의 선박 입출항 서비스 개념도

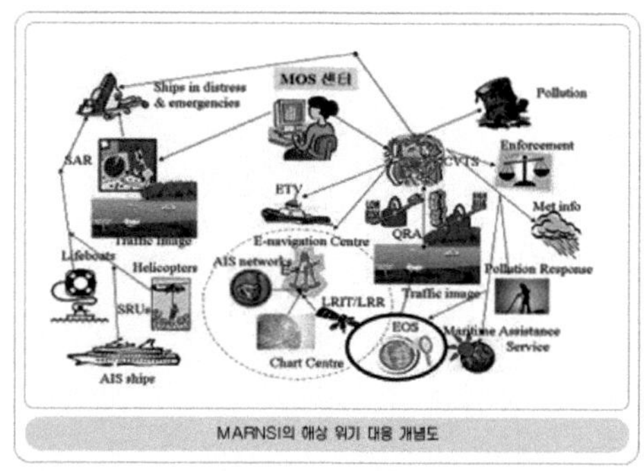

MARNSI의 해상 위기 대응 개념도

자료 : 한국해양수산개발원

| 그림 1-1 | e-Navigation의 서비스 개념도

율성과 신뢰성 증진, 해상교통의 경제성 향상과 법적/조직적 프레임워크 정비를 목적으로 하고 있는데 Stephen이 이야기한 e-Navigation 의 개념과 거의 일치한다.

MARNIS에서는 2007년 초에 사업에서 생각하고 있는 여러 가지 서비스를 실제로 구현했을 때 문제점 및 가능성을 보기 위한 연구를 수행한 바 있다. 상기 그림 1과 그림 2는 각기 선박입출항 및 해상위기 대응과 관련하여 제공 가능한 서비스에 대한 개념도로, 이로부터 e-Navigation이 목표로 하고 있는 내용이 무엇인지 짐작할 수 있다.

3. IMO e-Navigation 전략 개발

IMO는 2005년 81차 MSC(해사안전위원회) 회의에서 영국이 일본, 마샬아일랜드, 네덜란드, 노르웨이, 싱가포르, 미국과 공동으로 제안한 'e-Navigation 전략 개발' 의제를 2006년 82차 MSC 회의에서 채택하고, NAV(항해 전문위원회)를 통하여 2008년까지 e-Navigation의 구체적 개념을 정립하고 향후 개발하여야 할 전략적 비전과 정책을 수립하기로 하였다. 이어서 영국을 의장으로 e-Navigation 전략개발 통신작업반이 구성되었는데, 지난 1년간 19개국, 16개 전문기관이 참여하여 아래의 작업이 수행되었다.

1) e-Navigation 개념의 정의와 목적,
2) e-Navigation에 대한 핵심 이슈 및 우선순위 식별,
3) e-Navigation 개발에 따른 이점과 단점의 식별,
4) IMO 및 회원국 등의 역할 식별,
5) 이행계획을 포함한 추가 개발을 위한 작업계획의 작성

4. e-Navigation 발전 전망 및 대응 방향

IMO에서 수행되고 있는 e-Navigation 전략 개발에 있어서 중요한 요소는 e-Navigation이 포함할 서비스 범위, 포함하는 서비스 제공에 필요한 인프라 및 장비의 식별, 인프라 구축 및 운용비용을 부담할 주체에 대한 논의, e-Navigation으로 인한 이익과 투자비용에 대한 비교 분석 등이다. 이 과정에서 정부, 선주, 항만운영자, 선원 등의 입장 차이와 선진국과 개발도상국 간의 경제 수준 차이는 전략 개발에 있어 큰 어려움을 줄 것이므로, 이들이 합의된 전략을 만들기 위해서는 다소 많은 시간이 소요될 가능성도 있다.

e-Navigation 전략 개발이 완료되면 1단계로는 해상교통 관제시스템, 선박 선교 장비, 무선 통신장비 등에 대한 표준화 작업이 이루어질 것이다. 이 과정에서 각국 간에 자국 보유 기술을 표준화시키기 위한 경쟁이 치열할 것으로 예상된다. 2단계에서는 e-Navigation

체계 하에서의 다양하고 풍부한 서비스 제공을 위한 관련 소프트웨어 및 하드웨어의 개발이 이루어질 것으로 전망되는데, 이는 지난 10년간 육상에서 인터넷망 설치 후 이루어진 관련 서비스 산업의 발전을 돌아보면 쉽게 짐작할 수 있을 것이다.

e-Navigation 체계 하에서 선박의 항해는 현재와는 전혀 다른 패러다임으로 바뀔 것이다. 예를 들어 현재 입출항 시 요구되던 복잡한 절차는 one-stop 쇼핑 형태로 단순화되고, 현재 선박 중심의 항해에서 육상 e-Navigation 센터가 적극적으로 관여하는 항해체계로 바뀔 것이며, 해상 정보의 공유와 활용이 무선 인터넷을 통해 보다 광범위하게 이루어질 것이다.

전체적으로 항해자의 수작업에 의존하던 업무는 자동화 처리되어 효율과 신뢰성이 크게 향상될 것으로 기대된다. 그러나 e-Navigation 체계가 정착되기까지는 최소 10년 이상 걸릴 것으로 보인다. 기존 시스템에서 e-Navigation 체계로 변환하는 과도기에 발생할 혼란, e-Navigation 체계의 신뢰성이 확보되지 않았을 때 가져올 대형사고 등 많은 사람들에 의해 제기되고 있는 우려를 해결하는 것이 앞으로의 과제이다.

e-Navigation의 잠재적 시장 규모는 선박에 새로이 탑재될 지능형 통합 항법시스템 구축과 육상 모니터링 및 지원 시스템 등 직접 시장이 약 50조원, 전자해도, 통신장비, 관련 서비스 컨텐츠 등 간접 시장의 규모가 150조원으로 총 200조원으로 대략 추산하고 있다. 향후 이 거대한 시장을 차지하기 위한 전략 수립이 필요한 시점이다. 지금까지 항해 장비 관련 산업은 선진국의 일부 업체들에 의해 독점되어 왔다.

자료 : 한국과학기술평가원

| 그림 1-2 | 항만 유무선 통신 네트워크 및 항법관제 서비스 개념도

우리나라는 조선과 해운에서 모두 선진국임에도 불구하고 이 분야에서는 대부분 수입에 의존해 왔다. e-Navigation 체계 하에서는 전체 시장이 커지고 장비의 사양이 표준화됨에 따라 어느 소수 업체가 현재처럼 독점하기는 더 이상 어려울 것으로 예상된다. 따라서 e-Navigation은 우리나라도 항해 장비 분야 시장을 차지할 수 있는 좋은 기회라고 할 수 있다. 특히 조선 1위의 장점을 적극 활용한다면 다른 나라보다 우위의 경쟁력을 확보할 수도 있다. 또한, 서비스 분야의 시장은 IT 기술과 밀접한 관계가 있으므로 IT 강국인 우리나라가 충분한 경쟁력을 갖고 있다고 할 수 있다.

그러나 EU를 비롯한 선진국에서는 이미 e-Navigation 에 대비한 연구를 15여 년 전부터 수행해 왔다. 앞에서 언급한 EU의 MarNIS 사업은 현재 거의 마무리 단계로 당장 실용화 할 수 있는 수준에 있는 것으로 보인다. 우리나라도 이에 대한 중요성을 인식하고 2006년부터 관련 산학연 전문가들로 작업반을 구성하여 워크숍 등을 개최하고, 또한 해양수산부에서도 e-Navigation 핵심기술 개발을 위한 연구 사업을 기획 추진하여 2016년부터 5년 동안 6개의 한국형 e-Nav 서비스를 개발하여 전 연안의 선박을 대상으로 일부 서비스를 제공하고 있다.

5. 자율운항선 및 무인선의 기술동향

1) 자율운항선박의 개념

자율운항선박의 정의는 발표하는 기관마다 다양하나, 공통적으로 '선박 스스로 주변 상황을 인지하고 제어하여 운항하는 기술'이라는 개념을 포함한다. 우리나라 해양수산부는 자율운항선박을 "인공지능(AI), 사물인터넷(IoT), 빅데이터, 센서 등을 융합하여 지능화·자율화된 시스템을 통해 선원의 의사결정을 지원 및 대체할 수 있는 차세대 고부가가치 선박"으로 정의하고 있다.

국제해사기구는 레벨 1~4 단계로 자율운항 기술 수준을 정의하고 있으며, 레벨 1~3 단계는 부분자율운항선박 기술, 레벨 4 단계는 완전자율운항선박 기술로 정의하고 있다. 국제해사기구는 제100차 해사안전위원회에서 자율운항 기술 수준에 대한 프레임워크와 방법론에 대해 승인을 하였으며, 레벨 1은 자동화된 프로세스 및 의사결정 지원 선박, 레벨 2는 선원이 탑승하고 원격제어가 가능한 선박, 레벨 3는 선원이 탑승하지 않고 원격제어가 가능한 선박, 레벨 4는 선박 스스로 의사결정 하는 완전자율운항선박을 의미한다.

| 표 1-1 | 자율운항선박의 정의

국제기구	자율운항선박 정의
국제해사기구 (IMO)	다양한 자동화 수준으로 사람의 간섭 없이 독립적으로 운용될 수 있는 선박
유럽위원회 (EC)	선박운항자의 운항 및 조타행위 없이 선박조종 제어시스템에 의존하여 운항되는 선박, 육상 선박 운항관리자의 감독 및 지시를 받지 않고 온전히 독립적으로 운항하는 하이브리드형 스마트 선박
미국선급 (ABS)	자동화된 항해 시스템과 추진 및 보조 시스템. 센서를 이용해 사람의 개입 없이 계획에 따라 운항하고, 주변상황을 감지하고, 상황에 따라 임무수행을 조정할 수 있는 의사결정 논리를 갖춘 선박
프랑스선급 (BV)	스마트 선박과 동일한 기능을 가지며, 인적요소의 개입 없이 의사결정 및 행동을 수행할 수 있는 자율 시스템을 포함는 선박
영국로이드 선급 (LR)	시스템은 항해 및 운항과 절차와 위험성 평가와 관련하여 전체적으로 결정하고, 사람의 개입 없이 시스템이 주변적 상황에 대한 분석을 기반으로 운항하는 선박

자료 : 한국과학기술평가원

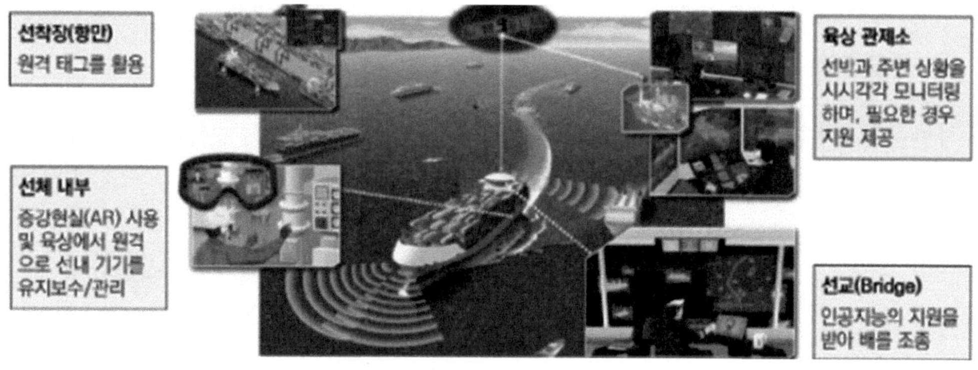

자료 : 일본선박기술연구협회

| 그림 1-3 | 자율운항선박의 미래 모습

2) 자율운항선박 산업 동향

2030년 자율운항선박 시장 규모는 143억 달러에 달할 전망이며 시장조사기관 마켓스앤마켓스에 따르면, 세계 자율운항선박 시장 규모는 2019년 71억 달러로 추산되며, 2030년에는 143억 달러로 2배가량으로 성장할 전망이다.

선박은 자동차와 달리 건조되는 데 오랜 시간이 소요되고 수명주기도 길기 때문에, 정부의 정책(자율운항시스템 의무장착/보급지원)이 동반되지 않는다면 자율운항선박 도입 확산에는 생각보다 많은 시간이 소요될 전망이며, 또한 기술/시장 문제 이외에 규제, 법률, 보험 등 非기술적 문제들이 해결되어야하기 때문에, 자율운항선박 시장이 단기간 내에 급성장하기는 어려울 것으로 예측하고 있다.

그러나 자율운항선박이 주는 혜택이 비용을 초과하기 때문에, 기술 성숙도가 확보되고 관련 사회 인프라가 정비된다면 자율운항선박 도입은 급물살을 탈 전망이며, 대부분 선박의 자율운항 수준은 2030년까지도 국제해사기구 기준 레벨 1(부분자율)에 머무를 것으로 예상된다. 기술 성숙도를 높이고 안전성을 검증하기까지 앞으로 많은 시간과 노력이 필요할 것이며, 적어도 2030년 전까지는 원격제어 또는 완전자율운항 단계가 확산되기는 어려울 전망이다.

자율운항선박 시장에서 선박제어시스템 시장이 가장 큰 비중을 차지하리라 예상되며, 정보관리시스템, 평형수관리시스템, 추진제어시스템, 기관부관리시스템, 스러스터제어시스템, 전력관리시스템 등 각종 선박제어시스템이 2030년에도 자율운항선박 전체 시장에서 81%로 대부분을 차지할 전망이다. 한편, 자율운항선박 시장에서 인지시스템·통신·인공지능 등 이른바 DNA 기술 요소의 비중은 상대적으로 적을 것으로 예상한다. 자율운항선박 시스템은 주로 신규 제조 선박에 채택되며 '생산라인에서 장착되는 라인핏(Line Fit) 시장'이 '원래 없던 부품을 추가로 장착하는 레트로핏(Retrofit) 시장'보다 압도적으로 클 것으로 예상한다. 이는 기존 선박을 자율운항선박으로 개조·업그레이드하는 것보다 신규 선박에 자율운항시스템을 탑재하는 것이 보다 비용 효과적이기 때문이다.

향후 아시아와 유럽이 자율운항선박의 가장 큰 시장으로 부상될 것으로 보이며 세계 3대 조선 강국과 세계적인 해운 강국들이 몰려있는 아시아와 유럽이 자율운항선박 시장의 가장 큰 수요 지역으로서 우리나라·중국·일본이 세계 3대 자율운항선박 시장으로 성장할 것으로 예측된다.

3) 기술동향

유럽이 자율운항선박 기술 리더십을 선점하고 있고 2030년까지는 연안용 무인 원격제어 선박 개발에 초점을 맞추고 있다. 2015년 롤스로이스는 2035년까지의 자율운항선박 기술로드맵을 제시한 바 있는데, 2030년까지는 연안 원격제어 무인화에 기술 개발의 초점이 맞춰질 것으로 예상된다.

유럽 자율운항선박 솔루션 업체들이 글로벌 R&D를 주도하고 있으며 자율운항선박 기술 개발은 글로벌 해운사가 위치한 유럽의 경우 전문 솔루션 기업 중심, 군용 자율운항선박 수요가 강한 미국의 경우 스타트업 중심, 조선 3대 강국이 있는 동아시아의 경우 조선 업체 중심으로 자율운항선박 개발이 추진되고 있다.

그 중에서도 자율운항선박 기술 개발 주도권은 노르웨이 콩스버그(Kongsberg Gruppen SA), 영국 롤스로이스 마린(Rolls-Royce Marine), 핀란드 바르질라(Wärtsilä), 스위스 ABB 등 일찍이 기술 개발에 나섰던 유럽 업체들이 선점하고 있다. 2018년 7월 콩스버그는 롤스로이스 마린을 인수하였다.

현재 기술 선도 기업들은 연안에서 원격제어가 가능한 수준으로 기술을 개발해 시험 운항을 추진하고 있는 상황이며, 단기적으로 원격제어 가능 무인 선박의 상업적 판매 가능 수준까지 기술을 고도화·안정화하는 것이 목표이다.

특히 앞으로 중국이 우리나라를 넘어설 우려가 제기되고 있으며 특허청은 조선분야 기술·특허트렌드 보고서를 통해, '조선 산업의 스마트화'와 관련하여 우리나라 조선 3사의 특허 출원/등록건수가 가장 많았으며, 특히 조선 3사 중 삼성중공업이 관련 특허 출원/등록에 가장 적극적인 것으로 분석되었다.

하지만 '조선 산업의 스마트화'에는 선박 자동화 기술들이 대부분으로, 이 중에서 자율운항선박 관련 특허는 극히 소수에 불과하다. 한편, 해양 분야 컨설팅 기업 테티우스는 전 세계적으로 등록된 자율운항선박 관련 특허는 거의 3,000건에 이르는데, 이 중에서 96%가 중국에 등록되어 있다고 밝히며, 중국이 앞으로 자율운항선박 기술에서 선두권으로 올라설 가능성이 높다고 분석되었다.

4) 무인선의 출현배경

무인선의 발전 역사 무인선이 처음 활용된 것은 세계 2차 대전까지 거슬러 올라간다. 캐나다는 1944년 2차 대전 노르망디 상륙작전에서비행기를 대신하여 연막탄을 살포할 수 있는 무인선 COMOX를 개발하고 시험에 성공하였으나 실전에는 투입되지 못했다. 미 해군은 세계 2차 대전 직후 기뢰제거, 방사능 오염 검사 등 사람이 직접 수행하기에는 위험한 임무를 수행하는데 무인선을 투입하였다.

미 해군은 1954년에 DRONE 프로젝트를 통해 원격 기뢰소해(Minesweeping)를 위한 무인선을 개발하여 시험에 성공하였다. 60년대 베트남 전쟁에서 기뢰 소해용 무인선에 대한 효용성이 인정되어 이후 덴마크, 독일, 스웨덴 등 여러 나라에서기뢰 소해용 무인선을 개발하여 보유하게 되었다.

함포사격 및 유도탄 훈련용 무인표적선도 50년대부터 사용되어 계속 진화하고 있으며 오늘날 미 해군은 다수의 무인표적선을 운용하고 있다. 90년대 들어서 무인선은 첩보/감시/정찰용, 항만감시용, 해양조사 등 다양한 용도로 그 영역이 확대되었다.

2000년 10월 미 해군 구축함 Cole이 예멘의 아덴항에 정박 중 고성능 폭탄을 실은 소형보트의 자살테러 공격을 받아17명이 사망하고 39명이 중상을 입는 사고와, 2001년 9.11 테러를 경험한 미국은 전 세계 해양에서의 비대칭적 위협에 대비하기 위하여 혁신적인 정보체계와 네트워크화된 첨단 무기체계를 기반으로 하는 새로운 해양 전략 "Sea Power21"을 수립하고 이 안에 무인선에 대한 필요성과 중요성을 강조하였다.

5) 기존 무인선의 용도

무인선의 용도 무인선은 유인선으로 수행하 임무 중 기뢰 탐색 및 제거, 적진 침투 첩보, 황천 중의 작업 등과 같이 안전면에서 는위험한 임무를 수행하는 용도로 주로 사용된다. 유인선이 안전 때문에 접근하기 어려운 천해역, 오염해역에서의 작업도 무인선을 필요로 하는 영역이라 할 수 있다.

또한, 해양 감시, 해양조사 등과 같이 장시간의 작업이 필요한 임무의 경우 선박의 운용 경비와 승무원들의 피로 누적이문제가 되는 데 이러한 작업도 무인선으로 대체한다면 큰 효과를 거둘 수 있다. 무인선은 주로 군사용 목적으로 많이 사용되고 있으나 최근 공공 목적으로의 수요가 늘어나고 있다. 민수용으로는 아직 수요가 작은 편으로 주로 과학적 용도로 활용되고 있다.

6) 무인선의 개발현황

지금까지는 주로 군사목적으로 무인선 도입이 이루어지고 있는데 2004년부터 2010년까지 미국을 비롯하여 다수 국가의 해군에서 무인선을 도입하였다.

미 해군은 General Dynamics사와 2006년에 약 1,270만 불을 투자하여 "Fleet" Class 무인선을 도입하였고, Rafael사는 이스라엘, 싱가폴, 인도에 2007년부터 2009년까지 8대 규모의 Protector를 공급 하였으며, Zyvex Tech.(Piranha), EDO (LCSMCM), DCNS (Rodeur) 등에서 무인선 들을 개발하였다.

현재 상용화 또는 Concept 단계의 주요 무인선은 주로 미국, 영국, 이스라엘에서 개발되었거나 개발 중이다. 주요 제작사로는 미국의 5G International, 영국의 ASV, 이스라엘의 라파엘 등이 있다. 이들 제작사들은 다양한 크기와 용도의 무인선 제품을 개발하여 판매하고 있다

| 표 1-2 | 세계해운의 무인선 도입현황

국가	제작사	이름	수량	도입년도	Remark
미국	Genral Dynamics	"Fleet" class ASW USV	1	2008	
미국	Genral Dynamics	"Fleet" class	4	2006	$12.7 million contract
독일	Rheinmetall Defense	M8 USV		2008	EUR 1.3 million
영국	QinetiQ	FIAC RT	2	2005	Remote surface targets for live firing
영국	Atlas-QED Consortium	MCM USV		2007	Demonstration system
이스라엘	Rafael	Protector	2	2007	
싱카포르	Rafael	Protector	4	2008	
인도	Rafael	Protector	2	2009	
나이제리아	Aeronautics	Seastar	3	2006	

자료 : 한국과학기술평가원

향후 상업용 무인선 개발은 급진전 될 전망이다. 미국은 무인선 개발을 위해 90년대부터 2003년까지 4억불(4800억 원, 연간 약 370억 원)의 예산을 투입하였고,2006년에서 2007년까지 약 54백만 불(약 650억 원/6년, 연간 약 108억 원)이 소요된 Spartan 프로젝트를 수행하였다. 2008년 Visiongain 리서치사는 공공 분야의 무인선 시장(정부지출 기준)이 2019년까지 약 8천3백만 달러로 성장하고, 이중 미국의 시장이 전 세계 시장의 약 51%를 차지할 것으로 전망하였다. 2011년 Market Info Group은 무인선과 무인잠수정을 합한 해양무인이동체의 시장은 매년 10.9%씩 급속히 성장하며 2020년에는 19억2천9백만 달러에 이를 것으로 예측하였다.

7) 무인선 개발주요업체 현황

현재 상용화 또는 Concept 단계의 주요 무인선은 주로 미국, 영국, 이스라엘에서 개발되었거나 개발 중이다. 주요제작사로는 미국의 5G International, 영국의 ASV, 이스라엘의 라파엘 등이 있다. 이들 제작사들은 다양한 크기와 용도의 무인선 제품을 개발하여 판매하고 있다.

현재 무인 선박 연구에서 가장 눈에 띄는 기업은 영국의 롤스로이스다. 현재 롤스로이스 자동차 부문은 독일 BMW 산하에 있다. 무인 선박 연구에 나선 롤스로이스는 항공기와 선박 엔진 등 엔지니어링 전문 업체다.

| 표 1-3 | 무인선 개발주요업체 현황

국가	용도	명칭	제조사	크기(m)	속도(노트)
영국	소해용	C-Sweep	ASV Ltd	10.8	28
영국	표적선	C-Traget	ASV Ltd	3~13	45+
싱가폴	다목적	Venus	Singapore Technologies Elcetonics	9~16	-
미국	무장선	Protector	Rafael	9~11	32
미국	순찰선	ASCTUV	SAIC	-	-
미국	소해용	CUSV	Testron	-	-
미국	정찰용	Blackfish	QinetiQ North America	2~3	40
미국	정찰용	Interceptor	5G International(US)	6.5	47.8
미국	다목적	MUSCL	NSWC Carderock Division	1.8	-
미국	무장선	Sea Stalker	General Dynamics Robotic Systems	5	-
노르웨이	다목적	Mariner	Maritime Robotics	6.6	38
UAE	순찰선	Eclipse	5G International(US)	11.3	50
프랑스	소해용	Espadon	Thales	17	-
프랑스	순찰선	Inspector MK2	ECA Robotics	-	35
터키	순찰선	Globida	Global Teknik	4	30
캐나다	표적선	Hammerhead USV-T	Meggitt Training Systems	-	40
중국	관측선	Tianxiang One	Shenyang Shin Kong Corporation	6.5	18
이스라엘	정찰용	Barracuda	Top I Vision	2	-
이스라엘	다목적	Seastar	Aeronautics Defense Systems	11	45
이스라엘	무장선	Silver Martin	Elbit Systems	10.6	45
이스라엘	순찰선	Stingray	Elbit Systems	3.2	45

자료 : 한국과학기술평가원

롤스로이스는 현재 핀란드에서 현지 기업들과 합작으로 무인 선박 프로젝트를 진행 중이다. 우선 차량을 싣고 강이나 협곡을 건너는 단거리 노선에 투입한 뒤 해운 분야로 적용 범위를 넓힐 계획이다. 초기에는 원격 조종 방식으로 운항을 시작해 10~15년 이내에 AI 기반의 완전한 무인 운항 화물선을 상용화하는 것이 목표다.

유럽연합(EU)과 중국에서도 무인 해운 선박 상용화를 위한 기술적·경제적·법적 타당성 조사가 한창이다. EU는 독일 함부르크에 있는 프라운호퍼 해운 연구소 주도로 관련 연구를 진행 중이다. 중국은 해양부와 우한(武漢)공대가 공동으로 프로젝트를 수행 중이다.

무인 화물선의 최대 장점은 안전성이다. 악천후나 해적의 공격으로부터 소중한 생명을 지킬 수 있다. AI 접목이 활발한 다른 분야와 마찬가지로 물론 일자리 감소에 관한 우려도 있다. 하지만 글로벌 해운 업계가 숙련된 전문 인력 부족으로 몸살을 앓고 있어 크게 문제 되지 않을 것이라는 주장도 있다. 무인선은 승무원이 없으면 승무원들의 휴식공간과 환기·난방·하수처리 시설 등도 필요 없어지기 때문에 배 무게를 줄여 운항 속도를 높이고 비용은 줄일 수 있다는 장점이 있다.

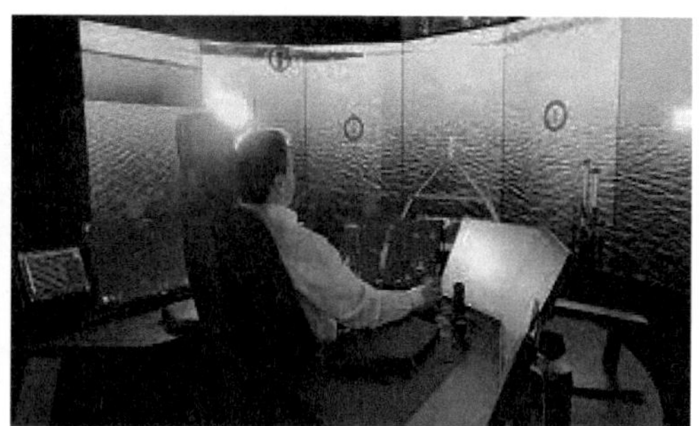

자료 : www.google.com

▎그림 1-4 ▎ 영국 롤스로이스의 무인선과 지상 원격관제 시스템

8) 국외 정책동향

유럽·일본·중국 등 조선·해운 강국들이 자율운항선박 개발경쟁에 집중하고 있으며, 운전자 없이 스스로 주행하는 자율주행차처럼, 바다에서도 항해사와 조타수가 없어도 스스로 판단·운항하는 자율운항선박이 머지않은 미래에 등장할 전망이다. 2018년 5월 국제해사기구(IMO)가 제 99차 해사안전위원회에서 자율운항선박(MASS) 운용 시 영향을 미칠 해사안전·보안 관련 14개 국제 협약 제정 착수에 합의한 이후, 국제적으로 자율운항선박에 대한 관심과 투자가 크게 증가하고 있다.

최근 우리나라를 비롯해, 노르웨이·핀란드·미국·일본·중국·싱가포르 등 조선·해운 강국들을 중심으로 자율운항선박 기술 개발 및 시험 항해가 본격 추진하고 있으며, 유럽은 일찍이 2012년부터 3년간 선박 자율운항을 위한 MUNIN 프로젝트를 통해 기술적, 제도적, 경제적 측면의 타당성을 연구하고 전략 방향을 제시하고 있다.

핀란드에서는 2018년 12월 세계 첫 완전자율운항 여객선 '팔코(Falco)'가 승객 80명을 태우고 핀란드 남부 발트해 연안에서 시험운항에 성공하였고, 일본에서는 2019년

10월 일본 선사 NYK가 자동피항시스템 SSR이 적용된 2만톤급 자동차운반선 '아이리스 리더호'의 시운전에 성공하였다. 중국에서는 2019년 12월 중국 첫 무인 자율운항선박 '근두운0호(筋斗云0号)'가 홍콩- 마카오 구간의 시험 항해에 성공하였다.

핀란드의 세계 최초 여객선 시험항해 사례

일본의 세계 최초 상선 시험항해 사례

| 그림 1-5 | 자율운항시험사례

9) 국내 정책동향

무인시스템 사업과 관련이 있는 정부정책은 지식경제부 로봇 미래전략, 제2차 지능형로봇 기본계획, 과학기술미래비전2040, 제2차 해양수산발전기본계획, 해양 R&D 발전전략 및 이를 기반으로 한 2020 해양과학기술(MT) 로드맵 등이 있다.

국방부는 국방 무인·로봇 기술 개발을 방위사업청 국정과제로 추진하고 있으며 해양 무인체계도 2025년을 목표로 감시정찰과 대잠전 목적의 무인잠수정과 무인수상정을 정부 주도로 개발하기로 계획한 바 있다. 이와 관련하여 해군은2020년 이후 건조되는 모든 신 함정에는 무인수상정을 탑재할 수 있도록 설계하고 있다.

우리나라 자율운항선박 개발은 대형 조선 3사가 주도하며 산학연관이 함께 공동 연구를 추진하는 유럽·일본과 달리, 우리나라는 대형 조선 3사가 개별적으로 국내외 기관들과 협력해 독자 플랫폼·솔루션 연구 개발을 추진하고 있다. 2017년 통합스마트십 솔루션(ISS)을 출시한 현대중공업그룹은 이후 항해지원시스템(HiNAS), 이접안지원시스템(HiBAS), 선박운전최적화시스템 등을 잇달아 개발을 완료하였다.

원격 유지·보수 지원, 최적 경제운항 지원 등이 가능한 스마트십 솔루션 DS4를 개발한 대우조선해양은 국적 선사 HMM에 인도한 컨테이너선에 탑재한바가 있다. 2016년부터 자율운항선박 기술 개발에 착수한 국내 조선소들은 2022년 현대중공업이 세계 최초로 대형선박의 자율운항 대양횡단에 성공하였으며, 제어기능이 들어간 자율운항선박을 인도하고 있다. 또한, 삼성중공업은 대형선박 자율운항실증에 성공하면서 시장 선점경쟁이 본격화 되고 있는 양상이다. 삼성중공업은 2023년7월 1만5천 TEU를 탑재한 컨테이너선을 한국에서 대만 카우슝항까지 약 800마일을 자율운항으로 항행하여 현대중공업에 이어 세계 2번째로 자율운항실증에 성공하였고 머지않은 장래에 자율운항선박이 상용화될 것으로 예상된다.

10) 자율운항 및 무인선의 효과

해양사고의 약 75~96%는 인간의 실수로 인해 발생되고 있다. 중앙해양안전심판원에 따르면, 우리나라 해양사고 발생건수는 2001년 이후 지속적으로 증가해 2020년에는 3,156건으로 역대 최고치를 기록하고 있으며, 이러한 해양사고의 대부분은 인적요인으로 발생되는데, 美연안경비R&D센터 연구에 따르면, 해양사고 원인의 약 75~96%가 인간의 실수 때문에 야기되는 것으로 분석된다.

우리나라 해양사고의 원인도 기계 결함이나 악천후 같은 요인보다는 사람의 실수로 인한 운항과실이 82%로 대다수를 차지하고 있으며, 특히 경험이 풍부한 고급 해기사 인력 부족 현상이 심화되고 있어 운항안전확보의 어려움이 예상고 있다..

발틱국제해운거래소(BIMCO)/국제해운회의소(ICS)가 공동 조사/발표하는 '해운인력보고서'에 따르면, 2015년 해기사 인력 부족률은 2.1%이며, 2025년에는 부족률이 18.3%로 상승할 것이라고 전망한다.

해양수산부의 최근 연구용역 보고서에 따르면, 우리나라의 경우 해기사뿐만 아니라 부원도 매우 부족한 것으로 나타나, 우리나라에서도 해운인력 부족과 외국인 의존도 심화가 해운 업계의 중요한 고민거리로 대두되고 있다.

아울러 전통적 선박 대비 25% 이상의 운용비용 절감 효과가 기대되어 수익성개선 효과를 거둘 수 있다. 해상물동량은 세계 경제 성장률, 유가, 환율 등과 밀접한 연관성을 보여, 해운산업은 실적 변동성이 크게 나타나는 경기순환산업이며, 서비스 차별성이 낮아 경쟁이 치열하며 수익성은 그다지 높지 않은 편이어서 비용절감이 중요한 수익성 개선 요인이다.

일반적으로 상업 선박 운용비용 중 연료비와 인건비가 80% 이상으로 대부분을 차지하기 때문에, 자율운항선박으로 연료비와 인건비를 절감할 수 있다면 해운 업계의 수익성 개선에 크게 기여할 것으로 기대된다.

| 그림 1-6 | 2030년까지 스마트항만을 구축, 글로벌 경쟁력 강화 정부계획

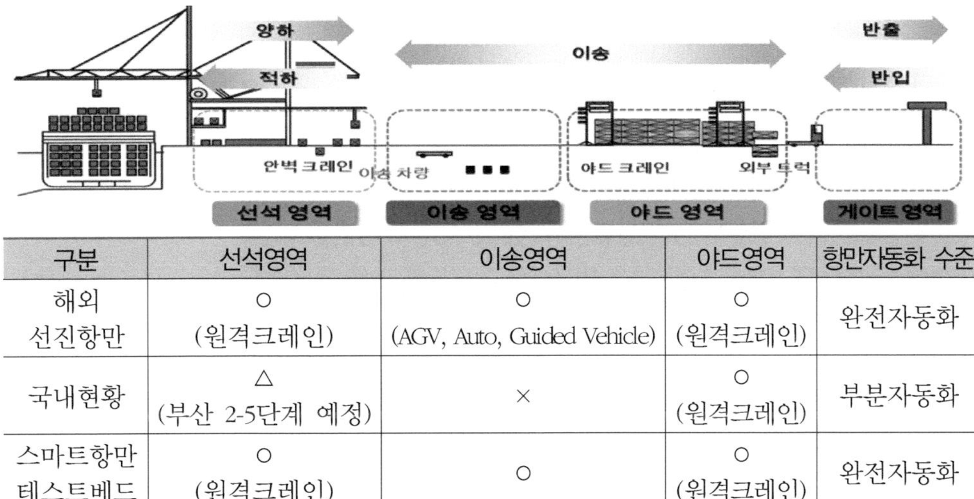

구분	선석영역	이송영역	야드영역	항만자동화 수준
해외 선진항만	○ (원격크레인)	○ (AGV, Auto, Guided Vehicle)	○ (원격크레인)	완전자동화
국내현황	△ (부산 2-5단계 예정)	×	○ (원격크레인)	부분자동화
스마트항만 테스트베드	○ (원격크레인)	○	○ (원격크레인)	완전자동화

| 그림 1-7 | 항만물류 정보화·지능화를 통한 스마트 물류 연계망 구축계획

자료 : 해양수산부

| 그림 1-8 | IoT 기반 지능형 항만물류 시스템 구현도

앞으로 완전자율운항선박이 실현된다면, 선원 거주공간과 이동통로, 안전장비 등이 필요 없기 때문에 선박을 공기 저항이 적은 형태로 설계해 연비를 더욱 높일 수 있으며, 사라지는 공간에 화물을 더 적재해 운항 효율성 향상도 기대된다.

또한 해운 분야는 운송 분야 온실가스 배출량 중 약 13%를 차지한다, 국제 무역량의 90% 이상이 국제해상운송에 의존하고 있으며, 전 세계 해운 활동을 통해 발생하는 온실가스 배출량은 운송 분야 온실가스 배출량 중 13%를 차지하고 있는 것으로 알려져 있다.

국제해사기구가 해상 온실가스 배출 저감을 위해 환경규제기준을 강화한 IMO2020을 시행하여 최근 LNG추진선 도입이 늘어나고 있으며, 미래에는 수소·암모니아 등 차세대 친환경 연료를 사용하는 선박으로 전환될 예정이다.

그러나 국제해사기구의 환경규제를 맞추기 위해서는 온실가스 배출량이 적은 친환경 연료를 사용하는 것만으로는 부족하며, 최적의 경제운항을 통해 온실가스 배출량을 최소화할 수 있는 조선·해운의 디지털화(자율운항선박, 스마트 항만) 도입이 필요한 상황이다. 조선·해운 업계는 2008년 대비 온실가스 배출량을 2030년까지 40%, 2050년까지 70% 감축해야 하며 조선·해운은 우리나라의 핵심 산업으로서 국토의 3면이 바다로 둘러싸여 있고 수출에 경제성장을 의존하는 상황에서 조선·해운 산업이 차지하는 중요도와 상징성은 매우 크다.

현재 조선 산업은 세계 1위, 해운 산업은 세계 7위의 위상을 자랑하고 있다. 그러나 중국의 급성장으로 우리나라 조선·해운 업계는 최근 큰 어려움을 겪고 있으며, 앞으로 우리나라 조선 업계가 글로벌 1위 경쟁력을 계속 유지하기 위해서는 자율운항선박 같은 차세대 기술혁신 경쟁에서 앞서나가는 것이 중요한 실정이다.

또한 스마트항만 구축을 위한 정부계획도 강화되고 있어 향후 모든 항만 시스템도 무인자동화로 전환될 전망이다.

해운의 기초와 현황

해운(shipping, carriage of sea)은 교통(transportation & communication)의 한 수단으로서 선박이라는 운송수단을 이용하여 바다를 통한 인적·물적 이동을 의미한다. 해운은 운송의 범위에 따라 내항해운과 외항해운으로 나누어 볼 수 있다.

제1절 해운의 개념과 발전과정

1. 해운의 의의

해운(shipping, carriage of sea)은 교통(transportation & communication)의 한 수단으로서 선박이라는 운송수단을 이용하여 바다를 통한 인적·물적 이동을 의미한다. 해운은 운송의 범위에 따라 내항해운과 외항해운으로 나누어 볼 수 있다.

내항해운은 국내항간을 이동하는 것이며, 외항해운은 국제항간을 이동하는 것이다. 운송의 대가는 운임(ocean freight)이라는 형태로 보상된다. 해운은 장소적 이동에 의한 효용(utility)을 창출하며 상품의 생산 및 유통의 다방면에 걸쳐 새로운 부가가치를 발생시킨다.

2. 해운의 특징

해운은 육운과 항공 등 타의 수송수단에 비하여 다음과 같은 차별적 특징을 가진다.

1) 원거리 대량수송(long distance carriage)

해운은 주로 원거리 대량화물의 수송에 특화된다. 해운은 주로 국제항 간의 원거리 수송에 투입되며, 바다와 인접한 모든 국가나 수역에 이용될 수 있다. 이러한 원거리 대량화물의 수송의 특성에 따라 오늘날 선박의 대형화, 고속화, 전용화가 진전되어 운송에 있어 규모의 경제(economy of scale)를 실현하고 있다.

2) 국제성(global logistics)과 운송로의 다변화(transit diversify)

해운은 주로 국제적 수송수단으로 기능하므로 고도의 국제성을 가진다. 그래서 수송과 관련된 모든 절차와 규정은 국제적인 표준화에 적용하여 수행된다. 수송과 관련하여서는 많은 이해당사자가 관여하므로 광범위한 국제규범의 지식이 필요하며 영어로 대별되는 국제적인 통용어(special terms)의 의사소통에 능통해야 한다.

3) 저렴한 운송비(economic transport cost)

선박이란 수단을 이용하는 해운은 경제적이며 저렴한 수송비의 장점이 있다. 그러나 저속운항(reduced running speed)으로 인한 장기간 운송시간은 타의 수송수단에 비해 가장 큰 단점(demerit)으로 작용하는 한계를 가진다.

3. 해운의 주요기능(key roles)

아테네의 명장 테미스토클레스는 그리스를 정복하려는 페르시아의 야망을 살라미스 해전에서 좌절시켰다. 테미스토클레스는 육전을 주장하는 장군들에게 "바다를 제패하는 자, 세계를 제패 한다"라고 말했다.

해운은 역사적으로 국력의 상징으로 표현된다. 바다를 제패하는 자가 세계를 제패한다는 의미는 바로 여기에서 유래된 것이다. 오늘날 글로벌화의 진전으로 해운력(sea power)은 국부를 상징하는 대표적인 단어이다. 이에 대한 주요 기능은 다음과 같다.

1) 국방상의 중요성(military purpose)

전통적으로 해운은 국방을 위해 중요한 수단으로 기능했다. 영국이나 스페인 등 유럽제국들은 외부의 침략에 대비한 자국의 보호를 목적으로, 또한 외부 세계에 대한 영토 확장과 식민지의 지배를 목적으로 해운력을 강화한 것이다. 이러한 개념은 오늘날에도 그대로 존속하고 있으며 육,해,공군에 이어 제4군의 개념으로 존속되고 있다.

오늘날 해운의 개방화가 진전됨에 따라 편의치적선의 증대 등으로 자국의 국적선대가 현저히 약화되고 있다. 편의치적선의 문제는 선원비 등 운항비를 절감하기 위한 선주들의 국제경쟁력을 유지하기 위한 불가피한 조치이다.

그러나 전쟁발발과도 같은 유사시에 외국인 선원들의 대거 하선이나 승선거부사태가 일어난 경우, 자국의 대체선원의 공급이 충분히 이루어지지 않는다면 원자재나 군수물자의 수송에 차질과 더불어 국가 안보상 심각한 상황이 발생할 수도 있을 것이다.

따라서 우리 정부에서는 전시와 같은 국가비상사태에 대비하여 우리나라 선원으로 구성된 최소한의 국적 상선대를 평상시에도 유지하기 위해 국가필수국제선박제도를 시행하게 되었다. 이 제도는 외국선원을 대부분 고용 승선시킨 국제선박의 경우 유사시 긴급한 동원이 곤란하다는 점에 대비하여, 국민경제 및 국가안보상 긴요한 물자인 원자재 및 필수품 등을 수송하는 한국선박에 대해서는 관할장관이 필수선박으로 지정하여 평시에 있어서도 외국인 선원의 승선을 제한하고 있다.

필수선박에 대해서는 외국인선원의 고용을 제한하는 대신 외국인 선원과 국내선원의 인건비 차액을 정부가 지원하도록 하고 있어서 경쟁력 강화는 물론, 우리 선원의 인건비 차액을 정부가 지원하도록 하고 있어서 경쟁력강화는 물론 우리 선원의 고용 및 수급안정에도 기여하게 될 것이다.

노사정협의에 의해 외국인 선원의 승선범위를 척당 부원선원 6명으로 한 필수선박을 2006년 최초 30척을 지정하고서 매년 점진적으로 필수선대 규모를 확대해 가기로 했다. 그렇게 함으로써 한국선박에 최소한 5천명의 우리나라 선원을 유지하며 고용의 안정을 보장하기로 한 것이다. 2023년 현재 필수선박은 88척으로 지정되어 있다.

2) 무역의 촉진과 국제수지에 기여

해운은 무역에 의한 파생수요(derived demand)이다. 국제무역의 활성화는 국가 간 재화의 이동을 증가시켜 해운물동량을 증가시키고, 그로 인해 해운의 수요를 진작시킨다. 아울러 해당 국가의 수출입 물동량의 외화 결재수단에 따라 국제수지에 공헌한다. 즉, 무역조건에 있어서 수출화물에 대한 FOB, 수입화물에 대한 CIF 조건에 따라 자국화자국선 수송에 의한 외화운임의 유출을 방지하고, 그로 인한 외화의 국제수지(import & export balance)를 개선시키는 효과를 낳는다.

3) 국위선양(national honorary)

해운의 전통적인 기국주의(flag of nation)에 따라 공해상에서 자국적선의 항행은 해당 국가의 움직이는 영토로 간주되어 오고 있다. 그래서 해운력은 영토의 확장과 국력의 상징으로 인식되는 것이다. 자국의 국기를 게양하고 외국의 각 항간을 기항하는 자국적선들과 선원들은 민간외교관(commercial diplomat)의 역할로서 국제사회에서 국가를 홍보하고 대변하는 역할을 한다.

4) 전후방연관효과

해운은 관련 산업인 조선과 항만물류시설 등 많은 인근 산업의 공급사슬(supply chain)에 의한 전·후방 효과를 극대화 시켜 해당 산업을 발전시키고 고용을 창출하는 등 국민경제에 기여한다.

4. 해운의 발전과정(historical development)

1) 고대해운(private carrier)

자가운송시대로서 역사상 최초의 해운은 기원전 2,800년경 이집트에서 발단이 된 것으로 알려지고 있으며, 이 시기에는 페니키아(Phoenicia)인들에 의해 인도양, 홍해, 지중해를 중심으로 향료, 직물, 동, 은 등의 교역이 시발되었다고 한다.

그 이후 기원전(BC) 7세기경부터는 그리스의 아테네가 식민지와의 통상을 위해 곡물, 목재 등을 수입하고, 도기, 포도주, 올리브유 등을 수출하였다.

2) 중세의 해운(merchant carrier)

상인운송시대로서 8-12세기 Norman의 활약으로 대표되는 시기이다. 노르만은 스칸디나비아 게르만 민족의 바이킹(Viking) 족들이다. 이들이 해상을 무대로 약탈에 의한 자국의 생산물 부족에 대한 부를 구하기 위해 바다로 나가 활약한 대표적인 시기이며, 이 시기 지중해에서도 9세기부터 이태리의 베니스(Venice)가 제노아(Genoa)와 더불어 15세기까지 동서의 교역을 발전시켰다.

또한 11세기부터 13세기에 발생한 십자군 전쟁은 보급물자의 수송을 위한 해상교통의 이용으로 지중해의 해운에 큰 영향을 미쳤다. 13세기부터 15세기까지는 북해연안의 도시들인 뤼벡(Liibeck), 브레멘(Bremen), 함부르크(Hamburg) 등의 상인들은 한자동맹(Hanseatic League)을 결성하여 북대서양의 통상 및 어업에 대한 독점적 지배권을 행사하였다. 이 중세시대의 해운은 상인(merchant)이 선주 및 선원과 하나의 조합(commenda, communitas)을 형성하여 자기상품을 운송했었다는 데서 상인운송인(merchant carrier)

의 시기라고 부른다.

즉, 상인은 상품(화물)을 조달하고, 선주는 선박을, 그리고 선원은 해상노동력을 제공함으로써 무역과 해운이 하나로 통합된 형태를 취하게 된 것이다. 이러한 선박은 그때 당시 세계 도처에서 상업상의 유리한 기회를 찾아 모험적인 항해를 수행하며 무역거래를 했던 것으로, 이를 '자유무역선'(free trader)이라 일컫게 된 동기가 되었다.

또한 '한자동맹'에서는 선박공유(共有)제도를 실시하여 현대기업에 있어서 주식회사제도의 시초가 되기도 했는데, 선박공유조합은 선박의 소유권뿐 아니라 경영과 그 손익을 공유선주에게 귀속시킴으로써 해상위험을 분산시키는 데 목적이 있었다.

3) 근대의 해운(common carrier)

상인운송시대로서 근대의 해운은 탐험 항해와 신대륙 발견에서부터 출발한다. 이태리 탐험대에 의한 콜럼버스(Columbus)의 미국대륙 발견(1442), 바다가마(Vascoda Gama)의 인도 항해(1497~1499), 발보아(Balboa)의 태평양 발견(1513), 마젤란(Magellan)의 세계 주항(1519~1522) 등에 힘입어 당시 포르투갈·스페인 등 유럽 제국은 해운과 무역 및 식민에 있어서 강력한 해상권을 갖게 되었다.

이에 대해 네덜란드·영국·프랑스의 대항세력이 형성되었고, 1588년 영국의 드레이크(Sir Francis Drake)에 의하여 스페인의 무적함대(Armada)가 패멸되면서 세계의 해상 지배권은 영국 및 네덜란드로 넘어가게 되었다. 네덜란드는 유럽 및 동서인도와의 무역을 위하여 '네덜란드 동인도회사'를 설립하였고(1602), 영국 역시 아시아와 아프리카에 동인도회사의 설치와 함께 식민지 무역(plantation trade)을 위해 항해 조례(Navigation Act, 1651)를 제정하였으며, 프랑스는 관세 개혁(1667)을 시행하였다. 영국은 그 후 네덜란드와의 전쟁(1652) 및 나폴레옹과의 '트라팔가 해전'(1805)에서 잇따라 승리하면서 해운과 무역 및 식민지에 대한 해상권에 있어서 절대적 우위를 점하게 되었다.

이 무렵 영국의 런던(London)에서는 세계의 해운발전에 중대한 역할을 하게 된 로이드(The Lloyds)가 출현하였고, 뒤 이어 산업혁명이 일어났다. 특히 18세기부터 19세기에 걸쳐 일어난 산업혁명은 기계공업의 발달과 함께 해운의 구조에도 커다란 변화를 가져와, 그때까지의 목조범선(木槽帆船)에서 철제기선(鐵製汽船)으로의 선박건조와 운항기술상의 혁신을 이룩하게 되었다.

철강(鐵鋼)제 기선의 등장으로 선형이 증대되고 선박운항의 안전성 및 속력이 증가함에 따라 해상운송량이 크게 확대되었으며, 이는 19세기 초에 영국을 중심으로 유럽과 신대륙(미국)사이에 정기항로가 개설되는 계기를 이루었다.

정기선 경영이 시작되면서부터 해운업은 무역업으로부터 분리되어 바야흐로 전문적 해운업자로서 독립 발달하게 된 것이다. 이때부터 해운은 자기화물의 운송뿐 아니라 타인화물을 직업적으로 운송하는 이른바 공공운송인(Common carrier) 또는 대중운송인(Public carrier)으로서의 형태를 갖추게 되었다.

해상의 공공(公共)운송인이란 일반대중에게 정당한 가격으로 선복을 공급하고, 모든 화주에게 차별을 두지 않는 동등한 서비스를 제공하며, 주로 특정한 항로의 항구 사이를 반복 운항하는 선박의 경영자를 말한다. 한편 부정기선 분야에서는 특정한 화주와 용선계약을 통해서 운송이 이루어지므로 계약운송인(Contract carrier)의 성격을 띠게 되었다.

4) 현대의 해운((Industrial carrier)

기업운송인의 시대로서 20세기에 들어오면서 1~2차 세계대전을 거치는 동안 조선공업 및 선박운항기술에 있어서 현저한 발전이 이루어졌다. 특히 1950년대 후반부터 세계경제가 급속하게 성장하면서 철강산업 및 석유화학공업을 비롯한 공업발전이 비약적으로 이루어지고, 이에 따라 원유, 광석 등의 원료품의 수요가 급증하게 되었다.

이러한 원자재의 대량수요에 부응하고 원거리 수송에 있어서 경제성의 추구라는 목적하에 선박의 대형화가 이루어짐으로써 10여만 톤급 이상의 철광석 전용선(ore carrier)이나 20여만 톤이 넘는 초대형 원유수송선(VLCC, ULCC))들이 출현하게 된 것이다. 이와 더불어 특정화물의 효율적인 수송에 적합한 구조를 갖기 위해 선박의전문화가루어지면서 탱커(tanker)를 비롯하여 살적(撒積)화물선(bulk carrier)과 원목선(log carrier) 등의 전용선이 증가되었고, 또 정기선분야에 있어서는 고속화가 추진되어 25노트(knots) 이상의 속력을 갖는 컨테이너선(container ship)이 운항되기에 이르렀다.

특히 초대형 전용선의 소유 및 운항에는 대자본이 소요되고, 또 대기업들은 자기 그룹 내 회사들에게서 필요로 하는 원료 및 생산품의 원활한 유통을 확보하기 위해, 주력기업의 산하에 선박회사를 두고서 그 선박들을 직접 운항하는 형태를 취하게 되었는데, 이로써 현대해운업은 기업운송인(Industrial carrier)의 시기를 맞게 된 것이다. 인더스트리얼 캐리어란 산업조직에서 사용되거나 생산되는 물질의 제조 및 유통과정에 해운이 결합되어 있는 것을 말하며, 그것이 갖는 목적은 첫째, 대기업에서 필요로 하는 원자재(raw material)나 완제품(finished goods)의 원활한 공급과, 둘째, 중간 유통매체를 제거함으로써 해상수송비의 절감, 셋째로는 모회사(parent company)에 특별한 이해관계가 있는 화물의 효율적인수송 등에 있다.

이러한 기업운송인(산업운송인 또는 自貨運送人이라고도 부름)은 자기의 화물을 자기의 선박으로 운송하기 위해 해운기업을 경영한다는 점에서 새로운 형태의 자기운송인이라고도 할 수 있을 것이다. 현대의 해운은 이러한 선박의 기술혁신이라 할 수 있는 대형화·전문화·고속화와 함께 컨테이너화(containerization)를 그 특징으로 하고 있다.

컨테이너화란 해상운송체제에 있어서 혁명을 이룩한 컨테이너 운송(container transport)과 더불어 그에 관련되어 이루어지는 일관수송체제를 총칭하는 말이다. 해운의 경제성과 신속성 및 안전성의 추구 하에 화물의 단위화 내지는 규격화(unitization and standardization of cargo)를 통해서 이루어진 컨테이너 운송은 항만하역능률을 크게 향상 시키면서 해륙간의 복합운송체제(combined transport)로의 발전을 가져오게 하였고, 이는 생산자의 문 앞에서 소비자의 문 앞까지 이르는 이른바 '문전에서 문전까지'(door to door)의 수송체제를 실현시키게 된 것이다.

제2절 세계해운시장과 한국의 해운

1. 세계해운시장(world shipping market)

해운시장은 컨테이너선으로 대표되는 정기선(liners)과 부정기선(tramp shipping or tramper) 시장으로 크게 구분된다. 역사적으로 해운은 호·불황을 반복해 왔으며, 특히 지난 2008년 미국발 금융위기 이후는 Global 물동량 감소로 세계해운시장의 불황이 장기화 되고 있다.

이러한 해운의 장기불황으로 세계 정기선사들의 전략적 제휴(strategic alliance)와 합병(merger)이 대규모로 이루어지고 있으며, Global 해운기업들의 경영환경도 크게 변모되고 있다. 글로벌 정기선 동맹은 2M(머스크와 MSC), The Alliance(HMM, ONE, 하파로이드, 양밍), 오션얼라이언스(CMA-CGM, 에버그린, 코스코, OOCL)의 3강체제로 나뉘어 있다.

세계해운시장은 수요와 공급의 법칙에 의해서 설명된다. 즉, 수요에 영향을 미치는 변수는 크게 해상물동량, 세계경기, 계절적 영향 등이며, 공급에 미치는 요인은 신조선 발주량, 기존 중고선의 운항능력, 선박 해체량, 계선의 정도 등이다. 이러한 변수들이 상호 함수관계를 이루어 세계의 해운시장에 영향을 미치며, 선주의 이익과 화주의 편의에 밀접한 영향을 미치고 있는 것이다.

Rank	Operator	Teu	Share
1	Mediterranean Shg Co	5,161,064	18.9%
2	Maersk	4,146,697	15.2%
3	CMA CGM Group	3,499,372	12.8%
4	COSCO Group	2,933,122	10.8%
5	Hapag-Lloyd	1,859,736	6.8%
6	Evergreen Line	1,673,600	6.1%
7	ONE (Ocean Network Express)	1,643,283	6.0%
8	HMM Co Ltd	792,074	2.9%
9	Yang Ming Marine Transport Corp.	705,614	2.6%
10	Zim	604,666	2.2%

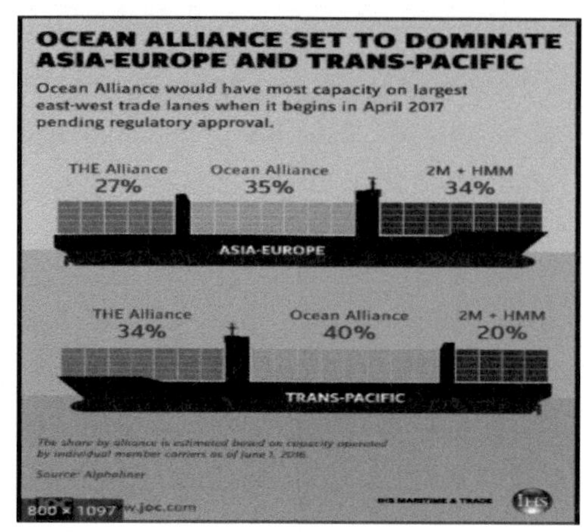

자료 : Alphaliner, July 2023

| 그림 2-1 | Market shares of the alliances as of 2023

오늘날 해운은 선박의 대형화와 현대화 등으로 규모의 경제가 확대되어 거대 자본이 투입되고, 그로 인하여 경기변동에 따른 선주의 경영통제력이 매우 힘들게 되었다. 그래서 외부의 환경변화에 따른 기업의 구조조정 등에 있어서 적기에 대응하지 못하고 시기를 놓쳐서 여러 가지 어려운 상황을 맞이할 수밖에 없는 상황이다.

세계의 해운시장에 있어서 수요와 공급에 영향을 미치는 선복량과 물동량 등의 현황을 살펴보면 다음과 같다.

〈표 2-1〉에서 보는 바와 같이 2023년 세계 선복량은 2194.2백만 DWT로서 지속적인 증가세에 있으며, 선종별 추이를 보면 벌크선이 946백만 DWT로서 가장 많은 선복량을 점하고 있고 탱커선이 679.3백만 DWT로서 2위를 차지하고 있다.

| 표 2-1 | 선종별 세계선복량 추이

(단위 : 백만 DWT)

연도	탱커선	벌크선	LPG	LNG	컨테이너선	일반 화물선	자동차 전용선	기타	합계
2000	301.1	267.2	10.1	6.7	64.7	69.6	13.6	40.3	773.3
2010	453	465.1	14.4	25.9	169.9	70	18.2	75.1	1291.6
2017	579.9	798.7	22.4	37.8	246.8	69.5	19.1	96.5	1870.7
2022	679.3	946	28.4	55.4	293.8	70.8	19.6	100.9	2194.2

자료 : 한국해운협회, "2023해사통계", 주) 100G/T 이상선박

| 표 2-2 | 세계 주요국가 지배상선대 현황(2022년 1월 기준)

국 가		척 수			선 복 량(1,000DWT)		
		국적선	외국적선	합계	국적선	외국적선	합계
1	그리스	620	4,246	4,866	55,716	328,703	384,419
2	중국	5,357	2,599	7,956	113,036	163,977	277,013
3	일본	933	3,070	4,003	35,971	200,656	236,627
4	싱가포르	1,371	1,400	2,771	67,869	68,312	136,181
5	홍콩	861	948	1809	72,061	39,474	111,535
6	대한민국	804	867	1,671	14,768	77,501	92,269
7	독일	185	2,036	2,221	6,977	72,616	79,593
8	버뮤다	2	505	507	26	63,381	63,407
9	노르웨이	982	1,002	1,984	18,980	40,945	59,925
10	영국	363	1,014	1,377	9,377	49,223	58,600

자료 : 한국해운협회, "2023해사통계", 주) 100G/T 이상선박

상기 〈표 2-2〉에서 알 수 있는 바와 같이 2022년 현재 세계 지배 상선대의 규모면에서 그리스가 세계 1위이며, 한국은 세계 6위에 머물고 있다. 여기서 외국적선은 편의치적선을 의미한다.

| 표 2-3 | 세계 컨테이너선 선형별 선복량 추이

(단위 : 천 TEU)

연도	100–2,999	3,000–5,999	6,000–7,999	8,000–11,999	12,000–14,999	P·Pmax 15,000+	합계	증감률(%)
2000	2,555.9	1,720.1	102.6	96.3	-	-	4,474.9	5.1
2010	4,311.2	4,941.6	1,404.7	2,200.0	81.7	142.5	13,081.7	34.21
2017	3,961.4	5,110.6	1,815.0	5,271.3	2,575.7	1,412.1	20,146.1	15.4
2022	4,454.1	4,741.3	1,804.6	5,932.2	3,734.0	4,102.0	24,768.2	12.3

자료 : 한국해운협회, "2023해사통계"

컨테이너선의 선형별 선복량도 꾸준한 증가세를 보이며 Panamax 및 Post Panamax 형이 3,734.0 및 4,102.0천 TEU로서 크게 증가하고 있다.

| 표 2-4 | 세계 상위 컨테이너선 운항 선복량(2023년4월 기준)

순위	선사	척	TEU	점유율(%)	수주잔량	
					TEU	척
1	MSC	744	4,846,563	18.2	1,698,854	127
2	APM · Maersk	692	4,171,035	15.7	370,200	29
3	CMA CGM	607	3,419,479	12.9	919,120	101
4	COSCO	465	2,890,584	10.9	928,740	49
5	Hapag-Lloyd	246	1,798,866	6.8	351,234	18
6	Evergreen Line	214	1,671,424	6.3	473,442	49
7	ONE	204	1,523,430	5.7	571,610	41
8	HMM Co.,Ltd	74	809,565	3.0	265,027	26
9	Yang Ming	93	705,614	2.7	-	-
10	Zim	139	571,193	2.1	351,184	41

자료 : 한국해운협회, "2023해사통계"

2023년 4월 기준 세계 컨테이너선의 운항선복량은 1위가 MSC가 744척, 4,846,563TEU의 선복량을 보유하고 있으며, 우리나라 현대상선(HMM)은 74척, 809,565TEU로서 세계 8위를 차지하고 있다. HMM은 현재 건조 중인 수주잔량 265,027TEU를 감안하더라도 상위 1~7위와는 현격한 차이가 나며 선복량에서 절대적 열위에 있다.

| 표 2-5 | 세계 상위 벌크선 운항선복량(2023년3월기준)

순위	선사	척	선복량(백만DWT)	평균선복량(DWT)	수주잔량	
					백만DWT	척
1	china COSCO Shipping	334	37.58	112,170	0.12	2
2	Nippon Yusen Kaisha	208	23.11	111,104	1.22	8
3	Fredriksen Group	100	13.98	139,823	0.85	10
4	China Merchants	112	12.85	114,690	1.37	20
5	Star Bulk Carriers	128	14.07	109,936	-	-
6	Barge Bulk	67	12.63	188,514	-	-
7	K- Line	99	11.94	120,594	1	1
8	ICBC	36	11.31	314,031	8	8
9	China Dev Bank	113	10.08	89,241	21	21
10	Mitsui OSK Lines	84	10.22	121,631	9	9

자료 : 한국해운협회, "2023해사통계", 주) 순위는 DWT(선복량+수주잔량) 기준.

세계 벌크선사의 운항 선복량은 China COSCO Shipping이 334척 37.58백만 DWT로서 1위를 차지하고 있으며 우리나라 선사는 Pan Ocean이 80척, 11.38백만 DWT로서 12위에 머물고 있으며, H-Line Shipping 43척 8.62백만 DWT 및 과 Polaris Shipping이 29척 7.73 DWT로서 각각 13위와 17위를 차지하고 있다.

| 표 2-6 | 세계 상위 유조선 운항선복량(2023년3월 Top Tanker Owner기준)

순위	선사	척	선복량 (백만DWT)	평균선복량 (DWT)	수주잔량	
					백만DWT	척
1	china COSCO Shipping	176	21.55	123,136	0.02	3
2	China Merchants	126	19.21	152,495	0.52	7
3	Euronav. MV	60	15.53	258,789	1.39	7
4	Fredriksen Group	86	15.30	177,958	0.35	3
5	Angelicoussis Group	53	14.39	271,524	0.64	2
6	Bahri	83	14.32	172,505	-	-
7	Nat Iranian Tanker	54	13.50	249,927	-	-
8	Mitsui OSK Lines	147	11.13	76,209	0.70	6
9	Dynacom	69	11.79	170,827	-	-
10	Sinokor Merchants	89	10.06	112,977	1.11	17

자료 : 한국해운협회, "2023해사통계", 주) 100G/T이상 유조선.

세계 유조선의 선복량은 China COSCO Shipping Co,가 176척, 21.55백만 DWT로서 1위를 점하고 있으며, 우리나라 SK Shipping이 34척, 7.30백만 DWT로서 18위를 점하고 있다.

| 표 2-7 | 세계 해상물동량 추이(2023년3월)

(단위 : 백만 톤)

연도	철광석	석 탄		곡 물	마이너 벌크	드라이 벌크	컨테이너
		원료탄	연료탄				
2004	589	172	469	226	1,374	2,830	885
2010	990	228	699	319	1,601	3,838	1,231
2017	1,477	258	954	475	1,999	5,161	1,688
2022	1,477	261	959	517	2,055	5,270	1,806

자료 : 한국해운협회, "2023해사통계"

세계 주요 물동량은 철광석, 석탄, 곡물, 마이너 벌크, 컨테이너 및 기타 벌크화물로 이루어지며 드라이 벌크화물이 5,270백만 톤으로 1위를 점하고 있고, 그 뒤를 이어 마이너 벌크화물이 2,055백만 톤으로 2위를 점하고 있다.

2. 한국의 해운(Korea shipping industry)

우리나라 해운의 역사적 기원을 찾아내기란 어려운 일이지만 문헌에 의하면 기원전 600년경에 이미 중국 본토와의 해상교역이 이루어졌던 것으로 되어 있다. 삼국시대에는 백제와 일본 사이에 해상의 문물교류가 활발하게 행해졌다는 기록을 찾아볼 수 있으며, 신라인들 역시 당나라와 긴밀한 교역을 했던 것으로 알려지고 있다.

특히 9세기경에는 장보고(張保皐)가 황해와 남해에 횡행하던 해적들을 소탕하고, 청해진을 근거로 하여 막강한 해상지배권을 행사하면서, 중국과 일본 및 동남아에까지 걸쳐서 왕성한 무역활동을 했던 것으로 유명하다. 그 후 고려시대에 와서는 중요한 수로에 조창(漕倉)이라는 일종의 항만기지를 설치하고, 주로 조운(漕運)에 의거하여 나라의 조세곡물(租稅穀物) 등을 수송했었다.

조선시대의 해운 역시 고려시대와 마찬가지로 한강을 비롯하여 주요 수로와 하천 유역에 조운을 관리하는 해운창(海運倉)과 수운창(水運倉)을 두었다. 특히 1400년경 세종시대에는 대마도 정벌의 전후기에 걸쳐 부산 등지에 왜관(倭館)을 두고 대일무역과 해상교통을 장려한 것으로 되어 있다. 그러나 조선시대나 고려시대에 있어서는 전반적인 사회계급 구조상 해상직업을 천민시(賤民視)하는 풍조가 있었고, 또 조선말엽의 쇄국정치(鎖國政治) 등의 영향으로 인하여 해운은 부진한 상태를 면치 못하였다.

마침내 1876년에 이르러 일본과 수교조약이 체결되면서 대일통상(對日通商)이 시작되었고, 1910년 한일합병 이후 일제의 식민통치 지배 하에서 근대해운으로의 형성기를 맞게 되었다. 1912년에 일제의 총독부는 그 당시의 한일해운업체들을 통합하여 조선우선주식회사(朝鮮郵船株式會社)를 설립하고서 이로 하여금 해운을 독점케 하며 부산·인천·목포·군산·포항 등의 항구를 개발하고 항로를 개설하였다.

1945년 8월, 해방과 더불어 일본이 철수하면서 우리나라에 남기고 간 선박은 남한에 조선우선주식회사 소속의 대형선 6척에 8,000총톤과 소형민간선 10여만 총톤, 그리고 북한에 소형선 2만여 총톤 정도였다. 이 시기의 선박등기부 통계를 보면 기선(汽船)이 855척에 109,732총톤, 범선이 1,326척에 67,358총톤으로 나와 있는데, 기선의 경우 100톤 미만의 선박이 699척으로 대종을 이루고 있고, 100톤 이상 1,000톤 미만의 선박이

38척, 그리고 1,000톤 이상의 선박이 18척으로서 대부분이 18년 이상의 선령을 가진 노후선(老朽船)들이었다. 한편 범선은 거의 전부가 200톤 미만이고 50톤 이하가 857척으로서 대부분을 차지하고 있었다.

해방 후 조선우선주식회사는 기존의 보유선박에 미군청(美軍廳)으로 부터 인수받은 군수송선(LST 등)을 포함시켜 운영했었는데, 1948년 4월에 소속선 루도호(樓島號)가 홍콩항로를 개척하면서 최초의 대외처녀취항을 하게 되었다. 그러나 1950년대까지도 우리나라의 해운은 6·25동란과 정치적인 불안, 그리고 해운정책의 부재 등으로 인하여 해운의 후진성을 탈피하지 못하였다.

그 후 1950년에 대한해운공사가 발족되었고, 1952년 10월에 극동해운주식회사의 소속선 고려호(1만 톤급)가, 그리고 1953년 2월에 대한해운공사 소속선 동해호 및 서해호가 대미(對美)항로에 처녀취항을 하기 위해 최초로 태평양을 횡단한 것은 특기할 만한 사실이라 하겠다.

우리나라의 해운기업이 현대해운으로의 궤도에 본격적으로 진입하게 된 것은 1960년 5·16혁명 이후 정부에 의해 추진된 경제개발 계획과 더불어 해운육성 정책이 전개되면서부터라고 할 수 있다. 특히 1960년대 중반 이후 국가의 급속한 경제성장과 세계해운경기의 호황(好況)에 힘입어 우리나라의 해운도 비약적인 발전을 거듭했던바, 1980년대 초에는 보유 선복량(船腹量)이 700만 톤을 넘어선 세계 제13위의 중진 해운국으로 발돋움하게 되었다.

그러나 1970년대에 두 차례(1973년, 1979년)에 걸쳐 밀어닥친 석유파동(oil shock)은 원유가의 폭등과 더불어 세계경제를 위축시키면서, 국제무역경기의 침체와 함께 선복공급의 과잉현상까지 겹쳐서 장기적인 해운불황을 가져오게 하였다. 특히 우리나라는 1970년대 후반부터 과도하게 증강된 선복에 의한 과잉공급과 함께 100여 개 이상에 달하는 군소(群小)해운업자들의 난립 및 경쟁, 그리고 재무구조의 악화 등으로 인하여 전체 해운산업이 도산의 위기에까지 빠지게 되었다.

이에 정부는 급기야 그 구제대책으로 1983년 12월 해운산업합리화계획을 수립하기에 이르렀고, 1984년부터 3년여 간에 걸쳐 이를 추진하게 되었다. 해운산업합리화(海運産業合理化)의 기본목표는, ① 100여 개 사로 난립한 군소해운회사들을 몇 개의 그룹 선사로 통폐합하고 정리함으로써 국적선사들 간의 과당경쟁을 방지하고, ② 노후·비경제선의 처분 등을 통해서 해운기업의 체질을 개선하며, ③ 경영의 합리화를 통하여 재무구조를 개선하고 정부의 지원을 받도록 하여 국제경쟁력을 강화시킨다는 것이었다.

해운산업합리화 계획이 거의 마무리 짓게 된 1988년 말에 한국의 해운기업은 원양선사 그룹 6개사와 동남아항로선사 4개사, 한일항로 9개사, 계열선사 9개사, 그리고 특수선 1개사 및 기타 6개사를 합쳐 총 35개선사로 재편되었다.

이후 해운산업이 정상괘도로 들어서고, 2000년대 초부터 국제 해운경기가 호황을 맞으면서 해운기업들의 수가 다시금 늘어나 2023년 통계기준 현재 한국해운협회에 등록된 해운선사는 총 161개에 이른다. 한국 상선대는 총 1,114척에 55,799,901총톤(G/T), 재화중량톤(DWT)으로는 85,890,136DWT으로서 세계 제7위권에 자리하고 있다. 한국의 주요 상선대 추이와 물동량 규모는 다음과 같다.

1) 한국의 상선대 현황

2022년 말 기준 우리나라 국적 외항상선대는 벌크선이 1천4백만G/T, 22천6백만 DWT로서 1위를 차지하고, 그 뒤를 이어 석유제품 및 케미컬겸용선, 그리고 풀컨선과 일반화물선이 주요 선복량을 점하고 있다.

우리나라 국적선의 취득방법은 주로 국적취득조건부 나용선(BBC H&P : Bare Boat Charter Hire & Purchase)(제5장 제4절 '선체용선계약서'(P.439 그림 참조)에 의존하고 있으며, 그 다음으로는 회사유보자본 및 금융권을 이용한 방법을 취하고 있다. 중고선 등의 도입은 2018년에 설립된 한국해양진흥공사의 보증지원제도 등을 활용하여 이루어지고 있다.

| 표 2-8 | 주요 선종별 국적외항 상선대 현황(2022년말 기준)

선박종류	척수	G/T	DWT
벌크선	260	14,372,952	26,772,915
광탄선	49	7,798,979	14,954,137
자동차운반선	61	3,693,889	1,341,777
풀컨선	176	8,495,180	9,300,996
원유운반선	77	10,630,991	20,401,724
일반화물선	106	1,509,867	2,501,334
LPG	54	1,368,593	1,530,139
LNG	42	4,361,617	3,300,370
석유제품·케미칼겸용	214	2,612,858	4,292,302

자료 : 한국해운협회, "2023해사통계"

| 표 2-9 | 선박확보 방법별 국적외항 상선대 현황(2022년말 기준)

확보구분	척수	G/T	DWT
국취부 나용선	596	42,625,358	68,927,940
자기자금	398	11,260,176	14,318,058
계획조선	1	3,140	3,796
리스	7	105,285	184,266
중고선 도입	39	820,523	1,168,242
중고도입 자기자금	62	860,566	1,164,266
중고도입리스	1	5,457	6,831
국내매입	10	119,396	1,116,737
합계	1,114	55,799,901	85,890,136

자료 : 한국해운협회, "2023해사통계"

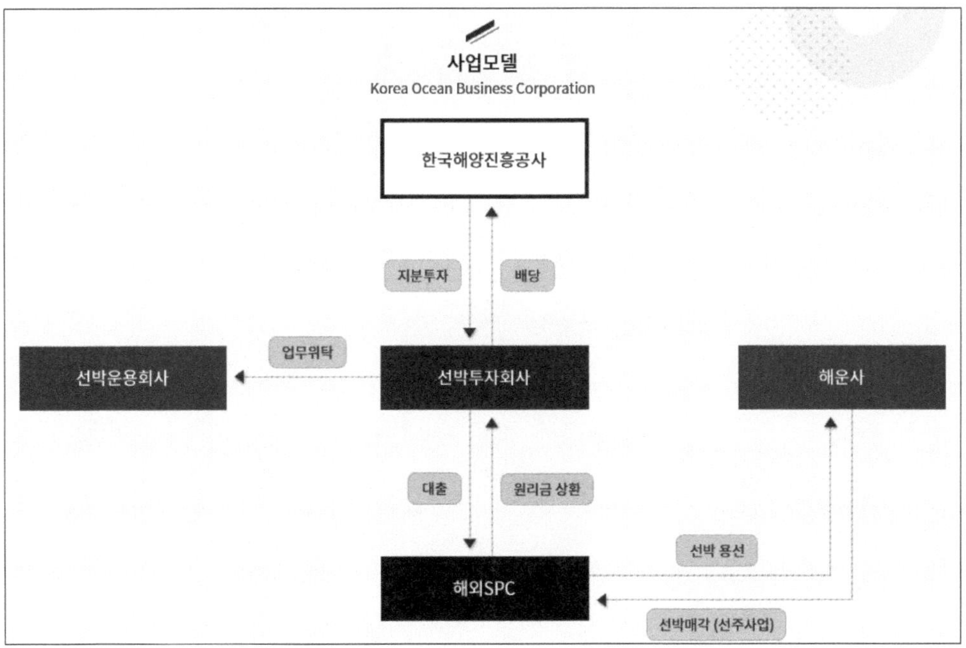

| 그림 2-2 | 한국해양진흥공사의 투자지원 프로세스

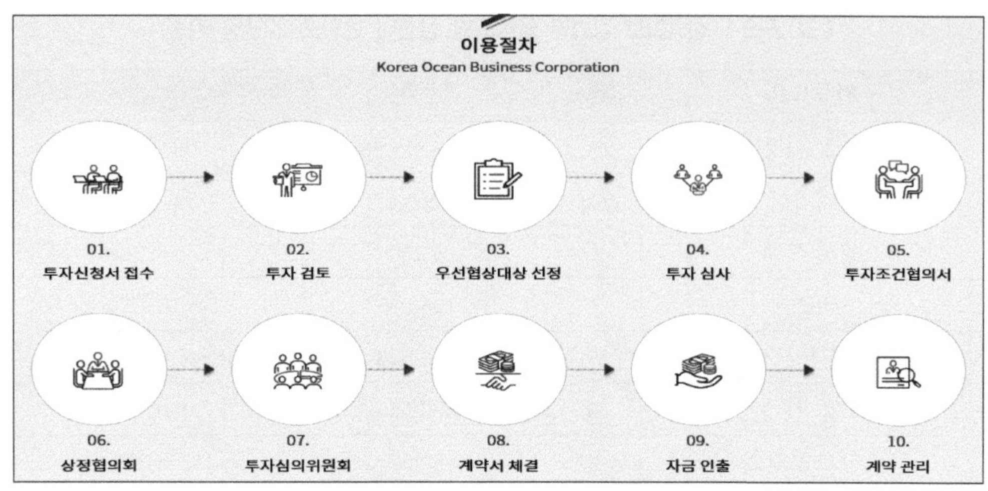

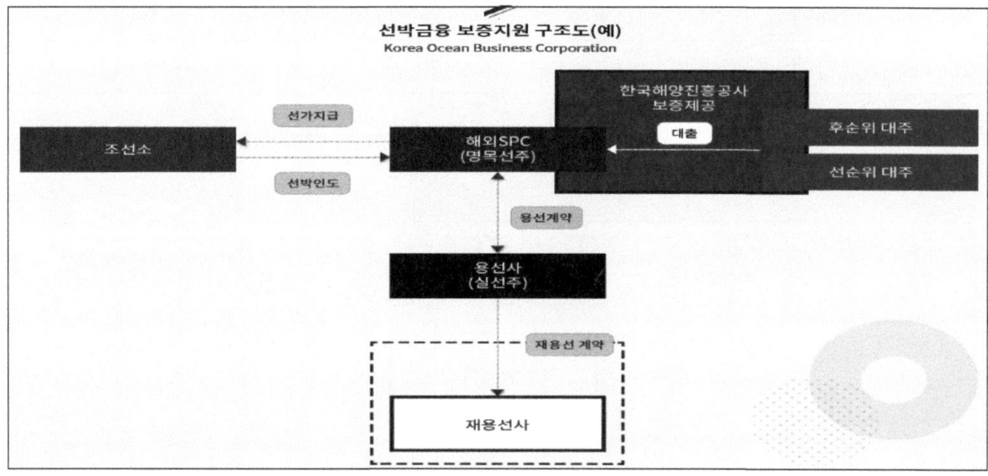

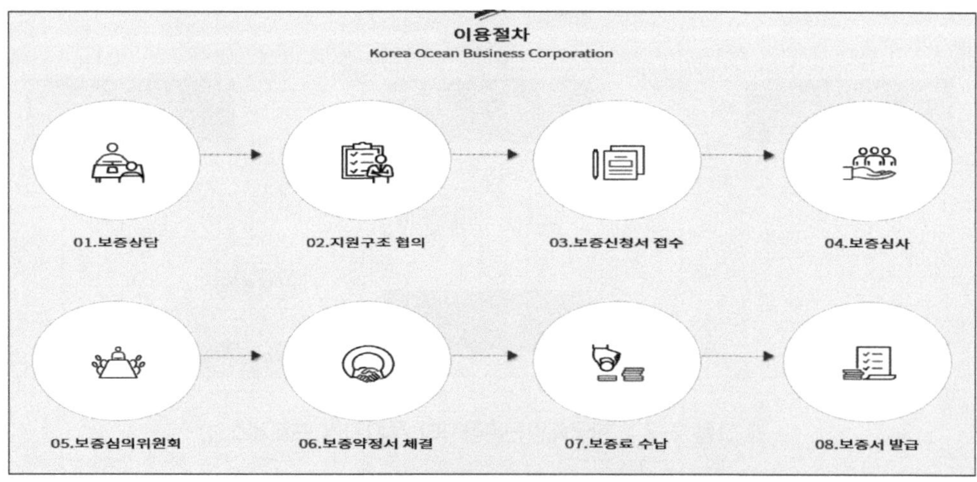

▌그림 2-3▐ 한국해양진흥공사의 보증지원 프로세스

| 표 2-10 | 우리나라 수출입 해상물동량 추이(환적포함)

(단위 : R/T)

구 분	합 계	수 입	수 출
2012	1,108,538,270	724,396,727	384,141,543
2015	1,216,781,726	799,499,963	417,311,763
2020	1,276,227,638	844,441,495	431,786,143
2022	1,304,719,088	864,598,586	440,120,502

자료 : 한국해운협회, "2023해사통계"

우리나라 수출입 해상물동량(Seaborn Trade Volumes)은 2022년 기준 13억 R/T에 달하며 이 중 수입이 약 50%를 점하고 있다.

| 표 2-11 | 우리나라 수출입 컨테이너 물동량 추이

(단위 : TEU)

구 분	합 계	수 입	수 출	환 적	연 안
2013	23,469,238	6,937,010	7,010,597	9,321,245	200,386
2015	25,680,530	7,379,645	7,321,474	10,719,106	260,306
2020	29,100,531	8,139,228	8,289,721	12,487,076	184,506
2022	28,807,462	8,222,122	8,214,791	12,153,530	217,020

자료 : 한국해운협회, "2023해사통계"

우리나라 수출입 컨테이너 해상물동량은 2022년 기준 2천8백만 TEU이며 이 중 약 42%가 환적화물이고, 수출과 수입이 각각 50%씩 점하고 있다.

| 표 2-12 | 우리나라 수출입 해상물동량 국적선수송 추이(환적제외)

(단위 : 천R/T)

구 분	국 적 선			외 국 선		
	합계	수입	수출	합계	수입	수출
2012	115,476	79,881	35,595	797,476	545,125	252,350
2015	110,535	73,530	37,005	859,931	600,580	259,351
2020	111,529	72,477	39,052	871,408	623,937	247,470
2022	113,419	70,409	43,009	894,589	646,266	248,322

자료 : 한국해운협회, "2023해사통계"

우리나라 수출입 해상물동량의 환적제외 국적선 수송량은 약 1억1천만 톤이며 이 중 수입이 약 61%를 점하고 있으며, 외국적선에 비해 약 13%의 수송분담율을 보이고 있으며, 환적을 포함할 경우 약 1억4천만 톤이며 외국적선 대비 약 8%의 수송율을 점하고 있다.

| 표 2-13 | 우리나라 수출입 해상물동량 국적선 수송추이(환적포함)

(단위 : 천R/T)

구 분	국 적 선			외 국 선		
	합계	수입	수출	합계	수입	수출
2012	132,920	87,832	45,088	975,617	636,564	339,053
2015	132,771	83,959	48,812	1,084,009	715,510	368,499
2020	138,384	85,374	53,010	1,137,843	759,067	378,775
2022	143,576	84,605	58,971	1,161,142	779,993	381,148

자료 : 한국해운협회, "2023해사통계"

3. IMO 논의중심 세계해운의 당면과제

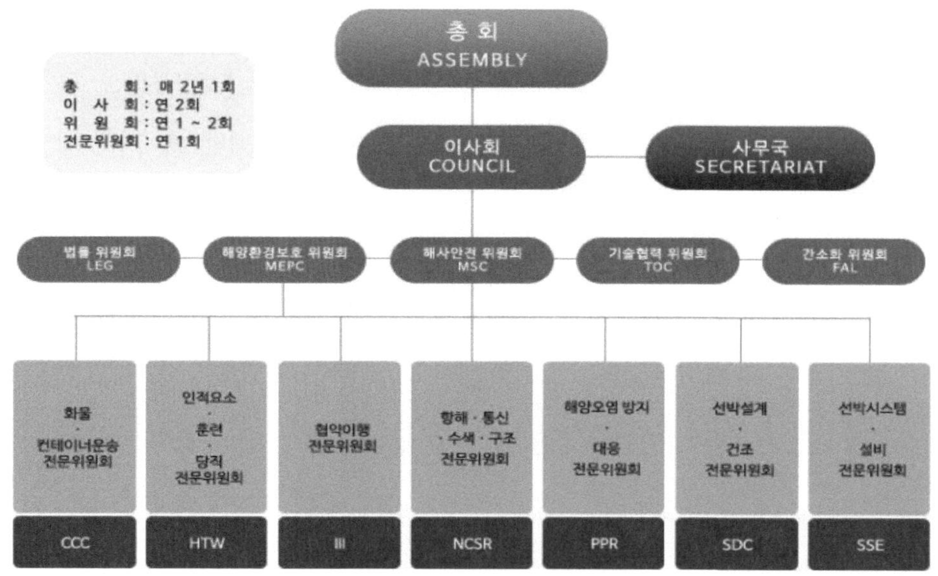

| 그림 2-4 | IMO의 조직도

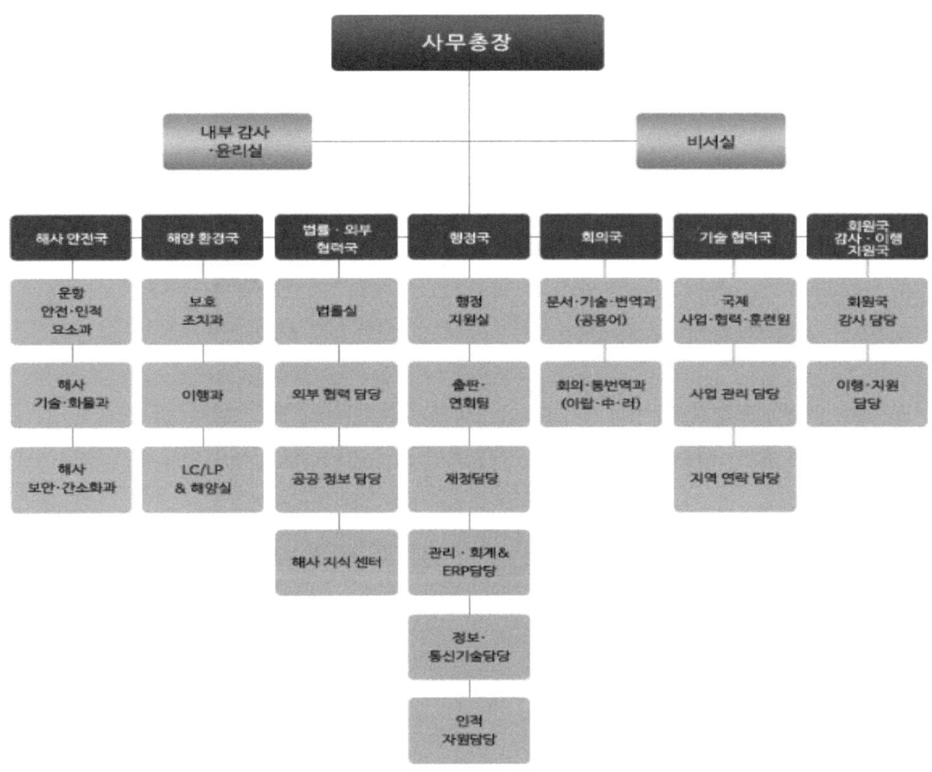

| 그림 2-5 | IMO 조직 및 주요정책동향

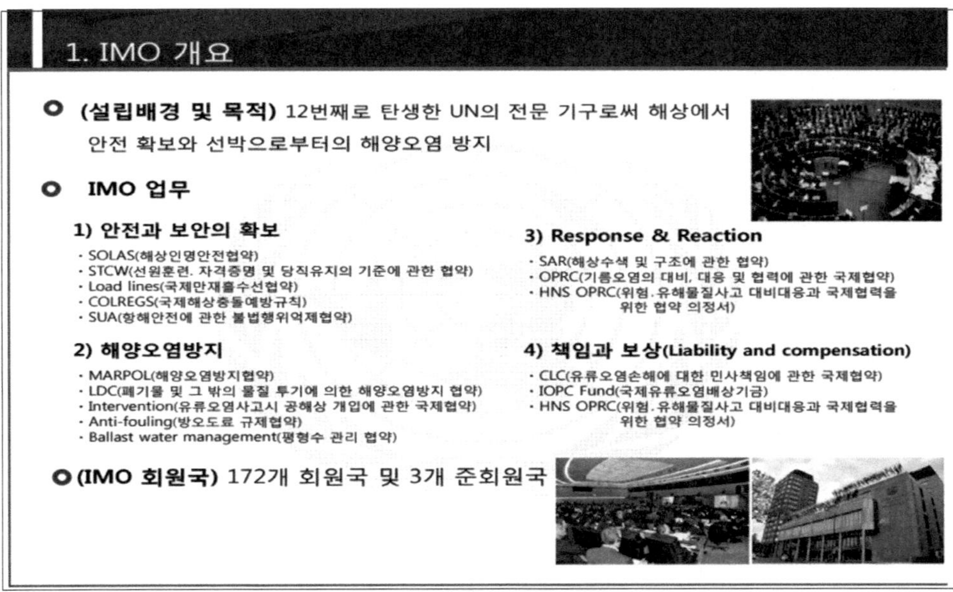

2. 해사안전협약

여객, 화물 및 선박의 안전 확보

- 국제만재흘수선협약(LL) 및 의정서
- 국제해상충돌예방규칙(COLREG)
- 안전한 컨테이너에 관한 국제협약(CSC)
- **해상인명안전협약(SOLAS) 및 의정서**
- 어선안전을 위한 토레몰리노스 국제협약(SFV) 및 의정서
- 특수상용여객선 협정(STP) 및 의정서

인적 요소 관리

- 선원의 훈련, 자격증명 및 당직근무의 기준에 관한 국제협약(STCW)
- 어선 선원의 훈련, 자격증명 및 당직근무의 기준에 관한 국제협약(STCW-F)

해상보안

- 항해안전에 관한 불법행위억제 협약(SUA) 및 의정서
- 대륙붕 위 고정플랫폼의 안전에 대한 불법행위억제를 위한 의정서(SUA PROT)

통신·기타

- 국제이동위성기구협약 (IMSO C)
- 국제해사위성기구운영협정(INMARSAT OA)
- 국제코스파스살새트계획협정(COS-SAR)
- 톤수측정협약(TONNAGE)
- 국제해상교통간소화협약(FAL)
- 해난구조에 관한 국제협약(SALVAGE)

1 자율운항선박(MASS, Maritime Autonomous Surface Ships)

IMO 논의경과

MSC 95('15)	- 영국은 무인선 규정 제정에 대한 필요성을 제기하는 정보문서 제출
MSC 98('17)	- 해상에서의 **자율운항선박 운용 관련 IMO협약 검토작업을 제안** (MSC 98/20/2, 영국 주도하에 우리나라 포함 9개국 공동제출) - 법규체계 개발작업을 MSC 작업계획(18-19) 및 MSC 99 작업반구성 승인

주요내용

- 검토범위 : 기존 IMO 규정 중 무인선의 등장으로 인해 제·개정해야 할 부분과 새로운 이슈를 식별하는 것으로 한정

1	기존 IMO규정 중 무인선 운용 도입을 저해하는 규정 식별
2	기존 IMO규정 중 무인선 운용을 적용할 수 없는 규정 식별 (순수한 인적요소)
3	기존 IMO규정 중 무인선 건조 및 운용에 있어서 안전성, 보안성, 환경보호를 보장하기 위해 개정되어야 할 내용 식별

1 자율운항선박(MASS)

향후 전망

- 단계별 자율운항선박의 도입 예상(최소인원승선/부분자동화 → 원격조종 → 완전자동화)
- 연안에서의 소형선박 운항을 시작으로 2030년 이후 대양항해 수준의 완전 자율운항선박

자율운항선박의 운항을 저해하는 규정 및 제·개정이 필요한 규정 식별 (2018–2019)

2017 → 2018 → 2019 → 2020

- 2017: 자율운항선박의 실질적 운용을 위해 국제협약 포함 검토작업 제안 (MSC 98차)
- 2020: 자율운항선박 관련 제도 및 규제 체계 마련 (~2028년)

2 E-Navigation

○ 도입배경

- 인적과실(Human Error)로 발생하는 해양사고 저감 및 해운효율 증진을 위해 선박운항기술에 정보통신기술(ICT)을 융합해 장비를 통합 표준화하는 시스템
- 우리나라도 '한국형 e-Nav 사업'과 관련해 초고속 해상무선통신망(LTE-M) 구축사업과 어선 등 해양사고에 취약한 연안선박에 제공할 서비스 기술 개발 중

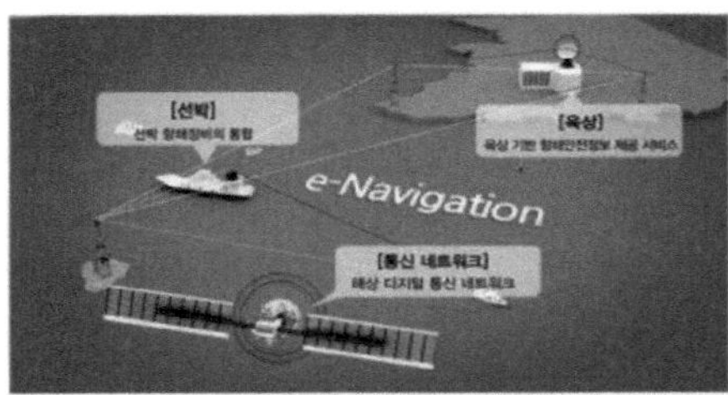

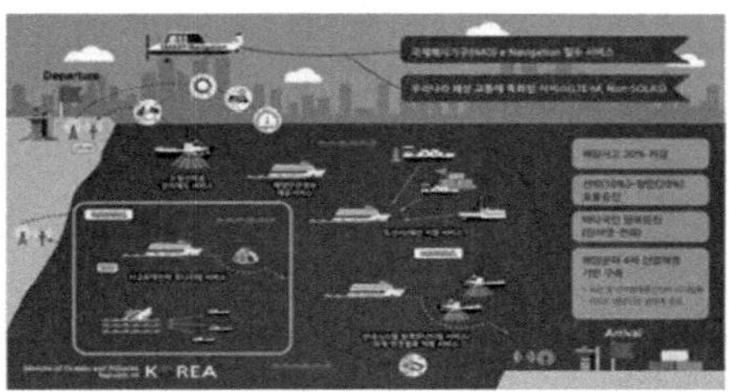

3 GBS(신개념 선박건조기준)

○ 도입배경 및 개요

- 선박을 일정기간(25년) 운항하겠다는 안전목표 및 기능요건을 기준으로 선박의 설계기준을 정하자는 것으로 산적화물선/유조선 구조 관련 신규 기준
- 빈번한 해양사고 발생으로 검사/선체강도 평가 적정성 우려가 해사업계 전반으로 확산되어 이와 관련한 규정 제정의 필요성이 IMO내에서 제기

<Erica호(France 연안, Dec'99)> <Prestige호(Spain 연안, Nov'02)>

3 GBS(신개념 선박건조기준)

Tier I(목표) 목표기반 건조기준 실현 관련 안전 환경 보안기준 등 5가지 목표설정

Tier II(기능요건) 1단계 목표달성을 위한 설계 수명, 환경조건, 피로수명, 구조강도, 잔존 강도, 접근성, 건조 품질, 정비 등 기준

Tier III(적합검증) 선박 디자인 및 건조규정이 목표와 기능요건에 적합한지 여부 검증 절차(설계 도서 승인, 검사 및 증서 교부 등)

Tier IV(선박 건조,디자인 규정) 목표와 기능요건에 부합하기 위해 주관청과 대행 선급이 선박 디자인과 건조에 적용하는 상세 요건(기술적 절차, 지침, 선급 규칙 등)

Tier V(산업표준) 선박의 건조 및 디자인 규정에 통합되거나 참고될 수 있는 조선, 선박운항, 관리, 훈련, 선원배승 등을 위한 산업표준과 안전품질관리 시스템

3 GBS(신개념 선박건조기준)

◎ 향후 논의방향

- 향후 GSB가 전 선종 확대 적용될 것에 대비하여, 현재 각 선급들의 규칙이 GBS 기반으로 개발 방향을 결정하는 추세임
- 신조선 GBS 개발을 위한 GBS-SLA(안전수준접근법)개발, 적용 잠정지침 논의예정

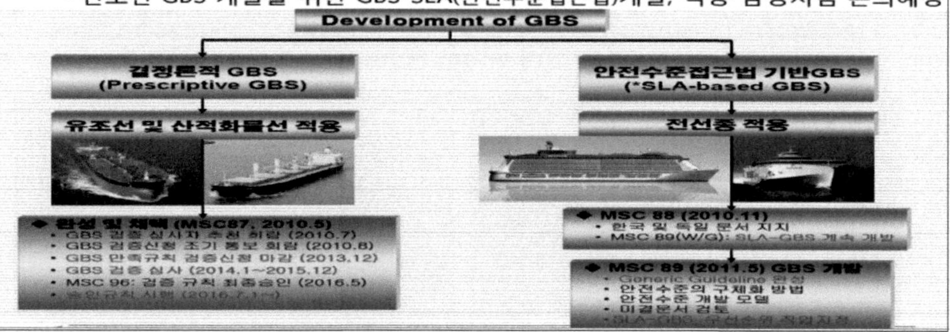

4 Cyber security

◎ 사이버 보안(Cyber security)의 추진배경

- 광범위한 컴퓨터시스템 적용 추세와 첨단 ICT 발전으로 IMO의 e-Navigation 도입과 자율운항선박 개발 등 선박 및 해운산업에 사이버시스템*의 도입 가속

  *** 예 : 선교시스템, 추진 및 기관 관리 및 전력제어시스템, 화물관리시스템 등**

- 사이버공격에 대한 위험성이 증가하고 있어 사이버보안의 중요성에 대한 국제사회 및 IMO의 인식이 고조되어 논의 필요성이 제기

4 Cyber security

SeaIntel: Impact of Cyber Attack on APM Terminals Quite Muted

Image Courtesy: DHS

The recent cyber-security breach at Maersk group's APM Terminals had a clear impact on the vessel handing operations in the immediate short-term, but it was not far outside the normal operational fluctuations, SeaIntel's analysis shows.

For the most part, APM Terminals continued vessel handling operations as normal, albeit at a slower pace for a short number of days.

MAERSK TURNS PROFIT DESPITE $300 MILLION COST OF CYBER ATTACK

FREIGHT RATES SOAR AMID STRONG FUNDAMENTALS FOR CONTAINER SHIPPING

<사이버 공격 사례>

- 무인화 선박에 대한 IMO의 국제적인 논의가 본격화 되면서 선박들의 사이버 보안의 중요성이 증대

4 Cyber security

○ 주요내용 및 논의경과

- **MSC 98('17.6)** : ISM 코드의 안전관리 시스템에서 사이버위험 리스크 관리를 포함하여 관리하는 것에 대한 결의서 MSC.428(98)*을 채택(비강제)

* 선박 안전경영 시스템 내 해상 사이버 리스크 관리": **2021년 1월 1일 이후 도래하는 첫 번째 DOC 연차심사 전까지 사이버 위험 관리를 안전 관리 시스템(SMS)에 통합하여야** 하고, 회원국들은 이를 확인할 것을 권고함

○ 향후 논의방향

- e-Nav 도입, 무인화선박 개발, 4차 산업혁명에 따른 최신 ICT 기술의 항만 및 물류를 포함한 해사산업계의 적용확대 추세에 따라 지속 논의 예상

5 Polar Code

- 배경 : 온난화에 따라 북극항로 개발에 대한 상업적 수요가 증가하여, 사고발생 가능성도 증가할 것으로 예상되어, 지역특성을 반영한 규정 필요성 대두

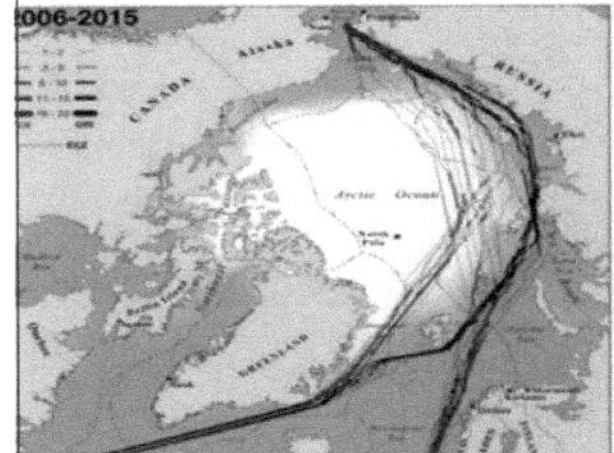

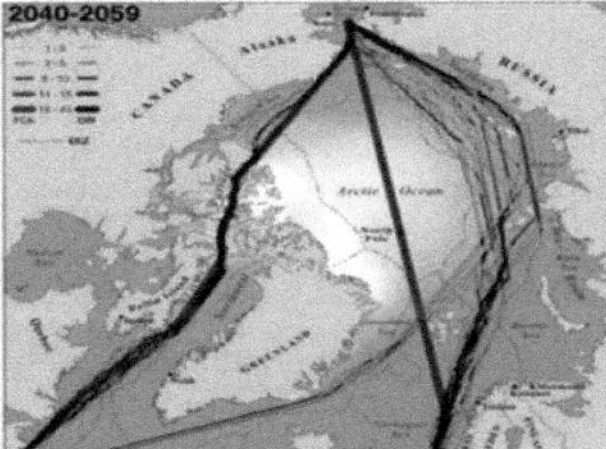

- 대상 : SOLAS XIV/Reg.1에 정의된 "극지해역(Polar water)"을 운항하면서 SOLAS 제1장에 따라 증서를 발급받은 모든* 선박

* 체약국 정부가 소유하거나 운항하는 선박, 정부의 비상업적인 용도로 사용되는 선박 제외

- 발효 : 2017년 1월 1일 ~

5 Polar Code

○ IMO 논의경과

MSC 86 ('09.05)	"극지운항선박 코드 개발" 신규 의제 승인
DE 54 ('10.10)	GBS(Goal Based Standards) 방식의 Polar code 개발 결정
SDC 1 ('14.01)	극지운항선박 코드 초안 마련
MSC 94('14.11)	강제화를 위한 SOLAS XIV장 및 결의서 채택 (Res.MSC.385(94))
MEPC 68 ('15.05)	강제화를 위한 MARPOL ANNEX 결의서 채택 (Res.MEPC.264(68))

5 Polar Code

○ 향후 논의방향

- non-SOLAS 선박을 위한 코드 2단계(Phase 2) 개발

MSC 88	1단계 SOLAS 적용선박, 2단계 SOLAS 비적용선박 순으로 진행하는데 동의
SDC 4 MSC 98	(찬성) 코드 개발 2단계를 Polar Code Part Ⅲ 제정으로 진행할 것을 제안 (반대) SOLAS 비적용선박에 대한 Polar Code 발췌적용의 부적절성 지적
MSC 98	의제명을 '극지해역을 운항하는 SOLAS 비적용선박의 안전대책'으로 변경
MSC 99	2단계 개발 적용범위, 코드의 강제 · 권고적 지위, 적용 선종 등의 결정 예정

6 BWM

○ 선박평형수 관리협약(Ballast Water Management Convention, BWMC) 개요

- 배경 : 연 50억톤 이상의 해수와 약 7000종의 해양생물이 선박평형수와 함께 이동해 해양생태계를 교란시키는 등 해양환경 오염에 대한 우려

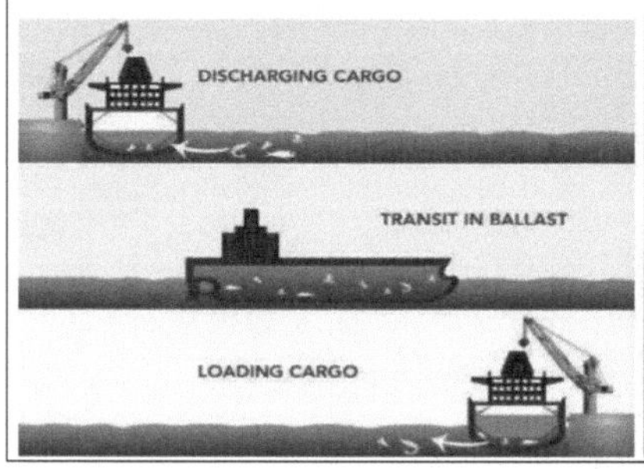

6 BWM

○ 최근 논의 경과

- 협약의 이행시기 결정

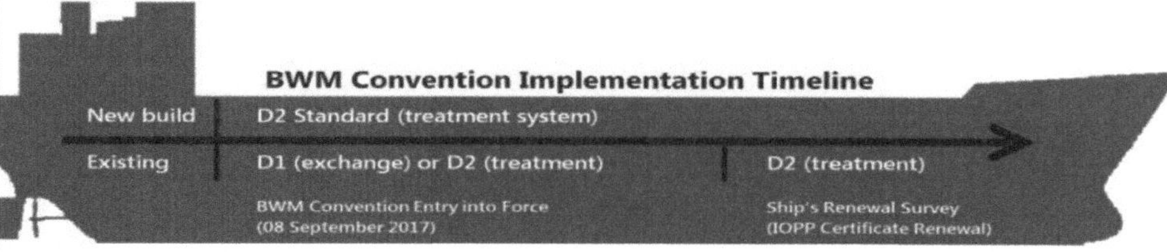

- D1(평형수 교환기준)은 2017년 9월 8일부터 이행
- D2(평형수 배출성능기준)은 다수 선박이 BWMS(평형수처리장치)를 설치해야 하므로, 현존선박은 정기검사 시기에 따라 단계적으로 설치하기로 시기 합의

6 BWM

- 신조선 및 현존선박 D2(평형수 배출성능기준) 적용 시기

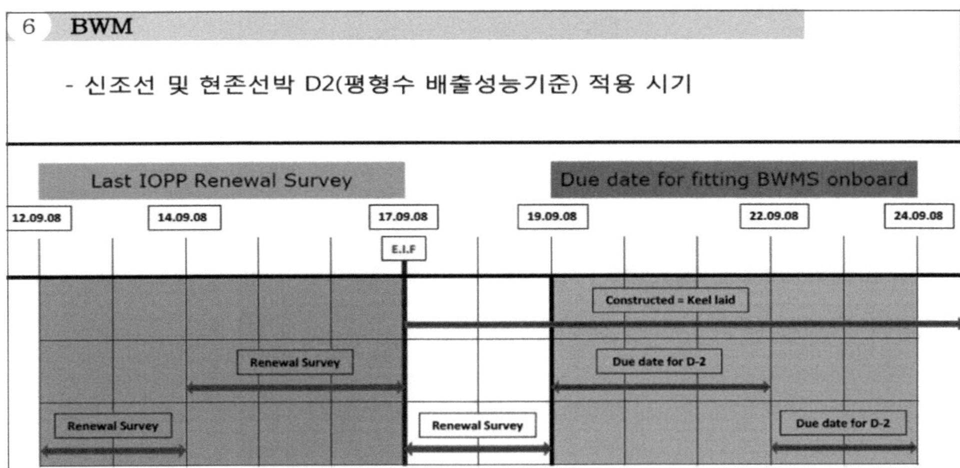

7 GHG

- 선박 기인 대기오염 관련 IMO 논의
  - 선박에서 발생하는 황산화물(SOx), 질소산화물(NOx), 오존층파괴물질, 온실가스 등에 대해 일부 국가가 자국 연안의 대기오염 배출 규제 시행
  - 선박 기인 대기오염에 대한 국제적 규제 필요성 인식으로 MARPOL 73/78 당사국들은 1997년 의정서를 체결하여 2005년 대기오염 배출 규제 시작

- 선박 온실가스(GHG) 감축 관련 IMO 논의 배경
  - 모든 국가에 온실가스 감축의무를 부여하는 파리 협정 발효('16.11.4)
  - UN은 IMO에 국제해운분야의 온실가스 감축 노력에 협력해줄 것을 요청

7 GHG : CO2 규제 개요

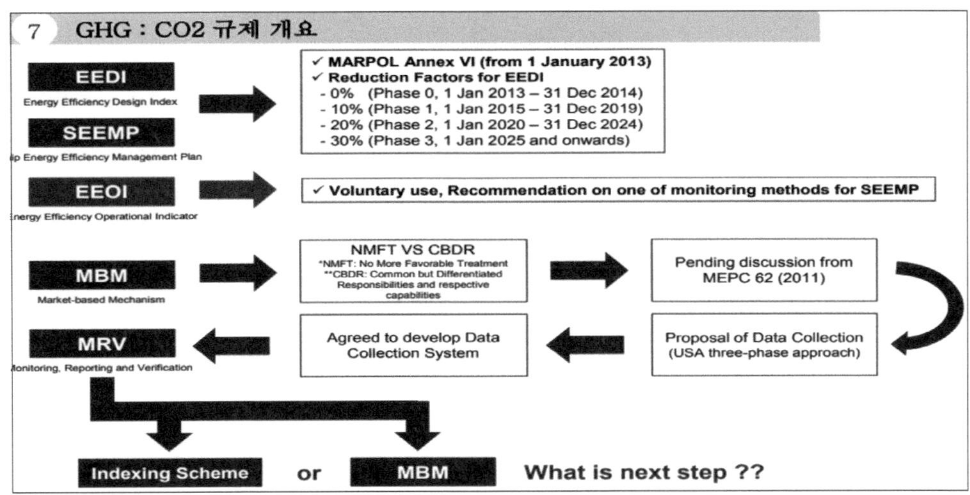

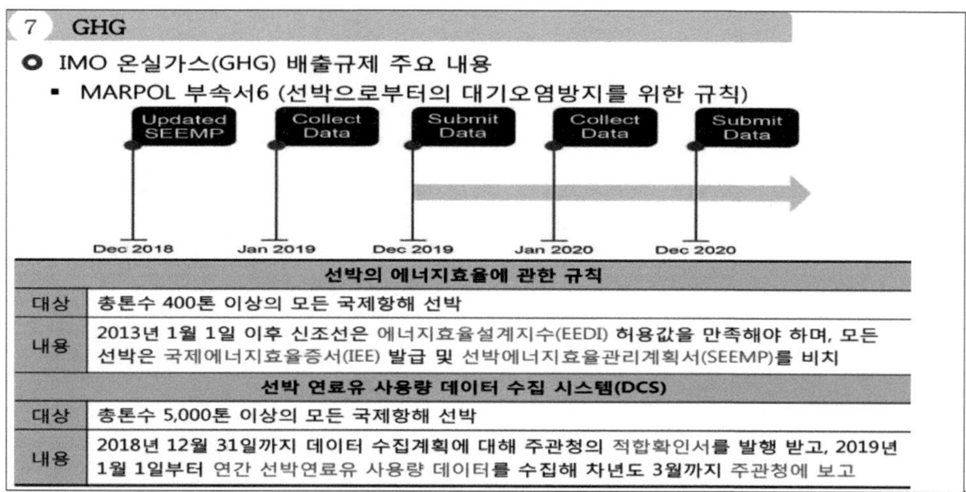

7 GHG

- IMO 온실가스(GHG) 배출규제 주요 내용
  - MARPOL 부속서6 (선박으로부터의 대기오염방지를 위한 규칙)

선박의 에너지효율에 관한 규칙	
대상	총톤수 400톤 이상의 모든 국제항해 선박
내용	2013년 1월 1일 이후 신조선은 에너지효율설계지수(EEDI) 허용값을 만족해야 하며, 모든 선박은 국제에너지효율증서(IEE) 발급 및 선박에너지효율관리계획서(SEEMP)를 비치
선박 연료유 사용량 데이터 수집 시스템(DCS)	
대상	총톤수 5,000톤 이상의 모든 국제항해 선박
내용	2018년 12월 31일까지 데이터 수집계획에 대해 주관청의 적합확인서를 발행 받고, 2019년 1월 1일부터 연간 선박연료유 사용량 데이터를 수집해 차년도 3월까지 주관청에 보고

7 GHG

- 향후 논의방향
  - '선박 GHG 배출 저감을 위한 포괄적 IMO 전략' 개발 논의

연도/회의		논의 내용
2018	MEPC 72	초기전략(Initial IMO Strategy) 채택
2019	-	1단계 시작 : 데이터 수집
2020	MEPC 76	2단계 시작: 데이터분석
2021	MEPC 77	수집데이터 기반 IMO 초기전략 개정작업 시작
	MEPC 78	3단계 : 결정 단계
2022	-	2021년 데이터 IMO 제출
2023	MEPC 80	"IMO GHG 감축 최종전략" 채택

8 Bio-Fouling

○ 선체 생물오손(Bio-fouling) 개요

- 선체 바닥의 해양생물 부착은 선박속도를 저하시켜 연료사용량을 증가시키고 외래종의 직접적인 유입으로 항구 근처 해양생태계의 교란을 일으킴
- IMO에서 선박에 의한 외래수중 생물종의 이동을 막기 위해 선박평형수에 포함된 생물을 다루었으나, 2008년부터 선체 생물오손(Bio-Fouling)을 방지하고 제거하는 것을 강제화 하는 국제협약의 개정이 시작되었음

○ 주요내용 및 논의경과

- 국제협약(AFS 협약)* : '01년 10월 채택, '08년 9월 17일 발효
  - * International Convention on the Control of Harmful Anti-Fouling Systems on ships, 2001 : 방오도료에 유해 유기주석화합물 등 사용 금지 유해물질을 규정
- '선박의 위해생물 이동 최소화를 위한 관리 가이드라인' 채택('11.7.15)

8 Bio-Fouling

- AFS 2001 협약에서는 부속서 1(방오시스템의 규제)을 통해 생물파괴제로 작용하는 유기주석화합물의 적용을 규제하고 있음

<선체 생물 오손 사례>

○ 향후 논의방향

- MEPC 66차('14.4) 이후로 Bio-fouling에 대한 논의가 거의 이루어 지지 않고 있으나, 향후 MEPC, PPR 에서 주요이슈로 논의될 것으로 예상
- MEPC 71('17.7) 에 오스트리아, EC등의 국가는 "cybutryne" 이 선박 방오도료에 사용 금지되도록 제안, 승인되었으며, PPR에서 논의 예정

* **Sub-Committee** on Pollution Prevention and Response (**PPR**)

9 회원국감사제도

○ 회원국감사제도(IMSAS) 개요

국제협약의 효율적인 이행 및 국제안전기준의 통일적 적용을 위해 제28차 IMO 총회('13년)에서 회원국감사제도(IMSAS*)를 강제화

* IMO **M**ember **S**tate **A**udit **S**cheme : IMO 협약을 얼마나 효율적으로 관리, 이행 여부에 대하여 포괄적이고 객관적으로 IMO 회원국을 평가

○ 논의 경과

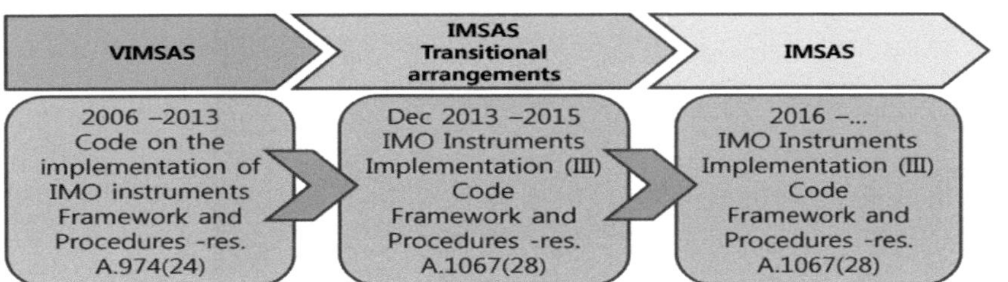

9 회원국감사제도

○ 주요 내용

- 9개 협약이 회원국감사제도 범위에 포함됨
  - SOLAS 1974 • SOLAS PROTOCOL 1988 • MARPOL 73/78
  - MARPOL PROTOCOL 1997 • STCW 1978 • LOAD LINES 1966 (LL66)
  - LL 66 PROT 1988 • TONNAGE 1969 • COLREG 1972
- **(감사 내용)** 각 회원국의 국제협약 국내법 수용실태, 해양안전관리 조직, 인력의 적정성 및 정부업무 대행기관의 관리.감독체계 등

○ 향후 논의방향

- 회원국감사 결과의 분석 및 활용방법 등 논의 예상

해운의 종류와 형태

국제운송에서 취급되는 화물은 매우 다양하나 형태와 성질, 포장상태, 관련 법규 및 운송방법에 따라 분류할 수 있다.

(1) 화물의 형태에 따른 분류

액체인가 고체인가에 따라 건화물과 탱커화물로 분류된다. 건화물은 고체화물로 일반 화물선·벌크선·컨테이너선 등으로 운송되나 탱커화물은 액체화물로 탱커로 운송된다. 일반적으로 두 화물은 취급하는 부두가 다르며, 국제연합의 국제해상물동량 통계에 화물분류법으로 사용된다.

(2) 포장상태에 따른 분류

산적(벌크)화물과 잡화화물로 나뉜다. 산적화물은 일반적으로 컨테이너에 적입이 되지 않는 석탄·곡물·알루미늄 등과 같은 화물로 건화물을 가리킨다. 시멘트나 곡물 등은 산적화물이면서도 양륙지 사정에 따라서는 포대 등에 담겨 운송될 수도 있다. 잡화화물은 컨테이너에 적입할 수 있는 화물이다.

(3) 성질에 의한 분류

위험화물·장척화물·거대화물·액체화물·냉동화물·냉장화물·청결화물·조악화물로 나뉜다.

① 위험화물은 폭발물·인화성·독성·방사선·병균 오염의 우려가 있어 인명이나 선박·화물 등에 손해를 줄 위험성이 있는 화물을 말한다. 이에 대한 운송은 국제해사기구(IMO)에서 정한 위험물 규칙에 따라 각 품목마다 용기·포장·적재 방법이

규정되어 있으며, 규정을 어길 때에는 운송이 금지된다.

② 장척화물은 파이프와 레일·강판 등 길이가 길어 취급상 주의를 요하는 화물을, 거대화물은 항공기·차량 등과 같이 용적이 큰 화물을 말한다. 대개 갑판에 적재되므로 갑판적 화물이라고도 한다.

③ 액체화물은 드럼이나 병에 들어가는 주류·유류·화학제품 화물을 뜻한다. 대개 산적화물로 운반되는 화물이다.

④ 고기나 생선·과일 등 신선도를 유지할 필요가 있는 것을 냉동하면 냉동화물, 냉장하면 냉장화물이다.

⑤ 청결화물은 수분이나 악취·가루 유출 등으로 다른 화물을 오염시킬 우려가 없는 화물을 말한다. 이에 비하여 짐승 가죽처럼 악취가 나는 화물, 시멘트 같이 분진을 발생시키는 화물을 조악화물이라 한다.

(4) 법규에 의한 분류

관세법에 따라 외국화물과 내국화물로 분류하고, 통계법 및 항만조사규칙에 따라 수출화물·수입화물, 이출화물·이입화물로 분류하며, 건설교통부에서 집계하기 위하여 국내무역화물과 외국무역화물로 분류한다.

① 관세법에 정의된 분류로는 수출허가를 받은 화물 또는 외국에서 국내에 온 화물로서 수입허가가 나기 이전의 화물을 외국화물이라 하며, 국내에 있는 화물로 외국화물이 아닌 것을 내국화물이라고 한다.

② 수출화물·수입화물, 이출화물·이입화물은 통계법 및 항만조사규칙에 따라 항만의 실태를 밝히고 항만개발과 이용 및 관리에 자료를 제공하기 위해 사용되는 분류이다. 수출·수입화물은 외국무역의 화물을, 이출·이입화물은 국내에 운송되는 화물을 말한다. 각 항구에서 화물을 통계낼 때 사용되는 분류법이다.

③ 국내무역화물과 외국무역화물은 건설교통부에서 집계하여 발표할 때 사용하는 구분이다. 국내무역화물은 이출·이입화물을 말하며, 외국무역화물은 수출·수입화물을 말한다.

(5) 운송에 의한 분류

① 항만에서 취급하는 방법에 따라 양륙화물·통과화물·접속화물·선박계송화물·양륙지선택화물·지방화물로 나뉜다. 양륙화물은 그 항만에서 양륙되는 화물을, 통과화물은 양륙되지 않고 통과하는 화물을 말한다. 접속화물은 해로와 육로를 접

속하여 운송되는 화물을, 선박계송화물은 항만에서 다른 선박에 환적되는 화물을 말한다. 양륙지선택화물은 선적시 양륙지가 2개 항구 이상 지정되어 지정된 항만의 어느 항만에서도 양륙될 수 있는 화물을 말하며, 지방화물은 도중의 중간항 사이에서 운송되는 화물을 말한다.

② 운송계약에 따라서는 선측도화물·FIO화물·COA화물로 나뉜다. 선측도화물은 선적 및 양륙지에서 하역비용을 선박회사가 부담하는 화물을, FIO화물은 하역비용을 하주가 부담하는 화물이다. FIO화물은 철광석·석탄·곡물류 등의 산적적재운송 등에 적용한다.

③ 컨테이너에 실린 상태에 따라서는 CL(container load)화물 또는 FCL(full container load)화물·LCL(less than full container load)화물·혼재화물·단위화화물로 나뉜다. CL화물 또는 FCL화물은 컨테이너 하나를 만재시킨 화물이다. 이에 비하여 LCL화물은 컨테이너 하나를 완전히 채우지 못한 화물로 차급미만소화물이라고도 한다. 다른 화물과 함께 컨테이너 하나를 채울 경우 혼재화물이 된다.
단위화화물은 컨테이너에 작은 단위로 적입한 소화물을 말한다. 이러한 다양한 화물에 대한 운송형태별 해운의 종류는 크게 정기선해운(liners), 부정기선(tramper), 그리고 복합운송(multiple transport)으로 구분한다. 이하에서는 해운의 종류별 특성과 운영형태에 관해 설명해 보기로 한다.

제1절 정기선 해운(liners or liner shipping)

1. 정기선의 개념

해상화물을 대상으로 일정한 시간의 운항스케줄과 품목별의 운임표(tariff)를 정하고, 이를 기준으로 특정항로에서 정기적으로 반복항해 하는 선박의 운항양식을 정기운항(liner operation) 또는, 이러한 형태에 종사하는 선박을 정기선(liner)이라 부르며, 이에 종사하는 정기선의 수송거래가 이루어지는 추상적인 장을 "정기선시장"(liner market)이라 부른다.

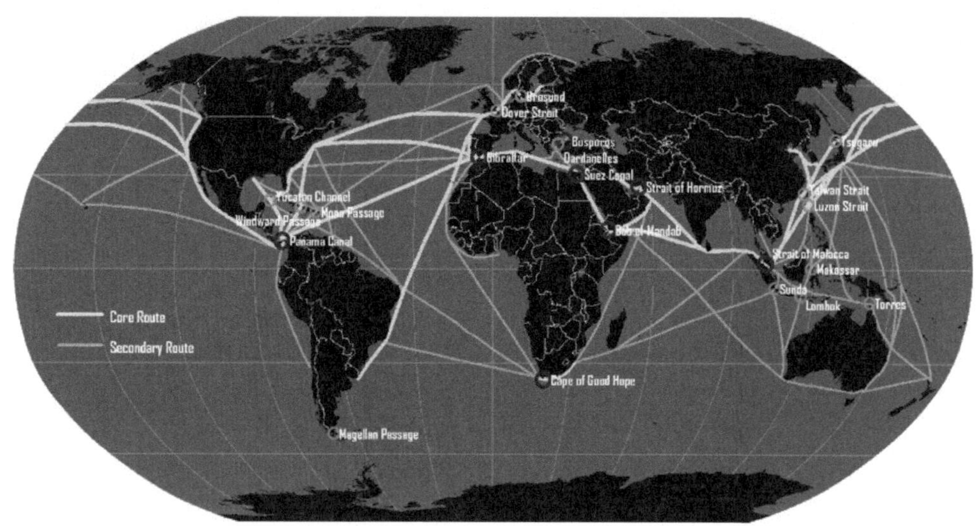

▌그림 3-1▐ 주요 세계 해상운송 루트 및 전략적 통항도

2. 정기선 운송의 특성

1) 화물단위당 운임부담력이 낮다

단위당 가격이 높아 그 취득가격(CIF가격)에서 점하는 운임의 비중이 적어서, 운임부담력이 크지 않는 화물의 수송수요가 존재한다. 이러한 종류의 화물은 제품, 반제품, 생선식료와 같은 비교적 고가상품이나 우편물 등이다.

이들 화물은 시장기회를 놓치지 않고 적기에 제3자에게 매각해야 할 필요가 있는 경우, 또는 유사한 이유로서 보다 신속하고 안전한, 그리고 빈번한 수송서비스를 요구한다. 이 때문에 낮은 운임의 수송을 추구하면서도 보다 안전하고 신속한 그리고 특정항로를 기준하여 정기적이며 빈번한 운항빈도의 수송서비스를 요구하는 것이다.

2) 화물단위가 소량이다

또한 무역거래단위가 소량이므로 개별수송수요는 매우 적은 규모이지만, 수요발생의 장소와 흐름이 일정하고 물동량이 안정적 또는 계속적이다. 따라서 이들 소량잡화물(general cargo)을 집화함으로써 특정항로를 기준으로 선박의 규칙적인 반복항해가 상업적으로 가능하게 된다.

3) 적정한 운항선대가 필요하다

그러나 이 시장의 수송공급자가 되기 위해서는 필요시 언제나 수송수요 측의 욕구를 상시 충족시킬 수 있도록 하기 위한 경쟁력 있는 현대적인 정기선이 충분히 확보된 선대(line)를 가져야한다. 이를 위해서는 거액의 선박투자가 이루어져야 하는바 이에 필요한 막대한 투자비를 적기에 회수할 수 있을 집화체제를 필요로 한다.

이 때문에 정기항로경영은 육·해상에 걸쳐 필요한 기반시설을 위해 거액의 자본을 수반하므로, 이 시장에 참여하는 기업의 최저자본규모가 비교적 높은 수준이어서 시장참여기업의 수가 비교적 적은 편이다.

4) 다양한 고객확보를 필요로 한다

정기선기업이 투자한 거액의 자본을 적정이윤과 함께 회수가 가능하도록 성공적인 경영을 유지하기 위해서는 그만한 집화능력 즉, 충분한 소량잡화물의 적취능력을 보증하는 지속적이고 고정적인 고객을 확보해야 한다.

우수한 고객의 확보를 위해서는 수송서비스의 질을 중요시하는 하주에 대한 선사의 신뢰관계를 지속적으로 제고하고, 하주와 선사간 긴밀한 거래관계를 만들어 차별화된 신용을 확보해 나가야만 한다.

5) 선박공급이 비탄력적이다

따라서 정기선은 부정기선과 탱커와는 달리 한번 특정항로를 결정하고 공표한 운항계획에 기초하여 배선되면 항로간의 이동이 거의 없고, 또한 선복공급 면에서 계선과 해체 등의 자동조절작용이 거의 없는 비탄력적인 시장으로 된다.

6) 공급과점시장이다

이와 같은 관점에서 본다면 각 정기항로는 각각의 항로에 대한 물동량에 따라 시장공급자의 수는 다르다고 할지라도, 비교적 기업규모가 큰 소수의 선사에 의해 경영되는 "공급과점시장"(oligopoly)의 형태에 있음을 알 수 있다. 정기선시장은 이처럼 각 항로로 구성되어 있는 것이다.

3. 시장의 경쟁형태와 특징

1) 공급의 비탄력성

정기선시장은 비교적 기업규모가 큰 소수의 선사에 의해서 수송서비스가 공급되는 과점구조의 독립된 항로로 형성되며, 또한 부정기선 시장처럼 선복 공급 면에서 자동조절작용을 가지지 않는 비탄력적인 시장이다.

2) 운임경쟁이 치열한 과점시장

정기선해운기업에 있어서 자사의 시장점유율 확대는 타선사의 시장점유율에 침입한다는 것을 의미하는 것이며, 그 유력한 무기로서 사용되는 것이 운임의 절하이다. 자사의 시장점유율 확대행위는 그 피해를 받으리라 예상되는 타 선사로부터 저항과 반격을 받는다. 그 결과 운임절하경쟁이 야기된다.

3) 해운동맹의 결성

(1) 해운동맹의 생성기반

각기 독립된 정기항로에 참가하는 기업은 소수로서 비교적 규모가 큰 선사일 뿐만 아니라 그들의 역량 또한 거의 동일수준의 상황에서 발휘되고 있다. 이와 같은 환경을 가진 정기선의 가격경쟁은 상호 고통스런 타격을 주고 때로는 공멸의 위험에 처하게 된다. 이러한 이유로 오늘날 정기선시장은 각 항로별로 국제 카르텔인 해운동맹(shipping conference, liner conference)의 결성을 보고 있는 것이다.

(2) 해운동맹의 본질

① 운임협정

위에서 살펴본 바와 같이 공급독점구조의 성격을 가진 정기선시장은 경쟁에 노출될 경우, 채산을 고려하지 않는 가혹한 운임경쟁으로 유인되기 쉬운 특성을 가진다. 따라서 해운동맹은 운임경쟁의 배제원칙을 우선적으로 추구한다.

② 배선협정

해운동맹은 위의 운임협정에 추가하여 항해수, 기항지, 그리고 운항스케줄 등을 상호 연결하는 배선협정(sailing agreement)을 맺는 것이 보통이다. 이 외에 동맹이 내부적인 경쟁억제수단으로 채택하는 Pooling Agreement와 적취비율을 정하는 협정 등도 있으나 이들 협정의 채택여부는 항로의 경쟁사정에 따라 다르다.

③ 맹외선의 방비

그러나 비록 해운동맹이 위와 같은 운임협정이나 배선협정 등에 의해 가맹선사 상호의 경쟁을 억제하여 항로의 대부분을 지배할 수 있다고 하더라도, 동맹의 시장지배력은 당해항로 동맹에 가입하고 있지 않은, 이른바 맹외선주(outsider)의 진출에 의해 끊임없는 위협에 직면하게 된다.

4) 비가격경쟁의 심화

이미 살펴본 바와 같이 해운동맹이 결성되고 있는 정기선항로에서는 통상 시장고유의 특성인 가격경쟁이 억제되어, 이른바 고전적 의미의 자유경쟁은 부정되지만, 그러나 이것에 의해 시장경쟁의 일체가 억제된다는 것은 물론 아니다.

오히려 가격경쟁의 배제는 필연적으로 경쟁의 형태를 변화시켜 다른 형태의 경쟁을 한층 격화시킨다. 즉, 운임경쟁의 배제는 수송화물단위당 수익률을 보전하기 위해 필연적으로 수량경쟁 즉, 화물적취경쟁이 격심하게 전개되게 된다.

5) 자본투자의 집중화

정기선항로에서 집화를 둘러싼 비가격경쟁이 상존할 수밖에 없으므로 이 시장에 참가하는 기업들이 비용절감을 위한 대안으로서 자동화선의 도입이나, 보다 기술력이 고도화된 선박건조 등의 혁신적인 시설투자에 집중하는 것은 당연한 결과이다. 정기선시장에서 비가격경쟁을 바탕으로 기술진보로 나타난 것이 바로 Containerization이다.

4. 컨테이너 전용화(containerization)

컨테이너운송은 18세기 후반(1913년) 영국인 말콤 맥린이 발명하여 영국에서 최초로 시작되었다. 그러나 정기선에 본격적으로 활용된 Containerization은 1960년대 중반 미국의 신흥선사인 Sea-Land에 의해 시발되었다. 컨테이너화를 통한 운송은 다음과 같이 신속성, 안전성, 경제성이라는 세 가지의 대표적인 장점들을 가지고 있다.

1) 신속성

기존의 화물 적재는 하역 노동자들이 직접 물건을 싣고 내리는 방식으로 진행되었고 이로 인해 선박의 정박 시간이 길어져 화물의 하역에 많은 시간이 소요되었습니다. 하지만 컨테이너를 통한 하역은 기계를 통한 화물의 적재를 가능하게 함으로써 이러한 하역 시간을 단축시켜 주었다.

또한 해상-육상 및 육상-해상으로의 환적 시간 역시 단축시켜 복합운송을 통한 생산지에서 소비지에 이르는 문전(door to door)운송을 가능하게 함과 동시에 운송기간을 최대 50%까지 단축시키는 효과를 가져왔다.

2) 안전성

컨테이너화를 통한 운송은 일반적으로 화물의 운송기간 동안 컨테이너의 개폐 없이 이루어진다. 이를 통해서 화물의 파손 및 도난 등과 같은 손실을 최대한 막아주는 역할을 해준다.

3) 경제성

위와 같은 신속성을 통해서 컨테이너화는 화물의 하역 및 운송기간을 단축시켜 전체적인 운송비용 및 노무비 등을 절약할 수 있다. 또한 안전한 운송을 통해 보험비용을 절약하는 효과 역시 가져왔으며, 이외에도 컨테이너 포장 이외의 별도포장이 필요 없도록 하여 포장비 역시 절감하는 등 여러 비용을 절감시키는 효과를 유발시켰다.

4) 컨테이너 표준규격(int'l standard size)

표준규격은 국제표준화기구(International organization for standardization; ISO)에서 제정한 국제 유통에 사용되는 컨테이너박스의 치수, 중량, 모양, 표시방법, 시험방법, corner fitting 등의 추천 표준규격(standards type)을 말한다. 대부분의 해운회사들은 ISO규격의 컨테이너를 사용하고 있으며, 이 중에서도 다음에 표시하는 것과 같은 1C(20ft), 1B(30ft)와 1A(40ft)의 표준규격(in accordance with ISO 668)을 주로 사용하고 있으며 박스 높이가 8ft 미만의 경우에는 각각에 X자를 첨부하여 나타내고 있다. 최근에 들어와서는 소위 high cubic컨테이너라고 칭하는 높이가 8ft 6in 또는 9ft 6in의 대형 컨테이너 박스가 주류를 이루고 있으며, Sealand사의 35ft, Matson사의 24ft 등 일부 선사에서는 화물에 따라서 53ft, 49ft, 48ft, 45ft 및 43ft 등 다양한 길이의 박스를 사용하고 있다.

컨테이너는 1950년 말콤 맥린이 2차 세계대전에서 사용된 유조선을 개조해서 Ideal X 호라는 컨테이너 선박을 만들고, 이 선박에 35피트(10미터) 규모의 컨테이너 58대를 싣고 뉴저지에서 텍사스 휴스턴까지 5일 만에 옮기는데 성공함으로써 상용화되기 시작하였다.

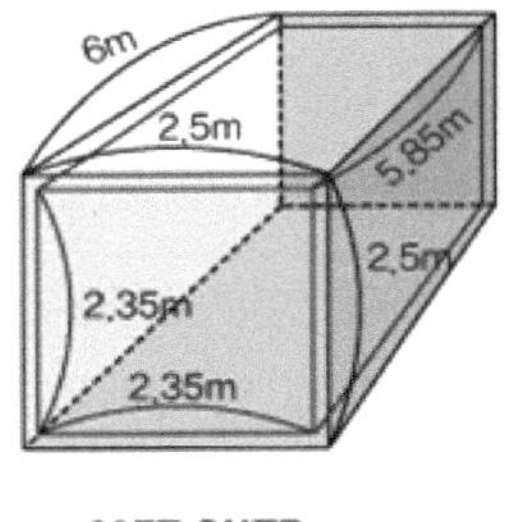

20FT CNTR

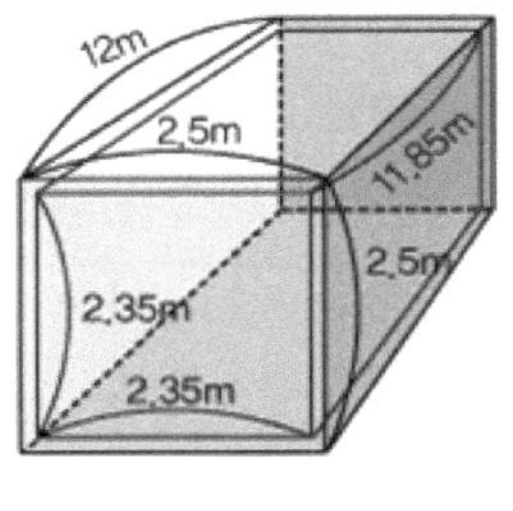

40FT CNT

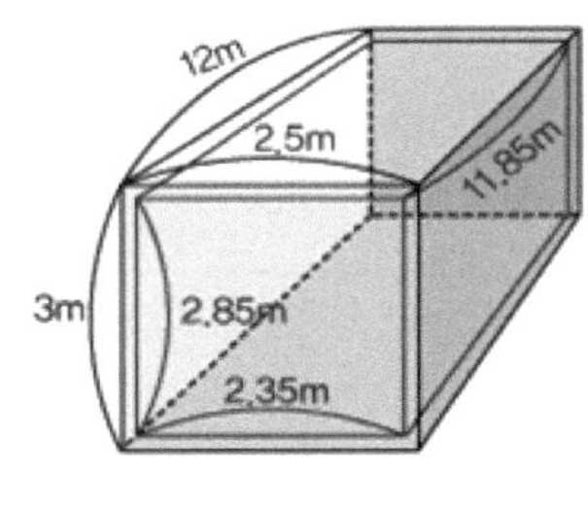

40HQ CNTR

Container 종류	Container size			적재무게	적재부피	C/W
	길이(L)	폭(W)	높이(H)	(KG)	CBM	(KG)
20 FEET DRY	5,800	2,330	2,270	21,860	30	2,290
40 FEET DRY	12,000	2,330	2,270	26,630	62	3,890
40 FEET HIGH CUBE	12,000	2,330	2,570	26,630	71	4,150
20 FEET OPEN TOP	5,800	2,330		21,510		2,290
40 FEET OPEN TOP	12,000	2,330		26,230		4,150
20 FEET FLATRACK	5,540	2,010	L-400	27,610		
40 FEET FLATRACK	11,670	2,010	L-400	29,020		
45 FEET HIGH CUBE	13,500	2,330	2,570	25,600	80	4,880

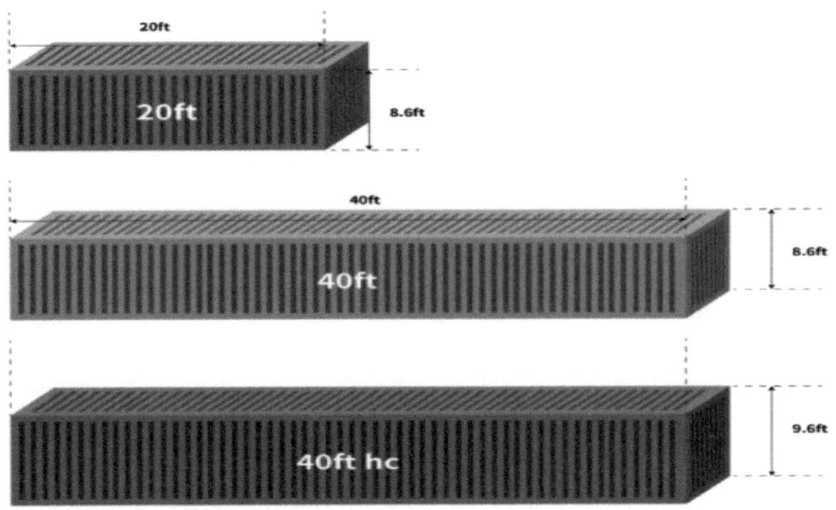

| 그림 3-2 | 컨테이너 표준규격

이후 1967년 베트남 전쟁을 치르면서 미군에 필요한 막대한 군용 물자를 전쟁터로 수송하는데 큰 역할을 하였고 미국 동부에서만 사용되던 컨테이너가 서부에서도 사용되기 시작하였다. 일본은 기술집약적인 산업에서 미국을 앞선 상황이었으며 이 컨테이너를 이용해 미국과 전 세계로 각종 제품을 이동시켰고 이를 통해 컨테이너 사용이 폭발적으로 늘어나게 되었다. 이후 우리나라도 세계 상위권 컨테이너 제조 국가가 되기도 하였다.

선박용 컨테이너 규격은 다양하게 나뉘어져 있지만 수출입 과정에서 가장 많이 사용되는 것은 20ft 컨테이너, 40ft 컨테이너 그리고 40ft hc(high cube) 컨테이너이다. ISO 규격을 살펴보면 20ft 컨테이너는 길이 20ft, 폭 8ft, 높이 8.6ft이며 40ft 컨테이너는 폭과 높이는 동일하고 길이는 40ft로 정해져 있다. 컨테이너를 칭할 때 쓰이는 ft는 가로 길이를 뜻하고, hc가 덧붙여진 컨테이너는 높이가 1피트 더 높다.

20ft 컨테이너는 실무에서 TEU(Twenty-foot Equivalent Unit)라고 불리기도 하며 20ft 컨테이너의 2배인 40ft 컨테이너는 FEU(Forty-foot Equivalent Unit) 또는 2TEU라고도 불린다. 화물의 적재방식에 따라 FCL과 LCL로 구분되며, FCL(Full Container Load)은 한 개의 컨테이너에 가득 채울 수 있는 양의 화물을 선적하는 방식인 반면, LCL(Less than Container Load)은 컨테이너 하나에 화물을 채우기에는 양이 적을 때, 다른 화주들의 화물과 혼재하여 선적하는 방식이다.

즉 컨테이너 공간을 share하여 수출을 진행하는 형태이며 LCL을 진행하기 위해서는 LCL을 전문으로 하는 포워딩, 즉 혼재작업을 전문으로 하는 콘솔사 또는 콘솔 포워더에 부킹을 한다. LCL은 R/T당으로 계산이 되며, WEIGHT와 CBM 중 더 크게 나가는 것을 적용한다.

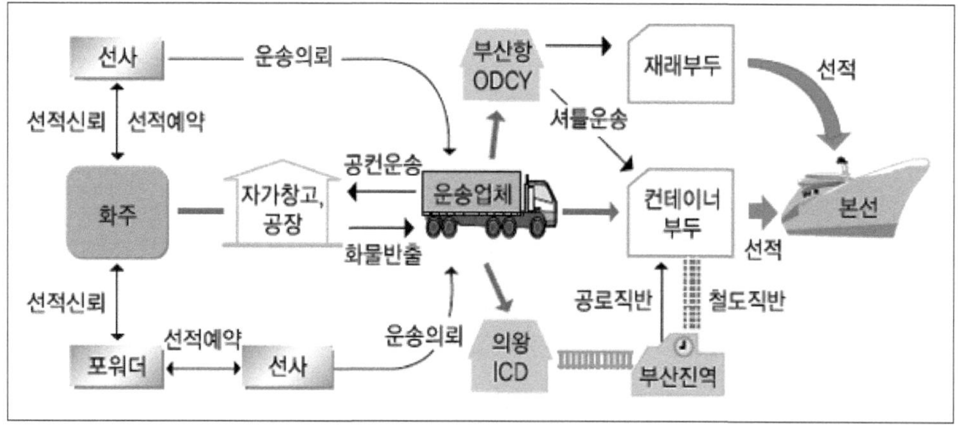

| 그림 3-3 | FCL화물 이동경로

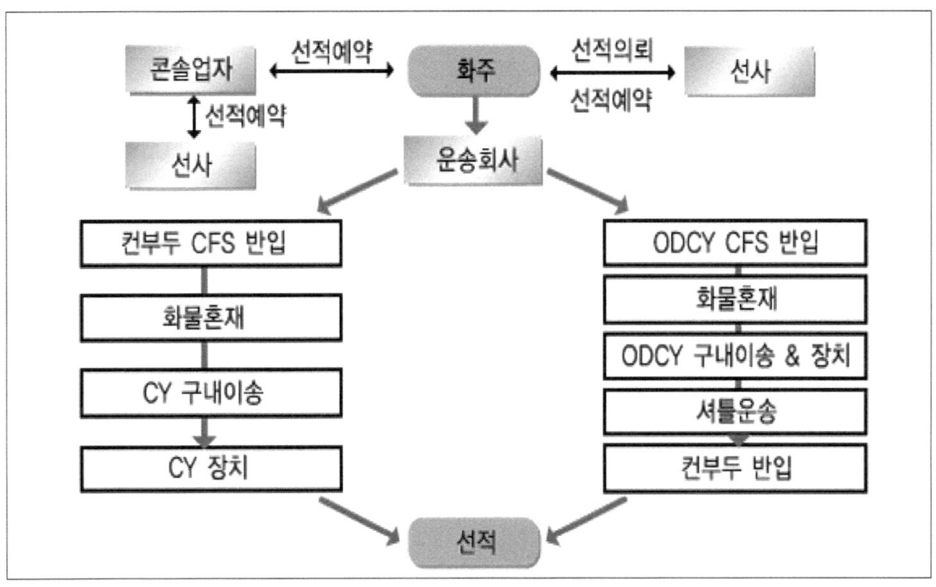

| 그림 3-4 | LCL화물 이동경로

5) 컨테이너 화물의 선적흐름 절차

① 육상운송업체는 화주, 선박회사, 포워더(forwarder)로부터 운송신청을 접수한다.

② 트럭회사는 운송신청을 토대로 선박회사에 대해 공컨테이너의 수도를 통보한다.

③ 선박회사로부터 기기인도지시서(EDO: Equipment Dispach Order)를 교부받는다.

④ 트럭회사는 CT(Container Terminal)에 대해 EDO 1통을 제시하고 기기수도증(ER: Equipment receipt) out용 1통, 공 컨테이너 반입표 및 seal 등을 수령하는 동시에 CY에서 관리하는 빈 컨테이너를 수취한다.

⑤ 공 컨테이너에 컨테이너반입표 및 Seal을 동봉한 다음 화물의 발송지(화주의 창고, 공장, 야적지)로 보낸다.

⑥ 화물의 적입(vanning)이 완료된 다음 seal을 부착하고 컨테이너반입표에 필요한 사항(본선명, 도착지 등)을 정확히 기입하고 서명한다. 그런 다음, CT(container terminal)까지 운송한다.

⑦ CT에 도착하면 컨테이너 반입표, ER(Equipment Receipt) out 용 1통을 터미널에 제출한다. 이때 터미널에서는 ER에 기준하여 컨테이너를 검사한 다음, 인수용 ER(IN 용) 1통을 트럭기사에게 건네준다.

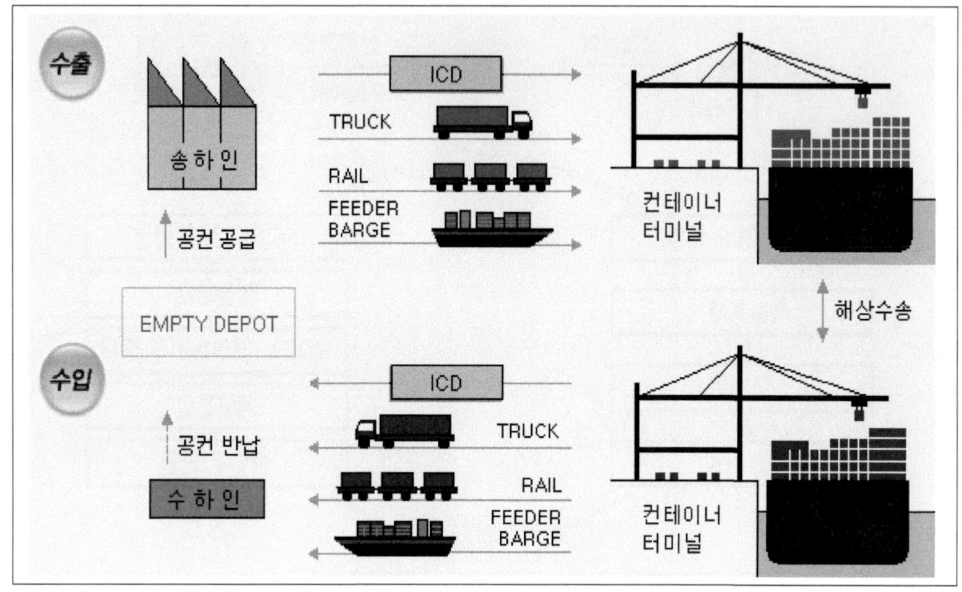

| 그림 3-5 | 수출입 컨테이너 운송흐름도

6) 컨테이너선 운항 및 운송방식

① 시계추(pendulum) 서비스 : 일정한 항만을 중심으로 동서방향의 시계추 운항

② 세계일주(round the world : RTW) 서비스 : 지구를 돌며 운항

③ COFC(container on flat car) : 컨테이너를 트레일러에서 분리하여 직접 대상차에 탑재하는 방식

④ TOFC(trailer on flat car) : 컨테이너를 트레일러에 탑재한 채로 차량상에 탑재하여 운송하는 방식으로 Piggy back이라고도 한다. 미국의 동부철도그룹에서 많이 사용한다.

7) 컨테이너 적재방식

① Lo-Lo(Lift on/Lift off) : 본선이나 육상의 크레인을 사용하여 컨테이너를 본선에 수직으로 적·양하하는 방식

② Ro-Ro(Roll on/Roll Off) : 선박의 선수나 선미에 설치된 Ramp를 통하여 트레일러나 지게차 등의 하역기계로 컨테이너를 수평으로 적·양하하는 방식. 적재공간이 많이 발생하는 단점이 있음.

③ Fo-Fo(Flot on/Flot off) : 일정한 규격으로 만들어진 다수의 부선에서 컨테이너나 Pallet 화물을 적재하는 방식이며 LASH선(Lighter Aboard Ship)이나 Sea Bee Carrier 등이 대표적인 선박임.

8) 컨테이너의 본선 적재 위치

BAY NO	선수에서 선미 쪽으로 40ft를 컨테이너의 적부를 기준으로 01, 02, 03 등 순차적으로 번호를 부여
SLOT NO	슬롯의 수가 홀수 : 중앙 00, 우현으로 01, 03, 05 슬롯의 수가 짝수 : 우현으로 01, 03, 05
TIER NO	갑판상 : 하단부터 82, 84, 86 선창내 : 02, 04, 006

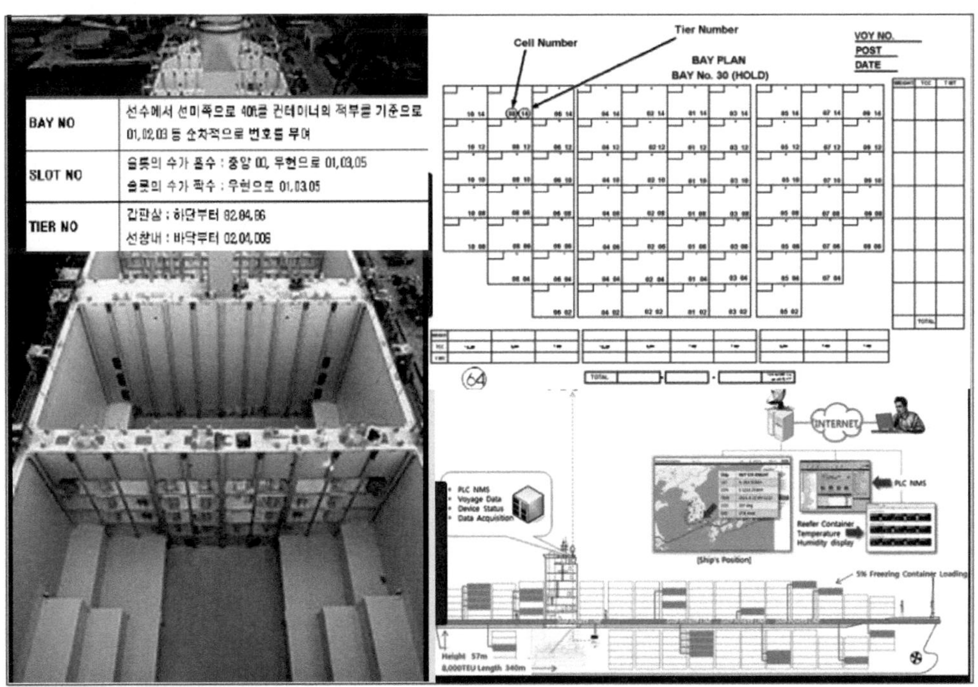

* Slot : 컨테이너를 실을 수 있는 공간(space) 또는 용적을 의미함.

┃그림 3-6┃ 컨테이너 적재 위치의 각부 명칭도

9) 컨테이너의 표시와 구조

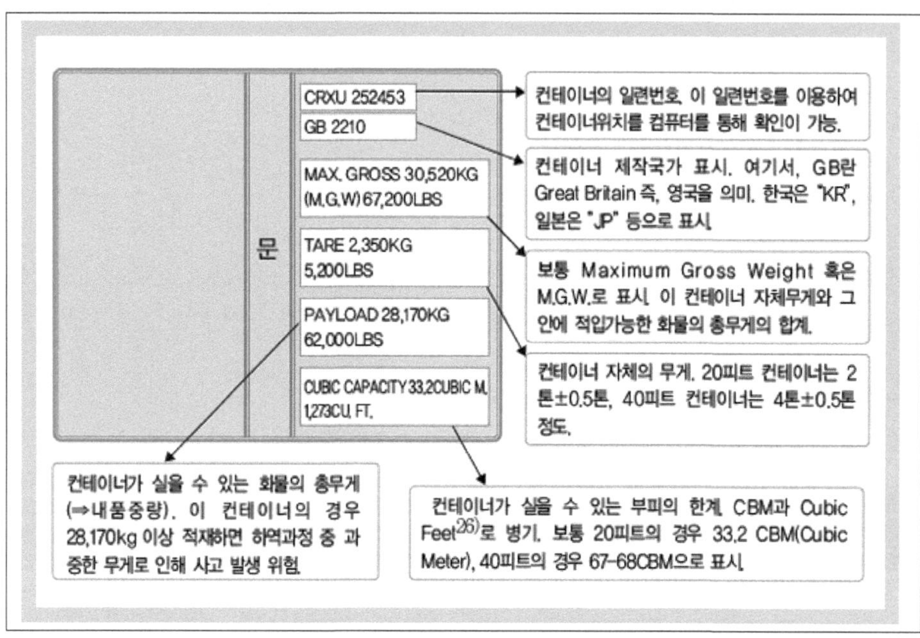

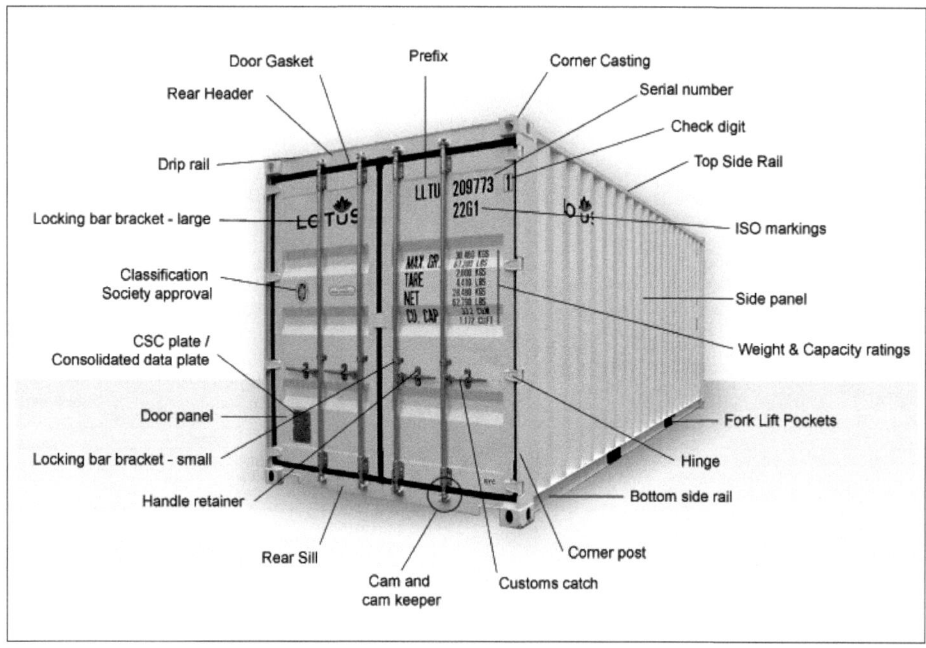

▌그림 3-7▐ 컨테이너 외부의 각부 명칭도

10) 컨테이너 부두시설 및 하역장치

(1) 부두시설

▲ 컨테이너 전용부두

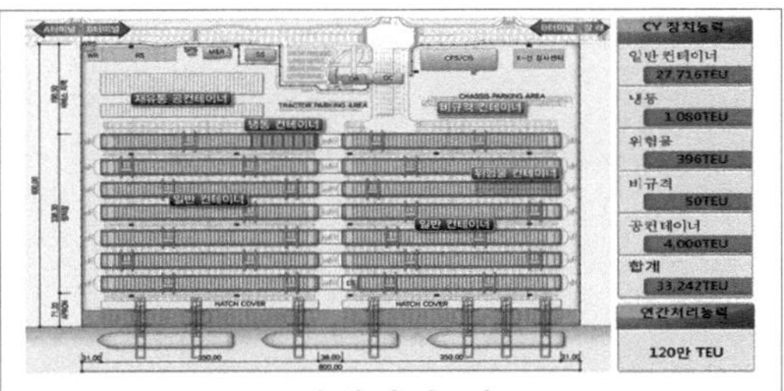

▲ 컨테이너 야드

① 안벽(quay) : 선박을 계류하는 시설로 종류는 중력식, 잔교식, 널말뚝식, 등이 있으며, 계선주, 방충재 등 부속설비가 설치됨

② Apron : 부두 안벽에 접한 부분으로 컨테이너 크레인이 설치되어 있어 컨테이너의 적·양하가 이루어지는 곳임

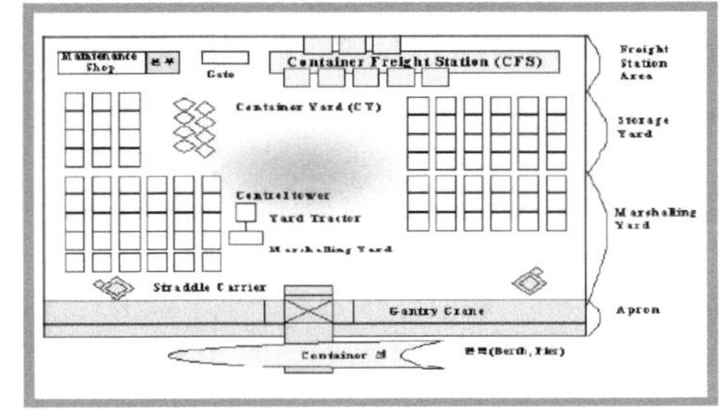

③ Container Yard : 컨테이너를 보관·집적하고 수도를 행하는 장소로 광의로는 CFS를 비롯하여 Marshaling Yard, Apron 등을 포함함

④ 운영건물(operation office) : 터미널의 제반 시설을 지휘·통제하는 곳

⑤ Gate : 컨테이너 터미널의 출입구로 컨테이너의 입·출입 시 필요한 서류를 수령하고, 컨테이너 이상 유무와 중량 등을 체크함

⑥ Reefer Container Yard : 냉동컨테이너를 보관할 수 있도록 전력시설을 갖춘 장치장	⑦ Dangerous Cargo Storage Yard : 컨테이너 터미널 내 일정한 지역을 지정하여 위험물의 보관을 위한 유수분리장치, 소화장치 등을 설치한 장소

⑧ Maintenance Factory : 터미널 내 장비의 수리와 보수를 하는 곳	⑨ CFS : 터미널 내 또는 외부에 설치하여 화물(특히 LCL 화물)을 적입(stuffing or vanning) 또는 적출(devanning or destuffing or stripping)하는 장소

⑩ 중량물Heavy Equipment)창고 : 컨테이너 하역장비의 정비를 위해 필요한 중량물 부품 등을 보관하기 위한 장소	⑪ 입주기관건물(CIQ Office) : Customs, Immigration, Quarantine의 관계자들을 위한 장소이며, 세관, 입·출입, 검역 등의 공무를 행하는 곳

(2) 하역시설

① Gantry Crane : 컨테이너 하역용으로 특별히 설계된 크레인이며, Apron에서	② Transfer Crane : 교각형의 기둥과 일정한 간격을 가지고 설치된 두 개의 주

선박과 평행하게 주행한다. 작업 시에 Boom이 선박 상에 돌출하면 이 붐을 따라서 Trolley가 횡행하여 트롤리의 하부에 있는 Spreader에 의해서 컨테이너를 취급한다. 컨테이너화 할 수 없는 대형 화물도 취급할 수 있으며, 이 경우에는 스프레드를 떼고 특수한 기구를 사용함

행로 하부에 이동할 수 있는 바퀴를 가지고 기둥의 상하로 컨테이너를 이동하여 적재 및 샤시, 트레일러 등에 상·하차를 할 수 있는 야드 크레인으로서 RMGC(Rail Mounted Gantry Crane)와 RGTC(Rubber Tired Gantry Crane) 두 종류가 있다. 기존 터미널에는 RGTC를 주로 사용하고 있고 , 최근 개발되는 터미널에서는 RMGC를 주로 사용하고 있음

Single Spreader | Twin Spreader(20′)

Tandem Spreader(20′×4) | Bundle-System(40′)

▲ 다양한 Spreader의 종류

②-1 RTGC : 주로 고무바퀴가 장착된 야드 크레인으로 스팬이 6개의 컨테이너 열과 1개의 트럭차선에 이르며, 4단 혹은 5단 장치작업이 가능함. 기동성이 뛰어나 적재장소가 산재해 있을 경우 이용하기 적당하며, 물동량 증가에 따라 추가투입이 가능함

②-2 RMGC : 이것은 레일위에 고정되어 있어서 컨테이너의 적재블럭의 이동이 제한됨. 그러나 주행 및 정차의 정확도가 높아 자동화가 용이하여 장치능력을 증대시켜 생산성이 높음

③ Reach Stacker : 야드 내에서 컨테이너를 야적하거나 또는 섀시에서 하역하여

④ Top Handler : 내에서 공(empty) 컨테이너를 적치 또는 하역하는 장비

야드 내에 적재하는 야드용 장비로서 신축형 붐을 이용하여 5단 적재도 가능하다. 주로 소규모 컨테이너 처리 부두에서 가장 많이 사용함	
 ⑤ Fork Lift : CFS용 하역장비로서 컨테이너 내의 화물을 반입 또는 반출함	 ⑥ Yard Tractor : 컨테이너 야드에서 샤시에 적재된 컨테이너를 운송하는데 사용되는 장비로서 통상의 장비와 다른 점은 작업의 간소화를 위해 운전사가 하지 않아도 유압으로 샤시의 전각을 들어 올려 주행할 수 있는 이점을 갖고 있음
 ⑦ Yard Chassis : 컨테이너 크레인에 의해 하역된 컨테이너를 야드 크레인인 크랜스에[크레인이 취급할 수 있도록 이용하는 중간 운송장비로서 야드 트랙터에 의해 견인되어 이동함	 ⑧ Straddle Carrier : 이 장비의 특징은 컨테이너를 안벽이나 야드에서 자유로이 이동 및 적재가 가능한 장비로서, 국내에서는 부산 자성대부두에서 사용한 적이 있으며, 유럽 등에서 많이 사용됨
	⑨ OHBC(Over Head Bridge Crane) : 야드의 교량형식의 구조물에 크레인을 설치하여 컨테이너를 하역하는 장비

제2절 복합운송(Multimodal transport)

1. 복합운송의 개념

복합운송(multimodal transport, combination transport, intermodal transport)은 1960년대부터 발달된 운송수단으로서, UN의 국제물품복합운송조약에 의하면, 복합운송이란 '물품이 어느 한 국가의 지점에서 수탁하여 다른 국가의 인도지점까지 적어도 두 가지 이상의 운송방식에 의하여 이루어지는 물품운송방식을 의미한다. 운송방식이 단일운송(single transport에서 통운송(through transport)으로 그리고 복합운송으로 발달된 것이다.

오늘날 복합운송은 화주에 대한 door to door의 물품운송 서비스를 실현하는 대표적인 수단으로 자리 잡고 있으며, 단일의 복합운송인(MTO : Multiple Transport Operator)은 복합운송증권(multiple transport bill of lading)을 발행하여 전 운송구간에 대하여 단일 책임을 진다.

통운송은 육해항공 등 여러 교통수단이 연결되어 단일의 통선하증권(through bill of lading)이 발행되고 구간별 운임을 합산하여 통운임율이 부과되며 운송구간별 운송인의 책임은 분할된다.

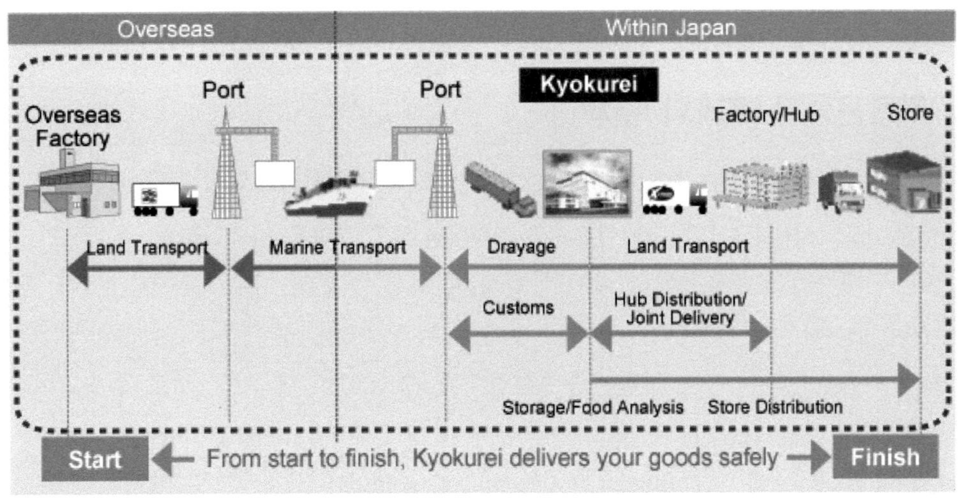

자료 : www.google.com

| 그림 3-8 | 복합운송의 개념도

2. 복합운송의 체계

선박, 항공기, 철도, 도로, 수운 등 2개 이상의 수송수단이 개입되어 운송되는 형태를 복합운송이라 부른다. 아래 그림은 A, B, C 등의 주요 간선지(Gateways)와 거점지(Hubs) 및 연결지점(Linkages)으로 지역간 화물운송 네트워이 복합루트로 연결되어 있음을 나타낸다.

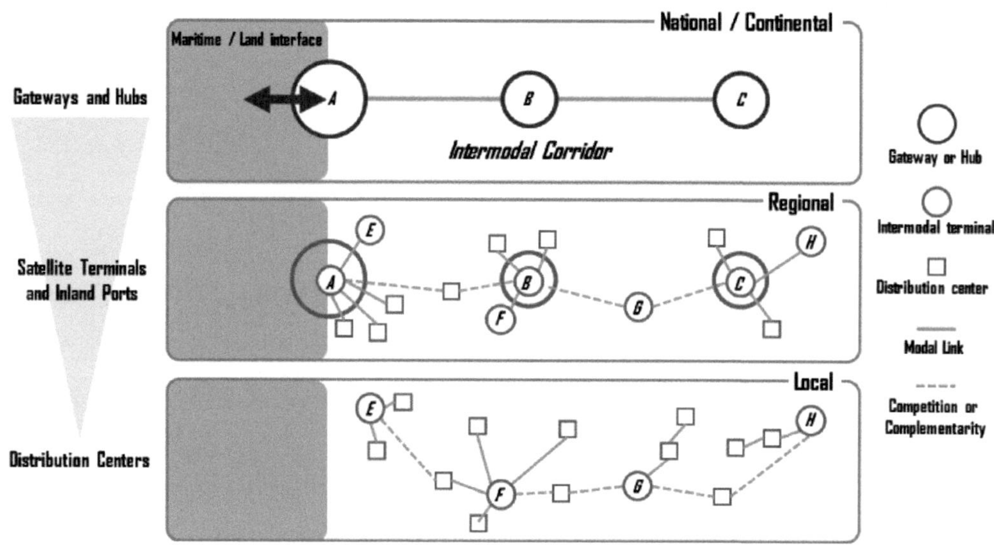

| 그림 3-9 | 복합운송의 각 간선지, 거점지, 연결점

3. 복합운송의 효과와 주체

복합운송은 육해공을 연계 국제물류의 운송수단을 획기적으로 발전시켜 물품의 door to door 서비스를 가능케 함으로써 많은 경제적 효과를 가져 온다. 즉, 주요 이점으로는 국제거래 화물유통에 있어서 안전성, 신속성, 저렴성, 운송서류의 간소화, 무역의 촉진 등이다.

또한 복합운송의 주체는 복합운송주선업자들(forwarders)에 의해 주로 수행되며, 복합운송주선업이란 해상, 항공, 육상운송 등에 대한 전반적인 운송을 주선하고 복합운송증권(multimodal bill of lading or house bill of lading)을 자체적으로 발행하여 운송을 주선하는 사업을 말한다. 즉, 선박에 화물을 실었을 때, 선사에서 발행하는 Master B/L을 기반으로 House B/L을 발행해서, 화주가 이를 Master B/L과 대체할 수 있게 한다.

물론 Master B/L을 그대로 쓰는 것도 가능하다.

근래에는 복합운송주선업체들이 통관이나 포장, 검사/검역, 보관/배차 등의 업무까지 포괄적으로 대행해 주고 있다. 따라서 3PL(Third Party Logistics)이라는 말이 탄생하게 된 것이다. 복합운송주선업자는 일반적인 운송주선업 업무에 더하여, 기타 무역물류와 관계되는 포괄적인 모든 업무를 처리하는 일을 하는 업체를 지칭하여 부르는 말이다. 현재 우리나라에는 약 1,000개 이상의 업체가 한국국제물류협회에 가입되어 영업을 하고 있다.

4. 복합운송 루트

1) 세계의 거점 연결 및 통로망

복합운송의 주요 국제운송통로는 유럽과 아시아, 미주 구간이며 해상과 육로를 포괄한다. 두 개의 주요 해상운송 루터는 동 지중해와 홍해를 가로지르는 수에즈(Suez)운하와 아프리카 남단의 희망봉(Cape of Good Hope)을 도는 것이다. 러시아는 자국의 극지 연안을 잇는 북해항로를 설계하고 있으며, 9,200Km에 달하는 시베리아 횡단철도(TSR)는 세계 최초의 유라시아 대륙횡단(Land-bridge) 수단으로서 100년 전에 이미 만들어져 운영되고 있다.

오늘날 개발 또는 추진예상 거대 세계 3대 복합운송루트는 EU에서 중앙아시아로 연결되는 TRASECA Lines, 해상과 철도를 이용한 이란과 인도 및 러시아를 잇는 남북 운송망(North-South Corridor), 그리고 베링해와 연결되는 아시아 대륙간 통로인 제2의 유라시아 랜드 브릿지, 즉 TAM(Trans-Asian Mainline)이다. 세계 주요 복합운송망은 다음과 같다.

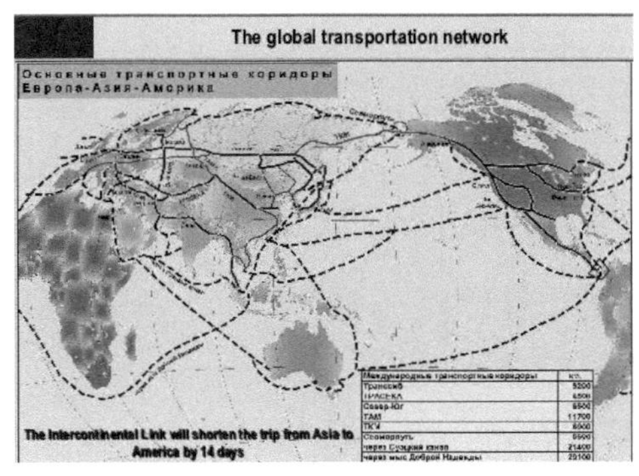

▲ Global Transport Networks

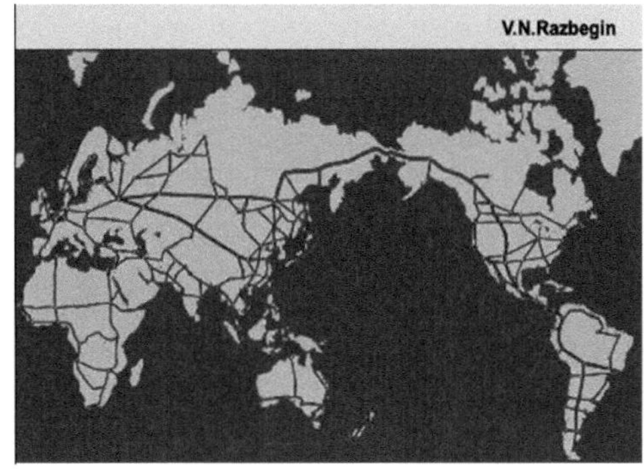

▲ Bering strait tunnel

자료 : www.google.com

| 그림 3-10 | 세계의 주요 복합운송로

2) MLB(Mini Land Bridge)

태평양-미대륙횡단-북미동안 운송루트이며 Rail Bridge의 일종으로서 극동 지역 부산항에서 미국, 캐나다의 서해 연안항까지 해상운송을 한 뒤 미국, 캐나다의 철도에 의해 미국 동부 연안 또는 멕시코만 일대의 각 지점 항만까지 수송하는 해륙복합운송이다. 즉, 극동-미서안항까지 해상 운송 한 다음 그곳에서 철도 또는 철도-도로 운송으로 미국 동안까지 내륙 운송함으로써 파나마 운하를 경유하는 해상운송보다 수송시간을 단축할 수 있다.

이 경로의 특징은 파나마 경유 뉴욕 및 걸프 경로인 All Water 서비스의 대체 경로로서 선사에서 협동 일관 운송증권(Intermodal B/L)을 발행하고 선사는 통운임 가운데 철도운송비를 하청 철도회사에 지불한다는 점이다.

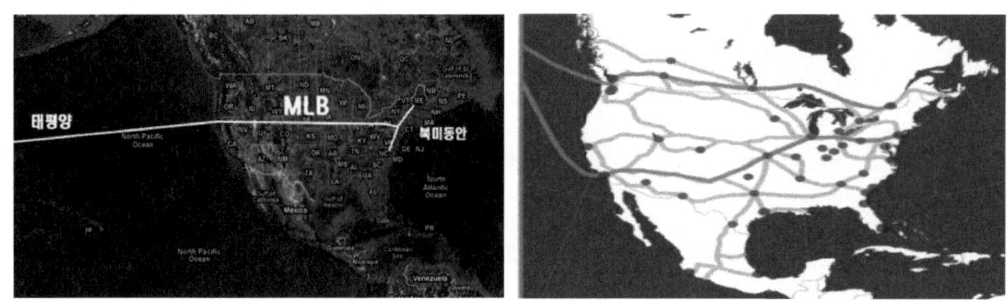

| 그림 3-11 | Mini Land Bridge

3) ALB(American Land Bridge)

극동→태평양→미대륙횡단→대서양→유럽을 횡단하는 대륙 간선 항로이다. 대한민국 부산항에서 미국 태평양 서측 연안의 항구도시인 LA, 샌프란시스코, 시애틀 까지 해상 운송한 뒤 미 대륙을 철도운송을 통해 횡단하여 미 뉴욕, 동부 일대 또는 걸프만 일대까지 수송을 한다.

이후 미 동부 항만에서 선박에 화물을 적재하여 유럽 각 항만까지 해상 운송을 하는 극동~미주~유럽까지 이어지는 해륙 복합 운송 라인을 말한다.

미국대륙의 동서거리는 시차가 세 시간이 되는 긴 거리이다. 이 긴 미국대륙이 태평양과 대서양을 이어주는 다리(Bridge) 역할을 할 때 이것을 Land Bridge라고 한다. 미국대륙이 극동과 유럽을 이어주는 운송시스템에서 다리 역할을 한다는 개념에서 American Land Bridge라고 부른다.

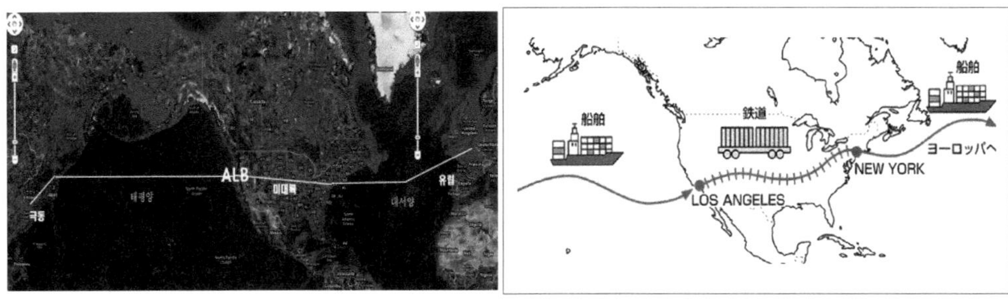

▌그림 3-12 ▌ American Land Bridge

4) SLB(Siberian Land Bridge)

극동에서 시베리아를 경유하는 복합운송 형태이다. 시베리아를 교각처럼 활용하여 운송하는 복합운송 방법을 말한다. 대륙을 횡단하는 철도를 이용하여 바다와 바다를 연결, 운송비를 절감하고 운송시간을 단축시키는 랜드브리지의 일종으로, 'Siberian land bridge'의 머리글자를 따서 SLB라고도 한다. 시베리아철도를 이용하여 동아시아·동남아시아·오세아니아 등과 유럽대륙·스칸디나비아반도를 복합운송 형태로 연결한다.

본래 일본에서 화물을 러시아의 보스토치노항으로 이동하고, 이를 시베리아철도에 실어 유럽으로 운송하던 방식이 발전된 것이다. 이 운송경로는 동아시아에서 유럽이나 서아시아를 잇는 최단 수송거리이며, 수송일수도 최대한 줄일 수 있다는 장점이 있다.

이것은 극동에서 유럽·중동행 화물을 집화하여 일본을 거치거나 또는 직접 소련의 나호드카(Nakhodka)항과 보스토치니(Vostochny)항으로 해상 수송한 다음 소련의 SOTRA

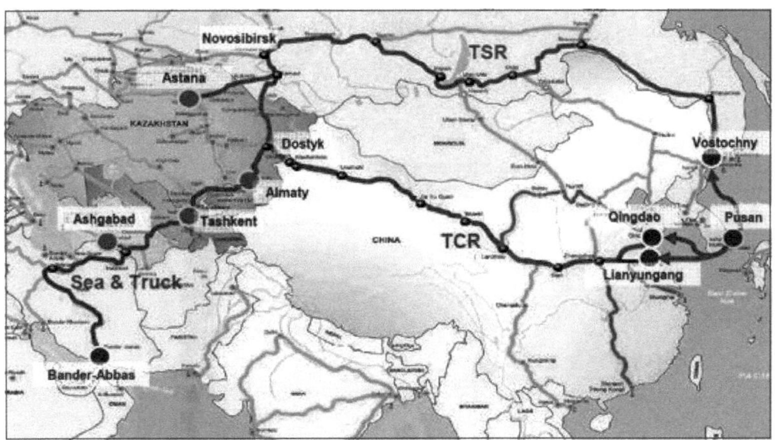

▌그림 3-13 ▌ Siberian Land Bridge

| 표 3-1 | 한국-유럽 수송루트별 거리, 시간, 운임비교

구 분	루트/거리	부 산	인 천
거리(Km)	TCR	10,370	10,246
	TSR	12,230	12,937
	해상	19,790	20,109
운임(USD)	TCR	1,464	1,449
	TSR	1,650	1,650
	해상	1,876	1,876
수송일수(Days)	TCR	24-32	24-42
	TSR	25-35	26-35
	해상	26-30	26-30

(전 소련적화물공단), Eurasia Trans사와 한국, 일본, 유럽의 NVOCC(Non-Vessel Operating Common Carrier)들의 제휴하여 철도로 시베리아를 횡단, 중동근접지역이나 동구제국의 국경지역까지 수송하고 여기에서 다시 동·서구, 스칸디나비아 바도, 지중해, 이란, 아프카니스탄 등지로 철도, 컨테이너선, 트럭 등으로 연결되는 국제복합수송이다. 선박으로 우회하는 것보다 해상운송과 육상운송을 조합시켜 운항시간을 단축시키고 경비를 크게 절감할 수 있다. '시베리아 횡단철도'라고도 한다.

5) CLB(China Land Bridge)

유럽과 아시아 대륙을 연결하는 중국횡단철도를 말한다. 황해의 연운항에서 출발하여 중국의 동서대륙을 횡단하고 러시아의 국경을 통과하여 시베리아횡단철도에 연결되어 유럽까지 가는 대륙간 횡단철도이다. 이 루트는 TSR에 비하여 약 2,000km의 운송거리의 단축이 가능하여 화물운송 시간과 비용 면에서 상당히 유리한 조건을 갖고 있다.

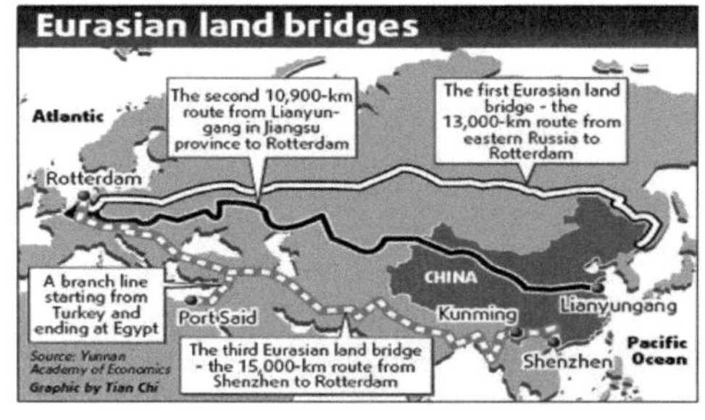

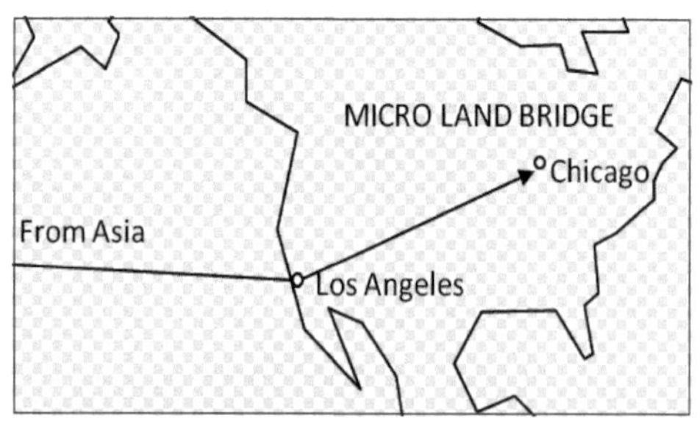

| 그림 3-14 | Eurasian & Micro Land Bridge

6) Micro Land Bridge

육로를 마치 해상과 해상을 잇는 육교처럼 이용하는 랜드브리지(land bridge)의 일종으로, 흔히 인테리어 포인트 인터모덜(IPI; interior point intermodal)이라고도 한다. 동아시아에서 미국 태평양 연안까지는 선박으로 해상운송하고 철도나 트럭으로 미국 내륙지역으로 육상으로 운송하는 방식이다.

1개 항구만 거친다는 점에서 미니랜드브리지와 다르다. 즉, 미니랜드브리지가 대륙횡단철도를 이용하여 항구에서 항구로(port to port) 화물을 운송하는 반면에 이는 항구에서 주요 도시로(port to point) 화물을 운송한다. 한편 동아시아에서 파나마운하를 경유하여 미국 동해안으로 해상운송하고, 그곳에서 철도나 트럭으로 내륙지역으로 육상운송하는 방식은 리버스 마이크로랜드브리지(reversed micro land bridge) 또는 리버스 인테리어 포인트 인터모덜(RIPI)이라고 한다.

7) TAR · Trans-Asian Railway Network

이 밖에 현재 추진되고 있는 복합운송루트는 '철(鐵)의 실크로드'로 불리는 아시아횡단철도(TAR · Trans-Asian Railway Network)이다. 이 프로젝트는 '유엔 아시아 · 태평양 경제 사회이사회(UN ESCAP) 교통 장관회의'에서 협정안이 만들어져 추진되고 있다.

TAR 연결노선은 시베리아횡단철도(TSR) 중국횡단철도(TCR) 만주횡단철도(TMR) 몽골 횡단철도(TMGR) 남북횡단철도(TKR) 등을 연결해 아시아 대륙 28개국을 지나는 총연장 8만1000㎞에 이른다. TAR 연결은 1960년대부터 유엔 ESCAP 차원에서 사업 추진이 논의됐지만 70년대 논의가 중단됐다가 90년대 초반 추진이 재개됐다.

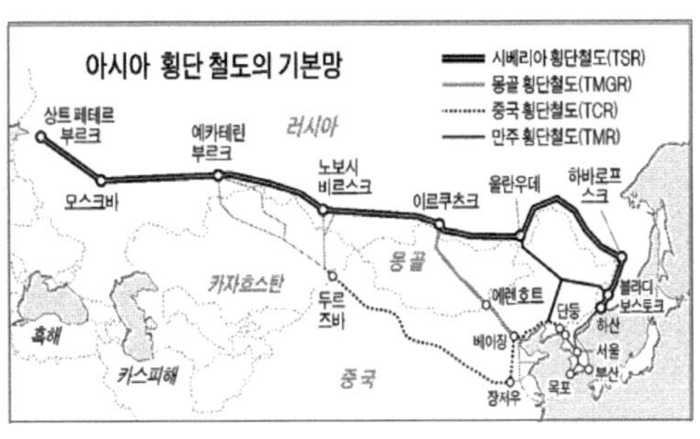

| 그림 3-15 | 아시아 횡단 철도망

이 협정안에는 아시아횡단철도 노선과 협정효력 등을 담고 있으며 사업은 1단계 노선과 기술표준 확정, 2단계 통관간소화, 3단계 운행협정, 4단계 운행으로 나뉘어 추진된다. 횡단철도가 개설되면 부산~모스크바 총거리가 현행 해상운송시 2만3000km에서 1만 km로 줄어들고 운송시간도 단축돼 아시아 각국에 물류혁신이 이뤄지게 된다. 또한 관관광열차 운행 등으로 경제적인 파급효과는 상상을 초월할 전망이다.

주요 노선은 28개국을 통과하는 북부·남부·아세안·남북노선 등 4개 노선으로 나뉜다. 북부노선은 한반도~러시아~중국~몽골~카자흐스탄, 남부노선은 중국 남부~미얀마~인도~이란~터키, 아세안노선은 아세안 국가와 인도차이나 지역 국가, 남북노선은 북유럽~러시아~중앙아시아~페르시아만 지역 등이다.

우리나라 통과 구간은 도라산~부산(497.4km) 주노선과 대전~목포(252.6km), 익산~광양항(179.0km) 등 분기노선 등으로 이뤄져 있고 다시 북한을 경유하는 TKR를 통 해 TAR에 연결된다. 그러나 이 프로젝트를 성공적으로 수행하기 위해서는 각국이 협정을 체결하면서 국가간 법적효력을 갖게 하는 "철로 궤도 폭, 선로 시설 개량, 국가간 기존 철도 노선연결 등에 대한 세부적인 문제들이 지속적으로 논의되고 구체적 실행계획이 차질 없이 수행되어야 할 것이다.

8) 북극항로 시험운항

2013년 9월 스테나 폴라리스호는 러시아 우스트루가항을 출발해 35일 만에 국내에 들어왔다. 나프타 4만4000t을 실은 스테나 폴라리스호는 평균 시속 12노트로 1만5000여 km를 운항한 후 국내에 입항했다. 1만5000여km 구간 중 북극항로 구간은 4254km였다.

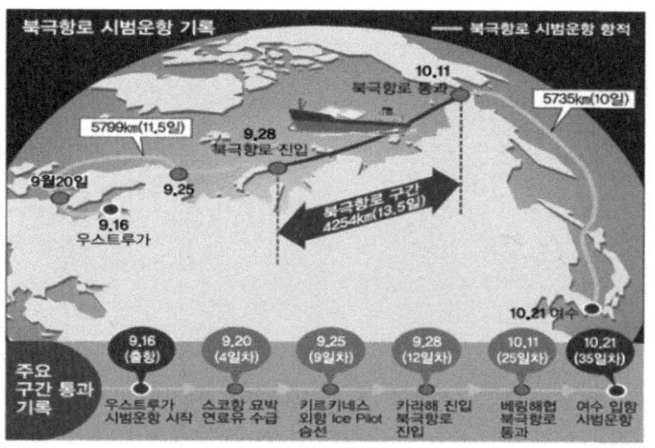

▌그림 3-16▌ 현대글로비스 '스테나 폴라리스'호의 북극해항로 첫 시험운항도

출발 당시 30일 정도가 소요될 것으로 예상됐지만 결빙구간에서 쇄빙선의 투입이 늦어져 5일 정도 지체됐다. 기존 항로인 수에즈 운하일 경우 40일 이상보다 5일 정도 단축하였다. 하지만 기후 등의 변수가 크고 화주들의 호응도가 낮고 쇄빙선 비용 등으로 상업운항으로 이어지기까지는 아직 가야 할 길이 먼 상황이다.

제3절 부정기선 해운(tramp shipping)

1. 부정기선(tramper)의 개념

부정기선(tramper or tramp ship)은 일정한 시간을 정해놓지 않고 세계를 무대로 어느 곳이든 화물을 쫓아 배선되는 선박을 의미한다. 원래 범선시대의 선박은 일 항 또는 수 개의 항에서 적하가 만선되기까지 정박하고 항해하는 Tramper였다. 이에 반대되는 정기선이 발달한 것은 증기선에 의한 규칙적인 항행이 가능하게 된 19세기 중엽이후의 일이다.

2. 부정기선의 특성

1) 화물수송단위가 크다

부정기선은 통상 산적건화물(dry bulk cargo)을 운송하는 선박의 의미에 사용되며, 원칙적으로 단일하주의 단일화물을 항해용선계약(voyage charter)에 의해서 대량의 화물을 가능한 한 만선(full and down)으로 운송하는 선박이다. 선적되는 화물은 대개 단일 종류의 화물로서 단위당 수송량이 매우 큰 특징을 가진다. 상선의 운항양식에 이와 같이 정기, 부정기의 구분이 생긴 것은 해운서비스에 대해 요구되는 수송화물의 특성, 다시 말하면 해상수송수요의 특성에서 유래하는 것이다.

2) 화물의 이질성

부정기선의 수송수요는 개별적인 것으로서 엄격한 의미에서 각각의 화물이 모두 차별적인 수송서비스를 요구하게 된다. 이러한 이질적인 특성을 가진 화물의 종류에는 원목, 석탄, 곡물, 원유와 같은 액체화물 등으로서 1항해에 여러 종류의 화물혼재가 어려운 단일의 수송수요를 필요로 하는 해운서비스이다. 오늘날에는 이러한 화물을 용이하게 수송하기 위한 전용선이 주된 수송수단으로 자리 잡고 있다.

3) 화물의 운임부담력이 높다

운임부담력의 측면에서 해운서비스는 크게 두 가지로 구분할 수 있다. 그 하나는 중량 또는 용적에 비하여 단위당 운임부담력이 낮은 경우와, 반대로 취득가격(수입가격)에 점하는 운임의 비율이 수송물품가액보다 큰 화물의 수송수요이다.

후자에 속하는 화물종류는 대개 원재료와 같은 저가물자이며 부정기선의 수송수요에 적합한 화물이다. 원재료 등 부정기 해상무역화물의 수송서비스에 있어서는 수송서비스의 규칙성과 신속성은 거의 문제시하지 않는 반면, 저가의 운임수송이 매우 중요한 서비스요인이 된다. 따라서 대체로 개별거래단위가 커서 단위화물만재의 대량수송에 적합한 수송수단이 되는 것이다.

4) 해운서비스의 불규칙성

그러나 수송수요의 흐름이 단속적(斷續的)일뿐만 아니라, 이들 화물의 무역거래가 보다 싼 물품의 취득가격을 찾아 빈번하게 공급지를 변경하므로, 그 장소적·시간적 출현이 불규칙하고 불안정하다.

따라서 이들 화물의 개별수요를 잘 조합시켜 접속함으로써 일련의 지속적인 수송수요를 확보할 수 있고 선박의 효율적인 이용을 유지할 수 있다. 단, 이러한 수요를 대상으로 운송활동을 수행하는 선박은 필연적으로 수요발생의 시간적인 순서에 따라 수시로 항로를 변경하여 항해를 하게 된다. 이러한 운항형태를 보통 '부정기운항(tramp shipping)'이라 부르며, 또한 이 부정기 운항양식의 기초로서 건화물(dry cargo)의 운송거래와 용선계약이 체결되는 추상적인 장을 '부정기선시장'(tramp market)으로, 그리고 액체화물(liquid cargo)의 운송거래와 용선계약이 체결되는 추상적인 장을 '탱커시장(tank market)'으로 각각 부르고 있다.

5) 항로의 다양성

이처럼 시간과 장소가 불규칙성으로 나타나는 수송수요를 대상으로 하는 부정기선이나 탱커는 수요에 따라서만 운항되며, 소위 주문생산의 형태를 취한다. 즉, 사전에 취항항로를 특정화하여 한 곳에 고정하는 것이 아니라, 임기응변으로 항로를 바꾸어 자유로운 운항활동을 전개한다. 즉, 부정기선주 및 탱커 선주는 어느 시점과 지역의 시장

상황에 따라 이익이 발생되는 경우, 언제든 세계의 모든 항만을 대상으로 화물의 종류를 불문하고 수송에 응하는 것이다.

따라서 국제무역항로에서 부정기선과 탱커는, 본질적으로 세계를 단일시장으로 하고, 세계적인 영역을 활동범위로 하여, 스스로 보다 유리한 수송수요를 찾아 일정한 시간과 장소를 정하지 않고 부정기로 항해하는 것이다.

3. 시장의 경쟁형태

1) 시장진입이 자유로움

대량화물운송을 특징으로 하는 부정기선시장에 있어서 해운서비스에 대한수요자인 하주가 가장 필요로 하는 욕구는 저운임수송이라 할 수 있다. 이것은 수송비용이 타사보다 낮아 보다 저렴한 운임을 제시할 수 있거나, 또는 저운임수송에도 운항을 중단하지 않고 지속할 수 있다면 보다 용이하게 고객인 하주를 확보할 수 있음을 의미한다. 극단적으로 말하면 지배선단이 1척만 있어도 이 시장에 자유롭게 참가할 수 있음을 의미한다.

2) 공급비용이 낮음

또한, 운항비용을 낮출 수만 있다면 반드시 신조선을 필요로 하지 않고 중고선 또는 타선주로부터 빌린 용선운항일지라도 상관없다. 따라서 이 시장에 진입하기 위한 선박투입의 소요자금은 비교적 적게 들며 별다른 제약도 받지 않고 자유롭게 참가할 수 있다. 또한 정치적 사유 등에 의해 어느 특정국에서 예외인 입항제한을 받는 경우를 제외하고는, 세계 모든 나라의 외국무역항에서 자유로운 입출항이 허락된다.

3) 동맹이 없음

또한 전술한 정기선동맹과 같은 카르텔조직에 따른 기존업자로부터 속박된 저항을 받는 것도 없다. 요컨대 기술적, 경제적, 그리고 제도적으로도 시장에 참가가 용이하며 진입장벽도 매우 낮다.

4) 시장 확보경쟁이 치열

탱커선을 포함한 부정기선시장에는 참가기업이 무수히 존재하고 시장이 호황일 때는 기존기업의 설비확장과 신규 진입자의 유인력이 매우 크다. 이러한 성격을 가진 부정기선시장에서는 공급량 또는 수요량이 선주에 의해 자발적으로 조절됨으로써, 시장전체의 수급사정에 큰 영향을 줄 수 있는 독점적 기업이 존재하지 않는 것은 물론, 선주상호간에도 생산조건에 있어 현저한 차이를 보이므로, 공급측면에 있어서 선주가 상호결탁하여 경쟁을 억제하려는 카르텔을 결성하는 것도 극히 어려운 상황에 있다. 한편 수요측면에 있어서도 수요가 매우 개별적으로 발생함으로써 장소 및 시기, 그리고 화물의 종류 및 수량에 있어서 불규칙하고 불안정하며, 또한 운임부담력과 수송의 긴급성에 있어서도 다양성을 보일뿐만 아니라, 하주의 종류가 개별기업, 기업그룹 혹은 정부 등 다방면에 걸치므로 운임시황의 조작을 위해 공동보조를 취하는 것이 거의 불가능하다.

5) 완전경쟁시장(complete competitive market)의 성격

따라서 이 시장에서는 필연적으로 자유경쟁이 전개되어 가격(운임 및 용선료)은 수요와 공급에 따라 타율적으로 결정되므로, 운임료와 용선료의 수준은 수급균형의 변화에 따라 끊임없이 변동한다.

그러나 가격경쟁이 전개되는 과정에서도 선박은 세계각지로 자유롭게 이동할 수 있으므로, 계선 등에 의한 방법으로 공급량의 자동조절작용을 가진 이 시장에서는 해운서비스의 생산코스트, 즉 운항코스트가 중요한 경쟁요인이 되어 채산을 완전히 배제한 운임의 절하경쟁은 일정수준 이하로는 전개되지 않는다. 요컨대 탱커 등의 부정기운항형태의 이 시장에서는 경제학의 고전적 경쟁이론인 자유경쟁을 의미하는 완전경쟁에 가까운 시장의 특징을 볼 수 있다.

6) 시장왜곡에 노출되기 쉬움

혹자는 부정기선시장이 사실상 완전경쟁시장이라고 하는 견해도 있다. 그러나 이것은 완전경쟁시장에 가까운 시장이라고는 할 수 있어도 완전경쟁시장이라고 단언할 수는 없다. 그 이유는 오늘날 우리는 시장경쟁에 간섭하는 많은 요소를 볼 수 있기 때문이다. 즉, 어느 나라가 시장기구를 무시하고 정부관계화물의 대부분 또는 전부를, 또는 자국무역화물의 상당부분을 일방적인 국내법이나 쌍무협정에 따라 자국선에 유보하는 것 등은, 시장기구의 움직임에 의한 합리적인 수급의 결합이나 거래를 말살 내지 왜곡하고, 시장의 국지적인 수급균형에 영향을 준다. 또한 합리적인 거래에서 도출되는 운임과 상이한 운임수준을 야기 시킨다.

| 표 3-2 | 벌크선의 크기별 운송화물과 운송루트

벌크선의 구 분	해상화물(운송비율[%])				
	철광석	석 탄	곡 물	보크사이트 & 알루미늄	인광석
Capesize Panamax	70% 22%	45% 40%	7% 43%	– 45%	– 20%
Handymax and Handysize	8%	15%	50%	55%	80%
벌크선의 구 분	**주요 운송루트**				
	철광석	**석 탄**	**곡 물**	**보크사이트 & 알루미늄**	**인광석**
Capesize (120,000dwt and over)	• 수출국 : 호주, 브라질 • 수입국 : 서유럽, 동북아시아	• 수출국 : 호주, 서아프리카 • 수입국 : 서유럽, 동북아시아	• 수출국 : 아르헨티나 • 수입국 : 아시아, 동유럽		
Panamax (65,000dwt)	• 수출국 : 호주, 브라질 • 수입국 : 서유럽, 동북아시아	• 수출국 : 호주, 북아메리카 • 수입국 : 서유럽, 동북아시아	• 수출국 : 북아메리카 • 수입국 : 서유럽, 동북아시아		
Handymax and Handysize (45,000dwt) & (30,000dwt)	• 수출국 : 인도, 캐나다, 라이베리아 • 수입국 : 서유럽, 동북아시아	• 수출국 : 남아프리카 • 수입국 : 서유럽, 동북아시아	• 수출국 : 호주, 북아메리카 • 수입국 : 서유럽	• 수출국 : 호주, 카리비안, 서아프리카 • 수입국 : 서유럽, 동북아시아	• 수출국 : 미국, 모로코, 러시아 • 수입국 : 서유럽, 동북아시아

4. 탱커선 운항

1) 탱커 운송의 특징

탱커(tanker)란 원유(crude oil)·중유(heavy oil)·가솔린(gasoline)·당밀(molasses) 등을 산적하여 수송하는 선박으로써, 일반적으로 유조선(oil tanker)을 지칭하지만 액화가스 탱커(liquified gas tanker)·화학물질 탱커(chemical tanker) 등을 포함한다. 오일탱커(oil tanker)는 원유·중유 등 블랙 오일(black oil)을 싣는 더티 탱커(dirty tanker)와 가솔린·디젤유(diesel oil)·경유·납사 등을 싣는 클린 탱커(clean tanker)로 구분된다.

액화 가스 탱커는 석유 가스를 저온이나 고압으로 액화시켜 수송하는 선박으로써 액화석유 가스(liquified petroleum gas ; LPG) 수송선과 액화천연 가스(liquified natural gas ; LNG) 수송선이 있다. 또, 화학물질 탱커는 액체유황(liquid sulphur)이나 탄소황화물(carbon disulphide)·솔벤트(solvent) 등 인화성 및 유독성 화학물질을 수송하는 선박이다.

탱커는 이러한 액체물질을 적재수송하기 위해 일반화물선과는 다른 특수한 구조를 갖는다. 즉, 액체의 자유표면적영향(free surface effect)에 의한 복원력(stability)의 감소를 막기 위해 선창(cargo tank)이 조밀한 구획으로 나누어지고, 유류하역을 위한 펌프룸(pump room)과 유관시설(piping system) 등이 갖추어져 있으며, 화재위험의 감소 등을 위해 기관실(engine room)이 선미에 배치된 형태를 취하고 있다.

제2차 세계대전을 전후하여 석유수요의 급증으로 이른바 핸디형(handy size: 6,000dwt 급)으로부터 시작하여 T-2형 탱커(약 17,000dwt), 그리고 1950년대에는 표준형(standard type : 18,000~20,000dwt) 탱커들이 대량으로 건조되었다. 1960년대에 들어서면서 석유화학공업의 비약적인 발전과 더불어 탱커운송화물은 석유제품에서 원유수송으로 대체되었고, 선형도 대형화되기 시작하여 5만~6만 톤(dwt)급의 수막스(Sumax)탱커와 8만 톤(dwt)급의 파나막스(Panamax))형 등의 수퍼 탱커(super tanker)가 운항되었다.

그런데 1967년에 수에즈 운하(Suez Canal)가 봉쇄되면서 중동의 페르시아만(Persian Gulf)에서 유럽에 이르는 세계 최대의 원유 수송로는 아프리카 남단으로 우회하게 됨에 따라 6,500마일에서 11,000마일까지로 연장되게 되었다. 이에 따라 선박의 대형화를 통한 단위수송코스트를 낮추기 위한 '규모의 경제'(economy of scale)가 추구되어 15만~30만톤급의 VLCC(Very Large Crude oil Carrier) 및 30만톤 이상의 ULCC(Ultra Large Crude oil Carrier) 등 초대형 탱커들이 등장하게 된 것이다. 그러나 이는 1973년의 오일 쇼크(oil shock) 이후 심각한 선복과잉 현상을 초래하게 된 요인이 되었다.

이러한 초대형선들은 대개는 운항업자(operator)에 의해 정기용선이나 항해용선을 통해 운항되지만, 석유회사가 소유하면서 자기화물의 수송에 사용하는 경우도 많다. 즉, 대석유회사로서는 탱커회사를 소유하면서 자가수송을 통해 수송·정제·판매를 자기의 일관성 있는 경영 하에 두고 싶은 의욕이 있는 것은 당연한 일이며, 이는 이른바 산업운송인(industrial carrier)으로서의 현대적 운송체제를 이룩하게 한 것이다.

실제로 세계의 7대석유회사들(seven major companies)[1]은 그들의 그룹산하에 탱커선사들을 경영하고 있으며, OPEC산유국들[2] 역시 탱커선사 경영에 참여하고 있다. 또 탱커 경영을 위해서는 정유공장, 저장탱크, 그리고 항만시설(tanker terminal) 등에 대한 장기시설투자 역시 필요로 하기 때문에 막대한 자본력을 가진 대기업의 참여가 불가피하다고 할 수 있다.

탱커 운항 상 고려할 점은 탱커 화물이 가지는 특성, 즉 하주의 집중화와 화물의 대중화, 그리고 수송경로의 단순화와 공선항해의 불가피성이라 할 수 있으므로, 대형 탱커의 운항관리비의 증대 등을 참작하여 정확한 운항채산 하에 적합한 탱커를 최적항로에 배선 운항해야 할 것이다.

2) 탱커 용선형태

탱커 용선계약에는 항해용선계약과 정기용선계약이 있다. 또한 항해용선이지만 중형선은 460파운드의 비용으로 500파운드의 수익을 올린 것으로 나타났다. 계약은 일항해용선계약과 연속항해용선계약으로 나누어지는데, 일항해용선(single voyage charter)은 스폿물(spot cargo)이라 칭하며 1항해에 한하는 운송계약이다. 세계 탱커 선복의 약 10%가 이 형태로 운항되고 있는데, 현물시장이라 할 수 있는 이 스폿물에 의하여 탱커운임 시황이 크게 영향을 받기도 한다.

한편 연속항해용선(consecutive voyage charter)은 일정기간에 걸쳐 수항차를 반복항해하며 운송하는 것으로써, 계약기간은 보통 1년 이내로 한정된다. 정기용선계약(time charter)은 일반 부정기선의 경우와 거의 동일한데 대개는 3년에서 7년 내지는 10년 이상의 장기계약을 체결하는 것이 특징이다. 탱커의 운송계약이 갖는 특성은 다음과 같다.

---

1) Seven major company란 Exxon, British Petroleum, Texaco, Royal Dutch Shell, Mobil, Gulf, Standard Oil of California 등을 가리킨다.

2) OPEC(Organization of the Petroleum Exporting Countries)는 중동(Middle East)의 산유국들이 석유가 조정의 통일 등을 통한 상호이익 도모를 위해 1962년에 결성했으며, 현재는 Saudi Arabia, Iran, Iraq, Kuwait, Libia 등을 비롯하여 13개국이 참여하고 있다.

① 스폿물 이외에는 장기용선계약이 체결된다.

② 운임률은 특별한 기준에 의해 정해진다.

③ 하역은 원칙적으로 적하는 하주측이, 양하는 본선측이 부담한다.

④ 화물적양상의 책임한계는 고정 호스 연결부(permanent hose connection), 또는 본선 레일(ship's rail)로 되어 있다.

⑤ 정박기간(laytime)은 원칙적으로 연속일(running)로 되어 있는데, 영국식(London form) C/P에서는 날씨 허용 가능일(weather permitting)이다.

⑥ 체선료(demurrage)에 대해서는 공장의 화재·폭발 및 적양설비의 파손에 기인한 경우에 체선료의 감액(보통 반액)을 인정하고 있다.

3) 탱커의 용선계약서 주요약관

탱커의 항해용선계약서는 현재 영국식의 London form(Umavoil Charter Party)과 미국식인 Warshipoilvoy form(Asbatankvoy)[3]이 주로 사용된다. 그 밖에도 각 회사별로 이를 수정하여 만든 Shellvoy 양식, Essovoy 양식, Mobilvoy 양식, British tanker 양식 등이 사용되고 있다.

London form과 Asbatankvoy form의 차이점은 운임 지급방법과 정박기간의 계산방식에 있으며, 그 이외에는 거의 유사하다.

한편 정기용선계약서로서는 표준서식이 없이 각 회사가 제정한 서식으로서 Mobiltime·Essotime·Standtime 등이 사용되고 있다. 여기서는 Warshipoilvoy C/P를 중심으로 주요내용만을 살펴보기로 한다.

① 본선의 명세와 위치(description and position of vessel) : 내용은 일반C/P와 다를 바 없으나 특이한 점은 'coiled'라는 란과 'last two cargo'라는 란인데, coiled는 본선에 가열관(heating coil)의 유무에 따라 유(yes)또는 무(no)로 표시하는 것이고, last two cargo는 최후의 2항해에 선적되었던 화물의 종류를(예컨대 crude oil, dirty petroleum product 등) 기재한다. 이는 탱크 청소(tank cleaning) 및 유독손상(contamination)의문제에 대처하기 위한 것이다.

② 화물(cargo) : 화물의 종류가 기재되며 '본 계약은 다른 기재사항이 없는 한 만선

---

3) 2차대전시에 미국 전시해운관리국(War Shipping Administration)에서 제정하여 민간업자의 징용선 운항에 사용했던 것인데, 1962년에 1차로 New York의 선박중개인 및 대리점협회(Association of Ship Brokers and Agents, Inc.,)에서 개정하여 Amertankvoy form으로 만들었다가 다시 1977년에 Asbatankvoy로 재개정하여 현재 사용하고 있다.

화물(full and complete cargo)로 한다'고 규정하고 있다. 그 양은 선장의 판단에 따라 본선의 항해에 필요한 선용품의 적재 및 화물유의 팽창에 필요한 스페이스(space)를 남기는 한도 내에서 만재한다. 어떤 경우에도 용선자는 본선의 화물적재용량(capacity of cargo)으로 표시된 양에서 10% 이상의 초과 화물 적재를 요구할 수 없다. 또한 만선에 미치지 못하는 화물에 대해서는 그 품명 및 수량을 명기할 필요가 있으며, 그 수량은 용선자가 적재할 최소량을 의미한다고 규정하고 있다.

③ 적하구역(loading range) : 'worldwide trading' 등으로 기재되며, 적하준비완료일(readiness date), 해약기일(cancelling date) 등이 약정된다.

④ 총 정박시간(total laytime in running hours) : 보통 144시간으로 정하고 있는데 이는 USMC rate의 극동량에 준하는 것이다.

⑤ 운임률(freight rate) : USMC rate[4]의 몇 %, 또는 World scale rate) 얼마라고 기재된다.

⑥ 보증(warranty) : 선주는 발항당시에 감항성(seaworthiness)을 갖추고, 유관(pipes), 펌프(pumps), 가열관(heating coils) 등을 화물의 안전수송에 적합하도록 양호한 상태를 유지할 것을 보증한다.

⑦ 선적항 지정시간(time for naming loading port) : 용선자는 본선이 이전 적양항이나 급유항에서 출항준비 완료 24시간 전에 또는 출항한 이후라면 C/P에 서명과 동시에 선적항을 명확히 지명하지 않으면 안 된다. 용선자의 적지지명의 지연으로 인해 생기는 초과비용은 용선자가 부담하며, 그로 인해 본선이 상실한 시간은 정박허용시간으로 산정한다.

⑧ 하역준비완료통지(notice of readiness)와 정박시간의 개시(commencement of laytime) : 본선이 적양항에 도착하여 하역준비가 완료되면 선장이나 대리인 및 용선자 또는 그 대리인에게 즉시 문서나 전보 또는 전화로 그 사실을 통고해야 한다. 본 조항에서 준비완료란 본선의 도착이 영업시간 내이든가 아니든가 선석(berth)에 접안했거나 아니했거나, 또는 본선의 선창(tank)안에 밸러스트 및 오수가 잔존하거나 아니하든가에 상관이 없다. 정박시간은 준비완료 통지 후 6시간이 경과하면 개시한다. 단, 본선측의 과실로 인하여 선석(berth)에의 도착이 지연된 경우에는 그 시간은 정박허용시간에 산입하지 아니한다.

4) USMC rate란 미국 해사위원회(United States Maritime Commission)가 2차대전 중의 1936년에 전시해운관리국을 통해 제정한 것으로 세계 각 지역의 탱커 수송로에 있어서 통제운임의 공정률로 사용한 것이다. 시황에 따라 운임의 변동을 'flat' 또는 '몇 % up, less' 등으로 표시한다.

⑨ 안전한 선석 및 변경(safe berth, shifting) : 본선은 용선자가 지정하는 안전한 장소·부두·타선선측에 도착하거나 부선(lighters)을 선측에 접안시키면 즉시 적양하 작업을 수행해야 한다. 다만 본선이 그러한 곳으로 항진하고 안전하게 머무르거나 그곳에서 이동하는 것, 그리고 부선료 등은 용선자의 위험과 비용부담으로 한다.

용선자는 적양항에 있어서 본선을 한 안전한 선석으로부터 다른 안전한 선석으로 이동시킬 수 있으며, 그에 필요한 예선료(towage), 도선료(pilotage) 및 기타 부수적인 비용은 모두 용선자의 부담으로 한다. 또한 선석변경 때문에 본선이 상실한 시간은 정박시간에 산입한다.

⑩ 펌프에 의한 적양하와 호스(pumping in and out, houses) : 화물의 선적은 용선자의 위험부담과 비용으로 하고, 양하는 본선의 부담으로 한다. 그러나 본선의 책임은 본선 갑판상의 고정 호스 연결 개소(permanent hose connections)를 한계로 하며, 화물은 이로부터 용선자 또는 수하인에게 인도된다. 용선자의 요구가 있으면 본선은 양하 후에 송수로써 육상의 유관내의 기름을 압송할 수 있으며 여기에 소요되는 시간은 정박시간으로 산입된다.

⑪ 제외되는 제품, 인화점(products excluded, flash point) : 선적 당시 100°F에서 ASTM[5]의 시험규정(Reid법) D-323에 의하여 측정했을 때 증기압(vapor pressure)이 13.5파운드(1bs)를 초과하는 화물은 선적될 수 없다. 또한 밀폐된 상태에서 ASTM의 D-56방식으로 측정했을 때 인화점이 115°F 이하가 되는 화물은 부선으로부터 선적되어서는 안 된다.

⑫ 공적운임(dead freight) : 용선자가 화물을 만선시키지 못했을 경우에도 용선자의 요구가 있고, 또 선장의 판단에 본선이 감항능력을 가질 수 있을 만큼 충분히 적하되었다고 생각될 때에는 본선은 항해를 할 수 있다. 그러나 이 경우 실제 적재화물량과 본선의 만선적재용량 사이의 차이에 대한 공적운임은 약정된 운임률에 따라 지불해야 한다.

⑬ 청소(cleaning) : 선주는 본선의 선창(tanks)·파이프(pipes)·펌프(pumps) 등을 용선자 측의 검사관이 만족할 수 있을 정도로 청소해야 한다.

⑭ 가열(heating) : 용선자의 요구에 의해 화물의 가열이 필요할 때에는 본선은 화물의 적정온도를 유지하기 위해 필요한 조치와 노력을 다해야 한다.

---

5) ASTM은 American Society of Testing Material의 약자이다.

⑮ 일반면책조항(general exception clause) : 선주는 다음의 원인에 의해생긴 화물손해에 대해서 책임을 지지 아니한다.

i) 선장·도선사·선원 기타 선주사용인에 의한 본선의 항해·운용상의 과실이나 태만, 또는 선원의 불법행위

ii) 선주의 고의나 태만에 의하지 않는 화재

iii) 충돌·좌초, 또는 기타 해상위험

iv) 인명이나 재산의 구조 행위 또는 그 계획으로 인한 사고

v) 화물 본래의 성질이나 결함으로 인한 용적 및 중량의 감소 또는 멸실

vi) 하주 및 그 대리인의 과실 또는 태만으로 인한 것

vii) 화물의 포장이나 표시(mark)의 불완전으로 인한 것

viii) 선체·기관 및 속구의 잠재적인 결함에 의한 것

ix) 천재·전쟁행위, 또는 관헌에 의한 억류·나포 등에 의한 것

x) 해적·도적·폭동·내란·파업·공장폐쇄 등에 의한 것

무역거래와 해운서식 (shipping documents)

제1절 무역절차와 관련서식

앞장에서 살펴본 바와 같이 해상운송은 정기선과 복합운송 및 부정기선의 형태로 구분되어 수행된다. 해운은 무역거래에 수반되어 나타는 파생수요(derived demand)를 충족하기 위해 나타난 산업이며, 이러한 수요에 부응하는 과정에서 많은 운송의 단계별 많은 절차가 필요하고, 그에 수반한 서류가 필요하게 된다.

즉, 국제무역에는 송하인, 수하인, 운송업자, 하역업자 등 수많은 이해 당사자가 개입되고 다종의 수송수단과 방법이 이용되기 때문이다. 이하에서는 물품의 매매, 수송, 선적 및 양하 과정에서 필요로 하게 되는 서류들을 유형별로 정리를 해 본다.

1. 무역절차(trading procedures)

국제무역거래에서는 1936년 ICC(국제상업회의소)가 제정하고 가장 최근인 2020년에 개정된 "무역조건에 관한 국제규칙"(INCOTERMS 2020: Int'l Rules for the Interpretation of Trade Terms)에 따른 용어를 사용하고 있다. 이는 국가가 다른 당사자 간의 무역거래 시 서로 다른 국가의 법률 및 관습으로 발생할 수 있는 무역분쟁을 예방하기 위해 국제 매매계약조건(거래조건)을 통일한 것을 말하며 그 구체적인 용어의 정의는 다음과 같이 분류된다.

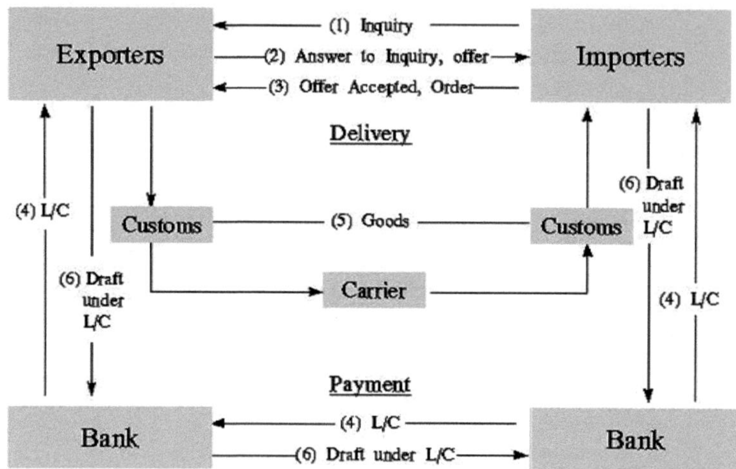

| 그림 4-1 | 무역절차도

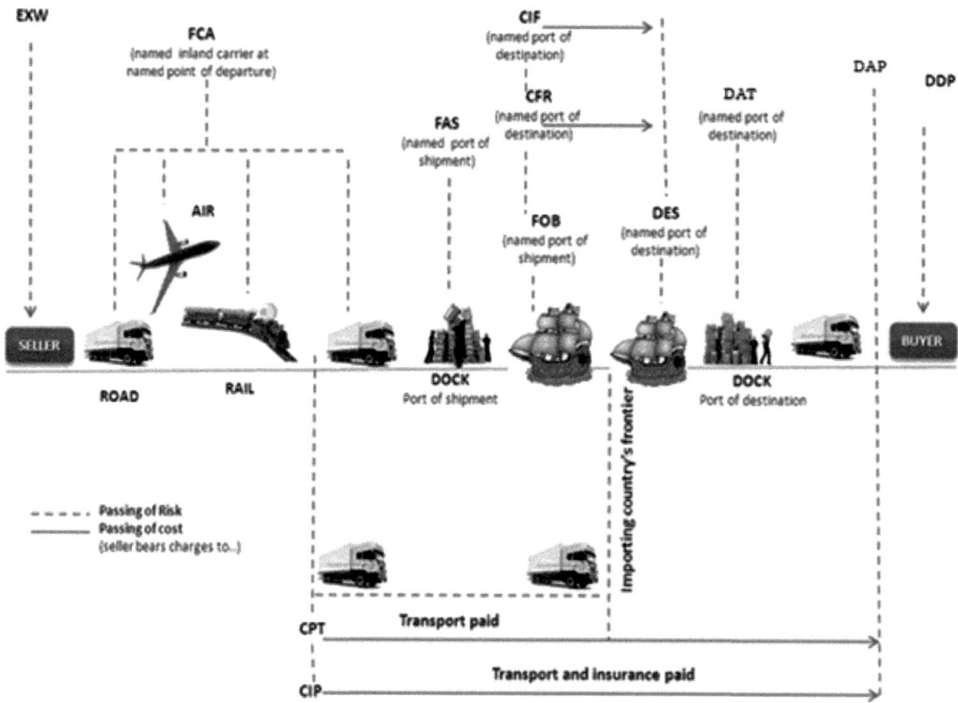

| 그림 4-2 | INCOTERMS

1) RULES FOR ANY MODE OR MODES OF TRANSPORT

(1) 공장인도(EXW : Ex Works)

수출자 즉, 매도인이 자신의 공장이나 창고에서 수출품을 수입자 즉, 매수인에게 넘기는 것을 말하며, 이후 모든 비용과 위험 및 운송책임은 매수인이 부담하는 조건이다.

(2) 지정운송인 인도(FCA : Free Carrier)

수출자는 수입자가 지정한 운송인에게 물품을 인도하는 데까지 책임을 지고 이후 발생하는 비용과 위험은 수입자가 책임을 지는 조건을 말한다.

(3) 운송비지급인도(CPT : Carriage Paid To)

수출업자가 지정된 운송인에게 물품을 인도할 때까지 위험과 책임을 부담하는 조건이며 주로 항공운송(제품가격 + 항공운송) 비용을 포함한 가격으로 수출하는 것이다.

(4) 운송 및 보험료 포함인도(CIP : Carriage And Insurance Paid To)

수출자가 운송비 및 운송보험료를 포함하여 수입자에게 인도하는 조건이다.

(5) 도착지 인도(DAP : Delivered At Place)

물품이 수입국에서 양하 후 수입자에게 인도하는 것이며 이후의 모든 비용과 책임은 수입자에게 있다.

(6) 터미널인도(DAT : Delivered At Terminal)

수출자가 수입국의 수입자가 지정하는 터미널까지 인도하는 조건이며 물품을 양하 후 지정터미널까지 추가로 인도해야 하는 점에 주목할 필요가 있다.

(7) 관세지급인도(DDP : Delivered Duty Paid)

판매자가 배송과정에서 발생하는 거의 모든 책임을 지며 수입국에서 수입절차진행, 관세, 부가세 등 모두 판매자가 지급해야 하는 조건이다.

2) RULES FOR SEA AND INLAND WATERWAY TRANSPORT

(1) 선측인도(FAS : Free Alongside Ship)

수출자가 수출국에서 수입자가 지정하는 항만의 선측에 물품을 인도할 때까지의 모든 비용과 위험을 부담하며, 그 이후의 모든 책임은 수입자에게 있다.

(2) 본선인도(FOB : Free On Board)

수출자가 수입자가 지정하는 선박에 물품을 인도 및 적재할 때까지의 모든 위험과 책임을 부담하는 조건이다. 즉, 수출자가 선적비용을 부담하고 수입자는 화물이 본선의 갑판에서 인도된 때부터 모든 위험과 비용을 부담하게 된다.

(3) 운임포함인도(CFR : Cost and Freight)

물품이 지정된 항만에서 선적하여 양하항에 도착할 때까지 수출자가 선적비와 해상운임을 부담하는 조건이며 정기선에서는 컨테이너 양하비용도 수출자가 부담하게 된다.

(4) 보험료부담인도(CIF : Cost, Insurance and Freight)

선적 및 운송, 그리고 해상적하보험까지 수출자가 부담하며 상기 CFR에서 해상적하보험이 추가된 조건이다.

2. 무역서류(Trading Documents)

1) 물품매도증서(offer sheet)

Offer Sheet는 물품의 매입자와 매도자간에 일정한 무역 거래에 관심이 있는 품목에 대하여 거래조건 등에 대하여 조회(inquiry)를 하고 상호 합의가 될 경우 거래확인을 교환하는 입증서류이다. 상기와 같은 양식은 회사에 따라 변경이 가능하다.

2) 물품매매계약서(sales contract)

Offer Sheet가 교환되고 정식으로 물품의 수출입을 위하여 거래하는 계약서를 교환하며, 이에 사용되는 것이 바로 물품매매계약서이며 다음과 같은 양식이 있다.

3) 신용장(letter of credit)

신용장(信用狀, letter of credit, L/C)이란 판매자가, 기저가 되는 계약(예컨대, 물품판매계약)에 의해 특정된 의무를 이행하였고, 물품·용역이 계약된 대로 제공되었다는 것을 입증하는 서류이다. 수혜자는 이 문서를 반환함으로써, 신용장을 발행한 금융기관으로부터 지급을 받는다. 신용장은 구매자가 궁극적으로 지급을 하지 못하게 되더라도 판매자는 지급을 받을 것이라는 보증으로서의 역할을 한다.

BIZ INDUSTRIAL CO., LTD

C.P.O.BOX : 7917 SEOUL
CABLE : FONECA SEOUL
TELEX : DESCO K24416

① *Manufacturers, Exprters & Importers*
#146-1, SEOSONG-DONG, CHONGRO-KU.
SEOUL, KOREA

TEL 735/5671
732/1985
733/8194

Offer Sheet

② Messrds, INBEE INDUSTRIAL INC

③ Offer No. DS01227
④ Data, DEC. 27. 1999

Gentleman :
⑤ We are pleased to offer you the following
⑥ Origin : REPULBLIC OF KOREA
⑦ Shipment : WITHIN 45 DAYS AFTER RECEPT OF YOUR L/C.
⑧ Shipping Port : BUSAN, KOREA
⑨ Payment Terms : BY IRREVOCABLE AT SIGHT L/C TO BE OPENED IN OUR FAVOR
⑩ Validity of Offer : BY JAN. 31. 2000

Item	⑪ Commodity & Description	⑫ Quantity	⑬ Unit Price	⑭Total Amount
	AUTOMOBILE TUBES	⑮ CIF YOKCHAMA, JAPAN/PC		
	SIZE VALVE 550-13 TR13 600-14 TR13	2,100 PCS 3,900 PCS	@US$ 1.80 1.90	US$3,780.00 7,410.00
	TOTAL :	6,000 PCS		US$11,190.00
	⑯ Accepted by : ______ Date of acceptance ______	Very truly yours, ⑰ BIZ INDUSTRIAL CO., LTD. ______		

CONTRACT FOR THE SALE OF GOODS

This Contract for the Sale of Goods (the "Sales Contract") is made on [DATE].

BETWEEN: **[YOUR COMPANY NAME]** (the "Seller"), a corporation organized and existing under the laws of the [State/Province] of [STATE/PRIOVINCE], with its head office located at:

[YOUR COMPLETE ADDRESS]

AND: **[BUYER NAME]** (the "Buyer"), a corporation organized and existing under the laws of the [State/Province] of [STATE/PRIOVINCE], with its head office located at:

[COMPLETE ADDRESS]

1. SALE OF GOODS

Seller shall sell, transfer and deliver to buyer on or before [DATE], the following personal property:

2. CONSIDERATION

Buyer shall accept the goods and pay the sum of [AMOUNT] for the goods.

3. IDENTIFICATION OF GOODS

Identification of the goods to this agreement shall not be deemed to have been made until both buyer and seller have specified that the goods in question are to be appropriated to the performance of this agreement.

4. PAYMENT ON RECEIPT

Buyer shall make payment for the goods at the time when, and at the place where, the goods are received by buyer.

OR

INSTALLMENT PAYMENT CLAUSE

Buyer agrees to pay for the [EQUIPMENT, MACHINERY OR THE LIKE] in the following manner: the initial payment payable with this order, and the remaining balance in monthly payments together with monthly charge for service, all as stated on the face of this agreement; the billing for monthly payments will commence for each [E.G., MACHINE] when installed ready for buyer's use, with succeeding payments on the same day of every month until total price shall have been paid in full.

| 그림 4-3 | 물품매도증서 및 매매계약서

이런 식으로 구매자가 지급하지 아니하는 위험은 구매자로부터 신용장의 발행자에게로 이전된다. 즉, 신용장은 은행이 거래처의 요청으로 신용을 보증하기 위해 발행하는 증서로, 원활한 무역거래 대금결제를 위하여 수입업자의 요청과 지시에 따라 수출업자(수혜자) 또는 그의 지시인으로 하여금 일정기간 및 일정조건 아래 운송서류를 담보로 하여 발행은행 또는 동 발행은행이 지정하는 환거래은행을 지급인(Drawee)으로 하는 화환어음을 발행하도록 하고, 수출자가 신용장에 명시된 조건에 일치하는 서류를 매입은행을 통해 제시하면 이와 상환으로 발행은행이 물품대금의 지급·인수 또는 매입을 보장한다는 조건부 지급 확약 증서이다.

신용장은 주로 국제 무역에서 사용된다. 대부분의 신용장은 신용장통일규칙으로 알려진 국제상공회의소에 의해 공표된 규정에 의해 규율된다. 오늘날과 같은 은행발행 신용장이 국제무역대금의 결제수단으로 본격 사용되기 시작한 것은 19세기 중반부터이다. 신용장을 통해 통상 물품인도에 따른 대금회수불능의 위험을 부담하게 되는 수출자는 신용장이 수입자를 대신해서 은행이 대금지급을 확약해줌으로써 대금회수 불능의 위험을 제거할 수 있고, 통상 물품수령불능의 위험을 부담했던 수입자에게는 신용장이 물품을 수령할 수 있는 운송서류와 상환으로 대금을 지급함으로써 수입대금 지급 후 물품수령불능의 위험을 제거할 수 있게 되었다.

INTERNATIONAL BANKING GROUP

ORIGINAL

Megabank Corporation

P.O. BOX 1000, ATLANTA, GEORGIA 30302-1000
CABLE ADDRESS: MegaB
TELEX NO. 1234567
SWIFT NO. MBBABC 72

OUR ADVICE NUMBER: EA00000091
ADVICE DATE: 08MAR97
ISSUE BANK REF: 3312/HBI/22341
EXPIRY DATE: 23JUN97

****AMOUNT****
USD****25,000.00

BENEFICIARY:
THE WALTON SUPPLY CO.
2356 SOUTH N.W. STREET
ATLANTA, GEORGIA 30345

APPLICANT:
HHB HONG KONG
34 INDUSTRIAL DRIVE
CENTRAL, HONG KONG

WE HAVE BEEN REQUESTED TO ADVISE TO YOU THE FOLLOWING LETTER OF CREDIT AS ISSUED BY:
THIRD HONG KONG BANK
1 CENTRAL TOWER
HONG KONG

PLEASE BE GUIDED BY ITS TERMS AND CONDITIONS AND BY THE FOLLOWING:
CREDIT IS AVAILABLE BY NEGOTIATION OF YOUR DRAFT(S) IN DUPLICATE AT SIGHT FOR 100 PERCENT OF INVOICE VALUE DRAWN ON US ACCOMPANIED BY THE FOLLOWING DOCUMENTS:

1. SIGNED COMMERCIAL INVOICE IN 1 ORIGINAL AND 3 COPIES.
2. FULL SET 3/3 OCEAN BILLS OF LADING CONSIGNED TO THE ORDER OF THIRD HONG KONG BANK, HONG KONG NOTIFY APPLICANT AND MARKED FREIGHT COLLECT.
3. PACKING LIST IN 2 COPIES.

EVIDENCING SHIPMENT OF: 5000 PINE LOGS – WHOLE – 8 TO 12 FEET
FOB SAVANNAH, GEORGIA

SHIPMENT FROM: SAVANNAH, GEORGIA TO: HONG KONG
LATEST SHIPPING DATE: 02JUN97

PARTIAL SHIPMENTS NOT ALLOWED TRANSHIPMENT NOT ALLOWED

ALL BANKING CHARGES OUTSIDE HONG KONG ARE FOR BENEFICIARYS ACCOUNT.
DOCUMENTS MUST BE PRESENTED WITHIN 21 DAYS FROM B/L DATE.

AT THE REQUEST OF OUR CORRESPONDENT, WE CONFIRM THIS CREDIT AND ALSO ENGAGE WITH YOU THAT ALL DRAFTS DRAWN UNDER AND IN COMPLIANCE WITH THE TERMS OF THIS CREDIT WILL BE DULY HONORED BY US.

PLEASE EXAMINE THIS INSTRUMENT CAREFULLY. IF YOU ARE UNABLE TO COMPLY WITH THE TERMS OR CONDITIONS, PLEASE COMMUNICATE WITH YOUR BUYER TO ARRANGE FOR AN AMENDMENT.

▌그림 4-4▐ 신용장

신용장은 '독립성'과 '추상성'이라는 특성을 가진다. 신용장을 이용한 거래는 매매계약에 근거를 두는 거래이지만, 매매계약과는 별개로 거래가 이루어지며 이를 '신용장의 독립성'이라고 한다.

이 때문에 무역계약의 당사자인 수출자와 수입자는 무역계약의 조건을 말미암아 개설은행에 대항할 수 없다. 또한 신용장 거래는 물품거래가 아니라 신용장이라는 서류상에서만 이루어지는 거래이며 이러한 특성을 '신용장의 추상성'이라고 한다. 개설은행은 오직 신용장과 일치하는 서류에 따라서 수입자의 지시내용에 근거하여 결제를 하게 된다. 이 둘을 합쳐서 '신용장 거래의 독립추상성'이라고 하기도 한다.

① 신용장 거래당사자

a. 개설의뢰인

개설의뢰인(applicant, opener)은 매매계약에 따라 자신의 거래은행에 수출상 앞으로 신용장을 개설할 것을 의뢰하는 수입상을 말하며, 그 기능과 보는 각도에 따라 수입상(Importer), 개설인(Opener), 매수인(Buyer), 대금결제인(Accountee), 환어음지급인(Drawee), 수화인(Consignee) 등과 같이 여러 가지로 불리고 있다.

b. 수익자

수익자(beneficiary)는 개설은행으로부터 신용장을 수취하여 신용장에서 요구하는 모든 조건에 일치하는 서류를 매입은행에 제시함으로써 대금결제를 받는 신용장 발행의 수혜를 받는 수출업자이다.

수익자 또한 그 기능에 따라 수익자 또는 수혜자(beneficiary), 수출상(exporter), 매도인(seller), 대금영수인(payee), 환어음발행인(drawer), 송화인(shipper ; consignor) 등과 같이 여러 가지로 불리고 있다. 특히 양도가능신용장(Transferable L/C)의 경우에는 원신용장의 수혜자를 제1수익자(first beneficiary)라고도 한다.

c. 개설은행

개설은행(opening bank)은 신용장 개설의뢰인의 신청과 지시에 따라 매매계약의 당사자인 수출상 앞으로 신용장을 발행하는 은행으로서 발행은행(issuing bank)이라고도 한다. 신용장 개설은행은 수입상의 거래은행으로서 수입상의 요청과 지시에 의하여 수출상이 물품선적 후 발행하는 환어음을 지급·인수 또는 매입할 것을 확약하는 은행이다.

d. 통지은행

통지은행(advising bank, notifying bank)은 수출국에 있는 수입지 개설은행의 본·지점이나 환거래약정을 체결한 은행(correspondent bank)으로서 개설은행으로부터 송부된 신용장을 단순히 수익자에게 통지해 주는 은행을 말한다. 통지은행은 거래당사자의 거래에 관해서는 하등의 책임을 지거나 약정을 하는 것은 없다. 그리고 통지은행이 보통 Nego은행이 되는 경우가 많은데, 이는 국제금융계의 관례이다.

e. 확인은행

확인은행(confirming bank)은 신용장 개설은행이 공신력이 약한 경우 추가하여 신용장의 확인을 해주는 제3의 은행을 말한다. 즉, 신용장 개설은행의 지급확약에 추가하여 개설은행의 요청을 받은 제3의 은행이 수출상이 제시하는 환어음에 대한 지급·인수 또는 매입을 틀림없이 이행하겠다는 추가적인 확약을 하는 은행을 말한다.

f. 지급은행

지급은행(paying bank)은 개설은행과 예치환거래계약(Depositary Correspondent Agreement)을 체결하여 자행에 개설은행 명의의 예금계정을 설치하여 두고 신용장의 조건과 일치되는 서류가 제시될 때 또는 그러한 서류가 첨부된 환어음이 자행을 지급인으로 하여 제시될 때 개설은행의 예금계정에서 차감하면서 지급을 이행하는 은행을 말한다. 즉, 지급신용장(straight credit)에 의거 신용장 개설은행으로부터 지급행위를 위탁받은 은행을 말한다.

g. 인수은행

인수은행(accepting bank)은 수익자에 의하여 발행되는 어음이 기한부어음(usance draft)일 것을 조건으로 하는 기한부신용장(usance credit)에 의거하여 발행된 기한부어음을 인수하는 은행을 말한다.

즉, 신용장의 조건과 일치하는 서류와 첨부된 기한부환어음이 제시될 때 그 어음의 인수를 하였다가 만기일에 가서 지급을 이행할 의무를 지게 되는 은행을 말한다. 연지급신용장의 인수은행은 항상 개설은행이 된다.

h. 매입은행

매입은행(negotiating bank)은 수출상이 물품선적 후 신용장조건에 따라 발행한 화환어음을 신용장의 조건과 일치하는 서류와 함께 제시할 때 개설은행에 의한 최종지급일까지의 이자 및 수수료를 공제하고 할인하여 수출대금을 미리 융통해 주는 은행을 말한다.

i. 상환은행

개설은행은 자행의 해외 본지점 또는 타은행에 예금계좌를 설치해 두고 매입은행으로부터 자행이 개설한 신용장에 의거 발행된 환어음의 매입대전에 대한 상환요청이 오면 자행의 예금계정에서 차기(debit)하여 상환을 이행하도록 신용장개설 시점에서 자행의 해외 본·지점 또는 타은행에 수권 또는 위임을 한다. 이때 이러한 수권 또는 위임을 받아 상환업무를 대행해 주는 은행을 상환은행(reimbursing bank) 또는 결제은행(settling bank)이라고 한다.

j. 양도은행

양도은행(transferring bank)은 양도가능신용장(Transferable L/C)에서 신용장을 받은 최초의 수익자(first beneficiary)의 요청에 따라 제3자에게 신용장 금액의 일부 또는 전부를 양도할 경우 신용장 양도의 내용을 확인하고, 제3자인 제2수익자(second beneficiary)에게 신용장을 양도하는 은행을 말한다.

| 표 4-1 | 수출입 이해관계자 구분

구분	수출상	수입상
매매관계	Seller(매도인) Exporter(수출상)	Buyer(매수인) Importer(수입상)
신용장관계	Beneficiary(수익자)	Applicant(개설의뢰인)
선적관계	Shipper(화주, 수출상) Consignor(송화인)	Consignee(수화인)
어음관계	Drawer(발행인)	Drawee(지급인)
채권관계	Accountor(채권자)	Accountee(채무자)
지급관계	Payee(수취인)	Payer(지급인)

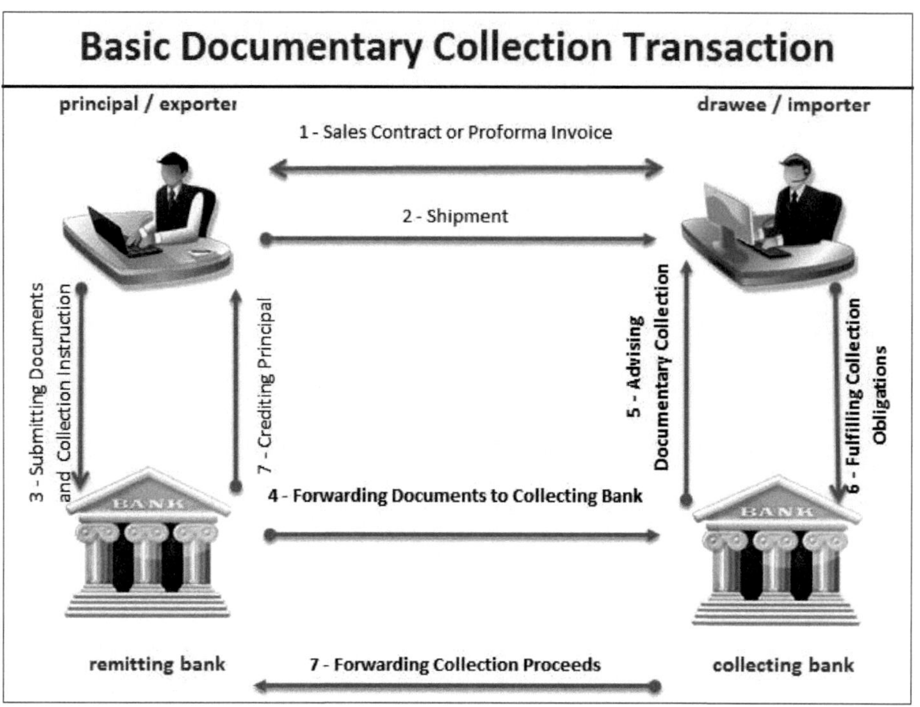

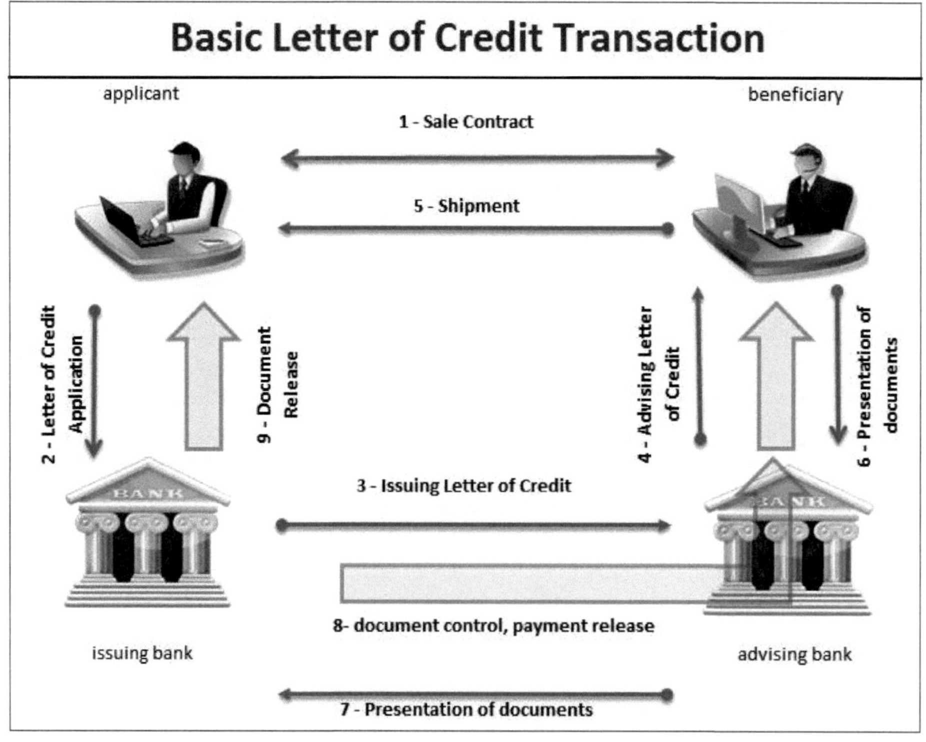

| 그림 4-5 | 수출입 서류 전달 및 신용장 개설 흐름

4) 화환어음(Documentary Bill)

환어음에 상품을 상징하는 선적서류(선하증권, 보험증권, 상업송장 및 기타 필요한 서류)를 첨부하여 상품의 대금을 회수하는 방법이며, 이 경우의 환어음을 화환어음이라고 한다. 화환 어음은 매도인이 발행인, 매수인이 지급인, 외국환은행이 수취인으로 되어 있는 환어음이며, 수송도중 화물을 증권화한 운송서류가 환어음의 담보물이 된다. 화환어음에는 신용장부 화환어음(documentary bill of exchange with letter of credit)과 화환추심어음(bill of documentary collection)이 있다.

BILL OF EXCHANGE

Draft No. MD-01

For USD30,804.70 Date: APR 30 2008

At ***** sight of this **FIRST** of Exchange (Second the same tenor and date being unpaid)

Pay to the order of COMMERCIAL BANK, LTD.

the sum of SAY TOTAL U.S. DOLLARS THIRTY THOUSAND EIGHT HUNDRED FOUR AND CENTS SEVENTY ONLY. value received

Drawn under

Irrevocable L/C No. 073708010006 dated JANUARY 28, 2008

To AUTO CO.LTD.

Daniel

AUTHORIZED SIGNATURE

| 그림 4-6 | 화환어음

① 신용장부 화환어음(documentary bill of exchange with letter of credit) : 신용장(L/C)은 무역거래에서 가장 널리 이용되는 결제형태로서 화환어음에 은행의 조건부 지급확약이 더 붙는 것이어서 신용장부 화환어음(documentary bill of exchange with letter of credit)이라고도 한다. 화환어음은 어디까지나 수입업자 개인의 신용에 의해 결제되나 신용장에 의한 결제는 환어음에 대한 수입업자의 대금지급을 신용장 개설은행이 확약하는 것이기 때문에 만일 수입상이 대금지불을 못하더라도 개설은행이 그 책임을 지고 지불하여 주므로 수출지의 환어음 매입은행은 안심하고 어음대금 전액을 수출업자에게 지급해 준다.

② 화환추심어음(bill of documentary collection) : 수출업자가 선적을 완료하고 관계 선적서류와 환어음을 발행하여 거래은행을 통해 수입지은행에 수출대금의 추심을 의뢰하게 되는데, 이때에 발행되는 환어음을 화환추심어음이라고 하며, 그 관

계 선적서류의 인도조건에 따라 D/P(documents against payment), 즉 지급도환어음과 D/A(documents against acceptance), 즉 인수도환어음으로 구별된다. 이들 추심화환어음은 신용장에 의해 발행되는 화환어음과는 성질이 좀 다르다. 신용장에 의한 화환어음은 개설은행이 보증을 하기 때문에 매입은행이나 인수은행이 하등의 위험 없이 매입 또는 인수를 하나 D/P나 D/A 환어음의 추심은행은 어디까지나 수출지의 추심의뢰은행의 지시에만 따르며 어음의 지급에 대해서는 하등의 책임을 지지 않는다. 또한 D/P 거래에서 수입상이 대금을 지급하기 전에, 또 D/A 거래에서 수입상이 환어음을 인수하기 전에는 모든 선적서류에 대한 권리는 어음 발행인에게 있으며, 만일 은행이 매입한 D/P 또는 D/A 환어음이 지급거절이 되면 발행인은 전적으로 상환의 의무를 져야 하기 때문에 D/A나 D/P 거래는 서로 믿는 거래선 간이라야 가능하다.

5) 상업송장(commercial invoice)

상업송장이란 환어음과 같이 수출업자가 직접 작성하는 서류로 선화증권이나 보험증권과 같이 구체적인 권리를 나타내는 것은 아니지만, 상품의 출하안내서 및 가격계산서로서의 역할을 담당한다.

신용장 거래에는 필수구비서류로 취급되며, 신용장 관련 기본서류 중 상품의 명칭 및 규격과 단가, 금액 등이 동일한 용지에 함께 표기되는 경우는 상업송장 한 가지밖에 없다. 상업송장의 용도는 ① 상품의 적요서 ② 선화증권 및 보험증권이 계약과 일치되었음을 증명하는 서류의 역할 ③ 매매계약서 및 대금청구서의 역할 ④ 수입통관 시의 과세자료의 역할 등이다. 상업송장의 기능은 ① 구매서의 역할은 거래물품의 주요 사항인 계약상품의 정확한 규격 및 개수, 포장상태 및 화인 등이 상세하게 표시되어야 한다. ② CIF나 CFR계약의 경우 선화증권 등이 계약과 일치되었음을 증명하는 등 계약의 존재와 이행사실을 입증하는 증거가 된다. ③ 계약상품의 순단가, 부대비용, 할인료, 지불방식, 지불시기 등을 명기한 매매계산서 및 대금청구서로서의 역할로 상업송장상의 발행금액은 환어음의 발행금액과 일치하여야 한다. ④ 화환어음의 담보물권이 되는 서류에는 이들 담보물의 명세서나 계산서의 역할을 하는 상업송장이 포함된다. ⑤ 수입지에서 화물수취안내서와 수입물품의 진실성과 정확성을 입증하기 위한 과세표준액 산정에 가장 중요한 자료가 된다. 수입통관 시 수입업자에게 불이익이 없도록 정확히 작성되어야 한다.

COMMERCIAL INVOICE

①Shipper/Seller KRGILTKA1595BO	⑦Invoice No. and date
GILDING TRADING CO., LTD. 159, SAMSUNG-DONG, KANGNAM-KU, SEOUL, KOREA	8905 BK 1007 MAY. 20. 2007
	⑧L/C No. and date 55352 APR. 25. 2007
② Consignee MONARCH PRODUCTS CO., LTD. 5200 ANTHONY WAVUE DR. DETROIT, MICHIGAN 48203 U. S. A	⑨Buyer(if other than consignee) MONARCH PRODUCTS CO., LTD. 5200 ANTHONY WAVUE DR DETROIT, MICHIGAN 48203 U. S. A
③Departure date MAY. 20, 2007	⑩Other references COUNTRY OF ORIGIN : REPUBLIC OF KOREA
④Vessel/flight PHEONIC ⑤From BUSAN,KOREA	⑪Terms of delivery and payment F.O.B BUSAN L/C AT SIGHT
⑥To DETROIT, U.S.A	

⑫Shipping Marks	⑬No.&kind of packages	⑭Goods description	⑮Quantity	⑯Unit price	⑰Amount
MON/T DETROIT LOT NO C/NO.1-53 MADE IN KOREA	60,000M 420 DP 1208.06KGS MATERIAL AS PER MONARCH PRODUCTS INDENT NO. T. 858	NYLON X	OXFORD 420D	US$1.00/M	US$60,000

Signed by ⑱

Packing List

DATE: ______

TO ______ FROM ______

SHIP DATE: ______
SHIP VIA: ______
F.O.B. SHIPPING POINT: ______
ACCOUNT NO.: ______
ORDER NO.: ______
DEPARTMENT: ______

TERMS - NO ANTICIPATION

QUANTITY ORDERED	QUANTITY SHIPPED	PRODUCT NUMBER	DESCRIPTION	UNIT WEIGHT	TOTAL WEIGHT	TOTAL CUBIC FT.
		TOTALS		TOTALS		

COMMENTS

Certificate of Origin Template

Certificate of Origin

Exporter Name and Address Tax Identification Number	Blanket Period: (DD/MM/YYYY) FROM: TO:
Producer Name and Address Tax Identification Number:	Importer Name and Address: Tax Identification Number:

Description of Good(s)	TARRIF CLASSIFICATION NUMBER	PREFERENCE CREITERION	PRODUCER	NET COST	COUNTRY OF ORIGIN

I CERTIFY THAT:

- Information provided in this certificate is based on facts and is accurate and I assume the responsibility for proving such representations. I understand that I am liable for any false statement or material omission made on or in concern with this document.
- I agree to maintain and present upon request documentation necessary to support this certificate and to inform, in writing, al persons to whom this certificate was given of any changes that would affect accuracy or validity of this certificate.
- This certificate consists of ______ pages including all attachments

Authorized Signature:		COMPANY:	
Name: (Print or Type)		TITLE:	
Date: DD/MM/YYYY	Ph: xxxxxxxxxxxxxxx	Fax: xxxxxxxxxxxxxxxxx	Customs Form:

CERTIFICATE OF INSURANCE ISSUE DATE

PRODUCER
AON Risk Services of Texas, Inc.
2000 Bering Drive, Suite 900
Houston, TX 77057-3790

THIS CERTIFICATE IS ISSUED AS A MATTER OF INFORMATION ONLY AND CONFERS NO RIGHTS UPON THE CERTIFICATE HOLDER. THIS CERTIFICATE DOES NOT AMEND, EXTEND OR ALTER THE COVERAGE AFFORDED BY THE POLICIES BELOW.

INSURED
Not For Profit Groups

COMPANIES AFFORDING COVERAGE	
COMPANY LETTER	A Carrier with at least B+ Best rating & VI Financial Size
COMPANY LETTER	B
COMPANY LETTER	C
COMPANY LETTER	D
COMPANY LETTER	E

COVERAGES

THIS IS TO CERTIFY THAT THE POLICIES LISTED BELOW HAVE BEEN ISSUED TO THE INSURED NAMED ABOVE FOR THE POLICY PERIOD INDICATED. NOTWITHSTANDING ANY REQUIREMENT, TERM OR CONDITION OF ANY CONTRACT OR OTHER DOCUMENT WITH RESPECT TO WHICH THIS CERTIFICATE MAY BE ISSUED OR MAY PERTAIN, THE INSURANCE AFFORDED BY THE POLICIES DESCRIBED HEREIN IS SUBJECT TO ALL THE TERMS, EXCLUSIONS AND CONDITIONS OF SUCH POLICIES. LIMITS SHOWN MAY HAVE BEEN REDUCED BY PAID CLAIMS.

CO LTR	TYPE OF INSURANCE	POLICY NUMBER	POLICY EFFECTIVE DATE (MM/DD/YY)	POLICY EXPIRATION DATE (MM/DD/YY)	LIMITS	
A	GENERAL LIABILITY X COMMERCIAL GENERAL LIABILITY CLAIMS MADE X OCCUR	12345			GENERAL AGGREGATE PRODUCTS-COMP/OP AGG. PERSONAL & ADV. INJURY EACH OCCURRENCE FIRE DAMAGE (Any one fire) MED EXPENSE (Any one person)	$ 1000000 $ 1000000 $ 1000000 $ 1000000 $ 50000 $ 5000
	AUTOMOBILE LIABILITY ANY AUTO ALL OWNED AUTOS SCHEDULED AUTOS HIRED AUTOS NON-OWNED AUTOS GARAGE LIABILITY OTHER				COMBINED SINGLE LIMIT BODILY INJURY (Per person) BODILY INJURY (Per accident) PROPERTY DAMAGE	$ $ $ $
	EXCESS LIABILITY UMBRELLA FORM OTHER THAN UMBRELLA FORM				EACH OCCURRENCE AGGREGATE	$ $
A	WORKERS COMPENSATION AND EMPLOYERS' LIABILITY	12345			STATUTORY LIMITS EACH ACCIDENT DISEASE-POLICY LIMIT DISEASE-EACH EMPLOYEE	 $ 500000 $ 500000 $ 500000
A	LIQUOR LIABILITY	12345				$ 1000000

DESCRIPTION OF OPERATIONS/LOCATIONS/VEHICLES/SPECIAL ITEMS
The entities and individuals listed on Exhibit "A" are hereby collectively named as additional insureds with respects to the foregoing General Liability and Liquor Liability coverages.

CERTIFICATE HOLDER
Levy Restaurants
Arrowhead Stadium
One Arrowhead Drive
Kansas City, MO 64129

CANCELLATION
SHOULD ANY OF THE ABOVE DESCRIBED POLICIES BE CANCELED BEFORE THE EXPIRATION DATE THEREOF, THE ISSUING COMPANY WILL ENDEAVOR TO MAIL 30 DAYS WRITTEN NOTICE TO THE CERTIFICATE HOLDER NAMED TO THE LEFT, BUT FAILURE TO MAIL SUCH NOTICE SHALL IMPOSE NO OBLIGATION OR LIABILITY OF ANY KIND UPON THE COMPANY, ITS AGENTS OR REPRESENTATIVES.

AUTHORIZED REPRESENTATIVE

CD 37 (6-94)

SAMPLE

| 그림 4-7 | 상업송장, 포장명세서, 원산지증명, 적하보험증서

6) 포장명세서(packing list)

계약물품의 선적이나 기적을 증명하기 위한 운송서류 중에서 선하증권이나 상업송장과 같이 꼭 필요한 필수적 서류는 아니지만 원산지증명서 등과 함께 중요한 부속서류에 속하는 것이 포장명세서(Packing List)이다.

포장명세서에는 선적화물의 포장 및 포장 단위별 명세와 단위별 순중량, 총중량, 그리고 화인 및 포장의 일련번호 등을 기재함으로써 포장과 운송, 통관상의 편의를 위하여 수출업자(매도인)가 수입업자(매수인)앞으로 작성하는 계약관련 서류 중의 하나이다. 따라서 기재내용은 상업송장에 부수하여 거래계약 성립에 따라 선적화물의 자세한 명세를 표시하게 된다. 그리고 선적된 화물을 일목요연하게 알아 볼 수 있도록 작성하는 것으로 송장을 보충하는 역할을 한다.

계약체결에 따른 선적화물의 포장 및 그 명세(품목명, 수량, 순중량, 총중량, 용적, 화인, 포장번호 등)를 기재하는 포장명세서에는 대금 관련사항을 명기하지 않고 각 규격별, 단위별로 일목요연하게 기재한다는 점을 제외하고는 송장과 별다른 차이점을 발견할 수 없다. 포장명세서의 실제 기능을 간단히 살펴보면 다음과 같다.

① 수출입 통관절차에서 심사 자료로서 활용되고 양륙지에서 화물의 처리(분류 및 판매) 단계에서 이용된다.

② 검수 또는 검량업자가 실제화물과 대조하는 참고자료로서 이용된다.

③ 개별 화물의 사고 발생분에 대한 확인 자료로서 사용할 수 있다.

④ 중량 외에 각각의 용량이 표시되어 있으므로 선박회사가 운송계약을 체결할 때 일차적인 기준자료로써 활용할 수 있다.

물품수량에 대한 계량의 방식에는 정사방법(Accurate Survey)과 개사방법(Approximate Survey)이 있는데 전자는 정밀, 정확한 계량을 말한다. 후자는 Draft Survey와 같은 개략적인 계량을 말한다. 가격이 저렴한 광물이나 자갈과 같은 상품은 후자의 방법을 쓰는 예가 많다.

7) 원산지 증명서(certificate of origin)

C/O로 약칭하며, 당해 물품이 확실하게 그 국가에서 생산되거나 제조된 것이라는 것을 증명하는 공문서로서 통상은 수출국에 주재하는 수입국 영사가 발급한다. 수입국 영사가 없는 경우 기타 특별한 경우에는 수출국의 상업회의소에서 발급하는 것을 사용한다. 원산지증명서는 원래는 수입자가 수입화물의 관세부과에 있어서 국정세율(National or General Tariff)보다 낮은 협정세율(Conventional Tariff)의 적용을 받기 위하여 수입자 개인으로서 필요로 하는 것인데, 최근에는 본래의 성질이 변화하여 수입국이 덤핑방지 또는 외환관리를 위해서 필요로 하고 있고, 법규에서 원산지증명서의 제출을 강요하고 있다.

8) 적하보험증서(cargo insurance policy)

적하보험(積荷保險)은 보험의 목적인 적하의 소유자로서의 피보험이익에 관한 보험이다(상법 제697조 참조). 즉 선적되는 모든 적하에 관한 보험으로서, 적하(積荷)라고 할 수 없는 저하·연료·어구(底荷·燃料·漁具) 등은 포함되지 않는다. 그러나 반드시 상품에 한하는 것은 아니며 양륙(揚陸)이 예정된 운송물이면 모두 포함된다. 실제로는 적하의 가액 중에 희망이익(希望利益; 상업송장상의 수입가격에 110%))도 합하여 평가하고, 적하보험에 붙이는 일이 많다.

이 적하보험에 있어서는 보험가액이 당사자 사이에서 협정되는 것이 보통이나, 협정이 없을 때에는 그 적하한 때와 곳의 적하의 가액과 선적 및 보험에 관한 비용을 합산한 가액이 보험가액(保險價額)이 된다(제697조). 또 보험의 목적인 적하가 목적지에 도달함으로 인하여 생긴 이익 또는 보수도 보험에 붙일 수 있다(제698조: 희망이익보험). 해상보험기간(海上保險期間)은 그 하물의 선적에 착수한 때에 개시하고(제699조 2항), 하물(荷物) 또는 저하의 선적에 착수한 후에 보험계약이 체결 된 때에는 계약성립시(契約成立時)에 그 기간이 개시된다(제699조 3항).

그리고 기간의 종료시기는 양륙지 또는 도착지에서 하물을 인도한 때이나, 다만 불가항력으로 인하지 아니하고 그 양륙이 지연된 때에는 그 양륙이 보통 종료될 때에 종료된 것으로 한다(제700조). 보험자의 면책사유(免責事由)에 관하여는 해상보험의 경우와 같으나, 보험계약자·피보험자 이외의 특정자(용선자〈傭船者〉, 송하인〈送荷人〉 또는 수하인〈受荷人〉)의 고의 또는 중대한 과실로 인하여 생긴 손해 및 선박이 변경된 후의 사고로 인한 손해에 관하여는 보험자는 보상책임을 지지 않는 점이 이 보험의 특색이다(제706조 2호, 제703조). 그밖의 보험증권의 기재사항에 대하여 특별한 규정이 있다(제695조).

ICC(Institute Cargo Clause : 해상적하보험보상조건) 조건은 A, B, C로 대분한다. 보험조건은 전손(全損)만의 담보(T.L.O.), : "Total Loss Only"(TLO), 단독해손부담보(單獨海損不擔保 : F.P.A.), (F.P.A.= Free from Particular Average) 포괄담보(A.R. : All Risk)와 분손담보(特擔分損擔保) : W.A.= With Average) 등으로 구분된다.

a. I.C.C.(F.P.A.)

단독해손부담조건(free from particular average)으로서 전손과 공동해손은 보상을 하나 선박의 좌초(stranding), 침몰(sinking), 화재(burning), 충돌(collision)로 인한 경우 이외의 분손인 단독해손은 보상하지 않는다.

한편 F.P.A.조건은 하역작업중에 발생한 포장단위당의 전손(소위 sling loss)을 보상하고 있으나, 신약관 I.C.C.(C)는 이를 보상하지 않는 점에서 그 차이가 있다.

b. I.C.C.(W.A.)

분손담보조건(with average)으로서 F.P.A.조건에서 보상하는 손해에 추가하여 악천후로 인한 해손침손(sea water damage)과 갑판유실 등을 추가로 보상해 주는 조건이다. W.A.조건과 신약관 I.C.C.(B)는 그 보상범위가 동일하다. 다만 W.A.조건은 W.A. 3%와 W.A.I.O.P.(with average irrespective of percentage)로 구분되어 있으나 I.C.C.(B)는 그러한 구분이 없이 분손의 경우에 손해 비율과 관계없이 손해액을 보상한다.

c. I.C.C.(A/R)

전위험담보조건(all risks)으로서 특정한 면책위험을 제외하고는 모든 위험을 담보하는 조건이다. A/R에서의 면책위험으로는 화물의 고유의 성질이나 하자로 인한 손해와 항해의 지연으로 인한 손해, 그리고 전쟁 및 동맹파업위험 등이 있다. 따라서 A/R로 부보한 경우라도 전쟁 및 동맹파업위험을 담보하기 위해서는 전쟁위험 등의 담보조건을 추가로 부보하여야 한다. 그러나 화물의 고유의 성질이나 하자로 인한 손해나 항해의 지연으로 인한 손해는 어떠한 경우에도 보상되지 아니한다.

신약관 I.C.C.(A)는 A/R과 담보범위가 동일하며, 다만 신약관에서는 면책위험을 구체적으로 명기함으로써 당사자간 분쟁의 소지를 어느 정도 해소하였다

제2절 통관 및 해운서식(shipping documents)

상기에서는 무역거래와 관련한 주요 서식을 살펴보았다. 이 중 상업송장이나 포장명세서 등은 해운실무에서 사용되는 선적서류와 동일한 것이다. 이러한 기본 무역거래 서류들이 결국 선박이나 항공기 등의 운송수단에 적용되는 선적의 기초 정보자료가 되며, 이들 서류의 기재사항에 따라 화물배선계획이 수립되고 운송계약이 이루어지게 된다.

수출입화물의 해상운송과 관련하여 필요로 하게 되는 단계는 크게 수출입 통관, 선적, 그리고 양하의 시점으로 구분할 수 있다. 이하에서는 이러한 화물의 이동경로와 절차에 따라 실무에서 사용되고 있는 화물서류들을 살펴보기로 한다.

1. 수출통관(export customs clearance)

수출이라 함은 내국물품을 외국으로 반출함을 말하는 것으로서 수출하고자 하는 물품이 대외무역법 및 관계법령 등에 의하여 수출이 가능한 물품인지 여부를 먼저 확인하여야 하며, 대금영수방법에 대하여도 외국환거래법 등 관계법규에 의거 제약이 없는지 사전 확인할 필요가 있다.

수출하고자 하는 모든 물품은 세관의 수출통관절차를 밟아야 한다. 수출통관절차라 함은 수출하고자 하는 물품을 세관에 수출신고를 한 후 신고수리를 받아 물품을 우리나라와 외국 간을 왕래하는 운송수단에 적재하기까지의 절차를 말하는 것이다.

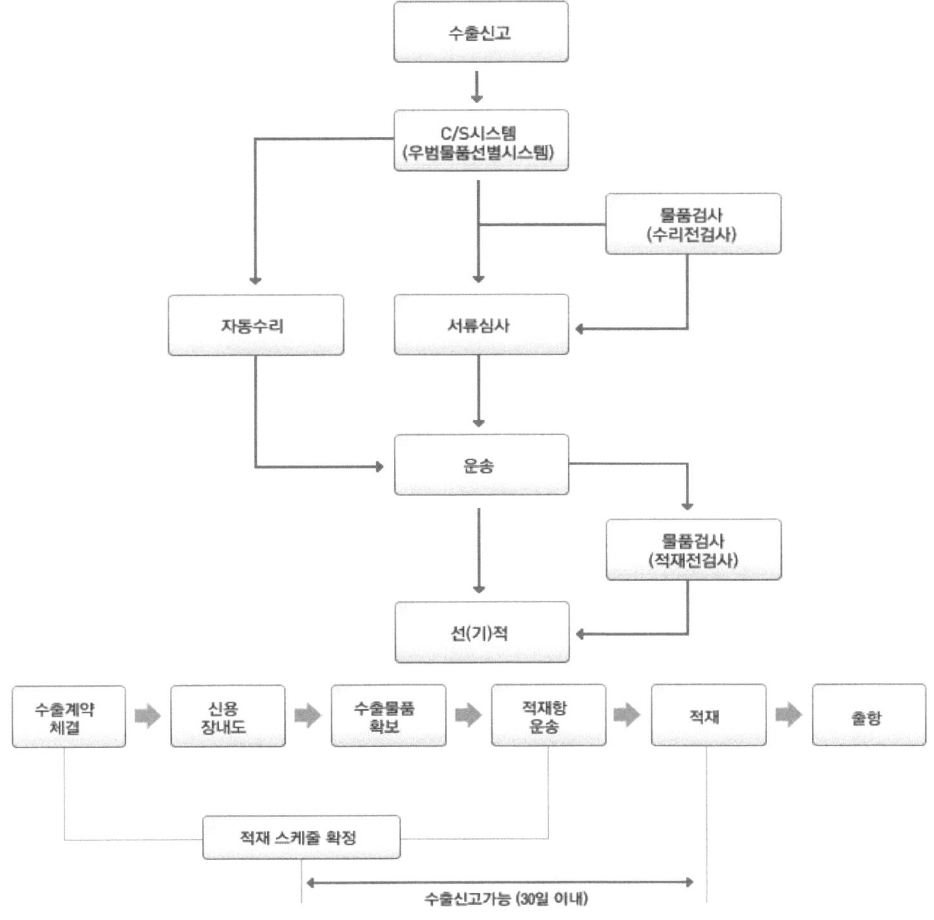

| 그림 4-8 | 수출 통관 흐름도

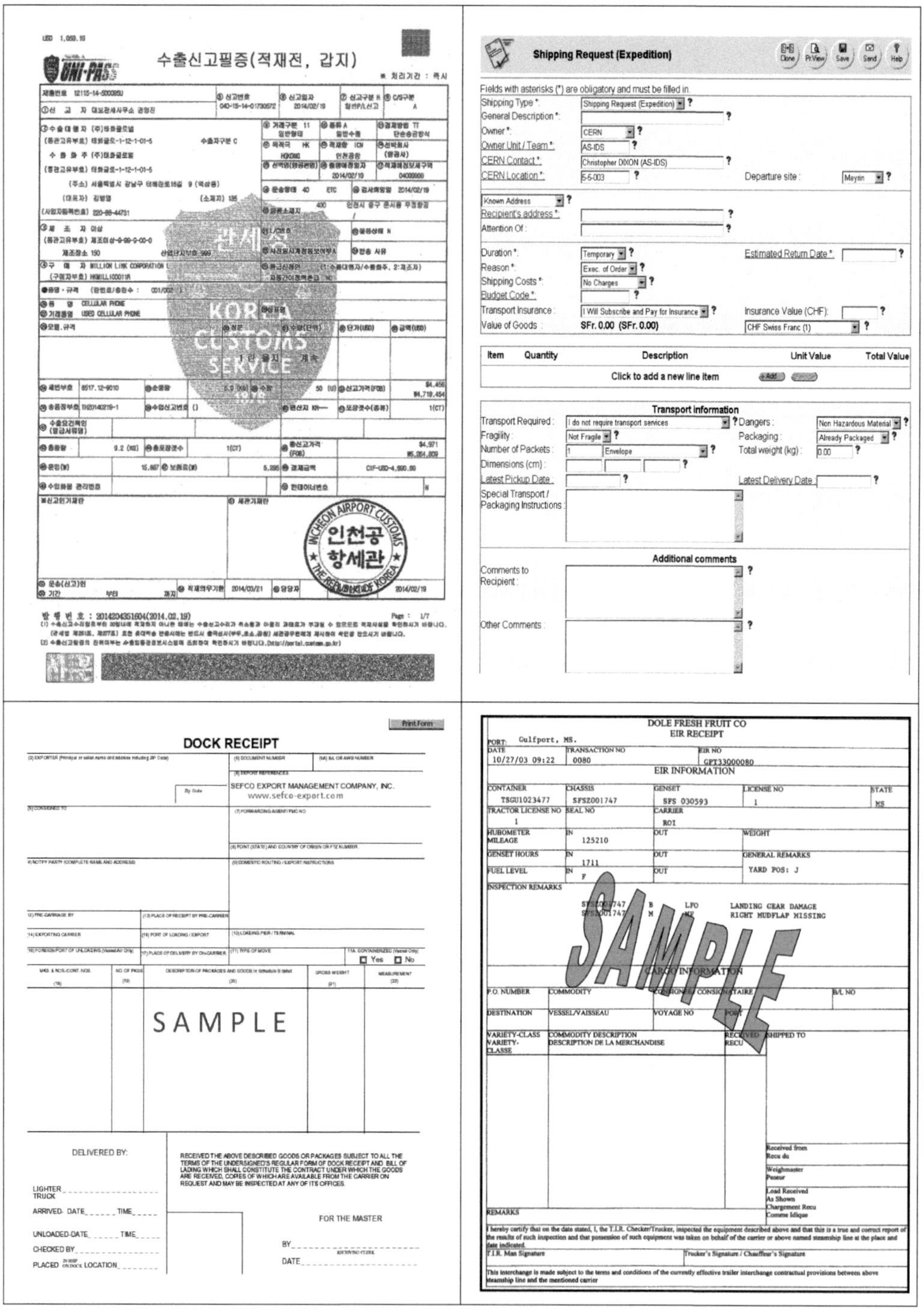

수출신고필증(적재전, 갑지)

UNI-PASS

Shipping Request (Expedition)

Fields with asterisks (*) are obligatory and must be filled in.

Shipping Type *: Shipping Request (Expedition)
General Description *:
Owner *: CERN
Owner Unit / Team *: AS-IDS
CERN Contact *: Christopher DIXON (AS-IDS)
CERN Location *: 5-5-003
Departure site: Meyrin
Known Address
Recipient's address *:
Attention Of:
Duration *: Temporary
Estimated Return Date *:
Reason *: Exec. of Order
Shipping Costs *: No Charges
Budget Code *:
Transport Insurance: I Will Subscribe and Pay for Insurance
Insurance Value (CHF):
Value of Goods: SFr. 0.00 (SFr. 0.00)
CHF Swiss Franc (1)

Item	Quantity	Description	Unit Value	Total Value
		Click to add a new line item		

Transport information

Transport Required: I do not require transport services
Dangers: Non Hazardous Material
Fragility: Not Fragile
Packaging: Already Packaged
Number of Packets: 1 Envelope
Total weight (kg): 0.00
Dimensions (cm):
Latest Pickup Date
Latest Delivery Date
Special Transport / Packaging Instructions:

Additional comments

Comments to Recipient:
Other Comments:

DOCK RECEIPT

SEFCO EXPORT MANAGEMENT COMPANY, INC.
www.sefco-export.com

SAMPLE

DELIVERED BY:

LIGHTER TRUCK
ARRIVED- DATE TIME
UNLOADED-DATE TIME
CHECKED BY
PLACED LOCATION

RECEIVED THE ABOVE DESCRIBED GOODS OR PACKAGES SUBJECT TO ALL THE TERMS OF THE UNDERSIGNED'S REGULAR FORM OF DOCK RECEIPT AND BILL OF LADING WHICH SHALL CONSTITUTE THE CONTRACT UNDER WHICH THE GOODS ARE RECEIVED, COPIES OF WHICH ARE AVAILABLE FROM THE CARRIER ON REQUEST AND MAY BE INSPECTED AT ANY OF ITS OFFICES.

FOR THE MASTER
BY
DATE

DOLE FRESH FRUIT CO
EIR RECEIPT

PORT: Gulfport, MS.

DATE	TRANSACTION NO	EIR NO
10/27/03 09:22	0080	GPT33000080

EIR INFORMATION

CONTAINER	CHASSIS	GENSET	LICENSE NO	STATE
TSGU1023477	SFSZ001747	SFS 030593	1	MS

TRACTOR LICENSE NO: 1
SEAL NO
CARRIER: ROI
HUBOMETER MILEAGE: IN 125210 OUT
WEIGHT
GENSET HOURS: IN 1711 OUT
GENERAL REMARKS: YARD POS: J
FUEL LEVEL: IN F OUT

INSPECTION REMARKS

SFSZ001747 B LFO LANDING GEAR DAMAGE
SFSZ001747 M RIGHT MUDFLAP MISSING

SAMPLE

CARGO INFORMATION

P.O. NUMBER | COMMODITY | CONSIGNEE/CONSIGNATAIRE | B/L NO
DESTINATION | VESSEL/VAISSEAU | VOYAGE NO | PORT
VARIETY-CLASS / VARIETY-CLASSE | COMMODITY DESCRIPTION / DESCRIPTION DE LA MERCHANDISE | RECEIVED / RECU | SHIPPED TO

Received from / Recu du
Weighmaster / Peseur
Load Received As Shown / Chargement Recu Comme Idique

REMARKS

I hereby certify that on the date stated, I, the T.I.R. Checker/Trucker, inspected the equipment described above and that this is a true and correct report of the results of such inspection and that possession of such equipment was taken on behalf of the carrier or above named steamship line at the place and date indicated.

T.I.R. Man Signature | Trucker's Signature / Chauffeur's Signature

This interchange is made subject to the terms and conditions of the currently effective trailer interchange contractual provisions between above steamship line and the mentioned carrier

| 그림 4-9 | 수출면장 및 선적서류(Booking List, D/R, EIR)

수출하고자 하는 자는 당해 물품을 적재하기 전까지 당해물품의 소재지 관할세관장에게 수출신고를 하고 수리를 받아야 한다. 현재 수출신고는 EDI(Electronic Data Interchange) 방식 또는 인터넷을 통한 신고 방식으로 신속하게 통관을 진행할 수 있으며, 신문 등 보도용품이나 카다로그 등은 간이수출신고 절차에 의한 더욱 간소화된 방법으로 수출 통관을 할 수 있다.

수출물품에 대하여는 검사생략을 원칙으로 하고 있으나, 우범기준에 따른 전산 선별 발췌검사 등 필요한 경우 예외적으로 검사를 실시하는 경우도 있다. 이때 부정수출이나 원산지 표시위반, 지식재산권 위반 등이 적발되면 관세법 등 관계법규에 의거 처벌되오니 이러한 일이 발생되지 않도록 특별히 유의하여야 한다.

수출신고가 수리된 물품은 수출신고 수리 일부터 30일 이내에 우리나라와 외국간을 왕래하는 운송수단에 적재하여야 한다. 다만, 적재스케줄 변경 등 부득이한 사유가 있는 경우에는 통관지세관장에게 적재기간 연장승인을 받을 수 있다. 또한, 적재기간 내에 적재되지 아니하는 경우에는 수출신고수리가 취소될 수 있으며 관세환급도 불가하므로 유의하여야 한다.

한편, 우편물이나 휴대탁송품의 적재 관리에 대하여는 별도의 절차를 규정하고 있다. 또한, 우리나라 보세구역에 반입된 외국물품을 부득이한 사유 등으로 다시 외국으로 반송할 수 있으며, 이때의 통관절차는 반송신고 및 절차에 따른다.

1) 수출면장(Export License)

수출면장은 화물의 수출입을 관리하는 세관이 수출을 허가하기 위한 증서이며, 수출면장이 교부되어 수출이 허가된 화물은 관세법상 외국물품이 된다.

2. 선적서류(Loading or shipping documents)

1) 선복요청서(shipping request)

수출입업자가 정기선사에 수출 또는 수입화물에 대하여 배선계획을 세워 선사에 문의를 하고 선적에 적합한 운항선박에 선적을 요청하는 서류이며, 수출상은 선박의 출항 예정표(Shipping Schedule)를 입수하여 최종 선적기일 약 2주일 전에 선박회사에 상기와 같은 S/R을 제출하여 선적 예약(Space Booking)을 한다. 이후 수출품이 선적항에 도착하면 하주는 선박회사에 수출신고필증을 제시하고, 선박회사는 수출신고필증의 진위를 확인한 뒤, 수출품을 인수 및 선적을 한다. 선적 후 최종적으로 B/L(선하증권)

을 발행함으로써 선적 절차가 완료된다.

2) 부두수취증(D/R : Dock Receipt)

정기선사가 화주로부터 Dock에서 화물을 수취하였음을 나타내는 서류로 인수자가 작성하여 발급해주는 것이 원칙이다. 그러나 화물의 신속한 인수도를 위해서 하주 자신이 선사 소정의 D/R양식에 화물에 관한 사항을 기재 후 CY나 CFS에 제출하는 서류이다. 선사가 화물수취를 증명하며 발행하는 선하증권(bill of lading)의 기재사항에 대한 주요 참고자료가 된다.

3) E/R(Equipment Receipt) or EIR(Equipment Interchanger Report)

정기선에서 화물의 선적에 필요한 공 컨테이너 등 필요한 기기류의 수도 증명서로서 CY 운영업자와 반출자 간에 인수도 되는 서류이다.

4) 본선화물수취증(M/R : Mate Receipt)

주로 부정기선의 벌크선 화물 또는 잡화(general cardo)가 본선에 적재되면 일등항해사(chief mate)가 화물을 수취했다는 증거로 하주에게 발급하는 서류이다. M/R로 간략하게 약칭하며, 본선화물수령증이라고도 한다. 하주가 선하증권을 발급받기 위해서 이 M/R을 선박회사에 제출한다. 적재할 때 본선측 및 하주측 쌍방의 검수인(Tally-man)이 입회하는데 이때 수량이나 포장 등에 하자가 있으면 그 하자문언이 M/R의 적요란(Remarks)에 기재된다.

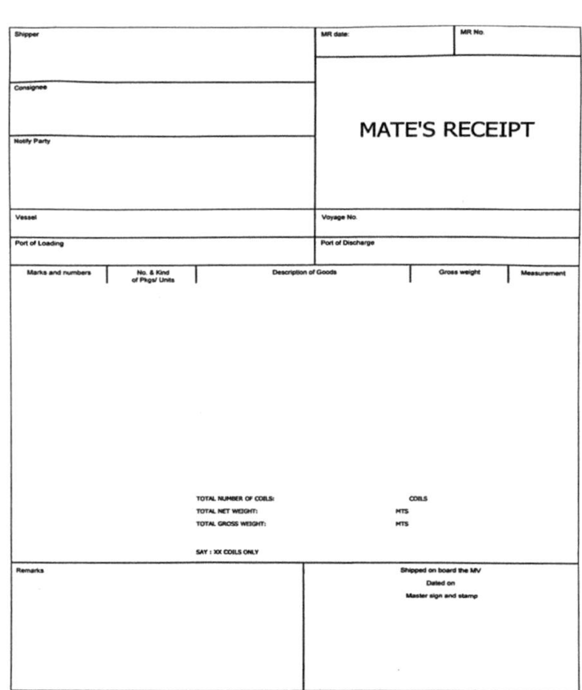

MATE'S RECEIPT

Shipper

Consignee

Notify Party

MR date:

MR No.

Vessel

Voyage No.

Port of Loading

Port of Discharge

Marks and numbers	No. & Kind of Pkgs/ Units	Description of Goods	Gross weight	Measurement

TOTAL NUMBER OF COILS: COILS

TOTAL NET WEIGHT: MTS

TOTAL GROSS WEIGHT: MTS

SAY : XX COILS ONLY

Remarks

Shipped on board the MV

Dated on

Master sign and stamp

▌그림 4-10 ▌ 본선화물 수취증

이와 같이 하자문언이 기재된 M/R이 하자본선수취증(Foul M/R)이고 양호한 상태로 적재되어 M/R의 Remarks에 하자문언이 기재되지 않은 M/R이 Clean M/R이다. 이 역시 선사가 화물수취를 증명하며 발행하는 선하증권(bill of lading)의 기재사항에 대한 주요 참고자료가 된다.

5) M/R Remarks 기재사항의 사례

(1) 개수에 관한 사례

5 pcs short shipped	5개 부족
5 bags over loaded	8마대 과적
No space(time) 100bls shut out	선복(시간)이 없어서 100개는 선적불가
15 bags short in dispute	15마대 부족 논쟁
15 bags over in dispute	15마대 초과 논쟁
Said to be 3,000pcs, N/R for numbers	선적에 관한 개수 무책임
Said to weigh 1,800tons, N/R for weight	1,800톤의 선적에 관해 중량 무책임

개수의 부족은 총 개수를 정정하지 않고 적요로서 표시한다. in dispute 라는 적요는 적지에서 검수(tally)의 결과가 서로 일치하지 않고 재조사를 할 수 없는 경우 양하지의 검수에 따라 과부족을 결정한다는 것을 약속하는 것이다. 또한 상기의 무책임(No Responsible)에 관한 적요는 철재와 같이 검수에 시간이 없는 화물이나, 석탄과 철광석 같은 벌크화물에 대하여 선측에서 검량이 곤란한 화물의 적지에 있어서 검수, 검량을 생략하고 S/O 상의 개수 또는 중량대로 M/R을 발행할 때 기입한다. 따라서 양하의 결과 다소의 과부족이 있어도 운송인은 책임을 지지 않는다.

(2) 파손에 관한 사례

1 C/-broken(damaged), contents 3 doz. o.k., 12 bottles empty	1상자 파손, 내용물 2 타스 이상 없고, 병 12개 비어 있음
3 C/s broken, contents intact.	3상자 파손, 내용물은 그대로 있음
2 C/s broken, contents o.k.	2상자 파손, 내용물은 이상 없음
5 C/s renailed, N/R for conditions of contents	5상자 다시 못을 침, 내용물의 사고 무책임

3 C/s broken, N/R for consequential loss or shortage and/or conditions of contents	3상자 파손, 이로 인하여 생기는 내용물의 부족 및/또는 사고 무책임
1 C/- crushed, contents exposed	1 상자 부서짐, 내용물 노출됨

(3) 기타

Perishable cargo, N/R for any damage	부패성 화물에 대하여 사고 무책임
--in bad order, unsecurely packed frail case, barrel, cask	포장불량, 위약한 상자, 통
N/R for deterioration by nature	화물의 성질로 인한 감량 무책임
On deck at shipper's risk	감판적으로 송하인 책임
Steamer not accountable for mortality, escape, injury and/or sickness	생사, 탈주, 부상 및/또는 질병 무책임
2 sacks overboard through stevedore'fault	마대 두 포대가 하역인부의 과실로 선측으로 떨어짐

3. 양하서류

1) 수입면장(I/L: Import License)

(1) 수입의 의미

수입이란 외국물품을 우리나라에 반입(보세구역을 경유하는 것은 보세구역으로부터 반입하는 것을 말한다) 하거나 우리나라에서 소비 또는 사용하는 것으로서 우리나라의 운송수단 안에서의 소비 또는 사용하는 것을 포함하며, 법 제239조에 따라 수입으로 보지 아니하는 소비 또는 사용에 해당하는 물품은 제외된다. 모든 외국물품은 세관에 반입신고를 하고 적법한 통관절차에 따라 수입면장을 발급받아야만 입국이 허락된다.

(2) 보세운송

보세운송이란 외국으로부터 수입하는 화물을 입항지에서 통관하지 아니하고 세관장에게 신고하거나 승인을 얻어 외국물품상태 그대로 다른 보세구역으로 운송하는 것을 말한다. 이러한 보세운송은 수입화물에 대한 관세가 유보된 상태에서 운송되는 것이므로 운송에 제약이 따른다.

예를 들면, 서울에 공장을 가진 화주가 부산항에 도착된 화물을 통관하는 데에는 두 가지 방법이 있다. 부산에서 통관을 한 후 내국화물상태로 서울로 운송하는 경우와 보세운송신고 또는 승인신청을 하여 부산에서 서울로 보세운송을 한 후 통관을 하는 것이다.

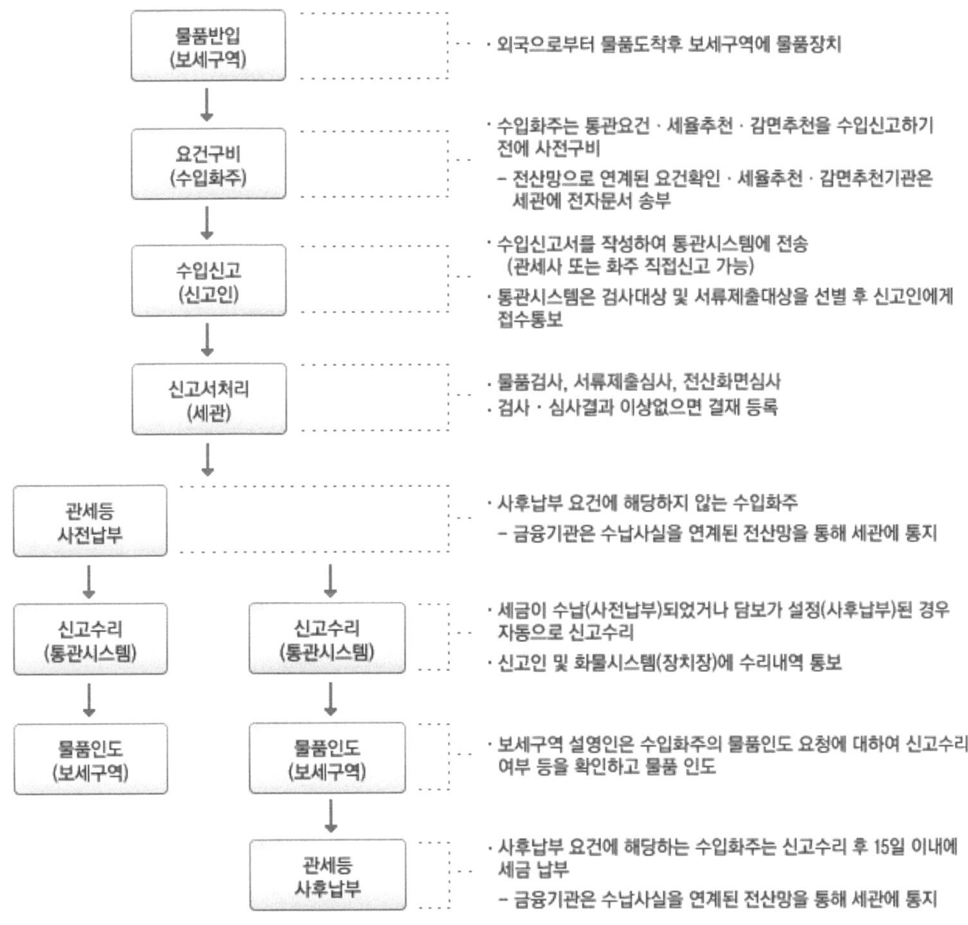

| 그림 4-11 | 수입신고절차

2) Cargo Boat Note(화물수취증)

수입자가 화물인도지시서(D/O ; Delivery Order)와 상환으로 수입화물을 인수하는 경우에 화물의 수취증으로서 본선측에 제출하는 서류이다. 선적시 발행되는 M/R과 대비되는 서류이며, 여기에는 본선에서 양하된 화물의 명세, 양하일, 하인, 개수, 품명, 부선명, 화물의 상태 등이 기재되고 본선측과 수하인측이 확인을 위하여 서명한다. 이것은 해상화물클레임의 증거, 세관에 대한 수입화물의 양하보고서로서 중요하다.

3) Delivery Order(D/O)(화물인도지시서)

운송인이 운송한 화물을 항만(또는 ICD)의 화물보관장소에 보관하도록 하였다가 수하인이 화물을 인수해가고자 할 때, 수하인은 운송인으로부터 화물인도지시서인 Deliverly Order(이하 DO)를 교부받아 보관장소에 가서 DO를 제시하면 보관업자가 수하인 또는 그의 대리인에게 화물을 인도한다.

이 DO는 운송인과 화물보관업자간의 화물보관계약이 체결된 것을 전제로 보관된 화물을 수하인에게 인도하도록 화물의 보관을 위탁한 운송인이 교부하는 사적문서로서 B/L이나 창고증권과 같은 유가증권은 아니다. 그러나 DO는 종종 운송계약에 의하여 발행교부되는 유가증권인 선하증권과 관련하여 아주 중대한 문제를 발생시키는 경우가 많다.

① 선하증권의 원본회수와 관련된 문제

운송계약 상 B/L이 발행된 경우 운송인은 화물을 B/L 원본과 상환으로 DO를 발행하여야 한다. 그러나 실제 운송 실무에서는 여러 가지 사정으로 이 원칙을 철저하게 지킬 수 없는 경우가 발생한다. 가장 먼저 문제는 여러 가지 사정으로 수하인이나 그로부터 운송물을 양수한 자가 B/L 원본을 제시하지 못하는 경우다. 특히 신용장에 의한 대금결제과정에서 B/L이 화물보다 늦게 도착하거나, 은행과 신용장 개설의뢰인 사이의 복잡한 사정으로 인하여 은행이 B/L 원본을 수하인이나 그 지정인에게 교부하지 않는 경우다. 이런 경우, DO를 발행해서는 안 된다.

그러나 이러한 케이스 중에는 은행으로서 불가피하게 수하인이 화물을 인수하도록 할 필요가 있게 된다. 대표적인 사례가 화물보다 늦게 B/L 원본이 도착하는 경우다. 이런 때 은행으로부터 L/G(Letter of Guarantee)로 지칭되는 화물인도보증서를 교부받아 운송인에게 제시하면, 운송인은 이 은행의 보증을 믿고 화물을 인도한다. 이 경우, 문제가 발생하면 은행이 그 책임을 전적으로 지게 된다. 그러나 은행도 파산하여 책임질 수 없게 된다면 그래도 운송인의 책임이다. 은행의 L/G에 의한 인도는 해운관행상 특별한 문제가 없는 것으로 일반적으로 인식되고 있다. 그러나 은행의 보증 외에 수하인의 L/G 등으로 DO를 발행하였을 경우, 문제가 되면 거의 대부분이 선사가 법적인 책임을 져야 한다.

UNI-PASS

수 입 신 고 필 증

※ 처리기간 : 3일

①신고번호	②신고일	③세관.과	⑥입항일	⑦전자인보이스 제출번호
41489-[illegible]	2011/09/21	030-16	2011/09/18	

④B/L(AWB)번호	⑤화물관리번호	⑧반입일	⑨징수형태
[illegible]	11SNKO0[illegible]	2011/09/18	14

⑩신고인 세인관세법인 박희주

⑪수입자 (주)프라브마켓 (프라브마켓-1-98-10-1-3 A)

⑫납세의무자 (프라브마켓 1-98-10-1-3 / 107-81-63829)

(상호) (주)프라브마켓

⑭해외거래처 WARNACO ASIA LIMITED (HK) / HKWARNACO002H

총중량 2,529.5 KG

총포장갯수 248 CT

국내도착항 KRPUS 부산항

적출국 VN VIETNAM

선기명 BAHAMIAN EXPRESS

MASTER B/L번호 KMTCSGN0346536

품명 MENS KNIT UNDERPANTS

상표 CALVIN KLEIN

거래품명 MENS KNIT TRUNK

(NO. 01) 4049653PACK TRUNKU70890

(NO. 02) SPOILS ALLOWANCE 5%:USD6,547.2

발행번호 : 20110359759913(2011.09.21)

BUSAN MAIN CUSTOMS 부산세관 THE REPUBLIC OF KOREA

(H003)

JCTC NO. 1

J.C.T.C.

THE JAPAN CARGO TALLY CORPORATION

YOKOHAMA BRANCH

HONMOKU OFFICE

CARGO BOAT NOTE

VESSEL PEGASUS YOTTA Voy. No. 2313E

BERTH C-8 HATCH No. Arv. DATE 2023/07/19

LIGHTER/WHARF HONMOKU PIER DATE 2023/07/19

LANDING PLACE 本牧埠頭BC突堤間埋立地：東京国際埠頭(株)

FROM DALIAN

( )FULL CONTAINERS

DYLU-2145463 GESU-3750560

40' FULL CONTAINERS

BEAU-5102189 DYLU-5116453 DYLU-5131144 DYLU-5137230 DYLU-5141409

NSSU-7051415 SZLU-9930037 TCKU-6687699

FROM KUNSAN

20' FULL CONTAINERS

DYLU-2100290 DYLU-2101573 DYLU-2130864 DYLU-2132975 DYLU-2134319

DYLU-2148591 FTAU-1636147 TGHU-2868355 TLLU-2878558 TRHU-2769396

本牧埠頭BC突堤間埋立地(T.I.T)	原
到着	2023 年 7 月 19 日
搬入開始	7 月 19 日 13 時 00 分
搬入終了	7 月 19 日 14 時 40 分

TOTAL (20) FULL CONTAINERS ONLY

CONSIGNEE/FORWARDER THE SUMITOMO WAREHOUSE CO., LTD.

THE JAPAN CARGO TALLY CORPORATION FOR CUSTOMS USE J.C.T.C YOKOHAMA BRANCH

CHIEF OFFICER

RECEIVER

CHIEF CHECKER FUKUSHIMA

Jootawan

www.jootawan.com

DELIVERY ORDER

Jootawan Group Sdn. Bhd. (1031914-K)

52-3, JLN Dagang SB 4/2, Taman Sungai Besi Indah, Seksyen 4, 43300 Seri Kembangan, Selangor Darul Ehsan.

Tel : 03-8945 7220 Fax : 03-8945 8220 Email : support@jootawan.com

BILL TO :	D/O NO. :
	DATE :
	PURCHASE ORDER NO. :

DELIVERED TO :

ITEM	DESCRIPTION OF GOODS	NUMBERS OF PACKAGE	UNIT PACK	QUANTITY
			TOTAL	

Received the above mentioned goods in good & conditions

For Jootawan Group Sdn.Bhd

Chop & Singnature of Authorised Receiver

Authorised Signature

SIAM INTERNATIONAL FREIGHTLINES

OCEAN BILL OF LADING

SHIPPER/EXPORTER	BOOKING NO.
MR. VORAVIT KOSOL 1100 S.W. CLAY STREET PORTLAND, OR 97201 U.S.A.	LAXBGK D 03628 EXPORT REFERENCES 04380/BKK
CONSIGNEE	FORWARDING AGENT FMC NO
MR. VORAVIT KOSOL 18/1 COVENT ROAD SILOM, BANGKOK THAILAND	SIAM INTERNATIONAL FREIGHLINE OTI NO. 12475NF POINT AND COUNTRY OF ORIGIN OF GOODS PORTLAND
NOTIFY PARTY	ALSO NOTIFY - ROUTING AND INSTRUCTIONS
SAME AS ABOVE' 635 3443	TRIUMPH INTERFREIGHT 537/197 SATHUPRADIT COMPLEX YANNAWA BANGKOK THAILAND TEL: 2942095

* INITIAL CARRIAGE BY	* PLACE OF INITIAL RECEIPT	
	PORTLAND	
EXPORTING CARRIER	PORT OF LOADING	LOADING PIER TERMINAL
APL ENGLAND V 103	LONG BEACH	
AIR/SEA PORT OF DISCHARGE	* PLACE OF DELIVERY BY ON CARRIER	TYPE OF MOVE
BANGKOK THAILAND		

PARTICULARS FURNISHED BY SHIPPER

MARKS AND NUMBERS	NO. OF PKGS.	HM	DESCRIPTION OF PACKAGES AND GOODS	GROSS WEIGHT	MEASUREMENTS
VORAVIT KOSOL BANGKOK THAILAND	61 BOXES (3SKIDS)		SAID TO CONTAIN: 61 CARTONS OF USED HOUSEHOLD AND PERSONAL EFFECTS FREIGHT PREPAID SKID DIMENSION: 53 x 40 x 69 INCHES (LxWxH) 48 x 42 x 52 INCHES 50 x 48 x 59 INCHES	2680LBS CLEAN ONBOARD V/V APL ENGLAND V103 DATED: JUL15,2001	227.25CUF @.435CBM

SHIPPERS DECLARED VALUE $ ______ SUBJECT TO EXTRA FREIGHT AS PER TARIFF AND CARRIERS LIMITS REFER TO CLAUSE 16 HEREOF

FREIGHT PAYABLE AT BY

FREIGHT CHARGES	PREPAID	COLLECT
227.25 CUF X 4.00 PER CUF	$ 909.00	
TOTAL CHARGES		

* APPLICABLE ONLY WHEN DOCUMENT USED AS A THROUGH BILL OF LADING

Received the goods, or packages said to contain goods herein mentioned, in apparent good order and condition unless otherwise indicated, to be transported and delivered, to trans-shipped as herein provided. The carriage is subject to the provisions of the U.S. Carriage of Goods by Sea Act of 1936. All the terms and conditions of the Carrier's regular form Bill of Lading, as filed with the Federal Maritime Commission available to any shipper or consignee upon request, are incorporated with the force and effect as if they were written at length herein, and all such terms and conditions so incorporated by reference are agreed by Shipper to be binding and to govern the relations, whatever they may be between those included in the words "Shipper" and "Carrier" as defined in Carriers regular form Bill of Lading.

IN WITNESS WHEREOF, the Carrier has signed and the Shipper has received THREE (3) original bills of lading, ONE of which being accomplished, the others to stand void.

Dated At SIAM INTERNATIONAL FREIGHTLINES AS CARRIER

By NANCY S.

MO JUL DAY 15 YEAR 2001

BL. No. 04380/BKK

┃그림 4-12┃ 수입면장 및 양하서류(Boat Note, D/O, B/L)

② 자가장치장의 운송물 보관과 DO 문제

주요 원자재와 같이 대량으로 운송되는 화물의 경우, 수하인의 자가장치장에 양하하여 보관하는 경우가 많다. 이 경우, 실질적인 화주가 자기물건을 자기관리하에 둔 것이므로 DO 없이도 화물을 꺼내다가 사용하는 경우가 많다. 옛날 동남아에서 원목을 수입하여 합판을 만들던 시절, 합판공장은 해안가에 자리잡고 수제선에 저목장(貯木場)을 두고, 운송된 원목을 여기에 하역한다. 이때 실질적인 보관인 겸 소유주인 합판공장이 DO 없이 사용해 버리는 경우가 많다. 이런 경우, 유가증권인 B/L이 공중에 떠버리는 결과가 된다. 이에 대한 안전장치가 필요하다.

③ DO와 세관간의 관계

우리나라에서는 DO와 세관업무와 밀접한 관계가 있는 것으로 알고 있는 경우가 많다. 그것은 무역이 정상궤도에 오르기 전 초창기의 세관행정 관행 때문이다. 1969년까지만 해도 항만관리와 수입화물의 보관에서 세관이 막강한 권한을 행사하였다. 즉 외국에서 수입한 화물을 양하하면 세관이 그 화물을 항만내의 어느 위치에 보관할 것인가 하는 보관창고(혹은 야적장)를 지정한다. 밀수방지가 이유라지만 실제는 권한의 남용이라고 할 수 있다. 어쨌든 일단 세관이 어디에 보관하라고 지정하였으니, 화물의 보관을 위탁받은 사람은 세관이 내주라고 할 때만 내준다. 수화주가 통관절차를 다 마치고 나면, 세관은 수하인에게 운송인으로부터 DO를 받아오라고 하고, 이 DO를 받고 세관은 통관서류를 떼어준다. 수하인은 통관증을 가지고 보세창고업자를 찾아가서 통관증을 내놓고 수입상품을 찾아간다. 이것이 1969년까지의 DO와 관련된 통관실무관행이었다.

그러던 중 1969년에 세관이 수입화물의 보관장소를 일일이 지정하는 것은 위법이고 비효율적이라고 해서 이 제도를 전면 폐지하였다. 그렇게 되면 당연히 수하인이 DO를 운송인에게서 받아다가 통관하면서 이를 세관에 제시할 필요가 없다. DO를 받아가지고 창고업자에게 가서 DO와 상환으로 화물을 찾아가면 그만이다.

그런데 여기에 착오가 생겼다. 창고업자로서는 운송인과 세관간의 관계는 모르고 통관증만 보고 화물을 수하인에게 인도하던 관례를 그대로 답습하여 DO와는 관계없이 통관증만 보고 화물을 수하인에게 인도함으로서 B/L이 공중에 떠버리는 사고가 종종 일어났다. 69년 이전의 관행은 세관이 보관장소를 지정하였으니 세관의 인도허가서인 통관증으로 화물을 인도해도 별문제가 없었지만 세관이 더 이상 보관장소를 지정하지 않게 되었다면 운송계약에 의하여 점유권을 가진 운송인의 지시(DO)없이는 화물을 인도할 수 없음에도 불구하고, 옛 관행을 그대로 믿는데서 이런 사고가 자주 발생하였다.

또 이 제도 폐지 이후 화물보관장소 지정권을 놓고 논란이 일었을 때, 경제장관회의에서 50톤 이상의 화물은 선사가 지정하도록 하고, 50톤 넘는 화물에 대하여는 화주가 지정하도록 지침을 내렸는데 화주가 지정하는 경우에 사고가 더 많았다. 이러한 착오가 발생한 것은 운송계약의 성질, 선하증권의 법적성질 등을 제대로 파악하지 못한데서 온 행정상의 혼선이었고, 그로인한 피해가 엄청나게 컸고 지금도 심심치 않게 대소사고가 일어나고 있으니 주의해야 한다.

4. 선하증권(Bill of lading)

1) B/L의 개념

선하증권이란 화주와 선박회사간의 해상운송계약에 의하여 선박회사가 발행하는 유가증권이다. 다시 말하면 선주가 자기 선박에 화주로부터 의뢰받은 운송화물을 적재 또는 적재를 위해 그 화물을 영수하였음을 증명하고, 동 화물을 도착항에서 일정한 조건하에 수하인 또는 그 지시인에게 인도할 것을 약정한 유가증권이다.

B/L상에 기재된 화물의 권리를 구체화하는 B/L의 양도는 바로 화물에 대한 권리의 이전을 의미한다. 화물을 처분코자 할 때에는 반드시 관련 B/L을 가지고 있어야만 한다. 국제무역 대차결제 수단인 화환어음(documentary bill)의 취결에 필요한 상업송장, 해상보험증권과 함께 기본이 되는 서류로서 다음의 기능을 수행한다.

① 권리증권(entitled document) : 선하증권의 소유자나 피배서인은 해당 상품의 인도를 주장할 수 있다.

② 계약의 증빙(evidence of contract) : 선주와 화주 간 운송계약이 체결된 것을 증명하는 역할을 한다.

③ 물품 수령증(receipt of goods) : 선사의 물품 수령증이다.

2) B/L의 발행과 절차

선하증권 원본의 발행은 1통으로도 가능하나 분실 등에 대비하여 그 이상을 한 세트로 하여 발행할 수도 있다. 일반적으로 3통을 한 세트(One Full Set)로 발행하는데 각 통은 내용이 동일하고, 동등한 효력을 가지기 때문에 화물인도에는 한 통의 제시로 타 B/L은 무효가 된다. 발행절차는 다음과 같다.

① 송하인은 운송인에게 Invoice, Packing List, Shipping Request 등을 각각 1부씩 작성하여 제출하고 각 사본을 소지하고 있다가 선하증권 발행 시 대조한다.

② 운송인은 등록 검량회사에 검량한 후 검량회사 측의 증명서를 받는다.
③ 운송인은 적하 예약목록을 작성하여 본선과 선적업자에게 통지한다.
④ 운송인은 선적업자 또는 송하인에게 선적지시서(Shipping Order)를 교부한다.
⑤ 송하인은 선적이 완료되면 본선수취증(M/R : Mate's Receipt)을 본선에서 수취하여 운송인에게 제출한다.
⑥ 운송인은 M/R에 의하여 선하증권을 송하인에게 교부한다.
⑦ 송하인은 선하증권등 제반서류를 갖추어 거래은행에 제출하고 대금을 회수한다.
⑧ 송하인은 거래은행을 통해 L/C 개설은행에 선하증권 및 선적서류를 송부하고 상품 대금을 회수한다.
⑨ L/C 개설은행은 수하인에게 선하증권을 교부하고 대금을 회수한다.
⑩ 수하인은 교부받은 선하증권을 운송인에게 제출하고 화물인도 지시서를 교부받아 화물을 인도받는다.

3) B/L의 법적성질

선하증권은 증권면에 기재된 물품의 소유권을 표창하고 있어, 선하증권을 유상으로 취득한 자 또는 선의의 소지인(bona fide holder) 등은 동 물품에 대한 지배권을 갖는다. 따라서 일단 선하증권이 발행되면 그에 명시된 물품의 처분은 전적으로 이 증권에 의해서 행하여지며, 또한 이 증권의 인도는 물품의 인도와 동일한 효력을 갖는 것이다.

a. 권리증권

선하증권은 유통성 선하증권으로서의 일정요건을 갖추게 되면 권리증권(document of title)으로서의 자격을 지니게 된다. 따라서 선하증권은 선의의 소지인에 대하여 그것과 상환으로 선적화물을 인도할 것을 확약한 권리증권으로서 이 증권과 상환이 아니면 선적화물의 인도를 할 수 없으며 물론 인도청구도 할 수 없다.

b. 선적화물수취증

선하증권은 운송계약의 성립을 전제로 하여 선박회사가 발행한 선적화물의 수취증이다. 선적화물에 대하여 본선으로부터 교부된 본선수취증(Mate's Receipt : M/R) 그 자체가 선박회사의 화물수취에 대한 충분한 증거가 되며, 선하증권은 이와 상환으로 발행되므로 선박회사가 화물을 본선상에서 수취하였음을 입증하는 증권이다.

c. 요인증권

선하증권은 운송계약에 의해 화물의 선적을 전제로 하여 발행되는 것이므로 법률상 요인증권이 된다.

d. 채권증권

선하증권은 운송화물을 대표하는 증권으로서, 선하증권의 소지인은 화물의 인도를 청구할 수 있기 때문에 채권효력을 갖는 채권증권이며, 운송화물의 처분에는 반드시 선하증권을 사용하여야 하므로 처분증권의 성질도 갖게 된다.

e. 요식증권

선하증권은 상법에 규정된 법정기재사항의 기재를 필요로 하는 요식증권이다.

f. 문언증권

해상운송계약에 따른 선박회사와 화주의 의무이행이나 권리주장은 이 증권상에 기재된 문언에 따르게 되는 문언증권이다.

g. 유통증권

선하증권은 화물을 표창하는 유가증권으로서 배서 또는 양도에 의해 소유권이 이전되는 유통증권이다.

h. 지시증권

선하증권은 선하증권발행인이 배서금지의 뜻을 기재하지 않는 한 배서에 의해 양도될 수 있으므로 지시증권의 성질도 가진다.

4) 선하증권의 종류

a. 선적선하증권과 수취선하증권

선적선하증권(Shipped B/L)은 화물이 실제로 본선에 적입이 된 후에 발행되는 것으로서 가장 많이 이용되고 있다. 선적선하증권은 증권면에 "shipped…", "shipped on board…", 또는 "received on board…"와 같이 기입함으로써 선적선하증권임을 표시하고 있다.

그러나 선적전이라도 화물이 선박회사의 창고에 반입되면 화주의 요청에 따라 선박회사는 선하증권을 발행할 수 있는데, 이 때에 발행되는 선하증권은 형식적으로는 증권면에 "received for shipment…" 또는 "received to be transported by steamer" 등으로 기입되므로, 이를 수취선하증권(Received B/L)이라 한다. 그러나 수취선하증권이 발행되어도 화물이 선적되었다는 사실과 선적일을 기입하고 운송인이나 그의 대리인이 서명하면 선적선하증권과 동일하게 취급한다.

b. 무사고 선하증권과 사고부 선하증권

선적화물의 상태가 양호하여 약정수량의 전부가 그대로 선적되면 선박회사는 선하증권면의 적요란(remarks)에 사고문언이 없는 선하증권을 발행한다. 이와 같은 선하증권을 무사고 선하증권(Clean B/L)이라 하며, 선하증권면에는 "Shipped on board in apparent good order and condition"이라고 기재되어 있다.

이에 반해서 선적된 화물이 포장이나 수량 또는 기타 화물의 외견상 불완전한 상태라면 선박회사는 선하증권의 적요란에 사고문언을 기재하여 선하증권을 발행한다. 이와 같이 B/L의 적요란에 사고문언이 기재되어 있는 선하증권을 사고부 선하증권(Foul B/L ; Dirty B/L)이라 한다.

c. 기명식 선하증권과 지시식 선하증권

기명식 선하증권(Straight B/L)은 수화인란에 수화인(consignee)의 성명이 명백히 기입된 것으로서 수화인으로 기명된 수입상만이 물품인도를 청구할 수 있을 뿐, 수출상은 아무런 권리가 없으므로 화환어음에 의한 결제가 아니고 송금결제방식이나 청산결제방식의 거래에 한하여 이용되고 있다.

이에 반하여 지시식 선하증권(Order B/L)은 선하증권의 수화인으로 "Order", "Order of Shipper", "Order of…(Buyer)", "Order of…Negotiation Bank"로 표시하여 발행되는 선하증권을 말하는 것이다. 지시식 선하증권은 이들 Shipper, Buyer, Negotiation bank 등이 이서하면 유통시킬 수 있는 선하증권이다.

d. 통선하증권

통선하증권(Through B/L)은 화물의 운송이 해운과 육운의 양경로를 통과하는 경우에 최초의 운송인과 화주간에 체결되는 운송계약에 의거하여 발행되는 선하증권인 동시에 철도의 화물수취증(Way Bill:영국, Railroad Bill of Lading : 미국)을 적용한 것으로서 주요 운송경로가 해운이므로 선하증권에 속한다.

e. 환적선하증권

통선하증권(Through B/L)에서는 최초의 운송인만이 서명하여 그가 수화인 또는 B/L 소지인에 대하여 운송상의 모든 책임을 지나 이 환적선하증권(Transhipment B/L)은 목적지까지 운송도중 중간항에서 화물을 다른 선박에 환적하여 최종목적지까지 운송하는 경우 발행되는 선하증권이다.

신용장통일규칙 제23조는 신용장상에 특별히 환적을 금지하지 않는 한 은행은 이러한 환적가능 선하증권도 수리할 수 있도록 규정하고 있다.

f. Third Party B/L

운송계약의 주체인 Shipper와 L/C상의 Beneficiary가 다른 선하증권을 제3자 선하증권(Third Party B/L)이라고 한다.

예를 들면, 한국에서 일본으로 수출을 하려는 업체가 수출물품을 한국이 아닌 중국에서 조달하여 수출할 경우를 가정해 보면, 계약당사자, 즉 L/C상의 Beneficiary는 한국의 수출상이지만, 실제 수출물품은 중국에서 선적되어 선하증권상의 Shipper는 중국에 있는 제3의 업체가 된다. 이런 경우 오해나 분쟁을 방지하기 위해서는 신용장이나 매매계약서에 "Third party Bills of Lading are acceptable"이라는 문구를 기재하는 것이 바람직하다.

g. 운송주선인협회 선하증권

운송주선인이 운송계약 주체가 되어 발행하는 선하증권으로서 국제운송주선인협회연맹(FIATA)이 제정한 증권(FIATA B/L)이며, 이 연맹에 가입한 회원만이 본 증권을 발행할 수 있다. 이 증권은 통상 복합운송에 이용되고 있다.

h. Stale B/L

Stale B/L은 선적후 상당일수가 경과된 선하증권이다. 신용장통일규칙 제43조 a항에 의하면, 운송서류를 요구하는 모든 신용장은 운송서류 발행일자 이후에 지급, 인수 또는 매입을 위하여 서류를 제시하여야 할 특정기간을 명시하여야 한다.

만일 그러한 기간이 약정되어 있지 않은 경우 은행은 운송서류의 발행일자 이후 21일 경과한 후 제시된 서류는 거절하도록 규정되어 있어 은행은 특별히 신용장면에 "Stale B/L Acceptable"이란 조항이 없이는 이를 수리하지 않는다.

i. Long Form B/L과 Short Form B/L

선하증권은 이면약관의 기재 여부에 따라 이면약관이 전부 인쇄되어 있는 Long Form B/L과 그렇지 않은 약식선하증권(Short Form B/L)으로 나눌 수 있다.

약식선하증권은 최근 미국계 선박회사를 중심으로 사용하고 있는 선하증권의 일종이며, 보통 사용되는 Long Form B/L상의 선박회사와 화주의 권리와 의무에 따르도록 다음과 같은 문언을 규정하고 있다.

"All the terms of the carrier's regular long form of Bill of Lading are incorporated herein with like force and effect as if they were written at length herein. A copy of such Bill of Lading may be obtained from the carrier, its agent, or the master."

j. Red B/L

Red B/L은 보통의 선하증권과 보험증권을 결합한 것으로서 이 증권에 기재된 화물이 항해 중에 사고가 발생하면 이 사고에 대하여 선박회사가 보상해주는 선하증권이다. 이 경우 선박회사는 모든 Red B/L 발행 화물을 일괄부보하게 되므로 궁극적으로 손해부담은 보험회사가 진다. 그러나 운임에 보험료가 포함되므로 결과적으로 보험료는 운송계약자의 부담이 된다.

k. Sea Way Bill

유가증권의 기능이 없는 증권이며 수하인이 물품을 수령할 때 운송인에게 제출할 필요가 없는 서류로서 해상운송수단의 발달로 운송기간이 단축됨에 따라 발행과 제도가 번거로운 해상선화증권 대신에 이용되는 비유통성 화물운송장을 말한다.

이는 주로 기명식으로 특정인을 수화인으로 발행하는 화물수령증의 일종이며, 해상선화증권과 같은 권리증권(document of title)은 아니다. 따라서 본지사 간의 거래, 신용이 두터운 거래선 또는 이사화물 등에 주로 이용된다. 한편, 신용장통일규칙(UCP 500)에서도 일정한 요건을 갖춘 해상화물수령증에 대해서는 신용장상에서 요구하는 경우 그 명칭에 관계없이 당해 서류를 수리하도록 규정하고 있다.

해상화물 운송장(Sea waybill)은 선사든 포워딩이든 어디에서든 발급 가능하며, 은행에서 담보로 잡을 수 있는 유가증권이 아닌 단순히 화물 운송계약의 증거일 뿐이다. 그래서 도착지에서 해상화물 운송장의 제시가 없어도 수하인은 본인임을 증명하기만 하면 물건을 찾을 수 있다. 그래서 은행은 화물을 담보를 실제로 잡을 수 없기 때문에 해상화물 운송장인 경우 NEGO에 응하지 않는다. 그러나 신용장상에 특약으로 SWB를 사용할 수 있다 'SWB ACCEPTABLE' 이라고 문구가 삽입되어 있다면 은행 네고가 가능하다.

Surrender B/L은 화물의 도착지에서 선하증권원본의 제시 없이 전송(Fax)받은 사본으로 화물을 인수받을 수 있도록 발행된 선하증권이다. 통상 B/L상에 "Surrendered"라고 표기되어 있다. 인접한 국가간의 물류인 경우 항해일수가 짧으므로 원본 서류보다 화물이 목적지에 먼저 도착하는 경우를 대비하여 화물의 적기 인수(수입상의 편의)를 목적으로 발행된다.

Surender B/L 과 Sea Way Bill은 모두 포워딩이 발행을 한다. 물론 라인에서도 Master B/L을 발행을 한다. Air Way Bill(항공운송장, 보통 AWB로표기)과 달리 Bill OF Lading (선하증권, 보통 B/L이라고 함)은 유가증권이다. 따라서 배서나 양도를 할 수도 있고 아주 중요한 서류이다.

Surrender B/L의 의미는 오리지날 비엘 없이 물건을 넘겨줘도 좋다는 의미이다. 따로 Surrender B/L이 있는 것이 아니라 오리지날 B/L이나 복사본에 Surrender라는 문구의 도장을 찍어서 팩스로 넣어준다.

5) B/L의 기재사항

선하증권면의 내용은 우리나라 상법 제814조에 의하면, 반드시 기재되어야 할 법정(필수)기재사항과 계약 당사자간에 임의로 정하여 기재할 수 있는 임의기재사항이 있다.

a. 법정기재사항

가. 선적화물에 관한 것

① 운송품명(description of commodity), ② 중량(weight), ③용적(measurement), ④ 개수(number of packages), ⑤ 화물의 기호(marks & nationality)

나. 계약당사자에 관한 것

⑥ 송화인(name of the shipper), ⑦ 수화인(name of the consignee),

다. 수출품 선적에 관한 것

⑧ 선적항(port of shipment), ⑨ 양륙항(port of destination), ⑩ 선박명과 국적 (name of the ship & nationality), ⑪ 선장명(name of the master of vessel), ⑫ 운송비(freight amount)

라. B/L의 발행에 관한 것

⑬ 선하증권의 작성 통수(number of B/L issued), ⑭ 선하증권 작성지 및 작성년월일

b. 임의기재사항

① 통지처(Notify Party), ② 본선의 항차 번호(Voyage No.), ③ 운임의 지불지 및 환율, ④ 선하증권번호(B/L No.), ⑤ 일반약관(General Clause) 또는 면책약관(Exceptions), ⑥ 스탬프약관(Stamp Clause), ⑦ 비고(Remark)

6) 해상운송인의 면책약관

면책약관(exemption clause)은 선주가 자기 책임을 한정하여 후일 화주로부터의 손해배상청구를 면하기 위하여 기재하는 사항이다. 면책약관은 보통 선하증권의 표면약관이나 이면약관 중에 인쇄되어 있는데, 이러한 면책약관을 일반약관(general clause)이라 하며, 이 외에 선하증권의 여백에 기입되거나 고무인으로 기입되는 것은 특별약관(special clause)이라고 한다.

천재, 전쟁, 화물의 고유의 하자(latent defects), 포장의 불완전, 투화, 기타의 공동해손 희생에 대해서 관습법상 면책된다. 또한 선체에 가해진 공동해손에 대해 선주가 화주에게 공동해손 분담금을 청구할 수 있도록 하는데, 이를 뉴 제이슨약관(new jason clause)이라고 한다.

c. 위험에 의한 면책약관

① 천재 및 해난

운송인 및 그의 사용인이 일반적으로 예견하는 것이 불가능하거나 방지할 수 없는 자연력에 의한 결빙, 낙뢰, 등의 천재지변이나 불가항력(Acts of God), 폭풍, 좌초, 유빙 등 해상교유의 위험(perils of the sea)에 의한 손해 등은 자동 면책이다.

② 전쟁위험

전쟁위험수역에서 어뢰나 폭탄 등에 의한 폭발, 선박의 나포 등에 의한 손해이다

③ 제3자의 위험

검역, 압류 등의 규제나 해적, 파업, 폭동, 절도 등에 의한 손해는 운송인의 면책사항이다

d. 책임에 의한 면책

① 과실조항(negligence clause)

선장, 선원, 도선사, 기타 선박사용인의 항해나 선박의 관리 등의 기술상의 행위에 의한 손해나 운송인의 고의, 과실이 아닌 선박의 화재 등으로부터 생기는 손해는 면책이다. 그러나 화물의 적부나 선적, 보관, 운송, 인도에 있어서 관리상의 과실에 기인한 손해는 책임을 면할 수 없다.

② 잠재적 하자조항(latent defect clause)

화물고유의 하자로 인한 손해, 또는 선박의 감항능력(seaworthiness)에 의한 담보의무에 대하여서는 면책사항이다. 선박의 기관이나 속구에는 기술적 결함이 늘

존재하여 선장이 출항전 충분한 주의의무를 기울었음에도 발견할 수 없는 하자가 있을 수 있기 때문이다.

③ 이로조항(deviation clause)

선박이 항해 중 인명이나 재산의 구조를 위해 예정항로를 벗어나, 예정항로 이외의 항구 등에 기항함으로써 발생하는 손해는 면책이다.

④ 부지조항(unknown clause)

선적시에 화물의 외관을 선적지시서(shipping order)와 대조하지만 그 내용까지는 확인이 불가능하다. 따라서 선하증권 이면에 '화물의 외관상 양호한 상태로 선적하고, 외관상 이와 유사한 양호한 상태'로 인도한다고 기재하여 화물의 내용이나 내용물의 품질 등에 대하여는 선박회사가 책임을 지지 않음을 표시하고 있다. 통상 'said to contain', 'said to quantity', 'shipper's load & count'라는 문구를 삽입하고 있다.

⑤ 파손, 누손조항(breakage, leakage clause)

변질되기 쉬운 물품 또는 파손이나 누손되기 쉬운 물품을 운송할 경우, 이러한 화물에 손상이 생길 경우 원인규명에 대하여 입증하기 어려우므로 선박회사는 책임을 지지 않는다고 명시한다.

⑥ 고가품(valuable goods)

고가품은 보관이나 취급에 특별한 주의가 필요하므로 선적시 하주가 화물의 품질 및 가격 등을 명시하도록 규정하고 있다. 이를 위반할 경우 일정금액(통상 포장당 500불) 이상의 책임에 대해서는 선박회사가 책임을 면한다.

⑦ 위험물에 관한 조항

위험물은 적부와 하역에 특별한 조치가 필요하므로 하주는 위험물에 대하여 선적전에 명시를 해야 하며, 이를 위반하고 선적할 경우 선장은 이를 양륙 또는 투기할 수 있으며 이로 인한 발생손해는 하주의 책임이다. 수출입 금지품 등에 대하여서도 동일하다.

⑧ 손해배상에 관한 조항

화물에 대한 손해배상청구는 화물의 인도시 또는 인도전, 혹은 외관상 확인할 수 없는 경우는 인도후 3일 이내에 하도록 하고 있으며, 손해배상시효는 하도일로부터 1년 이내에 하도록 되어 있다. 이를 위반한 경우 운송인은 책임을 면한다.

⑨ New Jason Clause

공동해손이 발생했을 때, 그 원인이 선원의 과실에 의한 것인 경우 종래 미국에서는 선체손상에 대한 공동해손 하주 분담금의 회수를 인정치 않았다. 그러나 그것은 선원의 면책사항을 규정하고 있는 Harter 법 등에도 취지나 공동해손의 원칙에서도 어긋나는 것이므로, Jason(1912)호 사건을 계기로 미국도 다른 나라들과 마찬가지로 그 발생원인에 있어서 선장이나 해원 등의 과실유무에 관계없이 선체 및 적하물에 대하여 공동해손이 성립되어 적하관계자도 같이 부담하기로 한 것이 Jason Clause이고, 그에 추가해서 자사선에 의하여 구조되었을 경우의 구조료도 포함시킨다는 것이 자매선조항(sister ship clause)이며, 상기 두 조항을 합하여 New or Amended Jason Clause라고 한다.

⑩ 공동해손조항(general average clause)
공동해손은 각국의 이해관계에 관한 법률이나 관습을 배제하고 1974년의 York Antwerp Rules에 따라 처리한다는 것을 약정한 것이다.

7) B/L의 발행방식

가. 기명식
수화인란에 특정인의 상호, 주소를 기입하는 방식, 수화인란에 "A & B Inc., New York, U.S.A."로 기재

나. 지시식
지시식에는 단순지시식, 기명지시식 및 선택지시식이 있는데, 단순지시식의 경우 "Order"로만, 기명지시식은 "Order of Mr. Brown"으로, 선택지시식은 "Mr. Brown or Order"로 표시

다. 소지인식
소지인식은 수화인란에 단순소지인, 즉 "Bearer"로 기재하거나 또는 선택소지인식 "Mr. Anderson or bearer"로 표시

라. 무기명식
일명 백지식이라고 하여 수화인란을 공란(blank)으로 두는 것. 선하증권은 소지인식처럼 취급

8) 선하증권의 배서

유통증권인 선하증권의 양도는 화물의 양도와 같아서 배서의 형식과 방법도 상당히 중요하다. 즉, "Order" 또는 "Order of Shipper"로 발행하여 송화인이 백지배서(blank endorsement)를 하면 그 다음부터는 선하증권을 인수받는 사람에게 실질적 소유권이

이전하게 되어 무기명식 발행과 똑같은 효과를 가진다.

그러나 선하증권 이면에 상대방의 성명이나 상호를 기입하여 배서인이 서명하면 최초의 배서인은 선하증권상에 수화인으로 기명된 자가 되며, 이러한 기명식 배서방법을 취하면 배서가 연속되어 있어야 한다.

9) 컨테이너 운송의 면책조항

컨테이너에 적대되어 운송되는 화물은 선박회사가 그 상태를 확인함이 어렵다. 특히 door to door의 방법으로 운송하는 FCL 화물의 경우는 shipper's load & package이므로 컨테이너 화물에 대한 면책으로서 부지조항(unknown clause)을 확대시키고 있다.

또한 운송인은 하주가 소유하거나 임차한 컨테이너 자체의 내수성, 내항성 등에 대하여서는 책임을 지지 않으며, 송하인의 특별한 지시가 있지 않는 한 B/L 상에 갑판적 화물을 표기하지 않으며, 갑판적 화물이라도 선창내 적재화물로 간주한다.

10) Demise Clause

Identity of Carrier 조항으로서 선박이 용선된 경우 용선자가 자신의 선하증권을 발급하면서도 모든 화물수송책임을 선박소유자에게 전가시키기 위하여, '선하증권의 계약 당사자는 오직 선박소유자이며, 용선자는 선박소유자의 대리인에 불과하다'는 의미를 가지고 있다. 선박회사들은 용선선박에 의한 화물수송을 대비하고 자신들의 보호를 위해 정기선 선하증권에 이 조항을 삽입하여 놓고 있다.

11) 용선계약부 선하증권

a. 용선부 B/L의 의의

항해용선(GENCON 1994, Clause 10) 및 정기용선계약(NYPE 1993, Clause 30, NYPE 2015 Clause 31)에서 선하증권에 관해 규정하고 있으며 선하증권에 서명할 수 있는 자격, 용선계약과 선하증권 간의 규정 적용, 선박소유자의 책임 제한 등을 규정하고 있다. 용선계약에 의해 화물을 운송하는 경우 선박소유자가 발행하는 선하증권에 용선계약의 내용이 편입(incorporated)된 선하증권을 발행하게 되는데, 이를 용선계약부 선하증권(charter party bills of lading)이라고 하며 항해용선계약과 정기용선계약에서의 용선계약부 선하증권의 의미는 다음과 같다.

첫째, 항해용선계약의 경우 항해용선계약서는 선박소유자와 용선자간 체결한 운송계약서의 성격을 가지며, 용선계약 하에 발행된 선하증권은 단지 화물을 수령했다는 수령증 또는 권리증권의 기능을 가질 뿐이다. 선박소유자와 용선자간에 항해용선계약서라고 하는 운송계약서가 존재하고 있음에도 불구하고 용선계약부 선하증권이 다시 발행되는 이유는 상기 선하증권의 의의 중 선하증권의 수령증과 권리증권의 기능을 보완하기 위함이다. 따라서 항해용선계약서(GENCON 1994, Clause 10)에서는 용선계약부 선하증권을 발행할 것을 규정하고 있다.

따라서 운송계약과 관련한 사항에 대해서는 항해용선계약서의 내용과 조건이 선하증권의 그것보다 우선하는 반면, 선하증권을 발행한 선박소유자와 제3의 선하증권 소지인간의 관계에서는 선하증권의 내용이 항해용선계약의 그것보다 우선한다. 그러나 항해용선계약의 당사자가 아닌 제3의 선하증권 소지자는 항해용선계약의 내용을 알 수가 없다.

따라서 선박소유자는 항해용선계약서 상의 모든 내용이 선하증권에 편입된다(incorporated)는 내용의 문언을 선하증권에 규정하여, 이 제3의 선하증권소지자를 구속하는 동시에 보호한다. 예를 들면 선박소유자는 선하증권에 "운임과 기타 조건은 용선계약대로 한다(freight and all other conditions as per charter party)."와 같은 편입조항(incorporation clause)을 기재하여 용선계약서 이상의 책임을 부담하지 않도록 한다.

선하증권통일규칙(UCP 600) 제20조에는 항해용선계약서의 내용을 알지 못하는 선하증권소지인을 보호하기 위해서 신용장이 용선계약부 선하증권을 요구 또는 허용하는 경우가 아니면 수리가 거절되는 것으로 규정하고 있다.

둘째, 정기용선계약의 경우 용선자가 자신이 체결한 항해용선계약 또는 개품운송계약을 이행하기 위하여 타 선박소유자로부터 정기용선한 선박에 화물을 선적하고 이 화물의 수령을 증명하기 위해 자신의 이름으로 선하증권을 서명, 발행하게 되는데 이 선하증권이 용선계약부 선하증권이다.

b. 법적 문제점

용선계약을 체결하여 화물을 운송하는 경우 상기와 같이 용선계약부 선하증권이 발행되었을 때, 선박소유자, 용선자 및 재용선자 중 누가 운송인인가를 확정하는 문제와 용선계약서와 용선계약부 선하증권 중에서 어떠한 문서가 운송계약서가 되는가라는 문제가 제기된다. 이에 따라 선하증권 소지인이 운송화물의 손해에 대한 손해배상청구를 누구를 상대로 할 것인가와, 누가 화물손해배상을 부담하여야 하는가에 대한 판단도 달라진다.

가. 운송인의 확정문제

선박소유자, 용선자와 재용선자 중에서 누가 운송인이냐가 확정되어야만 운송과정에서 발생한 화물의 손상 및 멸실에 대하여 화물의 이해관계자가 제소기간이 만료되기 전에 그 배상을 청구할 수 있다.

운송인의 확정에 대한 판결은 각국의 법원에 따라 그 판결을 달리하고 있다. 일반적으로 화물을 운송하는데 이용된 선박을 누가 점유하여 관리, 운영 및 운항하고 선장을 지휘·감독하는가라는 점을 운송인을 확정하는 기준으로 삼고 있다. 이러한 기준에 비추어 볼 때, 선체용선계약인 경우에는 선하증권상의 운송인은 선박소유자가 아니고 용선자인 선체용선자가 운송인이다. 그러나 정기용선계약인 경우 선박을 점유·관리·운영·운항하는 자는 선박소유자이므로 선장이 선하증권을 발행하는 경우, 선하증권상의 운송인은 선박소유자로 추정하는 것이 일반적인 원칙이다. 따라서 선장이 직접 선하증권을 발행하지 않고 용선자나 용선자의 대리인이 "선장을 대신하여(for the master)"라는 문구 하에서 선하증권에 서명하고 이를 발행한 경우에도 선장은 선박소유자의 대리인이므로 선하증권상 선박소유자가 운송인으로 간주된다.

한편 선하증권 전면에 용선자의 이름이 기재된 경우나 또는 용선자가 자신의 이름으로 선하증권을 서명, 발행한 경우에는 용선자가 운송인으로 인정된다.

C. 운송계약서의 확정문제

선하증권은 화물수령증과 소지인의 화물인도 청구권의 기능만을 지니고 있는 반면 용선계약서는 운송계약의 기능을 가지고 있다. 따라서 선하증권에 운송계약서의 기능을 보완하기 위해서는 용선계약서의 내용을 편입시켜야(incorporating) 한다. 이렇게 함으로써 관련 당사자인 용선자, 선하증권을 발행한 선박소유자와 선하증권을 소지한 제3자 사이에 적용되어야 하는 운송계약서가 용선계약서와 선하증권이 된다.

이때 용선계약서 상의 내용과 선하증권의 내용이 조화를 이루어 일치하도록 편입시켜야 하며 편입시키려고 하는 사항도 명확하게 표현하여야 한다. 통상적으로 선하증권에 편입시키는 표현으로 "freight and all other conditions as per charter party"라는 말은 운송인의 화물 취급 및 운송에 관한 조건과 선하증권소지인 또는 수하인(consignee)이 화물을 운송인으로부터 인수하기 위한 이행조건 등을 편입할 뿐이며, 용선계약서상의 선박소유자의 면책조항이 편입되지 않는다고 해석되고 있음을 유의하여야한다.

12) 용선계약부 선하증권의 내용

항해용선계약에서는 표준 항해용선계약서로서 발틱국제해운협의회(BIMCO)가 1922년 처음 제정한 이래 1976년과 1994년에 개정한 “GENCON”을 가장 널리 사용하고 있다. 항해용선계약에서 GENCON 용선계약서를 이용할 때에 발행되는 용선계약부 선하증권은 CONGENBILL(1994) 서식을 지정하고 있었으나(GENCON 1994, Clause 10), 발틱국제해운협의회는 2007년말 용선계약부 선하증권 서식으로 CONGENBILL(2007)로 대체한다고 결정하여 발표하였다. 그 내용을 CONGENBILL(1994)의 서식과의 비교와 함께 변경된 내용을 살펴보면 다음과 같다.

a. CONGENBILL(2007)의 앞면

전면(앞면)은 통상 해상법규에서 요구하는 기재사항으로 CONGENBILL(1994)와 유사하게 구성되어 있으나, CONGENBILL(2007)은 구성을 일부 변경하였다.

첫째, 선하증권 발행시 2007년 7월1일자로 발효(2007년 1월 1일 개정)된 신용장통일규칙(UCP 600)의 규정을 충족하기 위해, 선하증권 서명란을 세분화하도록 구성하여 선하증권에 서명하는 당사자들을 구분하고 선하증권상의 운송계약의 책임을 부담하는 운송인을 보다 명확하게 하였다.

새롭게 시행되는 신용장통일규칙(UCP 600)의 제20조에 따르면 선하증권에는 운송인의 명칭이 표시되어야 하고, 선하증권은 운송인 또는 대리인에 의하여 서명되어야 하며, 대리인의 모든 서명은 대리인이 운송인을 위하여 또는 운송인을 대리하여(for or on behalf of the carrier) 또는 선장을 위하여 또는 선장을 대리하여(for or on behalf of the master) 서명한 것인지를 표시하여야 한다.

이에 따라 CONGENBILL(2007)은 앞면의 좌측하단에 운송인의 성명과 소재지(principal place of business)를 기재하는 란을 신설하였다. 또한 우측 하단의 서명란에는 운송인이 선하증권에 서명하는 경우와 선장 또는 대리점이 좌측하단에 기재된 “운송인을 위하여 또는 대신하여(for the carrier)” 서명하는 경우로 구분하고 있다.

둘째, 용선계약상의 체선료 및 조출료 약정을 수하인에게도 적용하기 위하여 CONGENBILL(1994)의 좌측 하단에서 규정하고 있었던 “선적시 사용된 정박시간(time used for loading)”이라는 문구를 CONGENBILL(2007)에서는 삭제하였다. 이것은 뒷면의 제1조(용선계약의 편입약관)에서 용선계약상 모든 조건이 선하증권에 유효하게 편입된다고 규정하고 있기 때문에 선하증권 앞면에 정박기간을 별도로 기재할 필요가 없다고 판단하였기 때문이다.

b. CONGENBILL(2007)의 이면(뒷면)

① 제1조(편입약관)는 용선계약의 내용이 선하증권에 편입된다는 편입약관(incorporation clause)이다. 선하증권소지인(제3자)은 용선계약의 당사자가 아니므로, 선박소유자가 선하증권소지인에게 용선계약서 내용 이상의 책임을 부담하지 않기 위하여 선하증권에 용선계약의 모든 내용이 편입된다는 취지를 명확히 하는 것이다. 이 조항에서는 CONGENBILL 전면에 기재된 용선계약상 모든 내용(준거법조항 및 중재조항 포함)이 선하증권에 편입되었음을 명시하고 있다. 이것은 CONGENBILL 1994와 동일하다.

② 제2조는 발틱국제해운협의회에서 제정한 일반지상약관(general paramount clause)을 편입하는 내용으로 구성되어 있으며 다음과 같은 내용을 담고 있다.

가. 1924년 8월 25일 브르셀에서 서명되고(헤이그 규칙), 1968년 2월 23일 협의에 의해 개정되어 브르셀에서 서명된(헤이그 비스비 규칙) 선하증권통일에 관한 규칙과, 선하증권통일에 관한 규칙과 관련하여 화물의 선적국가에서 발효된 규정이 적용된다. 만약 헤이그 비스비 규칙이 화물의 선적국가에서 발효되지 않았다면, 이러한 규정이 '수출화물에 대해서만 적용 된다'라는 규정에 관련 없이, 이에 상응하는 규정이 화물의 목적지 국가에서 적용된다.

나. 만약 양 국가 모두 헤이그 비스비 규칙을 입법화하지 않은 경우라도 헤이그 비스비 규칙이 적용된다.

다. 헤이그 비스비 규칙이 강제적으로나 또는 이 계약에 의해 적용되는 경우에는 1979년 12월 21일 브르셀에서 서명된 조약(the SDR Protocol 1979)이 적용된다. 또한 선적 이전과 양륙 이후의 화물손해, 타운송인의 관리에 있는 동안의 화물손해, 갑판적 화물 또는 살아있는 동물(live animal)의 손해 등에 대하여 면책된다.

③ 제3조(공동해손약관)는 공동해손에 관한 약관으로 공동해손이 발생한 경우, 용선계약서에 공동해손을 다른 장소에서 처리하기로 합의하지 않는 한, 요크 앤트워프 규칙(1994)에 따라 런던에서 처리된다고 규정하고 있다.

또한 CONGENBILL(1994)에서는 공동해손분담금의 처리와 관련하여, 적하이해관계자인 용선자, 송하인 및 수하인은 벨기에 상법 제2부 148조(the Belgian Commercial Code, Part II, Art 148)의 규정을 명시적으로 포기한다(renounce)고 규정하고 있었으나, 이 규정은 특정 국가에 대하여 지나치게 제한적인 적용이라고 판단하여

CONGENBILL(2007)에서는 이것을 삭제하였다.

그리고 CONGENBILL(1994)의 제3조에서는 “요크 앤트워프 규칙(1994) 또는 이후 개정규칙(any subsequent modification)”에 의해 정산된다고 규정하고 있었다. 그러나 CONGENBILL(2007)에서는 “이후 개정규칙” 이라는 문언을 삭제함으로써 요크 앤트워프 규칙 중 1994년 이후에 개정된 내용의 적용을 미리 배제하였다. 그 이유는 특히 국제해운협의회(BIMCO)는 특히 앤트워프 규칙(2004)는 선박소유자에게 불리하다는 입장이기 때문이며, 또한 요크 앤트워프 규칙(2004)은 국제조약이 아니므로 선하증권 또는 용선계약서에 요크 앤트워프 규칙(2004)을 명시한 경우에만 적용되기 때문에 이러한 배제가 가능하다. 요크 앤트워프 규정 중 선박소유자에게 불리한 내용은 다음과 같다.

첫째, 요크 앤트워프 규칙(2004)은 해난구조계약상 구조비(salvage remuneration, salvage expense), 피난항 정박 중에 발생되는 선원의 급료와 유지비, 선박의 임시수리로 인해 절약되는 영구수리비, 공동해손자금 조달 수수료(YAR 1994 Rule XX 에서는 2% 인정) 등을 공동해손으로 인정하지 않는다(YAR 2004 Rule VI). 둘째, 동 규칙에서는 공동해손지출시점에서 공동해손정산시점까지 이자(기존 고정이자율 7% 적용)도 시장금리와 연동하도록 하였고, 공동해손 정산서 발행일로부터 1년 이내에 소송이 제기되지 않는 한 공동해손분담금 채권이 소멸한다고 하는 제소기간도 신설하였다.

④ 제4조는 뉴제이슨 약관(New Jason Clause)의 적용에 관한 내용이며, 선박소유자의 사용인에 의한 과실 또는 부주의로 인해 발생된 공동해손이라도 화주도 화물손실 분담금을 지급해야한다는 규정, 즉 “뉴제이슨 약관(New Jason Clause)”을 용선계약부 선하증권에 적용한다는 규정이다.

⑤ 제5조는 쌍방과실 책임약관(Both to Blame Collision Clause)이며, 상기 제4조와 같이 선박이 미국에 기항할 경우에 필요한 약관이다. 쌍방과실 하에서 상대선박(비적재선박)이 선박소유자(적재선박)의 화주에게 지급한 손해배상액을 선박소유자(적재선박)에게 청구한 경우에, 선박소유자(적재선박)는 자기선박(적재선박)의 해당 화주에게 다시 청구할 수 있다는 취지를 선하증권에 삽입한 것이다. 물론 미국선박과 충돌이 발생하였을 경우나 선박이 미국에 기항하였을 경우에 대비하여 항해용선계약서에도 이 약관을 삽입한다.

13) 용선부 선하증권의 유의사항

a. 선하증권과 용선계약과의 관계

항해용선계약의 경우 통상 용선계약과 선하증권의 내용이 동시에 이루어지게 되므로 선하증권에 해당용선계약을 연계시킴으로써 하주와의 관계에서 용선계약서 조항을 적용시키고자 하는 경우가 많다. 이 경우 수화주 자신이 B/L 소지인인 동시에 용선자인 경우는 B/L은 단순히 영수증에 불과하고 쌍만의 책임관계는 용선계약이 우선한다.

그러나 용선자와 B/L 소지인이 다른 경우 즉, 용선계약이 화주와 맺어졌거나 혹은 B/L이 제3자에게 배서된 경우 등은 B/L상의 약관이 우선하고, 약관에 없는 사항에 대하여서는 용선계약이 적용된다. 이때에도 B/L 상 용선계약 약관의 편입범위에 따라 그 범위가 다르며, 통상 다음과 같이 표기한다.

- Freight and all other conditions as per C/P
- All conditions and exceptions as per C/P
- All the terms, provisions and exception as per C/P
- All terms, conditions, clauses and exception as per C/P

b. 선장의 B/L 서명 상 주의사항

B/L 상의 목적지가 C/P상의 항행구역을 벗어나는 경우나, 용선계약서에서 요구되는 조항을 반영치 않는 선하증권에는 선장은 서명을 거부할 권리를 가진다. 또한 훼손된 화물에 대하여 'Apparent good order and condition'(외관상 양호한 화물) 등으로 기재한 선하증권에도 서명거부의 권리가 있으며, 이 경우 간혹 선박소유자가 화주로부터 L/I를 발급받고 B/L을 발급하는 경우가 있으나 이 경우에도 수하인에 대하여 책임을 면하기 어려우므로 조심해야 한다.

아울러 용선자가 제시한 선하증권이 용선계약서 상에서보다 선박소유자 책임을 다소 가중시키는 내용을 담고 있다고 하더라도 선장은 이를 이유로 B/L서명 자체를 거부할 수는 없으며, 추후 선박소유자가 그로 인해 입은 손실에 대해 용선자에게 배상을 요청하는 정도로 처리되어야 하는 것이 통상적인 관례이다.

선장이 용선계약보다 불리한 내용의 선하증권에 서명을 했다고 하더라도 그것이 선박소유자의 권리를 제한하는 의미가 아니므로, 선주와 용선자와의 관계에 있어서 어디까지나 용선계약서를 근거로 처리되어야 한다는 의미를 분명히 하고, 또한 선장의 선하증권 서명을 위해서는 용선계약서에 'Without prejudice to the charter party'(용선계약서의 기득권을 침해하지 않고)라는 조항이 채택되도록 하는 것이 바람직하다.

14) 전자식 선하증권

Bolero(Bill of Lading Electronic Registry Organization)는 선하증권을 비롯한 선적서류를 전자화하여 이를 상업적으로 운영하는 시스템으로서, 1994년 미국 영국 등의 선박회사, 은행 등이 참여하여 컨소시움 형태로 시작되었는데, 무역거래에 필요한 종이서류를 전자메시지로 전환하여 안전하게 교환할 수 있는 기반을 제공하는 것을 목표로 하고 있다.

볼레로시스템은 선하증권 외에 무역서류 전반을 전자화하여 무역거래의 효율성을 높이고 있다. 중앙등록기관은 정보의 안전성을 보장하기 위해 디지털 서명을 메시지 전송에 채택하고 있다. 사용자는 반드시 공개 키와 개인 키 한 쌍을 작성하여 공개 키를 등록기관에 사용자등록을 하고, 등록기관은 상호 키를 대조 사용자의 신원을 확인한다.

그리고 선하증권의 권리이전과정을 보면, 전자식 선하증권은 당사자간의 약정에 의해 유통되므로 송화인과 운송인간에는 권리이전에 관하여 송화인의 지시에 따른다는 조항을 포함한 운송계약을 체결한다. 송화인의 화물에 대한 권리를 수화인에게 이전하고자 하는 경우 운송인에게 차후로는 수화인의 지시를 받도록 지시하면 된다. 운송인은 이를 확인한 후 수화인에게 화물을 점유하고 있는 사실과 함께 수화인의 인도지시만 받는다는 것을 통지한다.

만약 수화인이 그러한 권리를 타인에게 이전할 의사가 있으면 이를 반복하면 된다. 권리이전과정에서는 단순히 물품의 청구권뿐만 아니라 운송계약상의 권리 의무가 모두 이전되어 송화인과 운송인과의 계약조항이 수화인과 운송인간에도 동일하게 적용된다.

전자선하증권은 운송인(선사 포워더)이 선하증권(B/L)을 서면으로 발행하는 대신에, 법무부가 지정하는 등록기관에 전자선하증권(e-B/L)을 등록하는 방식으로, B/L을 전자문서로 유통하는 제도이다.

개정 상법 및 「상법의 전자선하증권의 규정의 시행에 관한 규정」('08년 8월 시행)에 의거, 전자선하증권 발행 및 유통의 법적 효력이 인정된다. 전자선하증권 등록기관(이하 "등록기관")은 전자선하증권의 발행등록·양도·변경·인도청구·서면선하증권으로의 전환 및 관련 전자기록의 보존 등의 업무를 처리하는 중립적인 제3자(Trusted Third Party)로서, 법무부 장관이 기술 재정 시설 등을 심사하여 지정한다.

15) B/L의 국제조약

a. 헤이그 규칙

선주와 화주의 이해관계를 조정하고 해상운송에 관해 국제적인 통일을 기하기 위해서 국제법협회(International Law Association : ILA), 국제해사위원회(International Maritime Committee : IMC) 등이 중심이 되어 국제통일법의 제정을 촉구할 것을 결의했다. 이에 따라 이하에서는 해상운송에 있어서 선하증권에 관한 국제규칙의 성립과정과 함께 규칙을 비교하여 보고자 한다.

1921년 런던에서 개최된 국제상업회의소(International Chamber of Commerce)에 영국의 해사법위원회가 독자적으로 제출한 초안을 중심으로 ICC는 이를 수정·보완하여 1921년 당시 네덜란드의 수도 Hague에서 만장일치로 통과시켜 각국이 자발적으로 이 초안 내용을 선하증권의 이면약관에 삽입하도록 권장하였다.

그러나 이번에는 선주측의 비판에 부딪혀 국제해사단체인 국제해양법협회(International Maritime Law Association)에 의해서 수정되어 1924년 8월 25일 벨기에의 수도 Brussels에서 개최된 제5차 해상법에 관한 국제회의(International Conference on Maritime Law)에서 각국 대표에 의해서 "선하증권에 관한 통일규칙을 위한 국제조약"(International Convention for the Unification of Certain Rules of Law Relating to Bills of Lading)이 채택되었다. 이 조약은 각 참가국들 정부의 동의를 얻어 비준(ratification)을 벨기에 정부에 통고하기로 되었는데, 1931년 6월 2일부터 이를 비준한 국가간에는 이 통일조약이 유효하게 되었다. 이 조약은 Hague규칙을 모체로 하였다고 하여 오늘날 헤이그규칙으로 불리워지고 있다.

b. 헤이그-비스비 규칙

Hague Rules이 제정된 후 40여년이 지나는 동안 해상운송의 여건이 많이 변하여서 새로운 규정의 제정이 절실히 요구되어 오던 중, 1963년 Stockholm에서 개최된 국제해사법회의(Committee Maritime International Conference)에서 1924년 선하증권통일조약 개정안에 대한 토의를 거쳐 1968년 2월 23일에 이 개정내용이 Brussels에서 "선하증권통일조약 개정의정서"(Protocol to Amend the International Convention for the Unification of Certain Rules of Law Relating to Bills of Lading)인 소위 Visby Rules이 채택되었다.

이와 관련하여 영국의 경우는 Hague-Visby Rules를 국내법으로 수용한 1971년의 "해상물품운송법"(Carriage of Goods by Sea Act 1971: COGSA)을 제정하였는데, 여기서는 계약자유의 원칙을 제한하고 있으며, 특히 선주에게는 동 법에서 인정된 운송인의 책임규칙에 면책조항을 확대하는 것을 허용하지 않고 있다.

한편 1924년 헤이그규칙, 즉 선하증권통일조약은 선하증권이 발행되었을 경우 그 법률관계에 관한 규정의 통일을 목적으로 하는 것으로서 용선계약에는 원칙적으로 적용되지 않지만, 용선계약하에서도 선하증권이 발행된 경우에는 운송인과 선하증권의 소지인과의 관계를 규정하는데 적용된다.

이 조약의 주 내용은 운송인의 책임에 관하여 선장, 선원, 수로안내인, 기타 운송인 및 그 고용인의 항해(navigation) 또는 선박의 관리(management of the ship)에 관한 행위, 태만 또는 과실, 즉 항해과실에 대하여는 운송인의 면책을 규정하고 있는 반면 운송품의 선적·수급·적부·운송·보관·관리·양륙 등에 관한 과실, 즉 상업과실에 대하여는 면책특약을 무효로 하고 있다. 운송인의 대리인 또는 사용인의 고의 또는 과실에 기인하지 않는 모든 사유는 면책으로 하고 있으나 면책의 이익을 주장함에 있어 운송인은 멸실 또는 손상이 고의 또는 과실에 기인하지 않았다는 것을 입증하여야 한다. 운송구간에 대하여 Hague규칙에서는 운송품이 적재로부터 양륙까지(from loading to discharging)를 책임구간으로 하고 있다.

한편 운송인의 화물에 대한 배상책임한도에 관하여 선하증권통일조약은 화물의 "포장물 또는 단위"(package or unit)당 100 Sterling Pound 또는 이와 동등한 금액으로 정하고 있다. 그러나 1968년의 Hague·Visby Rules에서는 운송인의 책임을 포장물 또는 단위당 10,000 포앙카레 프랑(Poincaré Francs)과 총중량 1Kg당 30 포앙카레 프랑 중 큰 금액으로 한다. 이러한 운송인의 배상책임제한은 물품의 파손이 운송인의 의도적인 작위 또는 부작위에 의하여 발생한 경우에는 적용되지 아니한다. 또한 운송인이 물품의 파손을 예측하고 있는 경우에도 마찬가지이다.

c. 함부르그 규칙

국제무대에서 발언권이 강해진 많은 개발도상국들이 종래의 통일조약은 너무 선주 위주로 되어 있어 화주들의 권익이 제대로 반영되지 있지 않다는 주장을 UN 무역개발회의(UNCTAD)에서 주장하여 1969년에 국제해운입법작업부회가 설치되어 새로운 선하증권조약안을 작성, 1976년 4월 New York에서 개최된 UN 국제무역법위원회(UNCITRAL) 제9회기에서 이 안이 심의되어 1976년 UN 총회에 상정되었다.

그 후 1978년 3월 독일의 Hamburg에서 개최된 전권회의(Plenipotentiary Conference)에서 이 개정조약안이 통과되어 "Hamburg Rules"라 불리우는 "UN해상물품운송조약"(United Nations Convention on the Carriage of Goods by Sea, 1978)이 채택되었다.

Hamburg Rules의 특징은 해상운송에서 약자의 위치에 있는 선박을 소유 내지 운영하고 있지 아니하는 개도국의 화주의 입장을 강화함으로써 운송인의 책임을 무겁게 하고 있는 것이다. 이 조약은 Hague Rules에 비하여 ① 운송인의 책임구간을 운송품의 수취로부터 인도까지 확대하고, ② 인도지연에 대한 운송인의 책임을 명기하고, ③ 운송인의 책임한도를 인상했으며, ④ Claim의 통지기간을 연장했으며 ⑤ 출소기간을 2년으로 개정했으며, ⑥ 운송인의 항해과실면책, 선박취급상의 과실면책, 선박에 있어서 화재의 면책조항 등을 폐지했다.

한편 본 조약은 대부분 화주국인 개발도상국의 주도하에 작성되었기 때문에 선주국인 선진국의 비준이 지연되어 그 발효요건인 가입국 20개국을 충족하지 못해 그간 발효되지 못하였다. 그러나 1991년 10월말 잠비아(Zambia)가 20번째로 가입함으로써 1년 경과기간을 거쳐 1992년 11월 1일 정식으로 발효를 보게 되었다.

현재 전세계적으로 통용되고 있는 헤이그규칙(Hague Rules)이나 헤이그-비스비규칙(Hague·Visby Rules)에 비해 선주의 책임이 상대적으로 증대된 함부르그규칙의 발효로 동 규칙에 가입한 국가 선주들의 보험료가 현재보다 인상될 전망이다.

d. 해상화물운송장 및 전자식 선하증권에 관한 CMI규칙

국제운송시장에서 복합운송방식이 정착되면서 무역거래의 모든 분야에서 전자자료교환(EDI)방식에 의한 무역이 활성화되고 있다. 따라서 비유통성 운송서류의 사용에 있어서 거래상의 불확실성 문제를 피하고, 장래 더욱 활성화될 전자적 거래에 대비하고자 국제해사위원회(CMI)에서는 1990년 6월 "해상화물운송장에 관한 통일규칙"(Uniform Rules for Sea Waybills)과 함께 "전자식 선하증권에 관한 규칙"(Rules for Electronic Bills of Lading)을 마련하여 공표하였다.

특히 "전자식 선하증권에 관한 CMI규칙"(Rules for the Electronic Bills of Lading : CMI Rules)은 국제해사위원회(CMI)가 최근에 발전된 해상운송방식에 부응하지 못하고 있는 소위 선하증권의 위기(crisis of B/L)를 극복하기 위하여 1990년 6월에 파리에서 개최된 국제해사위원회(CMI)의 제34차 회의에서 채택되었다.

전자식 선하증권(Electronic B/L)이란 선하증권을 발행하지 않고, 선하증권의 내용을 구성하는 정보를 전자적 방법에 의해 운송인의 컴퓨터에 보관하고, 운송인이 부여한 개인 키(private key)를 사용하여 운송인과 수출상 혹은 수입상(또는 지시인) 상호간에 EDI메시지를 전송하고 권리의 증명으로서 개인 키(비밀번호)를 사용함으로써 물품에 대한 지배권 및 처분권의 권리를 그 권리자의 지시에 따라 수화인에게 그 정보를 전송하는 선하증권을 말한다.

CMI규칙은 종래 서면형식의 선하증권 대신에 선하증권의 정보를 전자데이터 통신수단에 의해 전송하는 경우에 있어서의 당사자의 권리와 의무를 규정하고 있으며, 그리고 선하증권의 발행과 그 물리적 이전에 의존하지 않고 선하증권의 이서에 의해 얻을 수 있는 것과 동일한 법적 효과를 가질 수 있음을 인정하고 있다.

전자식 선하증권은 선박회사가 양도인, 양수인 등에게 개인 키를 부역하고, 영도의사를 전자적 지시를 통해 전달함으로써 선하증권상의 권리를 양도하게 된다. 이 경우 그 기간동안 화물에 대한 권리는 전자적 지시를 할 권한을 지닌 선박회사가 가진다. 전통적 선하증권의 경우에는 선하증권의 소지인이 선하증권 자체를 서명 양도함으로써 화물의 유통이 가능하고 따라서 화물은 선하증권의 소지인이 가지게 된다는 점이다.

전자식 선하증권에서 먼저, 화물에 대한 권리이전의 과정을 보면 송화인과 운송인간의 운송계약의 체결되면 운송인은 송화인으로부터 화물을 수취한 후 그 사실을 송화인에게 개인 키를 포함하여 전송하는데, 이 때 개인 키는 소지인마다 갖는 숫자와 문자의 조합인 암호로서 양도는 불가능하다. 개인 키를 가진 송화인은 전자식 선하증권의 소지인으로서 운송인에 대한 물품인도청구권은 물론 물품의 처분권 및 양도권 등 선하증권상의 권리를 가지게 된다. 그리고 소지인이 물품을 타인에게 양도할 경우에는 이러한 의사표시를 운송인에게 전송하고, 운송인은 새로운 소지인에게 종래 개인 키를 폐기하고 별도의 개인 키를 부역하게 된다. 이러한 과정을 통하여 운송중인 화물이 전매되더라도 전통적인 선하증권에서와 마찬가지로 물품에 대한 권리는 순차적으로 이전할 수 있다.

다음으로 화물인도의 과정과 관련 CMI규칙에서는, 수화인을 최종 소지인으로 하여 개인 키를 부여하고, 개인 키로 입증된 수화인에게만 화물을 인도한다. 즉, 화물이 목적지에 도착하면 운송인은 전자식 선하증권의 소지인에게 물품인도 예정장소 및 일자를 전송한다. 이를 수취한 소지인은 개인 키를 사용하여 수화인을 지명하고, 운송인에게 인도에 관한 지시를 하며, 만약 소지인이 수화인을 지명하지 않으면 소지인 자신이 수화인으로 간주된다. 운송인은 인도지시에 따라 지명된 수화인 또는 소지인에게 물품을 인도하고 개인 키는 자동적으로 폐기된다.

이 CMI규칙은 물품이 적어도 일부는 해상으로 운송되는 경우에 적용되기 때문에 해상구간을 포함하는 복합운송에도 적용가능하며, 동 규칙을 이용하기 위해서는 먼저 당사자간에 기본협정서(Master Agreement)상에 CMI규칙에 준거한다는 것을 약정해야 한다.

16) 선하증권(B/L : Bill of Lading)의 약관

TERMS & CONDITIONS OF BILL OF LADING

Ⅰ. 표면약관

RECEIVED by the Carrier from the Shipper in apparent good order and condition unless otherwise indicated herein, the Goods, or the container(s) or package(s) said to contain the cargo herein mentioned, to be carried subject to all the terms and conditions provided for on the face and back of this Bill of Lading by the Vessel named herein or any substitute at the Carrier's option and/or other means of transport, from the place of receipt or the port of loading to the port of discharge or the place of delivery shown herein and there to be delivered to Consignee or on-carrier on payment of all charges due thereon.

IF REQUIRED by the Carrier, this Bill of Lading duly endorsed must be surrendered in exchange for the Goods or delivery order. None of the terms of this Bill of Lading can be waived by or for the Carrier except by written waiver signed by a duly authorized agent of the Carrier.

IN ACCEPTING THIS BILL OF LADING the Merchant agrees to be bound by all the stipulations, exceptions, terms and conditions on the face and back hereof, whether written, typed, stamped or printed, as fully as if signed by the Merchant any local custom or privilege to the contrary notwithstanding.

IN WITNESS WHEREOF, the undersigned, on behalf of Hanjin Shipping Co., Ltd., the master and the owner of the Vessel has signed the number of Bill(s) of Lading stated above all of the same tenor and date, one of which being accomplished, the others to stand void.

① 수령확인조항 : 이 선하증권 안에서 별도로 기재하지 않는 한, 운송인은 화주로부터 여기에 기재된 화물 또는 화물이 내장되어 있다고 말한 컨테이너 또는 포장을 외관상 양호한 상태로 수령하였다. 이 선하증권의 표면 및 이면에 규정된 모든 조항에 따라서 이 선하증권이 지정한 선박 또는 운송인이 선택한 대체선 및 또는 기타의 운송수단에 의하여 수령지 또는 선적항에서 양하항 또는 인도지까지 운송하여야 하고 그리고 그 곳에서 정당하게 모든 비용을 지급할 수하인 또는 운송인측에 인도하여야 한다.

② 상환조항 : 만일에 운송인의 요구가 있다면 정당하게 배서한 이 선하증권을 화물 또는 하도지시서와 상환하여 제출하여야 한다.

③ 엄격조항 : 선하증권의 어떠한 조항도 운송인이 정당하게 승인한 대리인에 의하여 날인된 서면포기서에 의하지 아니하고서는 운송인에 의하여 또는 운송인을 위해서 포기하지 못한다.

④ 수락, 우선조항 : 이 선하증권을 수령함에 있어서 이것과 반대되는 지역적 관습 또는 특권에도 불구하고, 화주가 서명한 것과 똑같이, 이 선하증권의 표면 또는 이면의 수기, 타이프, 스탬프, 인쇄된 모든 규정, 면책조항에 의하여 구속됨을 화주는 합의한다.
⑤ 서명조항 : 위의 증거로서, 주식회사 한진해운을 대리한 서명자, 본선의 선장 및 선주는 위와 동일한 문언과 날짜를 명기한 선하증권의 한 묶음에 서명하였다. 이 가운데 1통이 사용되면 다른 것은 무효이다.

Ⅱ. 이면약관

1. DEFINITIONS(정의)

When used in this Bill of Lading

(a) "Bill of Lading" means this contract of carriage for the Goods made between Carrier and Merchant, effective for all modes of transport from place of receipt to place of delivery.

(b) "Carrier" means Hanjin Shipping Co., Ltd., its vessel, agents and subcontractors at all stages of carriage; in context of Intermodal Transportation, "Ocean Carrier" means Hanjin Shipping Co., Ltd., the Vessel, her owner, operator and charterers and the agents and subcontractors of each; "Inland Carrier" means any barge line vessel, trucker or railroad with custody of the Goods under this Bill of Lading, and agents and subcontractors of each.

(c) "Goods" means the cargo as described on the face of this Bill of Lading and trailers, containers and transportable tanks when delivered to the Carrier by the Merchant containing the cargo.

(d) "Intermodal Transportation" means carriage of the Goods under this Bill of Lading by the Ocean Carrier and one or more Inland Carriers for a single freight charge to the Merchant.

(e) "Laden on board" means physically laden on board the first means of transport operated in the service of the Carrier.

(f) "Merchant" means any actual or previous holder of this Bill of Lading, and shall include shipper, consignor, consignee, owner and receiver of the Goods, and their agents.

(g) "Package" means the single largest unit of Goods(e.g, container, pallet, box, bale) delivered by Merchant to Carrier for carriage pursuant to the terms of this Bill of Lading.

(h) "Particulars" is that description of the Goods provided by the Merchant to the Carrier, and shall include all manner of description, marks, numbers, weight, measure, nature and value of the items constituting the Goods.

(i) "Subcontractor" identifies all interests engaged in owning, operating or chartering the vessel, lighterers, feeder line, stevedores, terminal operators, warehousemen,

truckers, railroads, and the agents of each of them, and all other persons or legal entities performing services pursuant to contract with Ocean or Inland Carriers with respect to the Goods.
(j) "Vessel" means the vessel named in this Bill of Lading, and includes all assisting or substitute vessels, lighters or other conveyances.
N.B. The plural shall include the singular, and the singular shall include the plural throughout this Bill of Lading: the headings are for information purposes only. Any mention in this Bill of Lading of parties to be notified of the arrival of the Goods is solely for information, and failure to give such notification shall not involve the Carrier in any liability nor relieve the Merchant of any obligation.

이 선하증권을 사용함에 있어서 다음과 같이 정의한다.
(a) 선하증권은 해상운송인과 화주 사이에 성립된 화물운송계약을 의미하며, 수령지에서 인도지까지의 모든 운송형태에 적용한다.
(b) 운송인이란 모든 운송과정에 있어서 한진해운, 그들의 선박, 대리점 및 재운송계약자를 의미한다. 복합운송의 관계에 있어서 해상운송인은 한진해운, 그들의 선박, 선박소유자, 선박운항자, 용선자 및 각각의 대리인 및 하수급 운송인을 의미한다. 내륙운송인이란 이 선하증권에 의거하여 화물을 보관하는 바지선, 트럭운송 또는 철도 및 각각의 대리인과 재운송계약자를 의미한다.
(c) 화물이란 이 선하증권의 표면에 명기된 화물과 화주가 운송인에게 인도하는 화물을 포함한 트레일러, 컨테이너 및 운송탱크를 의미한다.
(d) 복합운송이란 해상운송인과 하나 이상의 내륙운송인이 이 선하증권에 따라서 화주에게 단일의 운임을 부과하는 화물의 운송을 의미한다.
(e) 선적이란 운송인의 운송업무로서 영위하는 최초의 운송기관 위에 물리적으로 적재된 것을 의미한다.
(f) 화주란 이 선하증권의 실질적 또는 이전 소지인을 의미한다. 그리고 송하인, 출하인, 수하인, 화물의 소유자와 수령인 및 그들의 대리인을 포함한다.
(g) 포장이란 이 선하증권의 조건에 따라서 운송하기 위하여 화주가 운송인에게 인도한 화물의 단일의 최대 짐짝 (예를 들면 컨테이너, 팰릿상자, 포대)을 의미한다.
(h) 명세란 화주가 운송인에게 신고한 화물의 상세를 말하며 모든 형태의 화물에 대한 설명, 마크, 수량, 무게, 치수, 성질 및 화물을 구성하는 항목들의 가액을 포함해야 한다.
(i) 하수급인이란 선박, 바지, 피더선, 하역인, 터미날운영자, 창고업자, 자동차운송인, 철도를 소유, 운항 또는 용선하는 형태로 종사하는 모든 이해관계인 및 그들의 대리인, 그리고 "화물과 연관하여 해상 또는 내륙운송인과의 계약에 따라서 운송업무를 수행하는 기타 모든 사람들 또는 법인들을 말한다."
(j) 선박이란 이 선하증권에서 명기된 선박을 의미한다. 또한 모든 지원 또는 대체선박, 바지 또는 기타 운송수단을 포함한다.
* 주의 : 이 선하증권의 전체에 있어서 복수는 단수를 포함하고, 그리고 단수는 복

수를 포함한다. 조항의 머리글자는 정보 목적으로 한 것이다. 이 선하증권에서 화물의 도착을 당사자에게 통지한다는 모든 언급은 단지 정보용이다. 그리고 이러한 통지를 송달하지 못한 것은 운송인에게 어떠한 책임을 발생시키지도 않으며, 화주에게 어떠한 의무를 면제시키는 것이 아니다.

2. CLAUSE PARAMOUNT(최고약관)

(a) This Bill of Lading shall have effect subject to the International Convention for the Unification of Certain Rules relating to Bills of Lading, dated at Brussels 25 August 1924 (The Hague Rules) as enacted in the country of shipment, unless the protocol, dated Brussels 23 February 1968(The Hague-Visby Rules) or the United States Carriage of Goods by Sea Act, 1936 (U.S. COGSA, 46 U.S.C. Appendix 1300-1315) apply compulsorily.

(b) When no such enactments are in force in the country of shipment, the corresponding Hague Rules, Hague-Visby Rules or U.S. COGSA legislation (Hague /Visby/COGSA legislation) of the country of destination shall apply, but in respect of shipments to which no such enactments are compulsorily applicable, the terms of the Hague Rules shall apply.

(c) The applicable Hague/Visby/COGSA legislation shall govern throughout the time when the Goods are in the actual or constructive custody of the Carrier. The Carrier takes all reservation possible under the Hague/Visby/COGSA legislation relating to the period before loading and after discharging and while the Goods are in the charge of another Carrier, and to deck cargo and live animals.

(a) 만일 1968년 2월 23일 브뤼셀에서 채택된 의정서(헤이그 비스비 규칙) 또는 미국의 1936년 해상화물운송법(미국 코그사, 미국법률 제46편, 부속 1300-1315)이 강행적으로 적용되지 아니한다면, 이 선하증권은 선적국에서 입법된 바와 같이, 1924년 8월 25일 브뤼셀에서 채택된 선하증권에 관한 일부규칙의 통일에 관한 국제협약(헤이그 규칙)을 조건으로 효력을 가진다.

(b) 만일에 선적국에서 위의 법률이 제정되지 않은 경우, 목적지 국가의 해당 헤이그 규칙, 헤이그 비스비 규칙 또는 미국 코그사(Hague/Visby/COGSA 법률)을 적용한다. 그러나 선적과 관련하여 위의 법률이 강행적으로 적용되지 않는 경우에, 헤이그 규칙의 조항을 적용하여야 한다.

(c) 화물이 현실적 또는 추정적으로 운송인의 보관하에 있는 경우, 전 기간 동안 적용 가능한 헤이그/비스비/코그사 법률을 준거법으로 한다. 운송인은 화물의 선적 전과 양하 후의 기간 및 화물이 다른 운송인의 관리 아래에 있는 동안, 그리고 갑판적 화물과 생동물에 관하여 헤이그/비스비/코그사 법률하의 가능한 모든 유보권을 갖는다.

3. LITIGATION AND CLAIM(소송 및 손해배상청구)

(a) Disputes arising under the Bill of Lading shall be determined at the option of

the Merchant by the courts and in accordance with the law (including choice of law) at
(i) the Carrier's principal place of business, (being Seoul, Korea, except for actions under U.S. COGSA, where the Carrier's principal place of business also includes Long Beach, California.); or
(ii) the place of receipt of the Goods by the Carrier, or the port of discharge.
(b) No proceedings may be brought before other tribunals by the Merchant unless Merchant and Carrier shall have agreed in advance in writing in both the choice of another tribunal and the law to be applied. Carrier may sue Merchant wherever Merchant or Goods are found.
(c) Suit shall not be deemed brought against the Carrier until jurisdiction shall have been obtained of the Carrier by service of summons.
(d) Claims for loss of or damage to the Goods may be filed at the offices of the Carrier or their agent at the port of discharge; claims must be filed and suits commenced within the applicable Hague/Visby/COGSA periods, unless the Merchant claims these rules are inapplicable and loss or damage occurred in the custody of the Inland Carrier, when claims must be filed, and suits commenced, within the time limits provided by law or tariff applicable to the Inland Carrier.
(e) Nothing in this Bill of Lading, expressed or implied, shall operate to limit or deprive the Carrier of any statutory protection or exemption or limitation of liability authorized by any applicable laws, statutes or regulations whether the action is founded in contract, in tort, or otherwise.

(a) 선하증권에서 발생된 분쟁은 화주의 선택에 의하여 다음의 장소에서의 법원과 법률(법의 선택을 포함)에 따라서 결정된다.
(i) 운송인의 영업상 주사무소(대한민국 서울임. 다만 운송인의 영업상 주사무소가 캘리포니아주의 롱비치를 포함한 경우, 미국의 코그사에 의거한 소송에 관해서는 제외함).
(ii) 운송인이 화물을 수령한 곳 또는 양하항
(b) 화주와 운송인이 사전에 다른 법원과 적용법의 양자를 서면으로 합의하지 아니한 경우에, 화주는 다른 법원에 소송을 제기할 수 없다. 운송인은 화주 또는 화물이 발견되는 어느 곳에서든 화주를 상대로 소송할 수 있다.
(c) 운송인에게 소환장의 송달로써 재판관할이 확정될 때까지는, 운송인에 대한 소송은 제기된 것으로 보지 아니한다.
(d) 화물의 멸실 또는 훼손에 관한 클레임은 운송인의 사무소 또는 양하항의 운송인의 대리점에 제기할 수 있다. 화주의 청구는 헤이그/비스비/코그사 규칙을 주장할 수 없는 경우가 아니라면, 화주는 이 규칙에서 정한 기한 안에 클레임을 제기하고 소송을 개시해야 한다. 그리고 내륙 운송인의 보관 하에서 발생한 멸실 또는 훼손은 내륙 운송인에게 적용할 수 있는 법률 또는 운임표에 의하여 정해진 기한

안에 클레임을 제기하고 또한 소송을 개시해야 한다.
(e) 소송이 계약상, 불법행위상 또는 기타에 근거로 한 것이든지 아니든지 간에, 이 선하증권에 명시 또는 묵시된 어떠한 조항도 적용할 법, 법령 또는 규칙에 의하여 확정된 제정법상의 보호, 면책 또는 책임제한에 관한 운송인의 권리를 제한하거나 박탈하여서는 안 된다.

4. RESPONSIBILITY(책임)
(a) The Carrier shall be responsible for and shall enjoy the immunities and limitation against loss or damage pursuant to the applicable Hague/Visby/COGSA legislation for all periods when the Goods are in the actual or constructive custody of the Carrier.
(b) Where it is forbidden by law to extend Hague/Visby/COGSA legislation to the inland part of the Intermodal Transportation contract, the Carrier shall not be responsible for loss or damage to the Goods while the Goods are in the custody of the Inland Carrier in excess of the scope for which the Inland Carrier would have assumed the responsibility subject to its tariff.
(c) If, despite the terms herein, no legal regime clearly applies to the period of inland carriage, the Carrier and Inland Carrier shall not, in any circumstances, be liable for that part of any claim for damages caused by acts of God, acts or restraint of authority, inherent vice of the Goods, wrongful act or neglect of the Merchant, strike or stoppage of labor of any kind or extent, insufficient or defective packaging or marking or numbering of the Goods or Packages, or any cause, event or consequence which the Carrier could not avoid or prevent by reasonable diligence; nor for any other cause excluded by tariff.
(d) In context of Intermodal Transportation, where the Merchant or Carrier cannot establish in whose custody loss or damage occurred to Goods delivered to the Carrier in actual good condition, it shall be deemed, as between the Merchant and any Carrier, that the loss or damage occurred onboard the Vessel while in the custody of the Ocean Carrier.
(e) The Carrier shall not be responsible for loss of or damage to the Goods occurring before receipt of the Goods by the Carrier at the place of receipt or after delivery by the Carrier at the place of delivery.
(f) Where damage is alleged to the contents of any Package delivered by the Carrier without notation for external damage, it shall in all circumstances be a prerequisite to Carrier's liability that the Merchant shall first demonstrate its delivery of the contents of the Package in actual good condition at the Carrier's place of receipt.
(g) The Carrier shall not be responsible for any loss of or damage to live animals arising or resulting from any cause whatsoever.
(h) In respect of Goods carried on deck and identified on this Bill of Lading to

be so carried, all risks of loss or damage from perils inherent in or incident to the custody or carriage of such Goods on deck shall be borne exclusively by the Merchant without recourse to the Carrier.

(a) 화물이 현실적으로 또는 추정적으로 운송인의 관리 하에 있는 전 기간 동안에 운송인은 적용 가능한 헤이그/비스비/코그사 법률에 근거하여 멸실 또는 훼손에 관하여 책임을 져야 하고, 또한 면책과 책임제한을 향유한다.
(b) 만일 헤이그/비스비/코그사 법률이 복합운송계약의 내륙부분에까지 확대하는 것을 법률로써 금지하는 경우, 내륙운송인이 운임표에 근거하여 책임을 져야할 범위를 초과하여 화물이 내륙운송인의 보관 하에 있는 동안 발생한 화물의 멸실 또는 훼손에 대하여 운송인은 책임을 지지 아니한다.
(c) 이 선하증권상의 규정에도 불구하고, 내륙운송의 기간에 적용할 법률제도가 분명하게 없는 경우, 운송인과 내륙운송인은 어떠한 경우에도 천재지변, 당국의 행위 또는 억제, 화물의 고유한 흠, 화주의 부당행위 또는 과실, 어떠한 종류나 규모의 노동자의 스트라이크 또는 작업정지, 화물 또는 짐짝의 포장, 마크 표시 또는 숫자 표시의 불충분 또는 불완전 또는 운송인이 상당한 주의로써 회피하거나 방지할 수 없는 모든 원인, 사고 또는 결과에 기인한 화물손상에 대한 어떤 클레임의 그 부분에 대해서 책임을 지지 아니한다. 그리고 운임표에 근거하여 제외된 기타의 모든 원인에 대해서도 책임을 지지 아니한다.
(d) 복합운송과 관련하여, 실질적으로 양호한 상태로 운송인에게 인도한 화물에서 생긴 멸실 또는 훼손이 누구의 보관 하에서 발생하였는가를 화주 또는 운송인이 밝힐 수 없는 경우에, 화주와 모든 운송인 사이에 관한 한, 해상운송인의 보관 하에 있는 동안에 선박에서 그 멸실과 훼손이 발생된 것으로 본다.
(e) 운송인은 화물을 수령지에서 수령하기 전에 또는 인도지에서 운송인이 인도한 후에 발생한 화물의 멸실 또는 훼손에 관하여 책임이 없다.
(f) 운송인이 인도한 짐짝이 외부적으로 손해의 흔적이 없으나, 짐짝의 내용물에 손해가 발생하였음을 주장할 경우에, 화주는 어떠한 상황에서도 운송인에게 책임을 묻기 위해서 먼저 운송인이 수령한 장소에서 화주가 짐짝의 내용물이 실제로 양호한 상태로 운송인에게 인도하였음을 반드시 증명하여야 한다.
(g) 운송인은 생동물의 멸실 또는 훼손에 관하여서는 어떠한 원인 등에 의하여 발생한 것이라도 책임이 없다.
(h) 갑판적화물과 선하증권상에서 갑판적이 확인된 화물에 관하여, 갑판적화물의 보관 또는 운송에 있어서 고유한 위험 또는 사고로 말미암아 생긴 멸실 또는 훼손의 모든 위험에 대하여 화주는 운송인에게 손해배상청구를 하지 못하고 전적으로 부담한다.

5. TARIFF(운임표)
Where a public tariff has been filed by Carrier, Ocean Carrier or Inland carrier governing all or part of the period of carriage, the terms of this Bill of Lading

may, to some extent, be modified by the terms of that tariff and by documents referenced therein, such as uniform inland Bills of Lading. To the extent of any actual inconsistency between tariff and this Bill of Lading, the terms of this Bill of Lading shall control to the fullest extent permitted by law.

운송인, 해상운송인 또는 내륙운송인이 운송기간의 전부 또는 일부를 규제하는 공공운임표를 작성한 경우에, 선하증권의 조항은 어느 범위까지 위 운임표의 조항에 의하여, 또한 운임표와 정형화된 내륙선하증권과 같은 그에 대한 참고서류에 의하여 수정될 수도 있다. 운임표와 선하증권 사이에 실제로 불일치가 있는 범위에 대해서, 이 선하증권의 조항은 법이 허용하는 최대의 범위까지 규제한다.

6. SUB-CONTRACTION AND ADDITIONAL INSTRUCTIONS(하도급 및 추가지시)
(a) The Carrier shall be entitled to sub-contract on any terms the whole or any part of the handling, storage or carriage of the Goods and any and all duties whatsoever undertaken by the Carrier in relation to the Goods.
Every servant, agent and sub-contractor (including all interests engaged in the owning or chartering of the Vessel, stevedores, warehousemen, and other independent contractors) and the agents of each shall have the benefit of all provisions herein for the benefit of the Carrier as if the provisions were expressly for their benefit; and in entering into this contract of carriage, the Carrier does so not only on his own behalf but also as agent for all such servants, agents and sub-contractors to the fullest extent permitted by the law applicable to Himalaya Clauses.
(b) Where the Carrier arranges alternative inland transportation as agent for the Merchant, the Merchant's rights and liabilities shall be governed by the law or contract applicable to the inland carriage, without further liability of the Carrier as a carrier.

(a) 운송인은 화물의 취급, 보관 또는 운송의 전부 또는 일부 그리고 화물에 관련하여 운송인이 져야 할 어떤 또는 모든 의무 등에 대하여 하도급계약을 체결할 권리가 있다. 모든 사용인, 대리인 및 하수급인 (선박의 소유 또는 용선에 종사하는 모든 이해관계인, 하역인, 창고인과 기타 독립계약자를 포함)과 각자의 대리인은 제반 규정의 이익을, 마치 명시적으로 자기의 이익을 규정한 것처럼 향유한다.
운송계약을 체결함에 있어서 운송인은 히말라야 약관에 적용될 법률에 의하여 허용되는 최대한도까지 자기를 위한 것뿐만 아니라, 사용인, 대리인 및 하수급인을 위한 대리인으로서 계약을 체결한다.
(b) 운송인이 화주를 위한 대리인으로서 별도의 내륙운송을 준비한 경우에 화주의 권리와 책임은 내륙운송에 적용될 법률 또는 계약에 의하여 규제를 받는다. 다만 운송인으로서 운송인의 추가적 책임은 지지 아니한다.

7. LIBERTIES(자유권)
(a) The Carrier shall make commercially reasonable efforts to carry the Goods

expeditiously to the place of delivery, but the Carrier does not warrant any specific route, vessel, method of transport or delivery date, and shall have liberty to perform the carriage in any commercially reasonable manner and by any reasonable means, methods and routes including the right to transship Goods using other Carriers, conveyances or containers. The Carrier shall always have liberty to comply with directions, howsoever given, of any government national or local authority.
(b) At any stage in the carriage, the Goods may, at the Carrier's absolute discretion, be carried as a single shipment or as several shipments on any means of transport, whether owned or operated by the Carrier or not.
(c) The Carrier shall make commercially reasonable efforts to complete the carriage and to deliver the Goods at the place designated for delivery, but does not guarantee such delivery and shall be excused from all consequences of non-delivery at such place, (and shall remain entitled to full freight and charges and his lien,) if such delivery is commercially unfeasible, or would delay or imperil the interests of the Carrier or the Goods, the Goods of others or the general enterprise.
(d) In particular, the Carrier is excused from full performance of the contract of carriage by the existence or apprehension of war, declared or undeclared, hostilities, warlike or belligerent acts or operations, riots, civil commotions, boycotts or other disturbances; epidemics or diseases, quarantine, sanitary or similar regulations or restrictions; shortage, absence or obstacles of labor or facilities for loading, discharge, delivery or handling of the Goods; strikes, lockouts or other labor troubles, whether partial or general, and whether or not involving employees of the Carrier, his agents or sub-contractors; congestion of ports, berths, freight stations or terminals; closure of, obstacle in or danger to any canal, waterway, land route or railroad; ice, landslide, earthquake or other natural effects creating obstacles to carriage. This list is descriptive and not exhaustive, and the existence of any of these similar conditions prior to receipt of the Goods shall not constitute waiver of the Carrier's rights.
(e) If the Goods are unclaimed during a reasonable time or whenever, in the Carrier's opinion, the Goods will deteriorate, decay or diminish in value, the Carrier may sell, abandon or otherwise dispose of such Goods at the risk and expense of the Merchant and Goods.
(f) If, in the Carrier's option, good cause exists to fear danger, injury, loss, delay, disadvantage to the Carrier, the Goods, the Goods of others or to the general enterprise, the Carrier shall be entitled to dispose of the Goods in such way as the Carrier may deem advisable, or to cancel the contract of carriage without compensation and to require the Merchant to take prompt delivery of the Goods. Such actions by the Carrier shall constitute complete and final delivery and full performance of this contract, and the Carrier shall thereafter be free from any

responsibility for the Goods.
(g) Any action taken by the Carrier pursuant to this clause for the intended benefit of the Vessel, the Goods, the Goods of others or the general enterprise shall fall within the contractual carriage, and such action or delay resulting therefrom shall not constitute a deviation at law, and the Carrier shall be entitled to the full benefit of all privileges, rights and immunities contained in the Bill of Lading.

(a) 운송인은 신속하게 화물을 인도지까지 운송하기 위하여 상사적으로 합리적인 노력을 실행하여야 한다. 그러나 운송인은 어떠한 특정항로, 선박, 운송수단 또는 인도일을 담보하는 것이 아니다. 운송인은 다른 운송인, 운송수단 또는 컨테이너를 사용하여 화물을 환적하는 권리를 포함하여 상사적으로 합리적인 방법과 적절한 모든 수단, 방법 및 항로로써 운송을 수행할 자유를 가진다. 운송인은 언제라도 모든 국가 또는 지방정부당국의 지시가 어떻게 주어지든지 이에 따를 자유를 가진다.
(b) 운송의 모든 단계에서 운송인의 절대적인 자유의사로서, 운송인의 소유 또는 운항 여부에 상관없이, 화물을 어떠한 운송수단을 이용해서라도 단일선적물 또는 복수선적물로 운송할 수 있다.
(c) 운송인은 운송을 완성하고 그리고 인도를 위해 지정된 장소에 화물을 인도하기 위하여 상사적으로 합리적인 노력을 다하여야 한다. 그러나 인도를 담보하는 것이 아니다. 만일 그 인도가 상사적으로 실행할 수 없거나, 또는 지연되거나 또는 운송인또는 그 화물, 다른 사람의 화물 또는 일반 기업의 이익을 위해한다면, 운송인은 그러한 장소에서 인도하지 못한 모든 결과에 대하여 책임을 면하게 된다(그리고 운송인은 운임 과 비용에 대한 청구권 및 유치권은 여전히 존재).
(d) 특히, 운송인은 선전포고의 유무에 관계없는 전쟁, 적대행위, 유사전쟁 또는 교전행위 또는 작전, 폭동, 내란, 거부 또는 기타 소요; 전염병 또는 질병, 검역, 위생 또는 유사한 규칙 또는 제한; 화물의 선적, 양하, 인도 또는 취급을 위한 노동자 또는 시설의 부족, 결여 또는 장해; 부분적으로 발생했건 전체적으로 발생했건 그리고 운송인의 고용인, 대리인 또는 하수급인의 관련 여부를 묻지 않고 동맹파업, 작업장 폐쇄, 기타 노동쟁의; 항만, 선석, 하치장 또는 터미널의 혼잡; 운하, 수로, 육로 또는 철도의 폐쇄, 장해 또는 위험; 운송을 방해하게 하는 결빙, 사태, 지진 또는 기타 자연적 영향에 대해 모든 운송계약의 수행으로 부터 책임을 면한다. 이 목록은 예시적이지 전체적인 것은 아니다. 화물을 수령하기 전에 이와 유사한 조건이 존재하였어도 운송인의 권리를 포기한 것이 아니다.
(e) 합당한 기간 동안 화물이 인도가 되지 않거나, 운송인이 판단할 때, 화물의 품질이 저하되거나, 부패하거나 또는 가액이 감소한 때에는 언제라도, 화주와 화물의 위험과 비용으로써 그 화물을 매각하거나, 포기하거나 또는 달리 처분할 수가 있다.
(f) 운송인의 의견으로서 운송인에게 화물, 다른 사람의 화물 또는 일반기업에게 위험, 부상, 멸실, 연착 또는 불이익의 불안이 존재한다는 타당한 이유가 있는 경우에는 운송인이 적당하다고 생각하는 방법으로 처분하거나, 또는 배상 없이 운송

계약을 취소하거나, 또한 화주에게 화물을 신속하게 인도해 가도록 요구할 수 있다. 그러한 운송인의 행위는 완전하고 최종적인 인도 및 계약의 완전한 수행으로 해석하여야 하며 그 후에 있어서 운송인은 화물에 대한 어떠한 책임으로 부터도 면제된다.
(g) 선박, 화물, 다른 사람의 화물 또는 일반기업의 의도적인 이익을 위하여 이 조항에 따라서 취한 운송인의 조치는 운송계약의 범위에 속한다. 그리고 그러한 조치 또는 그로부터 발생한 지연은 법률상의 이로로 해석해서는 아니 된다. 또한 운송인은 이 선하증권상에 포함된 특권, 권리 및 면책의 모든 이익을 누린다.

8. CONTAINERS(컨테이너)
(a) On any Vessel or other mode of transportation designed to carry containers, the Carrier has the right to carry Goods in containers in any area designed for such carriage. Such carriage of the Goods shall constitute "under deck" stowage for all purposes, including Hague/Visby/COGSA regulations and General Average.
(b) Where the Goods are already packed into containers at the time of receipt, the Carrier shall be at liberty to pack and carry them in any type of container.
(c) The Merchant shall indemnify the Carrier against any loss of or damage to the Carrier's container or other equipment while in the possession or control of the Merchant, his agents or sub-contractors engaged by or on behalf of the Merchant.
(d) The Carrier shall in no event be liable for and the Merchant shall indemnify and hold the Carrier harmless from and against any loss of or damage to property of other persons or injuries to other persons caused by the Carrier's container or the contents thereof during handling by, or while in the possession or control of, the Merchant, his agents or sub-contractors.
(e) If the Carrier's container is delivered sealed by the Merchant to the Carrier, this Bill of Lading is evidence of the receipt only of the number of containers shown on the Bill of Lading, and the condition and any particulars of the contents are unknown to the Carrier; and the Merchant warrants that the containers and contents thereof are suitable for handling and carriage. In the event of breach of this warranty, the Carrier shall not be responsible for any loss of or damage to or in connection with the Goods and the Merchant shall be liable for loss of or damage to any other property, or for personal injury or the consequences of any other accidents or events whatsoever. If such containers are delivered by the Carrier with seals intact, such delivery shall be full and complete performance of the Carrier's obligation hereunder and the Carrier shall not be liable for any loss of or damage to the contents of the containers.
(f) The Carrier does not undertake to carry the Goods in refrigerated, heated, insulated, ventilated or any other special containers, unless special arrangements for the carriage of such containers have been agreed to in writing between the

Carrier and the Merchant and special freight has been paid. The Carrier does not accept responsibility for the function of special containers supplied by or on behalf of the Merchant. The Carrier does not guarantee the maintenance of any temperature inside any container.

(a) 컨테이너를 운송하도록 설계된 모든 선박 또는 다른 운송수단에 관하여, 운송인은 그러한 운송을 위하여 지정된 어떤 지역에 컨테이너 화물을 운송할 권리를 가지고 있다. 그러한 화물의 운송은 헤이그/비스비/코그사 규칙과 공동해손을 포함하여, 모든 목적상 갑판하적으로 해석하여야 한다.
(b) 화물을 수령할 때에 그 화물이 컨테이너 속에 들어 있지 않은 경우에, 운송인은 어떠한 형태의 컨테이너 속에 그 화물을 실어서 운송할 자유권을 가진다.
(c) 화주는 자기의 대리인 또는 하수급인이 운송인의 컨테이너 또는 다른 장비를 점 유 또는 관리 중 발생시킨 멸실 또는 훼손에 대하여 배상하여야 한다.
(d) 화주, 자기의 대리인 또는 하수급인이 취급 중에 또는 점유 또는 관리 중에 다른 사람의 재산을 멸실 또는 훼손시켰거나 또는 다른 사람에게 상해를 입힌 경우에, 운송인은 어떠한 경우에도 책임이 없으며 화주는 배상해야 하고 또한 운송인에게 무해하게 해야 한다.
(e) 만일 화주가 운송인의 컨테이너를 밀봉하여 운송인에게 인도하였다면, 이 선하증권은 표시된 컨테이너의 수량을 수령한 증거일 뿐이고, 그리고 운송인은 내용물의 상태와 명세를 알지 못하며 화주는 컨테이너와 그것의 내용물이 취급과 선적에 적합하다는 것을 담보하는 것이다. 만일 화주가 이 담보를 위반하면, 운송인은 화물 또는 화물에 관련된 멸실 또는 훼손에 관하여 책임이 없다. 그러나 화주는 다른 재산의 멸실 또는 훼손 혹은 다른 사람의 상해 혹은 기타 일체의 사고 또는 사건의 결과에 대하여 책임을 져야 한다. 운송인이 컨테이너의 밀봉이 이상 없이 인도하였을 경우에, 그러한 인도는 이 선하증권에 근거하여 운송인의 의무를 완전히 수행한 것이다. 그리고 운송인은 컨테이너 내용물의 멸실 또는 훼손에 관하여 책임이 없다.
(f) 운송인과 화주 사이에 화물을 냉동용, 가열용, 절연용, 통풍용 또는 기타 특수한 컨테이너로써 운송할 특별한 조치를 서면으로 합의하지 아니하였고, 또한 특별운임을 지급하지 아니하였다면, 운송인은 그러한 컨테이너로써 화물을 운송할 의무가 없다. 운송인은 화주에 의하여 또는 화주를 위하여 공급된 특수 컨테이너의 기능에 대하여 책임을 지지 아니한다. 운송인은 컨테이너의 내부 온도의 유지를 보증하지 아니한다.

9. FREIGHT(운임)
(a) Freight shall be payable at any lawful rate agreed with the Merchant, and will be calculated on the basis of the Particulars furnished by the Merchant; but the Carrier may at any time open, examine, weigh, measure and value the Goods and Packages to determine the accuracy of the Merchant's Particulars. If it is determined

by the Carrier that the freight or charges should be higher, the Carrier may collect the additional amount from the Merchant who shall also be liable for all expenses associated with recalculation of freight or charges.
(b) Full freight and all advance charges shall be considered completely earned on receipt of the Goods by the Carrier, whether the Vessel or the Goods be damaged, lost or not lost, or the journey frustrated or abandoned. All freight and charges shall be paid in full without any offset, counterclaim or deduction, and shall be paid in the currency named in this Bill of Lading.
(c) Each Merchant shall be severally liable to the Carrier for the payment of all freight, charges and other amounts due the Carrier.

(a) 운임은 화주와 합의한 적법한 운임률로서 지급되어야 한다. 그리고 화주가 신고한 화물의 명세를 근거로 해서 계산되어야 한다. 그러나 운송인은 언제라도 화주의 명세의 정확성을 판단하기 위하여 화물과 포장을 개방하고 검사하며, 무게를 달고, 용적을 측정하고 또한 가액을 평가할 수 있다. 만일 운송인이 운임과 비용을 더 높여야 한다고 판단한 경우에, 운송인은 운임 또한 비용의 재계산과 연계하여서 화주가 책임져야 할 모든 경비를 추가 금액으로 징수할 수 있다.
(b) 운송인은 선박과 화물이 손해를 입었거나, 멸실했거나 또는 멸실하지 아니하였거나, 또는 항해가 중단되었거나 혹은 포기되었거나 관계없이, 화물을 수령한 때에 운임 전액과 모든 선불비용을 확정적으로 취득한 것으로 본다. 운임과 비용의 전액은 상계, 반대청구 또는 공제하지 않고 전액 지급되어야 한다. 그리고 이 선하증권에서 정한 현금으로 지급되어야 한다.
(c) 각 화주는 운송인에게 지급할 모든 운임, 비용 및 기타 금액의 지급에 관하여 운송인에게 각자 책임을 져야 한다.

10. MERCHANT'S RESPONSIBILITY(화주의 책임)
(a) Each Merchant shall be responsible for any failure to perform any Merchant's obligations under any of the terms of this Bill of Lading; and each shall indemnify the Carrier against and hold it harmless upon written demand from all liability, loss, damages and expense which the Carrier may sustain or incur arising or resulting from any such failure of performance by the Merchant or any of them. The responsibility of each Merchant shall not be diminished by the existence of any lien claim on the Goods.
(b) Any reference on the face of the Bill of Lading to any particulars of the Goods is furnished by the Merchant, and the Carrier shall not be responsible for the accuracy thereof. The Merchant warrants to the Carrier that the particulars furnished by him are correct.
(c) Each Merchant warrants that equipment, whether owned or leased by the Carrier, would be returned to the Carrier within a reasonable time stipulated in

the applicable tariff and further promises and agrees to pay equipment detention charges stipulated in the applicable tariff including the costs and expenses of recovering the same in case failure to do so.

(a) 각 화주는 이 선하증권의 모든 조항에 따른 화주의 의무를 수행하지 못하면 책임을 져야 한다. 그리고 화주들 또는 그들의 어느 누가 수행하지 아니함으로 말미암아 운송인이 입거나 또는 발생하는 모든 책임, 멸실, 훼손 및 비용에 대하여 화주는 운송인에게 보상해야 하고, 또한 서면상으로 요구를 하면 운송인을 무해하도록 해야 한다. 각 화주의 책임은 화물상의 유치권의 설정에 의하여 소멸되지 아니한다.
(b) 화주는 선하증권의 표면상 화물에 관한 명세사항을 신고하여야 하고, 그리고 운송인은 그 명세의 정확성에 관해서 책임을 지지 아니한다. 화주는 자기가 신고한 사항이 정확하다는 것을 운송인에게 담보하여야 한다.
(c) 각 화주는 장비가 운송인의 소유이든 또는 임차한 것이든 간에, 적용 운임표에 명시된 적절한 기간 안에 운송인에게 장비를 반환할 것을 보증하여야 한다. 또한 각 화주는 반환하지 못할 경우에 있어서 반환을 회복하는 비용을 포함하여, 적용 운임표에 규정된 장비지체료를 추가로 지급할 것을 약속하고 합의한다.

11. LIEN(유치권)
(a) The Carrier shall have a lien on the Goods, for all freight, dead freight, demurrage and the costs and expenses of recovering the same and any other sums whatsoever payable by the Merchant under this Bill of Lading or any other Bill of Lading between Carrier and Merchant and may enforce this lien, by all available means, including public or private sale. The net proceeds of any such sale, after first deducting all costs and expenses in executing the lien shall be applied towards the settlement of the amounts due the Carrier. If on sale of the Goods, the proceeds fail to cover the amount due and the cost and expenses incurred, the Carrier shall be entitled to recover the deficit from the Merchant.
(b) The Carrier shall have a lien on the Goods for all expenses and charges incurred in protecting or caring for the Goods, whether the Goods be damaged or not, and for any payment or liability of whatsoever nature incurred by the Carrier in connection with the Goods, including legal fees incurred through attachments or interpleader or other proceedings in respect of the Goods.

(a) 운송인은 이 선하증권 또는 운송인과 화주 사이의 기타 선하증권에 따라서 화주가 지급하여야 할 모든 운임, 미선적운임, 체선료 및 그러한 금액을 회수하기 위한 비용과 기타 금액 등에 관하여 화물에 대한 유치권을 가지며 이러한 유치권에 대해 공매 또는 사적 매매를 포함한 모든 가용한 수단에 의해 강제집행을 할 수 있다. 그리고 운송인은 유치권을 집행함에 있어서 모든 비용을 먼저 공제한 후의 순 매각잔금을 운송인에게 지급할 금액의 정산에 적용하여야 한다. 화물을 매각함에 있어서 매각잔금이 지급해야 할 금액과 발생된 비용을 충당하지 못할 경우에

도, 운송인은 화주로부터 그 부족액을 회수할 권리를 가진다.
(b) 운송인은 화물에 관한 억류 또는 소유권확인소송 또는 기타 소송으로 말미암아 발생한 법적 비용을 포함하여, 화물의 손상 여부와 무관하게, 화물을 보호하거나 또는 관리하는데 발생한 모든 지출과 비용에 관해서도 또한 화물과 관련하여 운송인이 입는 지불 또는 어떠한 성질의 책임에 대해서 화물에 대한 유치권을 가진다.

12. DANGEROUS GOODS, CONTRABAND(위험물, 금제품)
(a) The Carrier undertakes to carry Goods of a hazardous, injurious or dangerous nature only upon the Carrier's written acceptance of a prior written application by the Merchant for the carriage of such Goods.
(b) The Merchant shall ensure that the nature of dangerous Goods is distinctly and permanently marked and manifested on the outside of the packages and containers, and shall submit all documents or certificates required by any applicable statutes or regulations.
(c) Whenever Goods are discovered to be contraband or prohibited by any applicable laws or regulations, the Carrier shall be entitled to have such Goods rendered innocuous, thrown overboard or discharged or otherwise disposed of at the Carrier's discretion without compensation.

(a) 운송인은 유해성, 위해성 또는 위험성이 있는 화물의 운송에 관하여 화주로부터 사전에 서면의 신청이 있고, 이것을 운송인이 서면으로 수락한 때에 한하여 화물의 운송을 인수한다.
(b) 화주는 위험 화물의 성질을 화물의 포장과 컨테이너의 외부에 명확하고 지워지지 않게 명기하여야 하고, 그리고 적용할 모든 법령 또는 규칙에 의하여 요구되는 모든 서류 또는 증서를 제출하여야 한다.
(c) 화물이 적용 법령 또는 규칙에 의하여 수출인의 금제 또는 금지품으로 판명되는 경우, 운송인은 손해배상 없이 운송인 임의로 화물을 무해하게 하거나, 선외로 버리거나, 또는 양하 하거나 혹은 달리 처분할 권리를 가진다.

13. DELIVERY(인도)
(a) The Carrier shall have the right to deliver the Goods at any time at any place designated by the Carrier within the geographic limits of the place of delivery.
(b) In any case the Carrier's responsibility shall cease when the Goods have been delivered to the Merchant, its agent or subcontractors or otherwise according to law at the place designated by the Carrier. Delivery of the Goods to the custody of Customs or any other authorities shall always constitute final discharge of the Carrier's responsibility hereunder.
(c) For Goods received by the Carrier in containers the Carrier shall only be responsible for delivery of the total number of containers shown on the face of

the Bill of Lading, and shall not be required to unpack the containers.
(d) Where the Goods have been packed into containers by the Carrier, the Carrier shall unpack the containers and deliver the contents thereof and shall not be required to deliver the Goods in containers.
(e) The Carrier shall not be liable for failure to deliver in accordance with marks unless the Goods or Packages shall have been clearly, legibly and permanently marked.

(a) 운송인은 언제든지 인도지의 지리적 한계 내에서 지정된 어떠한 장소에서도 화물을 인도할 권리를 가진다.
(b) 어떠한 경우에도, 운송인의 책임은 운송인이 지정된 장소의 법에 따라서 화주, 그 대리인 또는 하수급인 기타에게 인도될 때에 종료한다. 이 선하증권에 따라서 세관 또는 기타 당국의 관리하로 화물을 인도한 것은 운송인의 책임을 최종적으로 종료시킨 것으로 한다.
(c) 운송인이 수령한 이미 컨테이너에 실린 화물에 관하여 운송인은 선하증권 표면에 기재된 컨테이너의 수량 전부를 인도하여야 할 책임만이 있다. 그리고 컨테이너를 개방하도록 운송인에게 요구해서는 안 된다.
(d) 운송인이 화물을 컨테이너 안에 적입한 경우, 운송인은 컨테이너를 개방하고 그리고 컨테이너 속의 내용물을 인도하여야 한다. 그리고 운송인은 화물을 컨테이너에 넣은 채로 인도하도록 요구되지 아니한다.
(e) 화물 또는 포장이 분명하고, 읽기 쉽고 그리고 지워지지 않게 마크되어 있지 아니한다면, 운송인은 마크에 따라서 인도하지 못한 것에 대하여 책임이 없다.

14. NOTICE OF CLAIM AND TIME FOR SUIT(송해배상청구 및 시효)
(a) Unless notice of loss or damage and the general nature of such loss or damage be given in writing to the Carrier or his agent at the place of delivery at the time of delivery, such removal shall be evidence of the delivery by the Carrier of the Goods as described in the Bill of Lading. If the loss or damage be not apparent, the notice must be given in writing to the Carrier within three days after delivery.
(b) In any event and however founded the Carrier shall be discharged from all liability unless suit is brought within one year after the delivery of the Goods or the date when the Goods should have been delivered.
(c) Where the Merchant contests the general application of Hague/ Visby/COGSA legislation, proof that damage actually occurred in the care, custody or control of the Inland Carrier, and that claim or suit were not timely made within the time limits provided by law and tariff applicable to the Inland Carrier shall create an absolute defense to the liability of the Ocean Carrier.

(a) 멸실 또는 훼손의 통지 및 그 멸실 또는 훼손의 일반적인 성질이 서면으로써 운송인 또는 그 대리인에게 화물의 인도지에서 인도 시에 통지되지 아니한다면, 화물의 인도는 선하증권 상에 명시된 대로 운송인이 화물을 인도한 증거가 된다.

만일 멸실 또는 훼손이 외관상 분명하지 아니한 경우, 통지는 인도 후 3일안에 운송인에게 서면으로 통지하여야 한다.
(b) 어떠한 경우에도 또한 어떻게 화물의 손상이 발견되었다 하더라도, 만일 소송이 화물의 인도 후 또는 화물이 인도되었을 날로부터 1년 안에 제기되지 아니한다면, 운송인의 모든 책임은 면제된다.
(c) 화주가 헤이그/비스비/코그사 법률의 일반적 적용을 항변할 경우, 손해가 내륙운송인의 관리, 보관 또는 감독 하에서 실질적으로 발생한 것에 대한 증명과 내륙운송인에게 적용할 법률과 운임표에 의하여 규정된 시효기간 안에 클레임 또는 소송이 적기에 제기되지 않은 것에 대한 증명은 해상운송인의 책임에 대하여 절대적인 방어가 된다.

15. DAMAGES(손해배상)
(a) In no event shall the Carrier be liable for more than the contract value to the Merchant of the damaged or lost items at the place and time they were or should have been delivered to the Merchant. Where permitted by law, the Carrier's liability hereunder shall not exceed the Merchant's net invoice cost, freight and insurance premiums, if paid.
(b) In no event shall the Carrier be responsible for consequential damages, for lost profits, for non-compensatory damages, for exemplary damages, or for damages of any kind arising from delay, loss of market, depreciation or damages payable by the Merchant to any third party.

(a) 어떠한 경우에도 운송인은 화주에게 화물을 인도 또는 인도하였어야 할 장소 또는 때에 훼손 또는 멸실된 품목에 대하여 화주와의 계약가액 이상으로 책임을 지지 아니한다. 법이 허용할 경우에, 선하증권 상에서 운송인의 책임은 화주의 순송장가액, 운임 및 보험료가 지급되었다면 이를 초과하지 못한다.
(b) 어떠한 경우에도 운송인은 결과손해, 상실이익, 비보상적 손해, 징벌적 손해, 연착으로 발생한 모든 종류의 손해, 시장상실, 가치하락, 화주가 제3자에게 지급할 손해에 대하여 책임을 지지 아니한다.

16. LIMITATION OF DAMAGES(손해배상 책임제한)
(a) Damages shall, in all events, be limited in accordance with the applicable Hague/Visby/COGSA legislation.
(b) Unless the nature and value of the Goods have been declared in writing by the Merchant before shipment and inserted in this Bill of Lading, and ad valorem freight regulated in the applicable tariff paid in advance;
(i) Where Hague Rules apply, the Carrier shall in no event be liable for loss or damage in an amount exceeding the minimum allowable limit per package or unit in the applicable version of the Hague Rules.
(ii) Where U.S. COGSA applies, the Carrier shall in no event be or become liable

for any loss or damage to or in connection with the Goods in an amount exceeding U.S. dollars 500 per package or, in case of Goods not shipped in packages, per customary freight unit.

(a) 모든 경우에 있어서 손해배상은 적용할 헤이그/비스비/코그사 법률에 따라서 제한을 받는다.
(b) 화물의 성질과 가액을 화주가 서면으로써 선적 전에 신고하지 않았거나, 또는 이 선하증권에 삽입하지 아니하였거나, 그리고 선 지급의 적용 운임표상에서 종가운임으로 규제되지 아니한 경우, 운송인의 책임은 다음과 같이 제한된다.
(i) 헤이그 규칙을 적용할 경우, 운송인은 어떠한 경우에도 헤이그 규칙의 규정에서 짐짝 또는 단위당 허용된 최소액을 초과하는 금액으로써 멸실 또는 훼손의 책임을 지지 아니한다.
(ii) 미국의 코그사를 적용하는 경우, 운송인은 어떠한 경우에도 화물의 또는 화물과 관련한 모든 멸실 또는 훼손에 관하여 짐짝당 또는 화물이 짐짝으로 선적되지 아니한 경우에는 관습적 운임단위당 미화 500달러를 초과하는 금액으로 책임을 지지 아니한다.

17. GENERAL AVERAGE AND SPECIAL CHARGES(공동해손 및 특별비용)
(a) General Average to be adjusted, stated and settled at any port or place at the Carrier's option, according to the York-Antwerp Rules 1974 (as amended 1990) in the currency selected by the adjuster, who shall be appointed by the Carrier.
(b) Average agreement, non-separation agreement, deposit or bond shall be furnished by the Merchant to the Carrier before delivery of Goods subject to claims for contribution in General Average.
(c) The Amended Jason Clause as approved by the Baltic and International Maritime Conference(BIMCO) is incorporated here by this reference.
(d) The Both-to-Blame Collision Clause as adopted by BIMCO is incorporated here by this reference.
(e) In case of special charges or expenditures unforeseen by the terms of this Bill of Lading, and not compensable in General Average, the Merchant shall reimburse the Carrier for all such special charges and expenditures that might be applicable to the Goods.

(a) 공동해손은 1974년 요크안트워프규칙 (1990년 개정)에 따라서, 운송인이 지정한 정산인이 채택한 통화로써, 운송인이 선정한 항구 또는 장소에서 정산되고, 정산서가가 작성되고 그리고 결재되어야 한다.
(b) 화주는 화물이 인도되기 전에 공동해손맹약서, 불분리합의서, 공탁금 또는 보증금을 공동해손의 분담채권으로 하여 운송인에게 제시해야 한다.
(c) 발틱국제해사협의회(빔코)가 승인한 바에 따라서 개정 제이슨약관은 이 조항에 의하여 이 선하증권에 합일시킨다.

(d) 빔코가 채택한 쌍방과실충돌약관을 이 조항에 의하여 이 선하증권에 합일시킨다.
(e) 이 선하증권의 조항에 의하여 예측되지 아니한 특별비용 또는 소용비용 및 공동해손으로 전보되지 아니하는 경우에 있어서, 화주는 화물에 적용되는 모든 그러한 특별비용과 소요비용에 관하여 운송인에게 상환하여야 한다.

18. DEVIATION(이로)
No reasonable or customary action taken by the Carrier during the carriage of the Goods shall constitute a deviation, and in particular, no action taken by the Carrier pursuant to the Liberties Clause above shall constitute a deviation if it was taken for the intended benefit of the Vessel, the Goods, the Goods of others or the general enterprise. It shall be prerequisite to the Merchant's claim for damages on account of deviation that the Merchant's insurance shall first have been cancelled on account of the alleged deviation. No deviation shall oust the right to limit liability or damages, and the Carrier shall always be entitled to the full benefit of all privileges, rights and immunities contained in this Bill of Lading and any incorporated tariffs.

화물의 운송기간 중에 운송인이 취한 합리적이고 관행적인 조치는 이로를 구성하지 아니한다. 또한, 특히 운송인이 위의 자유약관에 따라서 취한 행위가 선박, 화물, 제3자의 화물 또는 일반기업의 계획된 이익을 위하여 취해진 것이라면 이로를 구성하지 아니한다. 이로 때문에 화주가 손해배상 청구를 하려면 화주의 적하보험이 추정이로 때문에 취소되는 것이 전제조건이 되어야 한다. 이로는 책임 또는 손해배상을 제한하는 권리를 박탈하는 것이 아니다. 또한 운송인은 이 선하증권 및 합의된 운임표에 포함된 모든 특권, 권리 및 면책의 전번적인 이익을 향유한다.

19. SEVERABILITY OF TERMS(조항의 엄격성)
(a) The terms of this Bill of Lading are severable, and if any part or term is declared invalid or unenforceable, the validity or enforce ability of any other part or term shall not be affected.
(b) In particular, if any term of this Bill of Lading is held to be repugnant to the applicable Hague/Visby/COGSA legislation or to any tariff to any extent, such term shall be void to that extent but no further.

(a) 이 선하증권의 조항은 엄격하다. 그리고 조항의 어느 부분이 무효 또는 효력이 발생하지 아니한다고 공포된 경우에도, 다른 부분 또는 조항의 효력 또는 시행력은 영향을 받지 아니한다.
(b) 특히 이 선하증권의 어느 조항이 적용할 헤이그/비스비/코그사 법률 또는 어떠한 운임표의 어느 범위까지 저촉되는 경우에, 그러한 조항은 저촉 범위까지 무효이나, 그 이상은 무효가 아니다.

용선계약 (ship's chartering)

제1절 용선의 일반개요

1. 용선의 의의

용선(charter) 또는 용선계약(charter party)이란 선박소유자가 선박의 일부 또는 전부를 제공하여 화물을 운송하거나 선박의 일부 또는 전부를 용선자에게 특정 기간 동안 빌려주고, 용선자는 이에 대한 반대급부인 운임이나 용선료를 지불할 것을 약속하는 계약을 말한다. 따라서 적정 선박을 확보한 선박소유자가 운송수요가 있는 화주와 체결하는 화물운송계약 뿐만 아니라 적정 선박이 없어서 다른 선박소유자로부터 적정선박을 일정기간동안 빌려서 사용하기 위한 선박사용계약도 용선계약의 범주에 속한다.

‖ 그림 5-1 ‖ Ship's Chartering Business

2. 용선의 필요성

해운기업이 선박을 용선하는 것은 운송수단을 확보하여 시장에서의 운송수요를 충족시키기 위해서, 또는 향후 선복의 수요에 대비하기 위하여 필요하다. 그러나 이러한 해운기업의 용선활동은 해운시황에 따라 장·단기적으로 영향을 받는다. 해운기업은 다음과 같은 이유와 목적으로 선박의 용선을 필요로 한다.

첫째, 운송수요를 충족시키기 위해 운송수단을 확보하기 위함이다. 최근에는 선박건조 시 선박의 구조물을 분할하여 나누어 동시에 제작한 후 드라이 독크(dry dock)에서 조립하는 블록(block)공법을 이용하므로 선박건조에 시간이 단축되었지만 여전히 선박의 공급은 매우 비탄력적이다. 따라서 예상하였거나 예상하지 못하였던 운송수요를 충족시키기 위해서는 보유선복만으로는 운송수요를 충족시키기 어렵기 때문이다.

둘째, 운송수요에 맞는 적정 선형의 선박을 확보하기 위함이다. 해운기업이 시장에서 필요로 하는 다양한 선형의 선박을 모두 소유한다는 것은 불가능하다. 따라서 운송하고자 하는 화물에 따라 적합한 성능을 가진 적절한 선형의 선박을 용선으로 확보할 수 있다.

셋째, 화물운송에 보다 높은 수익성을 확보하기 위함이다. 화물운송을 위해 계약된 운임의 수익성이 해운기업이 보유한 선박을 이용하기에 너무 낮은 경우 수익성 개선을 위해 용선시장에서 선박을 확보한다.

넷째, 기존 용선계약의 헷징수단으로 이용하기 위함이다. 기존의 화물 운송계약이나 정기용선계약을 체결한 후 해운시황의 변동에 따라서는 손실이 예상되거나 또는 예상했던 수익성을 확보하지 못할 것으로 판단될 때, 이의 헷징수단으로 또 다른 용선계약을 체결하거나 기존의 계약의 재용선계약을 통한 헷징으로 손실을 최소화거나 수익성을 확보한다. 또한 용선의 선도거래(freight forwards agreement: FFA)도 이러한 헷징수단이 되고 있다.

다섯째, 순수한 투기 목적으로 용선계약을 체결한다. 시황의 상승이 예상되면 장·단기 용선계약을 통해 선박을 확보하고, 시황이 하락할 것으로 예상되면 항해용선계약을 통한 화물운송계약을 체결한다. 이 용선계약을 직접 수행하기도 하고 재용선(sub-let) 차액으로 이익을 실현을 목적으로 하는 투기적 영업을 위해 용선한다.

여섯째, 해운기업이 부채비율 증가를 최소화하여 기업의 신인도를 높게 유지하기 위함이다.

3. 용선의 유형

용선(charter) 또는 용선계약(charter party)이란 선박소유자와 용선자(화주 또는 선사)간 특정 기간 동안 정해진 항로로 여객 또는 화물을 운송하기 위해 선박을 임차하거나 특정기간 동안 선박을 빌리는 계약을 의미한다. 용선은 선복의 확보내지 화물운송계약이므로 부정기선해운이나 정기선 해운에서 용선계약이 이루이지나 대부분의 용선은 부정기선 해운에서 많이 이용되기 때문에 부정기선 영업행위는 곧 용선활동이라 말할 수 있다. 이하에서는 이 장 제1절에서 살펴본 용선계약의 성질에 따른 용선계약을 분류한 항해용선(voyage charter), 정기용선(time charter) 및 선체용선(bareboat, demise charter)에 대하여 보다 자세하게 살펴본다.

4. 용선의 형태

1) 항해용선계약

(1) 항해용선의 개념

항해용선은 선박을 이용하여 운송할 화물을 소유한 용선자(화주)와 이 화물을 운송하고자 하는 선박소유자 또는 선박 운항기업 사이에 선복을 임차하는 운송계약을 말한다. 용선자는 운송하고자 하는 화물의 양에 따라 선복 전체나 일부를 임차한다. 선복 일부를 임차할 경우 선박소유자는 여유 있는 선복에 다른 화주의 화물을 운송할 권리를 가진다.

항해용선계약에 의해 운송되는 화물은 주로 부정기적으로 운송되는 화물이며 대부분 벌크화물이다. 대표적으로 철광석, 석탄, 곡물, 시멘트, 원목, 원유, 석유제품 등이며 일반잡화 등은 소량단위로 운송되기도 한다.

(2) 항해용선계약의 표준계약서

용선계약의 당사자가 상호 합의된 내용과 조건을 바탕으로 용선계약서를 작성하게 되는데, 새로운 계약마다 새로운 계약서를 적성하는 것은 대단히 불편한 일이다. 이러한 현실적인 불편을 줄이기 위해 화주 또는 화물과 항로에 따라 여러 형태의 정형적인 내용으로 구성된 표준용선계약서를 고안하게 되었다. 이러한 표준용선계약서에는 공통되는 항목과 다양한 항로에서 다양한 화물의 운송계약서 작성에 적합한 조항과 내용을 포함하고 있다.

| 표 5-1 | 항해용선계약의 표준계약서

구 분	용선계약서 명칭	코드 명칭
General Purpose	BIMCO Uniform General Charter	GENCON
Coal	Americanized Welsh Coal Charter	AMWELSH 93
Wheat	Australian Wheat Charter 1990	AUSTWHEAT 1990
Coal and Ore	BIMCO Standard Coal and Ore Charter Party	COAL-OREVOY 2003
Coal	Coal Charter Party	NIPPONCOAL
	BIMCO Coal Voyage Charter 1971(Revised May 1997)	POLCOALVOY
Fertilizer	North American Fertilizer Charter Party 1978/88	FERTIVOY 88
Liquid Gas (except LNG)	Gas Voyage Charter Party	GASVOY
LNG	Liquified Natural Gas Voyage Charter Party	LNGVOY
Grain	BIMCO Standard Grain Voyage Charter Party	GRAINCON 2003
	North American Grain Charter Party 1973	Norgrain 89
	Continent Grain Charter Party	SYNACOMEX 2000
Wood	BIMCO Baltic Wood Charter Party 1973 (Revised 1997)	NUBALTWOOD
Universal Voyage	Universal Voyage Charter Party 1984	NUVOY-84
Heavylift	Heavylift Charter Party	HEAVYCON 2007

항해용선계약 체결 시에 가장 많이 사용되는 표준계약서로 GENCON Charter Party가 있다. GENCON은 1922년 발틱국제해운협의회(The Baltic and International Maritime Council: BIMCO)에 의하여 제정되어, 1974년 및 1994년에 개정되었으며 선박소유자에게 유리한 내용으로 구성되어 있다. GENCON 1994 계약서는 제1부(Part I)와 제2부(Part II) 두 부분으로 나눠져 있다. 제1부에는 가장 기본적인 계약 조건을 박스(box) 형태에 기재하도록 되어 있다. 제2부에는 제1부에 명시된 일부 조항과 선박소유자와 용선자의 권리와 의무에 대해 문장형태로 보다 자세히 기재되어 있다.

(3) 항해용선계약서의 종류

발틱국제해운협의회(BIMCO)에서는 실무에서 사용되는 각종 용선계약서를 작성, 권고, 승인한다. 항해용선계약서는 항해용선계약에 의해 운송되는 화물의 종류에 따라 사용하는 용선계약서가 다르다.

그 중 발틱국제해운협의회(BIMCO)에서 권고하는 항해용선계약서 중 가장 널리 사용되는 표준계약서는 GENCON 계약서이며 이 계약서는 화물의 종류에 구분 없이 사용될 수 있다. 반면 석탄, 밀, 곡물, 비료, 천연가스 등 특정 화물 운송을 위한 용선계약서가 별도로 사용되기도 한다. 석탄을 운송하기 위해 사용되는 항해용선계약서에는 AMWELSH 93, NIPPONCOAL, POLCOALVOY 등이 있으며, 밀(wheat) 운송을 위해 AUSTWHEAT 1990, 비료는 FERTIVOY 88, 액화가스는 GASVOY 계약서가 사용된다. 곡물 운송을 위한 항해용선계약서는 GRAINCON 2003, Norgrain 89, SYNACOMEX 2000 등이 있다.

2) 정기용선계약

(1) 정기용선계약의 개념

정기용선계약은 선박소유자가 선장과 선원을 배승하고 항해장비를 갖춘 선박을 일정한 기간 동안 용선자에게 빌려주어 용선자가 이 선박을 사용·수익하게 하고 정기용선자는 용선기간동안 약정한 용선료(hire)를 지불할 것을 약정한 계약을 말한다.

정기용선계약의 경우 선박소유자는 선박이 감항상태를 유지하도록 모든 속구를 구비하고 선원을 배승함은 물론 선박의 보수유지 등 선박을 관리할 책임이 있으며, 이러한 선박관리에 필요한 선박의 자본비, 보험료, 선원비, 수선비, 선용품비 등을 부담한다. 용선자는 선박 운항에 소요되는 연료비와 항비 및 화물비 등을 부담한다.

그리고 정기용선자가 지불하는 용선료는 용선 선박의 크기, 화물적재능력, 속력, 선령, 해운시황 등에 의해 결정된다. 용선료는 보통 일당(per day) 금액으로 정해진다. 예를 들면 50,000dwt 벌크선의 일일 용선료는 US$10,000이라고 용선계약서에 기재된다.

용선기간은 수개월에서 수년까지 용선자가 필요한 사용 기간을 선박소유자와 협의하여 결정된다. 용선한 선박의 항해 일정 및 화물 운송은 기본적으로 용선자의 재량에 달려있으나 때로는 선박소유자가 정기용선계약서상에 제한을 두기도 한다.

용선계약상 별도의 금지조항이 없는 한 일반적으로 용선자는 용선한 선박을 재용선할 수 있는 권리(liberty to sublet)를 가지고 있다. 이때 재용선해주는 용선자를 관리선박소유자(disponent owner)라고 한다.

(2) 정기용선계약의 표준계약서

정기용선계약의 표준용선계약서 중에서 가장 많이 사용되는 양식은 뉴욕물품거래소(New York Produce Exchange: NYPE)에서 제정한 NYPE 양식이다. NYPE 양식은 1913년 뉴욕물품거래소에 의하여 처음 제정된 이래, 이후 1921년, 1931년, 1946년 및

1981년에 각각 개정되었다. 또한 해운산업의 변화를 반영할 목적으로 1981년에 미국의 '선박중개인과 대리점협회'(The Association of Ship Broker and Agent : ASBA)는 발틱국제해운협의회(BIMCO)와 영국해운회의소(The Chamber of Shipping)의 자문을 받아 "ASBATIME"이라는 새로운 표준정기용선계약서를 제정하였다.

| 표 5-2 | 정기용선계약의 표준용선계약서

구 분	용선계약서 명칭	코드 명칭
General Purpose	Time Charter(New York Produce Exchange Form) (Revised 2015)	NYPE 2015
	Time Charter(New York Produce Exchange Form)	NYPE 1993
	BIMCO Uniform Time-Charter(Revised 2001)	BALTIME 1939
Vessels Carrying Chemicals	BIMCO Uniform Time Charter Party for Vessels Carrying Chemicals in Bulk	BIMCHEMTIME
Container Vessels	BIMCO Uniform Time Charter Party for Container Vessels	BOXTIME
Offshore Service Vessels	Uniform Time Charter Party for Offshore Service Vessels	SUPPLYTIME 89

그러나 본 서식의 이용률이 저조하자, 위의 '선박중개인과 대리점협회' 산하 용선 및 서류위원회(The Chartering and Documentary Committee)는 발틱국제해운협의회와 '중개인과 대리점협회연맹'(The Federation of National Associations of Ship Brokers and Agents : FONASBA)과 협력하여 1993년에 새로운 정기용선계약서식인 "NYPE 1993"을 제정하게 되었다.

NYPE 1993 계약서의 서문(preamble)에는 계약 체결 날짜와 계약 당사자인 선박소유자 및 용선자의 이름과 주소, 선박의 명세가 기재된다. 선박의 명세는 선명, 국적, 건조년도, 선적항, 선급, 재화중량톤수, 화물적재능력, 총톤수, 순톤수, 속력 등이 기재된다. 서문(main body)에 선박의 명세를 모두 기록할 수 없는 경우에는 부속서(Appendix)조항에 보다 자세하게 선박 명세를 기재한다. NYPE 1993 계약서는 제1조(용선기간)부터 제45조(중재)까지로 구성되어 있다. 추가 계약조항은 부속약관(rider clause)에 기재한다.

한편 발틱국제해운협의회(BIMCO)와 NYPE 용선계약서의 저작권자인 미국의 '선박중개인과 대리점협회'(the Association of Ship Brokers and Agents: ASBA) 및 '싱가포르 해운재단'(the Singapore Maritime Foundation: SMF) 등 3자가 공동으로 2013부터 3년 동안 집중적으로 검토하고 연구하여 2015년 10월에 NYPE 1993을 개정 및 필요한 내용을 추가하여 NYPE 2015를 작성·발표하였다.

(3) 정기용선계약 계약서의 종류

정기용선 표준계약서는 실무에서 가장 많이 사용하고 있는 뉴욕물품거래소(New York Produce Exchange)가 고안한 NYPE 서식을 포함하여 용선계약 대상 선박의 선형에 따라 여러 가지 종류가 있다. 현행 NYPE 서식은 1993년에 개정한 것(NYPE 1993)이다. 그러나 NYPE 1993의 개정 및 내용 추가를 통하여 NYPE 2015가 발표됨으로써 점진적으로 옮겨갈 것으로 예상된다.

케미컬 선박을 대상으로 정기용선계약을 체결할 경우에 이용하는 발틱국제해운협의회(BIMCO)에서 제정한 BIMCHEMTIME 표준용선계약서가 있으며, 컨테이너선박의 경우 BOXTIME 표준용선계약서와 그리고 해양서비스선박의 경우 SUPPLYTIME 89 표준용선계약서가 사용된다.

3) 선체용선계약

(1) 선체용선계약의 개념

선체용선계약(bareboat charter 또는 demise charter)은 선박소유자가 선박(선체)만을 용선자(선체용선자; bareboat charterer)에게 제공할 것과 용선자는 용선기간동안 이 선박에 대한 배타적 점유·지배권을 가지고 선장과 선원의 배승은 물론 선박의 운영에 필요한 일체의 비용을 부담하고, 선박을 사용하여 수익하며, 선박소유자에게 그 대가로 선박의 자본비(선박소유자의 선박확보 비용) 성격의 용선료를 지불할 것을 약정하는 선박사용계약을 말한다. 따라서 선체용선자는 선박소유자로부터 용선한 선박의 운영자로서 사용선박소유자, 관리선박소유자 또는 일시적 선박소유자가 되어 용선기간동안 선박소유자와 동일하게 취급된다.

이와 같이 선체용선계약은 용선자가 일정한 조건으로 일정기간 동안 선박만을 빌리는 기간용선(period charter)계약의 일종이며 선박임대차(demise charter)계약이라고도 한다. 선체용선자는 자신이 임명한 선장을 통하여 선박을 지휘하고, 선박의 항해를 지시하는 등 용선기간동안 선박을 점유·지배하여 운영함은 물론 선체용선자는 이 선박을 이용하여 용선자가 선택하는 화물을 운송하는 등 선박 내에서 수행되는 업무는 주로 용선자의 이익달성을 목적으로 하는 선박사용계약이다. 이러한 관점에서 선체용선계약은 선적항과 양하항 사이의 화물 운송계약의 성격을 띠고 있는 항해용선계약이나 용선자가 선박의 운영에 전혀 관여하지 않는 또 다른 선박사용계약의 하나인 정기용선계약과 구별된다.

(2) 선체용선계약 표준계약서의 종류

발틱국제해운협의회(BIMCO)에서 권고한 선체용선계약서는 일반적인 목적으로 사용되는 BARECON 89와 BARECON 2001이 있으며 바지선(barge ship)의 선체용선인 경우 사용되는 BARGEHIRE 94가 있다.

| 표 5-3 | 선체용선계약의 표준계약서(Bareboat Charter Party)

구 분	용선계약서 명칭	코드 명칭
General Purpose	BIMCO Standard Bareboat Charter(Revised 2001)	BARECON 2001
	BIMCO Standard Bareboat Charter(Issued by BIMCO in 1974 as "Barecon A" and "Barecon B", and revised and amalgamated 1989)	BARECON 89
Barge	BIMCO Standard Barge Bareboat Charter Party	BARGEHIRE 94

5. 용선계약당사자의 비용부담

용선계약의 유형별로 선박소유자와 용선자간 부담하는 비용 및 위험이 다르다. 먼저 선체용선계약의 경우 용선자가 부담하는 것은 재항(항내 정박)시간, 선적과 양하, 항비, 연료비, 항해시간, 화물집하, 선원관리 등에 발생하는 비용과 위험을 부담한다. 선박수리 및 유지, 보험은 선박소유자와 용선자간 계약조건에 따라 부담주체가 달라질 수 있다. 단, 선박확보를 위한 자본비는 선박소유자가 부담한다.

정기용선계약의 경우 용선자가 부담하는 것은 재항(항내 정박)시간, 선적과 양하, 항비, 연료비, 항해시간, 화물집하 비용과 위험이며 선원관리, 선박수리 및 유지, 보험, 자본비는 선박소유자가 부담한다.

항해용선계약에서는 재항(항내 정박)시간, 선적과 양하 비용과 위험은 선박소유자와 용선자간 계약조건에 따라 부담주체가 달라질 수 있다. GENCON 1994 Part II 제5조에서는 화물의 선적과 양륙에 대해 규정하고 있다. 그 외 항비와 연료비 등의 운항비와, 화물집하비, 선원관리와 선박보수유지 및 보험료 등의 운영비와, 선박확보를 위한 자본비는 선박소유자가 모두 부담한다.

| 표 5-4 | 용선계약별 비용부담 구분

구 분	선체용선	정기용선	항해용선	정기선해운
재항시간 위험(Time risk in port)	C	C	CO	O
선적과 양하(Loading/Unloading)	C	C	CO	O
항비(Port charges)	C	C	O	O
연료비(Bunkers)	C	C	O	O
항해시간 위험(Time Risk at Sea)	C	C	O	O
화물집하(Soliciting for cargo)	C	C	O	O
선원관리(Manning)	C	O	O	O
선박수리 및 유지(Repairs/Maintenance)	CO	O	O	O
보험(Insurance)	CO	O	O	O
자본비(Capital cost)	O	O	O	O

그러나 정기선해운에서는 앞에서 언급한 모든 비용 및 위험을 선박소유자가 부담한다. 즉, 선박확보를 위한 자본비는 물론 운영비와 운항비 및 하역비와 화물비 등 모든 비용과 위험을 부담한다. 또한 재항(항내 정박)시간과 항행에 대한 위험도 선박소유자가 부담한다.

6. 용선계약의 성립과 종료

1) 효력적 용선계약의 성립요건

용선계약이 효력을 가지기 위해서는, 우선적으로 계약당사자간의 청약(offer)과 승낙(acceptance)에 의한 요건을 만족시켜야 한다. 이때 요건이란 합의의 존재와 의사표시에 하자가 없어야 한다는 점이며 그 구체적인 의미는 아래와 같다.

(1) 합의(agreement)

합의는 신청(offer)과 승낙(acceptance)의 합치에 따라 성립하며 계약의 가장 중요한 요소이다. 즉, 협상 초기단계에 견해의 차이가 있는 것은 서로 양보를 통해서 점진적으로 합의에 이르게 되며, 이와 같이 합의된 사항은 애매모호하거나 불완전한 것이 아니어야 한다는 것이다.

(2) 의사표시에 하자가 없을 것

용선계약을 위한 합의에 이르는 과정에서는 계약당사자의 의사표시에 하자가 없어야 한다. 성약(fixture)의 과정에서 내심의 의사와 현저히 다른 표시 즉, 사실에 대한 중대한 착오(mistake), 사기(fraud), 선의의 부실표시(innocent misrepresentation), 강박(duress)이 있어서는 안 된다. 따라서 보다 세부적으로 합의에 이르기 위한 청약과 승낙의 과정에 다음의 요건 또한 충족되어야만 할 것이다.

2) 청약과 승낙

(1) 청약

청약(offer)은 상대방의 승낙(acceptance)이 있으면 바로 계약을 성립시킨다고 하는 확정적인 의사표시이며, 이 청약존속 중에 승낙이 있으면 계약은 성립한다. 청약은 그 통지가 청약자(offeror)로부터 피청약자(offeree)에게 도달한 때에 효력을 발한다. 그러나 청약은 시간의 경과, 청약의 거절, 반대청약 등의 사유에 따라 소멸한다.

또한 피청약자에게 도달하기 전에는 청약을 철회할 수 있으나, 도달한 후에는 철회할 수 없다. 그러나 청약에 승낙기간을 정한 경우에는 그 기간 내에 승낙되지 않으면 청약은 효력이 없어진다. 청약은 법적으로 청약자를 구속하므로 청약의 유효기간 내에 청약의 상대방 이외에 다른 상대방에게 중복하여 청약할 수 없다.

(2) 승낙

승낙(acceptance)이란 피청약자가 청약에 응하여 행하는 것으로서 계약을 성립시킬 의사표시이다. 승낙은 선박, 선박의 국적, 선적시기, 용선료 등 용선계약의 중요내용에 관하여 청약과 합치되어야만 한다. 따라서 승낙에 청약의 수정이나 변경을 가하여서는 안 된다. 협상은 구두, 전화, 전문, 팩스 또는 이메일 등의 즉시적이고 전자적인 통신수단을 이용하여 행해지므로 승낙의 내용이 전달되었을 때 효력이 발생하고, 우편이나 전보로 승낙을 통보하는 경우에는 특별한 조건이 없는 한 발송되자마자 효력을 발생하는 것이 일반적이다.

3) 낙성·불요식성

영국에서는 18세기까지만 하더라도 용선계약의 체결에는 날인증서를 필요로 하였다. 그러나 19세기 초가 되면 날인증서는 필요치 않게 되고 서면만으로 갈음하게 되었다.

또한 일정시점 이후에는 당사자 간의 합의만 있으면 서면도 필요치 않고 계약으로서만 성립하는 것이 인정되었다. 즉, 영미법상 용선계약은 낙성·불요식의 계약인 것이다.

따라서 용선계약서는 계약의 내용을 증명하는 증거증권에 불과하며, 반드시 서면의 작성을 요하지는 않는다. 구두나 합의각서(fixture memo), 청약(offer note) 등에 의해 용선계약의 기본조항이 합의되면 그것은 유효하게 성립한 계약으로 양당사자를 법적으로 구속한다. 그러나 거래의 단계에 있어 청약 중에 'subject to contract'라는 조건을 붙여 놓으면, 용선계약에 서명하기까지는 양당사자를 구속하지 않는다.

7. 계약위반

1) 계약위반의 형태와 의의

영미법상 계약위반에는 이행지체, 이행불능 및 이행거부의 3가지 종류가 있다. 이행지체란 채무의 이행기가 도래하여 이행이 가능함에도 불구하고, 채무자가 약속대로 이행하지 않는 경우이다. 이행불능이란 어떤 귀책사유에 따라 자신이 부담할 채무의 이행이 불가능하게 되는 경우이다. 그리고 이행거부는 이행기가 도래하기 전에 이행기가 도래하여도 이행할 의사가 없다는 것을 표시하는 경우이다.

이행불능(impossibility of performance)에는 크게 원시적(initial, existing)불능과 후발적(supervening, subsequent)불능의 두 가지로 구분하고 있다. 원시적 불능이란 계약의 목적물인 선박이 계약성립 전에 침몰하는 것과 같은 예이며, 이 경우 계약은 무효이다. 이에 반하여 상기의 선박이 계약성립 후 이행 전, 예를 들어 선적항으로 항행 중에 침몰하였다고 한다면, 이것은 후발적 불능이다.

후발적 불능 중 당사자의 책임으로 귀착되는 이행불능은 계약위반의 문제로 되며, 이에 따라 계약의 종료로 이르게 되는 사유가 발생한다. 이에 반하여 당사자의 책임으로 귀착될 수 없는 경우의 후발적 불능이며, 이것을 일반적으로 프러스트레이션이라 한다.

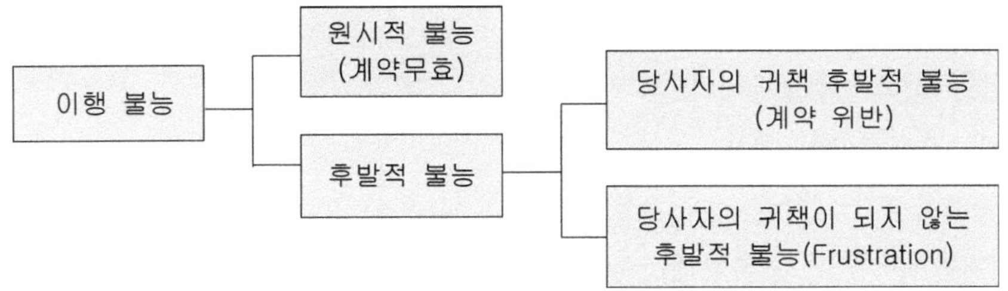

| 그림 5-2 | 원시적 불능과 후발적 불능의 책임관계

영미법에서는 원칙적으로 계약 책임은 엄격책임주의 또는 절대책임주의를 원칙으로 하고 있으므로 채무자는 고의 또는 과실의 유무에 관계없이 자기의 채무불이행에 대한 책임을 부담한다.

2) 계약의 해제

계약당사자의 일방이 계약위반을 하였을 때는 상대방은 손해배상청구권을 취득하게 될 것이며, 그것이 계약의 근본에 해당할 정도의 중요한 사항의 위반이라 하면 계약해제권을 취득하게 된다. 그 선택에 의해 계약을 해제하며 그 채무의 이행을 면할 수 있다. 여기에서 유의할 점은 중대한 계약위반이 있어도 계약이 당연히 소멸되는 것이 아니라, 상대방이 계약해제권을 행사해야만 계약이 소멸한다는 것이다.

그러나 당사자의 일방이 계약을 전혀 이행할 의사가 없음을 표시하거나, 그 귀책사유에 의해 전혀 불능으로 된 경우에는 중대한 계약위반이 되는 것이 명확하지만, 그 이외의 경우에는 그것이 당해계약 중의 중대한 조항인지, 혹은 중요하지 않는 조항인지의 여부에 따라 해제권의 유무가 구분된다. 중요한 조항을 근본조건(condition)이라 하며 중요하지 않은 조항을 담보조건(warranty)이라고 한다. 일반적으로 근본조건위반이 있었을 때는 상대방은 그 계약을 해제하는 동시에 손해배상을 청구할 수 있으나, 담보위반이 있었을 때는 단순히 손해배상을 청구할 뿐이다.

근래에 들어 계약상의 중요성에 대한 판단에 따라 근본조건에 해당하는지 담보조건에 해당하는지 판단을 할 수 있는 중간조건(intermediate terms)으로 많이 판단하고 있다.

3) 상법상의 종료원인

우리나라 상법에서는 항해용선계약의 종료원인에 관하여 특별한 규정을 두고 있으며, 임의 규정적 성질을 가지므로 당사자 계약자유의 원칙에 따라 약정한 사항이 우선 적용되게 하고 있다.

(1) 용선자의 임의해제 또는 해지

① 발항 전의 임의해제 또는 해지

가. 전부용선계약의 경우

단일항해의 용선계약인 경우 발항 전에는 전부용선자는 운임의 반액을 지급하고 계약을 해제할 수 있다. 왕복항해의 용선계약인 경우에는 전부용선자가 그 회항 전에 계약을 해지하는 때에는 운임의 3분의 2를 지급하여야 한다(상법 제832조 제1항 및 제2

항). 이러한 경우에 전부용선자의 계약해제 또는 해지의 의사표시로 계약은 해제 또는 해지되고 용선자는 운임의 반액 또는 3분의 2를 지급할 의무를 부담하는 것이다.

이렇게 전부용선자가 발항 전에 계약을 임의해제 또는 해지한 경우 전부용선자는 운임 이외에 부수비용과 체당금을 지급할 책임을 면하지 못한다(상법 제834조 제1항).

그리고 왕복항해용선계약의 경우에 회항 전에 용선계약이 해지된 경우에는 전부용선자는 부수비용과 체당금 이외에 운송물의 가액에 따라 공동해손 또는 해난구조로 인하여 부담할 금액을 지급하여야 한다(상법 제834조 제2항).

또한 전부용선자가 운송물의 전부 또는 일부를 선적한 때에는 그 선적과 양륙의 비용은 용선자 또는 송하인이 부담한다(상법 제835조). 그리고 일부용선자가 선적기간 내에 운송물의 선적을 하지 아니한 때에는 계약을 해제 또는 해지한 것으로 본다(상법 제836조).

나. 일부용선계약의 경우

일부용선자는 다른 용선자와 송하인 전원과 공동으로 하는 경우에 한하여 용선계약의 해제 또는 해지를 할 수 있으며, 이 경우에는 운임의 반액을 지급하여야 한다(상법 제833조 제1항). 여기에서 송하인은 원칙적으로 선박소유자와 개품운송계약을 체결한 송하인을 말하지만, 선박소유자가 항해용선계약 하에서 선하증권을 발행한 경우에 이 선하증권을 취득한 제3자 또는 선박소유자가 용선자의 청구에 따라 제3자에게 선하증권을 발행한 경우에 이 선하증권을 발행받은 제3자도 송하인으로 본다(상법 제855조 제3항, 제4항).

그리고 일부용선자는 다른 용선자와 송하인 전원과 공동으로 하지 않는 경우에 발항 전에 계약을 해제 또는 해지한 때에는 운임의 전액을 지급하여야 한다(상법 제833조 제2항). 또한 일부용선자가 선적기간 내에 운송물의 선적을 하지 아니한 때에는 계약을 해제 또는 해지한 것으로 본다(상법 제836조).

이렇게 일부용선자가 발항 전에 계약을 임의해제 또는 해지한 경우에 전부용선자는 운임 이외에 부수비용과 체당금을 지급할 책임을 면하지 못 한다(상법 제834조 제1항).

② 발항 후의 임의해지

용선자는 발항 후에도 용선계약을 임의해지 할 수 있으나, 그에 따른 선박소유자의 불이익이 크므로 책임부담을 가중시키고 있다. 즉, 발항 후에는 용선자나 송하인은 운임의 전액, 체당금·체선료와 공동해손 또는 해난구조의 부담액을 지급하고 양륙하기 위하여 생긴 손해를 배상하거나 이에 대한 상당한 담보를 제공하지 아니하면 계약을 해지하지 못한다(상법 제837조). 여기에서 운송물을 양륙하기 위하여 생긴 손해라 함은 양륙비용을 포함해서 양륙을 위한 회항비용, 운항의 지연으로 인한 손해 그 밖에 양륙과 상당 인과관계가 있는 모든 손해를 의미한다.

4) 법정사유에 의한 해제 및 해지

(1) 발항 전의 임의해제

가. 법정사유가 운송물 전체에 발생한 경우

발항 전에 항해 또는 운송이 법령을 위반하게 되거나 그 밖에 불가항력으로 인하여 계약의 목적을 달성할 수 없게 된 때에는 각 당사자는 계약을 해제할 수 있다(상법 제841조 제1항, 제811조 제1항).

나. 법정사유가 운송물의 일부에 대하여 발생한 경우

법정사유가 운송물의 일부에 발생한 경우에는 해당하는 운송물의 일부를 제외하고 계약의 목적을 달성할 수 있으므로 계약 자체를 해제하는 것보다 그 일부 운송물 대신에 다른 운송물을 선적하여 계약을 유지하도록 하고 있다. 즉, 운송물의 일부에 대하여 생긴 때에는 송하인은 운송인의 책임이 가중되지 아니하는 범위 안에서 다른 운송물을 선적할 수 있다(상법 제812조 제1항).

송하인이 이러한 권리를 행사하고자 하는 때에는 지체 없이 운송물의 양륙 또는 선적을 하여야 한다. 그 양륙 또는 선적을 게을리 한 때에는 운임의 전액을 지급하여야 한다(상법 제812조 제2항).

(2) 발항 후의 임의해지

발항 후 운송 중에 항해 또는 운송이 법령을 위반하게 되거나 그 밖에 불가항력으로 인하여 계약의 목적을 달성할 수 없게 된 때에는 각 당사자는 계약을 해지할 수 있으나, 이러한 경우에는 송하인은 운송의 비율에 따라 운임을 지급하여야 한다(상법 제841조 제1항, 제811조 제2항).

5) 법정사유에 의한 당연종료

용선계약은 다음의 사유로 인하여 당연히 종료한다. ① 선박이 침몰 또는 멸실한 때, ② 선박이 수선할 수 없게 된 때, ③ 선박이 포획된 때, ④ 운송물이 불가항력으로 인하여 멸실된 때이다(상법 제841조 제1항, 제810조 제2항).

이러한 사유가 발항 전에 발생한 유무를 묻지 아니하며, 이로 인해 용선계약이 종료되면 양 당사자는 채무불이행 책임을 부담하지 아니한다.[1] 다만, ①에서 ③까지의 사유로 인해 항해 도중에 생긴 때에는 송하인은 운송의 비율에 따라 현존하는 운송물의 가액의 한도에서 운임을 지급하여야 한다(상법 제810조 제2항). ④의 경우에는 불가항력인 경우이므로 운송물의 전부 또는 일부가 송하인의 책임 없는 사유로 인하여 멸실한 때에는 운송인은 그 운임을 청구하지 못하며, 운송인이 이미 그 운임의 전부 또는 일부를 받은 때에는 이를 반환하여야 한다(상법 제815조, 제134조 제1항).

8. 용선계약의 공통약관 및 해석

1) 선박소유자의 묵시적 의무

(1) 감항능력 주의의무

선박소유자는 용선자에 대하여 감항능력이 있는 선박을 제공하여야 하는 의무를 진다. 즉, 선박소유자는 용선자 또는 송하인에 대하여 발항 당시 선박이 안전하게 항해를 감당할 수 있는 선박을 제공함에 있어서 자기 또는 선원 기타의 선박사용인이 상당한 주의를 다하여야 할 의무를 부담한다.

선박의 감항능력(seaworthiness)이란 운송계약상의 특정한 항해의 특수 사정을 참작하여 특정한 선박이 도모하는 특정 항해 또는 통상 예견되는 항해의 위험을 견딜 수 있는 이른바 상대적 감항능력이다. 그러므로 연안을 항해하는 선박과 해양을 항해하는 선박은 그 감항능력의 판단기준이 다를 수밖에 없는 것이다. 구체적으로 말하면, 선체, 속구, 승무원, 연료, 식량, 음료수, 기타의 준비가 그 항해를 수행하는 데에 적합하고, 또한 그 항해에서의 일반적인 해상위험에 견딜만한 상태에 있어야 한다.

이러한 감항능력(seaworthiness)은 협의의 감항능력(선체능력, hull capacity), 항해능력(navigational capacity) 및 감하능력(cargoworthiness)으로 구분된다.

(2) 합리적인 신속한 항해

영국의 커먼 로우에서 선박소유자는 '합리적으로 신속하게'(with all reasonable dispatch) 자신의 운송계약상 책무를 이행할 것을 묵시적으로 부담한다. 그러나 이 약속은 발항시에 어떠한 사태가 발생할지라도 지연시키지 않는다는 절대적인 의무를 선박소유

1) 최종현, 앞의 책, p.390.

자에게 지우는 것이 아니다. 선박소유자는 주어진 객관적 조건 아래에서 합리적인 범위에서 되도록 신속히 항해하면 된다.

(3) 이로(deviation)금지 의무

국제협약에 의한 인명이나 재산의 구조를 목적으로 하는 경우 이외에는 이로는 금지된다. 이로의 개념은 해상운송인의 직항의무와 관련이 있다. 직항의무란 해상운송인이 운송계약의 종류를 불문하고 선적항에서 양륙항까지 예정된 항로를 필요한 경우 이외에는 변경함이 없이 직항할 의무를 말한다(선원법 제8조 참조). '예정된 항로'라 함은, 특약이 있을 때에는 물론 그 특약에 의한 항로를 의미하며 특약이 없을 때에는 가장 신속하고 안전하게 목적항에 도착할 수 있는 통상적이고 합리적인 항로를 말한다. 정당한 이로가 되는 경우는 다음과 같다.

① 인명을 구조하기 위한 이로

역사적으로 인명구조는 도덕적 의무로 인식되어왔고 구조자의 보수청구권도 인정되지 아니하였다. 오늘날에는 단순한 도덕상의 의무에 그치지 않고 일정한 요건 하에서 법률상의 의무로 강제되는 경우가 있다. 그러므로 인명을 구조하기 위한 이로는 언제나 정당하다고 본다.

② 재산의 구조를 위한 이로

헤이그 규칙이 재산의 구조 또는 구조의 기도를 위한 이로를 '정당한 이로'로 규정하기 이전의 영국의 커먼 로우에서는, 재산구조를 위한 이로로 인하여 구조선상의 적하에 손해가 발생하였는데, 이를 운송인에게 청구할 수 없다고 하면, 운송인은 구조에 따른 보수까지 청구할 수 있음에 반하여 화주는 손해를 일방적으로 떠안게 되어 당사자 사이에 형평을 잃게 되므로 제3자에 속하는 재산의 구조만을 목적으로 하는 이로는 '정당한 이로'로 인정되지 아니하였다.

③ 위험을 회피하기 위한 이로

선장 또는 선박소유자가 전쟁 중인 적국의 군함에 의한 선박의 포획을 피하기 위하여 중립국의 항구로 피난하는 경우와 목적항으로의 항해 중 목적항의 국가와 전쟁이 선포되어 선박 혹은 운송물의 나포를 피하기 위하여 이로가 필요하다고 확신하는 경우에는 그 이로는 정당화될 수 있다.

④ 연료보급 및 운송물 보충을 위한 이로

선박의 연료보급을 위하여 중간항에 기항한 것은 일부 항해에 있어서 통상적인 형태이며, 만일 항해용선계약에서 선박이 항해 중에 연료보급을 위하여 특정항에 기항하는 것이 통상적이라면 특정항에 기항하는 것은 통상적이고 관습적인 항로의 일부분을 형성하는 것이므로 이로에 해당되지 않는다.

또한 용선계약서에서 규정한 계약수량을 용선자가 제공하지 못한 경우, 선박소유자의 손해를 경감시키기 위하여 운송물을 보충하기 위한 이로는 정당한 것으로 간주된다.

⑤ 선박의 불감항성으로 필요하게 된 이로

항해 중 선박이 감항능력을 상실하여 항해를 계속할 수 없거나, 운송물에 손해를 끼칠 가능성이 있는 경우에는 감항능력을 회복하고 불감항에 의하여 야기된 위험을 회피하기 위하여 통상의 항로에서 이탈할 수 있다. 즉, 선박을 해상위험으로부터 구하기 위하여 이루어지는 합리적으로 필요로 하는 피난항으로의 이로는 비록 선박이 감항능력을 결여하고 있고, 또는 그 불감항 상태가 없었다면 어떤 위험도 발생하지 않으리라고 생각되는 경우에도 정당시 된다. 그러나 선박이 출항에 즈음하여 불감항이었다는 사실을 선박소유자가 알고 있었을 경우에는 그러하지 아니하다.

2) 선박명세

용선계약서에 기재되는 선박의 명세에는 선명, 국적, 건조 연월일, 선적항 및 선박번호, 선급, 화물적재능력, 총톤수, 속력, 연료소모량 등이 있다. 보다 구체적이고 자세한 선박의 명세는 부속서(appendix) 또는 추가약관(rider clause)에 기재된다. 계약서에는 선박의 명세를 정확히 표시해야 한다. 만약 선박소유자가 실수나 고의로 선박의 명세를 잘못 표시한다면 용선자는 손해배상 또는 계약의 해지까지 할 수 있다.

특히 화물적재능력 및 선창의 크기 등은 중요하다. 선박의 속력은 용선 계약 개시일 기준으로 충족되어야 하며 만약 위반할 경우 손해배상청구의 대상이 된다. 다만 속력저하 또는 연료소모량의 증가가 용선계약서의 예외조항(exception clause)에서 규정하고 있는 면책사유에 해당된다면 선박소유자는 면책된다. 일반적으로 속력저하는 보통 3%의 과부족을 벗어나는 경우에 손해배상청구가 가능하다.

3) 안전항 지정의무

안전항의 개념을 상사적 관점에서 보면 상업 활동, 사회 통념적, 상사적 개념에서 파악하는 것으로 '운송물의 선적·양륙과 관련하여 선박이 안전하게 뜰 수 있고 운송물을 육상에 안전하게 양륙할 수 있으며, 동시에 부두 및 창고 등의 시설이 있어야 한다'라고 본다. 발틱국제해사협의회(BIMCO)의 "Charter Party Laytime Definition 1980"의 제2조에서 다음과 같이 정의하고 있다.

"A port will not be safe unless, in the relevant period of time, the particular ship can reach it, use it and return from it without, in the absence of some abnormal occurrence, being exposed to danger which cannot be avoided by good navigation and seamanship"

"안전항이란 관련 기간 중에 비정상적인 사건이 없는 경우에는 선박이 적절한 항해술과 선원의 상무로도 피할 수 없는 위험에 노출됨이 없이 도착, 입항, 정박 그리고 출항할 수 있는 항을 말한다."

4) 화물의 취급

용선계약서의 약관에서 화물의 취급과 관련하여 선박소유자, 용선자의 권리와 의무에 대해 규정하고 있다. 항해용선계약서 GENCON 1994 제5조에서는 화물의 선적과 양륙에 대해 규정하고 있으며, 세부적으로 화물의 선적과 양륙 비용과 위험 부담 주체, 하역장치의 사용, 하역인부에 의한 손상 책임 등에 대해 규정하고 있다. 한편 NYPE 1993 제13조에서 화물 공간의 사용과 갑판 위 선적화물에 대한 책임을 규정하고 있고, 제14조에서 하역 감독과 식사에 대해 규정하고 있다. 개정된 NYPE 2015에서는 제13조 화물 공간 및 제14조 하역감독 약관에서 이를 규정하고 있다.

(1) 선적과 양륙비용 및 위험

선적 작업시 본선에 장치된 하역설비나 부두의 하역설비를 사용하게 되는데 운송인의 하역작업 책임은 운송물을 본선의 카고 훅(cargo hook)에 걸거나 부두의 하역장비를 사용할 경우 본선의 선측을 넘을 때부터 시작된다. 이 책임은 양륙항에서 운송물을 양륙할 때까지 계속된다. 선장은 선박의 복원성과 안전성을 위해 하역작업을 감독할 책임이 있으며 선적이 완료되면 그 책임을 면한다. 하역비용의 부담조건은 다음과 같이 결정된다.

① Liner Term Charter(or Berth Term Charter)

운송인(선박소유자)이 일체의 하역비(stevedorage) 및 항비(port charge)를 선박소유자가 부담하는 조건으로서, 운송인(선박소유자)이 운송인의 비용으로 하역을 서비스해주는 것이므로 용선자 입장에서는 그만큼 간편하다. 또한 항해용선계약 체결시 본 조건으로 운송계약을 맺으면 조출료(quick despatch) 및 체선료(demurrage)가 발생하지 않아 용선자는 장·단기체선을 염려하지 않아도 된다.

② Free In(F.I.)

선적(loading)은 용선자의 책임과 비용으로 하고, 양하는 운송인(선박소유자)의 책임과 비용으로 하는 조건이다. 용선자가 선적항에 선적설비 등을 소유 또는 임차하여 용선자가 선적하는 것이 유리한 경우 이용된다. 철광석이나 석탄을 수출하는 용선자가 전용부두에 선적시설을 갖추어 선적하는 경우를 예로 들 수 있다.

③ Free Out(F.O.)

화물의 선적은 운송인(선박소유자)의 책임과 비용으로 그리고 양하는 용선자의 책임과 비용으로 하는 조건이다.

④ Free In and Free Out(F.I.O.)

화물의 선적과 양하 모두 용선자의 책임과 비용으로 행해지는 조건이므로 운송인(선박소유자)는 순수하게 해상운송만을 책임지는 운송조건이다.

⑤ Free In, Free Out, Stowed, Trimmed(F.I.O.S.T.: Loaded, Stowed, Trimmed and Discharged free of Expense to the Vessel)

선적, 양하 및 본선내의 적부(stowage)와 선내에서의 화물 고르기(trimming) 등의 작업이 모두 용선자의 책임과 비용으로 이루어지는 운송조건이다. 항해용선계약서(GENCON

| 표 5-5 | 하역비 부담조건

조건	선적시 하역비	양하시 하역비
Liner or Berth terms	선박소유자부담	선박소유자부담
F.I.O.(free in and out)	화주부담	화주부담
F.I.(free in)	화주부담	선박소유자부담
F.O.(free out)	선박소유자부담	화주부담

1994, Clause 5 Loading/Discharging)에서 이러한 비용에 대한 용선자 부담의 내용을 명확히 하고 있다. 또한 선적과 양하 관련 비용뿐만 아니라 선적과 양하에 필요한 시간에 대한 것도 용선자의 비용부담을 명확히 한다. 즉 합의된 시간을 초과하는 경우에는 용선자가 체선료(demurrage)를 선박소유자에게 지불하여야 한다.

5) 쌍방과실충돌약관

쌍방과실 충돌약관(Both-to-Blame Collision Clause)은 선박이 쌍방과실로 인해 충돌사고가 발생한 경우, 선박소유자는 항해과실을 이유로 자사선 화주의 손해에 대하여 면책되어야 하나, 충돌상대선박을 통해 간접적으로 자사선 화주에게 배상한 자신의 분담액을 자사선 화주에게 청구할 수 있다는 취지의 약관이다.

한편 선박의 쌍방과실로 인하여 선박이 충돌한 경우에, 화주에 대한 보상책임 및 이에 대한 두 선박간의 분담비율에 대해서는 입법주의가 다음과 같이 두 가지로 나누어진다.

첫째, 1910년 브뤼셀에서 체결한 선박충돌에 관한 규정의 통일에 관한 국제협약(International Convention for the Unification of Certain Rules of Law with Respect to Collisions between vessels 1910)에 따르는 것이다.[2] 미국을 제외하고 대부분의 해운국가가 비준한 이 조약에 따라 쌍방과실 충돌약관(Both-to-Blame Collision Clause)을 적용하여 충돌쌍방은 상대방 및 화물의 이해관계인에 대하여 과실의 정도에 따른 책임을 져야 한다. 영국도 이 브뤼셀 협약을 비준하였으며, 따라서 화주를 포함한 제3자의 재산손해에 대해 충돌한 두 선박의 선박별 분담 비율은 연대함이 없이(without joint responsibility) 각 선박의 과실의 경중에 따라서 책임지는 이른바 과실비례주의(proportionate damages rule)를 채택하고 있다.

둘째, 미국은 상기 1910년 브뤼셀 협약에 조인은 하였으나 비준은 하지 않았다. 따라서 쌍방과실충돌의 경우 과실비례에 따라 쌍방과실손해를 보상하는 과실비례주의를 채택하지 않았으며, 1975년까지 제3자의 화물손해에 대하여 과실비율에 관계없이 연대책임에 의해 균등하게 분담(50:50)하는 균등분담주의(divided damaged rule)를 채택하였다. 그리고 미국 해법에 의하면 선박소유자가 화주의 손해에 대하여 연대적 책임 및 개별적 책임을 인정하여 두선박이 충돌하였을 경우 다음과 같이 보상하게 된다.

---

2) 우리나라는 1910년의 브라셀 규정에 따라 입법화하였으며, 해상법 제3장 해상위험/제2절 선박충돌(제876조~881조)에 규정되어 있다.

① 적재선박(carrying vessel)의 피해화주(Ca)는 자기 화물의 손해액 전체를 상대선박(non-carrying vessel; 비적재선박, Ob)으로부터 100% 회수할 수 있다. 이것은 화물손해에 대한 균등분담주의가 충돌한 두 선박(적재선박과 비적재선박) 사이에 적용되는 것이며, 선박에 화물을 선적한 화주와 선박소유자사이의 보상에 관하여 적용되는 것이 아니기 때문이다.

② 이렇게 화물적재선박(Oa)의 화주(Ca)에게 피해액의 100%를 보상한 선박소유자(비적재선박, Ob)는 균등분담주의에 입각하여 보상한 금액의 절반(50%)을 적재선박에게 청구하여 보상받는다. 이렇게 되면 결국 피해화물의 적재선박(Oa)은 COGSA 제4조 제2항에서 규정한 면책 사유인 항해과실(negligent navigation)[3]을 이유로 자기선박의 화주에 대하여 면책되어야 함에도 불구하고, 화물손해의 반액을 상대선박(비적재선박, Ob)을 통해 자기 선박의 화주(Ca)에게 간접적으로 배상한 결과가 된다.[4]

이러한 모순을 시정하기 위해 선박소유자는 용선계약에 쌍방과실 충돌약관을 삽입하여 상대선박을 거쳐 간접적으로 자기 선박의 화주에게 배상한 자기의 분담액을 자기 선박의 화주에게 청구할 수 있도록 하였다. 이것은 용선계약과 같은 사적 계약서에서 계약당사자가 합의하여 이러한 약관을 삽입한 경우에 그 약관의 그 효력을 인정하고

---

3) 해상운송과 관련하여 발생시킬 수 있는 과실을 일반적으로 항해과실(fautes nautiques)과 상사과실(fautes commercials)의 두 가지로 분류한다. 항해과실이란 선장, 선원, 도선사 및 기타 선박소유자측 사용인의 선박운항과 관련한 과실을 말하며, 상사과실은 운송물의 선적, 적부, 취급, 관리, 보관, 양하 및 인도 등에 관하여 운송인의 부주의 등과 같은 과실을 말한다. 한편 선장과 항해사나 기관사 및 기타 선원, 도선사 등 은 선박의 조종 및 안전항해를 위해 필요로 하는 전문적인 기술을 갖추고 있어야 한다. 이중 항해과실은 이러한 기술 전반에 관한 과실을 의미한다.
그런데 이러한 항해과실에 기인하여 발생한 사고에 대한 손해는 선하증권 발행시 운송인의 면책사항으로 규정하고 있다. 그 이유는 선박의 항해나 조종에 관한 사항은 전문적인 기술을 필요로 하는 것일 뿐만 아니라 운송인이 직접 관여할 수 없는 분야이다. 또한 이러한 선박소유자 사용인의 사소한 과실로써도 선박의 충돌과 같은 큰 사고가 발생할 수 있으며, 그로 인한 손해도 막대하다. 또 이러한 선박소유자의 사용인인 선장, 선원 등의 항해과실에 대한 책임은 별도로 해난심판법에 의하여 선장 등이 소지하고 있는 면허에 대한 책임으로 징계 등의 처분을 받게 되므로 사고나 손해의 발생을 고의로 조장할 우려가 없을 것으로 보기 때문이다.
Hague-Visby규칙과 Hamburg 규칙에 이러한 항해과실에 대해 규정하고 있으며, 우리나라 상법(제795조②항)에도 운송인의 면책을 규정하고 있다.

4) 화주(Ca)는 충돌 상대선박(Ob)으로부터 회수한 손해배상금의 반액을 자신의 화물을 적재한 선박(Oa)의 소유자에게 반환하여야 되므로 결과적으로 충돌로 인한 화물손해의 반(half)밖에 보상 받지 못하게 된다. 그러나 화주(Ca)는 이에 대비하여 운송되는 화물에 대하여 화물보험에 부보하며, 이때에 보험자는 화주(Ca)인 피보험자를 보호하기 위해 보험증권 상에 쌍방과실충돌약관과 관련하여 이러한 화주(Ca)의 손해를 보전하는 내용을 담고 있다.

있기 때문에 이러한 약관의 삽입이 가능하다.

그러므로 선박소유자는 결국 자기 선박의 화물손해를 부담하지 않게 된다. 이것을 그림으로 표시하면 그림과 같다.

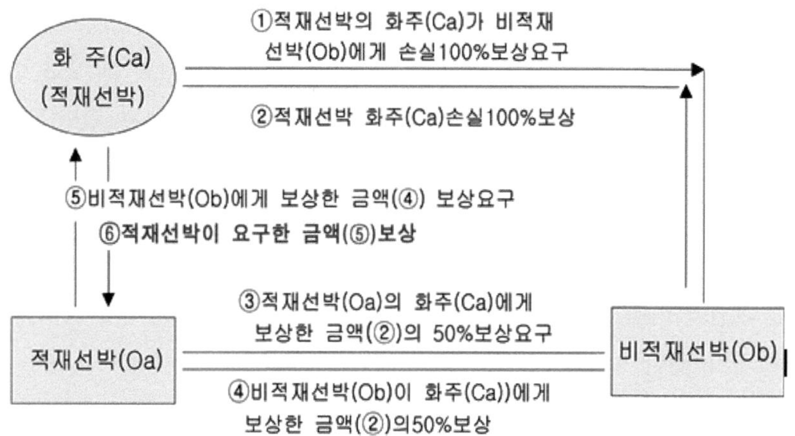

| 그림 5-3 | 쌍방과실 충돌약관에 의한 손실보상

따라서 미국을 기항하는 선박소유자들은 미국적 선박과의 충돌이 발생할 경우 쌍방과실책임에 관한 미국법 하에서 상대선박(비적재선박)이 자기 선박(적재선박)의 화주에게 지급한 손해배상액을 본선(적재선박의 소유자)에게 청구하는 경우에 본선(적재선박의 소유자)은 자기 선박의 화주에게 다시 청구할 수 있다는 취지로 다음과 같은 내용(예: GENCON 1994, Clause 12)을 선하증권과 용선계약서에 삽입하게 된 것이다.

"…… the owners of the cargo carried hereunder will indemnify the Owners against all loss or liability to the other or non-carrying vessel or her owners in so far as such loss or liability ……"

이 약관에 의해 선박소유자는 결국 자기 선박의 화물손해를 부담하지 않게 된다.

따라서 선박소유자와 용선자가 용선계약서를 작성할 때에, 이러한 충돌사고로 인하여 발생한 화주와 선박소유자의 피해 보상에 관한 분쟁을 영국법과 미국법 중 어느 법에 따를 것인가에 대한 결정과 합의에 유의하여야 한다. 그러나 미국도 이러한 균등부담주의에도 불구하고 오늘날에는 과실비례주의를 적용하는 입장을 취하고 있다.

6) 유치권과 책임중단 약관

(1) 의의

해상운송인이 운임 등을 지급받을 때까지 운송 화물을 수하인에게 인도하지 아니하고 자신의 점유하에 유치할 수 있는 권리를 해상운송인의 유치권(lien)이라고 한다. 우리나라에서 유치권이란 타인의 물건 또는 유가증권을 점유한 자가 그 물건이나 유가증권에 관하여 생긴 채권이 변제기에 있는 경우에는 변제를 받을 때 까지 그 물건 또는 유가증권을 유치할 권리를 말한다. 유치권은 당사자의 의사와는 관계없이 일정한 요건이 충족되면 법률상 당연히 성립하는 법정담보물권이다. 그 취지는 공평의 이념에 있다.

해상운송과 관련한 유치권의 행사는 화주 또는 수하인 등이 운송물을 수령하면서 운송인에게 지급하여야 할 운임 등의 운송 관련 채권을 변제하지 아니할 때에, 해상운송인은 청구채권을 강제적으로 변제받기 위하여 운송물에 대한 유치권을 행사하는 것이다. 이는 유치권의 특성상 단지 운송물을 유치하여 화주측에서 운송채무의 이행을 간접적으로 강제케 하는데 의의가 있다.[5)]

영미법에서 'lien'은 특정 또는 불특정 채무를 우선적으로 변제해야할 채무자 또는 제3자 소유의 동산이나 부동산의 부담(charge)으로 표시되지만, 영국의 커먼 로우하에서의 유치권과 형평법상의 유치권 및 제정법에 의한 유치권(statutory lien) 등으로 분류된다.[6)7)]

---

5) 유치권에 대해서는 아래의 판례적 정의가 있다.
   ① a defence available to one on possession of a claimants' goods who is entitled at common law or by contract to retain possession until he is paid whatever he is owed.[The Chrysovallanduo Dyo(1981]) 1 LR 159]
   ② a lien is a right in one man to retain that which is in possession belonging to another till certain demands of him the person in possession are satisfied. [Hammond v. Barclay(1802) 2 East 227]

6) 이에 관하여 우리나라의 법률 체계상 선박우선특권, 유치권 및 질권의 개념 등을 포함하는 보다 광범위한 의미로 사용되고 있으므로 사용되는 상황에 따라 달리 표기되고 있다. 이에 기본적으로 유치권의 개념으로 접근하며 상황에 맞게 표시하기로 한다.

7) 그 이외에 선박우선특권(Maritime lien)은 해상법에서 선박에 의해 발생한 손해 및 제공된 용역에 대해 다른 채권자보다 우선적으로 권리를 보장받는 제도이며, 즉, 선원의 임금채권, 구조료 채권 등 특정 채권에 대하여 선박소유자에게 지불을 청구할 수 있는 채권자가 선박 및 운임 등을 목적으로 하여 다른 채권자보다 우선하여 변제받을 수 있는 권리로 소송에 의해 목적물을 압류한 뒤 경매하여 채권을 변제 받을 수 있는 강력한 유치권(lien)이다.

(2) 유치권의 발생

가. 커먼 로우(Common Law)에서의 유치권

영국의 커먼 로우(Common Law)에서는 채권자가 채무변제를 받을 때까지 목적물을 점유 및 유치할 수 있는 유치권(possessory lien)이 있다. 이것은 점유의 취득과 계속을 그것의 발생과 유효성을 요건으로 하는 것으로 채권자는 채무변제를 받을 때까지 목적물을 유치시킬 권한을 가지는 것이다. 해상과 관련하여 선박소유자는 운송물에 대한 운임청구권, 화물에 대한 공동해손분담금 청구권 및 해상운송인이나 선장이 항해중 화물의 보호를 위해 사용된 비용에 대한 비용 상환청구권에 대하여 유치권(possessory lien)을 가진다. 이 경우 용선계약에 명시적으로 특약이 없는 한 유치권이 발생되는 운임에는 부적운임, 체선료, 초과정박손해배상금(damages for detention), 선급운임 등이 포함되지 않는다.

이러한 유치권은 운송물을 유치할 뿐이지 경매할 권한을 부여한 것은 아니다. 그러나 1894년 영국상선법(Merchant Shipping Act 1984)에는 90일 동안 운송물을 보관한 후 경매할 권한을 부여하고 있다.

(3) 당사자의 계약에 의해 약정한 유치권

영국의 커먼 로우에서 규정하고 있지 아니한 사항에 대해서는 당사자의 계약에 의하여 유치권을 규정할 수 있다. 위에서 살펴본 바와 같이 영국의 커먼 로우에서의 유치권은 부적운임, 체선료 등에 대해서는 인정되지 않으므로 해상운송인의 권리보호의 측면에서 미흡하기 때문에 이를 보충하기 위하여 당사자의 계약에 의해 유치권에 관한 사항을 삽입하는 경우가 많다. 이것이 당사자의 운송계약에서 약정한 유치권으로 당사자 자치 원칙에 의하여 당연히 효력을 갖는 것으로 인정되고 있다. 예를 들면, '용선자자는 부적운임과 체선료 및 그 밖의 모든 비용 등에 관하여 유치권을 가진다.'라고 규정하는 것이다.

이러한 점에서 1994년 GENCON(Clause 8)에서는 선박소유자의 유치권의 목적을 용선선박에 적재된 화물과 용선자가 재용선한 경우의 재용선료(sub-freight)까지 확대하였다. 그리고 유치권의 피담보채권에는 1976년 GENCON(Clause 8)에 규정된 운임, 부적운임 및 체선료에 추가하여 '손해배상금액 및 그 밖에 이 용선계약에 따라 지급받을 기타 금액과 이를 확보하기 위한 구상비용을 포함한 모든 금액의 채권'이 포함된다.

(4) 유치권의 행사요건

가. 유치권의 발생

유치권(possessory lien)은 해상운송인이 운송화물을 점유하고 있어야만 발생하고 존속하는 것이며, 이에 대한 점유를 잃게 되면 즉시 소멸하게 된다. 그러므로 화물을 수하인에게 인도하면 유치권은 더 이상 주장할 수 없게 된다.

이러한 유치권은 특별한 약정이 없는 한 운임의 지급과 화물의 인도가 동시이행의 조건일 때에만 발생한다. 그러므로 특약이 없는 한 선급운임의 경우에 운임의 지급시기가 화물의 인도 이후로 약정된 경우에는 유치권이 발생하지 않는다.

그러므로 일반적으로는 유치권이 행사되어지는 날을 기준으로 해서 미지급된 금액에 대해서만 유치권 행사가 가능하고, 유치권 행사 시점을 기준으로 계속해서 발생하거나 추후에 발생할 것으로 예상되는 금액에 대해서는 유치권을 행사할 수 없다.

나. 유치권의 대상 화물

유치권을 행사할 수 있는 것은 원칙적으로 당해 항차 화물에 한한다. 다만, 운임의 일부가 지급되지 않았다고 하더라도 유치권은 당해 항차 화물 전체에 대하여 행사할 수 있다. 따라서 연속항해용선계약(consecutive voyage contract)이나 장기화물운송계약(COA)인 경우 운임이나 모든 비용정산을 각각의 항차에 대해 별개로 정산하기로 합의하는 것이 일반적이므로 다른 항차의 화물에 대해 유치권을 행사할 수 없도록 하고 있다.

다. 유치권의 권능

유치권에는 화물을 유치할 수 있는 권능만 있을 뿐이고 화물을 처분할 수 있는 권능은 없다. 그러나 1894년 영국상선법 제497조에 창고에 보관된 지 90일이 지난 경우에도 운임과 기타 비용이 지급되지 아니한 경우에는 화물을 경매할 수 있는 권한을 부여하고 있으며, 제498조에 경락대금을 배당하는 방식에 대해 규정하고 있다.

하지만, 유치권은 화물을 인도받고자 하는 사람에게 그 인도를 거부함으로써 자신의 채권을 회수하고자 하는 권리일 뿐이며 화물의 운송 자체를 거부할 수 있는 권리는 아니므로 항해 도중에 목적항 이전의 연료 보급항에서 화물을 실은 선박을 정박시키고 더 이상 항해를 하지 않은 것은 적법한 유치권의 행사로 볼 수 없다는 판례가 있다.[8]

---

8) The Mihalios Xilas(1978)2 Lloyd's Rep.186. 하지만 이 경우에도 목적항에 도착하면 화물에 대한 점유를 잃게 되어 유치권을 행사할 수 없는 경우 등 특별한 예외적인 경우에는 이와 같이 화물의 운송 자체를 거부할 수도 있을 것이다.

(5) 재용선계약에서의 유치권

정기용선계약에서는 운송물을 선적한 후 운항 도중 정기용선자가 용선료의 지급의무를 제대로 이행하지 않는 경우에 선박소유자가 미지급된 용선료를 확보하기 위해 계약당사자가 아닌 제3자가 정기용선자에게 지급하여야 하는 운임 또는 용선료에 대해 합법적으로 유치권[9]을 설정할 수 있도록 약정하는 경우가 많다.[10]

재운송계약시에 유치권(lien)이 가장 큰 문제로 대두되는 것은 선박소유자가 주 운송계약(head charterparty)에서의 운임(영미법상의 용선료를 포함)을 지급받지 못한 경우에, 그 담보로서 제3자인 재용선자가 송화인의 화물, 또는 이들이 용선자에게 지급해야 할 운임상에 유치권을 행사하는 경우이다. 이 문제를 중심으로 재용선계약에서의 유치권에 관하여 영국, 미국 및 우리나라 상법의 경우에 대하여 살펴보고자 한다.

다음과 같이 재용선계약이 체결되었을 경우의 예를 들어 살펴보고자 한다.

① 화주 Ca와 선박소유자 Oa가 톤당 운임 Fa로 60,000톤의 석탄운송을 위한 항해용선계약(VCa)을 체결하였다.

② 선박소유자 Oa는 선박소유자 Ob와 톤당 운임 Fb로 이 화물에 대한 재용선계약(항해용선계약, VCb)을 체결하였다. 이때 최초로 항해용선계약을 체결한 선박소유자 Oa는 재용선계약에 화주의 입장이 된다.

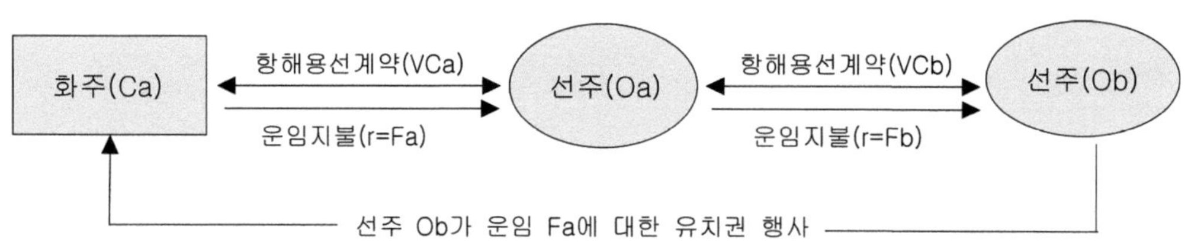

그림 5-4 용선계약의 유치권 행사

---

9) 재용선계약에 따른 재운임 또는 재용선료는 정기용선자가 재용선계약에 따라 재용선자로부터 받아야 할 운임 또는 선하증권계약에 따라 송하인으로부터 받아야 할 선하증권 운임을 의미하며, 이러한 재운임 및 재용선료는 선박소유자의 점유에 있는 것이 아니므로 점유를 갖는다는 의미에서의 유치권(lien)이라는 표현은 맞지 않지만, 영미법상 선박소유자가 재운임 또는 재용선료가 용선자에게 지급되기 이전에 선박소유자에게 지급되도록 청구할 수 있는 권리를 부여하여 주는 것으로 유치권(lien)을 광범위한 개념으로 사용하고 있다.

10) Baltime에도 "선박소유자는 이 용선계약하에서의 모든 청구권에 관하여 정기용선자 소유의 모든 화물과 재운송운임 및 기타 선하증권운임에 유치권을 갖는다"라고 규정하고 있다.

가. 영국법의 경우

이미 설명한 바와 같이 선박소유자가 용선자의 화물을 운송하는 경우에, 영국의 커먼 로우에 의하여 운임을 지급받고자 그 화물을 유치할 수 있다. 그러나 선박소유자가 재운송계약에 의하여 화물을 운송하는 경우에는 특약이 없는 한, 운임지급에 대한 담보로서 그 화물을 유치할 수 없다. 그래서 많은 표준용선계약서에는 다음과 같은 유치권조항을 설정해 두고 있다.

이러한 재용선계약의 유치권행사에 관련하여 살펴보고자 한다. 즉 화주 Ca와 선박소유자 Oa가 최초의 항해용선계약(VCa)을 체결하는 경우에 위와 같은 GENCON 제8조와 같은 내용이 포함된다. 또한 Oa가 다시 선박소유자 Ob와 톤당운임 Fb 로 체결하는 재용선계약(항해용선계약: VCb)에도 이와 같은 GENCON 제8조의 내용이 포함된다. 이때 실제로 화물을 운송하는 선박소유자는 Ob가 되며, 선박소유자 Oa는 재용선계약(VCb)에서는 화주의 입장이 된다. 따라서 선박소유자 Ob는 재용선계약(VCb)에 따라 선박소유자 Oa에게 운임지불과 필요한 경우 부적운임 등 각종 부수운임(sub-freight)을 청구하게 된다. 이때 선박소유자 Oa가 이러한 것(운임 및 부적운임 등)을 선박소유자 Ob에게 지불하지 않는 경우, 최초의 항해용선계약(VCa)에 따라 화주 Ca가 선박소유자 Oa에게 청구하는 운임 및 각종 부수운임에 대하여 재용선계약에 따라 실제로 화물을 운송한 선박소유자 Ob가 유치권을 행사할 수 있다는 내용이다

그러나 선박소유자(Ob)가 유치권을 행사할 때에, 처음 선박소유자(Oa)는 유치권행사가 정당하지 않다고 주장하게 되어 문제해결을 위한 중재가 시작되며, 이에 따라 선박소유자(Ob)는 공탁을 하고 선박소유자와 화주(Ca)에 대해서도 공탁할 것을 요구한 후, 중재의 결과에 따라 정당하다고 판결을 받은 선박소유자(Oa나 Ob 중에서)에게 공탁금이 지불되게 된다.

한편, 기간용선의 표준계약서의 하나인, NYPE 1993 또는 NYPE 2015나 Baltime 용선계약서에도 유치권을 행사할 수 있는 계약자가 유치권행사가 가능하도록 이러한 유치권행사에 관한 내용의 조항을 반드시 설정해 두고 있다. 그러나 이 유치권약관(lien clause)이 제3자나 수하인(consignee) 및 기타 선하증권 소지자에 대해서 어떠한 효력을 갖느냐하는 점은 각각의 경우에 따라서 다르므로, 일괄해서 논하기 어렵다.

나. 미국법의 경우

미국법상에서는 운임이나 용선료, 체선료, 공동해손 분담비용 및 구조료 등의 채권을 확보하기 위한, 화물에 대한 선박소유자의 유치권을 인정하고 있다. 이러한 것에 대한

유치권은 화물의 점유를 요건으로 하는 것이기는 하나, 역시 선박우선특권(possessory maritime lien)을 인정하고 있다. 그러나 재용선계약에 따라 선적된 운송품에 대한 판례가 주용선계약(head charter party)에 따른 용선료, 체선료 등을 위한 선박소유자의 유치권을 당연한 것으로 인정하고 있는 것은 아니다. 따라서 선박소유자는 용선자와의 재용선계약체결시 영국의 관습과 같이 용선계약서에 유치권약관을 두고 있다.

용선계약상에 유치권약관의 효력에 관하여 다음과 같은 판례가 있다.

① 주 용선계약상에 유치권 약관이 기재되어 있어도 선박소유자는 용선자 이외의 화주에 대하여 선하증권(그것이 선박소유자가 발행한 것이든 아니든 관계없이)에 기재된 운임액을 초과해서 유치권을 행사할 수 없다.

② 더욱이 이 경우 화주가 선의로 용선자(재운송인)에게 재운송운임을 지급한 경우에 그 지급은 유효하므로, 선박소유자는 화주에 대하여 잔액에 대해서만 청구할 수 있다. 그러나 이와 같이 용선자(재운송인)에게 재운송운임을 지급한 재운송의 화주는 선박소유자의 유치권 행사를 면할 수 있으나, 이 경우 화주의 지급이 선의로(즉 재운송운임 약관상에 선박소유자의 유치권이 존재하는 것을 모르고) 이루어졌음을 증명하여야 한다. 또한 비록 화주가 재운운임을 지급할 때에 선박소유자의 유치권이 존재한다는 것을 몰랐다고 하더라도, 그것을 몰랐다는 것에 과실이 있었다면, 화주는 역시 면책될 수 없다.

다. 우리나라의 경우

우리나라는 정기용선계약하에서 정기용선자가 용선료 등의 비용지급을 지체하거나 용선계약에 의한 채무를 이행하지 않아서 손해가 발생한 경우에 선박소유자는 상법 제844조 선박소유자의 운송물유치권 및 경매권과 제845조 용선료의 연체와 계약해지 등에 의해 채권을 확보할 수 있다.

그러므로 정기용선계약하에서의 선박소유자 유치권에 대해서는 제844조에[11] 규정하

---

11) 제844조 (선박소유자의 운송물유치권 및 경매권) ① 제807조 제2항 및 제808조는 정기용선자가 선박소유자에게 용선료·체당금, 그 밖에 이와 유사한 정기용선계약에 의한 채무를 이행하지 아니하는 경우에 준용한다. 다만, 선박소유자는 정기용선자가 발행한 선하증권을 선의로 취득한 제3자에게 대항하지 못한다.
② 제1항에 따른 선박소유자의 운송물에 대한 권리는 정기용선자가 운송물에 관하여 약정한 용선료 또는 운임의 범위를 넘어서 행사하지 못한다.
제807조 (수하인의 의무, 선장의 유치권) ① 수하인이 운송물을 수령하는 때에는 운송계약 또는 선하증권의 취지에 따라 운임·부수비용·체당금·체선료, 운송물의 가액에 따른 공동해손 또는 해난구조로 인한 부담액을 지급하여야 한다.
② 선장은 제1항에 따른 금액의 지급과 상환하지 아니하면 운송물을 인도할 의무가 없다.

고 있으며, 정기용선계약 하에서의 용선료 또는 운임에 대한 선박소유자의 질권에 대해서는 제845조 제2항에서 규정하고 있다. 즉, 정기용선자가 제3자와 운송계약을 체결하여 운송물을 선적한 후 선박의 항해 중에 선박소유자가 계약을 해제 또는 해지한 때에는 선박소유자는 적하이해관계인에 대하여 정기용선자와 동일한 운송의무가 있음을 규정하고, 이에 대한 대가로 제3항에서 "선박소유자가 계약의 해제 또는 해지 및 운송계속의 뜻을 적하이해관계인에게 서면으로 통지를 한 때에는 선박소유자의 정기용선자에 대한 용선료·체당금, 그 밖에 이와 유사한 정기용선계약상의 채권을 담보하기 위하여 정기용선자가 적하이해관계인에 대하여 가지는 용선료 또는 운임의 채권을 목적으로 질권을 설정한 것으로 본다"라고 규정하고 있다.

즉, 선박소유자의 운송의무에 대한 대가를 확보하기 위하여 선박소유자에게 정기용선자가 적하이해관계인에 대하여 가지는 용선료 또는 운임에 대하여 질권을 인정하고 있다.

그리고 항해용선계약 하에서는 상법 제841조 제1항에서 수하인이 운송물을 수령한 때에 운임, 부수비용, 체당금, 체선료, 운송물의 가액에 따른 공동해손 또는 해난구조로 인한 부담액을 지급하지 아니하면 선장은 유치권을 행사할 수 있도록 제807조를 준용하고 있으며, 또한 제808조의 운송물경매권도 준용하고 있다.

(6) 유치권과 책임중단약관과의 관계

책임중단약관은 일반적으로 항해용선계약에 설정되어 있는 약관이다. 항해용선계약에서 선박소유자는 용선자에게 해상운송과 관련한 운임, 부적운임(dead freight), 체선료 및 공동해손분담금과 기타 해상운송에 부수하여 발생되는 여러 가지 비용(채무)을 청구할 수 있는 권리를 가진다.

영국의 커먼 로우(Common Law)에 따르면 선박소유자의 유치권행사는 용선계약서에 특약이 없는 한 운임청구권과 공동해손분담금청구권에 대해서만 가능하다. 즉 용선자가 운임과 공동해손분담금을 지불하지 않을 경우 화물에 대한 유치권행사가 가능하며, 부적운임이나 체선료를 지불하지 않는다하여 선박소유자가 용선자의 화물에 대하여 유치권을 행사할 수 없다.

그러나 용선자가 선박소유자에게 운임과 공동해손분담금은 물론 부적운임이나 체선료 및 기타 해상운송과 관련하여 발생한 부수비용(채무)을 용선자가 지불하지 않을 때에, 선박소유자가 용선자의 화물에 대한 유치권 행사의 허용을 명시적으로 용선계약서에 설정하는 경우, 용선자를 보호하기 위하여 선박소유자에게 이러한 채무를 지불하자마자 용선자의 책임이 중지된다는 내용의 약관을 동시에 설정하게 되는데 이러한 약관을 용선자의 책임중지약관(cesser clause)이라고 한다. 예를 들면 "이러한 비용지불이 용선자에 의하여 이루어지지 않을 경우 용선자의 화물에 대한 유치권을 행사할 수 있으며, 용선자는 이러한 비용을 지불하자마자 용선자의 책임이 중단된다."는 내용의 약관이다.[12)][13)]

이와 같이 유치권약관이 있는 상태에서의 책임중단약관은 항상 유치권약관과 연계하여 해석되어져야 한다. 이것은 만약 유치권은 설정되어 있지 않고 책임중단약관만 설정되어 있다면 용선자의 책임은 중지된 반면 모든 위험은 선박소유자에게만 전가된 결과가 되기 때문이다.

그러나 책임중단약관이 설정되어 있다하더라도 용선자의 모든 책임이 무조건 중지되는 것이 아니고 선박소유자가 유치권을 행사할 수 있는 사항에만 국한된다. 또한 화물의 양하지 등에서 유치권 행사가 허용되지 않아 선박소유자가 유치권 행사를 실제적으로 하지 못하게 되는 경우에는 책임중단약관은 효력이 없으며 용선자는 책임중단약관이 용선계약서에 설정되어 있음에도 불구하고 계속해서 운임 및 체선료에 대해 선박소유자에게 책임을 져야한다. 이러한 내용이 GENCON 1976(Clause 8)에서는 명확히 규정하고 있다. 물론 이러한 경우에 유치권 행사가 불가능한 이유가 단순한 불편함이나 어려움(commercial inconvenience or difficulty)으로 인한 것이 아니고 법적으로 또는 유치권 행사가 실제적(legally or practically impossible)으로 불가능하다는(legally or practically impossible) 것을 입증하여야하는 책임은 선박소유자에게 있으며, 선박소유자는 그럴 경우에만 책임중지약관에도 불구하고 용선자에게 계속하여 책임을 추궁할 수 있다.

또한 선박소유자의 유치권약관은 용선계약의 책임종료약관(Cesser Clause)과 상치될 가능성이 있다. 책임종료약관의 내용은 화물선적 완료 후 운임·체선료·부적운임·공

---

12) 대표적으로 "선박소유자는 모든 운임, 부적운임, 체선료 또는 해손에 관하여 화물에 대한 유치권을 갖는다. …… 이 용선계약하에서의 용선자의 책임은 화물이 선적됨과 동시에 종료된다(Vessel to have a lien on the cargo for all freight, deadfreight, demurrage or average …… Charterer's liability under this charter to cease on cargo being shipped)"라는 문언 등이 있다.

13) GENCON 1976 제8조에는 "Owners shall have a lien on the cargo for freight, dead-freight, demurrage and damages for detention. Charterers shall remain responsible for dead-freight and demurrage(including damages for detention), incurred at port of loading. Charterers shall also remain responsible for freight and demurrage(including damages for detention) incurred at port of discharge, but only to such extent as the Owners have been unable to obtain payment thereof by exercising the lien on the cargo."라고 규정하고 있다.

동해손분담금에 대하여 용선자가 선박소유자에게 부담하는 대인적 책임을 면제하는 대신 선하증권소지인이 그 책임을 지도록 하는 것이다. 미국 법원은 The Eliza Lines 61 F. 308(D. Mass 1984) 사건에서 "책임종료약관은 용선자로서의 책임만을 변제한 것이므로, 선하증권소지인 용선자는 선하증권소지인으로서의 책임을 지므로 책임종료약관의 적용을 받을 수 없다."라고 판시하였다.

(7) GENCON 1994에서의 유치권과 책임중단약관

GENCON 1994에서는 선박소유자의 유치권의 목적을 용선선박에 실린 화물과 용선자가 재용선한 경우의 재용선료(sub-freight)까지 확대하였다(Clause 8). 그리고 유치권의 피담보채권에는 GENCON 1976에 규정된 운임, 부적운임 및 체선료에 추가하여 "손해배상금액 및 그 밖에 이 용선계약에 따라 지급받을 기타 금액과 이를 확보하기 위한 구상비용을 포함한 모든 금액의 채권(claims for damages and for all other amounts due under this Charter Party including costs of recovering same)"을 추가로 삽입하였다.

그리고 재용선료에 대한 유치권은 선박소유자가 재용선자가 용선료 또는 재운임을 용선자에게 지급하기 전에 행사하여야 한다. 재용선계약에서 용선자가 운임선급 (freight prepaid) 선하증권을 재용선자에게 교부한 경우, 선박소유자는 재용선자가 지급한 재용선료에 유치권을 행사할 수 없다.

GENCON 1994 제8조에서는 GENCON 1976에서 규정된 초과정박손해배상금(damages for detention)을 삭제한 것으로 보이나, 이 초과정박손해배상금은 해석론상 GENCON 1994의 "손해배상금과 그 밖의 기타 손해"에 포함되어 있다는 점에 유의하여야 한다. 그리고 GENCON 1976에 규정되었던 용선자 책임중단약관(cesser clause)을 삭제하였다. 책임중단약관은 선박소유자가 청구할 운임과 체선료를 확보하기 위하여 용선선박에 실린 화물을 유치하면, 용선자는 운임과 체선료 채무를 면하게 하는 약관이다. 그런데 수하인이 정부일 경우에 선박소유자는 유치권을 행사할 수가 없기 때문에, 용선자가 체선료의 지급책임이 있는가에 대하여 다툼이 많이 발생하였다. 그리고 선박소유자가 법률상 운송물과 재용선료에 대하여 유치권을 행사할 수 있기 때문에 삭제한 것이다.

다시 말하자면 1994년 계약서에서 용선자의 책임중단약관이 삭제된 것은 용선자가 항해용선계약에 따라서 선박소유자에게 지급할 모든 채무를 변제할 의무가 있음을 뜻하는 것이다. 물론 어떠한 경우에도 선박소유자는 유치권을 행사하여 자기의 채권을 우선변제 받을 수 있다.

7) 공동해손과 뉴 제이션 약관

(1) 공동해손의 정의

공동해손(general average)은 선원, 선박, 화물 및 기타 해상사업과 관련되는 단체에 공동의 위험이 발생했을 경우 그러한 위험을 제거하거나 경감시키기 위해 선체 및 장비와 화물 등의 일부를 의도적으로 희생시키거나 혹은 필요한 경비를 지출했을 때 이러한 희생된 손해와 경비를 말한다. 이러한 공동해손은 선체, 장비, 화물 등의 일부가 희생되는 공동해손희생손해(general average sacrifice)와 경비가 발생하는 공동해손비용손해(general average expenditure)로 구분된다.

그러나 우연히 발생한 손해를 선박소유자나 용선자 또는 화주가 단독으로 부담하는 경우 이때의 손해를 공동해손과 구분하여 단독해손(particular average)이라고 한다.

(2) 공동해손의 기원

공동해손에 관한 최초의 기록은 기원 전 916년에 공포된 세계 최초의 해상법이라고 하는 공동해손에 관한 로드법(Rhodian Law of General Average)이나, 해상위험을 공동으로 부담하는 제도는 그 이전부터 시행되어 온 제도이다. 로드인이 제정한 해상법의 원본은 전해지지 않고 있지만, 533년 로마 유스티안 황제의 명령에 의해 로드법(Rhodian Law)을 인용하여 편찬된 유스티니아법전에 '투하에 관한 로드법'이라는 제목으로 공동해손을 다음과 같이 정의하고 있다.

> "The Rhodian law provides that if in order to lighten a ship merchandise is thrown overboard, that which has been given all shall be replaced by the contribution of all"
>
> "만일 선박의 무게를 가볍게 하기 위해 화물의 일부를 해중에 투하하였을 때 이에 대한 희생은 전체가 분담해야 한다."

이와 같이 로드법과 유스티니안 법전에서 공동해손에 관한 원칙이 규정되어 공동해손제도는 하나의 해사관습으로 법제화되었으며, 일찍부터 해상보험이 발달한 영국에서 공동해손의 정산에 관한 기록은 에드워드 1세(Edward 1, 1272~1307)의 집권시대부터 최초로 시작된 것으로 알려지고 있다.

(3) 공동해손의 성립요건

해상사업에서 공동의 위험을 제거하거나 경감시키기 위해 해상자산의 일부를 의도적으로 희생시키거나 혹은 필요한 경비를 지출하는 것과 같은 관련 당사자들의 공동의 안전을 도모하기 위하여 취해진 행위를 공동해손행위(general average act)라고 하며, 이러한 공동해손행위로 인하여 발생한 손해가 공동해손으로 성립되어 관련 당사자들이 공동으로 손해를 분담하기 위해서는 다음과 같은 요건을 갖추어야 한다.

① 해상사업과 관련된 해상모험(maritime adventure)이어야 한다. 따라서 육지에 있는 A창고에서 화재가 발생하여 소방수로 진화하는 과정에서 B상품에 손상이 생겼다 하여, 상품 B의 소유자가 자기 상품의 손실을 구상하기 위해 A에게 그 손실에 대한 분담금을 청구할 수 없다.

② 공동해손을 발생시키기 위한 희생이나 비용의 발생이 이례적(extra ordinary)이어야 한다. 따라서 통상적으로 발생되는 비용은 공동해손으로 인정되지 않는다. 예를 들면 항해중 예상되는 악천후를 피하고자 선박의 속력을 높여 항해를 하는 경우 추가로 소요된 연료비는 통상적인 비용으로 간주되며, 공동해손비용이 되지 않는다. 왜냐하면 속도를 높이지 않고 항해를 하게 되면, 그만큼 항해가 길어져서 연료가 더 소비되기 때문이다.

③ 희생이나 비용이 의도적인(intentionally) 행위에 의해 발생 또는 지출된 것에 국한한다. 선박과 화물의 안전을 위해 갑판에 적재한 화물을 의도적으로 바다에 투하(jettison)하는 경우를 예로 들 수 있다.

④ 희생이나 비용지출이 해상운송관련 당사자들의 공동위험에 대처하여 공동의 안전(common safety)을 위한 것이어야 한다. 따라서 항해중 인접항구에 입항하여 고장난 선박에 적재된 화물인 냉동컨테이너를 수리하는 경우 발생되는 비용은 공동해손 비용이 아니다.

⑤ 희생이나 비용지출이 현실적(real)으로 절박하게(imminent) 존재하는 위험에 대처하기 위함이어야 한다. 그러므로 위험이 상상적(imaginary)이거나, 위험에 처할 가능성이 커서 이것이 두려워서 미리 취한 행동은 공동해손행위가 되지 않으며, 그 비용도 공동해손비용으로 분담되지 않는다.

⑥ 위험에 대처한 행위가 합리적이어야 한다. 그러나 위험에 대처한 행위의 합리성에 대한 판단은 행위를 취할 당시의 상황에 따른다. 선장이 어떤 행위를 최선의 판단에 따라 합리적으로 취했다면, 그 후에 다른 더 좋은 방법이 나타난다고 해도 선장이 취한 행동은 공동해손행위로 인정될 수 있다.

한편 요크-안트워프 규칙(York-Antwerp Rule 1974) A조에서도 공동해손을 다음과 같이 정의하고 있다.

> The York-Antwerp Rules 1974, Rule A
> "There is a general average act when, and only when, any extraordinarily sacrifice or expenditure is intentionally made or incurred for the common safety for the purpose of preventing from peril the property involved in a common maritime adventure."
>
> "공동해손행위는 공동항해에 속하는 재산을 위험으로부터 보존할 목적으로 공동안전을 위하여 고의적이고(intentionally) 또한 비합리적으로(extraordinarily) 이상(異常, peculiar)의 희생이 이루어지고, 또한 이상(異常, peculiar)의 비용이 지급될 경우에 한하여 성립된다."

요크-안트워프 규칙에서도 공동해손의 성립에 관하여 위에 설명한 동일한 요건을 필요로 하고 있는 것을 알 수 있다.

(4) 공동해손의 정산과 뉴 제이션 약관

인명과 자산에 어떠한 손실이 발생한 경우에 이 손실을 공동의 손실로 간주하여 관련 당사자들이 공동으로 손실을 분담하는 제도는 해상보험에만 존재하는 특이한 제도이며, 일반적으로 용선계약에서 이와 같은 공동해손을 취급하는 데는 두 가지의 보호조항이 있다.

첫째는 공동해손 희생손해 또는 비용에 대한 정산을 요크-안트워프 규칙(York-Antwerp Rules)에 의거한 특정장소, 법률 및 관습에 따라 행한다는 규정이다.

둘째는 용선계약서식 선하증권(Charter Party Bills of Lading)이 발행되는 경우에 선하증권에서도 용선계약과 마찬가지로 선박소유자를 보호하는 약관을 규정하는 것이다.

이러한 보호조항의 약관에 따라 용선계약에서 공동해손 약관과 뉴제이슨 약관을 포함할 뿐만 아니라 선하증권에도 두개의 약관을 삽입한다는 것이다.

따라서 정기용선계약(NYPE 1993) 하에서의 공동해손은 1990년에 개정된 1974년의 요크-안트워프 규칙 또는 그 후에 개정된 규칙에 따라서 정산하며 정기용선자는 정기용선기간 중에 용선자가 발행하는 모든 선하증권에 공동해손은 이러한 요크-안트워프 규칙을 적용하여 정산한다는 내용과 "New Jason Clause(NYPE 1993, Clause 31) 내용을 포함할 것을 보증한다."라고 규정하여 이 두 가지 보호조항의 적용을 명확하게 하고 있다(NYPE 1993, Clause 25). 하지만 NYPE 2015에서는 공동해손에 관해 '요크 앤트워프 규칙 1994'에 따라 NYPE 2015 제54조(준거법과 중재) 약관에 명시된 장소에서 미화(USD)로 정산하는 것으로 개정되었다.

또한 항해용선계약에서의 "공동해손의 정산(GENCON 1994, CL 12)은 요크-안트워프 규칙(York-Antwerp Rules 1994)과 그 이후 개정된 규칙에 따라 런던에서 정산한다."라고 약관의 앞부분에서 먼저 일반적인 원칙을 규정하고 있다. 이 약관에 따르면, 항해과실에 의해 손해가 발생한 경우 선박소유자의 면책에 관해서도 명시하고 있다. 그리고 항해용선계약 하에서 공동해손이 미국의 법률과 관습에 따라 정산되는 경우에 적용되는 규정을 명시하고 있는데(GENCON 1994, Clause 12), 그 내용이 정기용선계약에서의 약관[(NYPE 2015 33(c)]의 내용과도 동일하다.

한편 뉴제이슨약관의 역사를 개략적으로 살펴보면 다음과 같다.

미국의 법령에 의하면, 항해 및 선박의 관리에 대한 태만(negligence)과 같은 선박소유자(또는 사용인)의 책임으로 인하여 발생한 공동해손인 경우에는 원칙적으로 선박소유자는 화주나 다른 이해관계자로부터 공동해손분담금(contribution to general average)을 회수할 권리를 인정하지 않는다. 미국 연방 최고법원도 이러한 입장을 견지하고 있었다. 이것은 선박소유자(운송인)가 그 자신이나 자신의 사용인의 과실의 책임에서 벗어난다는 것은 공공정책에 반한다고 판단하기 때문이다.

한편 1893년 Hater Act 제3조에 의하면 미국의 수출입화물을 운송하는 모든 선박소유자는 모든 면에서 본선으로 하여금 감항능력을 갖추도록 하여야 하며, 능력과 자격을 갖춘 선장과 선원을 배승하여 선무를 시키고 선박을 의장하며 선박의 보급품을 충분히 보급하기 위하여 상당한 주의를 기울여야 함은 물론 이렇게 하였을 경우 선장과 선원 등의 승무원의 항해과실 및 관리에 관련하여 범한 과실로 인한 화물의 멸실과 손상에 대하여는 선박소유자는 책임을 면하도록 규정하고 있다. 그러나 항해 및 선박의 관리에 대한 태만(negligence)으로 인하여 발생한 공동해손인 경우에는 선박소유자는 화주로부터 공동해손분담금(contribution to general average)을 회수할 권리를 인정하지 않는다. 그러므로 본 법이 성립된 후, 항해 및 선박의 관리에 상당한 주의를 기울였을 경우 항해과실로 인해 생기는 멸실에 대해 선박소유자가 면책되므로, 선박소유자는 공동해손 분담금을 화주에게 청구할 수 있게 되었다.

따라서 각국의 선박소유자는 항해과실로 인한 공동해손 발생시 선박소유자가 면책되고 화주를 포함하여 이해관계자로부터 공동해손 분담금을 청구할 수 있는 Harter Act 제3조의 취지가 포함된 약관을 선하증권에 삽입하여 문제를 해결하였다.

또한 미국 연방 최고법원도 제이슨(Jason)호 사건[14]을 통해 Harter Act 제3조의 선박소유자의 면책조항을 인정하게 되었고, 선박소유자가 발행한 선하증권에 선박소유자 면책 약관이 적법하다고 판결하였다. 이 사건을 계기로 하여 본 약관을 제이슨약관(Jason Clause)이라 하였다. 그리고 동일한 선박의 소유자의 선박에 의하여 선박이 구조되었을 경우에도 다른 선박소유자의 선박에 의하여 구조된 경우와 같이 구조료를 청구할 수 있음을 특약으로 규정하였다. 기존의 제이슨약관에 이러한 특약이 추가된 것을 뉴제이슨약관(New Jason Clause)이라고 한다.

이와 같이 뉴제이슨약관은 용선계약서에서 선박소유자 혹은 그의 고용인들의 귀책사유로 인하여 또는 이와 관계없이 사고나, 위험, 손상, 천재지변이 발생하고 이에 화물운송인이 공동해손희생, 손실, 비용, 경우에 따라서는 구조비를 지불해야 하는 경우, 선박소유자로 하여금 화물의 이해당사자로부터 공동해손 분담금을 청구할 수 있도록 하는 약관이다.

또한 이 약관에 따르면 공동해손을 최소화하기 위하여 운송인이 소유 또는 운송인이 관리하는 구조선을 이용하는 경우에도 이러한 구조선이 제3자에 속하는 경우와 동일하게 관련당사자가 분담하여 지불하여야하며, 화주는 화물을 운송인으로부터 인도받기 전에 이러한 비용을 분담하는데 충분한 금액을 선박소유자에게 공탁하여야 한다.

결국 이와 같이 용선계약서에 뉴제이슨약관을 포함시켜서 선박소유자의 과실에 의해 공동해손이 발생했더라도 선박소유자는 면책되며, 선박소유자의 과실이 있다하여 발생한 손실을 선박소유자나 화주가 단독으로 책임을 지지 않고, 동 약관에 의거 선박소유자는 발생한 손해를 공동해손으로 처리하며 선박소유자 자신을 포함하여 화주 등 관련 당사자들에게 공동해손분담금을 청구할 수 있는 것이다.

8) 준거법과 중재

(1) 의의

중재란 당사자간의 합의에 의하여, 사법상의 법률관계에 관한 현존 또는 장래에 발생할 분쟁의 전부 또는 일부를 법원의 판결에 의하지 아니하고 사인인 제3자를 중재인으로 선정하여 구속력 있는 판정을 구하는 동시에, 분쟁당사자가 그 판정에 복종함으로써 최종적인 해결을 얻는 단심제의 분쟁해결제도를 말한다. 즉, 중재제도는 분쟁당

14) 1904년 노르웨이 상선 Jason 호가 항해사의 과실로 쿠바 해안에 좌초하였는데, 사고 원인이 항해사의 과실임에도 불구하고 미국 대법원이 공동해손의 과실약관(average negligence clause)의 효력을 인정하여 선박소유자를 면책한 사건이다.

사자가 스스로 재판청구권을 포기하고 중재에 의하여 그들의 분쟁을 해결하겠다는 합의가 있어야 중재절차의 진행이 가능하며, 중재인이 내린 중재판정에 당사자가 복종함으로써 분쟁을 최종적으로 해결하는 당사자자치에 의한 분쟁해결제도이다.

중재의 본질은 그 법리적 근거에 비추어 볼 때 그것이 사적 재판이라는 점에 있다. 즉, 중재는 당사자간의 상호양보나 제3자가 제시하는 조정안에 동의함으로써 분쟁을 해결하는 것이 아니고, 제3자의 판단에 의하여 분쟁을 해결한다는 점에서 재판과 유사하고 화해나 조정과는 다르다. 그러나 중재가 비록 재판이기는 하지만 국가권력에 기초를 두는 법원의 법률에 의한 판단에 의하는 것이 아니고, 당사자의 자주적 의사에 기초를 두는 사적 법원의 경험법칙, 국내외의 다양한 사회관행이나 관습법 및 형평과 선의에 의한 판단에 의하는 것이다.

이러한 분쟁당사자의 자주적 측면에 착안하면 화해나 조정에 가깝고 재판과는 다르다. 결국 중재는 강제적 분쟁해결방법인 재판과 자주적 분쟁해결방법인 화해나 조정의 중간적 위치에 있는 분쟁해결방법이라고 할 수 있다. 이러한 중재에 관하여 GENCON 1994에서는 준거법과 중재를 영국법과 런던 그리고 미국법과 뉴욕으로 구분하고 있다. 또한 계약당사자가 합의하여 제3의 장소와 준거법을 지정할 수 있다. 위의 3가지 방법 중 하나를 계약당사자가 합의하여 선택할 수 있다. 그러나 선택하지 아니한 경우에는 영국법을 준거법으로 하고 있다.

한편 NYPE 2015에서는 ① 뉴욕에서 미국법, ② 런던에서 영국법, ③ 싱가포르에서 싱가포르법 또는 영국법, ④ 상호 합의된 장소의 법 가운데에서 선택할 수 있도록 규정하고 있다. 특히 ③항에서 싱가포르법 또는 영국법 중 선택하되, 선택하지 아니한 경우에는 영국법을 적용하도록 규정하고 있다.

영국법을 준거법으로 선택하는 경우는 GENCON의 해석을 영국법을 근간으로 하여 행하는 것을 의미한다. 또한 이 항해용선계약으로 발생하는 분쟁에 관해서는 1950년과 1979년 중재법 또는 그 당시에 시행중인 영국의 개정법 또는 그 재정법에 따라서 런던에서 중재를 행하게 된다. 그러나 영국의 중재법(Arbitration Act)은 1950년에 제정되고 1979년에 개정되었으나, 지난 1996년에 다시 개정되어 1997년 1월 31일부터 발효되고 있다. 따라서 이 약관에서는 1979년 중재법까지만 언급하고 있으나, 현실적으로는 1996년 중재법이 적용된다.

런던에서의 해사중재(로이즈 구조계약표준서식, 즉 LOF에 의한 구조중재 제외)는 보통 런던해사중재인협회(the London Maritime Arbitrators' Association: LMAA)의 중재규칙인 LMAA Terms(1997)에 따라 진행된다. 런던해사중재인협회는 런던해사중재인들로 구성된 협회로서, "런던해사중재인들의 전문지식을 향상시키고, 권고와 조언을 통해 신속한 분쟁처리를 도와주는 것"을 목적으로 1960년 2월 12일에 설립되었다.

한편 클레임금액이 당사자가 합의한 일정한 금액을 초과하지 않는 소액 분쟁의 경우에는 런던해사중재인협회의 소액클레임절차(Small Claims Procedure)에 따라 중재가 진행된다. 소액클레임절차는 소액클레임의 해결을 간단하고, 신속하며, 또한 저렴하게 처리하기 위해 도입된 것이다.

(2) 영국법에 의한 중재

가. 런던해사중재인협회의 중재조건[LMAA Terms(1997)]에 의한 중재

① 중재판정부의 구성

중재판정부는 a. 단독중재인, b. 중재인 2인과 심판인(umpire) 1인 또는 c. 중재인 3인으로 구성될 수 있다.

중재조항이 "단독중재인"의 지명을 요구하거나 중재조항상 중재판정부가 어떻게 구성되어야 하는가를 명시하지 않고, 당사자들이 중재인 지명에 합의하지 못하는 경우, 첫째, 분쟁당사자의 서면합의를 통해 중재조항을 "중재인 2인과 심판인 1인" 또는 "중재인 3인"으로 바꾸고, 둘째, 고등법원(High Court)에 단독중재인의 지명을 신청할 수 있다.

중재판정부가 3인 중재인으로 구성되는 경우, 중재판정부는 다음과 같이 구성된다(LMAA Terms 제8조). 우선 각 당사자는 일방 당사자에 의해 중재인을 지명하도록 서면요청을 받은 후 14일 이내에 중재인 1인을 지명하고, 이렇게 지명된 두 사람의 원중재인은 제3중재인(third arbitrator)을 지명하며, 원칙적으로 제3중재인이 의장(chairman)이 된다. 제3중재인이 지명되기 전 또는 제3중재인이 없는 경우에는 중재인 2인이 중재에 관련된 결정, 명령 및 판정을 할 수 있다. 그리고 제3중재인이 지명된 이후의 결정, 명령 및 판정은 중재인 전원 또는 중재인 과반수의 찬성으로 한다. 만장일치 또는 과반수의 찬성이 없는 경우 결정, 명령 및 판정에 있어서는 의장의 견해가 우선한다.

한편, 중재판정부가 중재인 2인과 심판인 1인으로 구성되는 경우, 중재판정부는 다음과 같이 구성된다(LMAA Terms 제9조). 우선 각 당사자는 일방 당사자에 의해 중재인을 지명하도록 서면요청을 받은 후 14일 이내에 중재인 1인을 지명하고, 이렇게 지명된 두 사람의 원중재인은 심판인을 선임할 수 있다. 원칙적으로 중재에 관한 결정, 명령 및 판정은 원중재인들이 하고, 심판인의 지명은 구두심문이 요구되거나 원중재인들이 중재와 관련된 문제에 합의를 하지 못하는 경우에만 필요하다. 원중재인들이 합의하지 못하는 경우 그들은 분쟁당사자와 심판인에게 곧바로 서면통지하고, 그 후 심판인은 그들을 대신하여 자기가 단독중재인인 것처럼 중재에 관한 결정, 명령 및 판정을 할 수 있다.

② **중재절차**

분쟁 당사자는 중재절차에 관한 사항을 합의할 수 있다. 그러나 당사자 사이에 별도의 합의가 없는 경우, 중재판정부가 모든 중재절차 및 증거에 관한 사항을 결정한다. 영국법은 중재의 진행에 관한 폭넓은 재량권을 중재판정부에 부여하고 있다. 이러한 재량권을 부여하는 기본적인 목적은 분쟁을 가장 신속하고 가장 경제적인 방법으로 해결하도록 보증하는 것이다. 중재판정부의 보수는 근본적으로 사건에 투자한 시간에 비례하기 때문에 시간의 절약이 곧 중재판정비용을 줄이는 길이다.

분쟁 당사자들은 중재의 초기 단계에 중재를 심문 없이 서류만으로 할 것인가 또는 구두심문을 할 것인가의 여부를 합의하기 위하여 노력하여야 한다. 만약 합의가 되지 않으면 신청인은 구체적인 안을 제시하여 중재판정부에 그에 대한 지시를 해 줄 것을 요청하여야 한다. 이러한 신청서류의 사본은 상대방에게 보내야 하며, 상대방은 반대이유를 명시하여 3 영업일(중재판정부가 피신청인의 요청에 따라 3일 이상의 시간을 허용한 때에는 그 시간) 이내에 중재판정부에 회신하여야 하고(LMAA Terms 제12조), 또한 그 사본을 신청인에게 보내야 한다.

중재판정부의 결정 또는 당사자의 합의에 의거 중재를 구두심문 없이 서류만으로 하기로 한 경우, 당사자들은 준수해야 할 중재절차를 합의하고 그 내용을 중재판정부에 통지하여야 한다.

한편, 구두심문이 포함된 경우 심문 준비를 위한 시간표는 가능한 한 당사자 사이에 합의되어야 하고, 신청인은 그 합의내용을 중재판정부에 통지하여야 한다. 심문일은 원칙적으로 심문기간을 적절히 추산할 수 있을 정도로 준비작업이 진척된 후에 확정한다.

③ **중재판정**

중재판정을 위해 요구되는 시간은 사건의 정황에 따라 달라진다. 중재판정은 통상 절차 종료 후 6주 이내에 하여야 한다(LMAA Terms 제21조).

나. 소액클레임절차

분쟁금액이 용선계약 체결시 합의한 금액(GENCON 1994 Part I 의 Box 25 에 표시)의 총액을 넘지 않는 소액인 경우는 런던의 해사중재인협회의 소액청구절차에 따르도록 규정함으로써 이 또한 분쟁해결의 신속성을 돕고 있다.

소액클레임의 중재는 단독중재인이 한다. 분쟁이 발생되고 당사자들이 소액클레임절차에 의하기로 합의한 경우, 사전에 단독중재인을 합의해 두고 있지 않은 한, 당사자의 일방은 상대방에게 단독중재인 지명에 참여를 요청하는 통지를 함으로써 중재를 개시할 수 있다. 14일 이내에 당사자들이 단독중재인에 합의하고 그 중재인이 지명을 수락하면, 신청인은 그 후 추가되는 14일 이내에 피신청인에게 감정인의 보고서를 포함한 관련 서류 사본을 첨부한 클레임청구서를 보내야 하고, 중재인에게도 그 사본을 송부한다(LMAA 소액클레임절차 제2조).

당사자들이 14일 이내에 단독중재인에 합의하지 못할 경우, 당사자의 일방은 런던해사중재인협회 명예서기(Honorary Secretary)에게 서면으로 단독중재인을 지명해 줄 것을 신청할 수 있다. 런던해사중재인협회장은 분쟁의 성질을 고려한 다음 적절한 중재인을 지명하고, 당사자에게 통지한다.

소액클레임절차하에서는 법원에 제소할 권리가 배제되며, 여기에서는 신속한 분쟁해결을 위해 기한에 관한 규정을 많이 두고 있다. 구체적으로 항변서 및 감정인의 보고서를 포함한 모든 관련 서류를 첨부한 반대신청의 명세는 클레임 청구서를 받은 날 또는 중재인의 지명일로부터 28일 이내 중 늦은 날까지 신청인에게 보내야 하고, 반대신청에 대한 답변서와 항변서는 그 후 추가되는 21일 이내에 보내야 한다(LMAA 소액클레임절차 제5조). 그러나 반대신청이 있는 경우, 반대신청의 항변에 대한 답변서는 그 후 추가되는 14일 이내에 보내야 한다. 만약 이러한 기한의 연장을 하고자 하는 경우에는 그 기한의 만료 전에 신청하여야 한다. 그리고 중재인이 심문을 요구하는 예외적인 경우를 제외하고, 심문은 하지 않는다.

중재인은 서류만으로 하는 중재의 경우에는 중재인이 모든 관련서류와 제시물을 수령한 날로부터, 그리고 구두심문이 있는 경우는 심문종료일로부터 한달 이내에 중재판정을 하기 위해 모든 노력을 경주하여야 한다(LMAA 소액클레임절차 제7조).

(3) 미국법에 의한 중재

가. 뉴욕에서의 해사중재

용선계약 당사자가 GENCON 1994의 제19조(b)항을 선택한 경우에는 미국법, 즉 미국의 중재법(Title 9 of the United States Code)[15]과 미국의 해사법(Maritime Law)에 준거하여 뉴욕에서 중재에 회부된다. 그리고 중재절차는 미국 해사중재인협회(Society

15) United States Code, Title 9는 미국 중재법(United States Arbitration Act)으로 1925년에 최초로 제정되었고 그 후 수차에 걸쳐 개정되었는데, 현행법은 1990년 2월 1일에 최종 개정된 것이다.

of Maritime Arbitrators, Inc.: SMA)의 규칙에 따라 진행된다.

미국 해사중재인협회(SMA)는 1963년 뉴욕에서 해사중재에 참여하고 있는 소그룹의 개인들이 안전한 중재를 도모하는 한편, 그들의 윤리기준을 마련하기 위한 기구의 필요성을 인식하여 설립하였으며, 미국에서 해사사건을 처리하는 주된 기구로서, 비영리 단체이다. 미국 해사중재인협회는 해사중재절차를 위한 중재규칙을 공표하고, 미국 해사법협회의 중재위원회와 합동으로 미국 해사중재인협회 해사중재규칙(Maritime Arbitration Rules)을 마련하고 있다.

그리고 클레임금액이 당사자가 합의한 일정한 금액을 초과하지 않는 소액 분쟁의 경우, 중재는 단축중재절차(Shortened Arbitration Procedure)에 따라 진행된다. 단축중재절차는 소액클레임의 해결을 간단하고, 신속하며, 또한 저렴하게 처리하기 위해 도입된 것이다.

나. 표준중재

① 중재판정부의 구성

중재판정부는 통상 3인의 중재인으로 구성되지만, 경우에 따라 단독중재인 또는 2인의 중재인(과 1인의 심판인)으로 구성되기도 한다.

중재계약상 중재인의 지명방법을 규정하고 있는 경우 그에 따라 중재인이 지명된다. 만약 일방 당사자가 중재계약상 약정된 기간 내에 중재인을 지명하지 못하면, 중재를 요구하는 당사자는 미국 중재법 제5조에 따라 중재인을 선임할 수 있다. 중재계약상 중재인을 지명하기 위한 기한이 없는 경우 중재를 요구하는 당사자는 상대방에게 해사중재규칙 제10조에 따라 중재인을 지명한다는 서면통지를 한다. 그리고 상대방이 이러한 통지를 수령한 후 20일 이내에 중재인을 지명하여야 하고, 이 기한 내에 지명하지 못하면 중재를 요구하는 당사자가 제2중재인(second arbitrator)을 지명할 수 있으며, 이렇게 지명된 제2중재인은 상대방이 지명한 것과 동일한 효과가 있다(해사중재규칙 제10조).

중재계약상 3인의 중재인을 규정하고 있는 경우 이렇게 선임된 두 사람의 중재인은 제3중재인(third arbitrator)을 지명하며, 제3중재인은 통상 절차상의 문제에 관하여 중재판정부의 의장으로 행동한다. 양 당사자가 선임한 중재인이 상당한 기간 내에 제3중재인을 선임하지 못하면, 일방 당사자가 중재인들에게 통지한 후 미국 중재법 제5조에 따라 법원에 중재인의 선임을 신청할 수 있다(해사중재규칙 제11조).

② 중재절차

해사중재규칙에 따라 중재를 하기로 합의한 당사자는 상대방에게 중재를 요구하는 서면 통지를 함으로써 중재를 개시할 수 있다. 중재요청시에는 분쟁의 성질, 손해액,

그리고 요구하는 구제방법 등을 명시한다.

중재인의 권한과 의무는 해사중재규칙과 미국 중재법에 따라 해석하고 적용한다. 해사중재규칙에 명시의 규정이 없는 사항에 대하여는 중재인(들)이 해사중재규칙의 정신에 따라 행동하고, 중재판정이 법적으로 강행될 수 있도록 모든 노력을 경주하여야 한다.

1회 또는 그 이상의 심문으로 이루어지는 전형적인 중재에서 당사자들은 그들이 희망하는 증거를 제시할 수 있다. 분쟁당사자는 이러한 문제를 직접 처리할 수도 있고 변호사 또는 그 밖의 대표자에 의해 대리하게 할 수 있다. 증인은 서약하에서 증언하고 반대심문을 한다. 당사자들이 달리 합의하지 않은 한 소송절차 기록자는 통상, 절차를 기록한다.

마지막으로 당사자들은 준비서면(written briefs)을 교환하고 답변한다. 또 당사자들은 심문 후 준비서면을 교환하는 대신에 마지막 구두심문에서 최후 주장을 개진할 수도 있다.

③ 중재판정

준비서면의 교환 후, 그리고 절차종료가 선언된 후 가능한 한 빨리 중재인들은 만장일치 또는 다수결의 결정을 내리기 위해 필요한 범위 내에서 모임을 갖게 된다. 해사중재규칙은 마지막 준비서면의 교환 또는 절차종료 후 120일 이내에 중재판정을 할 것을 요구하고 있다. 만장일치로 결정이 나지 않는 경우, 반대 의견을 가진 자는 별도의 반대의견을 작성하여 중재판정에 첨부한다. 만약 분쟁이 중재인 2인을 요구하는 계약하에서 중재되고 그들이 합의할 수 없는 경우, 심판인이 그들의 논쟁을 검토하고 단독중재인과 마찬가지로 결정을 내린다.

일단 중재판정부가 결정을 하고 판정을 내리면 그것은 최종적이다. 종국판정을 내리면 중재판정부는 권한이 소멸하고, 따라서 재변론을 청취할 수 없다. 다만, 중재판정의 문면상 명백한 오기 또는 계산상의 착오는 정정할 수 있다.

(4) 단축중재

클레임금액이 용선계약체결시 당사자가 합의한 일정한 금액(GENCON 1994 Part I 의 Box 25에 표시)을 초과하지 않는 소액 분쟁의 경우에는 미국 해사중재인협회(Society of Maritime Arbitrators, Inc.: SMA)의 단축중재절차(Shortened Arbitration Procedure)에 따라 진행된다.

분쟁당사자들은 중재판정부가 단독중재인으로 구성되도록 합의하기 위해 노력하여야 한다. 만약 이러한 합의를 하지 못하거나 당사자들이 3인 중재인으로 구성되는 중재판정부에 의하기로 하고, 피고가 신청인의 중재인 지명 후 15일 이내에 중재인을 지명하지 못하면 신청인의 중재인이 단독중재인이 된다. 양 당사자가 지명한 중재인들이 지명을 받은 후 10일 이내에 제3중재인을 선임하지 못할 경우, 미국 해사중재인협회는 일방 당사자의 요청에 따라 제3중재인을 지명한다.

중재인 지명의 수락일로부터 15일 이내에 단독 중재인 또는 중재판정부는 각 당사자의 클레임의 서면 제출 및 답변서류를 위한 일정을 세운다. 신속중재는 통상 서류만으로 우편에 의해 진행한다. 다만, 일방 당사자가 요구하는 경우 그 당사자의 서면 답변을 보충하기 위해 1회의 심문이 허용된다. 그러나 증인심문은 하지 않는다.

중재절차상 증거의 제시가 종료된 후 15일 이내에 각 당사자는 자기의 입장에 대한 1회의 서면 요약본(written summary)을 제시할 수 있고, 그 이후 단독중재인 또는 중재판정부는 중재절차 종료를 선언한다. 중재판정은 중재절차 종료 후 30일 이내에 한다.

(5) 싱가폴법에 의한 중재

NYPE 2015에서는 싱가포르에서 중재절차를 진행할 수 있도록 새로이 규정하였다. 이 경우 준거법은 계약 당사자가 합의하여 싱가포르법과 영국법 중 하나를 선택하여 적용한다. 그러나 준거법을 정하지 않았을 경우에는 싱가포르에서 중재하더라도 영국법에 따르도록 하였다. 중재는 중재절차가 시작되는 당시에 시행되고 있는 싱가포르해사중재회의소(SCMA)의 중재규정에 따라 진행되며, 이 약관에서의 분쟁의 중재는 세 사람의 중재인에게 회부된다.

분쟁을 중재에 회부하기를 원하는 측이 중재인을 지정하고 그리고 상대방에게 통지를 받은 지 14월력일(calendar day) 이내에 자신의 중재인을 지정할 것을 서면으로 요구하며, 그리고 상대방이 자신의 중재인을 지정하고 14 월력일 이내에 중재인을 지정한 사실을 통보하지 않는 한 이미 지정된 중재인이 단독중재인으로 지정될 것이라고 통보하는 통지를 서면으로 보내야 한다.

만약 상대방이 14월력일 이내에 그렇게 하겠다는 통보가 없다면, 분쟁을 중재에 회부한 당사자는 다른 상대방에게 추가적으로 사전 통보할 필요 없이 단독중재인으로 그의 중재인을 지정할 수 있으며, 다른 상대방에게 그렇게 알려야 한다. 이 단독 중재인의 판정은 양당자의 합의에 의해 지정되었을 경우와 같이 양당사자 모두를 구속한다.

상대방에 대한 보상요구도 또는 다른 상대방의 반대 보상요구가 미화 15만불(또는 당사자가 합의하는 다른 금액)을 초과하지 않는 경우에는 중재가 시작되는 당시의 싱가포르해사중재회의소(SCMA) 소액중재절차에 따라 한사람의 중재인에 의해 단독중재를 진행한다.

(6) 계약당사자의 합의에 의한 중재

준거법에 대한 계약당사자의 합의가 이루어진 경우는 당연히 사적자치의 원칙에 따라 합의한 바대로 이행된다. 즉, 이 항해용선계약으로 인한 분쟁의 발생시 합의한 장소의 법을 관할법으로 하여 중재절차를 취하게 된다.

9) 세금과 부과금(tax & dues)(GENCON 1994, Clause 13 and NYPE 2015 Clause 40)

선박의 용선기간 동안에 부과되는 각종 세금과 부과금(dues, charges, taxes, duties etc)을 계약당사자 중 누가 부담하여야 하는가에 대해서, 세금과 부과금은 이해 당사자나 수혜자가 부담한다는 일반 원칙이 적용하고 있다. 즉 선박과 관련하여 부과되는 것은 선박소유자가 부담하고 화물과 운임에 관련하여 부과되는 것은 용선자가 부담한다는 원칙을 적용하고 있다. 그 내용을 용선계약의 유형별로 보다 자세하게 살펴보면 다음과 같다.

항해용선계약(GENCON 1994)에서 선박에 관련되어 부과되는 것은 선박소유자가 부담하고, 화물과 관련되어 부과되는 것은 용선자가 부담하며, 운임과 관련되어 부과되는 것은 계약 당사자가 합의하여 박스23(GENCON 1994, Part I)에 그 내용이 명시되지 않는 한, 용선자가 부담하여야 한다고 명시하고 있다. 특히 운임에 관련되어 부과되는 것을 선박소유자가 부담하게 되면, 선박소유자에게는 그 만큼 운임이 감소하게 되므로 용선자가 부담하여야 한다고 규정하고 있다.

또한 정기용선계약에서는 화물, 운임, 재운임 및 용선료와 관련하여 용선자의 지시에 따른 결과로부터 부과되는 세금이나 부과금은 선박의 국적국(country of flag)으로부터 부과되는 것을 제외하고 용선자가 부담하도록 명시하고 있다. 이것은 용선자의 지시가 용선자가 용선한 선박을 이용하여 용익하기 위한 것이기 때문에 이러한 것에 부과되는 부과금이나 세금은 용선자가 부담하는 것이 마땅하다. 그러나 정기용선자가 정기용선한 선박을 이용하여 항해용선계약을 체결하여 화물을 운송하는 경우이거나 재정기용선계약을 체결하였을 경우에는 세금 및 부과금의 부담과 관련하여서는 정기용선자는 선박소유자의 위치에 있게 되며, 항해용선계약에서의 세금 및 부과금 부담원칙이 적용된다. 따라서 운임 및 화물과 관련하여 부과되는 것은 화주가 부담하며, 재정기용선계약인 경우에 재용선료에 부과되는 것은 재용선자가 부담하여야 한다.

그러나 선박의 국적국(country of flag)에서 선박과 관련하여 부과되는 것은 용선자의 부담으로부터 제외한다고 하였는데, 국적국으로부터 부과되는 것은 선박의 소유와 관련되는 것이 대부분이기 때문에 정기용선계약에서 하에서 선박의 소유와 전혀 관련이 없는 용선자에게 세금이나 부과금의 부담을 지우지 않는 것은 당연하다 할 것이다.

한편 선체용선계약(BARECON 2001)에서는 세금이나 부과금의 부담주체에 대하여 명시하지 않고 있으나, 선체용선계약 하에서의 선체용선자는 선박을 점유하고 수익하게 되므로 선박의 소유권과 관련한 사항을 제외하고 선박의 운영과 운항에 관련하여서는 실질적인 선박소유자의 위치에 있게 되며, 세금 및 부과금의 부담과 관련하여서도 선박소유자의 위치에 있게 된다. 따라서 세금 및 부과금의 부담과 관련하여서도 상기 항해용선계약과 정기용선계약 하에서의 세금 및 부과금 부담원칙이 적용된다.

단, 선체용선계약에서는 선박의 소유와 관련한 세금이나 부과금도 선체용선자가 부담하는 경우가 대부분이다. 이것은 선박소유자에게 지불되는 선체용선료가 선박의 원리금상환을 중심으로 산정되며, 이에 대한 세금이나 부과금이 선체용선료 산정에 포함되지 않기 때문이며, 만약 이러한 세금이나 부과금을 선박소유자가 지불한다면 그만큼 원리금상환 재원이 부족할 수도 있기 때문이다.

한편 단순나용선 선박의 용선료에 대하여 원천과세(withholding tax)하는 경우가 있는데, 과세 원칙에 비추어 볼 때 선박소유자(투자자)가 납부하여야 한다. 그러나 단순나용선 선박의 용선료 수준을 정할 때에 원리금상환금액이 제일 중요한 기준이 되므로 원천과세를 선박소유자(투자자)가 지불한다면 그만큼 선박소유자의 원리금상환 재원이 줄어들게 되어 논란이 되어 용선자가 부담하는 경우가 대부분이다.

제2절 항해용선계약의 주요약관 및 해설

1. 성약서(Fixture Note)

선주와 하주 간 화물운송에 관한 오퍼단계가 마무리되면 본격적인 계약단계에 들어가게 된다. 통상 정식계약서의 교환에 앞서 주요 합의사항에 관한 확인절차로서 다음과 같이 성약서(fixture note or recap)를 만들어 계약당사자가 서명하며, 이 성약서 또한 계약서와 똑같은 효력을 지니게 된다. 실무에서 많이 사용되고 있는 항해용선 성약서 구성사례를 소개하면 다음과 같다.

"FIXTURE NOTE"(V/C)

1ST SEPT., 2023

- ACCOUNT: POSCO KWANGYANG
- DISPONENT OWRS: MOKPO MARITIME CO., LTD
- VESSEL: MV. NEW SAENURI OR TBN, MAX 20 YRS, OAP USD10,000 LUMPSUM FOR OWRS ACCT IF VSL AGE OVER 15 YRS OLD N SINGLE DECK BULK CARRIER FULLY P & I COVERED THROUGHOUT THE VOY. OWRS TO NOMINATE A PERFORMING VSL LATEST 10 DAYS PRIOR TO COMMENCEMENT OF LAYCAN.
- CARGO & QTY: IRON ORE, 180,000MT 5PCT MOL CHTR'S OPTION
- LOAD 1-2 SB 1SP PORT OF DAMPIER, AUSTRAILIA
- DISPORT: 1-2SBS/SAS, 1-2SPS, POSCO, KWANGYANG WHERE CHRTRS GTEE 13.2M SWAD AT 1ST DISPORT OR SOLE DISCHARGE PORT.
- LAYCAN: OCT/1-12, 2021
- LOAD RATE: 70,000MTS PWWD SHINC/12 TT
- DISCH RATE: 60,000 PWWD SHINC/12 TT
- FREIGHT: USD11.40 PMT BSS 1/1
  USD 0.5/MT ADDITIONAL 1/1 BSS DAMPER WHERE LIGHTENING, IF ANY, TB CONDUCTED AT LOADPORT. ADD USD 1.50 PMT ON ENTIRE CGO IF 2ND DISPORT USED
- 95PCT FREIGHT SHALL BE PAID WITHIN 7 DAYS AFTER COMPLETION OF LOADING AND S/R B(S)/L MARKED "FREIGHT PAYABLE AS PER CHARTER PARTY". BALANCE FREIGHT TO BE SETTLED TOGETHER WITH DEM/DESP WITHIN 30 DAYS AFTER COMPLETION OF DISCH AND RCVD OWNS' SUPPORTING DOCS.
- DEM/DES: USD 26,000 PDPR/DHD WTS AT BOTH ENDS.
- NOTICE OF READINESS AT LOADING PORT TO BE GIVEN DURING OFFICE HOURS 0900-1700 HOURS MONDAY THROUGH FRIDAY(SATURDAY, SUNDAY AND HOLIDAY EXCLUDED). IF VESSEL IS UNABLE TO ENTER PORT UPON ARRIVAL DUE TO PORT/BERTH CONGESTION AND VESSEL TO BE ORDERED TO WAIT OFF DAMPER PORT, THE MASTER HAD THE RIGHT TO TENDER NOR AT OUT HARBOUR PILOT STATION ONLY IF THE VESSEL IS READY TO LOAD IN EVERY RESPECT, WHETHER IN PORT OR NOT, WHETHER CUSTOM CLEARED OR NOT, WHETHER IN FREE PRATIQUE OR NOT, WHETHER IN BERTH OR NOT.
- AT LOADING PORT IF NOR (IN CABLE OR TELEX FORM) IS TENDERED AND RECEIVED BEFORE NOON 1200HRS THEN LAYTIME TO BE COMMENCED FROM 1300HRS SAME WORKING DAY; IF NOR IS TENDERED AND RECEIVED AFTER NOON THEN LAYTIME TO BE COMMENCED FROM 0900HRS NEXT WORKING DAY OR LAYTIME TO COUNT UPON COMMENCEMENT OF LOADING, WHICH FIRST OCCURS

- IF LOADING BEFORE COMMENCEMENT OF LAYCAN, THEN THE ACTUAL TIME USED BEFORE 0900HRS OF THE FIRST LAYDAY TO COUNT AS HALF.
- IF VSL MISSED THE LAYCAN AND CHTRS GRANTED OWNERS AN EXTENDED LAYCAN, THEN THE LAYTIME SHALL START TO COUNT ON VESSEL ACTUAL COMMENCE OF LOADING.
- OWNERS SHALL ADVS BY CABLE OR TELEX 10 DAYS PRIOR TO ARRIVAL OF THE VSL AT THE PORT OF SHIPMENT, IN ORDER TO ENABLE THE SHIPPERS TO MAKE PREPARATIONS FOR LOADING. THE DEFINITE NOTICE SHALL BE GIVEN 5 DAYS BEFORE THE VESSEL'S EXPECTED TIME OF ARRIVAL. IF THE VESSEL ARRIVES EARLIER THAN THE TIME GIVEN BY THE DEFINITE NOTICE, HALF TIME USED SHALL COUNT AS LOADING TIME.
- DURING THE PASSAGE FROM LOADPORT TO DISCHARGING PORT, THE OWNERS/MASTER MUST GIVE CHTRS REPORT EVERY TWO DAYS AND ADVISE THE FOLLOWING: VSL'S POSITION, DISTANCE PERFORMED DURING THE LAST TWO DAYS, AVERAGE SPEED, THE WEATHER CONDITION, DISTANCE TO THE FIRST DISCHARGE PORT, ETA FIRST DISCHARGE PORT.
- SHIFTING TIME USED TO COUNT AS LAYTIME, EXCEPT SHIFTING FROM ANCHORAGE TO 1ST BERTH. SHIFTING COSTS TO BE FOR OWRS' A/C.
- LIGHTENING: IF VSL'S ARRIVAL DRAFT AT 13.20M OR LESS, THEN EXPENSES FOR THE LIGHTENING IF ANY TO BE FOR CHTRS ACCT. OTHERWISE FOR OWNERS ACCT.
- GENCON C/P 1994 TO APPLY
- CHTRS AGENT BENDS
- COMM: 1.25PCT AS BROKERAGE
- All OTHER TERMS/CONDITIONS AS PER GENCON C/P 1994 TO APPLY
- SUB CHTRS RECFM LATEST BY 1830HRS TODAY 1ST SEPT, 2023

END

DISPONENT OWNERS	CHARTERERS
MOKPO MARITIME CO., LTD	POSCO KWANGYANG

㈜ 약어풀이

1) OAP(Over Aged Premium)
2) 1 or 2 SB(Safe Berth)/ 1 or 2SP(Safe Port)
3) 1 or 2 SB(Safe Berth)/SA(Safe Alongside), 1 or 2 SP(Safe Port)
4) PWWDSHINC(Per Working Weather Day Sunday Holiday Included)
5) CQD(Customary Quick Despatch)
6) SRB(S)/L(Shipper's Receipt Bill(s) of Lading)
7) PDPR/DHDWTS(Per Day Pro-rata/Despatch Half Demurrage Working Time Saved)
8) BENDS(Both Ends)
9) ADDCOM(Address Commission)

상기와 같이 성약서(fixture note)가 교환되면 계약이 확정된 것이므로 본선의 입출항 준비를 비롯하여 운항과 관련한 제반 사항을 점검하고 확인하여 계약이행에 차질이 없도록 만전을 기하여야 한다. 운항효율성을 제고하고 최대의 수익창출을 위하여서는 계약과 관련한 사항이 육·해상의 모든 당사자들뿐만 아니라, 화주와 수화주 등에게 명확히 전달되어 모든 이해관계인들의 유기적인 협조가 수반되어야 하기 때문이다. 항해성취를 위한 구체적인 준비 및 확인사항은 선박소유자, 용선자 및 중개인 등의 입장과 역할에 따라 다소 차이가 있을 수는 있으나 선박운항의 관점에서는 일반적으로 다음과 같다.

(1) 성약 후 마지막 항 출항이전

가. C/P Detail 최종합의사항 확인 즉, Proforma C/P를 기준하여 수정 및 보완부분 등을 재확인

나. Working Copy 교환 후 상호확인 및 최종확인이 완료된 C/P 작성 후 양 당사자에게 송부

다. 용선자로부터 계약이행에 긴요한 운항정보를 입수하여 본선을 비롯하여 선적지 및 양하지 대리점에 전달

라. 항차지시서(sailing instruction)를 본선에 전달

마. 선적지 및 양하지 대리점 등을 지정하여 용선자에게 전달 및 항비예상견적수령

(2) 마지막 항 출항 후 선적지 도착이전

가. 선적지 대리점으로부터 항만정보나 화물준비상황 등에 관한 정보를 입수하여 용선자 등에게 전달

나. 적부계획서(stowage plan) 등을 본선으로부터 입수하여 선적지 대리점에 전달.

다. 계약상 명시된 일정에 따른 본선의 동정 및 선적지 도착예정일 등을 용선자 및 선적지 대리점, 선적자(shippers) 등에게 전달

라. 필요시 기상서비스(weather routing service) 등을 활용하여 본선에 전달

(3) 선적항 도착 후 선적완료 및 출항이전

가. N/R Tender 및 세관검역 등 절차 후 선적항 접안대기 Line-up 상황확인 및 예상접안시기(ETB: Estimated Time of Berth)/작업개시/출항시기(Estimated Time of Departure: ETD) 등 확인

나. 정박중 선원교체나 선용품공급, 수리, 급유계획 등 확인

다. 당초의 적부계획에 따른 선적여부 및 부적화물 등 발생 시 클레임 대비 거증자료 확보를 위한 대비철저

라. 선적결과확인 및 선적항 출항일시, 양하항 도착예정시간(Estimated Time of Arrival: ETA) 등 확인 후 용선자 및 양하항 대리점, 수화주 등에게 통보

(4) 선적항 출항 후 양하항 도착이전

가. B/L, SOF(Statement of Fact), 정박시간일지(Time Sheet) 및 적하물목록(Manifest) 등의 제반 선적서류를 선적지 대리점을 통하여 선박소유자와 용선자측에 전달

나. 용선계약상 약정된 운임율을 선적량에 따라 적용하여 운임청구서(Freight Invoice)를 만들어 용선자측에 청구하고 약정된 기일 내에 수령토록 함

다. 용선계약서에 정한 선박소유자 측의 용선자에 대한 본선 양하항 도착예정시간 통보 준수여부 확인

라. 항해 중 불가피한 이로(deviation) 등 지체사유발생 시 용선박소유자 등 관계인에게 통보

마. 선적서류에 근거한 선적항의 체선료(demurrage) 및 조출료(quick dispatch money) 계산 후 용선자 측에 전달하여 정산촉구

바. 확정된 양항 적기 통보여부 및 복수양항 입항시 입항순서(rotation) 확정통보.

사. 용선자 또는 수하인의 양항대리점 Full Style(대리점명, 주소, e-mail, 전화, 팩스, 담당자명, 휴대폰 등)을 선박소유자 측에 통보

아. 양하항에서 발생될 예상항비를 양항대리점을 통하여 확인 및 송금

(5) 양하항 도착 후 양하완료 및 출항이전

가. 양하준비완료통지서 제출(N/R tender), 세관/검역(CIQ) 절차필 및 양하항 먼저 도착한 선박들의 Line-up 및 접안 및 양하개시 스케줄 등 확인하여 용선자에게 통지

나. 양항에서 정박 중 예정된 선박소유자 측의 제반 사항들(선원교제, 선용품수급, 수리 및 유류급 등)을 확인. 적기접안, 작업개시, 작업완료를 위한 현지대리점 및 용선자측과 협의

(6) 양하완료 및 출항이후

가. 양하완료 후 본선출항정보(도착, NORT, 작개, 작완, 출항일시 및 본선 ROB : FO, DO, FW 등)통지, 양항대리점의 양하서류(N/R, SOF, Time Sheet 등) 송부

나. 미정산운임(10% if any)에 대한 Invoice 발행과 이에 대한 용선자측의 적기지불 및 정산

다. 양하서류에 근거한 양항에서의 체선/조출료계산과 상호전달 및 선적항 통산 후 정산

라. 항차수행 중 제기된 제반 분쟁(dispute or claim) 등에 대한 상호타협(commercial compromise) 혹은 중재(arbitration) 회부 시 수반되는 후속 조치관리 및 최종 타결 확인

마. 제반문제 종료 후 중개인 수수료(brokerage or commission)의 정산. 중개인 수수료는 체선료, 조출료 및 부적운임(dead freight)에게도 적용됨을 유의해야 함

2. 항해용선계약서의 약관(Main Clause)

GENCON(1994)은 제1부(Part Ⅰ)와 제2부(Part Ⅱ)로 구성되어 있다. 제1부는 계약의 내용을 쉽게 파악할 수 있도록 계약의 주요 사항을 26개 항목으로 정리하고 있다. 제2부는 항해용선계약상 일반적인 공통사항으로 19개 조항을 두고 있다.

GENCON과 같은 표준서식의 배열은 단순한 모양을 위한 사항은 아니며, 논리적 배열에 따른 것으로 용선계약서의 해석에도 영향을 미친다. 예전의 서식은 통상 계약당사자, 용선기간, 용선료, 운임 및 항해명세와 본선의 명세 등을 공란에 기입하게 하는 단일문서로 되어 있었지만, 1970년대 서식이 개정되면서 서식이 둘로 분리되게 되었다. 즉 제1부에서는 기입해야 할 공란 또는 박스를 배열하고, 제2부에는 표준약관을 두는 형식이다.

| 그림 5-5 | BIMCO HOUSE

GENCON도 박스 형식을 취하고 있으며, 이러한 방식의 장점은 용선계약에 있어 표준약관의 변경을 원하지 않는 경우에 제1부만 기재하여 당사자에게 송부하고 제2부는 간단한 문언으로 편입시킨다.

BIMCO(Baltic Int'l Maritime Council)는 덴마크 코펜하겐에 본부를 두고 있으며 회원제 조직으로 주요 해운표준서식을 만들고, 주요 정보로 일일화물시장가격과 해운선적 비용지수, 항만정보 등이 있으며, 화물선물시장(FFAs)과 선박 거래시장 등을 제공한다.

PART I

GENCON FORM 1994

1. Shipbroker	RECOMMENDED THE BALTIC AND INTERNATIONAL MARITIME CONFERENCE UNIFORM GENERAL CHARTER (AS REVISED 1922, 1976 AND 1994) INCLUDING "F.I.O." ALTERNATIVE, ETC. (To be used for trades for which no approved form is in force) CODE NAME : "GENCON" Part I
	2. Place and date
3. Owners/Place of business(Cl.1)	4. Charterers/Place of business(Cl.1)
5. Vessel's name(Cl.1)	6. GRT/NRT(Cl.1)
7. Deadweight cargo carrying in tons(abt.) (Cl.1)	8. Present position(Cl.1)
9. Expected ready to load(Cl.1)	
10. Loading port or place(Cl.1)	11. Discharging port or place(Cl.1)
12. Cargo(also state quantity and margin in Owner's option, if agreed; if full and complete cargo not agreed state "part cargo")(Cl.1)	
13. Freight rate(also if payable on delivered or intaken quantity(Cl.4)	14. Freight payment(state currency and method of payment; also beneficiary and bank account)(Cl.4)
15. State if vessel's cargo handling gear shall not be used(Cl.5)	16. Laytime(if separate laytime for load and disch. is agree, fill in a) and b). If total laytime for load, and disch, fill in c) only)(Cl.6)
17. Shippers/Place of business(Cl.6)	(a) Laytime for loading
18. Agents(loading)(Cl.6)	(b) Laytime for discharging
19. Agents(discharging)(Cl.6)	(c) Total laytime for loading and discharging
20. Demurrage rate(loading and discharging) (Cl.7)	21. Cancelling date(Cl.9)
	22. General Average to be adjusted at(Cl.12)
23. Freight Tax(state if for the Owners' account (Cl.13(c))	24. Brokerage commission and to whom payable (Cl.15)
25. Law and Arbitration (state 19(a), 19(b) or 19(c) of Cl.19; if 19(c) agreed also state Place of Arbitration)(if not filled in 19(a) shall apply)(Cl.19)	
(a) State maximum amount for small claims/shortened arbitration(Cl.19)	26. Additional clauses covering special provisions, if agreed

It is mutually agreed that this Contract shall be performed subject to the conditions contained in this Charter Party which shall include Part I as well as Part II. In the event of a conflict of conditions, the provisions of Part I shall prevail over those of Part II to the extent of such conflict.

Signature(Owners)	Signature(Charterer)

GENCON FORM 1994

<table>
<tr><td rowspan="2">1. 선박중개인</td><td>권고양식
발틱국제해사협의회
FIO 와 대체를 포함한 통합 일반 용선계약서
(1992, 1976, 1994년 개정)
(특정의 승인된 계약서가 사용되도록 규정되지 않은 거래에 사용)
코드명 : GENCON 제1부</td></tr>
<tr><td>2. 장소 및 일자</td></tr>
<tr><td>3. 선박소유자/영업소(1조)</td><td>4. 용선자/영업소(1조)</td></tr>
<tr><td>5. 선박명(1조)</td><td>6. 총톤수/순톤수(1조)</td></tr>
<tr><td>7. 재화중량톤수(DWT)(개략)(1조)</td><td rowspan="2">8. 선박의 현재위치(1조)</td></tr>
<tr><td>9. 선적준비예정일(1조)</td></tr>
<tr><td>10. 선적항 또는 장소(1조)</td><td>11. 양륙항 또는 장소(1조)</td></tr>
<tr><td colspan="2">12. 화물(1조) 만약 합의하였다면, 선박소유자의 선택권이 있는 수량과 여유분이라고 기재하고, 만재화물의 적재가 합의되지 않았다면, “부분화물”이라고 기재</td></tr>
<tr><td>13. 용선료(선지급 또는 도착지급 기재)(4조)</td><td>14. 용선료의 지급(통화, 지급방법, 수령인, 은행계좌 기재((4조)</td></tr>
<tr><td>15. 선박의 하역장치를 사용하지 않는 경우 기재(5조)</td><td>16. 정박기간(선적과 양륙의 별도 정박기간 합의시 a)와 b)기재, 선적과 양륙의 통합 정박기간 합의시 c)만 기재(6조)</td></tr>
<tr><td>17. 선적의뢰인/영업소(6조)</td><td>(a) 선적기간</td></tr>
<tr><td>18. 대리인(선적)(6조)</td><td>(b) 양륙기간</td></tr>
<tr><td>19. 대리인(양륙)(6조)</td><td>(c) 선적 · 양륙의 통합 정박기간</td></tr>
<tr><td rowspan="2">20. 체선료 및 지급방법(선적 및 양륙)(7조)</td><td>21. 계약해제일자(9조)</td></tr>
<tr><td>22. 공동해손정산장소(12조)</td></tr>
<tr><td>23. 용선료 세금(선박소유자 계산 기재)(13조c)</td><td rowspan="2">24. 중개수수료 및 수령인(15조)</td></tr>
<tr><td>25. 준거법 및 중재(19조의 a), b), c) ; 19조의 c)로 합의된 경우 중재의 장소를 기재)
(지정하지 않은 경우 19조 a)를 적용)</td></tr>
<tr><td>(a) 소액 중재/약식 중재의 최대금액을 기술</td><td>26. 합의된 특약조항</td></tr>
</table>

이 계약은 제1부와 제2부로 구성되는 이 용선계약서에 규정된 조건에 따라 이행할 것을 상호 합의한다. 규정조건이 충돌하는 경우에는 그 충돌의 범위 내에서 용선계약서 제1부의 규정이 제2부 규정에 우선하는 것으로 한다.

서명(선박소유자)	서명(용선자)

PART II(제2부)

"GENCON Charter"(As revised 1922, 1976 and 1994)
"GENCON 용선계약"(1922, 1976 및 1994년 다음과 같이 수정됨)

Claue 1(계약의 합의)

1. It is agreed between the party mentioned in Box 3 as the Owners of the Vessel named in Box 5, of the GT/NT indicated in Box 6 and carrying about the number of metric tons of deadweight capacity all told on summer loadline stated in Box 7, now in position as stated in Box 8 and expected ready to load under this Charter Party about the date indicated in Box 9, and the party mentioned as the Charterers in Box 4 that:
The Said vessel shall, as soon as her prior commitments have been completed, proceed to the loading port(s) or place(s) stated in Box 10 or so near thereto as she may safely get and lie always afloat, and there load a full and complete cargo(if shipment of deck cargo agreed same to be at the Charterers' risk and responsibility) as stated in Box 12, which the Charterers bind themselves to ship, and being so loaded the Vessel shall proceed to the discharging port(s) or place(s) stated in Box 11 as ordered on signing Bills of Lading, or so near thereto as she may safely get and lie always afloat, and there deliver the cargo.

이 계약서는 박스 5에 기재된 선박, 즉 박스 6에 표시된 총톤수/순톤수 및 박스 7에 기재된 하계 만재흘수선에 따른 재화중량톤과 거의 동일한 톤수를 운송하며, 현재 박스 8에 기재된 위치에 있으며, 이 용선계약에 따라 박스 9에 기재된 일자에 선적준비가 되어 있는 선박의 선박소유자로서 박스 3에 기재된 당사자와 박스 4에 기재된 용선자로서의 당사자는 다음과 같이 합의한다.
이 선박은 이전의 계약이 종료된 후 지체 없이 박스 10에 기재된 선적항이나 장소 또는 선박이 안전하게 도착하고 항상 떠 있을 수 있는 가까운 장소로 이동하여야 하며, 이곳에서 용선자가 선적하기로 약정한 박스 12의 기재에 따라 만재화물을 적재하여야 한다(갑판적 화물의 선적을 합의한 경우에는 용선자의 위험과 책임으로 한다). 선적이 완료된 선박은 선하증권의 서명과 함께 지시하는 바에 따라 박스 11에 기재된 양륙항이나 장소 또는 선박이 항상 안전하게 그리고 그 화물을 용선자 자신에 의해 묶어 고정되고, 선적되어서 서명된 선하증권에 따라 본선은 박스 11에 명기된 양륙항 혹은 장소로 향하거나 본선이 항상 안전하게 도착하고 떠 있을 수 있는 근접한 장소로 출항하여야 하며, 화물은 그 곳에서 인도한다.

Clause 2. Owners' Responsibility Clause(선박소유자의 책임약관)

The Owners are to be responsible for loss of or damage to the goods or for delay in delivery of the goods only in case the loss, damage or delay has been caused

by personal want of due diligence on the part of the Owners or their Manager to make the Vessel in all respects seaworthy and to secure that she is properly manned, equipped and supplied, or by the personal act or default of the Owners or their Manager.
And the Owners are not responsible for loss, damage or delay arising from any other cause whatsoever, even from the neglect or default of the Master or crew or some other person employed by the Owners on board or ashore for whose acts they would, but for this Clause be responsible or from unseaworthiness if the Vessel on loading or commencement of the voyage or at any time whatsoever.

선박소유자는 화물의 멸실, 훼손이나 인도 지연에 대하여 책임을 부담하지만, 그러한 멸실, 훼손 및 인도 지연이 모든 면에서 선박의 감항성을 갖추고 적절한 선원, 장비, 선용품 등을 갖춰야 할 선박소유자 또는 관리인의 개인적인 상당한 주의의무의 결여에 기인하거나 또는 선박소유자나 관리인의 작위(act) 또는 태만(default)에 기인한 경우에 대해서만 그 책임을 부담한다. 또한 선박소유자는 그 이외 어떠한 원인으로 인한 멸실, 훼손 및 지연에 대하여도 책임을 부담하지 아니한다. 비록 그러한 손해가 선장, 선원 또는 선박소유자가 고용한 선상 또는 육상에서 작업할 인원의 과실이나 태만으로 인한 것으로 본 규정이 없었다면 책임을 지게 될 행위로 인하여 발생하였거나 또는 선적, 항해의 개시 또는 어떠한 때라도 그로 인한 선박의 불감항으로 인한 손해에 대해서 책임을 부담하지 아니한다.

Clause 3. Deviation Clause(이로약관)

The vessel has liberty to call at any port or ports in any order, for any purpose, to sail without pilots, to tow and/or assist Vessels in all situations, and also to deviate for the purpose of saving life and/or property.

이 선박은 어떠한 항구라도 그 순서에 상관없이, 어떠한 목적으로라도 기항할 수 있으며, 어떠한 상황에서라도 도선사 없이 항해하거나 다른 선박을 예인 그리고/또는 원조하고, 또한 인명 그리고/또는 재산을 구조할 목적으로 이로를 할 수 있는 자유를 가진다.

Clause 4. Payment of Freight(운임지급)

(a) The freight at the rate stated in Box 13 shall be paid in cash calculated in the intaken quantity of cargo.
(b) Prepaid. If according to Box 13 freight to be paid on shipment, it shall be deemed earned and non-returnable, vessel and/or cargo lost or not lost. Neither the Owners nor their agents shall be required to sign or endorse bills of lading showing freight prepaid unless the freight due to the Owners has actually been paid.
(c) On delivery. If according to Box 13 freight, or part thereof, is payable at destination it shall not be deemed earned until the cargo is thus delivered.

Notwithstanding the provisions under(a), if freight or part thereof is payable on delivery of the cargo the Charterers shall have the option of the paying the freight on delivered weight/quantity provided such option is declared before breaking bulk and the weight/quantity can be ascertained by official weighing machine, joint draft survey or tally.
Cash for Vessel's ordinary disbursements at the port of loading to be advanced by the Charterers, if required, at highest current rate of exchange, subject to two (2) percent to cover insurance and other expenses.

(a) 운임은 박스 13에 기재된 요율과 선적된 화물량에 따라 계산한 금액을 현금으로 지급되어야 한다.
(b) 선지급. 박스 13에 따라 운임이 선적 시 지급되는 경우에는 이를 선박 그리고/또는 화물이 손실되든 아니든 반환되지 않는 것으로 본다.
운임이 실제로 지급되기 전에는 선박소유자나 그의 대리인은 운임 선급이라고 표시한 선하증권에 서명하거나 배서할 것을 요구받지 아니한다.
(c) 인도 시 지급. 박스 13에 따라 운임의 전부 또는 일부가 목적항에서 지급하기로 되어 있는 경우에는 화물이 인도될 때까지 운임을 수령한 것으로 간주되지 않는다. (a)항에도 불구하고, 운임 또는 그 일부를 화물 인도 시에 지급하기로 한 경우에는 인도된 화물의 중량/수량에 따라 용선료를 지급할 선택권을 가진다. 다만, 이 경우에는 선택권의 행사를 화물 양륙 개시 이전에 통지하고, 화물의 중량/수량이 공식적인 계량기나 합동 흘수선 조사 또는 검수에 의하여 확인될 수 있다.
선적항에서 선박의 통상적인 비용지출을 위한 현금 가불을 용선자가 요구받은 경우에는 필요하다면 당시의 최고 환율로 계산하고, 2%의 보험료 및 기타 비용을 합산하여 적용한다.

Clause 5. Loading/Discharging(선적 및 양륙)

(a) Costs/Risks
The cargo shall be brought into the holds, loaded, stowed and/or trimmed, tallied, lashed and/or secured and taken from the holds and discharged by the Charterers, free of any risk, liability and expenses whatsoever to the Owners. The Charterers shall provide and lay all dunnage material as required for the proper stowage and protection of the cargo on board, the Owners allowing the use of all dunnage available on board. The Charterers shall be responsible for and pay the cost of removing their dunnage after discharge of the cargo under this Charter Party and time to count until dunnage has been removed.

(a) 비용/위험부담
용선자는 화물을 화물창으로 반입/적재하고, 적부 그리고/또는 고르기, 정리, 고정 그리고/또는 고박하고 그리고 이를 화물창에서 반출하고 양륙하는 작업을 수행하며, 선박소유자는 이에 대하여 어떠한 위험과 책임 그리고 비용을 부담하지 아니한다. 용선자는 선적된 화물의 적정한 적부와 보호에 필요한 모든 화물깔개(dunnage)를 제공하고 설치하여야 하며, 선박소유자는 선박에 구비되어있는 모든 사용 가능한 화물깔개의 사용을 허용하여야 한다. 용선자는 이 용선계약에 따라 화물을 양륙한 후 화물깔개의 제거의무를 부담하며, 그 비용을 지급하여야 한다. 이를 제거하는 시간은 정박기간에 산입한다.

(b) Cargo Handling Gear
Unless the Vessel is gearless or unless it has been agreed between the parties that the Vessel's gear shall not be used and stated as such in Box 15, the Owners shall throughout the duration of loading/discharging give free use of the Vessel's cargo handling gear and of sufficient motive power to operate all such cargo handling gear. All such equipment to be in good working order. Unless caused by negligence of the stevedores, time lost by breakdown of the Vessel's cargo handling gear or motive power - pro rata the total number of cranes/winches required at that time for the loading/discharging of cargo under this Charter Party - shall not count as laytime or time on demurrage. On request the Owners shall provide free of charge cranemen/winchmen from the crew to operate the Vessel's cargo handling gear, unless local regulations prohibit this, in which latter event shore laborers shall be for the account of the Charterers. Cranemen/winchmen shall be under the Charterers' risk and responsibility and as stevedores to be deemed as their servants but shall always work under the supervision of the Master.

(b) 하역장치
이 선박이 하역장치가 없는 선박이 아닌 경우 또는 박스 15의 기재에 따라 선박의 하역장치를 사용하지 않기로 당사자 사이에 합의된 경우가 아니라면, 선박소유자는 선적/양륙의 전체 기간동안 선박 하역장치를 무료로 사용하도록 제공하며, 이런 모든 하역장치의 작동에 필요한 충분한 동력을 공급하여야 한다. 이들 장비는 모두 양호한 상태로 유지되어야 한다. 하역 인부의 과실이 없는 한 선박의 하역장치의 고장이나 동력의 부족으로 인한 시간 손실은 정박기간이나 체선료 산정 시간에 산입되지 아니한다. 다만, 이 용선계약상 당시에 요구되는 화물의 선적/양륙용 크레인/윈치의 총 숫자에 비례하여 계산한다. 그 지역의 법규가 금지하고 있는 경우가 아니라면, 선박소유자는 청구가 있는 경우 선원 중에서 선박의 하역장치를 운전할 크레인/윈치 운전요원을 무상으로 제공하여야 한다. 위 단서의 경우 육상 하역인부는 용선자의 비용부담으로 한다. 크레인/윈치 운전요원은 용선자의 위험부담과 책임으로 하며, 하역인부는 용선자의 사용인으로 간주하지만 항상 선장의 감독 하에 작업을 수행하여야 한다.

(c) Stevedore Damage
The Charterers shall be responsible for damage (beyond ordinary wear and tear)

to any part of the Vessel caused by Stevedores. Such damage shall be notified as soon as reasonably possible by the Master to the Charterers or their agents and to their Stevedores, failing which the Charterers shall not be held responsible. The Master shall endeavor to obtain the Stevedores' written acknowledgment of liability. The Charterers are obliged to repair any stevedore damage prior to completion of the voyage, but must repair stevedore damage affecting the vessel's seaworthiness or class before the Vessel sails from the port where such damage caused or found. All additional expenses incurred shall be for the account of the Charterers and any time lost shall be for the account of and shall be paid to the Owners by the Charterers at the demurrage rate.

(c) 하역인부에 의한 손상
용선자는 통상적인 자연 마모와 손상을 넘어서는 경우에 하역인부에 의한 선박의 손상에 대해 책임을 부담한다. 이러한 손상이 발생한 경우 선장은 가능한 한 빠른 시간내에 용선자나 그 대리인 그리고 하역인부에게 이를 통지하여야 하며, 이를 이행하지 아니한 경우에 용선자는 책임을 부담하지 아니한다. 선장은 하역인부로부터 책임 인정 확인서를 받도록 노력하여야 한다.
용선자는 항해가 종료되기 이전에 하역인부에 의한 어떠한 손상이라도 수리하여야 할 의무가 있다. 그러나 선박의 감항성이나 선급에 영향을 미치는 손상에 대해서는 그 손상이 발생 또는 발견된 항구에서 출항하기 전에 반드시 수리되어야 한다. 여기에 발생된 모든 부가비용은 용선자가 부담하며, 선박 수리에 소요된 시간에 대해서는 체선료율에 따라 용선자가 선박소유자에게 지급하여야 한다.

Clause 6. Laytime(정박기간)

*(a) Separate laytime for loading and discharging
The cargo shall be loaded within the number of running days/hours as indicated in Box 16, weather permitting, Sundays and holidays excepted, unless used, in which event time used shall count.
The cargo shall be discharged within the number of running days/hours as indicated in Box 16, weather permitting, Sundays and holidays excepted, unless used, in which event time used shall count.

(a) 선적과 양륙 시 정박기간의 분리
화물은 날씨가 허용되는 한 박스 16에 기재된 연속일수/시간 이내에 적재되어야 한다. 일요일과 공휴일은 선적작업이 없으면 산입되지 아니하며, 선적작업이 있는 경우에는 그 시간을 산입한다.
화물은 날씨가 허용되는 한 박스 16에 기재된 연속일수/시간 이내에 양륙되어야 한다. 일요일과 공휴일은 양륙작업이 없으면 산입되지 아니하며, 양륙작업이 있는 경우에는 그 시간을 산입한다.

*(b) Total laytime for loading and discharging
The cargo shall be loaded and discharged within the number of total running days/hours as indicated in Box 16, weather permitting, Sundays and holidays excepted, unless used, in which event time used shall count.

(b) 선적과 양륙 시 총 정박기간
화물은 날씨가 허용되는 한 박스 16에 기재된 연속일수/시간 이내에 선적 및 양륙되어야 한다. 일요일과 공휴일은 선적/양륙작업이 없으면 산입되지 아니하며, 선적/양륙작업이 있는 경우에는 그 시간을 산입한다.

(c) Commencement of laytime (loading and discharging)
Laytime for loading and discharging shall commence at 13.00 hours, if notice of readiness is given up to and including 12.00 hours, and at 08.00 hours next working day if notice given before 17.00 and after 12.00 hours . Notice of readiness at loading port to be given to the Shippers named in Box 17 or if not named, to the Charterers or their agents named in Box 18. Notice of readiness at the discharging port to be given to the Receivers or, if not known, to the Charterers or their agents named in Box 19.
If the loading/discharging berth is not available on the Vessel's arrival at or off the port of loading/discharging, the Vessel shall be entitled to give notice of readiness within ordinary office hours on arrival there, whether in free pratique or not, whether customs cleared or not. Laytime or time on demurrage shall then count as if she were in berth and in all respects ready for loading/discharging provided that the Master warrants that she is in fact ready in all respects. Time used in moving from the place of waiting to the loading/ discharging berth shall not count as laytime.
If, after inspection, the Vessel is found not to be ready in all respects to load/discharge time lost after the discovery thereof until the Vessel is again ready to load/discharge shall not count as laytime.
Time used before commencement of laytime shall count.
* Indicate alternative (a) or (b) as agreed, in Box 16.

(c) 정박기간의 개시(선적 및 양륙)
선적 및 양륙을 위한 정박기간은 하역준비완료통보(NOR)를 12시 또는 그 이전에 행한 경우에는 13시에 개시되며, 준비완료통보를 12시 이후 업무시간 이내에 행한 경우에는 그 다음 작업일 8시에 개시된다. 선적항에서는 선적 준비의 완료를 박스 17에 기재된 송하인, 또는 그 기재가 없는 경우에는 용선자에게, 또는 박스 18에 기재된 이들의 대리인에게 통지하여야 한다. 양륙항에서는 양륙준비의 완료를 수하인에게, 또는 이를 알지 못하는 경우에는 용선자나 박스 19에 기재된 이들의 대리인에게 통지하여야 한다.

선박이 선적/양륙항에 도착하거나 항의 밖에 도착하였을 때 선적/양륙을 위한 선석이 확보되지 못한 경우에도 검역통과 여부나 세관통관 여부와 상관없이 도착 후 바로 통상적인 업무시간 내에 선적/양륙 준비의 완료를 통지할 수 있다. 이 경우 선장이 사실상 모든 면에서 선적/양륙 준비가 완료되었다는 사실을 보증하면 선박이 선석에서 선적/양륙 준비가 모든 면에서 완료된 것과 동일하게 정박기간이나 체선료 기간이 산정된다. 선박이 대기하고 있던 장소에서부터 선적/양륙 선석으로 이동하는 데에 소요된 시간은 정박기간에 산입되지 아니한다.
만약 검사 후에 선박이 선적 또는 양륙작업을 위하여 모든 면에서 준비가 완료되지 못한 점이 발견되면 그 때부터 선박이 선적/양륙 준비가 완료될 때까지의 시간은 정박기간에 산입하지 아니한다.
*박스 16의 합의에 따라 (a) 또는 (b) 중에서 하나를 선택할 것

Clause 7. Demurrage(체선료)

Demurrage at the loading and discharging port is payable by the Charterers at the rate stated in Box 20 in the manner stated in Box 20 per day or pro rata for any part of a day. Demurrage shall fall due day by day and shall be payable upon receipt of the Owners' invoice.
In the event the demurrage is not paid in accordance with the above, the Owners shall give the Charterers 96 running hours written notice to rectify the failure. If the demurrage is not paid at the expiration of this time limit and if the vessel is in or at the loading port, the Owners are entitled at any time to terminate the Charter Party and claim damages for any losses caused thereby.

선적항과 양륙항에 있어서의 체선료는 박스 20에 기재된 요율과 방법으로 용선자가 일당 또는 1일에 대한 일정한 비율로 지급한다. 체선료의 지급 기일은 매일 도래하며, 선박소유자의 청구서를 받는 즉시 지급하여야 한다. 위의 규정에 따라 체선료가 지급도지 아니하는 경우 선박소유자는 연속된 96시간 이내에 이행지체를 해결하도록 용선자에게 서면으로 통지하여야 한다. 체선료가 이러한 시한이 종료되기까지 지급되지 아니하고 선박이 선적항이나 그 구역내에 있는 경우 선박소유자는 언제나 용선계약을 해제하고 그로 인한 손실에 대해 손해배상청구권을 가진다.

Clause 8. Lien Clause(유치권)

The Owners shall have a lien on the cargo and on all sub-freights payable in respect of the cargo, for freight, deadfreight, demurrage, claims for damages and for all other amounts due under this Charter Party including costs of recovering same.

선박소유자는 운임, 부적운임, 체선료, 손해배상금액, 그 밖에 이 용선계약에 따라 지급받을 기타 금액과 이를 확보하기 위한 구상비용을 위하여 화물 및 화물과 관련하여 지급될 운임부대비용에 대해 유치권을 가진다.

Clause 9. Cancelling Clause(계약해제)

(a) Should the Vessel not be ready to load (whether in berth or not) on the cancelling date indicated in Box 21, the Charterers shall have the option of cancelling this Charter Party.

(b) Should the Owners anticipate that, despite the exercise of due diligence, the Vessel will not be ready to load by the cancelling date, they shall notify the Charterers thereof without delay stating the expected date of the Vessel's readiness to load and asking whether the Charterers will exercise their option of cancelling the Charter Party, or agree to a new cancelling date.

Such option must be declared by the Charterers within 48 running hours after the receipt of the Owners' notice. If the Charterers do not exercise their option of cancelling, then this Charter Party shall be deemed to be amended such that the seventh day after the new readiness date stated in the Owners' notification to the Charterers shall be the new cancelling date.

The provisions of sub-clause (b) of this Clause shall operate only once, and in case of the Vessel's further delay, the Charterers shall have the option of cancelling the Charter Party as per sub-clause (a) of this Clause.

(a) 선박이 (선석에 있거나 없거나를 불문하고) 박스 21에 기재된 계약해제일까지 선적준비가 완료되지 아니한 경우 용선자는 이 용선계약을 해제할 수 있는 선택권이 있다.

(b) 상당한 주의를 다함에도 불구하고 계약해제일까지 선박의 선적준비가 완료되지 못할 것으로 예상되는 경우 선박소유자는 이를 용선자에게 지체없이 통지하여야 한다. 이 경우 선박소유자는 선박의 선적준비완료 가능일자를 명시하고, 용선자가 용선계약의 해제권을 행사할 것인지, 또는 새로운 계약해제일을 합의할 것인지의 여부를 문의하여야 한다. 이러한 선택권에 관하여는 선박소유자의 통지수령 후 연속 48시간 이내에 용선자가 통보하여야 한다. 용선자가 계약해제권을 행사하지 않을 경우 이 용선계약은 선박소유자가 용선자에게 통지한 새로운 선적준비 완료일로부터 7일째를 새 계약해제일로 변경된 것으로 본다.

이 조항 (b)항의 규정은 1회에 한하여 적용되며, 선박이 더 이상 지체되는 경우 용선자는 이 조항 (a)항의 규정에 따라 용선계약을 해제할 수 있는 선택권이 있다.

Clause 10. Bills of Lading(선하증권)

Bills of Lading shall be presented and signed by the Master as per the "Congenbill" Bill of Lading form, Edition 1994, without prejudice to this Charter Party, or by the Owners' agents provided written authority has been given by Owners to the agents, a copy of which is to be furnished to the Charterers. The Charterers shall indemnify the Owners against all consequences or liabilities that may arise from the signing of bills of lading as presented to the extent that the terms or contents of such bills of lading impose or result in the imposition of more onerous liabilities upon the Owners than those assumed by the Owners under this Charter Party.

선하증권은 이 용선계약의 권리를 침해하지 아니하고, "Congenbill" 선하증권 1994년 개정양식에 따라 선장에게 제시하고 선장의 서명을 받아야 한다. 또한 선박소유자의 대리인도 그 권한이 서면에 의하여 선박소유자로부터 대리인에게 수여된 경우에는 선하증권을 제시받고 이에 서명할 수 있으며, 이 경우 그 서면의 사본을 용선자에게 제출하여야 한다. 용선자는 선하증권상의 용어나 내용이 이 용선계약에 의한 선박소유자의 부담을 초과하는 책임을 선박소유자에게 부과하거나 초래하는 경우 제시된 선하증권의 서명으로 인하여 야기될 수 있는 결과 또는 책임에 대하여 선박소유자의 초과 부담을 보상해 주어야 한다.

Clause 11. Both-to-Blame Collision Clause(쌍방과실충돌약관)

If the Vessel comes into collision with another vessel as a result of the negligence of the other vessel and any act, neglect or default of the Master, Mariner, Pilot or the servants of the Owners in the navigation or in the management of the Vessel, the owners of the cargo carried hereunder will indemnify the Owners against all loss or liability to the other or non-carrying vessel or her owners in so far as such loss or liability represents loss of, or damage to, or any claim whatsoever of the owners of said cargo, paid or payable by the other or non-carrying vessel or her owners to the owners of said cargo and set-off, recouped or recovered by the other or non-carrying vessel or her owners as part of their claim against the carrying Vessel or the Owners. The foregoing provisions shall also apply where the owners, operators or those in charge of any vessel or vessels or objects other than, or in addition to, the colliding vessels or objects are at fault in respect of a collision or contact.

용선선박이 다른 선박의 과실 및 용선선박의 항해 또는 관리에 있어서 선장, 해원, 도선사 또는 선박소유자의 사용인의 행위, 과실 또는 부주의의 결과로서 다른 선박과 충돌한 경우에 이 용선계약에 따라서 운송되는 화물의 소유자는 용선선박 소유자가 다른 선박(비적재선) 또는 그 선박소유자에 대하여 배상하여야 할 모든 손해 또는 채무를 보상하여야 한다. 그러한 손해 또는 채무는 용선선박상의 화물 소유자의 멸실 또는 훼손 또는 일체의 청구를 표시하고, 다른 선박(비적재선) 또는 그 선박의 소유자로부터 위 화물 소유자에게 지급하였거나 지급하게 될 금액과 그리고 다른 선박(비적재선) 또는 그 선박의 소유자가 적재선인 용선선박 또는 용선선박의 소유자에 대한 손해배상 청구액의 일부로서 상계, 공제 또는 회수할 수 있었던 범위의 것으로 한다.

Clause 12. General Average and New Jason Clause(공동해손과 뉴 제이션 약관)

General Average shall be adjusted in London unless otherwise agreed in Box 22 according to York-Antwerp Rules 1994 and any subsequent modification thereof. Proprietors of cargo to pay the cargo's share in the general expenses even if same have been necessitated through neglect or default of the Owners' servants (see Clause 2). If General Average is to be adjusted in accordance with the law and practice of the United States of America, the following Clause shall apply: "In the event of accident, danger, damage or disaster before or after the commencement of the voyage, resulting from any cause whatsoever, whether due to negligence or not, for which, or for the consequence of which, the Owners are not responsible, by statute, contract or otherwise, the cargo shippers, consignees or the owners of the cargo shall contribute with the Owners in General Average to the payment of any sacrifices, losses or expenses of a General Average nature that may be made or incurred and shall pay salvage and special charges incurred in respect of the cargo. If a salving vessel is owned or operated by the Owners, salvage shall be paid for as fully as if the said salving vessel or vessels belonged to strangers. Such deposit as the Owners, or their agents, may deem sufficient to cover the estimated contribution of the goods and any salvage and special charges thereon shall, if required, be made by the cargo, shippers, consignees or owners of the goods to the Owners before delivery."

공동해손은 박스 22에 별도로 합의되어 있지 않은 한, 1994년 요크 앤트워프규칙과 그 이후의 수정규칙에 따라 런던에서 정산한다. 화물의 소유자는 공동해손 비용이 선박소유자의 사용인의 부주의나 과실에 기인한 경우에도 공동해손 비용에 대한 화물측의 분담액을 지급하여야 한다(제2조 참조).
공동해손이 미국의 법령과 관행에 따라 정산되는 경우에는 아래의 조항을 적용한다. "선박의 항해개시 이전이거나 또는 이후이거나, 선박소유자가 그의 과실에 기인한 것인지의 여부를 불문하고, 이유가 무엇이든지 간에, 법률이나 계약 또는 기타에 의하여 그 자체 또는 결과에 대한 손해배상책임을 부담하지 아니하는 사고, 위험, 손해, 해난이 발생한 경우에, 화물의 송하인이나 수하인 또는 소유자는 공동해손 성질로 발생 또는 부담하게 된 손실, 손해 또는 비용에 대한 지급에 있어서 공동해손 선박소유자와 함께 분담하여야 하며, 운송물과 관련하여 해난구조료와 특별비용을 지급하여야 한다.
구조선이 선박소유자의 소유 또는 관리하에 있는 경우에도 구조료는 그 구고선이 타인 소유인 경우와 똑같이 완전히 지급하여야 한다. 화물, 선적의뢰인, 수하인 또는 화물의 소유자는 청구가 있는 경우 화물의 분담금과 그 구조료 및 특별비용에 관하여 선박소유자에 대한 예상분담액을 보전하기에 충분한 것으로 선박소유자나 대리인이 생각하는 예탁금을 화물인도 전에 예치하여야 한다."

Clause 13. Taxed and Dues Clause(세금 및 부과약관)

(a) On Vessel - The Owners shall pay all dues, charges and taxes customarily

levied on the Vessel, howsoever the amount thereof may be assessed.
(b) On cargo - The Charterers shall pay all dues, charges, duties and taxes customarily levied on the cargo, howsoever the amount thereof may be assessed.
(c) On freight - Unless otherwise agreed in Box 23, taxes levied on the freight shall be for the Charterers' account.

(a) 선박에 대한 것 - 관습상 선박에 부과되는 모든 부과금, 비용, 그리고 세금은 선박소유자가 지급한다. 다만, 그 금액은 사정할 수 있다.
(b) 화물에 대한 것 - 관습상 화물에 부과되는 모든 부과금, 비용, 관세 및 세금은 용선자가 지급한다. 다만, 그 금액은 사정할 수 있다.
(c) 운임에 대한 것 - 박스 23에서 달리 합의되지 않는 한 운임에 부과된 세금은 용선자의 계산으로 한다.

Clause 14. Agency(대리점)

In every case the Owners shall appoint their own Agent both at the port of loading and the port of discharge.

모든 경우에 선박소유자는 선적항과 양륙항에서 각각 그 대리인을 지정하여야 한다.

Clause 15. Brokerage(중개수수료)

A brokerage commission at the rate stated in Box 24 on the freight, dead-freight and demurrage earned is due to the party mentioned in Box 24.
In case of non-execution 1/3 of the brokerage on the estimated amount of freight to be paid by the party responsible for such non-execution to the Brokers as indemnity for the latter's expenses and work. In case of more voyages the amount of indemnity to be agreed.

취득한 운임, 부적운임 및 체선료에 대하여 박스 24에 기재된 중개수수료는 박스 24에 기재된 당사자에게 지급하여야 한다. 중개행위가 주효하지 아니한 경우 그 책임이 있는 당사자는 중개인의 비용과 노고에 대한 보상금으로 예정 운임에 대한 중개료의 3분의 1을 지급하여야 한다. 여러 항해에 관한 경우에는 그 보상금은 합의에 의하여야 한다.

Clause 16. General Strike Clause(일반파업약관)

(a) If there is a strike or lock-out affecting or preventing the actual loading of the cargo, or any part of it, when the Vessel is ready to proceed from her last port or at any time during the voyage to the port or ports of loading or after her arrival there, the Master or the Owners may ask the Charterers to declare, that they agree to reckon the laydays as if there were no strike or lock-out. Unless the Charterers have given such declaration in writing (by telegram, if necessary within

24 hours, the Owners shall have the option of cancelling this Charter Party. If part cargo has already been loaded, the Owners must proceed with same, (freight payable on loaded quantity only) having liberty to complete with other cargo on the way for their own account.

(a) 선박이 그 이전 항에서 출항할 준비가 됐을 때, 선적항으로의 항해 중 또는 도착 했을 때, 만약 화물의 실제 선적에 영향을 미칠만한(또는 부분적으로) 파업이나 폐쇄가 일어난다면, 선장이나 선박소유자는 파업이 없었을 때와 같이 용선자가 그 일수를 정박기간에 포함한다는 것을 공식표명 하도록 요구할 것이다. 만약 용선자가 이런 공식표명을 24시간 내에 문서(필요하다면 전보)로써 주지 않는다면, 선박소유자는 이 계약을 취소할 선택권을 가지게 된다. 만약 몇몇 화물이 이미 선적되었다면, 선박소유자는 그들의 비용으로 다른 화물의 선적을 끝낼 자유를 가지면서, 앞서 말한 것과 같은 절차를 진행한다(운임은 오직 선적된 양만큼만 지불됨).

(b) If there is a strike or lock-out affecting or preventing the actual discharging of the cargo on or after the Vessel's arrival at or off port of discharge and same has not been settled within 48 hours, the Charterers shall have the option of keeping the Vessel waiting until such strike or lock-out is at an end against paying half demurrage after expiration of the time provided for discharging until the strike or lock-out terminates and thereafter full demurrage shall be payable until the completion of discharging, or of ordering the Vessel to a safe port where she can safely discharge without risk of being detained by strike or lock-out. Such orders to be given within 48 hours after the Master or the Owners have given notice to the Charterers of the strike or lock-out affecting the discharge. On delivery of the cargo at such port, all conditions of this Charter Party and of the bill of Lading shall apply and the Vessel shall receive the same freight as if she had discharged at the original port of destination, except that if the distance to the substituted port to be increased in proportion.

(b) 만약 선박이 하역항만이나 그 외부에 도착했을 때나 도착하고 난 후 화물의 실질적인 양륙에 영향을 미칠만한 파업이나 폐쇄가 있고, 그것이 48시간 내에 해결되지 않는다면, 용선자는 양륙을 위해 주어진 시간이 만료된 이후부터는 체선료의 반을 내고 파업이 끝난 이후부터는 양륙을 끝낼 때까지 체선료의 전액을 지불한다는 전제로 파업이나 폐쇄가 종료될 때까지 선박을 대기시킬 선택권이 있다. 또는 선박이 파업이나 폐쇄에 의한 어떠한 구류에 대한 위험 없이 안전하게 양륙할 수 있는 항만에 위치시키도록 지시할 수 있다. 이러한 지시는 선박소유자나 선장이 파업/폐쇄가 양륙에 영향을 미친다는 것을 용선자에게 알린 후 48시간 내에 주어져야 한다. 이런 항만에의 화물 인도는, 만약 대리항만의 거리가 100해리를 넘는 항만이라면 운송된 화물 운임은 증가 비율로 계산되어질 것이고, 이 경우를 제외하고는 이 용선계약서와 선하증권의 내용대로 적용되어질 것이고, 선박은 기

존에 목적했던 항만에서 양륙되는 것과 같은 운임을 받아야 한다.

(c) Except for the obligations described above, neither the Charterers nor the Owners shall be responsible for the consequences of any strikes or lock-outs preventing or affecting the actual loading or discharging of the cargo.

(c) 위에 설명된 의무를 제외하고, 용선자나 선박소유자는 화물의 실질적인 적/양륙에 영향을 미치거나 방해되는 파업/폐쇄의 결과에 대해 책임을 질 필요가 없다.

Clause 17. War Risks("Voywar 1993")(전쟁위험)

(1) For the purpose of this Clause, the words:
(a) The "Owners" shall include the shipowners, bareboat charterers, disponent owners, managers or other operators who are charged with the management of the Vessel, and the Master and
(b) "war Risks" shall include any war (whether actual or threatened) act of war, civil war, hospitalities, revolution, rebellion, civil commotion, warlike operations, the laying of mines(whether actual or reported) acts of piracy, acts of terrorists, acts of hostility or malicious damage, blockades(whether imposed against all Vessels or imposed selectively against Vessels of certain flags or ownership, or against certain cargoes or crews or otherwise howsoever), by any person, body, terrorist or political group, or the Government of any state whatsoever, which, in the reasonable judgment of the Master and/or the Owners, may be dangerous or are likely to be or to become dangerous to the Vessel, her cargo, crew or other persons on board the Vessel.

(1) 이 조항에서 쓰인 용어의 정의는 다음과 같다.
(a) 선박소유자에는 선박소유자, 선체용선자, 관리선박소유자, 선박의 경영 책임을 지고 있는 관리인 기타 운영자 및 선장을 포함한다.
(b) 전쟁위험에는 어떠한 사람, 단체, 테러리스트, 또는 정치집단이나 국가정부에 의한 전쟁(실질적이거나 위협적이거나 상관없이), 전쟁행위, 내란, 적대행위, 혁명, 반란, 소요, 전쟁유사 움직임, 기뢰부설(실질적이거나 정보이거나 간에), 해적행위, 테러행위, 적대행위나 악의적 손괴행위, 봉쇄(모든 선박의 봉쇄 또는 기국이나 소유관계 또는 화물이나 선원 또는 기타 기준에 따른 선박의 선별적 봉쇄이던지 간에)로서 선장 그리고/또는 선박소유자의 합리적 판단에 따라 선박, 화물, 선원 또는 선박에 승선한 기타 사람에게 위험할 수 있거나, 위험의 개연성이 있거나, 위험하게 될 수 있는 것들이 포함된다.

(2) If at any time before the Vessel commences loading, it appears that, in the reasonable judgment of the Master and/or the Owners, performance of the Contract of Carriage, or any part of it, may expose, or is likely to expose, the

Vessel, her cargo, crew or other persons on board the Vessel to War Risks, the Owners may give notice to the Charterers cancelling this Contract of Carriage, or may refuse to perform such part of it as may expose, or may be likely to expose, the Vessel, her cargo, crew or other persons on board the Vessel to War Risks; provided always that if this Contract of Carriage provides that loading or discharging is to take place within a range of ports, and at the port or ports nominated by the Charterers the Vessel, her cargo, crew, or other persons onboard the Vessel may be exposed, or may be likely to be exposed to War Risks, the Owners shall first require the Charterers to nominate any other safe port which lies within the range for loading or discharging, and may only cancel this Contract of Carriage if the Charterers shall not have nominated such safe port or ports within 48 hours of receipt of notice of such requirement.

(2) 선박이 선적을 개시하기 이전에 선장 그리고/또는 선박소유자의 합리적인 판단에 의하여 운송계약 또는 그 일부의 이행이 선박, 화물, 선원 또는 기타 승선한 사람을 전쟁위험에 노출시킬 수 있거나, 노출시킬 개연성이 있는 경우, 선박소유자는 이 운송계약의 해제를 용선자에게 통지하거나, 또는 선박, 화물, 선원 또는 기타 승선한 사람을 전쟁위험에 노출시킬 수 있거나, 노출시킬 개연성이 있는 운송계약 부분의 이행을 거절할 수 있다. 다만, 이 경우에 이 운송계약에 선적이나 양륙이 일단의 항구구역 범위 내에서 이루어지도록 규정되어 있고, 용선자가 지정한 항구 내에서는 선박, 그 화물, 선원 또는 기타 승선한 사람을 전쟁위험에 노출시킬 수 있거나, 노출시킬 개연성이 있는 경우, 선박소유자는 먼저 용선자에게 선적이나 양륙구역 범위 내의 다른 안전항을 지정하도록 요구하여야 하며, 용선자가 이러한 요구를 받은 후 48시간 내에 안전항을 지정하지 아니하는 경우에만 이 운송계약을 해제할 수 있다.

(3) The Owners shall not be required to continue to load cargo for any voyage, or to sign Bills of Lading for any port of place, or to proceed or continue on any voyage, or on any part thereof, or to proceed through any canal or waterway, or to proceed to or remain at any port or place whatsoever, where it appears, either after the loading of the cargo commences, or at any stage of the voyage thereafter before the discharge of the cargo is completed, that, in the reasonable judgment of the Master and/or the Owners, the Vessel, her cargo(or any part thereof), crew or other persons on board the Vessel(or any one or more of them)may be, or are likely to be, exposed to War Risks. If it should so appear, the Owners may by notice request the Charterers to nominate a safe port for the discharge of the cargo or any part thereof, and if within 48 hours of the receipt of such notice, the Charterers shall not nominated such a port, the Owners may discharge the cargo at any safe port of their choice (including the port of loading)in complete

fulfillment of the Contract of Carriage. The Owners shall be entitled to recover from the Charterers the extra expenses of such discharge and, if the discharge takes place at any port other than the loading port, to receive the full freight as though the cargo had been carried to the discharging port and if the extra distance exceeds 100 miles, to additional freight which shall be the same percentage of the freight contracted for as the percentage which the extra distance represents to the distance of the normal and customary route, the Owners having a lien on the cargo for such expenses and freight.

(3) 선박소유자는 화물의 선적개시 후 또는 그 이후 화물양륙이 완료되기 이전의 어떠한 항해단계에 있어서나, 선장 그리고/또는 선박소유자의 합리적 판단에 따라 선박, 그 화물(또는 그 일부), 선원 또는 기타 승선한 사람(또는 그 수가 단수이거나 복수이거나)을 전쟁위험에 노출시킬 수 있거나, 노출시킬 개연성이 있는 경우, 어떠한 항해를 위하여서든지 간에 화물의 선적을 계속하거나, 어떠한 항해 또는 그 일부를 막론하고 이를 개시 또는 계속하거나, 어떠한 운하나 수로를 통과하거나, 어떠한 항구나 장소든지를 막론하고 그곳으로 항해하거나 그곳에 머무르도록 요구를 받아서는 아니 된다. 위의 경우 선박소유자는 용선자에게 화물 또는 그 일부의 양륙을 위하여 안전항구를 지정하여 줄 것을 요구할 수 있고, 이 요구를 받은 후 48시간 이내에 용선자가 안전항구를 지정하지 아니하는 경우 선박소유자는 안전항(선적항 포함)을 임의로 선택하여 화물을 양륙하고, 운송계약의 이행을 완료할 수 있다. 선박소유자는 이러한 양륙의 부가비용을 용선자로부터 보상받을 수 있으며, 양륙이 선적항 아닌 항구에서 이루어지는 경우 화물이 양륙항까지 운송된 것과 똑같이 운임의 전액을 수령할 수 있다. 추가 항해거리가 100마일을 초과하는 경우 선박소유자는 정상적이고 관습적인 항로상의 거리에 대한 추가거리에 비례하여 약정된 운임과 동률의 추가 운임을 수령할 권리가 있다. 이러한 비용과 운임에 대하여 선박소유자는 화물에 대해 유치권을 가진다.

(4) If at any stage of the voyage after the loading commences, it appears that, in the reasonable judgment of the Master and/or the Owners, the Vessel, her cargo, crew or other persons on board the vessel may be, or are likely to be, exposed to War Risks on any part of the route (including any canal or waterway) which is normally and customarily used in a voyage of the nature contracted for, and there is another longer route to the discharging port, the Owners shall give notice to the Charterers that this route will be taken. In this event the Owners shall be entitled, if the total extra distance exceeds 100 miles, to additional freight which shall be the same percentage of the freight contracted for as the percentage which the extra distance represent to the distance the normal and customary route.

(4) 계약상의 성질에 부합하는 항해에 정상적으로 그리고 관습적으로 이용되는 항로(운하 또는 수로 포함)이기는 하지만 화물의 선적개시 이후 어떠한 항해단계에

서라도 선장 그리고/또는 선박소유자의 합리적인 판단에 의하여 선박, 그 화물, 선원 또는 기타 승선한 사람을 전쟁위험에 노출시킬 수 있거나, 노출시킬 개연성이 있는 항로와 양륙항에 이르는 더욱 먼 거리의 항로가 있는 경우, 선박소유자는 용선자에게 후자의 항로를 선택하겠다는 통지를 하여야 한다. 이 경우, 총 추가거리가 100마일을 초과하는 때에는, 선박소유자는 정상적이고 관습적인 항로상의 거리에 대한 추가거리에 비례하여 약정된 운임과 동율의 추가 운임을 수령할 권리가 있다.

(5) The Vessel shall have liberty:-
(a) to comply with all orders, directions, recommendations or advise as to departure, arrival, routes, sailing in convoy, ports of call, stoppages, destinations, discharge of cargo, delivery or in any way whatsoever which are given by the Government of the Nation under whose flag the Vessel sails, or other Government to whose laws the Owners are subject, or any other Government which so requires, or any body or group acting with the power to compel compliance with their orders or directions;
(b) to comply with all orders, directions, recommendations of any war risks underwriters who have the authority to give the same under the terms of the war risks insurance;
(c) to comply with the terms of any resolution of the Security Council of the United Nations, any directives of the European Community, the effective orders of any other Supranational body which has the right to issue and give the same, and with national laws aimed at enforcing the same to which the Owners are subject, and to obey the orders and directions of those who are charged with their enforcement;
(d) to discharge at any other port any cargo or part thereof which may render the Vessel liable to confiscation as a contraband carrier;
(e) to call at any other port to change the crew or any part thereof or other persons on board the Vessel when there is reason to believe that they may be subject to internment, imprisonment or other sanctions;
(f) where cargo has not been loaded or has been discharged by the Owners under any provisions of this Clause, to load other cargo for the Owners' own benefit and carry it to any other port or ports whatsoever, whether backwards or forwards or in a contrary direction to the ordinary or customary route.

(5) 선박은 다음의 권리를 가진다.
(a) 출항, 도착, 항로, 호송항해, 기항항, 항해중지, 목적항, 화물양륙, 인도 그 밖의 무엇에 관한 것이든지 간에 항해선박의 기국정부, 선박소유자가 준수하여야 할 법을 제정한 다른 정부, 기타 필요로 되는 다른 정부, 또는 명령이나 지시를 준수하도록 강제할 권한을 가지고 운용되는 조직체나 집단이 내린 모든 명령, 지시, 권고, 또는 조언을 준수하는 것

(b) 전쟁위험보험의 조건에 따른 권한을 가진 전쟁위험인수인의 명령, 지시 또는 권고에 따르는 것
(c) 국제연합 안전보장이사회의 결의 조항, 유럽공동체의 지령, 기타 동일한 법규 발포권을 가진 초국가적 조직체의 유효한 명령, 및 이들 국제기구의 법규를 시행하기 위하여 선박소유자가 준수하게 할 국내법을 준수하고, 이들 법규의 시행책임이 있는 기관의 명령과 지시를 준수하는 것
(d) 선박이 밀수품 운반선으로서 밀수의 책임을 지게 되는 어떠한 화물이나 그 일부를 다른 어떠한 항구에서나 양륙하는 것
(e) 선원이나 그 일부의 교체 또는 승선한 기타 사람을 억류, 감금 기타 제재해야 할 필요가 있다고 확신할 만한 사유가 있는 경우 어떠한 항구에나 기항하는 것
(f) 화물이 이 조항의 어느 규정에 따라 선박소유자에 의하여 선적되지 않았거나 양륙된 경우, 선박소유자를 위하여 다른 화물을 선적하고, 이를 뒷방향이거나 옆방향이거나 또는 통상 내지 관습적인 항로의 역방향이거나를 막론하고, 다른 어떤 항구로든지 간에 운송하는 것

(6) If in compliance with any of the provisions of sub-clauses (2) to (5) of this Clause anything is done or not done, such shall not be deemed to be a deviation, but shall be considered as due fulfillment of the Contract of Carriage.

(6) 이 조항 (2)항 내지 (5)항의 규정에 따라 어떠한 조치를 취하였거나 취하지 아니하였거나 간에 이는 이로로 보지 아니하고 운송계약의 적절한 이행으로 본다.

Clause 18. General Ice Clause(일반결빙약관)

Port of Loading(선적항)
(a) In the event of the loading port being inaccessible by reason of ice when the Vessel is ready to proceed from her last port or at any time during the voyage or on the Vessel's arrival or in case frost sets in after the Vessel's arrival, the Master for fear of being frozen in is at liberty to leave without cargo, and this Charter Party shall be null and void.
(b) If during loading the Master, for fear of the Vessel being frozen in, deems it advisable to leave, he has liberty to do so with what cargo he has on board and to proceed to any other port or ports with option of completing cargo for the Owners' benefit for any port or ports including port of discharge. Any part cargo thus loaded under this Charter Party to be forwarded to destination at the Vessel's expenses but against payment of freight, provided that no extra expenses be thereby caused to this Charterers, freight being paid on quantity delivered (in proportion if lumpsum), all other conditions as per this Charter Party.
(c) In case of more than one loading port, and if one or more of the ports are closed by ice, the Master or the Owners to be at liberty either to load the part

cargo at the open port and fill up elsewhere for their own account as under section (b) or to declare the Charter Party null and void unless the Charterers agree to load full cargo at the open port.

(a) 선박이 최종항으로부터 항해할 준비가 되어 있거나, 항해중이거나, 또는 선박의 선적항 도착시 또는 선박이 선적항 도착 후 결빙이 시작된 경우에 선장은 선박의 동결을 우려하여 화물없이 출항할 권리가 있다. 이 경우 이 용선계약은 무효가 된다.
(b) 선적 중 선장이 선박의 동결을 우려하여 출항이 적당한 것으로 판단하는 경우에는 선적된 화물만 가지고 발항할 수 있으며, 이 경우, 선박소유자의 이익을 위하여, 어느 항구에서나 그리고 양륙항을 포함하여 어느 항구로 향하는 화물이든 간에, 이를 선박에 채워 선적할 수 있는 선택권을 가진다. 이 용선계약에 의하여 선적된 일부 화물은 선박의 비용으로 목적지에 운송되지만 대가로 운임을 수령한다. 다만, 추가비용은 용선자에게 부담시키지 않고, 운임은 인도된 수량에 따라 정하여지고(총액운임제인 경우에는 비례하여) 모든 다른 조건은 이 용선계약에 따른다.
(c) 선적항이 한 곳 이상이고, 또는 몇 곳의 항구가 결빙으로 폐쇄된 경우 선장이나 선박소유자는 사용중인 항구에서 화물의 일부를 선적하고 (b)항에 따라 다른 항구에서 선박소유자의 계산으로 화물을 채워 싣든지 또는 용선자가 사용중인 항구에서 화물전량 선적에 합의하지 않는 경우에는 이 용선계약을 무효로 선언할 권리를 가진다.

Port of discharging(양하항)
(a) Should ice prevent the Vessel from reaching port of discharge the Charterers shall have the option of keeping the Vessel waiting until the re-opening of navigation and paying demurrage or of ordering the Vessel to a safe and immediately accessible port where she can safely discharge without risk of detention by ice. Such orders to be given within 48 hours after the Master or the Owners have given notice to the Charterers of the impossibility of reaching port of destination.
(b) If during discharging the Master for fear of the Vessel being frozen in deems it advisable to leave, he has liberty to do so with what cargo he has on board and to proceed to the nearest accessible port where she can safely discharge.
(c) On delivery of the cargo at such port, all conditions of the Bill of lading shall apply and the Vessel shall receive the same freight as if she had discharged at the original port of destination, except that if the distance of the substituted port exceeds 100 nautical miles, the freight on the cargo delivered at the substituted port to be increased in proportion.

(a) 결빙으로 인하여 선박이 양륙항에 도달할 수 없는 경우 용선자는 항해 재 개시까지 선박을 대기시키고 체선료를 지급하거나, 또는 결빙으로 인한 지체의 위험이 없이 안전하게 양륙할 수 있고, 즉각 접근이 가능한 안전항구로 회항할 것을 지시할 수 있는 선택권을 가진다. 이러한 지시는 선장이나 선박소유자가 목적항 도달

불능을 용선자에게 통지한 때로부터 48시간 이내에 하여야 한다.
(b) 양륙 도중 선장이 선박의 동결을 우려하여 출항이 적당한 것으로 판단하는 경우 선장은 선적되어 있는 화물을 가지고 발항하여 안전양륙이 가능한 최근접 항구로 회항할 수 있다.
(c) 안전항구에서 화물을 인도하는 경우, 선하증권상의 모든 규정이 그대로 적용되며, 선박은 본래의 목적항에서 양륙이 이루어진 것과 똑같이 운임을 수령한다. 다만, 대체항구까지의 거리가 100해리를 초과하는 경우에는 대체항구에서의 화물인도에 대한 운임을 거리 비율에 따라 증액하여야 한다.

Clause 19. Law and Arbitration(준거법 및 중재)

*(a) This Carter Party shall be governed by and construed in accordance with English law and any dispute arising out of this Charter Party shall be referred to arbitration in London in accordance with the Arbitration Acts 1950 and 1979 or any statutory modification or re-enactment thereof for the time being in force. Unless the parties agree upon a sole arbitrator, one arbitrator shall be appointed by each party and the arbitrators so appointed shall appoint a third arbitrator, the decision of the three-man tribunal thus constituted or any two of them, shall be final. On the receipt by one party of the nomination in writing of the other party's arbitrator, that party shall appoint their arbitrator within fourteen days, failing which the decision of the single arbitrator appointed shall be final.
For disputes where the total amount claimed by either party does not exceed the amount stated in Box 25** the arbitration shall be conducted in accordance with the Small Claims Procedure of the London Maritime Arbitrators Association.

*(a) 이 계약의 준거법은 영국법으로 하며, 이 계약으로부터 또는 이 계약과 관련하여 또는 이 계약의 불이행으로 말미암아 당사자간에 발생하는 모든 분쟁, 논쟁 또는 의견차이는 런던에서 1950년 및 1979년의 중재법 또는 당시에 발효중인 개정법 또는 재판정법에 의거 중재한다. 쌍방이 단일중재인 지정을 합의하지 않는 경우 각 당사자는 각각 1인씩의 중재인을 지명하고 지명된 중재인들이 제3의 중재인을 지명한다. 지명된 3인의 중재인의 판정 또는 그 중 2인의 판정을 또는 판정으로 삼는다. 일방의 중재인이 상대측에 의해 중복되어 지정을 받는 경우 그 당사자는 자기의 중재인을 14일 이내에 지명해야 하며, 그렇지 않은 경우 지명된 단독중재인의 판정이 최종 판정이 된다. 쌍방이 제기한 총 분쟁금액이 박스 25에 명시한 금액을 초과하지 않는 경우 런던 해사중재인협의회 소액손해배상절차에 따른다.

3. 항해용선계약의 의의

항해용선계약은 특정한 항해를 할 목적으로 선박소유자가 용선자에게 선원이 승무하고 항해장비를 갖춘 선박의 전부 또는 일부를 물건의 운송에 제공하기로 약정하고 용선자가 이에 대하여 운임을 지급하기로 약정함으로써 그 효력이 생기는 운송계약이다(상법 제827조 제1항).

다시 말하면 항해용선계약이란 "운송인(선박소유자)과 송하인인 용선자 사이에 용선료(운임)를 반대급부로 하여 용선자가 지정한 항구 사이에 주로 벌크화물의 운송을 인수하는 항해단위의 운송계약이다. 항해용선계약에서는 선박소유자가 용선선박의 지휘, 관리권과 선장, 선원의 고용 및 감독권을 가지고 있으며, 운항비, 연료비를 부담하며 운송물의 선적, 양륙비용까지 부담함으로써 제3자에 대한 권리의 주체가 된다. 이때의 용선료의 성질은 운임으로서 운송의 보수인데 항해용선자는 선복(space)의 전부에 운송물을 싣지 않아도 전 선복에 대한 용선료를 지급할 의무가 있다."라고 언급하고 있다.

4. 항해용선계약의 종류

1) 1항차 항해용선계약

전형적인 항해용선계약을 말하는 것으로 운송을 의뢰한 화주와 운송인간에 1항차를 기준으로 체결된 화물운송계약이다. 즉, 선적항에서 목적항까지 서로가 합의한 운송조건으로 만재화물 또는 부분화물의 운송을 위해 운송인이 용선자에게 선복의 사용을 허용하는 계약이다. 이러한 경우에는 운임을 톤당 얼마로 하여 화물의 실제 선적량에 따라 결정하므로 운송인은 화물의 적재량에 관심이 많으며, 선적항이나 양륙항에서의 지연에 대한 위험을 부담하므로 지체를 피하기 위한 약관을 중시한다.

그리고 선적 완료 후 계약에 따라 운임을 지급하고 조출료, 체선료 정산 등은 발생시마다 또는 항차 완료시마다 정산된다. 대부분의 항해용선계약이 이러한 방법으로 체결된다.

2) 연속항해용선계약

연속항해용선계약(Consecutive Voyage Charter: CVC)은 항해용선계약을 연속으로 수행하는 계약으로 약정된 선박이 중단되지 않고 몇 개의 항차를 연속적으로 수행한다. 즉, 용선자가 일정한 기간 동안 용선선박을 계속적으로 사용하기 위해 확보하는 대신에, 용선료를 항해단위로 지급하는 것을 약정한 항해용선계약의 일종이다.

연속항해용선계약은 1항차 항해용선계약과 마찬가지로 선적 완료 후 계약에 따라 운임을 지급하고 조출료, 체선료 정산 등은 발생시마다 또는 항차 완료시마다 정산된다. 즉, 보통 1항차 항해용선계약과 마찬가지로 매 항차 선적완료 후 계약에 따라 운임을 지급하며, 조출료와 체선료도 매 항차마다 정산된다.

3) 장기운송계약

장기화물운송계약(Contract of affreightment; COA)은 선박소유자가 어떤 항구로부터 화주의 특정의 동질의 대량화물을 여러 항차에 걸쳐 장기적으로 운송할 것을 약속하고 용선자의 화물을 운송하는 계약을 말한다. 그리고 이러한 장기운송계약을 정의하기 위한 조건들 중 어느 하나만으로 장기운송계약(COA)의 기본개념을 정의할 수 없다. 문헌에도 이러한 내용을 잘 보여주고 있다.

"The COA is recognized as a contract covering a specified, homogeneous cargo; large quantities; long period; certain ports, and several voyages. None of these features can, however, separately provide a basis for a definition of the COA."

4) 전용선계약

전용선이란 대량의 동질화물(homogeneous cargo)을 가장 효율적이고 안정적으로 해상운송에 이용될 수 있도록 목적설계 및 건조된(purpose built) 선박을 말하며, 컨테이너, 원유, 철광석·석탄 또는 액화천연가스(Liquified Natural Gas: LNG) 등의 화물을 운송하기 위한 각각의 선박이 대표적인 전용선이다. 전용선은 해당 화물운송에 가장 적합하게 설계·건조된 특수목적형 선박이므로 여러 종류의 화물을 두루 운송할 수 있는 범용성은 제한되지만, 해당화물의 하역시간의 단축과 선박의 대형화를 통한 대량화물운송이 가능하게 되어, 화물의 단위당 운송비용의 절감과 운송의 질적 향상을 기대할 수 있는 다음과 같은 이점이 있다.

첫째, 전용선계약의 선박은 제철소 등 대형화주의 장기 적하보증이 된 선박이므로 선박확보시 자금조달이 보다 용이하고 보다 유리한 조건으로 국제금융기채가 가능하다.

둘째, 전용선계약을 통하여 해운시황에 영향을 받지 않는 장기적으로 안정적인 수입원을 확보할 수 있다.

셋째, 전용선을 가지고 있는 선박소유자는 장기간에 걸쳐 확실하게 보장된 일정한 운임수입을 바탕으로 현실성 있는 중장기계획수립과 경영의 융통성을 발휘할 수 있다.

5. 항해용선계약의 주요약관

1) 적재능력

적재능력(carrying capacity)은 용적상의 적재능력과 중량상의 적재능력으로 구분된다. 전자는 용적톤(measurement ton), 후자는 중량톤(weight ton)으로 표시된다.

용적능력(cubic capacity)은 매져먼트 케퍼시티(measurement capacity)라고도 하는데, 선박의 용적상의 적재능력을 말한다. 베일 케퍼시티(bale capacity)와 그레인 케퍼시티(grain capacity)로 구분한다. 베일 케퍼시티는 선창의 프레임(frame) 안쪽의 선창부피를 말하며, 그레인 케퍼시티는 선창내 선박 외판의 안쪽의 선창부피를 말한다.

표준화물선 환산톤수(Compensated Gross Tonnage; CGT)

조선소에서 건조하였던 선박의 선종과 선형이 단순하였으나, 점차 선종과 선형이 다양화 되고 복잡해지면서 그동안 조선소의 건조량을 표시하는데 사용하였던 톤수 중의 하나인 총톤수(Gross Tonnage; GT)로는 조선소의 작업량 및 부가적 가치의 정확한 평가와 이의 표시가 어렵게 되었다. 따라서 이러한 용도를 위한 새로운 척도의 필요성이 대두되었으며, 그 결과로 새롭게 고안된 것이 표준화물선환산톤수(Compensated Gross Tonnage; CGT) 제도이다. 이 제도는 기존의 총톤수에 선박을 몇 개의 선종과 선형으로 분류하여 정한 각각의 계수를 곱하여 산출하며, 조선소의 공사량을 작업량으로 환산한 톤수이다.

처음에는 유럽조선공업협회(Association of Western European Shipbuilders and Shiprepairers; AWES)와 일본간에 조선관련 통계교환의 목적으로 고안되어 1967년부터 사용되기 시작하였으며, 표준총등록 톤수(Compensated Gross Register Tonnage; CGRT)로 불리었으나, 1982년에 'TONNAGE 1969'가 발효되자 기존의 총등록톤수(GRT)와의 차이를 고려한 계수를 새롭게 산출하여 1984년부터 표준화물선환산톤수(CGT)로 불리게 되었다.

표준화물선환산톤수는 기존의 총톤수 측정 시 고려하지 않았던 선박의 가공공수(manhour), 설비능력 및 선가 등을 감안하여 개발한 상대적인 지수(CGT지수)를 사용하여 산출한 값이다. 표준화물선환산톤수는 재화중량톤수(Deadweight Tonnage; DWT)가 1만5천톤인 일반화물선 선박[이러한 선형의 선박 총톤수(Gross Register Tonnage; GRT)는 일반적으로 1만톤 정도임]을 표준선으로 간주하여 환산한다. 이 표준 선박의 1 총톤(GRT) 당 건조에 소요되는 공사량(MANHOUR: 가공공수)를 1.0으로 하며, 선종과 선형에 따라 개발한 상대적인 지수로서(CGT Index)를 설정하고, 건조하는 선박의 총톤수에 이 계수를 곱하여 표준화물선환산톤수를 구한다.

곡물(grain)을 벌크(bulk)로 선적하는 경우에는 프레임이 부착되어 있는 선박 외판의 안쪽까지 화물(grain 종류 및 기타 grain과 같이 크기가 작은 화물)을 선적할 수 있기 때문에 이와 같이 선박 외판의 안쪽까지 부피를 측정한 선창의 캐퍼시티를 정한다.

2) 만재화물의 선적의무

(1) 만재화물의 의의

GENCON 제1조에서는 선박소유자의 만재화물 선적의무와 용선자의 화물 공급의무를 명시하고 있다. 만재화물(full and complete cargo)이란 선박의 안정성을 고려하여 선박이 선적할 수 있는 최대한도까지 선적시키는 양의 화물을 말한다. 즉, 선박의 항해 안전을 확보한 범위 내에서 선박의 최대한도까지의 만선적재를 의미하며, 이는 선박의 실제 선적능력에 의해 결정된다. 그러므로 만재화물은 본선의 항해 안전성과 선적항의 선적 관습등을 고려하여 가능한 한 최대로 선적한 것이면 충분하다.

(2) 흘수 제한

선적항 또는 양륙항의 흘수 제한(draft restriction)으로 인하여 약정된 화물을 선적하지 못하는 경우에는 그 귀책사유에 의하여 계약서의 내용에 따라 책임을 부담하게 될 것이다. 즉, 용선자는 안전항 지정의무를 부담하고 있는 바, 흘수 제한으로 인하여 선박이 안전하게 입항하여 만재화물을 선적하지 못한 것에 대한 책임을 부담할 수 있을 것이다. 또는 흘수 제한이 있는 항구에서 그 제한 범위를 초과하여 화물을 선적했을 때, 입항을 위하여 선박이 만조를 기다리거나 추가 비용을 들여 라이트닝(lightening)해야 할 경우에 용선자는 책임을 부담하여야 할 것이다. 물론 선박소유자는 선박이 안전하게 도달할 수 있는 항구에 입항할 의무를 부담하지만 계약서에 약정된 만재화물을 선적하고 안전하게 출항할 수 있는 범위 내에서의 입항을 의미하므로, 이로 인한 부대비용(라이트닝 비용 등)에 대해서는 용선자가 책임을 부담한다. 그리고, 선박소유자는 흘수의 제한이 있는 항구에서는 본선의 재화중량톤, cm당 배수톤수(tons per 1cm immersion: TPC), 선박의 흘수와 항만의 최대 허용흘수를 계산하여 선박이 좌주(aground)되지 않는 범위에서 최대로 선적할 수 있는 화물량을 도출할 책임을 부담한다.

(3) 갑판적 화물의 허용

화물은 보통 선창내에 적재되지만 "if shipment of deck cargo be agreed same to be at shippers' risk"라는 조항의 내용과 같이 운송중의 위험은 용선자의 부담으로 아래와 같이 예외적으로 화물이 갑판상에 적재될 수 있다.

가. 화물을 갑판에 적재하도록 합의하는 경우

선박소유자와 용선자가 합의하여 계약서에 명시하는 경우 화물의 종류에 관계없이 갑판에 화물을 선적할 수 있다.

나. 선박의 구조가 화물의 갑판 적재에 적합한 경우

선박의 구조가 갑판에 화물을 적재하는데 적합하도록 설계되고, 선급에서 화물을 갑판에 적재하는 것을 용인하는 경우에 갑판에 화물을 선적할 수 있다. 이때 갑판에 적재한 화물에 손상을 입었어도 화주는 갑판적재를 이유로 화물손실에 대하여 선박소유자에게 손해배상을 청구할 수 없다.

한편 컨테이너선은 컨테이너 화물의 갑판적재가 불가피하며 따라서 그 구조가 처음부터 갑판에 컨테이너화물을 적재하는 데에 적합하도록 설계되어 건조되고 있다. 이 때문에 컨테이너화물에 한정하여 선하증권(B/L)상 특약에 의해 이것을 갑판적재로 할 권리가 운송인에게 유보되는 것이 통례이다(optional stowage clause).

다. 운송관례에 따른 갑판적 허용

특정항로의 운송에서 갑판 선적이 일반적으로 받아들여지는 경우, 화물은 갑판에 선적될 수도 있다. 그러나 갑판 선적이 일반적으로 받아들여지는 항로에서 조차 때로는 선박소유자가 그에 따른 손해에 대한 리스크를 져야 할 경우도 발생한다.

3) 운임

(1) 운임의 의의

운임이란 해상운송인이 운송계약에 따라 화물을 운송하는데 대한 대가이며 보수이다. 즉, 운임은 운송인이 화물을 안전하게 운송하여 수하인에게 인도하는 것에 대하여 송하인이 지급하는 반대급부인 것이다. 운임은 통상 화물의 양에 비례하여 산정되고 그 계산단위로서는 중량이나 포장 또는 용적 등이 이용된다.

(2) 지급요건

다른 약정이 없는 한 해상운송인은 화물을 목적지까지 운송하여 지정된 수하인에게 인도하여야만 운임을 청구할 수 있다는 것이 영국법의 기본원칙이며, 이는 화물의 인도와 운임의 지급에 대한 동시이행조건을 의미한다. 그러므로 해상운송인은 화물을 목적지까지 운송한 후 목적지에서 인도할 준비가 되어 있는 상태가 되어야 운임을 청구할 수 있다. 인도 운임의 지급요건을 살펴보면 다음과 같다.

① 운송물을 목적지에 도착

운임의 지급청구권을 획득하기 위해서는 운송물이 목적지에 도착하여야 한다. 특약이 없는 한 계약서에 명기된 인도지에 화물이 온전한 상태로 도착하여야 한다. 통상 항해용선의 경우에는 주로 벌크 화물을 운송하기 때문에 양륙항의 지정선석에 양륙하는 것으로 운송물을 인도한 것으로 볼 수 있다. 다만, 화물이 목적지에 도달하지 못한 원인이 화주측에 있는 경우에는 지정된 목적지에 도달하지 못하여도 또는 지정된 목적지 이외의 지역에서 화물이 인도되어도 운임청구권이 발생한다.

② 인도의 준비(ready to be delivered)

선장(선박소유자)은 양륙항에 입항하여 운송물을 수하인에게 인도할 준비가 되어 있어야 한다. 운송물을 안전하게 목적지인 양륙항에 도착시킬 뿐만 아니라 반드시 인도할 수 있게 준비가 되어 있어야 한다. 여기에서 인도하여야 할 준비라는 것은 수하인측에 운송물을 실제도 인도하는 것이 아니라 적절한 장소에서 운송물을 인도하기 위한 준비만 하면 충분한 것이다. 항해용선의 경우에는 용선자가 지정한 선석에 도착하여 양륙준비완료통지가 이루어진 때를 의미한다.

③ 적법한 항해

항해 자체가 적법한 항해일 것을 요건으로 한다. 즉, 선적항을 출항할 당시에 항만당국으로부터 출항허가서를 교부받고, 관련 비용을 정산하고 출항하며, 관련 국가의 법령을 위반함이 없이 무해통항의 원칙을 준수하여야 한다.

(3) 운임의 종류

① 선급운임(advanced freight)

원래 운송계약의 성질상 운임은 후급이 원칙이다. 그러나 계약당사자가 운임지급시기를 용선계약서 및 선하증권 상에 특약으로 선지급할 것을 약정하여, 후급운임의 원칙을 변경하는 경우가 있다. 또한 운송의 완성과 관계없이 선급운임은 반환하지 않는다는 특약도 널리 사용되고 있다.

② 총액운임(lump sum freight)

총액운임은 화물의 용적 또는 중량에 관계없이 합의된 운임을 말한다. 즉, 항해용선계약에서 운임을 선적되는 화물의 용적 또는 중량을 기준으로 산정하지 않고 선복 또는 항해를 단위로 포괄적으로 합의하는 운임이다. 이러한 운임계약의 효과는 선박소유자가 인도되지 않은 화물과 관련하여 예외조항의 적용을 받을 수 있다면 화물 전량이 인도되지 않아도 모든 운임을 지급 받을 수 있다는 것이다. 또한 특약이 없다면 추가 화물 운송에 대해서도 선박소유자는 추가 운임을 요구할 수 없는 효과를 가진다.

③ 비율운임(pro rata freight)

비율운임제도는 운송이 이루어지지 않으면 운임이 없다는(no delivery no freight) 원칙을 수정하여, 운송인의 귀책사유가 아닌 사유로 운송이 이행된 정도에 따라서 운임을 지급한다는 것으로 형평의 원칙에 입각한 제도이다. 즉, 비율운임제도는 항해 성취의 부분이나 인도된 화물을 비율화하여 운임을 지급하는 것이다. 중간항에서 인도가 계약의 부분이행으로 인정될 수 있는 규정이 있는 경우에는 그 규정은 완성된 항해의 부분을 비율화한 비율운임을 지급하도록 하는 약정이라 할 수 있다. 이러한 운임의 적용을 위해서는 명시적인 계약조항이 반드시 필요하다.

④ 반송운임(back freight)

운송인이 정상적으로 항해를 완성하고, 용선자가 지정한 항의 선석에 도착하여 하역 준비완료를 통지하였으나, 운송인의 귀책사유가 아니고 또한 운송인의 권한 밖의 이유로 인하여 운송물을 인도할 수 없는 경우가 발생할 수 있다. 이러한 경우 용선자가 선장에게 다른 항구로 가도록 지시를 내리는 경우, 또는 선적항으로 화물을 다시 운송할 경우 등 추가로 발생하게 되는 경비를 반송운임(back freight)이라 한다.

이러한 경우에 주의하여야 할 것은 면책사유에 의한 장애가 상당한 비용이나 지연에 의하여 극복될 수 있는 것이라면 선박소유자는 그 극복에 최대한의 노력을 다하여야 한다.

(4) 운임의 지급(freight payment)

① 운임지급 통화

GENCON에서는 박스 14에 운임의 지급에 관한 통화, 지급방법, 수령인 및 은행계좌를 기재하도록 하고 있다. 여기에서 실제적으로 지급되어야 하는 통화의 단위를 언급하고 있다. 통화에 대해 계약서에 언급되지 않았을 때는 보통 운임이 지불되는 지역의 법률에 따른다. 그러나 가장 일반적으로는 미화(US 달러)가 지급수단으로 이용되고 있다. 계약서의 운임지급에 관련된 예를 들면, 다음과 같다.

"Freight payable 95 percent within 3 banking days in USA currency on signing and releasing "Freight Payable as per Charter Party" bill of lading. Balance of 5 percent freight to be settled within 30days after completion of discharge together with demurrage or dispatch at loading and/or discharging port if so occurred."

상기 조항에 따라 선박소유자가 선적 완료한 후 "Freight Payable as per Charter Party"와 같은 운임지불조건의 선하증권에 서명하여 용선자에게 발행해 주면 용선자는 3일 이내 선박소유자에게 95%의 운임을 US 달러로 지급해야 하며 잔여 5%의 운임은 선적과 양륙항의 체선료와 조출료를 포함하여 양륙이 완료된 후 30일 이내에 지급하여야한다는 것을 의미한다.

② 선하증권과 운임지급

가. 선급운임조건의 경우 선하증권의 발행

어떤 용선자는 선장이나 대리점에게 선급운임 조건으로 선하증권을 발행해 줄 것을 요구하는 경우가 있다. 이러한 선급운임 조건으로 계약된 경우, 용선자는 선적이 완료되면 선적된 화물의 양을 확인하고 곧바로 운임을 선박소유자에게 지급하여야 하며, 선박소유자는 운임을 확인하고 선급운임(freight prepaid)이라고 명기된 선하증권을 발행한다. 이러한 조항은 물품매매에 있어 중요한 의미를 가진다. 즉, 용선자의 교섭력이 강하여 이러한 선하증권의 발행을 요구하는 경우에 선박소유자가 운임을 받지 않은 상태로 선급운임조건의 선하증권을 발행한다면 운임의 지급과 관련하여 선의의 선하증권 소지인과의 문제가 발생할 수 있다.

물론 이 조항 자체만으로 선박소유자 또는 선장이 용선자 또는 송하인에게 운임청구권을 행사하는 것이나 운임 지급이 이루어지지 않는 경우 화물 또는 용선자의 재용선 운임에 대한 유치권의 행사를 불가능하게 하는 것은 아니다. 하지만 선하증권의 기재사항을 신뢰한 수하인 또는 선하증권 소지인에 대해 유치권이나 운임청구권을 주장할 수는 없다. 이러한 점은 유의하여야 할 것이다.

나. 용선계약에 따른 운임지급(freight payable as per charter party)

용선계약하에 발행된 선하증권의 경우에 용선계약 조건을 편입하는 경우가 많다. 이러한 경우에 통상적으로 용선계약서에 명시된 대로 선적완료 후 약정된 기일 이내에 용선자는 선박소유자에게 운임을 지급해야 한다. 이 조항은 선박소유자가 선하증권 약관상의 선하증권의 소지인으로부터 운임의 지급을 확보하기 위한 방안의 일환이다. 즉,

용선계약하에 발행된 선하증권은 용선자의 재용선인 경우이므로 선박소유자와 선하증권 소지인은 직접적으로 계약의 당사자가 되지 않는다. 그러므로 운임의 지급을 확보하기 위해서 선박소유자는 운임지불에 관한 용선계약의 약관을 선하증권에 편입시키는 것이다. 이는 용선계약서에 따라 운임이 지급되기 때문에 선급운임과 같이 선하증권 문제와 연결되지 않는다.

③ 운임지급조건

가. 비용의 무공제(without discount)

운임은 비용의 무공제(without discount)조건으로 지급되어야 한다는 특약을 두는 경우에는 운임에서 어떠한 비용의 공제를 허용하지 않는다. 이러한 문구를 두는 이유는 특정항의 관습과 관행에 따라 운임을 할인 또는 공제를 요구하는 용선자를 미연에 방지하기 위함이다. 그러나 이러한 비용의 무공제 조건도 용선계약서상 용선자가 상계할 수 있는 권한이 명시적으로 인정한 부분에 대한 운임상계의 권한을 침해하는 것은 아니다. 즉, 선박소유자와 용선자 양당사자의 합의에 따라 선적항에서 발생한 조출료, 중계수수료, 용선자가 선박소유자를 대신하여 지급한 비용 등에 대해 공제하고 지급할 수 있다.

나. 손상된 화물의 인도에 대한 운임 지급

손상된 화물에 대한 운임의 지급과 관련하여 영국법은 선박소유자에게 운임청구권을 인정하고 있다. 즉, 운송화물의 일부 멸실되거나 훼손되어 화주에게 손해배상청구권이 발생하였다 하더라도 선박소유자는 운임의 전액을 청구할 수 있으며, 화주로 하여금 운임청구권에 대해 상계(set-off)할 수 없도록 하고 있다. 그러므로 화주는 운임을 지급하고 화물 손상에 대한 손해배상을 별도로 청구할 수밖에 없다. 그러나 특약으로 계약서상에 상계조항을 두고 있는 경우에는 가능할 것이다.

다. 선적시 가득된 운임(freight "earned" on shipment)

용선계약서상에 선적시 또는 다른 특정 시간이 명시된 조항을 두어 운임이 가득(earned)되었다는 조항을 두고 있는 경우에는 실질적으로 운임 지급이 이루어지지 않았다 하더라도 운임은 채무로 인정된다. 그러므로 용선계약이 프러스트레이션 등으로 계약의 실행이 중단된 경우에도 용선자는 운임을 지급하여야 한다.

라. 선박 또는 화물의 손실여부에 관계없이 지급(freight payable "lost or not lost")

위의 조항과 유사한 효과를 나타내고 있는 문구로 "freight to be paid ship or cargo lost or not lost"라는 조항을 두기도 한다. 이 조항은 운임의 지급일이 되기 전에 선박이나 화물이 손실되어 계약의 이행이 중단되는 경우가 발생하더라도 용선자는 운임에 대한 위험부담을 가지고 운임을 지급하여야 한다.

그러나 이러한 조항은 문자 그대로 문리해석에 따른 효과를 발생시키므로 엄격하게 해석을 하고 있다. 예를 들어, 만약에 "ship lost or not lost"조건으로 운임을 지불하도록 합의했다면, 선박이 유실된 경우에만 적용되며 화물만 유실된 경우에는 이 조항이 적용되지 않는다.

(5) 선적과 양륙

① 선적 및 적부

선적은 본선 또는 부두의 하역설비로 운송물을 선적할 경우에는 부두 또는 바지에 운송물을 본선의 카고 훅에 걸거나 부두의 하역시설로써 본선의 현측(ship's side)를 넘을 때부터 본선의 책임이 시작된다. 이 책임은 양륙항에서 운송물을 양륙 완료할 때까지 계속하므로 운송과 관련하여 운송인의 책임은 앞의 경우를 '테이클 투 테이클'(from tackle to tackle)이라 하고, 뒤의 것을 '선측에서 선측까지'라고 한다.

적부란 선박의 안전과 운송물을 안전하게 유지하기 위하여 화물창 안에 적부계획도에 따라서 화물을 적절하게 배치하는 작업을 말한다. 이 적부계획도는 운송물의 성질·수량·크기·무게·목적항 등을 고려하여 작성한다. 원칙적으로 모든 운송물은 갑판 아래에 적부하여야 한다.

선장은 선적감독권을 행사하지만, 이는 선박의 복원성과 안전성을 위한 한정적인 감독권이며 일단 운송물의 선적·적부가 완료되면 그 책임을 면한다. 용선자는 송하인으로 운송물을 선적할 책임이 있으며 용선자는 선적하기로 약정한 종류와 수량의 화물을 공급하여야할 의무를 진다. 운송물의 선적책임은 최초의 선적으로 종료한다. 만일 좌초 등으로 인해 운송물을 재신적할 필요가 있을 시에 재선적의 책임은 운송인의 책임이다.

② 선적 및 양륙에 대한 책임

해상운송인은 운송물의 선적을 위하여 약정한 선적항으로 선박을 회항시켜야 할 의무가 있고 선적항의 약정의무는 용선자가 가지고 있다. 용선자는 선적기간 내에 운송물 전부를 선적할 의무가 있다. 운송인은 용선자가 운송물의 전부를 선적하지 못했을 경우에 초과정박기간에 대해 정박료를 청구할 수 있고, 손해배상을 청구할 수도 있으며, 상당한 보수를 청구할 수도 있다. 해상운송인은 특약이 없는 한 운송물을 양륙항에서 자기의 위험과 비용으로 선측에서 인도할 의무가 있지만, 1994년 GENCON은 용선자가 하역책임을 지는 FIO 조건만을 규정하고 있다. 그 결과로 용선선박의 선적과 양륙 책임은 별도의 특약(Gross term과 같은 특약)이 없는 한, 항해용선자의 책임이다.

가. Gross Term

용선자는 용선선박이 자선의 카고 훅으로 운송물을 걸어서 선적할 수 있도록 선측에까지 운반하여야 한다. 이 경우 용선자는 육상 또는 바지 위의 필요한 인부의 비용을 부담하여야 한다. 용선선박은 운송물의 적하만을 담당한다. GENCON 1994 용선계약서에는 Gross Term은 포함하고 있지 않다.

나. FIOST(Free In & Out, Stowed & Trimmed) terms

용선자는 화물의 적재·적부·고르기(loading·stowing·trimming) 및 양륙(discharging)을 책임져야 한다. 운송인은 모든 위험·책임·비용을 부담하지 아니한다. 그러나 용선자의 요구가 있으면 운송인은 윈치, 동력, 선원의 윈치맨(winchman)을 준비하여야 한다. 이 조건은 'Net term'이라고도 한다. 그러나 운송계약의 하역조건에 관계없이 항해용선이나 개품용선에 있어서 선장은 하역인부를 감독할 책임을 가지며, 동시에 선박의 안전을 위하여 하역을 감독할 공법상의 의무가 있다. 그리고 용선자가 선적책임이 있는 경우에 용선자가 선임한 하역인부가 하역능력이 부족한 때에는, 그로 말미암아 생긴 손해에 대하여 용선자는 손해배상의 책임을 면할 수 없다고 본다.

③ GENCON에서의 선적과 양륙 책임

GENCON 용선계약에서는 용선선박의 선적과 양륙 책임은 별도의 특약(gross term과 같은 특약)이 없는 한, 항해용선자의 책임으로 규정하고 있다. 그리고 GENCON 용선계약에서는 하역과 관련하여 비용과 위험(costs and risks), 하역설비(cargo handling gear)와 하역인부에 대한 손해(stevedore damage)를 나누어 규정하고 있다.

가. 비용과 위험

항해용선자는 자기의 비용과 위험부담으로서 화물을 용선선박의 선창 안에 선적할 의무가 있으므로 용선자의 위험과 비용부담으로 한다.

나. 하역설비

선박소유자에게 하역설비를 양호한 작동상태로 유지시킬 주의의무를 명시하고 있다. 즉, 선박소유자는 용선기간 동안 모든 하역설비를 '양호한 작동상태'(to be in good working order)로 유지할 의무를 규정하고 있다. 그러므로 선박소유자가 이 주의의무를 위반하여 운송물에 손해가 발생할 경우, 손해배상의 책임을 면할 수 없다.

다. 하역인부에 의한 손해

항해용선계약의 특질에 따라서 하역 중에 발생한 선박의 손해에 대해서 용선자는 손해배상 또는 원상회복의 책임이 있음을 규정하고 있다. 항해용선계약은 용선자가 전 항해에 걸쳐 선박을 지휘 감독할 권한은 없고, 다만 용선자가 지정한 항에서 하역기간 동안 용선선박을 자유로이 사용할 수 있는 권한만을 보장받는 운송계약이므로, 하역기간 중에 자기가 선임한 하역인이 발생시킨 선박의 손해에 대하여 책임을 지는 것은 계약법상 당연하다.

이 경우에 항해용선자는 계약항해가 종료하기 전에 수선의무가 있고, 만일 그 손해가 선박의 감항능력에 영향을 줄 경우에는 그 훼손이 발생한 항을 출항하기 전에 수선할 의무가 있다.

(6) 정박기간(Laytime)

① 정박기간의 의의

정박기간이라 함은 운송인이 운임에 추가하여 급부를 받지 않고서 용선자로 하여금 선박을 선적 및 양륙에 사용할 수 있게 하고, 또한 사용할 수 있도록 계약당사자 사이에 합의한 기간을 말한다(Laytime Definition for Charter Parties 2013, Clause 5). 즉, 용선자로 하여금 화물을 선적하거나 양륙하도록 허용되는 시간인 정박기간은 선박의 크기·종류, 항만의 하역설비와 운송물의 종류·수량 등을 고려하여 미리 특약으로 정하고 있다.

② 정박기간의 결정

정박기간은 3일간, 10시간 등과 같이 구체적으로 정하는 경우와 운송물량과 일당 하역량 기타 간접적인 방법으로 정박기간을 산출하는 경우도 있다. 정박기간에 관한 특약이 없으면 정박항의 규칙과 관습에 의하거나 상당한 기간을 정박기간으로 한다. 상당한 기간은 정박항의 이용 가능한 하역수단·시설, 영업과정, 항구에서 사용되고 있는 관습적 방법과 조수 기타에 관한 정박항의 특징을 고려하여 결정한다.

가. 통상적인 관행 등으로 규정하는 경우

특정한 정박기간을 약정하지 아니하고 통상적인 속도로(with customary quick dispatch: CQD) 또는 가능한 한 빠르게(as fast as the ship can receive) 등과 같이 규정하는 경우가 있다. 이러한 경우는 선적항 또는 양륙항의 관행에 따라 상당한 시간내에 선적 또는 양륙하여야 하는 것으로 해석된다.

나. 일정한 날짜로 규정하는 경우

정박기간을 일정한 날짜로 규정하는 것으로, 예를 들어 "10일(10 days 또는 10 running days)" 라고 규정하는 것이다. 이 경우에 '일'은 24시간을 의미하는 것이 아니라 자정부터 다음날 자정까지의 월력상의 일을 의미하는 것이다. 하지만 대부분의 용선계약서에서는 일 또는 월력상의 일이 아닌 선적 또는 양륙준비완료통지의 효력이 종료하는 시간부터 시작하는 약정일을 규정하고 있다.

예를 들어, GENCON에서는 "선적 및 양륙을 위한 정박기간은 준비완료통보를 12시 또는 그 이전에 행한 경우에는 13시에 개시되며, 준비완료통보를 12시 이후 업무시간 이내에 행한 경우에는 그 다음 작업일 6시에 개시된다."라고 규정하고 있다.

정박기간은 일반적으로 '일'(days), '연속일'(running days), '작업일'(working days) 및 '날씨허용작업일'(weather working days) 등으로 사용된다. 이에 대한 의미를 구분하면, '일' (days)은 24시간을 의미하는 것이 아니라 자정부터 다음날 자정까지의 월력상의 일(calendar day)을 의미하는 것이며, '연속일'은 정박기간이 개시된 날로부터 연속적으로 계산되는 일을 의미한다.

여기에서 '일' 또는 '연속일'은 휴일과 공휴일을 포함하는 연속일을 의미한다. 그러므로 별다른 제한 없이 10일(10 days 또는 10 running days)라고 하면, 정박기간의 개시된 날로부터 연속된 10일이 되며, 휴일이나 공휴일은 제외되지 않는다. 여기에서 회교국가라면 금요일이 휴일이므로 금요일은 작업일에 산입되지 않을 것이다.

그 반면에 '작업일'은 휴일 및 공휴일을 제외하고 작업이 통상 이루어진 날만을 정박기간으로 계산하는 것을 의미한다. 그러므로 '날씨작업일'은 날씨에 따라 화물의 선적 또는 양륙작업이 방해를 받지 않는 날을 의미한다.

그러므로 휴일과 공휴일을 제외하고 싶을 때에는 '10 작업일'(10 working days)라고 하여야 하며, 기상상태에 따라 작업의 영향을 많이 받는 선적 또는 양륙작업의 경우에는 비 등의 날씨로 인해 작업을 할 수 없는 날을 제외하고자 할 때에는 '10 날씨허용작업일'(10 weather working days)라고 하여야 할 것이다.

정박기간의 결정은 10일과 같이 정해진 시간일 수도 있고, 선적과 양륙되는 화물의 양에 따라 달라질 수도 있으며, 화물이 선적되는 선창의 수에 따를 수도 있다. 그러나 GENCON 등과 같은 표준용선계약서에서는 정박기간의 계산방법으로서 '연속시간'(running hours)을 이용한다. 만약 이 방식을 계약당사자가 채택한다면 그들은 용선자에게 이용 가능한 연속시간(running hours)에 합의하고 이 경우에는 정박기간을 더 계산할 필요가 없게 된다.

다. 하루당 선적량 또는 양륙량으로 규정하는 경우

선박소유자와 용선자는 하루당 화물의 선적량 또는 양륙량을 얼마로 하겠다는 합의의 방법으로 정박기간을 약정하는 경우가 있다. 즉, 용선자는 하루에 몇 톤씩 화물을 선적 또는 양륙할 것인가 하는 선적 또는 양륙되는 톤수비율에 대해 합의하고, 전 화물량을 이 비율로 나누어 하역에 필요한 일수를 산정하는 것이다.

예를 들어, 150,000MT 화물의 양륙을 위해 30,000MT/Day SHEX EIU for Loading이라는 조건으로 용선계약서가 작성되었다면, 용선자는 일요일과 공휴일은 양륙작업을 하였다 하더라도 정박시간에서 제외하고 5일(150,000/30,000=5일) 동안에 양륙을 종료하겠다는 것이다.

라. 하루당 선창별 선적량 또는 양륙량으로 규정하는 경우(per hatch per day)

선창별로 하루에 작업하여야 하는 선적량 및 양륙량을 결정하는 방식도 있다. 2013년 용선계약 정박기간의 정의(Laytime Definitions for Charter Parties 2013) 제6조에는 "하루당 선창별(per hatch per day) 조건에서의 정박기간은 화물을 선적/양륙하는 선창별로 하루당 약정률과 선박의 선창 개수를 곱한 것을 전체 화물량에 대해 나누어서 계산한다"라고 규정하고 있다.

$$정박기간 = \frac{화물량}{하루약정률(DailyRate) \times 선창개수} = (\qquad)일(Days)$$

마. 하루당 작업 선창별 또는 하루당 작업가능 선창별 (per working hatch per day or per workable hatch per day)

2013년 용선계약 정박기간의 정의(Laytime Definitions for Charter Parties 2013) 제7조에는 "정박기간은 최대용적을 가진 화물선창의 화물량을 작업중인 또는 작업가능한 선창별로 하루의 약정률에 그 화물창을 이용하는 선창의 수를 곱하여 나눈다"라고 규정하고 있다. 이는 현실적으로 선적된 화물량과 선박의 구조적 차이 등에 관계없이 선적 또는 양륙의 상황에 따라 하역작업이 가장 긴 시간을 필요로 하는 선창의 작업시간을 기준으로 정박기간을 산정하는 것이다.

$$정박기간 = \frac{최대용량선창의화물량}{선창별하루약정률 \times 작업중또는가능한선창개수} = (\qquad)일(Days)$$

바. 정박기간 산정의 특약사항

정박기간 계산시 선박의 선적항과 양륙항에서 선박소유자 및 용선자의 합의에 의해 책임과 의무를 결정할 수 있도록 다양한 특약사항들을 두고 있다. 이는 화물의 특성에 맞추어 용선자가 합의를 이끌어 낼 수 있도록 함으로써 그 책임과 의무를 조율할 수 있도록 하고 있다. 이러한 조건들을 종류별로 살펴보면 다음과 같다.

| 표 5-6 | 정박기간의 특약사항

특약 사항	의 미
Running Laydays(연속일)	계속기간이므로 중단사유, 일요일, 공휴일에 무관하게 계속적으로 정박기간으로 계산하는 방식임
Working days(작업일)	연속일과 달리 일요일, 공휴일을 제외하고 평일을 24시간으로 계산함
Weather Days, Weather Permitting (날씨허용일)	정상작업시간 12시간 기준으로 하여 악천후를 제외 하되 실제 작업 방해분만 제외함
Weather Working Days(날씨허용작업일)	정상작업 12시간내의 악천후만 감안함
Working Days of 24 consecutive Hours, Weather Permitting	1일 24시간 기준, 악천후 시간 중 실제작업 방해 시간 만 제외함
Weather Working Days of 24 consecutive Hours	1일 24시간 기준, 정박기간 개시이후의 악천후 시간은 모두 제외함
Weather Working Days, Sunday and Holidays Excepted(SHEX)	일요일과 공휴일에 작업을 하더라도 정박기간으로 산정안함
Weather Working Days, Sunday and Holidays Excepted Unless Used(WWDSHEX UU)	일요일, 공휴일에 하역을 하지 않는 한 정박기간에서 제외한다는 조건임
Weather Working Days, Sunday and Holiday Excluded Even If Used(WWDSHEX EIU)	하역을 위해 사용하였다 하더라도 일요일과 공휴일은 정박기간에서 제외한다는 조건임
Customary Quick Despatch(CQD)	항만의 관습에 따라 가능한 한 신속한 하역을 실시 함

③ 정박기간의 개시시점

정박기간이 개시되기 위해서는 용선계약의 당사자간에 별도의 합의가 있는 경우를 제외하고 일반적으로 세 가지 요건을 충족하여야 한다. 첫째, 선박이 용선계약상 지정된 목적지에 도착하여야 하며, 둘째, 선박이 하역을 위한 모든 준비를 완료하여야 하며, 셋째, 하역준비가 완료되었음을 용선자 또는 그 대리인에게 통지하여야 한다.

a. 선박의 도착

정박기간은 선박이 당사자가 합의한 선적 또는 양륙지점에 도착함으로써 개시된다. 합의된 목적지가 선석(berth)이나 부두(wharf) 등과 같이 특정 장소로 지정되어 있다면 선박의 도착 여부를 판단하는데 있어 어려움이 없을 것이다. 즉, 약정된 목적지가 특정 선석이나 부두와 같이 항구 내 일정한 구역 또는 구체적인 장소인 경우에는 그 구역 또는 장소에 들어온 때에 선박이 도착한 것으로 인정된다.

가. 선석/도크 차터(berth/dock charter)

선박이 항구에 도착하였을 때 하역준비완료통지를 하여야 하는지 또는 실제 선적과 양륙 부두에 접안했을 때 하역준비완료통지를 하여야 하는지에 대해서는 계약서의 조건이 선석차터(berth charter) 인지 또는 포트차터(port charter) 인지에 따라 달라질 수 있다. 즉, 용선계약이 특정 선석을 지정할 권한을 용선자에게 부여하여 명시적으로 유보하고 있는 것을 선석차터라고 하며, 이 경우 선박이 그 장소에 도달하여야만 도착한 것으로 간주되므로, 명시적인 규정이 없는 경우에는 지정된 선석에 정박하기 전에 이루어진 하역준비완료통지는 효력이 없다.

선석차터 조건에서는 선박이 반드시 부두에 접안해야만 하역준비완료통지를 제시할 수 있으므로, 지정된 선석에 도달하기까지 지연의 위험은 선박소유자가 부담한다. 반대로 포트차터에서는 선박이 항구에 도착했을 때 제시할 수 있다.

나. 포트차터(port charter)

포트차터는 선박의 목적지가 '항구'로 지정되어 있거나 특정 선석이나 도크로 지정되어 있지 아니하며, 용선자가 그것을 지정할 권리가 없는 경우를 말한다. 이러한 경우에 선박의 도착에 대해서는 The Johanna Oldendorff 사건에서 영국 법원의 입장을 확인할 수 있다. 즉, 선박의 도착은 첫째, 선박이 항구의 지리적 경계 내에 들어와 있어야 하고, 둘째, 선석이 비게 되면 곧바로 선석으로 이동할 수 있다는 의미에서 선박이 즉각적이고 효과적으로 용선자의 지시에 따를 수 있는 장소에 있어야만 한다.

그리고 만일 선박이 그 항구에서 선석이 빌 때까지 통상적으로 기다리는 장소에 있으면, 이는 선박이 즉각적이고도 효과적으로 용선자의 지시에 따를 수 있는 장소에 있는 것이라고 추정되며, 반대 사실에 대한 입증책임은 용선자가 부담하며, 선박이 통상적으로 대기하는 장소에 있지 않으면, 선박소유자는 그 장소가 즉각적이고 효과적으로 용선자의 지시에 따를 수 있는 장소임을 입증하여야 한다고 판시하였다.

b. 하역준비완료

정박기간의 개시는 선박이 목적지에 도착하였을 뿐만 아니라 선적 또는 양륙의 준비가 완료되어 있어야 한다. 하역준비완료의 정도에 대해 살펴보면, 향후 정박기간이 개시되는 때에 준비가 완료될 것이라는 예상만으로는 부족하며, 선적 또는 양륙의 준비가 실제로 완료되어 있어야 한다. 즉, 하역준비완료통지를 할 당시에 실제로 선적 준비가 완료되어 있지 않았다면 통지의 효과는 없을 것이며, 실제로 준비가 완료되어 있었다고 하더라도 정박기간이 개시되는 시점에 준비가 완료될 것이라는 취지의 내용으로 통지를 한 경우에도 통지로서의 효과가 없다. 그리고 하역준비완료는 물리적인 면이나 법률적인 면에서 모두 준비가 되었음을 의미한다.

가. 물리적 하역 준비완료

물리적 준비완료는 선박이 선창을 모두 비우고 용선자의 화물을 선적할 수 있는 상태에 있어야만 선적준비완료가 된 것이며, 양륙의 경우에는 화물의 양륙을 위해 용선자에게 할당된 선박의 모든 부분을 용선자가 완전히 통제할 수 있도록 준비가 된 상태를 의미한다. 또한 용선자의 약정된 화물을 안전하게 수령, 운송, 보관할 수 있는 상태, 즉, 선박의 감하능력(cargoworthiness)이 확보된 상태여야 한다. 예를 들어 선창에 전염병이 돌아 소독이 필요한 상태에서 선적준비완료통지는 무효이다.

나. 법률적 하역 준비완료

정박기간의 개시는 하역작업의 시작을 의미하는 것이므로, 하역작업을 시작하기 위해 필요한 선박의 물리적 준비상태 뿐만 아니라 검역허가증(free pratique)과 세관수속통과(customs clearance)와 같이 지역 항만당국으로부터 부과된 절차를 밟아야 하는 것까지 포함한다. 그러므로 선박이 검역허가를 통과하지 못한 경우라든지 세관수속을 통과하지 못한 상태라면 하역준비완료가 되었다고 볼 수 없다. 그러나 양 계약당사자는 "whether in free pratique or not"(WIFPON)이라는 조항을 추가하여 검역수속의 통과여부에 관계없이 하역준비완료통지를 제시할 수 있도록 하고 있다.

항만당국은 선박이 선적과 양륙작업을 시작하기 전에 세관수속통과(clear customs)를 요구하나, 검역허가의 경우처럼 반드시 하역준비완료통지를 제시하기 전에 거쳐야 하는 절차가 아니며, 부두 접안 이후에도 간단히 이루어 질 수 있으므로 계약서에 "whether customs cleared or not"(WCCON) 조항을 추가함으로써 세관수속통과에 귀속되지 않고 하역준비완료통지를 제시할 수 있도록 하고 있다.

c. 하역준비완료통지(Notice of Readiness)

가. 하역준비완료통지의 개념

선박이 선적 또는 양하항에 도착하여 모든 면에서 용선자의 화물을 선적 또는 양하할 만반의 준비가 되어있다는 것을 관련 당사자에게 통보하는 것을 하역준비완료통지(Notice of Readiness: NOR)라고 한다. 하역준비완료통지를 하는 것은 용선자에게 선적 또는 양륙작업을 할 수 있음을 알리고, 또한 정박기간의 개시시점을 명확히 하고자 하는 데 있다. 그러므로 정확하고 유효한 통지가 이루어져야 한다.

이는 보통 정박지 도착 시 혹은 접안 후에 선장이 선적항의 대리점을 통하여 용선자에게 통보하지만, 비어있는 부두가 없을 때는 대기정박지(waiting anchorage)에서 하역준비완료통지를 제시한다. 일반적으로 정박지에서 하역준비완료통지를 제출하나, 정박지에서 용선자나 그의 대리인들이 기다리고 있는 것이 아니므로 보통 텔렉스, 전보, 팩스, VHF 등을 이용하여 제출한다.

선적항에서는 계약서에 기재되어 있는 수하인에게 선박이 화물을 선적할 준비가 되어있다고 통보해야 하지만 양륙항에서는 명확하지 않으므로 용선자나 대리인에게 하역준비완료통지를 제시한다. 용선계약서마다 다르게 표기되어 있으나, 통상적으로 정박기간은 하역준비완료통지 통보 후, 24시간 혹은 익일(working day) 08시부터 시작하게 된다. GENCON에서는 12시 이전에 하역준비완료통지를 제시했으면 당일 오후 1시부터 정박기간이 산입되기 시작하고 12시 이후에 제시하면 다음날 08시부터 정박기간이 개시된다.

나. 하역준비완료 통지의 장소

용선계약서 약관상 하역준비완료통지의 장소에 대해서는 명확하게 제시하고 있지는 않는다. 결국 일반법의 법리가 적용될 것이므로 선박이 용선자의 즉각적이고 효율적인 처분(immediate and effective disposition)상태로, '도착된 선박(arrived ship)'이라고 할 수 있는 장소에 있어야 한다. 이러한 장소의 개념은 전적으로 용선계약서와 GENCON에서의 합의사항에 의할 것이지만, GENCON 박스 10과 11에 명시된 항구 또는 부두/선석과 같은 좀 더 구체적인 곳이라면 여기에서 의미하는 장소로 추정된다.

통상적으로 용선계약서상에 항구의 지정과 항구내의 부두의 지정에 있어 좀 더 세분화되고 복잡한 경우가 발생한다.

먼저 부두명이 지정된 경우 또는 용선자가 항구내의 부두를 지정하도록 명시규정을 두고 있다면, 합의된 장소는 부두가 된다. 이러한 경우에 선박은 실제로 부두에 접안을 해야만 하역준비완료통지를 제시(tender)할 수 있다.

합의된 장소가 항구인 경우에 선박이 항구에 도착하였을 때 부두/선석이 비어 있는가의 여부에 따라 달라진다. 먼저 부두/선석이 비어있어 바로 접안이 가능한 경우에는 선박을 실제적으로 접안 시킨 후에 하역준비완료통지를 하여야 하며, 부두가 혼잡하여 바로 접안할 수 없는 경우라면 항내 선박의 대기 장소에 도착 후에 통지할 수 있다.

④ 정박기간의 개시와 관련된 특정 약관

가. 항내도착여부 무관하게 정박시간 개시 ["Whether in port or not"(WIPON)]

이 특약은 일반적으로 선박이 목적항내에 도착하여야 하역준비완료통지를 할 수 있으나, 체선 등으로 이용가능한 선석이 없으며, 또한 항내 진입이 어려운 경우에 지정항구의 통상적인 항외의 대기장소에 도착한 경우에도 하역준비완료통지를 할 수 있도록 규정한 것이다. 포트차터에서 일반적으로 사용되는 사항으로 반대의 특약이 없는 한 통상적으로 이용되는 대기장소에 도착하여야 하며, 즉각적이고 효과적으로 용선자의 지시에 이용가능한 상태에 있어야 한다.

나. 선석대기시간을 작업시간에 산입하는 약관

GENCON 1976 제6조에는 "Time lost in waiting for berth to count as loading or discharging time"이라는 조항을 두고 있다. 즉 하역준비완료의 통지 없이 정박기간이 개시할 수 있으며, 선박이 도착선으로 인정되기 이전에 발생할 수 있는 지연의 위험을 용선자에게 전가하기 위해 삽입된 조항이다. 즉, 접안할 부두가 없어 선박이 대기장소에서 대기하는 경우 발생하는 시간의 경우에도 선박이 부두에서 실제 작업을 하는 것과 똑같은 방식으로 일요일과 공휴일 그리고 우천 등 용선계약서에 합의된 모든 정박기간 예외조항을 적용시켜 계산해야 한다.

선석차터의 경우에 선석이 확보될 때까지 선박이 항내에 대기하는 기간이 모두 적재기간에 포함되게 된다. 다만, 선박이 실제로 선석에 정박하여 선적작업이 이루어지는 경우 정박기간에 포함되지 않는 기간은 제외된다.

포트차터의 경우에는 선박이 통상적인 대기장소내에 있지 않거나 항구의 경계범위 밖에 있는 이유로 용선자에게 즉각적이고 효과적인 처분에 맡겨질 수 없는 경우에 유용하다. 그 이유는 이 조항이 선박이 도착된 선박으로 인정될 수 없는 상황에서도 유효한 하역준비완료통지를 할 수 있도록 만들어주기 때문이다. 그러나 선박이 항구의 경계범위 안에 있고, 통상적인 대기장소에 있다면 도착된 선박으로 간주될 수 있으므로 별다른 효력을 발휘하지 못한다.

다. 부두 접안여부 무관하게 정박시간 개시

통상적으로 선박이 목적항에 도착하였으나 항내 체선 등으로 이용가능한 선석이 없는 경우에 접안하기까지 대기하는 시간은 모두 선박소유자의 부담이 된다. 이렇게 선박소유자가 지연으로 인하여 부담할 수 있는 위험을 용선자에게 전가하기 위하여 계약 당시에 선박이 목적항에 도달한 때에 선석에 접안하든지 여부에 관계없이["Whether In Berth Or Not"(WIBON)] 하역준비완료통지를 할 수 있도록 특약사항을 두기도 한다. 즉, 지정된 선석 또는 부두에 접안이 완료된 이후에 하역준비완료통지를 할 수 있다는 선석차터의 불리함으로부터 선박소유자를 보호하기 위한 조항이다. 이러한 특약사항을 두게 되면 선석차터나 포트차터의 구별이 필요 없게 되지만, 엄밀히 말하면 이 조항으로 인해 정박기간의 개시시점을 앞당기는 효과는 있지만 선석차터가 포트차터로 전환되는 것은 아니므로 주의할 필요가 있다.

하지만 선박소유자에게 허용되는 재량의 범위는 좁게 해석하므로 선박소유자가 목적항에 도착하여 이용가능한 선석이 없는 경우에만 선박소유자를 보호하도록 하고 있으므로 이용가능한 선석은 있으나 조석의 차이나 악천후 등으로 선석에 도달할 수 없다면 정박기간은 개시하지 않게 된다.

그리고 2013년 용선계약 정박기간의 정의(Laytime Definitions for Charter Parties 2013) 제27조에서는 "'WIBON'이라 함은 선적/양륙을 위하여 지정된 장소가 선석이고 또한 선박이 즉시 선석에 접안할 수 없는 경우에는 선박이 선석이 있는 항구에 도착하면 하역준비완료통지를 할 수 있음을 의미한다."라고 규정하고 있다.

반면에 1993년 항해용선 정박기간 해석규칙(Voyage Charterparty Laytime Interpretation Rules, 1993) 제22조에서는 "선박이 도착하였을 때 이용 가능한 선적 또는 양륙 선석이 없다면, 선박이 항내 또는 항외의 통상 대기 장소에 도착한 때에는 하역준비완료통지를 할 수 있는 권한이 있으며, 정박기간은 계약의 내용에 따라 개시된다. 정박기간 또는 체선기간은 선석이 이용가능한 때에 중단되며, 선박이 선석에서 선적 또는 양륙작업의 준비가 되었을 때 재개된다."라고 규정하고 있다.

이 두 규정의 차이점에 있어 2013년 정박기간의 정의 ①선박이 도착하였으나, 접안할 수 없는 경우, ②선박이 지정선석이 있는 항구내에 도착하면 하역준비완료통지를 할 수 있도록 하고 있으나, 1993년 해석규칙에서는 ①선박이 도착하였으나, 이용할 수 있는 선석이 없는 경우, ②통상 대기 장소라면 항내 또는 항외를 구별하지 않으며, ③선석이 이용 가능해지면 정박기간과 체선기간이 중단된다는 것이다. 이러한 차이점을 인식하여 용선계약 체결시 2013년 정박기간의 정의 또는 1993년 해석규칙 중 어떠한 규정에 따른다는 것을 명확하게 할 필요가 있다.

라. 정박시간 개시 전 하역에 이용된 시간

이 조항은 용선계약 내용에 따라 정박기간이 시작되기 전에 화물 작업이 시작된 경우에 사용된 시간(time actually used before commencement of laytime)을 산입한다는 규정이다. 즉, 통상적으로 하역준비완료통지가 있어야만 정박기간이 개시되지만, 실제 정박기간 개시시점보다 일찍 작업이 이루어진다면 그 작업시간을 정박기간에 산입한다는 것이다.

(6) 체선료(demurrage)

① 체선료의 의의

체선료란 용선계약에서 예정된 정박기간이 만료된 후에 선박소유자의 선적 및 양륙에 책임이 없는 지연에 대하여 선박소유자에게 지불되는 금액을 말하며(2013년 용선계약 정박기간 정의 규정; Laytime Definitions for Charter Parties 2013 1980, 제27 제30조), 또는 선박소유자의 책임이 없는 정박기간 만료이후의 선박 지연에 관해 선박소유자에게 지불하기로 약정한 금액을 말한다(1993년 항해용선 정박기간 해석 규칙; Voyage Charterparty Laytime Interpretation Rules, 1993, 제24조). 즉, 체선료는 약정된 정박기간을 초과하여 선적하거나 양륙한 시간에 대하여 용선자가 선박소유자에게 지급하기로 약정한 금액을 말한다.

이러한 체선료를 지급하는 이유는 법적성질에 따라 보수설로 보는 경우에는 항해용선계약 체결시 약정한 정박기간에 대한 보수는 이미 운임 등에 반영되었지만 약정한 정박기간을 경과한 작업으로 인한 기간에 대해 보수는 미리 예측될 수 없으므로 운임에 포함되지 않았으므로 지급하여야 한다는 것이다. 그 반면에 손해배상설은 용선자가 약정한 정박기간 내에 선적 또는 양륙작업을 종료하여야 할 의무를 부담하고 있음에도 그 기간 이상 정박시키는 것은 계약의 위반이 되고, 선박소유자는 그로 인한 손해를 입게 되는 것이어서 용선자에게 손해배상책임이 있으므로 체선료를 지급한다는 것이다.

그리고 일단 선박이 체선상태가 시작되어 체선료의 산정기간이 진행되면 통상 정박기간에서 제외되고 있는 일요일이나 공휴일, 날씨가 나빠 작업을 할 수 없는 날 등도 전부 포함되는 것이 통상적이다. 그러므로 예외사항에 대한 명시규정이 계약서상에 있지 아니하는 한 어떠한 예외사항이 개입되지 않고 계속된다는 의미에서, “일단 체선상태이면 계속 체선상태(once on demurrage, always on demurrage)”라는 구절이 많이 사용된다.

그리고 체선료가 적용되는 기간조차 경과된 경우나 보상액을 약정하지 않은 경우에 선박소유자에게 보상하는 것은 초과정박손해배상금(damages for detention 또는 detention charges)이라고 한다.

한편 만약에 용선자가 정박기간을 전부 사용하지 않고 선적 또는 양륙을 종료한다면 미사용한 정박기간에 대한 부분만큼 선박소유자가 용선자에게 지급하여 주는 것이 조출료(quick despatch money)이다.

그리고 통상적으로 약정한 정박기간을 초과하여 체선이 이루어진 경우 약정된 체선기간에 대해서는 운항원가를 기준으로 체선료를 산정하며, 초과정박손해배상금의 산정에 있어서는 선박의 운항원비를 기준으로 산정한다. 그리고 조출료는 통상 체선료의 절반으로 약정하고 있다.

② 체선료의 법적 성질

체선료의 법적 성질에 대해서는 선박이 그 기간동안 운항하였다면 수익하였을 것으로 보고, 이를 구체화시켜 운임의 일종으로 보는 보수설과 운항을 하지 못해 상실된 운임에 대한 배상으로 보는 손해배상설로 나뉘고 있다.

영국법에서는 체선료의 법적 성질을 약정손해배상금(agreed damages)으로 보고 계약서에 명시된 금액에 대해 선박소유자는 자신의 손해에 대한 입증 없이도 이를 청구할 수 있으며, 통상 선박의 출항 지연에 따른 손해배상금의 성격으로 보고 있다. 즉, 용선자의 과실에 기인하여 약정된 정박기간을 초과하여 선박을 정박시켰을 때 지불하여야 하는 합의된 손해배상금이다.

우리나라는 정박기간을 경과한 후 운송물을 선적한 때에는 선박소유자는 상당한 보수를 청구할 수 있다(상법 제829조 제3항)고 규정하고 있고, 대법원의 판례에서도 체선료는 체선기간 중에 선박소유자가 입은 선원비, 식비, 체선비용, 선박이용을 방해받음으로 인하여 상실한 이익 등의 손실을 전보하기 위한 법정의 특별보수라고 봄으로써 보수설을 통설로 한다.

③ 체선기간(length of demurrage)

체선기간을 산정하는 방식에는 체선기간을 명시할 수도 있고, 체선기간을 명시하지 아니하고 체선요율(demurrage rate)을 규정하는 방식이 있다. 통상적으로 용선계약서의 대부분은 기간을 명시하지 않는 방법을 사용하고 있다.

가. 체선기간을 명시하지 않은 경우

일반적으로 체선기간을 명시하지 않은 경우에는 합리적이라 판단되는 일정한 기간이 경과한 후 체선(detention)을 적용할 수 있는 것으로 인식되었었다. 즉, 선박소유자는 명시된 체선기간이 만료되었을 때 선적항을 출항할 수 있거나 용선자가 단지 체선요율만 명시한 경우에는 상당한 기간이 경과한 이후에 출항할 수 있다고 생각되었으나, 현재는 계약이 이행될 수 없거나 이행이 거부될 때까지 체선이 적용되어 체선료 산정이 이루어지는 것으로 판단한다.

나. 체선기간을 명시한 경우

Dimech v. Corltt(1858) 사건에서 체선기간을 명시한 경우에 선박은 용선자가 요청하고 추가로 화물이 선적될 수 있다고 믿는 합리적인 근거가 있을 때에는 명시된 기간까지 대기하여야 하는 것으로 판시하였다. 추가하여 Lilly v. Stevenson 사건에서 Trayner 판사는 체선기간은 계약에 의해 제한되지 않으며, 그 상황에서 어떠한 것이 합리적인 것인가는 법에 의해 제한된다고 하였다.

그리고 약정에 의해 허용되는 정박기간과 관련된 정박기간 약관은 영미 계약법상 근본조건(condition)이라고 하기 보다는 담보조건(warranty)으로 분류된다.

④ 체선료의 산정

가. 체선요율

일반적으로 체선료의 산정은 용선계약서에 명시된 체선요율에 따라 항구에서의 선적 및 양륙지연에 따른 선박의 대기시간이 계속되는 동안 일당 또는 1일에 대한 일정한 비율(per day and pro rata)로 계산된다. 통상적으로 1일 미만은 비율로 산정하거나 운송물 총톤당 일정액으로 미리 약정하는 경우가 많다.

하지만 체선요율에 대한 약정이 없는 경우에 선박소유자는 체선기간 중 체선으로 인하여 지출한 비용(charge and expense)을 하루 전체에 해당하는 체선료로 지급받을 수 있다.

그리고 선적항 또는 양륙항의 어느 일방 항구에 대해서만 체선요율을 약정한 경우에 이를 나머지 항구의 체선요율로 적용가능한지에 대한 의문이 있다. 이에 대해서는 어느 일방 항구에 대해 체선요율을 정하지 않은 것은 그 항구의 사정이 불명확한 경우가 많기 때문이므로 원칙적으로 체선요율의 동일한 적용이 허용되지는 않지만, 당사자의 명시적 또는 묵시적으로 이를 허용하거나, 어느 일방의 체선요율을 정하여 두는 경우는 선적항과 양륙항의 사정이 대체로 같다고 보아 동일하게 준용토록 한 것으로 추정할 수 있다는 견해가 있다.

나. 체선료 지급 시기

체선료는 허용되는 정박기간이 종료함과 동시에 체선료가 발생하면 관련 항차를 종료하고 선박이 다음 항차를 위해 출항한 후에 정산하는 것이 일반적이다. 그러나 체선료는 일, 시간 및 분 단위까지 계산하지만 실무상 통상 1일 또는 수일을 단위로 계산하도록 하는 약정을 두고 있다. 예를 들어, GENCON에서는 "매일 확정하고 해상운송인의 청구를 받고 지급된다."라고 규정함으로써 체선료 채권은 매일 발생하며 용선자는 해상운송인의 체선료 지급청구를 받은 때에 지급할 것을 규정하고 있다.

⑤ 체선료의 지급채무자

용선계약에서 체선료의 지급채무자는 통상적으로 용선자이다. 용선자는 선박소유자와 용선계약의 직접적 계약당사자로서 선적항 또는 양륙항에서 발생한 지연에 대하여 체선료에 대한 지급의무를 부담한다.

그러므로 용선자의 경우에는 화물의 선적 및 양륙이 불법이 되거나, 선박소유자의 귀책사유로 인한 지연이 발생한 경우가 아니라면 체선료 지급에 대한 책임은 용선자가 부담하게 된다. 그리고 양륙항에서 수하인이 운송물을 인수한다고 하여 용선자의 체선료 지급채무가 당연히 면제되는 것은 아니다.

⑥ 체선기간의 중단

체선료에 관해서는 "일단 체선상태이면 계속 체선상태(once on demurrage, always on demurrage)"라는 원칙에 나와 있듯이, 용선계약서에 반대의 규정이 명확하고 모호하지 않은 표현으로 명시되어 있지 않는 한, 체선기간은 연속해서 계산된다. 그리고 면책약관과 같이 일반적으로 예외조항에 대하여 분명하게 반대하는 조항을 가지고 있지 않는 한, 예외조항은 정박기간이 적용되는 기간에만 적용된다.

따라서 약정된 정박기간 내에 발생하는 예외조항들은 모두 정박기간 산정에서 배제되지만, 일단 체선 상태(on demurrage)가 진행되면 통상 정박기간에서 제외되고 있는 일요일이나 공휴일, 날씨가 나빠 작업을 할 수 없는 날 등도 전부 포함되는 것이 통상적이다. 이렇게 체선기간 중에 정박기간의 제외사유를 적용하지 않는 것은 체선상태가 영미법에서는 계약위반의 결과로 보기 때문이다.

그러므로 체선기간의 중단으로 인한 체선료 지급이 면제되려면 무엇보다도 당사자사이의 예외사항에 대한 합의가 명시적으로 규정되어야 한다.

우선 정박기간에서 제외되는 일요일이나 공휴일 같은 기간은 체선기간을 중단시키지 않지만, 용선계약서상에 체선기간에서 제외하기로 특약을 두거나 목적항에 이러한 관습이 확립되어 있다면 공서질서에 반하지 않는 한 체선기간에서 제외된다.

둘째, 불가항력 등의 경우, 즉, 태풍, 지진, 부두노동자의 파업, 공권력에 의한 선박억류, 부두 체선으로 인한 가용 선석 부족 등 용선계약서에 면책위험으로 명시되어 있는 경우에 정박기간에 산입되지 않지만, 체선기간에 대해 제외한다는 명시적인 규정을 두어야 제외된다.

셋째, 체선기간중 묘박지(anchorage)로부터 선석까지 이동(shifting)하는데 소요되는 시간에 대해서도 특약사항("…… time from berth becoming available until vessel's in the berth is not to count as laytime or time on demurrage." 같은 문구를 삽입)을 명시하여 용선자의 책임과 비용을 경감시키려 한다.

넷째, 대부분의 탱커 용선계약에는 특정한 상황에서 체선료를 반액요율(half rate)로 지불하는 조항을 두고 있다.

(7) 선적준비가능일 및 계약해제약관

① 선적준비가능일(layday)

선적준비가능일이란 용선자가 화물을 선적하고자 하는 날짜, 기간을 말하는 것으로 선박소유자의 입장에서는 본선이 선적준비를 해야 될 기간의 의미이다. 선박소유자는 계약해제에 대한 부담 때문에 가능한 선적준비가능일을 장기를 원하고 용선자는 선적항에서의 화물보관비용 등을 감안하여 단기를 원한다. 통상적으로 선적시기까지 여유가 있을 때는 넓게 정하였다가 가까워지면 일정시점에 좁게 정하는 "spread/narrow 기법"을 용선계약서에 삽입한다.

② 계약해제권(right to cancel)

선박이 용선자가 지정한 선적항에 계약서에 제시된 선적준비가능일/계약해약일보다 늦게 도착하여 선적준비가 되지 못하였을 때, 용선자는 용선계약을 취소할 수 있는 권리, 즉, 계약해제권을 가지게 된다. 이러한 권리의 행사는 용선자의 선택에 의해 결정된다. 즉, 계약의 해제권을 행사하여 용선계약을 무효로 하거나, 계약의 해제권을 행사하지 않고 그에 따른 손해배상청구권만 행사할 수도 있다.

GENCON에서는 계약해제일까지 선적준비가 되지 못한 경우에 용선자에게 계약의 해제 여부를 결정할 수 있는 선택권을 부여한다. 만약, 선박소유자가 상당한 주의를 다하였음에도 불구하고 계약해제일까지 선적준비가 완료되지 못할 경우에는 선박소유자로 하여금 용선자에게 지체 없이 통지하면서 선적준비가능일을 제시하도록 하고, 그에 대해 용선자는 용선계약의 해제권 행사 여부를 48시간 이내에 선박소유자에게 통보하도록 규정하고 있다.

NYPE의 기본 계약서에는 계약해제일(canceling date)의 오후 4까지 선박이 용선자에게 인도될 수 없는 경우 용선자는 선박의 이용 가능한 날짜까지 그 선박을 인도 받아 예정된 항차에 투입할 것인지 아니면 계약 자체를 해제시킬지 결정할 권리를 지닌다. 용선자의 계약해제여부 결정과 통보는 본선 도착 후 선박소유자가 제시한 하역준비완료통지를 접수한 후 행해지는데, 실무적으로 선박소유자가 사전에 계약체결 시 합의된 운임보다 인하된 운임을 제시하는 등 해지를 면하기 위한 노력으로 특히 운임이 상승하는 추세인 경우에는 용선자와 인하된 운임으로 운송계약을 수행하기로 하는 경우가 많다.

③ 선적항 도착 이전의 선언(declaration before arrival at loading port)

계약 체결 당시 선박소유자는 용선자에게 화물의 선적 준비를 위해 선박의 현재 위치와 선적항 도착 예정일을 통보해야 한다. 이는 계약서상 용선자와 선적항 대리인, 기타 관련 당사자에게 계약 시점부터 선적항 도착시까지 걸리는 기간에 따라 다르겠지만, 보통 선박의 도착전 15/12/10/7/5/3/2/1일 단위로 통보하도록 합의한다.

과거에는 선박의 현재 위치와 예정 입항 가능일을 용선계약서에 명시함으로써, 어떤 사고나 이상기후로 인해 계약서에 제시된 날짜와 실제 인도될 날짜가 다를 경우 용선자가 계약을 파기할 수 있는 근본조건(condition)으로 구성되었다.

(8) 대리점의 지정(appointment of port agent)

선박이 선적항 또는 양륙항이 결정되면, 선박소유자와 용선자는 선박과 선박이 입항하려고 하는 항구와 지리적으로 떨어져 있기 때문에 필요한 모든 정보를 대리인에게 의존할 수밖에 없다. 또한 항구에 입항하기 상당한 시일 전부터 시작하여 해당 항구에 입항하여 하역을 마치고 출항한 후 해당선박에 관한 관련업무가 종료될 때까지 업무를 대행할 대리인이 필요하다. 또한 항내에서 사고가 발생하는 경우에도 그 처리까지도 대리인에게 맡길 수밖에 없다. 이렇게 업무를 대행할 대리인을 대리점(port agent)이라고 한다.

① 대리점의 업무, 책임과 권한(duty and authority port agents)

대리인의 업무와 책임은 선적항과 양륙항에서의 선박 운항과 관련하여 선박소유자나 용선자로부터 받는 명시적인 지시사항과 항만의 관습에 따른다. 대리인의 권한에 대해서 Pearson L.J. 판사는 "일반적인 경우에 선박의 대리인은 특정 항구에서의 선박소유자의 대리인이며, 따라서 선박소유자의 대리인은 그 항구에서 선박소유자를 대리한다.

그리고 이것은 대리인이 그 항구에서 선박소유자가 해야 할 일에 관한 권한을 보유한다고 추정하는 것이 합리적이다. 이 경우에 일반적으로 선박소유자의 의무가 무엇인지에 대해서 고려하여야 할 것이다."라고 판시하고 있다.

통상적으로 선박 대리인에게 해당선박/항차의 용선계약서 사본이 발송되는데, 이것은 해당 항만에서의 선박소유자와 대리인의 의무를 정의하고 선박소유자의 업무를 대행하는데 도움이 된다. 일반적으로 용선계약상 대리점의 업무는 선박의 입항과 출항수속, 선석확보, 도선사의 지정, 예선선(tug boat)수배, 선원의 교대, 선용품의 보급 및 필요하다면 화물의 선적과 양륙에 관한 모든 문제를 포함하고 있다. 또한 항비 및 기타 선박소유자를 대신하여 해당 항만 내에서 발생하는 비용을 지불하며, 이때에 선박소유자로부터 먼저 송금 받거나 우선 지불 후 선박소유자로부터 그 금액만큼 돌려받는 등 재무적인 책임(financial liability)까지 담당하고 있다.

선박소유자는 그의 대리인에 의해서 발생한 행위에 대하여 책임이 있다. 그리고 그 행위들이 대리인에 의해 개인적으로 발생하였다고 할지라도 책임을 져야한다. 대리인의 실제적인 권한은 묵시적이든 명시적이든 그의 의무의 범위에 달려있다.

선박의 대리인은 운임의 영수할 묵시적인 권한이 있지만 운임을 수납하는 대리인은 적하의 손실에 대한 타협으로 운임의 경감을 허락할 권한은 없다.

② 대리점의 지정(appointment of port agent)

선박의 용선과 운항업무의 관련 당사자는 선박소유자와 용선자이다. 즉, 항해용선계약과 정기용선계약에서 선박의 운영은 여전히 선박소유자의 몫이며, 화물 취급 등은 용선자의 몫이다. 따라서 선박소유자나 용선자는 상호 합의에 의해 하나의 대리점을 지정하는 경우도 있으나 각자의 권리와 이익을 보호하기 위하여 각기 별도로 대리점을 지정하는 편이 더 좋은 방안이라고 할 수 있다.

(9) 전쟁위험약관

20세기 후반의 특성은 대규모의 국지전쟁이 매우 활발하게 전개되어왔다. 그렇기 때문에 해운업이 직·간접적으로 많은 피해를 보게 되었고, 이를 극복하기 위하여 해상운송인은 전쟁으로 발생할 운송계약의 불이행책임을 면하기 위해서 면책특약을 삽입하는 노력을 기울여 왔다. 특히 GENCON 1994의 전쟁위험(War Risks) 약관은 국제연합(UN), 북대서양방위조약기구(NATO) 및 유럽연합(EU) 등의 집단행동이나 개입의 요건을 충족시키기 위해 GENCON 1976의 전쟁위험약관인 "Voywar 1950"을 대체하여

"Voywar 1993"을 기준으로 하고 있다.

① 선박소유자와 전쟁위험

GENCON 1994는 정의규정을 신설하여 선박소유자의 의미를 선박소유자, 선박임차인(선체용선자), 선박제공자(정기용선계약), 선박관리회사의 선박관리인 또는 운항자 및 선장으로 구체화시켰다.

또한 이 조항에서 전쟁위험이란 어떠한 사람, 단체, 테러리스트, 또는 정치집단이나 국가정부에 의한 전쟁(실질적이거나 위협적이거나 상관없이), 전쟁행위, 내란, 적대행위, 혁명, 반란, 소요, 전쟁유사 움직임, 기뢰부설(실질적이거나 정보이거나 간에), 해적행위, 테러행위, 적대행위나 악의적 손괴행위, 봉쇄(모든 선박의 봉쇄 또는 기국이나 소유관계 또는 화물이나 선원 또는 기타 기준에 따른 선박의 선별적 봉쇄이던지 간에)로서 선장 그리고/또는 선박소유자의 합리적 판단에 따라 선박, 화물, 선원 또는 선박에 승선한 기타 사람에게 위험할 수 있거나, 위험의 개연성이 있거나, 위험하게 될 수 있는 것들이 포함된다고 규정하고 있다.

그러나 여러 모습의 전 행위를 총체적으로 예시하여 규정하고 있으나, 그 전쟁위험은 한정적인 것이 아니라, 포괄적인 의미에 유의하여야 한다. 이 약관에서 전쟁위험의 내용은 확대해석하는 경향을 보이고 있다. 특히 선전포고의 유무와 관계없이 무장투쟁행위로 인해(malicious damage)를 포함시켜 그 범위를 확대하고 있다.

② 선박소유자의 해제권과 우회항로 선택권

선박소유자는 화물을 선적하기 전에 용선선박이 전쟁위험에 노출된다고 판단될 경우에 해제권의 행사를 항해용선자에게 통지하고, 용선계약의 이행거부권을 행사할 수 있다. 그렇지 않으면 선박소유자는 항해용선자에게 부근의 다른 안전항을 지정하도록 요구할 수 있다. 만일 48시간 안에 다른 안전항을 지정하지 아니하면 선박소유자는 항해용선계약의 해제권을 행사할 수 있다.

그리고 통상항로가 전쟁의 위험에 노출될 경우에는 선박소유자는 안전한 우회항로의 선택권을 행사할 수 있다. 그리고 우회항로의 거리가 100마일을 초과하면 초과거리의 비율로 추가운임을 청구할 수 있다.

③ 항해용선자의 선박소유자에 대한 계약강행금지

용선선박이 선적작업을 개시한 후에 전쟁의 위험에 빠진 경우에, 항해용선자는 선박소유자에게 용선선박의 선적의 계속, 선하증권의 서명, 항해의 계속, 운하 통과 또는 정박을 등을 요구하지 못한다. 이 경우에도 선박소유자는 항해용선자에게 안전항의 재지정을 요구할 수 있고, 48시간 안에 항해용선자가 지정하지 아니할 경우에는 해제권을 행사할 수 있다. 추가 항해거리가 100해리를 초과하면 추가비율 운임을 청구할 수 있다.

④ 용선선박의 재량권

용선선박은 용선자의 지시에 관계없이 자유롭게 기국의 법령 또는 보험자의 명령 등에 따를 재량권을 가진다. 또한 국제연합의 안전보장이사회, 유럽연합이사회의 결정사항을 준수할 의무가 있다. 다음은 GENCON에 명시되어 있는 재량권이다(GENCON 1994, Clause 17).

㉠ 출항, 도착, 항로, 호송항해, 기항항, 항해중지, 목적항, 화물양륙, 인도 그 밖의 무엇에 관한 것이든지 간에 항해선박의 기국정부, 선박소유자가 준수하여야 할 법을 제정한 다른 정부, 기타 필요로 되는 다른 정부, 또는 명령이나 지시를 준수하도록 강제할 권한을 가지고 운용되는 조직체나 집단이 내린 모든 명령, 지시, 권고, 또는 조언을 준수하는 것.

㉡ 전쟁위험보험의 조건에 따른 권한을 가진 전쟁위험인수인의 명령, 지시 또는 권고에 따르는 것

㉢ 국제연합 안전보장이사회의 결의 조항, 유럽공동체의 지령, 기타 동일한 법규 발포권을 가진 초국가적 조직체의 유효한 명령, 및 이들 국제기구의 법규를 시행하기 위하여 선박소유자가 준수하게 할 국내법을 준수하고, 이들 법규의 시행책임이 있는 기관의 명령과 지시를 준수하는 것.

㉣ 선박이 밀수품 운반선으로서 밀수의 책임을 지게 되는 어떠한 화물이나 그 일부를 다른 어떠한 항구에서나 양륙하는 것.

㉤ 선원이나 그 일부의 교체 또는 승선한 기타 사람을 억류, 감금 기타 제재해야 할 필요가 있다고 확신할 만한 사유가 있는 경우 어떠한 항구에나 기항하는 것.

㉥ 화물이 이 조항의 어느 규정에 따라 선박소유자에 의하여 선적되지 않았거나 양륙된 경우, 선박소유자를 위하여 다른 화물을 선적하고, 이를 뒷방향이거나 앞방향이거나 또는 통상 내지 관습적인 항로의 역방향이거나를 막론하고, 다른 어떤 항구로든지 간에 운송하는 것.

제3절 정기용선(Time Charter)의 주요약관 및 해설

1. 성약서(Fixture Recapitulation)

선박의 정기용선과 관련한 정식계약서의 교환에 앞서 주요 합의사항에 관한 확인절차로서 다음과 같이 성약서(fixture note or recap)를 만들어 계약당사자가 서명하며, 이 성약서 또한 계약서와 똑 같은 효력을 지니게 된다. 실무에서 많이 사용되고 있는 정기용선 성약서 구성사례를 소개하면 다음과 같다.

"FIXTURE RECAPITULATION"(TC)

10TH AUG., 2023

1. OWNERS: MOKPO MARITIME UNIVERSITY
2. CHRS: MOKPO MARITIME CO., LTD.
3. VSL'S DESCRIPTION:
   M.V. NEW SAENURI
   GLESS SELF TRIMMING SDBC, LR CLASS, PANAMA FLAG, BLT 2015, LOA 250M/BM 42.26M, 7H/H,/DWT 185,000 ON 18.58 M SSW /GRAIN CAPA 195,000 CBM, SPD/CONSUMPTION ABT 15 KTS (LADEN/BALLAST) ON ABT 60 MT IFO 380 CST (RMH35) FOR M/E PLUS ABT 2 MT/MDO IN PORT, M/E DU SULZER 7RTA48TB.
4. DELIVERY: DLOSP AT ONE SAFE PORT WITHIN IWL KOREA/JAPAN RANGE ATDNSHIC PICO.
5. LAYCAN 20- 30TH/SEPT 2021, OWR WILL NARROW LAYCAN WITH MAX 10 DAYS SPREAD BY 30 DAYS PRIOR TO COMMENCEMENT OF LAYCAN N TB NARROWED TO A 5 DAYS SPREAD BY OWR LATEST BY 20 DAYS PRIOR TO COMMENCEMENT OF LAYCAN.
6. REDELIVERY: DLOSP AT ONE SAFE PORT WITHIN IWL KOREA/JAPAN RANGE ATDNSHIC PICO.
7. PERIOD: TC PERIOD FOR ABOUT 40DAYS 10DAYS MOL IN CHOPT TRADING VIA SP(S) SA(S) ALWAYS AFLOAT AWIWL EXCEPT NAABSA IN GRAIN PORTS OF BRAZIL, ARGENTINA AND URUGUAY.
8. HIRE: USD26,000 PDPR PAYABLE 15 DAYS IN ADVANCE.

9. BUNKER: BOD IFO/ABT 700-800MT MDO/ABT 50-75MT.
   BOR TO BE ABT SAME QTY AS BOD.
   BUNKER PRICE USD380/PMT FOR IFO AND USD685/PMT FOR MDO BENDS.
10. IMHC(Intermediate Hold Cleaning): USD500 PER HOLD.
11. CARGO EXCLUSIONS

    Charterers have no option cargo to be carried on deck. Cargo to be loaded, stowed, trimmed, secured and discharged at Charterers' risk and expenses. Vessel to be always left in a seaworthy trim to the Master's satisfaction during her sailing and/or shifting between all berths and ports. All cargo is to be carried as per the IMO regulation in respect of carriage of cargo.(이하 생략)

    Petcoke/Cement Protective Clause:

    Charterers undertake to use holds as less as possible, provided vessel's stability, trim and strength permit. Should any additional/special wash down of holds before loadings be recommended/proposed/required by Master, Charterers undertake to arrange the same at their time/expense. After discharge, Charterers to arrange at their expense/time of any additional/special wash-down of holds. Charterers are allowed to use ship's crew to perform cleaning as necessary against paying US$ 5,000.00 lumpsum and providing extra material required by Master to be for Charterers' account, but always subject to prior consent of Owners/ Master/crew and local regulations permitting, and all time used to be for Charterers account.(이하 생략)

    Trade Exclusions

    Always afloat, always via safe ports, safe places, worldwide trading within Institute Warranty Limits, excluding North Korea, Kampuchea, Cuba, Lebanon, Syria, Angola, Libya, Russian Pacific Coast, war and warlike zones, Somalia, Sudan, Iraq, Israel, Turkish occupied Cyprus, Charterers guarantee the Vessel not to trade directly between Peoples Republic of China and Taiwan or vise versa. In the event of factors, which cause the Owners to exclude any of the aforementioned countries from the vessel's permitted trading area, ceasing to exist. Owners will consider favourably a request from Charterers to trade to one or more of these countries, but final decision is at Owners' sole discretion.(이하 생략)
12. ILOHC(In Lieu Of Hold Cleaning): LUMPSUM USD4,500 ON REDELY.
13. 1.25 PCT ADD COMM.
14. ALL OTHER TERMS AND CONDITIONS ARE AS PER NYPE 2015

END

OWNERS	CHARTERERS
MOKPO MARITIME UNIVERSITY	MOKPO MARITIME CO., LTD.

㈜ 약어풀이
1) GLESS(Gearless)
2) SDBC(Single Deck Bulk Carrier)
3) DLOSP(Dropping Last Outward Sea Pilot)
4) IWL(Institute Warranty Limits)
5) PICO(Port in Charterer's Option)
6) ATDNSHIC(At Day and Sunday Holiday Included)
7) AIWL(Always Institute Water Limit)
8) NAABSANot Always Afloat But Safely Aground)
9) BOD(Bunker on Delivery)
10) ADDCOM(Address Commission)

상기와 같은 정기용선의 성약서(Fixture Recapitulation)가 교환되면 다음과 같은 운항업무수행이 필요하다.

(1) 성약 후 본선인도전

가. C/P Detail의 최종합의여부(Proforma C/P 기준 amended 부분 재확인필요)
나. C/P 작성 및 Working Copy 교환 후 수정보완완료
다. 용선자 측에 긴요한 운항관련정보 즉, 본선의 call sign, 선장 명, 전화, 팩스 또는 immarsat, grt, nrt, holdwise capacity, etc. 확인 후 전달
라. Last port or Delivery port에서의 용선검선(joint on-hire survey)을 위한 검정인(surveyor) 지정
마. 최종항(last port) 또는 인도항(delivery port)의 대리점에 관한 정보(full style) 등 용선자에게 통보
바. 용선계약 조건에 따른 인도시기에 관한 사전통보 이행
사. 본선 선장에게 용선박소유자의 항차지시서(Sailing Instruction) 전달

(2) 본선인도 직후

가. 인도시각(delivery time) 및 인도 시 유류잔량(FO/DO) 확인 후 용선자에게 통보

나. 첫 회분 용선료와 인도 시 연료대금(ROB)의 청구 및 기한 내 용선자의 송금확인
다. 적하계획(Stowage Plan) 조정 등 기타운항관련 업무지원

(3) 선적항으로 항해 중 – 인도 10–14일 후

가. 차기 용선료청구서(Hire Invoice) 발행 및 용선자 측에 송금요청. 용선료지불이 통상 선불조건이므로 송금약정기일 최소 3일전에는 송금관련서류가 용선자 측에 전달되어 적기송금이 되도록 주의를 환기시켜야 함
나. 선박소유자와 용선자간의 운항관련업무 협력구축(coordination)
다. 용선기간 중 용선중지사항(off-hire) 발생 및 기타 돌발사태 발생 시 사후관리
라. 적기 반선통보 및 반선 전 급유계획 등에 관한 선박소유자와 용선자 간의 협의

(4) 양항도착 및 반선 약 7일전

가. 공동용선중지검선(joint off-hire survey)을 위하여 용선자 측의 검정인 지정
나. 양항 및 반선항의 용선자 대리점 연락선(full style)을 선박소유자에게 통보
다. 반선 시 유류잔량 확인 및 최종 용선료와 조정정산
라. 본선의 양항도착이전 수화주로부터 B/L 수령불가일 경우 선박소유자의 보증장양식(Letter of Indemnity Form)에 의거 용선자의 서명을 득하고 선박소유자 및 선장에게 전달

(5) 양항도착이후 반선 시 및 반선이후 정산완료까지

가. 용선중지검정보고서(off-hire survey report) 수령 후 선박소유자에게 송부
나. 본선의 동정 및 예상반선일시 등 선박소유자에게 통보
다. 반선시간 및 유류잔량 반선결과 확인 후 선박소유자 측에 최종정산서 송부
라. 중개수수료, 분쟁 및 클레임 등 미결사항 점검

2. 정기용선계약서의 약관

이 절에서는 정기용선계약서 NYPE 1993를 개정하여 NYPE 2015를 제정하게 된 배경과 계약의 합의 전문(preamble)과 총57개 약관 및 Appendix A(vessel description)로 구성된 NYPE 2015 의 해석과 함께 그 내용을 살펴본다.

해운시장에서 이용되고 있는 정기용선계약서식 중에서 NYPE(New York Produce Exchange) 정기용선계약서는 1913년에 건화물선(dry cargo ship) 정기용선계약서로 사

용된 이후 가장 널리 사용되는 계약서식으로 지속적으로 수정되어 왔으며, 1921년, 1931년, 1946년 및 1993년에 각각 개정되었다. 특히 NYPE 1993 서식은 정기용선계약의 주류를 이루면서 현재까지 시장을 견인하고 있었다.

한편 발틱국제해운협의회(BIMCO)와, NYPE 정기용선계약서의 저작권자인 '선박중개인-대리점협회(Association of Ship Brokers & Agents : ASBA)' 및 싱가포르 해사재단(Singapore Maritime Foundation : SMF)의 3개 기관이 2013년부터 공동으로 3여년 동안의 연구·검토와 토의 및 해운관련단체의 의견수렴을 거쳐서 기존 NYPE 1993 약관을 22년만에 개정하여 "NYPE 2015 정기용선계약서"(이하 'NYPE 2015'라 함)를 발표하였다.

본 저서 용선론 초판(2013년)에서도 정기용선계약서를 검토할 때 NYPE 1993 서식을 바탕으로 하였으나, 이번에 출간하게 되는 용선론 제2판에서는 정기용선계약 약관의 개정의 필요성과 이유 및 개정의 방향과 개정내용을 포함하여 이번에 공표된 NYPE 2015의 표준용선계약서의 내용을 바탕으로 하여 자세하게 살펴본다.

NYPE 46과 NYPE 1993 은 각기 28개 및 45개 약관으로 구성되었으나, 최신 개정본인 NYPE 2015는 모두 57개의 약관으로 증가하였다. NYPE 2015 표준용선계약서는 이러한 약관의 증가와 함께 다음과 같이 시대적 환경의 변화를 반영하고자 하였다.

첫째, 계약당사자간의 상업적 이해관계에 대한 균형을 이루고자 하였다.

모든 표준용선계약서식이 그러하듯이 계약당사자들의 권리 및 책임과 의무에 대한 균형을 맞추기는 쉽지 않다. 특히 선박소유자가 선박을 대선하고 용선자가 선박을 사용·수익하는 선박사용계약의 하나인 정기용선계약에서 계약당사자간의 이러한 것(권리 및 책임과 의무)에 관한 균형을 맞추기는 더욱 어렵지만, 보다 균형을 이루려하는 지속적인 노력의 일환인 이번의 수정도 의미가 있다하겠다.

둘째, 용선계약 약관의 적용을 명확히 하고자 하였다.

계약당사자 및 약관의 용어 및 내용에 대한 정의를 보다 명확히 하였으며, 용선계약과 관련한 선박소유자와 용선자의 권리와 의무를 보다 명확히 함을 통해 약관의 적용을 보다 명확하게 하고자 하였다.

셋째, 국제환경의 변화에 따른 신규 규약의 내용을 반영·적용하고자 하였다. 국제환경 변화의 큰 흐름은 다음과 같은 분야에 규정을 강화화고 있다.

① 해상인명안전 및 해상인력의 능력강화 및 노동조건의 개선
② 환경오염방지(prevention of environmental pollution) 및 위험물에 대한 규정 강화
③ 해상운송관련 시설 및 항만시설에 대한 안전 확보
④ 국제연합(UN) 등의 국제기구 결의사항 준수

상기와 같은 국제환경의 변화에서 필요로 하는 내용을 NYPE 2015 약관에 반영하였으며, 이러한 개정약관의 요구에 따라 선박소유자는 대선(chartering out) 선박에 필요한 사항을 구비하여만 하며, 용선자는 용선계약을 운영하는 동안 이러한 약관에서 요구하는 조치를 취해야만 하도록 요구하고 있다. 또한 NYPE 2015 약관은 상기와 같은 국제환경의 변화에 따른 신규규약과 관련하여 선박소유자와 용선자의 각각의 권리와 의무를 더욱 명확히 하였으며 각기 상대방에게 손해가 없도록 할 것을 약관에서 특히 강조하고 있다.

넷째, 빈번한 수정(amendments) 및 추가약관(rider clause)을 본문에 편입하였다.

NYPE 1993을 이용하기 시작한 이래 변화한 해운시장의 상황을 용선계약체결시 반영하기 위해 NYPE 1993의 내용을 수정(amendments)하거나 또는 추가약관(rider clauses)을 신설하여만 하였다. 이러한 내용 중에서 빈번하게 발생하는 것을 수용하여 NYPE 2015의 표준용선계약서에 본문화 하였다.

한편 정기용선계약의 약관뿐만이 아니고, 항해용선계약과 선체용선계약의 약관도 시간이 지남에 따라 상관습과 해운환경의 변화 및 국제기구의 규약을 반영하여 표준계약서의 개정을 거듭하여 왔으며, 이러한 개정된 표준계약서가 시장에 정착하기까지는 일정시일이 걸렸던 것을 고려할 때에 NYPE 2015 표준용선계약서도 시장에서 널리 사용되기까지는 어느 정도의 시일이 걸릴 것으로 예상된다. 아래에서는 NYPE 2015 표준약관을 살펴보도록 한다.

| 그림 5-6 | 뉴욕생산물거래소

(계약의 합의)

NYPE 2015

TIME CHARTER

New York Produce Exchange Form©

November 6th, 1913-Amended October 20th, 1921; August 6th, 1931; October 3rd, 1946; Revised June 12th 1981; September 14th 1993; June 3rd, 2015.
THIS CHARTER PARTY, made and concluded in( ) this ( ) day of ( ) 20( )Between ( ) of ( )
as *Registered Owners/*Disponent Owners/*Time Chartered Owners (the "Owners") of the Vessel described below

*delete as applicable

Name: (Choose an item.)
IMO Number: (Click here to enter text.)
Flag: (Click here to enter text.)
Built (year): (Click here to enter text.)
Deadweight All Told: (Click here to enter text.) metric tons
(For Vessel's charter party description see Appendix A (Vessel Description)),

and (Choose an item.) Charterers of (Click here to enter text.) (the "Charterers")

이 용선계약서는 ( )년 ( )월 ( )일 아래 명시된 선박의 *등록선주/*처분권을 가진 선주/*기간 용선선주 ("선주")와 용선자 ( ) 사이에 체결되었다.

*적절히 삭제될 수 있음

선명: ( )
IMO 번호: ( )
국적: ( )
건조(연도): ( )
만재적하톤수: ( ) 메트릭톤
(선박의 용선계약서 선박명세는 부속서 A (선박명세) 참조할 것)

This Charter Party shall be performed subject to all the terms and conditions herein consisting of this main body including any additional clauses and addenda, if applicable, as well as Appendix A attached hereto. In the event of any conflict of conditions, the provisions of any additional clauses and Appendix A shall prevail over those of the main body to the extent of such conflict, but no further.

본 용선계약은 부칙뿐만 아니라 적절한 추가조항(들)을 포함하여 본문(main body)으로 구성된 조건에 따라 수행되어야만 한다. 본 용선계약의 조건이 상충되는 경우, 그와 같이 상충된 것에 한해서 추가조항들과 부칙 A의 적용이 본문에 우선한다. 그 우선사항은 더 이상 확대되지 않는다.

Clause 1 (Duration/Trip Description)(용선기간/항차명세)

(a) The Owners agree to let, and the Charterers agree to hire, the Vessel from the time of delivery, for(   ) within below mentioned trading limits.

(a) 선박소유자는 본선의 인도 시부터 (   )기간 동안 아래 언급된 운항구역의 범위 안에서 선박을 인도하고 용선자는 이 선박을 용선할 것을 합의한다.

(b) Trading Limits - The Vessel shall be employed in such lawful trades between safe ports and safe places within the following trading limits as the Charterers shall direct.

(b)운항구역 - 선박은 용선자가 지시하는 바에 따라 다음의 운항구역 내에서 안전항과 안전한 장소사이의 적법한 무역(운송)에 이용되어야만 한다.

(c) Berths - The Vessel shall be loaded and discharged in any safe anchorage or at any safe berth or safe place that the Charterers or their agents may direct, provided the Vessel can safely enter, lie and depart always afloat.

(c) 선석 - 선박은, 선박이 항상 부상상태에서 안전하게 입항 및 정박과 출항할 수 있다면, 용선자 또는 그 대리인이 지정하는 안전한 묘박지 또는 안전한 선석 또는 안전한 장소에서 선적하고 양하 하여야만 한다.

(d) The Vessel during loading and/or discharging may lie safely aground at any safe berth or safe place where it is customary for vessels of similar size, construction and type to lie at the following areas/ports (   ) (if this space is left blank then this sub-clause 1(d) shall not apply), if so requested by the Charterers, provided it can do so without suffering damage. The Charterers shall indemnify the Owners for any loss, damage, costs, expenses or loss of time, including any underwater inspection required by class, caused as a consequence of the Vessel lying aground at the Charterers' request.

(d) 선박은 선적 또는 양하기간 동안, 용선자의 요청이 있을 경우, 손상을 받지 않고 할 수 있다면, 유사한 규모와 건조 및 선형의 선박이 관습적으로 정박하는 다음

의 해역/항만 (　　　)(만약 이 부분을 공란으로 남겨둘 경우에는 본 조항 1(d)는 적용되지 않음)의 안전한 선석이나 안전한 곳에 안전하게 좌주할 수 있다. 용선자는, 선급이 요구한 수면하 검사를 포함하여 용선자의 요구에 의해 선박이 좌주한 결과로 발생한 모든 손실, 손상, 비용 및 경비 또는 시간손실에 대하여 선박소유자에게 보상하여야만 한다.

(e) Sublet - The Charterers shall have the liberty to sublet the Vessel for all or any part of the time covered by this Charter Party, but the Charterers remain responsible for the fulfillment of this Charter Party.

(e) 재용선 - 용선자는 용선선박을 본 용선계약에서 허용되는 전부 또는 일부 기간 동안 재용선 줄 수 있으나, 용선자는 이 용선계약의 이행에 대한 책임을 여전히 부담한다.

Clause 2. Delivery(선박의 인도)

(a) The Vessel shall be delivered to the Charterers at Click here to enter text. (state port or place)

(b) The Vessel on delivery shall be seaworthy and in every way fit to be employed in the intended service, having water ballast and with sufficient power to operate all cargo handling gear simultaneously, and, with full complement of Master, officers and ratings who meet the Standards for Training, Certification and Watchkeeping for Seafarers (STCW) requirements for a vessel of her tonnage.

(a) 선박은 (　　)에서 용선자에게 인도 되어야만 한다.

(b) 선박은 인도시에 물 밸러스트를 유지하며, 하역기기를 동시에 작동시킬 수 있는 충분한 동력을 가지고 있어야 하며, 선박의 톤수를 기준한 선원의 훈련, 자격증명 및 당직근무의 기준에 관한 국제협약(STCW)의 요구를 충족시키는 선장, 사관, 부원(보통선원)의 정원을 승선시켜서 감항성을 유지하여야 하고 그리고 의도하는 서비스에 이용될 수 있도록 모든 면에서 적합하여야 한다.

(c) The Vessel's holds shall be clean and in all respects ready to receive the intended cargo, or if no intended cargo, any permissible cargo:

(i) On *delivery; or

(ii) On *arrival at first loading port if different from place of delivery. If the Vessel fails hold inspection then the Vessel shall be off-hire from the time of rejection until the Vessel has passed a subsequent inspection.

*(c)(i) and (c)(ii) are alternatives; delete as appropriate. If no deletion then Sub-clause (c)(i) shall apply.

(c) 선박의 화물창은 깨끗하여야 하고 의도된 화물의 선적에 적합하도록 모든 면

에서 준비되어야 한다. 또는 만약 의도된 화물이 없을 경우에는,
(i) *인도 시 또는
(ii) 인도장소가 다를 경우 첫 번째 선적항에 *도착 즉시 임의의 적합한 화물을 실을 수 있도록 준비되어야 한다. 만약 선박의 선창검사를 통과하지 못할 경우에는 그 시간부터 후속하는 검사를 통과할 때 까지 용선중지가 된다.
*(c)(i) 와 (c)(ii)는 선택사항이며 적절히 삭제 가능함. 만약 삭제되지 않으면 조항 (c)(i)가 적용됨.

(d) The Owners shall keep the Charterers informed of the Vessel's itinerary. Prior to the arrival of the Vessel at the delivery port or place, the Owners shall serve the Charterers with ( ) days' approximate and ( ) days' definite notices of the Vessel's delivery. Following the tender of any such notice the Owners shall give or allow to be given to the Vessel only such further employment orders, if any, as are reasonably expected when given to allow delivery to occur on or before the date notified. The Owners shall give the Charterers and/or their local agents notice of delivery when the Vessel is in a position to come on hire.
Vessel itinerary prior to delivery: ( )

(d) 선박소유자는 용선자에게 선박의 운항일정을 계속해서 통보하여야 한다. 선박소유자는 인도 항 또는 장소에 선박이 도착하기 전, 용선자에게 선박 인도전 대략 ( )일 전과 확정일의 ( )일 전에 사전 도착통지를 해야만 한다.
그러한 통보와 함께 선박소유자는 필요할 경우 통지된 일자 또는 그 일자 이전에 인도가 허용되는 것이 합리적으로 예상될 때는, 선박에게 그러한 항차수행을 명령하거나 그와 같은 항차수행명령에 임할 수 있도록 해야 한다. 선박소유자는 용선자와/또는 용선자의 지방 대리점에게 선박이 용선개시에 이르는 위치에 있게 될 때 인도통지를 해야 한다.
인도전 선박의 동정: ( )

(e) Acceptance of delivery of the Vessel by the Charterers shall not prejudice their rights against the Owners under this Charter Party.

(e) 용선자의 선박인도 수락은 이 용선계약 하에서 선박소유자에 대한 용선자의 권리를 침해하지 않는다.

Clause 3. Laydays/Cancelling(인도일/해약일)

If required by the Charterers, time on hire shall not commence before ( ) (local time) and should the Vessel not have been delivered on or before ( ) (local time) at the port or place stated in Sub-clause 2(a), the Charterers shall have the option of cancelling this Charter Party at any time but not later than the day of the Vessel's notice of delivery.

용선자가 요청할 경우 용선개시 시간은 ( )(지방시간) 이전에는 개시되지 않으며, 만약 약관 2(a)조항에서 표시된 장소 또는 항구에( )(지방시간) 이전 또는 그 날짜에 인도되지 않는다면, 용선자는 선박의 인도통지일 이전에 언제든지 이 용선계약을 해제할 선택권을 가진다.

Clause 4. Redelivery(반선)

(a) The Vessel shall be redelivered to the Owners in like good order and condition, ordinary wear and tear excepted, at ( ) (state port or place).

(a) 용선선박은 ( ) (항구 또는 장소를 기술)에서 통상적인 손모를 제외하고 양호한 상태로 인도되어져야 한다.

(b) The Charterers shall keep the Owners informed of the Vessel's itinerary. Prior to the arrival of the Vessel at the redelivery port or place, the Charterers shall serve the Owners with ( ) days' approximate and ( ) days' definite notices of the Vessel's redelivery. Following the tender of any such notices the Charterers shall give or allow to be given to the Vessel only such further employment orders, if any, as are reasonably expected when given to allow redelivery to occur on or before the date notified.

(b) 용선자는 선박소유자에게 선박의 운항일정을 계속해서 통보 하여야한다. 용선자는 반선 항 또는 장소에 사전 도착 통지를 해야만 한다.
그러한 통보와 함께 용선자는 필요할 경우 통지된 일자 또는 그 일자이전에 반선이 허용되는 것이 합리적으로 예상될 때는, 선박에게 그러한 항차수행을 명령하거나 그와 같은 항차수행 명령에 임할 수 있도록 해야 한다.

(c) Acceptance of redelivery of the Vessel by the Owners shall not prejudice their rights against the Charterers under this Charter Party.

(c) 선박소유자의 선박반선 수락은 이 용선계약 하에서 용선자에 대한 선박소유자의 권리를 침해하지 않는다.

Clause 5. On/Off-Hire Survey(용선개시 및 용선종료시의 검사)

Any time lost as a result of the on-hire survey shall be for the Owners' account and any time lost as a result of the off-hire survey shall be for the Charterers' account.

용선개시에 요하는 검사시간은 선박소유자의 부담이며, 용선종료에 요하는 검사시간은 용선자의 부담으로 한다.

Clause 6. Owners to provide(선박소유자의 공급사항)

(a) The Owners shall provide and pay for the insurances of the Vessel, except as otherwise provided, and for all provisions, cabin, deck, engine-room and other necessary stores, boiler water and lubricating oil; shall pay for wages, consular shipping and discharging fees of the crew and charges for port services pertaining to the crew/crew visas; shall maintain the Vessel's class and keep her in a thoroughly efficient state in hull, machinery and equipment for and during the service, and have a full complement of Master, officers and ratings.

(a) 선박소유자는, 별도로 제공되는 경우를 제외하고, 용선선박의 보험, 모든 식료품, 선원실, 갑판, 기관실 및 기타 필요한 선용품, 보일러 물과 윤활유를 공급하고 지불하여야 한다. 선원의 임금, 선원의 승하선 고입 및 고지에 다른 영사 비용과 선원/선원의 비자와 관련한 항만서비스비용도 지불하여야 한다. 그리고 선박소유자는 용선을 위해서, 그리고 용선기간 동안 용선선박의 선급을 유지하여야 하고, 선체 및 기관과 기기를 충분히 효과적인 작동 상태로 유지하며, 또한 사관과 부원(보통선원)의 정원을 확보하여야 한다.

(b) The Owners shall provide any documentation relating to the Vessel as required to permit the Vessel to trade within the agreed limits, including but not limited to International Tonnage Certificate, Suez and Panama tonnage certificates, Certificates of Registry, and certificates relating to the strength, safety and/or serviceability of the Vessel's gear. Such documentation shall be maintained during the currency of the Charter Party as necessary.
Owners shall also provide and maintain such Certificates of Financial Responsibility for oil pollution to permit the Vessel to trade within the agreed limits as may be required at the commencement of the Charter Party. However, in the event that, at the time of renewal, a Certificate of Financial Responsibility is unavailable in the market place, or, the premium for same increases significantly over the course of the Charter Party, then Owners and Charterers shall discuss each with the other to find a mutually agreeable solution for same, failing such solution the port(s) that require said Certificate of Financial Responsibility are to be considered as added to the Vessel's trading exclusions. (See also Clause 18 (Pollution)).

(b) 선박소유자는, 아래 열거된 것에 국한하지 않고, 국제톤수증명서, 수에즈 및 파나마 톤수 증명서, 선적증서, 그리고 선체강력과 안전 및 하역장비 이용성 등에 관련된 것을 포함하여, 용선선박이 허용된 운항구역 안에서 자유롭게 운항을 함에 필요한 모든 서류를 제공(구비)해야 한다. 그러한 증서들은 반드시 용선기간동안 유효하게 비치되어야 한다.
선박소유자는 또한 합의된 구역 안의 운항을 위해 요구될 수 있는 유류오염에 대한 재정책임증서를 용선계약개시 시점에 제공하고 비치해야 한다. 증서갱신 시점에서 재정책임증서가 당해 시장에서 이용불가 하거나, 그 요율이 용선기간에 걸쳐 너무 과도하게 증가하는 경우에는, 선박소유자와 용선자는 이에 대한 대안을 논의하고 상호 합의할 수 있는 방안을 찾아야 하지만, 만약 그러한 방안에 합의하지 못할 경우에는 전술한 재정책임증서를 요하는 항만은 선박의 운항배제구역으로 추가된 것으로 간주해야 한다.(약관 18조 (유류오염) 참조).

(c) The Vessel to work night and day if required by the Charterers, with crew opening and closing hatches, when and where required and permitted by shore labor regulations, otherwise shore labor for same shall be for the Charterers' account.

(c) 선박은 용선자의 요청이 있을 경우, 육상노동규정에서 허용되는 시점과 장소에서 선원에 의한 선창뚜껑의 개폐작업을 주·야로 수행해야 하며, 그렇지 않은 경우 선창개폐작업은 용선자의 부담으로 해야한다.

Clause 7. Charterers to provide(용선자의 공급사항)

(a) The Charterers, while the Vessel is on-hire, shall provide and pay for all the bunkers except as otherwise agreed; shall pay for port charges (including compulsory garbage disposal), compulsory gangway watchmen and cargo watchmen, compulsory and/or customary pilotages, canal dues, towages, agencies, commissions, consular charges (except those pertaining to individual crew members or flag of the Vessel), and all other usual expenses except those stated in Clause 6, but when the Vessel puts into a port for causes for which the Vessel is responsible (other than by stress of weather), then all such charges incurred shall be paid by the Owners.

(a) 용선자는 용선선박이 용선 기간 중에, 별도의 합의가 있는 경우를 제외하고, 모든 연료를 공급하고 비용을 지불하여야 한다. (강제적인 폐기물 처분을 포함하여) 항비, 강제적으로 세워야하는 현문경비원과 화물경비원, 강제 및/또는 관습적인 도선료, 운하통과료, 예선료, 대리점비, 수수료, 영사 비용(다만 각 선원 개별용도 또는 용선선박의 국적에 관한 비용은 제외한다.) 그리고 약관 제6조에 규정된 것을 제외한 기타 모든 통상 비용을 지급하여야 한다. 다만, 용선선박에 책임 있는 사유로 인하여(기상을 이유로 한 경우는 제외함) 어떤 항구에 기항하였을 때에는 발생한 모든 비용을 선박소유자가 부담하여야 한다.

(b) Fumigations ordered because of illness of the crew or for infestations prior to delivery under this Charter Party shall be for the Owners' account. Fumigations ordered because of cargoes carried or ports visited while the Vessel is employed under this Charter Party shall be for the Charterers' account.

(b) 본 용선계약 따른 선박의 인도전 선원의 발병 또는 전염병의 횡행으로 명령된 훈증소독의 비용은 선박소유자의 부담으로 한다. 이 용선계약에 따라서 용선선박

을 사용하는 동안 운송되는 화물 또는 기항한 항구 때문에 명령된 훈증소독의 비용은 용선자가 부담하여야 한다.

(c) The Charterers shall provide and pay for necessary dunnage, lashing materials and also any extra fittings requisite for a special trade or unusual cargo, but the Owners shall allow them the use of any dunnage already aboard the Vessel. Prior to redelivery the Charterers shall remove their dunnage, fittings and lashing materials at their cost and in their time.

(c) 용선자는 필요한 깔판, 화물고박자재와 특수 운송(항해) 또는 특수화물 또는 특이한 화물을 위해 필요한 추가부속품을 공급하고 비용을 지불하여야 한다. 그러나 선박소유자는 용선자에게 이미 용선선박에 구비되어 있는 모든 깔판의 사용을 허락하여야 한다. 용선자는 용선선박을 반선하기 전에 자신의 비용과 시간으로 스스로 설치한 깔판 및 부품과 화물고박자재를 제거하여야 한다.

Clause 8. Performance of Voyage(항해의 실행)

(a) Subject to Clause 38 (Slow Steaming) the Master shall perform the voyages with due despatch and shall render all customary assistance with the Vessel's crew. The Master shall be conversant with the English language and (although appointed by the Owners) shall be under the orders and directions of the Charterers as regards employment and agency; and the Charterers shall perform all cargo handling, including but not limited to loading, stowing, trimming, lashing, securing, dunnaging, unlashing, discharging, and tallying, at their risk and expense, under the supervision of the Master.

(a) 제38조 약관(감속운항)을 준수하면서 선장은 신속하게 항해를 수행하여야 하고, 선원들과 함께 관습상 요구되는 모든 지원을 제공하여야 한다. 선장은 영어에 능통하여야 하며, 또한(선박소유자에 의하여 선장이 선임되었다고 하여도) 용선선박의 사용(운항) 및 대리관계에 관하여 용선자의 지시를 따라야 한다. 그리고 용선자는 자신의 위험과 비용으로, 선장의 감독 하에, 아래 열거한 것에 국한하지 않고, 화물의 선적, 적부, 고르기, 묶기, 고박, 깔개설치, 고박풀기, 양하 및 검수업무를 포함하여 화물취급에 관한 모든 업무를 수행하여야 한다.

(b) If the Charterers shall have reasonable cause to be dissatisfied with the conduct of the Master or officers, the Owners shall, on receiving particulars of the complaint, investigate the same, and, if necessary, make a change in appointments.

(b) 만약 용선자가 선장 또는 사관의 행위에 불만스러운 합당한 이유를 가지게 될 경우, 선박소유자는, 이와 같은 불만사항을 접수 즉시 이것을 조사하고, 필요하다면 교대시켜야 한다.

Clause 9. Bunkers(선박연료)

(a) Bunker quantities and prices

*(i) The Charterers on delivery, and the Owners on redelivery or any termination of this Charter Party, shall take over and pay for all bunkers remaining onboard the Vessel as hereunder. The Vessel's bunker tank capacities shall be at the Charterers' disposal. Bunker quantities and prices on delivery/redelivery to be (   ).

*(ii) The Owners shall provide sufficient bunkers onboard to perform the entire time charter trip. The Charterers shall not bunker the Vessel, and shall pay with the first hire payment for the mutually agreed estimated bunker consumption for the trip, namely (   )metric tons at (   ) (price). Upon redelivery any difference between estimated and actual consumption shall be paid by the Charterers or refunded by the Owners as the case may be.

*(iii) The Charterers shall not take over and pay for bunkers Remaining On Board at delivery but shall redeliver the Vessel with about the same quantities and grades of bunkers as on delivery. Any difference between delivery quantity and redelivery quantity shall be paid by the Charterers or the Owners as the case may be. The price of the bunkers shall be the net contract price paid by the receiving party, as evidenced by suppliers' invoice or other supporting documents.

*(i), (ii) and (iii) are alternatives; delete as applicable. If neither Sub-clause (i), (ii) nor (iii) is deleted then Sub-clause (i) shall apply.

(a) 연료의 양 및 가격

*(i) 용선자는 선박의 인도 시에, 선박소유자는 선박의 반선 시 또는 이 용선계약의 종료 시에, 본 조에 기재되어 있는 바와 같이, 당해 선박에 남아 있는 모든 선박연료를 인수하고 연료대금을 지불하여야 한다. 선박의 연료탱크의 용량(이용)은 용선자의 처분에 따른다. 인도/반선 시의 연료 량과 가격은 (   )로 한다.

*(ii) 선박소유자는 항차 기간용선의 전 기간을 수행함에 충분한 연료를 용선선박에 공급 하여야만 한다. 용선자는 선박에 연료를 공급하지 않으며, 당해 항차를 위하여 상호 합의된 예상 연료소비량 즉, (   ) (가격)으로 (   ) 중량톤에 대하여 첫 번째 용선료와 함께 지불하여야 한다. 예상 소비량과 실제 소비량과의 차이는 반선 시에 각각의 경우에 따라 용선자가 선박소유자에게 지불하거나 선박소유자가 용선자에게 반환하여야 한다.

*(iii) 용선자는 인도 시 선박에 남아있는 연료를 인수하거나 대금을 지불하지는 않으나, 인도 시와 거의 같은 양과 품질의 연료를 공급하여 반선하도록 한다. 인도 시의 양과 반선 시의 양과의 차이는 각각의 경우에 따라 용선자가 선박소유자에게 지불하거나 선박소유자가 용선자에게 반환하여야 한다. 연료의 가격은 수령한 당사자가 지불한 실(net) 계약가격이 되어야 하며, 공급자의 송장이나 기타의 보완서류로 증빙되어야 한다.

*(i), (ii) 및 (iii)은 선택사항이다. 해당사항에 따라 적절히 삭제한다. (i), (ii) 및 (iii)

중 어떤 것도 삭제되지 않은 경우에는 (i) 가 적용된다.

(b) Bunkering Prior to Delivery/Redelivery
Provided that it can be accomplished at ports of call, without hindrance to the working or operation of or delay to the Vessel, and subject to prior consent, which shall not be unreasonably withheld, the Owners shall allow the Charterers to bunker for their account prior to delivery and the Charterers shall allow the Owners to bunker for their account prior to redelivery. If consent is given, the party ordering the bunkering shall indemnify the other party for any delays, losses, costs and expenses arising therefrom.

(b) 인도 전/반선 전의 연료공급
선박의 작업이나 운항에 지장이 없거나 또는 지연을 초래하지 않고 기항지에서 (연료를) 공급할 수 있다. 그리고 사전에 동의를 구하여, 이 동의는 비합리적으로 동의를 보류해서도 안 된다, 선박소유자는 선박의 인도전 용선자가 자신의 부담으로 연료를 공급하도록 허용해야 하며, 용선자는 반선 시 선박소유자가 자신의 부담으로 연료를 공급하도록 허용해야 한다. 만약 동의를 득했을 경우, 연료를 공급하는 당사자는 다른 당사자에게 그러한 연료공급과정에서 야기되는 모든 지연, 손실, 비용과 경비에 대하여 보상하여야 한다.

(c) Bunkering Operations and Sampling
(i) The Chief Engineer shall co-operate with the Charterers' bunkering agents and fuel suppliers during bunkering. Such cooperation shall include connecting/disconnecting hoses to the Vessel's bunker manifold, attending sampling, reading gauges or meters or taking soundings, before, during and/or after delivery of fuels.
(ii) During bunkering a primary sample of each grade of fuels shall be drawn in accordance with the International Maritime Organization (IMO) Resolution Marine Environment Protection Committee (MEPC) MEPC.182(59) Guidelines for the Sampling of Fuel Oil for Determination of Compliance with the Marine Pollution Convention (MARPOL) 73/78 Annex VI or any subsequent amendments thereof. Each primary sample shall be divided into no fewer than five (5) samples; one sample of each grade of fuel shall be retained on board for MARPOL purposes and the remaining samples of each grade distributed between the Owners, the Charterers and the bunker suppliers.
(iii) The Charterers warrant that any bunker suppliers used by them to bunker the Vessel shall comply with the provisions of Sub-clause(c)(ii) above.
(iv) Bunkers of different grades, specifications and/or suppliers shall be segregated into separate tanks within the Vessel's natural segregation. The Owners shall not be held liable for any restriction in bunker capacity as a result of segregating

bunkers as aforementioned.

(c) 연료공급 작업 및 표본채취
(i) 기관장은 용선자의 연료공급 대리점과 연료공급업체에 협력하여야 한다. 그와 같은 협조는 연료의 공급 이전, 공급 도중 및/또는 공급 후의 선박의 연료주입연결부에 연료관의 연결/탈착, 표본채취 입회, 계량기의 판독 또는 양의 측정을 포함한다.
(ii) 연료공급 중에는 연료의 각 등급에 따른 최초의 표본을 채취해야 하며, 이러한 절차는 해양오염방지협약(MARPOL) 73/78의 부속서 VI, 또는 이에 후속되는 개정된 규정에 대해서의 부합여부결정을 위해 연료유 표본채취를 위한 국제해사기구(IMO)결의/해양환경오염보호위원회(MEPC) (MEPC.182(59))의 지침서에 따라서 수행되어야 한다. 각각의 최초표본채취는 5개 보다 적지 않게 나누어져야 하며, 연료의 각 등급별 하나씩의 표본은 해양오염방지협약(MARPOL)의 목적으로 선박에 보관하고, 나머지 각 등급의 표본은 선박소유자, 용선자 및 연료공급업체 간에 배분되어야 한다.
(iii) 용선자는 선박에 연료를 공급하기 위해 자신이 이용하는 연료공급업체가 선박연료공급약관(Clause 9 (c)(ii)) 조항을 준수할 것을 보장하여야만 한다.
(iv) 서로 다른 종류의 등급, 사양 및/또는 공급업체로부터의 연료는 선박내의 탱크분리구조에 따라 자연적으로 개별 탱크에 분리되어야 한다. 선박소유자는 상기와 같은 연료분리의 결과로 초래되는 연료용량(수용)의 어떠한 제약요인에 대하여도 책임을 지지 않는다.

(d) Bunker Quality and Liability
(i) The Charterers shall supply bunkers of the agreed specifications and grades: The bunkers shall be of a stable and homogeneous nature and suitable for burning in the Vessel's engines and/or auxiliaries and, unless otherwise agreed in writing, shall comply with the International Organization for Standardization (ISO) standard 8217:2012 or any subsequent amendments thereof. If ISO 8217:2012 is not available then the Charterers shall supply bunkers which comply with the latest ISO 8217 standard available at the port or place of bunkering.
(ii) The Charterers shall be liable for any loss or damage to the Owners or the Vessel caused by the supply of unsuitable fuels and/or fuels which do not comply with the specifications and/or grades set out in Sub-clause (d)(i) above, including the off-loading of unsuitable fuels and the supply of fresh fuels to the Vessel. The Owners shall not be held liable for any reduction in the Vessel's speed and/or increased bunker consumption nor for any time lost and any other consequences arising as a result of such supply.

(d) 연료의 품질과 책임
(i) 용선자는 합의된 사양과 등급의 연료를 공급해야 한다. 연료는 안정적이고 동질의 성질이어야 하며, 선박의 주기관 및 보조기관에서의 연소에 적합해야 한다.

서면으로 별도의 합의가 없으면, 국제표준화기구(ISO)의 기준 8217:2012, 또는 이에 후속하는 개정서의 내용을 준수하여야 한다. 만약 국제표준화기구(ISO 8217:2012) 기준에 적합한 것을 이용할 수 없을 경우, 용선자는 연료공급항 또는 장소에서 이용 가능한 가장 최근의 국제표준화기구(ISO 8217 표본)에 일치하는 연료를 공급해야 한다.

(ii) 용선자는 상기 부속약관 (d)(i)에 설정된 사양 및 등급에 부합하지 못하는 연료 또는 부적합한 연료의 공급으로 야기되는 선박소유자 또는 선박에 대한 모든 손실과 손해에 대한 책임을 져야 하며, 이러한 책임은 선박의 부적합한 연료양륙과 새로운 연료공급을 포함한다. 선박소유자는 그와 같은 공급으로 야기되는 선박의 속력저하 및/또는 증가되는 연료소모 뿐만 아니라 시간손실, 그리고 기타 어떠한 모든 결과에 대하여 책임을 지지 아니한다.

(e) Fuel Testing Program

Should the Owners participate in a recognized fuel testing program one of the samples retained by the Owners shall be forwarded for such testing. The cost of same shall be borne by the Owners and if the results of the testing show the fuel not to be in compliance with ISO 8217:2012, or any subsequent amendment thereof, or such other specification as may be agreed, the Owners shall notify the Charterers and provide a copy of the report as soon as reasonably possible. In the event the Charterers call into question the results of the testing, a fuel sample drawn in accordance with IMO Resolution MEPC.96(47) Guidelines for the Sampling of Fuel Oil for Determination of Compliance with Annex VI of MARPOL 73/78 or any subsequent amendments thereof, shall be sent to a mutually agreed, qualified and independent laboratory whose analysis as regards the characteristics of the fuel shall be final and binding on the parties concerning the characteristics tested for. If the fuel sample is found not to be in compliance with the specification as agreed in the paragraph above, the Charterers shall meet the cost of this analysis, otherwise same shall be for the Owners' account.

(e) 연료시험절차

선박소유자는 연료시험인증절차에 참여하려고 할 경우 선박소유자가 보유한 표본 중의 하나를 당해 시험을 위해 제공하여야 한다. 당해 시험에 요하는 비용은 선박소유자의 부담이며, 만약 시험결과가 국제표준화기구(ISO 8217:2012) 또는 그에 후속하는 부속서 또는 합의된 기타의 다른 사양에 부합하지 못할 경우, 선박소유자는 용선자에게 통지하고 합리적으로 가능한 조속히 그 보고서의 사본을 제공하여야 한다. 용선자가 시험결과에 대하여 의문을 제기하는 경우에는, 해양오염방지협약(MARPOL) 73/78 부속서 VI의 부합결의서 또는 그에 후속하는 개정된 규정의 연료유 표본채취에 대한 국제해사기구(IMO) 결의 MEPC.96(47) 지침서에 따라 채취된 연료표본이 상호 합의된 적격한 독립 실험실로 보내져야 하며, 그 실험실의 당해 연료의 특성에 관한 분석은 연료의 특성에 관해서 최종적이며 당사자들 모두를 구속한다. 만약 연료 표본이 상기의 해당 문절에서 합의된 사양과 부합하지 않을 경우, 용선자는 당해 분석비용을 부담해야 하며, 그렇지 않을 경우는 선박소유자의 비용으로 한다.

(f) Bunker Fuel Sulphur Content
(i) Without prejudice to anything else contained in this Charter Party, the Charterers shall supply fuels of such specifications and grades to permit the Vessel, at all times, to comply with the maximum sulphur content requirements of any emission control area when the Vessel is ordered to trade within that area. The Charterers also warrant that any bunker suppliers, bunker craft operators and bunker surveyors used by the Charterers to supply such bunkers shall comply with Regulations 14 and 18 of MARPOL Annex VI, including the Guidelines in respect of sampling and the provision of bunker delivery notes. The Charterers shall indemnify, defend and hold harmless the Owners in respect of any loss, liability, delay, fines, costs or expenses arising or resulting from the Charterers' failure to comply with this Sub-clause (f)(i).
(ii) Provided always that the Charterers have fulfilled their obligations in respect of the supply of fuels in accordance with Sub-clause (f)(i), the Owners warrant that:
1. the Vessel shall comply with Regulations 14 and 18 of MARPOL Annex VI and with the requirements of any emission control area; and
2. the Vessel shall be able to consume fuels of the required sulphur content, when ordered by the Charterers to trade within any such area. Subject to having supplied the Vessel with fuels in accordance with Sub-clause (f)(i), the Charterers shall not otherwise bear any loss, liability, delay, fines, costs or expenses arising or resulting from the Vessel's failure to comply with Regulations 14 and 18 of MARPOL Annex VI.
(iii) For the purpose of this Clause, "emission control area" shall mean an area as stipulated in MARPOL Annex VI and/or an area regulated by regional and/or national authorities such as, but not limited to, the European Union (EU) and the United States (US) Environmental Protection Agency.

(f) 연료유 유황 함유량
(i) 이 용선계약서에 규정된 여타의 어떠한 규정에 구애되지 않고, 용선자는, 선박을 그와 같은 지정구역 내에서 운항하도록 명령할 경우, 유황 최대 함유량 배출통제구역의 기준요건에 언제나 부합하고 허용되는 사양과 등급의 연료를 공급해야만 한다. 용선자는 또한 이와 같은 연료를 공급함에 있어서 자신이 이용하는 모든 연료공급업체, 연료운반선의 운항업자 및 연료 검정원이 해양오염방지협약(MARPOL) 부속서 VI의 규정 14 및 18의 규정을 준수할 것을 보장하며, 이러한 보

장내용에는 표본채취에 대한 지침서와 연료공급 기록부의 제출을 포함한다. 용선자는 본 약관 (f)(i)항을 이행하지 못함으로써 야기되거나 발생되는 모든 손실, 책임, 지연, 벌과금, 비용 또는 경비와 관련하여 선박소유자에게 보상하고 선박소유자를 방어하며 선박소유자에게 해가되지 않도록 해야 한다.
(ii) 용선자가 연료공급과 관련하여 본 약관 (f)(i)항에 따라 항상 용선자의 책임을 충족시키는 경우에 선박소유자는 다음 사항을 보장한다.
1. 선박은 해상오염방지협약 부속서 VI의 규정 14와 18 및 배출통제구역의 요구조건을 준수하여야 한다. 또한,
2. 선박은 용선자가 어떠한 배출통제 구역내에 운항을 명령할 때 요구된 유황함유량의 연료를 소모할 수 있도록 하여야 한다. 그렇지 않을 경우 용선자는, 선박에 본 약관 (f)(i)항에 따른 연료를 공급하였을 경우, 선박이 해상오염방지협약(MARPOL)의 부속서 VI의 규정 14와 18을 준수하지 못함으로써 발생되거나 야기되는 그 어떠한 손실, 책임, 지연, 벌과금, 비용 또는 경비에 대하여 책임을 지지 아니한다.
(iii) 이 약관의 목적상, "배출통제구역"은 해상오염방지협약(MARPOL)의 부속서 VI에 명기된 지역 및/또는, 유럽연합(EU)과 미합중국(US) 환경보호기관과 같은, 그러나 열거한 두 기관에 국한하지 않고, 지역 및/또는 국가 당국에 의해 규제되는 구역을 의미한다.

(g) Grades and Quantities of Bunkers on Redelivery
Unless agreed otherwise, the Vessel shall be redelivered with the same grades and about the same quantities of bunkers as on delivery; however, the grades and quantities of bunkers on redelivery shall always be appropriate and sufficient to allow the Vessel to reach safely the nearest port at which fuels of the required types are available.

(g) 반선 시 연료유의 등급 및 양
별도의 합의가 없는 한, 선박은 선박에 인도시와 거의 동일한 연료량과 동일한 등급의 연료로 반선되어야 한다. 그러나 반선시의 연료의 수량과 등급은 선박에 요구되는 연료의 공급이 가능한 가장 가까운 항구에 안전하게 당도할 수 있도록 언제나 적절하고 충분해야만 한다.

Clause 10. Rate of Hire; Hold Cleaning; Communications; Victualling and Expenses
(용선료, 선창청소비, 통신비, 식사비 및 기타비용)

(a) The Charterers shall pay for the use and hire of the said Vessel at the rate of (· · ·) per day or pro rata for any part of a day, commencing on and from the time of her delivery, as aforesaid, including the overtime of crew; hire to continue until the time of her redelivery to the Owners as per Clause 4 (Redelivery) (unless Vessel lost).

Unless otherwise mutually agreed, the Charterers shall have the option to redeliver the Vessel with unclean/unswept holds against a lumpsum payment of (   ) in lieu of hold cleaning, to the Owners (unless Vessel lost).
The Owners shall victual pilots and such other persons as authorized by the Charterers or their agents. While on-hire, the Charterers shall pay the Owners along with the hire payments, per thirty (30) days or pro rata, to cover all Communications, Victualing and Expenses properly incurred by the Vessel under the Charterers' employment.
For the purpose of hire calculations, the times of delivery, redelivery or termination of this Charter Party shall be adjusted to Coordinated Universal Time (UTC).

(a) 용선자는 상기 선박의 인도시점으로부터 개시하여 일당 (   )요율로 또는 1일 미만은 시간에 비례하여, 전술한 바와 같이, 선원의 초과근무수당을 포함하여, 용선선박의 사용과 용선에 대하여 지불하여야 한다. (선박의) 용선은 (선박이 멸실되지 않는 한) 약관 제4조에 따라 선박이 선박소유자에게 반선될 때까지 계속된다.
별도로 상호 합의되지 않는 한, 용선자는 (선박이 멸실되지 않는 한) 선창 청소의 대가로 (   )를 일괄지불하고 청소/정돈 되지 않은 선창의 상태로 선박소유자에게 반선할 수 있는 선택권을 가진다.
선박소유자는 도선사와 용선자나 용선자의 대리점이 허락한 사람들에게 식사를 제공하여야 한다. 용선기간동안에, 용선자는 용선료지불과 함께 통신비, 식사비와 용선자가 선박을 이용하는 동안에 선박에서 적절하게 발생한 비용을 보상하기 위해 매 30일마다 (   )를 또는 30일 미만인 경우에는 비례하여 선박소유자에게 지불하여야 한다.
용선료를 계산하기 위해서, 인도와 반선 또는 용선계약의 종료 시간은 협정세계시간(coordinated Universal Time)으로 조정되어야 한다.

(b) Hold Cleaning/Residue Disposal
(i) The Charterers may request the Owners to direct the crew to sweep and/or wash and/or clean the holds between voyages and/or between cargoes against payment at the rate of (   ) per hold, provided the crew is able safely to undertake such work and is allowed to do so by local regulations. In connection with any such operation the Owners shall not be responsible if the Vessel's holds are not accepted or passed. Time for cleaning shall be for the Charterers' account.

(b) 선창 청소/잔유물 처분
(i) 용선자는, 선원들이 선창 청소작업을 안전하게 수행할 수 있고, 당해 지역의 규정이 그렇게 할 수 있도록 허용한다면, 선창당 (   )의 요율로 지불하고 선박소유자로 하여금 선원들에게 이전항차와 금회항차 사이 및/또는 이전화물과 금회화물 사이에 선창을 쓸고, 그리고/또는 물로 세정할 것을 지시하도록 요청할 수 있다.
상기와 같은 작업과 관련하여 선박소유자는 선박의 화물창이 (이해 당사자들에게)

수락되지 않거나 검사에 합격되지 않는다고 해도 책임을 지지 않는다. 청소에 요하는 시간은 용선자의 부담으로 한다.

(ii) Unless this Charter Party is concluded for a single laden leg, all cleaning agents and additives (including chemicals and detergents) required for cleaning cargo holds shall be supplied and paid for by the Charterers. The Charterers shall provide the Owners with a dated and signed statement identifying cleaning agents and additives that, in accordance with IMO Resolution 219(63) Guidelines for the Implementation of MARPOL Annex V, are not substances harmful to the marine environment and do not contain any component known to be carcinogenic, mutagenic or reprotoxic.

(ii) 이 용선계약서가 단일(single)항차 화물운송 기간을 규정하고 있지 않는 한, 용선자는 화물 선창의 청소를 위해 필요로 하는 (화학제품과 합성세제를 포함하여) 모든 청결제와 첨가제를 공급하고 대금을 지불하여야 한다. 용선자는 선박소유자에게 청결제와 첨가제는 해양오염방지협약(MARPOL) 부속서 V의 국제해사기구(IMO) 이행규정 219(63) 지침서에 따른 해양환경에 유해한 물질이 아니며, 발암성, 돌연변이 또는 생식독성(reprotoxic)으로 알려진 어떠한 성분도 포함하지 않았다는 것을 입증하는, 날자가 기재되고 서명된 진술서를 제공하여야 한다.

(iii) Throughout the currency of this Charter Party and at redelivery, the Charterers shall remain responsible for all costs and time, including deviation, if any, associated with the removal and disposal of cargo related residues and/or hold washing water and/or cleaning agents and detergents and/or waste. Removal and disposal as aforesaid shall always be in accordance with and as defined by MARPOL Annex V, or other applicable rules.

(iii) 이 용선계약의 전 기간 동안과 반선 시에, 용선자는 화물과 관련한 잔유물 및/또는 선창청소한 물 및/또는 청결제와 합성세제 및/또는 폐기물을 제거하거나 처분하는 것과 관련하여, 만약 발생할 경우, 이로를 포함한, 모든 비용과 시간에 대하여 책임을 져야만 한다. 전술한 제거와 처분은 언제나 해양오염방지협약(MARPOL) 부속서 V, 또는 기타 별도의 적용규칙을 따라야 하고 이러한 규정에서 정한 바와 같이 이루어져야 한다.

Clause 11. Hire Payment(용선료지급)

(a) Payment(지급)

Payment of Hire shall be made without deductions due to Charterers' bank charges so as to be received by the Owners or their designated payee into the bank account as follows (　　). in the currency stated in Clause 10 (Rate of Hire; Hold Cleaning; Communications; Victualing and Expenses), in funds available to the Owners on the due date, fifteen (15) days in advance, and for the last fifteen (15) days or part of same the approximate amount of hire, and should the same not cover the actual time, hire shall be paid for the balance day by day as it becomes due, if so required by the Owners. The first payment of hire shall be due on delivery.

(a) 용선료는 용선자 부담의 은행 수수료를 공제하지 않고 선박소유자 또는 선박소유자가 지정한 수취인의 (　　) 은행계좌로 제10조(용선료; 선창 청소; 통신; 식료 및 비용)에 기재된 통화로 지급 예정일에 선박소유자가 사용 가능한 자금으로서 15일치를 선급하여야 한다. 마지막 15일치 또는 마지막 일부분의 용선료에 대하여는 개략적으로 산정한 금액을 선급한다. 그 개략적으로 산정한 금액이 실제의 시간을 만족시키지 못하는 경우에는, 선박소유자가 원하면, 만기가 되면 그 날 그 날로 나머지를 지급하여야 한다. 첫 번째 용선료는 선박 인도시 지불한다.

(b) Grace Period(유예기간)
Where there is failure to make punctual payment of hire due, the Charterers shall be given by the Owners three (3) Banking Days (as recognized at the agreed place of payment) written notice to rectify the failure, and when so rectified within those three (3) Banking Days (as recognized at the agreed place of payment and the place of currency of the Charter Party) following the Owners' notice, the payment shall stand as punctual.

(b) 용선료가 정시에 정기적으로 지급되지 못한 경우, 선박소유자는 (약정된 지급지에서 인정되는)서면으로 3일의 은행영업일 이내에 지급조정 통지를 용선자에게 보내어야 한다. 위의 은행영업일 3일 이내에 (용선계약의 약정된 지급지에서 인정되고 그리고 약정된 국가(place)의 통화로)그 미지급이 조정되었을 때에는 그 지급은 정시에 정기적으로 지급된 것으로 유효하게 된다.

(c) Withdrawal(철수)
Failure by the Charterers to pay hire due in full within three (3) Banking Days of their receiving a notice from Owners under Sub-clause 11(b) above shall entitle the Owners, without prejudice to any other rights or claims the Owners may have against the Charterers:
(i) to withdraw the Vessel from the service of the Charterers;
(ii) to damages, if they withdraw the Vessel, for the loss of the remainder of the Charter Party.

(c) 제11조 (b)항의 유예기간 약관에 의거하여 선박소유자의 통지를 받은 후 용선자가 은행 영업일 3일 이내에 용선료를 지급하지 아니할 때에는 선박소유자는, 용선자에 대하여 가질 수 있는 어떠한 권리 또는 손해배상청구에 대하여 영향을 받

지 않고 다음과 같은 권리를 가진다:
(i) 용선자의 서비스로부터 용선선박을 철수시킬 수 있다.
(ii) 만약 선박소유자가 선박을 철수시킬 경우 용선계약의 잔여기간의 손실에 대한 손해를 끼칠 수 있다.

(d) Suspension(유예)
At any time while hire is outstanding, the Owners shall, without prejudice to the liberty to withdraw, be entitled to withhold the performance of any and all obligations hereunder and shall have no responsibility whatsoever for any consequences thereof, and Charterers hereby indemnify the Owners for all legitimate and justifiable actions taken to secure their interests, and hire shall continue to accrue and any extra expenses resulting from such withholding shall be for the Charterers' account.

(d) 용선료 미지급이 지속되는 경우 언제라도, 선박소유자는, 선박을 철수할 권리를 침해 받지 않고, 이에 의거한 일부 그리고 전부의 의무이행을 보류할 수 있으며, 그리고 그의 결과로 인해 발생하는 일에 대하여 어떠한 책임도 없으며, 그리고 용선자는 선박소유자가 그들의 이익을 확보하기 위하여 조치한 모든 적법하고 정당한 행위에 대하여 선박소유자에게 배상하며, 그리고 용선료는 지속적으로 누적되며 선박소유자의 의무이행 보류로 인해 발생하는 어떠한 비용도 용선자의 부담으로 한다.

(e) Last Hire Payment(최종용선료 지급)
Should the Vessel be on her voyage towards port/place of redelivery at the time the last payment(s) of hire is/are due, said payment(s) is/are to be made for such length of time as the estimated time necessary to complete the voyage, including the deduction of estimated disbursements for the Owners' account before redelivery. Should said payments not cover the actual time, hire is to be paid for the balance, day by day, as it becomes due.
Unless Sub-clause 9(a)(ii) or (iii) has been agreed, the Charterers shall have the right to deduct the value of bunkers on redelivery from last sufficient hire payment(s).
When the Vessel has been redelivered, any difference in hire and bunkers is to be refunded by the Owners or paid by the Charterers within five (5) Banking Days, as the case may be.

(e) 용선선박이 반선항/지역을 향하여 항해 중일 때에 최종 용선료를 지급하게 되면, 용선료의 지급은, 반선 전에 선박소유자의 비용(disbursements)을 개략적으로 산정하여 공제하고, 그 항해를 완성하기 위하여 필요할 것으로 추정된 기간에 대하여 이루어진다. 만일 그 지급액이 실제 기간의 용선료를 충족시키지 못할 때에 용선료 지급의 부족액(balance)은 지급일이 될 때마다 매일 매일 지급되어야 한다.

제9조의 (a)(ii) 또는 (iii) 항의 내용에 합의하지 않는 한, 용선자는 충분한 금액으로 (지불한 최종 용선료로부터 반선시 남아 있는 연료유 대금을 공제할 권리를 가진다. 용선선박을 반선한 후에 용선료 및 연료금의 차액은 경우에 따라 선박소유자가 반환하거나 또는 정기용선자가 은행업무일 5일 이내에 지급한다.

(f) Cash Advances(현금가불금)
Cash for the Vessel's ordinary disbursements at any port may be advanced by the Charterers, as required by the Owners, subject to two and a half (2.5) per cent commission and such advances shall be deducted from the hire. The Charterers, however, shall in no way be responsible for the application of such advances.

(f) 선박소유자는 어느 항구에서든지 선박의 통상적인 용도를 위한 현금을, 선박소유자의 요구에 따라서, 2.5 퍼센트의 수수료를 붙여서 용선자로부터 빌릴 수 있으며, 그 가불금은 용선료에서 공제된다. 그러나 용선자는 그러한 가불금의 사용에 관하여 결코 책임을 지지 아니한다.

Clause 12. Speed & Consumption(선박의 속력 및 유류소모)
Appendix "A" to be applied(부속서 "A"에 따름)

Clause 13. Spaces Available(화물공간)
(a) The whole reach of the Vessel's holds, decks, and other cargo spaces (not more than she can reasonably and safely stow and carry), also accommodation for supercargo, if carried, shall be at the Charterers' disposal, reserving only proper and sufficient space for the Vessel's Master, officers, ratings, tackle, apparel, furniture, provisions, stores and bunkers.

(a) 용선선박의 선장, 사관, 부원, 색구, 장비, 비품, 식료품, 선용품 및 연료를 위한 적절하고 충분한 구역만을 제외하고, (용선선박이 합리적이고 안전하게 적부 및 운송을 할 수 있는 한도를 초과하지 않는 정도의) 용선선박의 선창, 갑판 및 기타 화물 공간은, 만약 하역 감독이 승선할 경우에는 그의 숙소를 포함하여, 모두 용선자가 자유롭게 사용할 수 있어야 한다.

(b) In the event of deck cargo being carried, the Owners are to be and are hereby indemnified by the Charterers for any loss and/or damage and/or liability of whatsoever nature howsoever caused to the deck cargo which would not have arisen had the deck cargo not been loaded. Bills of Lading shall be issued as per Clause 31(c).

(b) 갑판 위에 화물을 운송할 경우, 갑판에 화물을 적재하지 아니하였으면 발생하지 아니하였을 갑판적 화물에 생긴 모든 종류의 멸실 및/또는 훼손 및/또는 책임에 관

하여 어떤 성질의 것이냐 어떤 원인으로 발생하였던지 간에 선박소유자는 보상받을 수 있으며 용선자는 보상하여야 한다. 선하증권은 제31조(c)항에 따라 발행한다.

Clause 14. Supercargo(하역감독)

The Charterers are entitled to appoint a supercargo, who shall accompany the Vessel at the Charterers' risk and see that voyages are performed with due despatch. He is to be furnished with free accommodation and meals same as provided for the Master's table. The Charterers and the supercargo are required to sign the standard letter of waiver and indemnity recommended by the Vessel's Protection and Indemnity Association before the supercargo comes on board the Vessel.

용선자는 자신의 위험부담으로 용선선박에 승선하여 항해를 신속히 실행하도록 감독하는 하역 감독을 임명할 권리를 가진다. 하역감독은 거주 설비를 무상으로 사용하며 식사는 선장에게 제공되는 것과 동일한 대우를 받는다. 용선자와 하역감독자는 하역감독자가 선박에 승선하기 전 선박(소유자)의 P&I 보험에서 권고한 권리의 포기 및 보상에 관한 표준서한에 서명해야 한다.

Clause 15. Sailing Orders and Logs(항해지시와 항해일지)

The Charterers shall furnish the Master from time to time with all requisite instructions and sailing directions, in writing, in the English language, and the Master shall keep full and correct deck and engine logs of the voyage or voyages, which are to be patent to the Charterers or their agents, and shall furnish the Charterers, their agents or supercargo, when required, with a true copy of such deck and engine logs, showing the course of the Vessel, distance run and the consumption of bunkers. Any log extracts required by the Charterers shall be in the English language.

용선자는 수시로 선장에게 영어로 된 서면으로 모든 필요한 지시 및 항해 지시를 주어야 하며, 선장은 매 항차 또는 여러 항차에 대한 갑판일지 및 기관일지를 완전하고 정확하게 작성·유지하여야 하며 용선자 또는 그 대리인에게 제공하여야 하며, 그것은 용선자와 그 대리인에게 명확하여만 한다. 또 용선자, 그 대리인 또는 하역 감독의 요구가 있으면 용선선박의 침로, 항주 거리 및 연료 소비량을 기재한 갑판 및 기관일지의 정본을 제출하여야 한다. 용선자가 요구하는 모든 일지의 요약은 영어로 작성되어야 한다.

Clause 16. Cargo Exclusions(제외화물)

The Vessel shall be employed in carrying lawful merchandise, excluding any goods of a dangerous, injurious, flammable or corrosive nature unless carried in accordance with the requirements or recommendations of the competent authorities of the country of the Vessel's registry, and of ports of loading and discharge, and of any intermediate countries or ports through whose waters the Vessel must pass.

Without prejudice to the generality of the foregoing in addition the following are specifically excluded: livestock of any description, arms, ammunition, explosives, nuclear and radioactive materials.

선박은 용선선박의 선적국, 선적항과 양륙항의 국가 및 용선선박이 반드시 통과하여야 할 중간국가 또는 항구의 관할청이 요구하거나 권고하는 방법에 따라서 운송할 경우를 제외하고, 용선선박은 모든 위험성, 유해성, 가연성 또는 부식성의 화물을 제외한 적법한 운송물의 운송에 이용되어야 한다. 위의 일반 규정에 영향을 미치지 아니하고, 특히 모든 종류의 산 동물, 무기, 탄약, 폭발물, 핵물질 및 방사능물질 및 (　　)의 운송을 추가로 제외한다.

Clause 17. Off-Hire(용선중단)

In the event of loss of time from deficiency and/or default and/or strike of officers or ratings, or deficiency of stores, fire, breakdown of, or damage to hull, machinery or equipment, grounding, detention by the arrest of the Vessel, (unless such arrest is caused by events for which the Charterers, their sub-charterers, servants, agents or sub-contractors are responsible), or detention by Port State control or other competent authority for Vessel deficiencies, or detention by average accidents to the Vessel or cargo, unless resulting from inherent vice, quality or defect of the cargo, drydocking for the purpose of examination, cleaning and/or painting of underwater parts and/or repair, or by any other similar cause preventing the full working of the Vessel, the payment of hire and overtime, if any, shall cease for the time thereby lost. Should the Vessel deviate or put back during a voyage, contrary to the orders or directions of the Charterers, for any reason other than accident to the cargo or where permitted in Clause 22 (Liberties) hereunder, the hire to be suspended from the time of her deviating or putting back until she is again in the same or equidistant position from the destination and the voyage resumed therefrom. All bunkers used by the Vessel while off-hire shall be for the Owners' account. In the event of the Vessel being driven into port or to anchorage through stress of weather, trading to shallow harbors or to rivers or ports with bars, any detention of the Vessel and/or expenses resulting from such detention shall be for the Charterers' account. If upon the voyage the speed be reduced by defect in, or breakdown of, any part of her hull, machinery or equipment, the time so lost, and the cost of any extra bunkers consumed in consequence thereof, and all extra proven expenses may be deducted from the hire.
Bunkers used by the Vessel while off-hire and the cost of replacing same shall be for the Owners' account and therefore deducted from the hire.

사관 또는 부원의 부족(결함) 및/또는 태만 및/또는 동맹 파업, 선용품 부족, 화재, 선체, 기관 또는 기기의 고장 또는 손상, 좌초, 용선선박의 압류에 의한 억류(다만 그 압류가 용선자, 용선자의 재용선자, 또는 고용인(종업원), 대리점 또는 하도급자의 귀책사유로 인한 것을 제외한다.), 선박 결함에 의한 항만국 통제 또는 선박의 결함으로 인한 기타 당국으로부터 억류, 운송물의 고유의 흠결, 성질 또는 결함에 기인하지 않는 용선선박 또는 화물의 해난사고에 의한 선박의 지체, 검사, 선저부위의 청소 및 /또는 페인트 칠 또는 수리를 위한 입거, 기타 용선선박의 온전한 운항을 저해하는 기타 유사한 사유로 인하여 시간을 상실한 때에는 용선료 및 시간외 수당의 지급은 그 상실한 기간에 대해서 중단한다.
용선선박이 항해 중 화물에 대한 사고 또는 본 용선계약의 제22조(자유 항해권)에서 인정하는 경우 이외의 사유로, 용선자의 명령이나 지시에 반하여 이로하거나 되돌아갔을 경우, 용선선박이 이로나 되돌아가기를 개시한 때부터 용선선박이 다시 그 개시점 또는 목적지에서 등거리의 지점에서 항해를 재개할 때까지, 용선료의 지급은 중단된다. 용선중단 기간 중에 용선선박이 소비한 연료는 선박소유자가 부담한다.
날씨가 좋지 않아 항구 또는 정박지로 피항하게 되는 경우 또는 수심이 낮은 항구, 낮은 곳이 있는 강 또는 항구에 취항하게 된 경우 용선선박의 지체 및/또는 그러한 지체의 결과로 발생한 비용은 용선자의 부담으로 한다. 항해 중에 선체 기관 또는 기기의 결함 또는 고장에 의하여 속력이 저하되었을 때에 발생한 상실 시간 및 그 결과로 추가 소비된 연료비 및 기타 입증된 모든 비용은 용선료에서 공제할 수 있다.

Clause 18. Pollution(오염)

The Owners shall provide for standard oil pollution coverage equal to the level customarily offered by the International Group of P&I Clubs, together with the appropriate certificates to that effect. (See also Clause 6 (Owners to Provide)).

선박소유자는 선주상호보험조합의 국제그룹에서 일반적으로 제시하는 수준에 상응하는 표준유류오염보험에 가입해야 하며 관련 증서를 제공해야 한다.(제6조 참조(선박소유자가 제공하는 것)

Clause 19. Drydocking(입거)

The Vessel was last drydocked Click here to enter text.
Except in case of emergency or under Clause 52(b), no drydocking shall take place during the currency of this Charter Party.

용선선박은 (   ) 마지막으로 입거수리를 하였다.
긴급한 경우 또는 제52조 (b)항의 경우를 제외하고, 이 용선 기간 중에 용선선박을 입거수리를 하지 아니한다.

Clause 20. Total Loss(전손)

Should the Vessel be lost, money paid in advance and not earned (reckoning from the date of loss or being last heard of) shall be returned to the Charterers at once.

용선선박이 멸실되었을 때에는 선급금 가운데 기간이 경과되지 아니한 금액(멸실되었다고 판단하는 날짜 또는 최후에 소식이 있었던 날짜라고 판단하는 날부터)은 바로 용선자에게 반환하여야 한다.

Clause 21. Exceptions(면책)

The act of God, enemies, fire, restraint of princes, rulers and people, and all dangers and accidents of the seas, rivers, machinery, boilers and navigation, and errors of navigation throughout this Charter Party, always mutually excepted.

이 용선 기간 중에 천재지변, 공적, 화재, 군주, 지배자 및 인민에 의한 억류, 해상, 강, 기관, 보일러 및 항해와 관련한 모든 위험 및 사고, 그리고 항해과실에 기인한 손해에 대하여 계약당사자 사이에서는 상호 면책된다.

Clause 22. Liberties(재량권)

The Vessel shall have the liberty to sail with or without pilots, to tow and be towed, to assist vessels in distress, and to deviate for the purpose of saving life and property.

용선선박은 도선사의 승선 여부에 관계없이 항해할 수 있고, 예항할 수 있고 또는 예항될 수 있으며, 조난 선박을 구조하고, 인명 및 재산을 구조할 목적으로 이로할 권리를 갖는다.

Clause 23. Liens(유치권)

The Owners shall have a lien upon all cargoes, sub-hires and sub-freights (including deadfreight and demurrage) belonging or due to the Charterers or any sub-charterers, for any amounts due under this Charter Party, including general average contributions, and the Charterers shall have a lien on the Vessel for all monies paid in advance and not earned, and any overpaid hire or excess deposit to be returned at once.

The Charterers will not directly or indirectly suffer, nor permit to be continued, any lien or encumbrance, which might have priority over the title and interest of the Owners in the Vessel. The Charterers undertake that during the period of this Charter Party, they will not procure any supplies or necessaries or services, including any port expenses and bunkers, on the credit of the Owners.

선박소유자는 모든 화물과, 공동해손 분담금을 포함하여 본 용선계약 하에서 수령할 모든 금액의 용선자 또는 재용선자에게 속하거나 지불되어야 하는 재용선료와 (공적운임과 체선료를 포함한) 재운임에 대하여 유치권을 가진다. 용선자는 선급금으로서 미경과 금액의 전부 그리고 즉시 반환되어야 할 초과 지급된 용선료 혹은 초과 예치액에 대하여 용선선박에 대한 유치권을 가진다.

용선자는, 선박소유자의 용선선박에 대한 권리 및 이익 보다 우선할 수 있는 어떠한 유치권 또는 채무를 직접적으로나 또는 간접적으로 발생시키지 못하고 또 존속시키지도 못한다. 용선자는 이 용선 기간 중에 항비 및 연료를 포함하여 어떠한 보급품 혹은 필요한 사항 혹은 용역을 선박소유자의 신용(계산)으로 조달하지 아니할 것을 약속한다.

Clause 24. Salvage(해난구조)

All derelicts and salvage shall be for the Owners' and the Charterers' equal benefit after deducting the Owners' and the Charterers' expenses and crew's proportion.

모든 습득한 해상 유기물 및 해난구조료(수입)는, 선박소유자와 용선자의 비용과 선원의 배당금을 공제하고 그 잔액에 대하여 선박소유자와 용선자가 균등하게 배분한다.

Clause 25. General Average(공동해손)

General average shall be adjusted according to York-Antwerp Rules 1994 and settled in US dollars in the same place as stipulated in Clause 54 (Law and Arbitration). The Charterers shall procure that all bills of lading issued during the currency of this Charter Party will contain a provision to the effect that general average shall be adjusted according to York-Antwerp Rules 1994 and will include the "New Jason Clause" as per Clause 33(c). Time charter hire will not contribute to general average.

공동해손은 1994년 요크 앤트워프 규칙에 따라 중재되고 제54조(법과 중재)에 명시된 장소에서 미화로 정산한다. 용선자는 이 용선 기간 중에 발행된 모든 선하증권에 공동해손은 1994년 요크 앤트워프 규칙 또는 그 후에 개정된 규칙에 따라서 정산한다는 취지의 조항 및 제33조(c)의 "뉴 제이슨 조항"을 삽입할 것을 약정한다. 정기용선료는 공동해손 분담의 대상이 아니다.

Clause 26. Navigation(항해)

Nothing herein stated is to be construed as a demise of the Vessel to the Charterers. The Owners shall remain responsible for the navigation of the Vessel, acts of pilots and tug boats, insurance, crew, and all other matters, same as when trading for their own account.

본 용선계약서의 어느 조항도 용선자에 대하여 선박을 임대차한 것으로 해석되어서는 아니 된다. 선박소유자는 용선선박의 항해, 도선사 및 예선의 행위, 보험, 선원 및 기타 일체의 사항에 대하여 자기의 부담으로 항해하는 경우와 동일한 책임을 진다.

Clause 27. Cargo Claims(손해배상청구)

Cargo claims as between the Owners and the Charterers shall be settled in accordance with the Inter-Club NYPE Agreement 1996 (as amended 1 September 2011), or any subsequent modification or replacement thereof.

선박소유자와 용선자 사이의 운송물에 대한 손해배상은 (2011년 9월 1일에 개정된) 1996년의 선주상호보험조합의 국제그룹의 협정 또는 후속 개정에 따라서 정산된다.

Clause 28. Cargo Handling Gear and Lights(하역기기와 조명)

The Owners shall maintain the cargo handling gear of the Vessel providing lifting capacity as described in Appendix A (Vessel Description). The Owners shall also provide on the Vessel for night work lights as on board, but all additional lights over those on board shall be at the Charterers' expense. The Charterers shall have the use of any cargo handling gear on board the Vessel. If required by the Charterers, the Vessel shall work night and day and all cargo handling gear shall be at the Charterers' disposal during loading and discharging. In the event of disabled cargo handling gear, or insufficient power to operate the same, the Vessel is to be considered to be off-hire to the extent that time is actually lost to the Charterers and the Owners to pay stevedore stand-by charges occasioned thereby, unless such disablement or insufficiency of power is caused by the Charterers' stevedores. If required by the Charterers, the Owners shall bear the cost of hiring shore gear in lieu thereof, in which case the Vessel shall remain on-hire, except for actual time lost.

선박소유자는 부속 A(선박의 명세)에 기재된 양하능력을 갖춘 하역설비를 유지하여야 한다. 또한 선박소유자는 용선선박의 야간 작업을 위한 조명을 준비하여야 하나, 그러나 선내의 조명 이외에 추가된 모든 조명의 비용은 용선자의 부담으로 한다. 용선자는 용선선박의 모든 설비의 사용권을 가진다. 용선자의 요구가 있는 경우 선박은 주·야간 작업을 하여야 하며, 그리고 운송물을 적·양하할 동안 모든 하역설비는 용선자가 자유로이 사용할 수 있다. 하역설비가 작동되지 않거나 또는 동력이 부족하여 작동되지 않을 경우, 그러한 불작동과 부족함이 용선자의 하역인부가 발생시키지 않는 한, 용선자가 실제로 잃은 시간은 용선료 지급이 중단되며, 또 그로 인하여 발생한 하역인부 대기로 인한 비용은 선박소유자가 지급하여야 한다. 만일 용선자의 요구가 있을 경우, 선박소유자는 그러한 하역설비에 대신하여 육상의 하역설비를 사용하고 그 임차료를 부담하여야 하며, 이 경우 실제 손실된 시간은 제외하고 용선선박에 대한 용선료 지급은 계속된다.

Clause 29. Solid Bulk Cargoes/Dangerous Goods(고체산적화물/위험화물)

(a) The Charterers shall provide appropriate information on the cargo in advance of loading in accordance with the requirements of the IMO International Maritime Solid Bulk Cargoes (IMSBC) Code to enable the precautions which may be necessary for proper stowage and safe carriage to be put into effect. The information shall be accompanied by a cargo declaration summarising the main details and stating that the cargo is fully and accurately described and that, where applicable, the test results and other specifications can be considered as representative for the cargo to be loaded.

(a) 용선자는 화물의 적절한 적재 및 안전한 운송에 필요한 주의를 기울이기 위해 선적 전에 국제해사기구의 국제해상고체산적화물(IMSBC) 코드의 요건에 따라 화물에 대한 적절한 정보를 제공해야 한다. 그 정보는 화물신고서에 화물에 대한 주요 명세를 요약하고 화물 정보가 완전하고 정확하게 기재되었음을 명시하고, 필요하면 시험결과와 기타 명세가 선적되는 화물을 대표한다는 것을 명시해야 한다.

(b) If a cargo listed in the IMO International Maritime Dangerous Goods (IMDG) Code (website: www.imo.org) is agreed to be carried, the Charterers shall provide a dangerous goods transport document and, where applicable, a container/vehicle packing certificate in accordance with the IMDG Code requirements. The dangerous goods transport document shall include a certificate or declaration that the goods are fully and accurately described by the Proper Shipping Name, are classified, packaged, marked and labelled/placarded correctly and are in all respects in proper condition for transport according to applicable international and national government regulations.

(b) 만약 국제해사기구의 국제해상위험화물(IMDG) 코드(웹사이트: www.imo.org)에 열거된 화물의 운송이 합의되었을 용선자는 위험화물운송서류를 제공하여야 하며 필요하면 국제해상위험화물(IMDG) 코드에 요건에 따라 컨테이너/장비의 장입증명서를 제출해야 한다. 위험화물운송서류는 그 화물이 완전하고 정확한 운송화물명칭으로 기재되고, 정확하게 분류, 포장, 표시(mark)되고 그리고 식별부호/안내판(placard)이 부착되고, 국제 및 국내 정부 규정에 따라 모든 면에서 운송에 적합한 상태에 있음을 보여주는 증명서나 신고서(declaration)을 포함하여야 한다.

(c) The Master shall be entitled to refuse cargoes or, if already loaded, to unload them at the Charterers' risk and expense if the Charterers fail to fulfil their IMSBC Code or IMDG Code obligations as applicable.

(c) 만약 용선자가 국제해상고체산적화물(IMSBC)코드 또는 국제해상위험화물(IMDG) 코드의 의무사항을 위배했을 경우 선장은 화물 선적을 거부할 수 있으며, 또는 이미 선적된 화물은 용선자의 위험과 비용으로 양하시킬 권한을 가지고 있다.

Clause 30. BIMCO Hull Fouling Clause for Time Charter Parties
(정기용선계약 과 발틱해운협의회 선체오손 약관)

(a) If, in accordance with the Charterers' orders, the Vessel remains at or shifts within a place, anchorage and/or berth for an aggregated period exceeding:
(i) a period as the parties may agree in writing in a Tropical Zone or Seasonal Tropical Zone*; or
(ii) a period as the parties may agree in writing outside such Zones*

(a) 만약 용선자의 지시에 따라 선박이 특정 장소에 머물거나 어떤 장소, 정박지, 및/또는 선석내에서 이동의 전체 기간이 아래 기간을 초과한다면:
(i) 당사자간 서면으로 합의한 열대지역 또는 계절적 열대 지역*에서의 기간; 또는
(ii) 당사자간 서면으로 합의한 상기 지역* 외에서의 기간

any warranties concerning speed and consumption shall be suspended pending inspection of the Vessel's underwater parts including, but not limited to, the hull, sea chests, rudder and propeller.
*If no such periods are agreed the default periods shall be 15 days.

선박의 속력과 연료소모에 대한 어떠한 보장도 선박의, 이하 열거된 항목에 국한하지 않고, 선체, 씨이체스트, 키(rudder), 프로펠러를 포함한 해수면 아래 부분의 검사가 끝나기 전까지 유예된다.
*만약 그러한 기간에 대해 합의가 없다면 불이행 기간이 15일이 된다.

(b) In accordance with Sub-clause (a), either party may call for inspection which shall be arranged jointly by the Owners and the Charterers and undertaken at the Charterers' risk, cost, expense and time.

(b) 상기 (a)항에 따라 계약자의 일방도 선박소유자와 용선자의 공동조사를 요청할 수 있으며 용선자의 위험, 비용, 경비와 시간으로 수행한다.

(c) If, as a result of the inspection either party calls for cleaning of any of the underwater parts, such cleaning shall be undertaken by the Charterers at their risk, cost, expense and time in consultation with the Owners.
(i) Cleaning shall always be under the supervision of the Master and, in respect of the underwater hull coating, in accordance with the paint manufacturers' recommended guidelines on cleaning, if any. Such cleaning shall be carried out without damage to the Vessel's underwater parts or coating.
(ii) If, at the port or place of inspection, cleaning as required under this Sub-clause (c) is not permitted or possible, or if the Charterers choose to postpone cleaning, speed and consumption warranties shall remain suspended until such

cleaning has been completed.
(iii) If, despite the availability of suitable facilities and equipment, the Owners nevertheless refuse to permit cleaning, the speed and consumption warranties shall be reinstated from the time of such refusal.

(c) 만약 검사결과 계약자의 어느 일방이 해수면 아래 부분의 청소를 요청할 경우, 용선자는 선박소유자와 협의하여 용선자의 위험, 비용, 경비와 시간의 부담으로 청소한다.
(i) 청소는 항상 선장의 감독아래 이루어져야 하며, 그리고 해수면 아래 선체 코팅 시에는 페인트 제조회사의 권고 사항에 따라야 한다. 그러한 청소는 선박의 해수면 아래 부분 또는 코팅에 손상이 없도록 진행되어야 한다.
(ii) 만약 검사한 항만 또는 장소에서 (c)항의 요구에 따라 청소가 허용되지 않거나 불가능한 경우 또는 용선자가 청소를 연기할 경우, 속력과 연료소모에 대한 보장은 청소가 끝날 때 까지 중지된다.
(iii) 만약 적합한 시설과 장비의 사용이 가능함에도 불구하고 선박소유자가 청소허용을 거절할 경우 속력과 연료소모에 대한 보장은 거절한 시점부터 다시 개시된다.

(d) Cleaning in accordance with this Clause shall always be carried out prior to redelivery. If, nevertheless, the Charterers are prevented from carrying out such cleaning, the parties shall, prior to but latest on redelivery, agree a lump sum payment in full and final settlement of the Owners' costs and expenses arising as a result of or in connection with the need for cleaning pursuant to this Clause.

(d) 이 조항에 따른 청소는 항상 반선 전에 이루어져야 한다. 만약 그럼에도 불구하고 용선자가 청소를 못하게 된다면 계약 당사자들은, 늦어도 반선 전에, 이 약관에 따른 청소의 결과 또는 청소의 필요와 관련하여 발생하는 선박소유자의 비용과 경비 총액의 일괄지불과 최종 정산에 합의하여야 한다.

(e) If the time limits set out in Sub-clause (a) have been exceeded but the Charterers thereafter demonstrate that the Vessel's performance remains within the limits of this Charter Party the vessel's speed and consumption warranties will be subsequently reinstated and the Charterers' obligations in respect of inspection and/or cleaning shall no longer be applicable.

(e) 만약 (a)항에 제시된 시간의 한도가 초과되었지만 용선자가 그 이후 선박의 운항성과(결과)가 이 용선계약서의 한도 범위내에 있다는 것을 입증한다면 선박의 속력과 연료소모 보장은 이후에 다시 개시되며 선박 검사 및/또는 청소에 대한 용선자의 의무는 더 이상 적용되지 않는다.

Clause 31. Bills of Lading(선하증권)

(a) The Master shall sign bills of lading or waybills for cargo as presented in conformity with mates' receipts. However, the Charterers or their agents may sign bills of lading or waybills on behalf of the Master, with the Owner's/Master's prior written authority, always in conformity with mates' receipts.

(a) 선장은 화물수령증과 동일하게 제시된 화물에 대한 선하증권 또는 해상화물운송장에 서명하여야 한다. 그러나 용선자 또는 그 대리인은 사전에 선박소유자로부터 서면으로 권한을 위임받아서, 항상 화물수령증과 일치하도록 발행된 선하증권 또는 해상화물운송장에, 선장을 대신하여, 서명할 수 있다.

(b) All bills of lading or waybills shall be without prejudice to this Charter Party and the Charterers shall indemnify the Owners against all consequences or liabilities which may arise from any inconsistency between this Charter Party and any bills of lading or waybills signed by the Charterers or by the Master at their request.

(b) 어떠한 선하증권 또는 해상화물운송장도 이 용선계약에 영향을 미쳐서는 아니된다. 용선자는 용선자 자신이나 또는 용선자의 요청에 의하여 선장이 서명한 모든 선하증권 또는 해상화물운송장과 이 용선계약 사이에 불일치로부터 생긴 모든 결과 또는 책임에 대하여 선박소유자에게 보상한다.

(c) Bills of lading covering deck cargo shall be claused: "Shipped on deck at Charterers', Shippers' and Receivers' risk, expense and responsibility, without liability on the part of the Vessel, or her Owners for any loss, damage, expense or delay howsoever caused."

(c) 갑판적 운송물에 대한 선하증권에는 "용선자, 송하인 및 수하인의 위험, 비용 및 책임으로써 갑판 위에 적재되었다. 또 그로 인하여 발생한 모든 멸실, 훼손 또는 지연에 대하여 용선선박 또는 선박소유자 측에 책임을 부담시키지 아니함"이라는 뜻의 조항을 삽입하여야 한다.

Clause 32. BIMCO Electronic Bills of Lading(발틱국제해운협의회 전자선하증권)
(a) At the Charterers' option, bills of lading, waybills and delivery orders referred to in this Charter Party shall be issued, signed and transmitted in electronic form with the same effect as their paper equivalent.
(b) For the purpose of Sub-clause (a) the Owners shall subscribe to and use Electronic (Paperless) Trading Systems as directed by the Charterers, provided such systems are approved by the International Group of P&I Clubs. Any fees incurred in subscribing to or for using such systems shall be for the Charterers' account.
(c) The Charterers agree to hold the Owners harmless in respect of any additional liability arising from the use of the systems referred to in Sub-clause (b), to the extent that such liability does not arise from Owners' negligence.

(a) 용선자의 선택사항으로, 이 용선계약서와 관련된 선하증권, 해상화물운송장 및 화물인도지시서는 문서로 발행될 때와 동일한 효력을 가지고 있는 전자양식으로 발행되고, 서명되고 전송되어야 한다.
(b) (a)항을 위하여 선박소유자는 용선자의 지정에 따른 (무서면)전자무역제도에 동의하고 그리고 이제도를 사용하여야 하며, 이러한 제도는 선주상호보험조합국제그룹(IG of P&I Club)에서 승인한 것이어야 한다. 이 제도에의 동의 또는 사용으로 인해 발생하는 어떠한 비용도 용선자의 부담으로 하여야 한다.
(c) 용선자는 (b)항에서 언급한 시스템의 사용으로부터 발생하는, 선박소유자의 과실로 인해 발생한 것이 아닌, 어떠한 부가적인 책임에 대해서도 선박소유자는 손해배상책임이 없음에 동의한다.

Clasue 33. Protective Clauses(보호조항)

The following protective clauses shall be deemed to form part of this Charter Party and all Bills of lading or waybills issued under this Charter Party shall contain the following clauses.
(a) General Clause Paramount
This bill of lading shall have effect subject to the provisions of the Carriage of Goods by Sea Act of the United States, the Hague Rules, or the Hague-Visby Rules, as applicable, or such other similar national legislation as may mandatorily apply by virtue of origin or destination of the bills of lading, (or if no such enactments are mandatorily applicable, the terms of the Hague Rules shall apply) which shall be deemed to be incorporated herein, and nothing herein contained shall be deemed a surrender by the carrier of any of its rights or immunities or an increase of any of its responsibilities or liabilities under said Act. If any term of this bill of lading be repugnant to said Act to any extent, such term shall be void to that extent, but no further.

다음의 보호조항은 이 용선계약의 일부를 구성한 것으로 간주되어야 하며, 을 조건으로 하며, 이러한 조항은 모두 본 용선계약 하에서 발행되는 모든 선하증권 또는 해상화물운송장에 포함되어야 한다.
(a) 일반지상약관
이 선하증권은 미국 해상물건운송법, 헤이그 규칙, 또는 헤이그/비스비 규칙, 기타 선하증권 발행지 또는 목적지에 있어서 강행법으로써 적용되는 동종의 국내법의 조항에 의하여 효력을 가진다(또는 이러한 강행법으로써 적용되는 동종의 국내법이 없는 경우에는 헤이그 규칙의 조항이 적용된다). 그리고 그러한 조항이 이 증권에 편입된 것으로 본다. 그리고 이 선하증권에서 규정하고 있는 어떠한 내용도 위의 법에 기초한 운송인의 권리 또는 면책 특권을 포기하거나 또는 책임 또는 의무를 가중시키는 것으로 보아서는 아니 된다. 이 증권의 문언이 위의 법과 저촉하는 경우에 그 문언은 저촉 범위 내에서는 무효가 된다."

and

(b) Both-to-Blame Collision Clause

"If the ship comes into collision with another ship as a result of the negligence of the other ship and any act, neglect or default of the master, mariner, pilot or the servants of the carrier in the navigation or in the management of the ship, the owners of the goods carried hereunder will indemnify the carrier against all loss or liability to the other or non-carrying ship or her owners insofar as such loss or liability represents loss of, or damage to, or any claim whatsoever of the owners of said goods, paid or payable by the other or non-carrying ship or her owners to the owners of said goods and set off, recouped or recovered by the other or non-carrying ship or her owners as part of their claim against the carrying ship or carrier.

The foregoing provisions shall also apply where the owners, operators or those in charge of any ships or objects other than, or in addition to, the colliding ships or objects are at fault in respect to a collision or contact."

그리고

(b) 쌍방과실충돌 약관

"다른 선박의 과실과 용선선박의 항해상 또는 관리상 선장, 해원, 도선사 또는 운송인의 피용자의 행위, 과실 또는 부주의의 결과로 인하여 용선선박(적재선박)이 다른 선박과 충돌한 경우에, 본 증권에 따라서 운송되는 화주는 비적재선 또는 그 선박소유자에 대하여 운송인이 부담하게 되는 모든 손실 또는 책임을 보상하여야 한다. 그러한 손해 또는 책임은 적재선박에 적재된 화주의 운송물에 대한 손실 혹은 손해 혹은 그 화주의 모든 손해배상을 나타내는 것으로서, 비적재선 또는 그 선박소유자가 적재선 화주에게 지급하였거나 지급할 것이며, 그리고 적재선박 혹은 그 운송인에 대하여 비적재선의 선박소유자가 구상권을 행사하여 상계하거나 공제하거나 회수한 것을 한도로 한다.

위의 조항은 충돌 선박 또는 물체 이외의, 또는 여기에 추가하여, 모든 선박 또는 물체의 소유자, 운항자 또는 관리인에게 충돌 또는 접촉과 관련하여 과실이 있는 경우에도 또한 적용한다.

and

(c) New Jason Clause

"In the event of accident, danger, damage or disaster before or after the commencement of the voyage resulting from any cause whatsoever, whether due to negligence or not, for which, or for the consequences of which, the carrier is not responsible, by statute, contract, or otherwise, the goods, shippers, consignees, or owners of the goods shall contribute with the carrier in general average to the payment of any sacrifices, losses, or expenses of a general average nature that may be made or incurred, and shall pay salvage and special charges incurred in respect of the goods. If a salving ship is owned or operated by the carrier, salvage shall be paid for as fully as if salving ship or ships belonged to strangers. Such deposit as the carrier or his agents may deem sufficient to cover the estimated contribution of the goods and any salvage and special charges thereon shall, if required, be made by the goods, shippers, consignees or owners of the goods to the carrier before delivery."

그리고
(c) 뉴 제이슨 약관
"항해의 개시 전 또는 후에 어떠한 원인의 결과이든지 또는 과실에 의한 것인지를 불문하고 발생한 사고, 위험, 손해 또는 재해가 발생하고, 그 원인 또는 그 원인의 결과 대하여 운송인이 법률, 계약 또는 기타에 의하여 책임을 지지 아니하는 경우에, 운송물, 송하인, 수하인 또는 화주는, 공동해손의 성질을 가진 어떠한 희생, 손실 또는 비용에 대하여 운송인과 공동으로 분담하여야 한다. 운송물에 관련하여 발생한 해난구조료 및 특별비용도 지급하여야 한다.
운송인이 구조선을 소유하고 운항하는 경우에도, 마치 그 구조선이 제3자의 소유에 속하는 경우와 같이 구조료 전액을 지급하여야 한다. 운송물, 송하인, 수하인 또는 화주는 요구가 있으면 운송인 또는 그 대리인이 운송물의 예상공동해손 분담금, 모든 구조료 및 특별비용을 보상할 수 있는 정도의 충분한 금액을, 운송물을 인도하기 전에 운송인에게 예치하여야 한다."

Clause 34. BIMCO War Risks Clause CONWARTIME 2013
(발틱국제해운협의회 전 쟁위험약관 CONWARTIME 2013)

(a) For the purpose of this Clause, the words:
(i) "Owners" shall include the shipowners, bareboat charterers, disponent owners, managers or other operators who are charged with the management of the Vessel, and the Master; and
(ii) "War Risks" shall include any actual, threatened or reported:
war, act of war, civil war or hostilities; revolution; rebellion; civil commotion; warlike operations; laying of mines; acts of piracy and/or violent robbery and/or capture/seizure (hereinafter "Piracy"); acts of terrorists; acts of hostility or malicious damage; blockades (whether imposed against all vessels or imposed selectively against vessels of certain flags or ownership, or against certain cargoes or crews or otherwise howsoever), by any person, body, terrorist or political group, or the government of any state or territory whether recognised or not, which, in the reasonable judgement of the Master and/or the Owners, may be dangerous or may become dangerous to the Vessel, cargo, crew or other persons on board the Vessel.

(a) 이 약관하에서 용어의 정의는 다음과 같다.

(i) "소유자"라 함은 선박소유자, 선체용선자, 관리선박소유자, 관리인, 선박의 관리를 책임지고 있는 운용자와 선장을 지칭한다.
(ii) "전쟁위험"이라 함은 실제적인, 위협이 있는 또는 보고된 적이 있는 다음 사항을 포함한다.
전쟁, 전쟁행위, 내전 또는 교전; 혁명; 폭동; 내란; 군사행동; 지뢰매설; 해적행위 및/또는 폭력적인 강도 및/또는 포획/나포(이하 "해적행위"라 함); 테러리스트 행위; 적대행위 혹은 악의적 손해; 모든 개인, 기구, 테러리스트 혹은 정치그룹, 인증여부에 관계없이 모든 개인, 단체, 테러리스트 혹은 정치기구, 국가의 정부 또는 자치정부에 의한 봉쇄 (모든 선박에 대해서 적용된 것이든 혹은 특정 국적 또는 소유권, 또는 특정 화물, 선원 또는 어떤 다른 이유에서건 특정 선박에 대해서만 적용된 것이든 상관없이). 한편 이러한 봉쇄가 선장 및/또는 선박소유자가 합리적으로 판단할 때에 선박, 선박에 적재된 화물, 선원 또는 선박에 승선한 다른 사람에게 위험하거나, 위험할 수 있거나 혹은 위험해지게 한다고 판단하는 경우이다.

(b) The Vessel shall not be obliged to proceed or required to continue to or through, any port, place, area or zone, or any waterway or canal (hereinafter "Area"), where it appears that the Vessel, cargo, crew or other persons on board the Vessel, in the reasonable judgement of the Master and/or the Owners, may be exposed to War Risks whether such risk existed at the time of entering into this Charter Party or occurred thereafter. Should the Vessel be within any such place as aforesaid, which only becomes dangerous, or may become dangerous, after entry into it, the Vessel shall be at liberty to leave it.

(b) 선박은 선장 및/또는 선박소유자의 합리적인 판단할 때에 선박, 화물, 선원 또는 선박에 승선 중인 다른 사람이 전쟁위험에 노출될 수 있는 (이러한 위험은 용선계약이 발효되는 시점에 존재하거나 그 이후에 발생되거나 불문) 가능성이 있는 어떠한 항구, 장소, 지역, 또는 어떠한 수로 또는 운하(이하 "해역(Area)"으로 함)로 운항하도록 명령받거나 통과하도록 요구받아서는 아니 된다. 선박이 위에 언급한 장소, 혹은 위험해지고 있는 장소 혹은 위험해질 가능성이 있는 장소에 이미 들어와 있다면, 선박은 그 해역을 떠날 권리가 있다.

(c) The Vessel shall not be required to load contraband cargo, or to pass through any blockade as set out in Sub-clause (a), or to proceed to an Area where it may be subject to search and/or confiscation by a belligerent.

(c) 선박은 수출입금지화물을 적재하거나 (a)항에서 언급한 봉쇄된 곳을 통과하거나, 선박이 교전국의 수색 그리고/또는 압수의 대상이거나 대상이 될 가능성이 있는 곳으로 진행하도록 요구받아서는 아니 된다.

(d) If the Vessel proceeds to or through an Area exposed to War Risks, the

Charterers shall reimburse to the Owners any additional premiums required by the Owners' insurers and the costs of any additional insurances that the Owners reasonably require in connection with War Risks.

(d) 선박이 전쟁위험에 노출된 "해역(Area)"으로 진입하거나 통과하는 경우에, 용선자는 선박소유자의 보험자가 요구하는 모든 추가 보험료와 전쟁위험과 관련되어 선박소유자가 합리적으로 요구하는 추가 보험의 비용에 대해 선박소유자에게 보상하여야 한다.

(e) All payments arising under Sub-clause (d) shall be settled within fifteen (15) days of receipt of Owners' supported invoices or on redelivery, whichever occurs first.

(e) (d)항에서 발생하는 모든 지불은 선박소유자의 지불명세 수령 또는 재인도 시점 중 먼저 발생한 것으로부터 15일 이내에 정산되어야 한다.

(f) If the Owners become liable under the terms of employment to pay to the crew any bonus or additional wages in respect of sailing into an Area which is dangerous in the manner defined by the said terms, then the actual bonus or additional wages paid shall be reimbursed to the Owners by the Charterers at the same time as the next payment of hire is due, or upon redelivery, whichever occurs first.

(f) 선박소유자가 앞에서 언급한 것과 같은 어떤 "해역(Area)"에의 위험한 항해와 관련하여 고용조건에 따라 선원에게 보너스 또는 추가 급여를 지급하여야 한다면, 용선자는 실제 지급 보너스 또는 추가 급여를 다음 용선료 지급 시점 또는 반선 시점 중 먼저 발생한 시점에 선박소유자에게 보상해 주어야 한다.

(g) The Vessel shall have liberty:
(i) to comply with all orders, directions, recommendations or advice as to departure, arrival, routes, sailing in convoy, ports of call, stoppages, destinations, discharge of cargo, delivery, or in any other way whatsoever, which are given by the government of the nation under whose flag the Vessel sails, or other government to whose laws the Owners are subject, or any other government of any state or territory whether recognised or not, body or group whatsoever acting with the power to compel compliance with their orders or directions;
(ii) to comply with the requirements of the Owners' insurers under the terms of the Vessel's insurance(s);
(iii) to comply with the terms of any resolution of the Security Council of the United Nations, the effective orders of any other Supranational body which has the right to issue and give the same,
and with national laws aimed at enforcing the same to which the Owners are

subject, and to obey the orders and directions of those who are charged with their enforcement;
(iv) to discharge at any alternative port any cargo or part thereof which may expose the Vessel to being held liable as a contraband carrier;
(v) to call at any alternative port to change the crew or any part thereof or other persons on board the Vessel when there is reason to believe that they may be subject to internment, imprisonment, detention or similar measures.

(g) 선박은 (다음과 같은) 권리(자유)를 가진다:
(i) 출항, 입항, 항로, 호송항해, 기항, 운항정지, 목적지, 화물의 양하, 인도에 관하여, 혹은 다른 어떤 방법이든 상관없이 선박의 기국의 정부 또는 선박소유자를 지배하는 법을 보유한 다른 정부, 또는 인증여부와 관계없이 국가의 정부 또는 자치정부, 기구 또는 무엇인가를 불문하고 자신의 명령이나 지시에 대한 준수를 강제할 권력을 가지고 행위하는 기타 다른 정부, 기구 또는 집단에 의해 다른 방법으로 주어지는 명령, 지시, 권장 혹은 충고를 따를 자유가 있다.
(ii) 선박보험의 조건하에 선박소유자의 보험자가 요구하는 사항을 따를 자유가 있다.
(iii) 유엔 안전보장이사회의 결의, 명령을 내릴 권리가 있는 초국가기구의 적법한 명령을 따를 자유가 있다. 그리고 선박소유자가 속한 국가가 이러한 결의나 명령을 집행할 목적으로 하는 국내법을 준수하고, 그리고 이 법의 집행기구의 명령과 지시에 따를 자유가 있다.
(iv) 수출입금지 품목의 운송인으로 선박이 책임을 지게 될 위험에 노출되는 전체 혹은 일부의 화물을 어떠한 항구에서도 양하할 수 있는 자유가 있다.
(v) 매장, 수감, 감금 혹은 다른 유사한 제재의 대상이라고 믿을 만한 이유가 있는 선원 또는 선박에 타고 있는 다른 사람으로 교체하기 위해 어떠한 항구에라도 기항할 수 있는 자유가 있다.

(h) If in accordance with their rights under the foregoing provisions of this Clause, the Owners shall refuse to proceed to the loading or discharging ports, or any one or more of them, they shall immediately inform the Charterers. No cargo shall be discharged at any alternative port without first giving the Charterers notice of the Owners' intention to do so and requesting them to nominate a safe port for such discharge. Failing such nomination by the Charterers within 48 hours of the receipt of such notice and request, the Owners may discharge the cargo at any safe port of their own choice. All costs, risk and expenses for the alternative discharge shall be for the Charterers' account.

(h) 이 약관의 앞의 조항에서 언급한 선박소유자의 권리에 의거하여, 선박소유자가 모든 혹은 일부의 선적항 또는 양하항으로 가기를 거부한다면, 선박소유자는 이를 즉시 용선자에게 통보하여야 한다. 어떠한 화물도 다른 항구에 양하한다는 선박소유자의 의도를 용선자에게 먼저 알리지 않고 대체항에 양하되어서는 안되

며 용선자에게 양하를 위한 안전항 지정을 요청해야 한다. 용선자가 그와 같은 통지와 요청을 받은 후 48시간 이내에 대체항을 지정하지 않으면, 선박소유자는 그의 선택에 따라 어떠한 안전항에서도 양하를 할 수 있다. 대체항에서의 양하를 위한 모든 비용, 위험 및 경비는 용선자의 부담으로 한다.

(i) The Charterers shall indemnify the Owners for claims arising out of the Vessel proceeding in accordance with any of the provisions of Sub-clauses (b) to (h) which are made under any bills of lading, waybills or other documents evidencing contracts of carriage.

(i) 용선자는 운송계약을 증명하는 선하증권, 해상화물운송장 또는 기타 서류 하에 이루어진 약관 제34(b)조항부터 (h)조항까지에 따른 선박의 운항으로부터 발생하는 클레임에 대해 선박소유자에게 보상하여야 한다.

(j) When acting in accordance with any of the provisions of Sub-clauses (b) to (h) of this Clause anything is done or not done, such shall not be deemed a deviation, but shall be considered as due fulfillment of this Charter Party.

(j) 약관 제34조 (b)항부터 (h)조항까지에 따라 행동하여 어떤 것이 행해지거나 행하여지지 않는다면, 이는 이로로 간주되지 아니하며 이 용선계약 하에서의 적절한 권리 이행으로 간주된다.

Clase 35. Ice(결빙)

The Vessel shall not be obliged to force ice but, subject to the Owners' prior approval having due regard to its size, construction and class, may follow ice-breakers. The Vessel shall not be required to enter or remain in any icebound port or area, nor any port or area where lights or lightships have been or are about to be withdrawn by reason of ice, nor where there is risk that in the ordinary course of things the Vessel will not be able on account of ice to safely enter and remain in the port or area or to get out after having completed loading or discharging.

용선선박은 얼음지역으로 항해하도록 강요받아서는 안 되며, 다만 선박소유자의 사전 승인을 얻는 조건으로 용선선박의 크기, 구조 및 선급을 고려하여 쇄빙선을 따라 항행할 수 있다. 선박은 얼음으로 폐쇄된 항 또는 지역에, 또 얼음 때문에 등대선을 철수시켰거나 또는 철수시키려고 하는 항 또는 지역에, 또한 통상적인 현상으로 얼음 때문에 용선선박이 안전하게 항 또는 지역에 입항하여 정박할 수 없거나 또는 선적이나 양륙을 종료한 후 출항할 수 없는 위험이 있는 항구 또는 지역에 입항하거나 남아있기를 요구받아서는 아니 된다.

Clause 36. Requisition(징발)

Should the Vessel be requisitioned by the government of the Vessel's flag or other government to whose laws the Owners are subject during the period of this Charter Party, the Vessel shall be deemed to be off-hire during the period of such requisition, and any hire paid by the said government in respect of such requisition period shall be retained by the Owners. The period during which the Vessel is on requisition to the said government shall count as part of the period provided for in this Charter Party.
If the period of requisition exceeds ninety(90) days, either party shall have the option of cancelling this Charter Party and no consequential claim in respect thereof may be made by either party.

본 용선계약 기간 중에 용선선박의 기국 정부 또는 선박소유자가 적용받는 법령에 해당하는 정부에 의하여 용선선박이 징발된 경우에, 그 징발 기간은 용선중단 기간으로 본다. 정부가 그 징발 기간 중에 지급한 용선료는 선박소유자가 취득한다. 용선선박이 정부에 징발된 기간은 이 정기 용선계약에서 정한 기간의 일부로 간주한다.
징발 기간이 (90) 일을 초과할 경우에는 계약당사자 누구도 이 용선계약을 해지할 수 있다. 이로 인하여 발생한 손해에 대하여서는 어느 당사자도 손해배상을 청구할 수 없다.

Clause 37. Stevedore Damage(하역 인부에 의한 손해)

Notwithstanding anything contained herein to the contrary, the Charterers shall pay for any and all damage to the Vessel caused by stevedores provided the Master has notified the Charterers and/or their agents in writing within twenty-four(24) hours of the occurrence but in case of hidden damage latest when the damage could have been discovered by the exercise of due diligence. Such notice to describe the damage and to invite Charterers to appoint a surveyor to assess the extent of such damage.

본 용선계약에 달리 정한 경우에도 불구하고, 선장은 발생한 후 24시간 이내에 서면으로 용선자 및/또는 그 대리인에 통지하여야 하며, 그러나 상당한 주의를 다 하여야 발견할 수 있었던 숨은 손상의 경우에는 그 시점으로부터 24시간 이내에 통지하여야 하며, 용선자는 하역 인부가 용선선박에 야기한 모든 손상에 대하여 선박소유자에게 손해배상금을 지급하여야 한다. 그 통지는 손상을 상세하게 명시하고, 또 용선자에게 손상의 정도를 산정하기 위하여 검사인을 지정하도록 요구하는 것이어야 한다.

(a) In case of any and all damage affecting the Vessel's seaworthiness and/or the safety of the crew and/or affecting the trading capabilities of the Vessel, the Charterers shall immediately arrange for repairs of such damage at their expense and the Vessel is to remain on-hire until such repairs are completed and if required passed by the Vessel's classification society.

(a) 손상의 일부 혹은 모두가 선박의 감항능력 및/또는 선원의 안전 및/또는 용선선박의 항해 능력에 영향을 미치는 경우, 용선자는 직접 자기의 비용으로써 그러한 손상을 수선하도록 주선하여야 하고 용선선박은 그러한 수선을 완성할 때까지 그리고 필요하면 선급협회의 검사에 합격할 때까지 계속하여 용선상태로 있게 된다.

(b) Any and all damage not described under Sub-clause (a) above shall be repaired, at the Charterers' option, before or after redelivery concurrently with the Owners' work.
In such case no hire and/or expenses will be paid to the Owners except and insofar as the time and/or the expenses required for the repairs for which the Charterers are responsible, exceed the time and/or expenses necessary to carry out the Owners' work.

(b) 위 (a)항에 명시되지 아니한 손해의 일부 혹은 전부도 용선자의 선택에 따라서 반선 전 또는 반선 후에 선박소유자의 수선 작업과 동시에 수선되어질 수 있다. 이러한 경우 용선자가 책임이 있는 수리를 위하여 필요한 시간과 비용이 선박소유자의 작업에 필요한 시간과 비용을 초과하는 것을 제외하고는 어떠한 용선료 및/또는 비용도 선박소유자에게 지급되지 않는다.

Clause 38. Slow Steaming(감속항해)

(a) The Charterers may at their discretion provide, in writing to the Master, instructions to reduce speed or RPM (main engine Revolutions Per Minute) and/or instructions to adjust the Vessel's speed to meet a specified time of arrival at a particular destination.

(a) 용선자는 그의 재량으로 선장에게 서면으로 속력을 감속하거나 RPM을 낮추도록 지시하거나 그리고/또는 특정 목적지의 특정 도착예정시간을 맞추도록 선박의 속력을 조정하도록 지시할 수 있다.

(i) *Slow Steaming - Where the Charterers give instructions to the Master to adjust the speed or RPM, the Master shall, subject always to the Master's obligations in respect of the safety of the Vessel, crew and cargo and the protection of the marine environment, comply with such written instructions, provided that the engine(s) continue(s) to operate above the cut-out point of the Vessel's engine(s) auxiliary blower(s) and that such instructions will not result in the Vessel's engine(s) and/or equipment operating outside the manufacturers'/designers' recommendations as published from time to time.

(i) *"감속 항해" - 용선자가 선장에게 속력 또는 RPM을 조정하도록 지시하는 경우에, 선장은 항상 선박, 선원과 화물의 안전 및 해양환경보호와 관련된 선장의 의무를 다하는 조건으로, 이러한 서면 지시에 따라야 한다. 이러한 경우에 선박의 엔진 보조 송풍기(blower)의 급정지점 (꺼지는 지점)보다 높은 지점에서 엔진을 작동하여야 하며, 때때로 발행되는 제조사/설계사의 권고사항의 범위를 벗어난 선박 엔진 및/또는 설비의 작동을 야기하여서는 아니 된다.

(ii) *Ultra-Slow Steaming - Where the Charterers give instructions to the Master to adjust the speed or RPM, regardless of whether this results in the engine(s) operating above or below the cut-out point of the Vessel's engine(s) auxiliary blower(s), the Master shall, subject always to the Master's obligations in respect of the safety of the Vessel, crew and cargo and the protection of the marine environment, comply with such written instructions, provided that such instructions will not result in the Vessel's engine(s) and/or equipment operating outside the manufacturers'/designers' recommendations as published from time to time. If the manufacturers'/designers' recommendations issued subsequent to the date of this Charter Party require additional physical modifications to the engine or related equipment or require the purchase of additional spares or equipment, the Master shall not be obliged to comply with these instructions.

*Sub-clauses (a)(i) and (a)(ii) are alternatives; delete whichever is not applicable. In the absence of deletions, alternative (a)(i) shall apply.

(ii) *"초감속 항해" - 용선자가 선장에게 속력 또는 RPM을 조정하도록 지시하는 경우에, 이러한 지시가 선박 엔진 보조 송풍기(blower)의 급정지점보다 위 또는 아래에서 엔진이 작동하는 결과를 초래함에 상관없이, 선장은 항상 선박, 선원과 화물의 안전 및 해양환경보호와 관련된 선장의 의무를 다하는 조건으로, 그와 같은 지시를 따라야 한다. 이러한 경우에 때때로 발행되는 제조사/설계사의 권고사항의 범위를 벗어난 선박 엔진 및/또는 설비의 작동을 야기하여서는 아니 된다. 만약 이 용선계약이 체결된 날자 이후에 발행된 제조사/설계사의 권고사항이 엔진 또는 관련 설비에 추가적인 물리적 수정을 요구하거나 추가적인 예비품 또는 장비의 구입을 요구하는 경우에 선장은 이러한 지시를 따를 의무를 부담하지 않는다.

* (a)(i)과 (a)(ii)약관은 선택사항이다: 삭제한 약관은 적용되지 아니한다. 삭제된 약관이 없는 경우에는 (a)(i)약관이 적용된다.

(b) At all speeds the Owners shall exercise due diligence to ensure that the Vessel is operated in a manner which minimizes fuel consumption, always taking into account and subject to the following:

(i) The Owners' warranties under this Charter Party relating to the Vessel's speed and consumption;
(ii) The Charterers' instructions as to the Vessel's speed and/or RPM and/or specified time of arrival at a particular destination;
(iii) The safety of the Vessel, crew and cargo and the protection of the marine environment; and
(iv) The Owners' obligations under any bills of lading, waybills or other documents evidencing contracts of carriage issued by them or on their behalf.

(b) 모든 속력하에서 선박소유자는 최소한의 연료소비를 위한 방법으로 선박을 운용하여야 하며, 항상 다음의 사항을 고려하고 따라야 한다.
(i) 이 용선계약하의 선박 속력과 연료소모량과 관련된 선박소유자의 담보
(ii) 선박 속력 및/또는 RPM 및/또는 특정 목적지에 대한 특정 도착예정시간에 관한 용선자의 지시
(iii) 선박, 선원과 화물의 안전 및 해양환경의 보호 그리고
(iv) 선박소유자 또는 그 대리인이 발행한 운송계약을 증명하는 모든 선하증권, 해상화물운송장 또는 기타 서류에 대한 선박소유자의 책임

(c) For the purposes of Sub-clause (b), the Owners shall exercise due diligence to minimise fuel consumption:
(i) when planning voyages, adjusting the Vessel's trim and operating main engine(s) and auxiliary engine(s);
(ii) by making optimal use of the Vessel's navigation equipment and any additional aids provided by the Charterers, such as weather routing, voyage optimization and performance monitoring systems; and
(iii) by directing the Master to report any data that the Charterers may reasonably request to further improve the energy efficiency of the Vessel.

(c) (b)항 약관을 위하여 선박소유자는 연료소모를 최소화하도록 상당한 주의를 다하여야 한다.
(i) 항해계획을 수립하고, 선박의 트림을 조정하고, 주기관과 보조기관을 작동할 때
(ii) 선박의 항해장비 및 용선자가 제공하는 모든 항해보조장비, 예를 들어 웨더 루팅(기상을 기반으로 한 항로선정), 항해 최적화 시스템 및 성능 모니터링 시스템 등을 최적의 상태로 사용
(iii) 용선자가 선박의 에너지 효율을 향상시키기 위하여 합리적으로 요구하는 모든 자료를 보고하도록 선장에게 지시

(d) The Owners and the Charterers shall share any findings and best practices that they may have identified on potential improvements to the Vessel's energy efficiency.

(d) 선박소유자와 용선자는 선박의 에너지 효율성을 위한 잠재적 개선사항을 식별하고 모든 결과물과 최선의 실행방법을 공유하여야 한다.

(e) For the avoidance of doubt, where the Vessel proceeds at a reduced speed or with reduced RPM pursuant to Sub-clause (a), then provided that the Master has exercised due diligence to comply with such instructions, this shall constitute compliance with, and there shall be no breach of, any obligation requiring the Vessel to proceed with utmost and/or due despatch (or any other such similar/equivalent expression).

(e) 의구심을 불식시키기 위하여, 선박은 (a)항 약관에 따라 감속된 속력 또는 감속된 RPM으로 항해하는 경우 선장은 이러한 지시에 따라 상당한 주의를 다하였음을 증명하여야 한다. 이는 선박의 최선의 및/또는 신속한 항해 의무(또는 다른 유사하거나/동등한 표현)를 위반함이 없이 준수함을 의미한다.

(f) The Charterers shall procure that this Clause be incorporated into all sub-charters and contracts of carriage issued pursuant to this Charter Party. The Charters shall indemnify the Owners against all consequences and liabilities that may arise from bills of lading, waybills or other documents evidencing contracts of carriage being issued as presented to the extent that the terms of such bills of lading, waybills or other documents evidencing contracts of carriage impose or result in breach of the Owners' obligation to proceed with due despatch or are to be held to be a deviation or the imposition of more onerous liabilities upon the Owners than those assumed by the Owners pursuant to this Clause.

(f) 용선자는, 이 용선계약에 따라 체결되는 모든 재용선과 운송계약에 이 약관을 편입하여야 한다. 용선자는 선하증권, 해상화물운송장 또는 운송계약을 증명하는 기타 문서로부터 야기되는 모든 결과 및 책임에 대하여 선박소유자에게 보상하여야 한다. 또는 선하증권, 해상화물운송장 또는 운송계약을 증명하는 기타 문서의 조건에 따라 야기되는 또는 신속한 항해 혹은 이로의 발생에 따른 선박소유자의 의무 위반으로부터 야기되는 모든 결과 및 책임에 대하여 선박소유자에게 보상하여야 한다. 또한 이 약관에 따라 선박소유자가 부담하여야 하는 책임보다 과중한 책임의 부과의 결과나 책임에 대하여 선박소유자에게 보상하여야 한다.

Clause 39. BIMCO Piracy Clause for Time Charter Parties 2013 (2013정기용선 계약의 발틱해운협회 해적조항)

(a) The Vessel shall not be obliged to proceed or required to continue to or through, any port, place, area or zone, or any waterway or canal (hereinafter "Area") which, in the reasonable judgement of the Master and/or the Owners, is dangerous to the Vessel, cargo, crew or other persons on board the Vessel due to any actual, threatened or reported acts of piracy and/or violent robbery and/or capture/seizure (hereinafter "Piracy"), whether such risk existed at the time of entering into this Charter Party or occurred thereafter. Should the Vessel be within any such place as aforesaid which only becomes dangerous, or may become dangerous, after entry into it, the Vessel shall be at liberty to leave it.

(a) 실제적이거나, 위협에 직면하거나, 보고된 해적행위 및/또는 폭력적인 강도 및/또는 포획/나포(이하 "해적행위"라 함)로 인하여, 선장 및/또는 선박소유자가 합리적으로 판단할 때에, 선박, 화물, 선원 또는 승선 중인 다른 사람들에게 위험한 어떠한 항구, 장소, 지역이나 구역, 수로 또는 운하[이하 "해역(Area)"]로 선박이 향하도록 강제되거나, 계속해서 향하거나 통과하도록 요구되어서는 아니 된다. 그러한 위험이 본 용선계약을 체결할 당시에 존재하였는지, 그 이후에 발생하였는지는 상관하지 않는다. 선박은 그곳에 진입한 이후로 위험해지거나, 위험해질 수도 있는 상기 장소 내에 선박이 위치하는 경우, 선박은 그곳에서 출항할 자유가 있다.

(b) If in accordance with sub-clause (a) the Owners decide that the Vessel shall not proceed or continue to or through the Area they must immediately inform the Charterers. The Charterers shall be obliged to issue alternative voyage orders and shall indemnify the Owners for any claims from holders of the Bills of Lading or third parties caused by waiting for such orders and/or the performance of an alternative voyage. Any time lost as a result of complying with such orders shall not be considered off-hire.

(b) (a)항의 약관에 따라서, 선박이 그러한 지역으로 항해하거나, 계속해서 항해하거나 통과해서는 안 된다고 선박소유자가 결정한 경우, 선박소유자는 즉시 용선자에게 통지하여야 한다. 용선자는 대체 항차지시를 내릴 의무가 있으며, 그러한 명령을 기다림으로써, 그리고/혹은 대체 항차를 수행함으로써, 선하증권의 소지인 또는 제3자로부터 제기된 모든 보상요구 대하여 용선자는 선박소유자에게 배상하여야 한다. 그러한 명령을 준수한 결과로 인하여 손실된 모든 시간은 용선중단(off-hire)으로 간주되지 않아야 한다.

(c) If the Owners consent or if the Vessel proceeds to or through an Area exposed to the risk of Piracy the Owners shall have the liberty:
(i) to take reasonable preventative measures to protect the Vessel, crew and cargo including but not limited to re-routeing within the Area, proceeding in convoy, using escorts, avoiding day or night navigation, adjusting speed or course, or engaging security personnel and/or deploying equipment on or about the Vessel (including embarkation/disembarkation).
(ii) to comply with the requirements of the Owners' insurers under the terms of the Vessel's insurance(s);

(iii) to comply with all orders, directions, recommendations or advice given by the Government of the Nation under whose flag the Vessel sails, or other Government to whose laws the Owners are subject, or any other Government, body or group (including military authorities) whatsoever acting with the power to compel compliance with their orders or directions; and
(iv) to comply with the terms of any resolution of the Security Council of the United Nations, the effective orders of any other Supranational body which has the right to issue and give the same, and with national laws aimed at enforcing the same to which the Owners are subject, and to obey the orders and directions of those who are charged with their enforcement;
and the Charterers shall indemnify the Owners for any claims from holders of Bills of Lading or third parties caused by the Vessel proceeding as aforesaid, save to the extent that such claims are covered by additional insurance as provided in sub-clause (d)(iii).

(iv) 국제연합 안전보장이사회 결의안의 조건, 유효한 명령을 선포하고 부과할 권리를 가진 여타 초국가적인 단체의 명령 및 선박소유자를 지배하는 법집행을 목표로 하는 국법을 준수하는 것, 그리고 그 집행을 책임지는 자들의 명령과 지시에 복종하는 것
그리고 상기와 같이 선박이 항해함으로써 선하증권의 소지인이나 제3자로부터 제기된 모든 보상요구에 대하여, 용선자는 선박소유자에게 배상하여야 하나, 그러한 청구는 (d)(iii)항의 약관에 규정된 추가보험에 의하여 보상되는 한도까지는 제외된다.

(c) 선박소유자가 동의하거나, 선박이 해적위험에 노출된 지역을 통과하거나 향하는 경우, 선박소유자는 다음의 자유를 갖는다.
(i) 선박, 선원 및 화물을 보호하기 위하여, 다음에 열거한 것에 국한하지 않고, 그 지역 내에서의 항로변경, 호위를 받으면서 항해, 호위대의 사용, 주간이나 야간항해 회피, 속력이나 침로 조정, 혹은 선박 위 또는 선박 주변에 보안요원 고용 및/또는 장비 배치(승하선 포함)를 포함하는 합리적인 예방조치를 취하는 것,
(ii) 선박의 보험조건 하에서 선박소유자의 보험자가 요구하는 사항들을 준수하는 것,
(iii) 선박의 기국의 정부, 선박소유자를 지배하는 법을 보유한 다른 정부, 또는 무엇인가를 불문하고 자신의 명령이나 지시에 대한 준수를 강제할 권력을 가지고 행위하는 기타 다른 정부, 기구 또는 집단(군사당국을 포함하여)에 의하여 주어지는 모든 명령, 지시, 권장 혹은에 복종하는 것,
(iv) 국제연합 안전보장이사회 결의안의 조건, 유효한 명령을 선포하고 부과할 권리를 가진 여타 초국가적인 단체의 명령 및 선박소유자를 지배하는 법집행을 목표로 하는 국법을 준수하는 것, 그리고 그 집행을 책임지는 자들의 명령과 지시에 복종하는 것
그리고 상기와 같이 선박이 항해함으로써 선하증권의 소지인이나 제3자로부터 제기된 모든 보상요구에 대하여, 용선자는 선박소유자에게 배상하여야 하나, 그러한 청

구는 (d)(iii)항의 약관에 규정된 추가보험에 의하여 보상되는 한도까지는 제외된다.

(d) Costs(비용)

(i) If the Vessel proceeds to or through an Area where due to risk of Piracy additional costs will be incurred including but not limited to additional personnel and preventative measures to avoid Piracy, such reasonable costs shall be for the Charterers' account. Any time lost waiting for convoys, following recommended routeing, timing, or reducing speed or taking measures to minimise risk, shall be for the Charterers' account and the Vessel shall remain on hire;

(ii) If the Owners become liable under the terms of employment to pay to the crew any bonus or additional wages in respect of sailing into an area which is dangerous in the manner defined by the said terms, then the actual bonus or additional wages paid shall be reimbursed to the Owners by the Charterers;

(iii) If the Vessel proceeds to or through an Area exposed to the risk of Piracy, the Charterers shall reimburse to the Owners any additional premiums required by the Owners' insurers and the costs of any additional insurances that the Owners reasonably require in connection with Piracy risks which may include but not be limited to War Loss of Hire and/or maritime K&R.

(iv) All payments arising under Sub-clause (d) shall be settled within fifteen (15) days of receipt of Owners' supported invoices or on redelivery, whichever occurs first.

(i) 만약 선박이 해적위험 때문에 해적을 피하기 위한 추가요원 및 예방조치를 포함하여, 이에 국한하지 않고, 추가비용이 발생될 지역을 통과하거나 그 곳으로 항해하는 경우, 그러한 합리적인 비용은 용선자의 부담으로 한다. 호위대를 기다리거나, 권장된 항로, 시기 또는 감속에 따르거나, 위험을 최소화하기 위한 조치를 취함으로써 손실된 시간은 용선자의 부담이며, 선박은 용선 중인 상태로 남아 있어야 한다.

(ii) 상기의 조건에 의해 정의된 바와 같은 위험한 지역으로의 항해와 관련하여, 상여금이나 추가임금을 선원에게 지급하는 고용조건에 따른 책임을 선박소유자가 지는 경우, 실제로 지급된 상여금이나 추가임금은 용선자가 선박소유자에게 배상하여야 한다.

(iii) 선박이 해적위험에 노출된 지역으로 향하거나 통과하는 경우, 선박소유자의 보험자에 의하여 요구된 모든 추가보험료 및 전쟁불가동손실보험 및/또는 해상납치보험(이 두 가지에 국한하지 않고)을 포함한 해적위험과 관련하여 선박소유자가 합리적으로 요구하는 모든 추가보험의 비용을 선자가 선박소유자에게 배상하여야 한다.

(iv) (d)항 약관 하에서 발생하는 모든 지급비용은 선박소유자의 입증된 청구서를 수령한 후 15일 이내 또는 반선 시 중, 어느 것이든지 먼저 도래하는 시점에 지불되어야 한다.

(e) If the Vessel is attacked by pirates any time lost shall be for the account of the Charterers and the Vessel shall remain on hire.

(e) 선박이 해적에 의한 공격을 받을 경우, 손실된 시간은 용선자의 부담이며, 선박은 계속해서 용선 중인 채로 남아 있어야 한다.

(f) If the Vessel is seized by pirates the Owners shall keep the Charterers closely informed of the efforts made to have the Vessel released. The Vessel shall remain on hire throughout the seizure and the Charterers' obligations shall remain unaffected, except that hire payments shall cease as of the ninety-first (91st) day after the seizure until release. The Charterers shall pay hire, or if the Vessel has been redelivered, the equivalent of Charter Party hire, for any time lost in making good any damage and deterioration resulting from the seizure. The Charterers shall not be liable for late redelivery under this Charter Party resulting from the seizure of the Vessel.

(f) 선박이 해적에 의하여 억류될 경우, 선박소유자는 선박을 석방시키기 위한 노력 등을 용선자에게 상세히 통지하여야 한다. 선박은 억류기간동안 용선 중인 채로 남아 있어야 하며, 억류된 지 91일 이후부터 석방될 때까지 용선료 지급이 중단되는 것을 제외하고는, 용선자의 의무는 영향을 받지 않은 상태로 남아 있어야 한다. 용선자는 용선료를 지급하거나, 혹은 선박이 반선된 경우에는 억류로 인하여 발생된 모든 손상 및 악화된 것을 수리하기 위하여 손실된 모든 시간에 대하여 용선계약의 용선료에 상당하는 금액을 지급하여야 한다. 본 용선계약 하에서 선박의 억류에 기인한 반선지연에 대해서는 용선자가 책임지지 않는다.

(g) If in compliance with this Clause anything is done or not done, such shall not be deemed a deviation, but shall be considered as due fulfillment of this Charter Party. In the event of a conflict between the provisions of this Clause and any implied or express provision of the Charter Party, this Clause shall prevail.

(g) 본 약관을 준수함으로써 어떠한 행위가 이행되거나 이행되지 않을 경우, 그러한 것은 용선계약을 이탈한 것이 아니고 용선계약을 충분히 충족한 것으로 간주하여야 한다. 이 약관의 규정과 묵시적 또는 명시적 규정이 상충되는 경우, 이 본 약관이 우선한다.

Clause 40. Taxes(세금)

Charterers to pay all local, State, National taxes and/or dues assessed on the Vessel or the Owners resulting from the Charterers' orders herein, whether assessed during or after the currency of this Charter Party including any taxes and/or dues on cargo and/or freights and/or sub-freights and/or hire (excluding taxes levied by the country of the flag of the Vessel or the Owners). In the event the Owners/Vessel/her flag state are exempt from any taxes, the Owners shall seek such exemption and filing costs for such exemption, if any, shall be for the Charterers' account and no charge for such taxes shall be assessed to the Charterers

용선자의 지시로부터 생긴 용선선박 또는 선박소유자에게 부과되는 모든 지방세, 주정부세와 국세 및/또는 회비(dues)는 용선계약 기간 중이거나 또는 이후이거나를 불문하고 화물 및/또는 운임 및/또는 재운송임 및/또는 용선료에 대한 모든 세금 및/또는 회비를 포함하여 용선자가 지급하여야 한다(다만 용선선박의 기국 또는 선박소유자의 국적국에서 부과한 세금은 제외한다).
만약 선박소유자/선박/국적국이 세금을 면제받는 경우에는 선박소유자는 선박소유자는 그와 같은 면제를 받을 수 있도록 추구하여야 하며, 그와 같은 면제를 받기 위한 신청비용이 발생한다면, 이용은 용선자의 부담으로 하며, (면제된)세금과 관련하여 어떠한 부담도 용선자에게 부과하지 않아야 한다.

Clause 41. Industrial Action(노동쟁의)

In the event of the Vessel being delayed or rendered inoperative by strikes, labor stoppages or boycotts or any other difficulties arising from the Vessel's ownership, crew or terms of employment of the crew of the chartered Vessel or any other vessel under the same ownership, operation and control, any time lost is to be considered off-hire. The Owners guarantee that on delivery the minimum terms and conditions of employment of the crew of the Vessel are in accordance with the International Labour Organization Maritime Labour Convention (MLC) 2006, and will remain so throughout the duration of this Charter Party.

파업, (작업)중단 또는 거부 또는 용선 선박의 소유권 또는 용선선박 또는 (용선한 선박과) 동일한 소유권자의 또 따른 선박, (용선선박과 동일한 소유권자의) 운영 또는 관리하에 있는 또 다른 선박의 소유권, 선원 또는 선원의 고용조건이 문제가 되어 발생한 다른 어려움으로 말미암아 선박이 지연되었거나 또는 운항이 불가능하게 되었을 경우에 이때의 시간손실은 용선중단(off-hire)으로 간주되어야 한다. 선박소유자는 선박이 용선자에게 인도되었을 때에 선원의 최소한의 고용조건이 '국제노동기구 해사노동협약 2006' 규정을 준수하고 있으며, 전체 용선의 전체기간 동안에 계속해서 그 협약의 규정에 따르고 있을 다는 것을 보장하여야 한다.

Clause 42. Stowaways(밀항자)

(a) If stowaways have gained access to the Vessel by means of secreting away in the goods and/or containers or by any other means related to the cargo operation, this shall amount to breach of this Charter Party. Charterers shall be liable for the consequences of such breach and hold the Owners harmless and keep them indemnified against all claims; costs (including but not limited to victualing costs for stowaways whilst on board and repatriation); losses; and fines or penalties, which may arise and be made against them. The Charterers shall, if required, place the Owners in funds to put up bail or other security. The Vessel shall remain on hire for any time lost as a result of such breach.

(a) 용선자가 선적한 화물 및/또는 컨테이너 속에 숨어서 또는 화물취급과 관련한 수단으로 용선선박에 몰래 들어왔을 경우에 이것은 용선계약의 위반에 해당한다. 용선자는 이와 같은 용선계약위반의 결과에 대하여 책임을 져야 하며 그리고 선박소유자에게 피해가 없도록 하여야 하며, 이로 인하여 발생하거나 또는 제기되는 모든 보상요구(claims)와 (밀항자가 승선하고 있는 동안과 하선할 때까지의 음식제공비용을 포함하여, 그러나 비단 이것에만 국한하지 않고) 모든 비용, 손실 그리고 과태료(fines) 또는 벌금(penalties)에 대하여 선박소유자에게 보상하여야 한다. 용선자는 필요하다면 선박소유자에게 보석금이나 다른 보증을 제공하여야 한다. 선박은 그와 같은 위반의 결과로 발생한 손실된 시간동안에도 용선상태가 유지된 것으로 한다.

(b) Save for those stowaways referred to in Sub-clause (a), if stowaways have gained access to the Vessel this shall amount to a breach of this Charter Party. The Owners shall be liable for the consequences of such breach and hold the Charterers harmless and keep them indemnified against all claims; costs; losses; and fines or penalties, which may arise and be made against them. The Vessel shall be off-hire for any time lost as a result of such breach.

(b) 상기 (a)항에 언급한 밀항자를 제외하고 밀항자가 선박에 숨어들어왔다면, 이것은 용선계약의 위반에 해당한다. 선박소유자는 이와 같은 용선계약위반의 결과에 대하여 책임을 져야 하며 그리고 용선자에게 피해가 없도록 하여야 하며, 이로 인하여 발생하거나 또는 제기되는 (또는 부과되는) 모든 보상요구, 비용, 손실 그리고 과태료(fines) 또는 벌금(penalties)에 대하여 용선자에게 보상하여야 한다. 그와 같은 위반의 결과로 발생한 손실된 시간동안은 용선중단이 된다.

Clause 43. Smuggling(밀수)

(a) In the event of smuggling by the Master, other Officers and/or ratings, this shall amount to a breach of this Charter Party. The Owners shall be liable for the consequences of such breach and hold the Charterers harmless and keep them indemnified against all claims, costs, losses, and fines and penalties which may arise and be made against them. The Vessel shall be off-hire for any time lost as a result of such breach.

(a) 선장, 사관 그리고/또는 보통선원이 밀수를 하였다면, 이것은 용선계약의 위반

에 해당한다. 선박소유자는 이와 같은 용선계약위반의 결과에 대하여 책임을 져야 하며 그리고 용선자에게 피해가 없도록 하여야 하며, 이로 인하여 발생하거나 또는 제기되는 모든 보상요구, 비용, 손실 그리고 과태료(fines)와 벌금(penalties)에 대하여 용선자에게 보상하여야 한다. 그와 같은 위반의 결과로 발생한 손실된 시간은 용선중단이 된다.

(b) If unmanifested narcotic drugs and/or any other illegal substances are found secreted in the goods and/or containers or by any other means related to the cargo operation, this shall amount to a breach of this Charter Party. The Charterers shall be liable for the consequences of such breach and hold the Owners, Master, officers and ratings of the Vessel harmless and keep them indemnified against all claims, costs, losses, and fines and penalties which may arise and be made against them individually or jointly. The Charterers shall, if required, place the Owners in funds to put up bail or other security. The Vessel shall remain on hire for any time lost as a result of such breach.

(b) 화물 및/또는 컨테이너에 속에 숨어서 또는 화물취급과 관련한 다른 수단으로 몰래 숨겨져 (선박에 들어온) 신고되지 않은 마취제약품 그리고/또는 다른 불법적인 물질이 발견되었다면 이것은 용선계약의 위반에 해당한다. 용선자는 이와 같은 용선계약위반의 결과에 대하여 책임을 져야 하며 그리고 선박소유자, 선장과 사관과 보통선원에게 피해가 없도록 하여야 하며, 이로 인하여 그들(선박소유자, 선장과 사관과 보통선원)에게 개별적으로 또는 공동으로 발생하거나 또는 제기되는 모든 보상요구, 비용, 손실 그리고 과태료(fines)와 벌금(penalties)에 대하여 그들에게 보상하여야 한다. 용선자는 필요하다면 선박소유자에게 보석금이나 다른 보증을 제공하여야 한다. 선박은 그와 같은 위반의 결과로 발생한 손실된 시간동안에도 용선상태가 유지된 것으로 간주한다.

Clause 44. International Safety Management (ISM)(국제안전관리규약)

During the duration of this Charter Party, the Owners shall procure that both the Vessel and "the Company" (as defined by the ISM Code) shall comply with the requirements of the ISM Code. Upon request the Owners shall provide a copy of the relevant Document of Compliance (DOC) and Safety Management Certificate (SMC) to the Charterers. Except as otherwise provided in this Charter Party, loss, damage, expense or delay caused by failure on the part of the Owners or "the Company" to comply with the ISM Code shall be for the Owners' account.

용선계약 기간동안 선박소유자는 선박과 회사(이때 선박과 회사는 국제안전관리규약에 정의되어 있는 선박과 회사를 말한다)가 국제안전관리규약의 요구사항을 준수하도록 노력하여야 한다. (용선자가) 요구하자마자 선박소유자는 해당되는 서류적합증서(Document of Compliance(DOC)) 와 안전관리증서(Safety Management

Certificate (SMC))의 사본을 용선자에게 제공하여야 한다. 본 용선계약서에서 달리 규정하고 있는 경우를 제외하고 선박소유자나 회사가 국제안전관리규약을 준수하지 못함으로써 발생한 손실(loss), 손해(damage), 경비(expense) 또는 지연에 대한 것은 선박소유자의 부담으로 한다.

45. International Ship and Port Facility Security Code (ISPS Code) /Maritime Transportation Security Act (MTSA) (국제선박및항만시설보안규칙(ISPS Code)/ 해상운송보안법(MTSA)

(a) (i) The Owners shall comply with the requirements of the ISPS and the relevant amendments to Chapter XI of Safety of Life at Sea (SOLAS) (ISPS Code) relating to the Vessel and "the Company" (as defined by the ISPS Code). If trading to or from the US or passing through US waters, the Owners shall also comply with the requirements of the MTSA relating to the Vessel and the "Owner" (as defined by the MTSA).
(ii) Upon request the Owners shall provide the Charterers with a copy of the relevant International Ship Security Certificate (ISSC) (or the interim ISSC) and the full style contact details of the Company Security Officer (CSO).
(iii) Loss, damages, expense or delay (excluding consequential loss, damages, expense or delay) caused by failure on the part of the Owners or "the Company"/ "Owner" to comply with the requirements of the ISPS Code/MTSA or this Clause shall be for the Owners' account, except as otherwise provided in this Charter Party.

(a) (i) 선박소유자는 선박과 회사(이때 선박과 회사는 국제안전관리규약에 정의되어 있는 선박과 회사를 말한다)와 관련하여 국제선박및항만시설의 보안에 관한 규약의 요구사항과 해상인명안전에 관한 국제협약(SOLAS)(ISPS Code)의 제11장에 대한 개정사항을 준수하여야 한다.
만약 미국으로 또는 미국으로부터 화물을 운송하거나(trading) 또는 미국 수역을 통과하는 경우에는 선박소유자는 선박과 회사(이때 선박과 회사는 해상운송보안법(MTSA)에 정의되어 있는 선박과 회사를 말한다)와 관련하여 해상운송법의 요구사항도 준수하여야 한다.
(ii) (용선자가) 요구하자마자 선박소유자는 국제선박보안증서(ISSC)(또는 임시국제선박보안증서)의 사본과 선박소유자의 수석안전관리관(CSO)의 모든 연락처를 용선자에제 제공하여야 한다.
(iii) 본 용선계약서에서 달리 규정하고 있는 경우를 제외하고, 선박소유자 측이나 "회사/선박소유자"가 국제선박및항만시설의보안에 관한 규약(ISPC Code)과 해상운송보안법(MTSA) 또는 본 조(this clause)의 요구사항을 준수하지 못함에 따라 생긴 손실, 손해, 경비 또는 지연(이들의 결과로 발생하는 손실, 손해, 비용 또는 지연은 제외하고)에 대한 것은 선박소유자의 부담으로 한다.

(b) (i) The Charterers shall provide the Owners and the Master with their full style contact details and, upon request, any other information the Owners require to comply with the ISPS Code/MTSA. Where sub-letting is permitted under the terms of this Charter Party, the Charterers shall ensure that the contact details of all sub-charterers are likewise provided to the Owners and the Master. Furthermore, the Charterers shall ensure that all sub-charter parties they enter into during the period of this Charter Party contain the following provision:
"The Charterers shall provide the Owners with their full style contact details and, where sub-letting is permitted under the terms of the charter party, shall ensure that contact details of all sub-charterers are likewise provided to the Owners".
(ii) Loss, damages, expense or delay (excluding consequential loss, damages, expense or delay) caused by failure on the part of the Charterers to comply with this Clause shall be for the Charterers' account, except as otherwise provided in this Charter Party.

(b) (i) 용선자는 선박소유자 그리고 선장에게 모든 연락처와, 요구하자마자 국제선박및항만시설보안규칙/해상운송보안법을 준수하기 위하여 필요로 하는 다른 정보를 선박소유자에게 제공하여야 한다. 본 용선계약에 따라 재용선(sub-letting)이 허용되는 경우에 용선자는 선박소유자와 선장에게 똑같이 모든 재용선자의 모든 연락처를 반드시 전달하여야 한다. 뿐만 아니라 용선자는 본 용선계약기간동안에 체결한 재용선계약에 다음과 같은 내용을 반드시 포함시켜야 한다.
"용선자는 선박소유자에게 용선자의 모든 연락처를 제공하여야하며, 용선계약의 조건에 재용선(sub-letting)이 허용된다면 모든 재용선계약자의 연락처를 반드시 선박소유자에게 똑같이 제공하여야 한다."
(ii) 본 용선계약서에서 달리 규정하고 있는 경우를 제외하고, 용선자가 본 조(this clause)를 준수하지 못함에 됨에 따라 생긴 손실, 손해, 비용 또는 지연(이들의 결과로 발생하는 손실, 손해, 경비 또는 지연은 제외하고)에 대한 것은 용선자의 부담으로 한다.

(c) Notwithstanding anything else contained in this Charter Party all delay, costs or expenses whatsoever arising out of or related to security regulations or measures required by the port facility or any relevant authority in accordance with the ISPS Code/MTSA including, but not limited to, security guards, launch services, vessel escorts, security fees or taxes and inspections, shall be for the Charterers' account, unless such costs or expenses result solely from the negligence of the Owners, Master or crew or the previous trading of the Vessel, the nationality of the crew, crew visas, the Vessel's flag or the identity of the Owners' managers. All measures required by the Owners to comply with the Ship Security Plan shall be for the Owners' account.

(c) 이 용선계약서에 포함되어 있는 다른 어떤 내용이 있음에도 불구하고, 보안요원배치, 통선제공(launch service), 선박호위, 보안 관련 요금 또는 세금과 검사 (등에 국한하지 않고)를 포함하여, 국제선박 및 항만시설 보안규칙(ISPS Code)/해상운송보안법(MTSA) 에 따른 보안 규정 또는 항만시설이나 에 따라 당국이 요구하는 보안규정이나 보안조치(security measures)와 관련하여 발생되었거나 또는 이와 관련한 모든 지연, 비용(costs) 또는 경비(expense)는, 그와 같은 비용과 경비가 오로지 선박소유자, 선장 또는 선원 또는 이전의 거래(trading), 선원의 국적, 선원의 입국사증, 선박의 국적 또는 선박소유자의 관리자의 정체성(identity) 등의 이유로 발생한 것이 아닌 한, 용선자의 부담으로 한다. 선박소유자가 선박보안확보계획(Ship Security Plan)을 준수하기 위해 필요로 하는 모든 방안에 대한 것은 선박소유자의 부담으로 한다.

(d) If either party makes any payment which is for the other party's account according to this Clause, the other party shall indemnify the paying party.

(d) 어느 한쪽이 본 약관(조)에 따라 상대방이 지불하여야만 하는 것을 (대신) 지불한 경우에는 다른 한쪽이 (대신)지불한 상대방에게 보상하여야 한다.

Clause 46. Sanctions(제재)

(a) The Owners shall not be obliged to comply with any orders for the employment of the Vessel in any carriage, trade or on a voyage which, in the reasonable judgement of the Owners, will expose the Vessel, Owners, managers, crew, the Vessel's insurers, or their re-insurers, to any sanction or prohibition imposed by any State, Supranational or International Governmental Organization.

(a) 선박소유자는, 선박소유자가 합리적으로 판단할 때에, 어떤 국가, 초국가적인 또는 국제적인 정부간 조직이 부과하는 어떤 제재 또는 금지에 대하여 선박, 선박소유자, 관리자, 선원, 선박의 보험자, 또는 재보험자를 노출시키는 어떤 운송, 거래 또는 항해에 선박을 이용하게 되는 어떤 명령도 준수하지 않아야 한다.

(b) If the Vessel is already performing an employment to which such sanction or prohibition is subsequently applied, the Owners shall have the right to refuse to proceed with the employment and the Charterers shall be obliged to issue alternative voyage orders within forty-eight (48) hours of receipt of the Owners' notification of their refusal to proceed. If the Charterers do not issue such alternative voyage orders the Owners may discharge any cargo already loaded at any safe port (including the port of loading). The Vessel to remain on hire pending completion of the Charterers' alternative voyage orders or delivery of cargo by the Owners and the Charterers to remain responsible for all additional costs and expenses incurred in connection with such orders/delivery of cargo. If in compliance with this Sub-clause (b) anything is done or not done, such shall not be deemed a deviation.

(b) 만약 선박이 차후에 제재나 금지가 되는 것에 이미 이용되어 수행(performing an employment)하고 있다면, 선박소유자는 그와 같은 것에 선박의 계속적인 이용과 수행을 거절할 권리가 있으며, 용선자는 선박소유자로부터 그와 같은 것에 선박의 계속이용/수행을 거절하는 통지를 받은 후 48시간 이내에 다른 대안의 항해지시(alternative voyage orders)를 하여야만 한다. 만약 용선자가 그와 같은 대안의 항해지시를 하지 않는 경우에는 선박소유자는 이미 선적된 화물을 (선적항을 포함하여) 어떤 안전한 항구에 양하할 수 있다. 선박은 용선자의 대안의 항해지시를 하지 않거나 선박소유자가 화물을 인도하는 동안에도 계속하여 용선 상태에 있으며, 용선자는 그와 같은 대안의 항해지시/화물의 인도와 관련하여 발생한 추가적인 비용(costs)과 경비(expense)에 대하여 계속하여 책임을 져야 한다. 만약 상기 (b)항에 따라 행동하여 어떤 것이 행해지거나 행하여지지 않는다면, 이것은 이로로 간주되지 않는다.

(c) The Charterers shall indemnify the Owners against any and all claims whatsoever brought by the owners of the cargo and/or the holders of Bills of Lading and/or sub-charterers against the Owners by reason of the Owners' compliance with such alternative voyage orders or delivery of the cargo in accordance with Sub-clause (b).

(c) 용선자는 상기 (b)항에 따라 선박소유자가 대안항해지시를 준수하거나 또는 화물을 인도하는 것을 이유로 화주 및/또는 선하증권 소지자 및/또는 재용선자가 선박소유자에게 제기한 어떠한 그리고 모든 보상요구에 대하여 선박소유자에게 보상하여야 한다.

(d) The Charterers shall procure that this Clause shall be incorporated into all sub-charters issued pursuant to this Charter Party.

(d) 용선자는 본 용선계약에 따라 체결된(issued) 모든 재용선계약에 본 조의 내용이 편입되도록 하여야 한다.

47. BIMCO Designated Entities Clause for Charter Parties
(용선계약과 발틱국제 해운협의회의 지정제재대상자 약관)

(a) The provisions of this clause shall apply in relation to any sanction, prohibition or restriction imposed on any specified persons, entities or bodies including the designation of specified vessels or fleets under United Nations Resolutions or trade or economic sanctions, laws or regulations of the European Union or the United

States of America.

(a) 본 약관의 조항은 유엔의 결의(resolution) 또는 무역 또는 경제제재, 또는 유럽연합 또는 미국의 법령(laws)과 규칙(regulations)에 따라 어떤 특정 선박과 선대를 포함하여 특정인, 제재대상자(entities) 또는 단체에게 부과되는 제재(sanctions), 금지(prohibition) 또는 제한(restriction)과 관련하여 적용한다.

(b) The Owners and the Charterers respectively warrant for themselves (and in the case of any sublet, the Charterers further warrant in respect of any sub-charterers, shippers, receivers, or cargo interests) that at the date of this fixture and throughout the duration of this Charter Party they are not subject to any of the sanctions, prohibitions, restrictions or designation referred to in Sub-clause (a) which prohibit or render unlawful any performance under this Charter Party or any sublet or any Bills of Lading. The Owners further warrant that the nominated vessel, or any substitute, is not a designated vessel.

(b) 선박소유자와 용선자는 각기, 용선계약의 성약시와 용선계약이 유지되고 있는 동안 계속하여, 본 용선계약 또는 재용선계약 또는 선하증권과 관련하여 불법적인 업무수행을 금지하거나 못하게 하는 상기 (a)항에 언급된 제재, 금지, 제한 또는 제재대상자로 지정을 당하지 않도록 보장하여야 한다.(재용선계약을 체결하는 경우 용선자는 더 나아가 재용선자, 송하주, 수화주, 또는 화물 이해관계자와 관련하여 이와 같은 것을 당하지 않도록 보장하여야 한다.) 선박소유자는 더 나아가 (용선선박으로) 지명된 선박이나, 또는 대체선박이 이러한 제재대상선박이 아닐 것을 보장한다.

(c) If at any time during the performance of this Charter Party either party becomes aware that the other party is in breach of warranty as aforesaid, the party not in breach shall comply with the laws and regulations of any Government to which that party or the Vessel is subject, and follow any orders or directions which may be given by any body acting with powers to compel compliance, including where applicable the Owners' flag State. In the absence of any such orders, directions, laws or regulations, the party not in breach may, in its option, terminate the Charter Party forthwith or, if cargo is on board, direct the Vessel to any safe port of that party's choice and there discharge the cargo or part thereof.

(c) 본 용선계약을 수행하는 동안 하시라도 계약당사자 어느 일방이 다른 상대방이 위에 언급한 보장내용을 위반하고 있다는 것을 인지하게 된다면, 위반하고 있지 않는 계약당사자는 자신이나 선박과 관련이 있는 정부의 법령과 규정을 준수하여야 하며, 그리고 선박소유자의 국적을 적용하는 것을 포함하여, 준수하도록 강요하는 권력을 가지고 행동하는 측에서 요구하는 명령(orders) 또는 지시(directions)를

따라야 한다.
만약 그와 같은 명령,법률 또는 규정이 없는 경우에는 위반을 하지 않고 있는 계약당사자는 그 자신의 선택으로 당장 용선계약을 종료할 수 있으며, 또는 화물이 선적되어 있다면 계약을 위한하고 있지 않은 당사자는 자신의 선택한 안전한 항구로 선박을 직행하도록 할 수도 있으며, 그 항구에서 화물을 전부 또는 일부를 양하할 수도 있다.

(d) If, in compliance with the provisions of this Clause, anything is done or is not done, such shall not be deemed a deviation but shall be considered due fulfillment of this Charter Party.

(d) 만약, 본 약관의 조항에 따라, 행동하여 어떤 것이 행해지거나 행하여지지 않는다면, 이는 이로로 간주되지 아니하며 이 용선계약 하에서의 적절한 권리 이행으로 간주된다.

(e) Notwithstanding anything in this Clause to the contrary, the Owners or the Charterers shall not be required to do anything which constitutes a violation of the laws and regulations of any State to which either of them is subject.

(e) 본 조(this Clause)의 내용에 상반되는 내용이 있음에도 불구하고, 선박소유자와 용선자는 양당사자 중 어느 일방에게 문제가 되는 어떤 국가의 법령과 규정의 위반을 구성하는 어떤 것도 하도록 요청을 받아서는 안 된다.

(f) The Owners or the Charterers shall be liable to indemnify the other party against any and all claims, losses, damage, costs and fines whatsoever suffered by the other party resulting from any breach of warranty as aforesaid.

(f) 선박소유자나 용선자는 각기, 위에 언급한 보장내용을 위반함으로써 발생한 어떠한 그리고 모든 손실(losses), 손해(damages), 비용과 벌금에 대하여 다른 상대방에게 배상하여야 한다.

(g) The Charterers shall procure that this Clause is incorporated into all sub-charters, contracts of carriage and Bills of Lading issued pursuant to this Charter Party.

(g) 용선자는 본 약관의 내용이 모든 재용선계약, 운송계약과 본용선계약에 따라 발행되는 선하증권에 편입되도록 하여야(procure) 한다.

48. BIMCO North American Advance Cargo Notification Clause for Time Charter Parties(정기용선계약과 발틱국제해운협의회의 북미화물사전통지 약관)

(a) If the Vessel loads or carries cargo destined for the US or Canada or passing

through US or Canadian ports in transit, the Charterers shall comply with the current US Customs regulations (19 CFR 4.7) or the Canada Border Services Agency regulations (Memorandum D3-5-2) or any subsequent amendments thereto and shall undertake the role of carrier for the purposes of such regulations and shall, in their own name, time and expense:
(i) have in place a Standard Carrier Alpha Code (SCAC)/Canadian Customs Carrier Code;
(ii) for US trade, have in place an International Carrier Bond (ICB);
(iii) provide the Owners with a timely confirmation of (i) and (ii) above as appropriate; and
(iv) submit a cargo declaration by Automated Manifest System (AMS) to the US Customs or by ACI Automated Commercial Information (ACI) to the Canadian customs, and provide the Owners at the same time with a copy thereof.

(a) 만약 선박이 미국 또는 캐나다향 화물을 선적 또는 운송하거나 미국이나 캐나다 항만을 통과하는 경우에는 용선자는 당시 시행되고 있는 미국세관규정(19 CFR 4.7) 또는 캐나다의 국경통과관리기관(Border Service Agency)의 규정 또는 이들의 개정사항을 준수하여야 하며, 그와 같은 규정의 적용을 위해서는 운송인의 역할을 떠맡아야 하며, 그리고 용선자 자신의 이름, 시간과 비용으로:-
(i) 표준운송인식별고유번호(Standard Carrier Alpha Code(SCAC))/캐나다세관운송인식별고유번호(Canada Customs Carrier Code)를 제시하여야 하며(have in place);
(ii) 미국과의 거래를 위해서는, 국제운송인본드(International Carrier Bond(ICB))를 예치하여야 하며(have in place);
(iii) 선박소유자에게 상기 (i)항과 (ii)항에 대한 적절한 조치가 취해졌다는 것을 시간에 맞게 통지·제공하여야 하며,
(iv) 미국세관에 자동적하목록신고제도(Automated Manifest System(AMS)) 또는 캐나다 세관에 자동상업정보신고제도(ACI Automated Commercial Information(ACI))를 이용하여 화물신고서를 제출하여야 하며 그리고 사본을 동시에 선박소유자에게 제공하여야 한다.

(b) The Charterers assume liability for and shall indemnify, defend and hold harmless the Owners against any loss and/or damage whatsoever (including consequential loss and/or damage) and/or any expenses, fines, penalties and all other claims of whatsoever nature, including but not limited to legal costs, arising from the Charterers' failure to comply with any of the provisions of Sub-clause (a). Should such failure result in any delay then, notwithstanding any provision in this Charter Party to the contrary, the Vessel shall remain on hire.

(b) 용선자는, 용선자가 상기 (a)항을 준수하지 못함으로서, 무엇이든지간에 발생한 모든 손실(loss) 그리고/또는, 손해(damage)(그 결과로부터 발생한 손실 그리고

/또는 손해를 포함하여) 그리고/또는 어떤 성질·종류를 불문하고 발생한 모든 비용, 과태료(fines), 벌금(penalties), 이것에 국한하지 않고, 법률비용을 포함한 모든 다른 보상요구에 대하여 책임을 떠안아야 하며, 그리고 선박소유자에게 보상하고, 선박소유자를 방어하며, 선박소유자에게 손해가 없도록 하여야 한다. 그와 같이 규정을 준수하지 못하여 지연(delay)이 발생하였다면, 본 용선계약서에 반대의 규정이 있을지라도, 선박은 용선상태가 유지된 것으로 하여야 한다.

(c) If the Charterers' ICB is used to meet any penalties, duties, taxes or other charges which are solely the responsibility of the Owners, the Owners shall promptly reimburse the Charterers for those amounts.

(c) 만약 용선자가 선박소유자의 단독책임인 벌금, 관세(duties), 세금 또는 어떤 수수료(charges) 를 납부하기 위해 국제운송인채권(International Carrier Bond(ICB))를 사용하였다면, 선박소유자는 이 금액을 용선자에게 지체없이 배상하여야 한다.

(d) The assumption of the role of carrier by the Charterers pursuant to this Clause and for the purpose of the US Customs Regulations (19 CFR 4.7) shall be without prejudice to the identity of carrier under any bill of lading, other contract, law or regulation.

(d) 본 조의 약관에 따라 그리고 미국세관규정(19 CFR 4.7)을 위해서 용선자에 의한 운송인의 역할의 인수는 선하증권, 다른 계약, 법 또는 규정에 있어서의 운송인의 위치(identity)와는 관련이 없어야 한다.

49. BIMCO U.S. Census Bureau Mandatory Automated Export System (AES) Clause for Time Charter Parties(정기용선계약과 발틱국제해운협의회 미국통 계청 위임 자동수출신고 시스템 약관)

(a) If the Vessel loads cargo in any US port or place, the Charterers shall comply with the current US Census Bureau Regulations (15 CFR 30) or any subsequent amendments thereto and shall undertake the role of carrier for the purposes of such regulations and shall, in their own name, time and expense:
(i) have in place a SCAC (Standard Carrier Alpha Code);
(ii) have in place an ICB (International Carrier Bond);
(iii) provide the Owners with a timely confirmation of (i) and (ii) above; and
(iv) submit an export ocean manifest by Automated Export System (AES) to the US Census Bureau and provide the Owners at the same time with a copy thereof.

(a) 만약 선박이 미국의 어떤 항구 또는 장소에서 화물을 선적한다면, 용선자는 당시 시행되고 있는 미국 통계청규정(US Census Bureau Regulations (15 CFR 30)) 또는 이 규정의 후속 개정사항을 준수하여야 하며, 그와 같은 규정의 적용을 위해서

는 운송인의 역할을 떠맡아야 하며, 그리고 용선자 자신의 이름, 시간과 비용으로:-
(i) 표준운송인식별고유번호(Standard Carrier Alpha Code(SCAC))를 제시하여야 하며(have in place);
(ii) 국제운송인본드 (ICB: International Carrier Bond)를 예치하여야 하며(have in place);
(iii) 선박소유자에게 상기 (i)과 (ii)의 내용을 시간에 맞게 통지·제공하여야 하며; 그리고
(iv) 자동수출신고제도(AES)에 따라 수출해송목록(export ocean manifest)을 미국통계청에 제출하여야 하며 그리고 선박소유자에게 동시에 이의 사본을 제공하여야 한다.

(b) The Charterers assume liability for and shall indemnify, defend and hold harmless the Owners against any loss and/or damage whatsoever (including consequential loss and/or damage) and/or any expenses, fines, penalties and all other claims of whatsoever nature, including but not limited to legal costs, arising from the Charterers' failure to comply with any of the provisions of Sub-clause (a). Should such failure result in any delay then, notwithstanding any provision in this Charter Party to the contrary, the Vessel shall remain on hire.

(b) 용선자는, 용선자가 상기 (a)항을 준수하지 못함으로서, 무엇이든지간에 발생한 모든 손실(loss) 및/또는, 손해(damage), (그 결과로부터 발생한 손실 및/또는 손해를 포함하여) 및/또는 어떤 성질·종류를 불문하고 발생한 모든 비용, 과태료(fines), 벌금(penalties), 이것에 국한하지 않고, 법률비용을 포함한 모든 다른 보상요구에 대하여 책임을 떠안아야 하며, 그리고 선박소유자에게 보상하고, 선박소유자를 방어하며, 선박소유자에게 손해가 없도록 하여야 한다. 그와 같이 규정을 준수하지 못하여 지연(delay)이 발생하였다면, 본 용선계약서에 반대의 규정이 있을지라도, 선박은 용선상태가 유지된 것으로 하여야 한다.

(c) If the Charterers' ICB is used to meet any penalties, duties, taxes or other charges which are solely the responsibility of the Owners, the Owners shall promptly reimburse the Charterers for those amounts.

(c) 만약 용선자가 선박소유자의 단독책임인 벌금, 관세(duties), 세금 또는 어떤 수수료(charges)를 납부하기 위해 국제운송인본드(International Carrier Bond(ICB))를 사용하였다면, 선박소유자는 이 금액을 용선자에게 지체 없이 배상하여야 한다.

(d) The assumption of the role of carrier by the Charterers pursuant to this Clause and for the purpose of the US Census Bureau Regulations (15 CFR 30) shall be without prejudice to the identity of carrier under any bill of lading, other contract, law or regulation.

(d) 본 조의 약관에 따라 그리고 미국통계청규정 (15 CFR 30)의 목적을 위해서 용선자에 의한 운송인의 역할의 인수는 선하증권, 다른 계약, 법 또는 규정에 있어서의 운송인의 위치(위상)(identity)와는 관련이 없어야 한다.

50. BIMCO EU Advance Cargo Declaration Clause for Time Charter Parties 2012(정기용선계약 2012와 발틱국제해운협의회 유럽화물사전신고 약관)

(a) If the Vessel loads cargo in any EU port or place destined for a port or place outside the EU ("Exported") or loads cargo outside the EU destined for an EU port or place or passing through EU ports or places in transit ("Imported"), the Charterers shall, for the purposes of this Clause, comply with the requirements of the EU Advance Cargo Declaration Regulations (the Security Amendment to the Community Customs Code, Regulations 648/2005; 1875/2006; and 312/2009) or any subsequent amendments thereto and shall, in their own name, and in their time and at their expense:

(i) have in place an Economic Operator Registration and Identification (EORI) number;

(ii) provide the Owners with a timely confirmation of (i) above as appropriate; and

(iii) where the cargo is being:

1. Exported: Submit, or arrange for the submission of, a customs declaration for export or, if a customs declaration or a re-export notification is not required, an exit summary declaration; or

2. Imported: Submit, or arrange for the submission of, an entry summary declaration. Unless otherwise permitted by the relevant customs authorities, such declarations shall be submitted to them electronically.

(a) 선박이 어떤 유럽항구 또는 장소에서 유럽의 항구 또는 장소 밖으로(수출되는) 화물을 선적하거나, 또는 유럽의 외부에서 유럽 항만이나 장소로 향하거나 유럽항만이나 장소를 통과하는 화물(수입되는)을 선적하는 경우에는 용선자는, 본 조를 위해서, 유럽화물사전신고규정(the Security Amendment to the Community Customs Code, Regulations 648/2005; 1875/2006; and 312/2009)에서 요구하는 사항이나 또는 이 규정의 후속 개정사항을 준수하여야 하며, 그리고 용선자 자신의 이름, 시간과 비용으로:-

(i) 경제운영자등록과고유식별번호(an Economic Operator Registration and Identification (EORI) number)를 제시야야 하며;

(ii) 선박소유자에게 상기 (i)항에 대한 적절한 조치가 취해졌다는 것을 시간에 맞게 통지·제공하여야 하며,

(iii) 화물이

1. 수출되는 경우 : 수출화물세관신고서를, 또는 세관신고 또는 재수출(re-export) 통지가 필요하지 않다면, 반출(exit)신고 내용의 요약을 제출하거나 또는 제출을 수배하여야한다.; 또는

2. 수입되는 경우 : 반입신고 내용의 요약을 제출하거나 또는 제출을 수배하여야 한다.
해당 세관당국에서 달리 허락하지 않는 한, 그와 같은 신고는 전자문서로 세관당국에게 제출되어야 한다.

(b) The Charterers assume liability for and shall indemnify, defend and hold harmless the Owners against any loss and/or damage and/or any expenses, fines, penalties and all other claims of whatsoever nature, including but not limited to legal costs, arising from the Charterers' failure to comply with any of the provisions of Sub-clause (a). Should such failure result in any delay then, notwithstanding any provision in this Charter Party to the contrary, the Vessel shall remain on hire.

(b) 용선자는, 용선자가 상기 (a)항을 준수하지 못함으로서 발생한 어떤 손실(loss) 및/또는, 손해(damage) 및/또는 어떤 비용, 과태료, 벌금 그리고 어떤 성질·종류를 불문하고, 이것에 국한하지 않고, 법률비용을 포함한 모든 다른 보상요구에 대하여 책임을 떠안아야 하며, 그리고 선박소유자에게 보상하고, 선박소유자를 방어하며, 손해가 없도록 하여야 한다. 그와 같이 규정을 준수하지 못하여 어떤 지연(delay)이 발생하였다면, 본 용선계약서에 반대의 규정이 있을지라도, 선박은 용선상태가 유지된 것으로 하여야 한다.

Clause 51. Ballast Water Exchange Regulations(평형수 교환 규정)

If ballast water exchanges are required by any coastal state where the vessel is trading, the Owners/Master shall comply with same at the Charterers' time, risk, and expense.

만약 선박이 운항되고 있는 연안국가의 규정에 의해 선박의 평형수가 교환되어야 한다면, 선박소유자/선장은 용선자의 시간, 위험부담과 비용으로 평형수를 교환하여야 한다.

Clause 52. Period Applicable Clauses(기간 적용가능 약관)

If the minimum period of this Charter Party exceeds five (5) months, the following Sub-clauses shall apply:
(a) Should the Vessel at the expiry of the described employment period be on a ballast voyage to the place of redelivery or on a laden voyage, reasonably expected to be completed within the employment period when commenced, the Charterers shall have the use of the Vessel on the same conditions and at the same rate or the prevailing market rate, whichever is higher, for any extended time as may be necessary for the completion of the last voyage of the Vessel to the place of redelivery.

최소의 용선기간이 5개월을 초과하는 경우에는 다음의 약관(Sub-clauses)을 적용하여야 한다:
(a) 표기되어 있는 항해기간(described employment period)이 만료되는 선박이, 항해가 시작될 때에 항해기간 이내에 완료될 것으로 합리적으로 기대되는 반선장소까지의 공선항해(ballast voyage) 또는 화물운송항해 도중이라면, 용선자는, 반선장소까지의 최종 항해를 완료하기 위해 연장된 기간에 대하여, 계약된 용선조건과 동일한 조건과 계약된 용선료수준과 또는 당시의 시장용선료수준 중에서 높은 용선료를 지불하고 선박을 이용한다.

(b) Drydocking
The Owners shall have the option to place the Vessel in drydock during the currency of this Charter Party at a convenient time and place, to be mutually agreed upon between the Owners and the Charterers, for bottom cleaning and painting and/or repair as required by class or dictated by circumstances. (see also Clause 19 (Drydocking)).

(b) 입거수리
선박소유자는, 선박소유자와 용선자간에 상호 합의하여, 선저청소와 도색 그리고 및/또는 선급이 요구하거나 또는 상황으로 판단할 때에 하여야만 하는 수리를 위해, 편리한 시간과 장소에서 용선계약 기간 동안에 선박을 입거시킬 수 있다(제19조 입거 참조).

(c) Off-hire
The Charterers to have the option of adding any time the Vessel is off-hire to the Charter period. Such option shall be declared in writing not less than one (1) month before the expected date of redelivery, or latest one (1) week after the event if such event occurs less than one (1) month before the expected date of redelivery.

(c) 용선중단
용선자는 용선중단(off-hire)된 기간을 용선기간에 추가하는 선택권을 가지고 있다. 그와 같은 선택권은 적어도 예상선박인도일 1개월 이전에 표명되어야 하거나, 또는 예상되는 선박인도일자가 1개월 미만일 때 그와 같은 용선중단이 발생한 경우에는 늦어도 일주일 이내에 표명되어야 한다.

(d) Charterers' Colors
The Charterers shall have the privilege of flying their own house flag and painting the Vessel with their own markings. The Vessel shall be repainted in the Owners' colors before termination of the Charter Party. Cost and time of painting, maintaining and repainting those changes effected by the Charterers shall be for

the Charterers' account.

(d) 용선자 색갈의 선체도색
용선자는 자신의 회사기(house flag)를 게양하고 자기 회사 표시(marking)를 선박에 도색할 특권을 가지고 있다. 선박은 용선계약이 종료되기 전에 선박소유자의 색깔로 다시 환원·도색하여야 한다. 용선자의 색깔로 도색을 하고 그와 같은 변경 도색을 유지하고 다시 원상태로 도색하는 비용과 시간은 용선자 부담으로 한다.

Clause 53. Commissions(수수료)

A commission of Click here to enter text. per cent is payable by the Vessel and the Owners to Click here to enter text. on hire earned and paid under this Charter Party, and also upon any continuation or extension of this Charter Party. An address commission of Click here to enter text. per cent on the hire earned shall be deducted by the Charterers on payment of the hire earned under this Charter Party.

선박과 선박소유자는 ( )에게 본 용선계약에 의해 지불되고 수익한 용선료와 본 용선계약의 계속 또는 연장에 대한 용선료의 ( )%의 수수료를 지불하여야만 한다.
그리고 용선자는 본 용선계약에 의해 용선료를 지불할 때에 용선료의 ( )%의 환급수수료를 공제한다.

Clause 54. Law and Arbitration(준거법과 중재)

*(a) New York.
This Charter Party shall be governed by United States maritime law. Any dispute arising out of or in connection with this Charter Party shall be referred to three persons at New York, one to be appointed by each of the parties hereto, and the third by the two so chosen. The award of the arbitrators or any two of them shall be final, and for the purposes of enforcing any award, judgment may be entered on an award by any court of competent jurisdiction. The proceedings shall be conducted in accordance with the rules of the Society of Maritime Arbitrators, Inc. (SMA) current at the time this Charter Party was entered into.
In cases where neither the claim nor any counter claim exceeds the sum of US$ 100,000 (or such other sum as the parties may agree), the arbitration shall be conducted before a sole arbitrator in accordance with the Shortened Arbitration Procedure of the SMA current at the time this Charter Party was entered into. (www.smany.org).

*(a) 뉴욕
본 용선계약의 준거법은 미국의 해사법으로 한다. 본용선계약과 관련하여 발생하

는 분쟁은 뉴욕의 3인에게 회부하며, 쌍방이 각각 1인의 중재인을 지명하고 지명된 2인이 제3의 중재인을 지명한다. 중재인들 또는 세 명중에 2명의 판정을 최종판정으로 하며, 판정의 집행을 위해 관할권한(자격)(competent jurisdiction)이 있는 법원의 판정을 받기 위한 절차를 시작할 수 있다. 그 절차는 용선계약이 시작되는 당시의 해사중재인협회 규정에 따른다.
만약 상대방에 대한 보상요구도 또는 다른 상대방의 반대 보상요구가 미화 10만불(또는 당사자가 합의하는 다른 금액)을 초과하지 않는 경우에는 용선계약이 시작되는 당시의 해사중재인협회의 단축(약식)중재절차에 따라 한사람의 중재인에게 회부한다.(www.smany.org).

*(b) London.
This Charter Party shall be governed by and construed in accordance with English law and any dispute arising out of or in connection with this Charter Party shall be referred to arbitration in London in accordance with the Arbitration Act 1996 or any statutory modification or re-enactment thereof save to the extent necessary to give effect to the provisions of this Clause.
The arbitration shall be conducted in accordance with the London Maritime Arbitrators Association(LMAA) Terms current at the time when the arbitration proceedings are commenced.
The reference shall be to three arbitrators. A party wishing to refer a dispute to arbitration shall appoint its arbitrator and send notice of such appointment in writing to the other party requiring the other party to appoint its own arbitrator within fourteen (14) calendar days of that notice and stating that it will appoint its arbitrator as sole arbitrator unless the other party appoints its own arbitrator and gives notice that it has done so within the fourteen (14) days specified. If the other party does not appoint its own arbitrator and give notice that it has done so within the fourteen (14) days specified, the party referring a dispute to arbitration may, without the requirement of any further prior notice to the other party, appoint its arbitrator as sole arbitrator and shall advise the other party accordingly. The award of a sole arbitrator shall be binding on both parties as if he had been appointed by agreement.
Nothing herein shall prevent the parties agreeing in writing to vary these provisions to provide for the appointment of a sole arbitrator.
In cases where neither the claim nor any counterclaim exceeds the sum of US$ 100,000 (or such other sum as the parties may agree) the arbitration shall be conducted in accordance with the LMAA Small Claims Procedure current at the time when the arbitration proceedings are commenced. (www.lmaa.org.uk)

*(b) 런던

본 용선계약의 준거법은 영국법으로 하며, 본 용선계약서로부터 또는 본 용선계약서와 관련하여 발생한 분쟁(의 중재)은, 본 약관의 조항에 영향을 미치는 필요한 정도를 제외하고 1996년 중재법 또는 이것의 법적 수정 또는 재개정된 법률에 따라 런던에서 중재에 회부된다. 중재는 중재절차가 시작되는 당시에 시행되고 있는 런던해사중재인협회(LMAA)의 규정에 따라 진행되어야 한다.
(중재는) 세 사람의 중재인에게 회부되어야 한다. 분쟁을 중재에 회부하기를 원하는 측이 중재인을 지정하고 그리고 상대방에게 통지를 받은 지 14 월력일(calendar day) 이내에 자신의 중재인을 지정할 것을 서면으로 요구하며, 그리고 상대방이 자신의 중재인을 지정하고 14 월력일 이내에 중재인을 지정한 사실을 통보하지 않는 한 이미 지정된 중재인이 단독중재인으로 지정될 것이라고 통보하는 통지를 보내야 한다.
만약 상대방이 14월력일 이내에 자신의 중재인을 지정하지도 않고, 그리고 14일 월력일 이내에 그렇게 하겠다는 통보가 없다면, 분쟁을 중재에 회부한 당사자는 다른 상대방에게 추가적으로 사전 통보할 필요 없이 단독중재인으로 그의 중재인을 지정할 수 있으며, 다른 상대방에게 그렇게 알려야 한다. 이 단독 중재인의 판정은 양당자의 합의에 의해 지정되었을 경우와 같이 양당사자 모두를 구속한다.
여기에 언급된 어떠한 조항도 당사자들이 서면으로 단독중재인을 지정하기 위한 조항을 변경하는 것을 못하게 하지 않는다.
만약 상대방에 대한 보상요구도 또는 다른 상대방의 반대 보상요구가 미화 10만불(또는 당사자가 합의하는 다른 금액)을 초과하지 않는 경우에는 중재절차가 시작되는 당시의 런던의 런던해사중재인협회의 소액중재절차에 따라 중재를 진행한다.(www.lmaa.org.uk).

*(c) Singapore.
This Charter Party shall be governed by and construed in accordance with Singapore**/English** law.
Any dispute arising out of or in connection with this Charter Party, including any question regarding its existence, validity or termination shall be referred to and finally resolved by arbitration in Singapore in accordance with the Singapore International Arbitration Act (Chapter 143A) and any statutory modification or re-enactment thereof save to the extent necessary to give effect to the provisions of this Clause.
The arbitration shall be conducted in accordance with the Arbitration Rules of the Singapore Chamber of Maritime Arbitration (SCMA) current at the time when the arbitration proceedings are commenced.
The reference to arbitration of disputes under this clause shall be to three arbitrators. A party wishing to refer a dispute to arbitration shall appoint its arbitrator and send notice of such appointment in writing to the other party requiring the other party to appoint its own arbitrator and give notice that it has done so within

fourteen (14) calendar days of that notice and stating that it will appoint its own arbitrator as sole arbitrator unless the other party appoints its own arbitrator and gives notice that it has done so within the fourteen (14) days specified.
If the other party does not give notice that it has done so within the fourteen (14) days specified, the party referring a dispute to arbitration may, without the requirement of any further prior notice to the other party, appoint its arbitrator as sole arbitrator and shall advise the other party accordingly. The award of a sole arbitrator shall be binding on both parties as if he had been appointed by agreement.
Nothing herein shall prevent the parties agreeing in writing to vary these provisions to provide for the appointment of a sole arbitrator.
In cases where neither the claim nor any counterclaim exceeds the sum of US$ 150,000 (or such other sum as the parties may agree) the arbitration shall be conducted before a single arbitrator in accordance with the SCMA Small Claims Procedure current at the time when the arbitration proceedings are commenced. (www.scma.org.sg)

(c) 싱가포르
본 용선계약의 준거법은 싱가포르법**/영국법**으로 한다.
본 용선계약서로부터 또는 본 용선계약서와 관련하여 발생한 분쟁(의 중재)은 존재, 유효성 또는 종료에 관한 의문점을 포함하여, 본 약관의 조항에 영향을 미치는 필요한 정도를 제외하고 싱가포르 국제중재법(Chapter 143A) 또는 이것의 법적 개정 또는 재개정된 법률에 따라 싱가포르에서 중재에 회부되고 최종적으로 해결된다.
중재는 중재절차가 시작되는 당시에 시행되고 있는 싱가포르 해사중재회의소(SCMA)의 중재규정에 따라 진행되어야 한다.
이 약관에서의 분쟁의 중재는 세사람의 중재인에게 회부되어야 한다. 분쟁을 중재에 회부하기를 원하는 측이 중재인을 지정하고 그리고 상대방에게 통지를 받은 지 14 월력일(calendar day) 이내에 자신의 중재인을 지정할 것을 서면으로 요구하며, 그리고 상대방이 자신의 중재인을 지정하고 14 월력일 이내에 중재인을 지정한 사실을 통보하지 않는 한 이미 지정된 중재인이 단독중재인으로 지정될 것이라고 통보하는 통지를 서면으로 보내야 한다.
만약 상대방이 14월력일 이내에 그렇게 하겠다는 통보가 없다면, 분쟁을 중재에 회부한 당사자는 다른 상대방에게 추가적으로 사전 통보할 필요 없이 단독중재인으로 그의 중재인을 지정할 수 있으며, 다른 상대방에게 그렇게 알려야 한다. 이 단독 중재인의 판정은 양당자의 합의에 의해 지정되었을 경우와 같이 양당사자 모두를 구속한다. 여기에 언급된 어떠한 조항도 당사자들이 서면으로 단독중재인을 지정하기 위한 조항을 변경하는 것을 못하게 하지 않는다.
만약 상대방에 대한 보상요구도 또는 다른 상대방의 반대 보상요구가 미화 15만불 (또는 당사자가 합의하는 다른 금액)을 초과하지 않는 경우에는 중재가 시작되는 당시의 싱가포르 해사중재회의소(SCMA) 소액중재절차에 따라 한사람의 중재인에 의해 단독중재를 진행한다.(www.scma.org.sg)

(d) This Charter Party shall be governed by and construed in accordance with the laws of the place mutually agreed by the parties and any dispute arising out of or in connection with this Charter Party shall be referred to arbitration at a mutually agreed place, subject to the procedures applicable there.

(d) 본 용선계약의 준거법은 상호 합의하는 장소의 법으로 하며, 본 용선계약 또는 본 용선계약과 관련하여 발생하는 분쟁은 상호 합의하는 장소에서의 중재에 회부되며, 회부된 장소에서의 절차를 따른다.

*Sub-clauses (a), (b), (c) and (d) are alternatives; indicate alternative agreed. If alternative (d) agreed also state the place of arbitration. If no alternative agreed and clearly indicated then Sub-clause (a) shall apply by default.
**Singapore and English law are alternatives; if Sub-clause (c) agreed also indicate choice of Singapore or English law. If neither or both are indicated, then English law shall apply by default.

*하위조항 (a), (b), (c) 및 (d) 는 선택적인 대안이다. 합의된 대안을 표시하여야 한다. 만약 대안 (d)에 합의하였다면, 중재장소를 명시하여야 한다. 만약 대안에 합의하지 못하였고, 분명히 명시되었다면, 그러면 자동적으로(by fault) (a)항이 적용되어야 한다.
**싱가포르 또는 영국법을 준거법으로 하는 것은 선택사항이다. 만약 (c)항이 합의되었다면, 싱가포르법 또는 영국법 중 선택된 것을 명기하여야 한다. 만약 선택사항이 명기되지 않았거나, 싱가포르법과 영국법이 둘 다 선택되었다면, 자동적으로(by fault) 영국법을 적용하여야 한다.

Clause 55. Notices(통지)

All notices, requests and other communications required or permitted by any clause of this Charter Party shall be given in writing and shall be sufficiently given or transmitted if delivered by hand, email, express courier service or registered mail and addressed if to the Owners, to Click here to enter text. or such other address or email address as the Owners may hereafter designate in writing, and if to the Charterers to Click here to enter text. or such other address or email address as the Charterers may hereafter designate in writing. Any such communication shall be deemed to have been given on the date of actual receipt by the party to which it is addressed.

본 용선계약의 약관에 의해 필요로 하고 또는 허용된 모든 통지, 요구사항(requests)

그리고 다른 통신은 서면으로 주어져야 하고 그리고 만약 인편(by hand), 이메일, 신속전달우편제도(express courier service) 또는 등기우편으로 충분하게 주어지고 전달되어야 하며, 만약 선박소유자 ( )에게 또는 선박소유자가 서면으로 지정한 다른 주소 또는 이메일 주소로, 그리고 용선자 ( )에게 또는 용선자가 서면으로 지정한 다른 주소 또는 이메일 주소로 전달되어야 한다. 이러한 통신은 수신자가 실제로 받은 날짜에 주어진 것으로 간주한다.

Clause 56. Headings(재목)

The headings in this Charter Party are for identification only and shall not be deemed to be part hereof or be taken into consideration in the interpretation or construction of this Charter Party.

본 용선계약서 내용 중의 각종 제목(headings)은 단지 식별(인지)(identification) 만을 위한 것이며, 본 용선계약서의 해석이나 구성에 한 부분으로 간주하지 않아야 하며 또는 그렇게 고려하지 않아야 한다.

Clause 57. Singular/Plural(단수/복수)

The singular includes the plural and vice-versa as the context admits or requires. (Clauses Click here to enter text.) to (Click here to enter text) both inclusive, as attached hereto are fully incorporated in this Charter Party.

용선계약의 내용이 허용하고 필요로 하는 대로 단수는 복수를 포함하고 그리고 그 반대의 경우도 동일하다.
( ) to ( )는 양쪽 모두를 포함하여 여기에 첨부된 데로 본 용선계약에 전적으로 편입된다.

OWNERS:	CHARTERERS:
______________________	______________________
Name : Choose an item.	Name : Choose an item.
Title : Click here to enter text.	Title : Click here to enter text.

Appendix A : 생략

3. 정기용선계약의 개요

1) 정기용선의 의의

정기용선은 용선의 한 형태로 선박소유자와 일정한 기간 동안 선박을 필요로 하는 용선자간 선박을 임대하는 계약이다. 선박소유자는 해운경기 여건, 선박운항 전략, 화물집하 능력 등을 고려하여 자신이 소유하는 선박을 직접 운항하거나 타인에게 선박을 용선해 준다. 선박소유자는 용선 의사결정 시 선박 운항 채산성을 검토한다. 선박을 직접 운항할 경우 얻을 수 있는 운임 수입과 용선했을 경우 얻을 수 있는 용선료 수입을 비교하여 용선료 수입이 운임 수입보다 클 경우 용선하는 것이 이득이 된다.

용선자는 선박을 용선하는 기간 동안 약정한 금액의 용선료(hire)를 선박소유자에게 지급한다. 용선료는 해운시황, 선박의 종류, 선박의 크기, 적재능력, 선박의 선령 등에 따라 달라진다. 용선계약상 별도의 금지조항이 없는 한 일반적으로 용선자는 용선한 선박을 재용선할 수 있는 권리(liberty to sublet)를 가지고 있다. 재용선하는 경우 용선자는 재용선계약 사실을 선박소유자에게 통지하여야 한다. 재용선 해주는 용선자를 관리선박소유자(disponent owner)라고 하며 해운시황에 따라 본래의 용선료에 프리미엄을 받고 재용선해 줄 수 있다.

4. 정기용선계약의 특징

정기용선계약의 특성은 첫째, 우선 일정기간동안 선박소유자의 사용인인 선장 및 해원이 선박의 사용에 관하여 용선자의 지시를 받는다는 점에서 개품운송계약과 구별된다. 또한 개품운송계약과 항해용선계약이 운임(freight)을 운송인에게 지불하는데 비해 정기용선계약은 일정기간동안의 선박사용에 대한 용선료(hire)를 선박소유자에게 지급하는 것에 그 근본적 차이가 있다.

둘째, 항해용선계약의 경우는 용선선박의 지연손해에 대하여 선박소유자가 부담하지만, 정기용선계약에서는 용선자가 부담하게 된다. 즉, 정기용선계약은 선박 및 선원의 사용에 대한 대가의 형태로 용선료를 기간단위로 지급하기 때문이다. 그러므로 선박소유자의 입장에서는 몇 항차를 완성하고 화물을 얼마나 운송하느냐는 중요하지 않고 오히려 용선료의 지급에 대한 확정이 중요하다. 반면에 정기용선자는 지연손해에 대한 위험을 부담하게 되므로 가능한 선적 및 양륙을 신속하게 하도록 노력하게 된다.

셋째, 정기용선계약에 있어 지연손해에 대한 책임을 정기용선자가 부담하게 됨으로 인해 정박기간 또는 체선료 약관을 둘 필요가 없다. 반면에 선박의 사용에 대한 부분에 집중하여야 하므로 용선자가 선박을 사용할 수 없을 때에는 용선료의 지급을 중단하는 용선료 지급중단약관(off-hire clause)이 중요한 의미를 가진다.

넷째, 표준계약서 약관에 있어서도 정기용선자는 선박의 사용과 관련하여 선박의 속력 및 연료소모량 규정이 중요한 의미를 가진다.

다섯째, 정기용선계약은 일정기간 선박에 대한 사용·수익권을 가지고 자신의 해운기업활동에 이용하는 해운기업의 주체로 운송인의 지위에 있는 경우가 많다. 그러므로 선박소유자는 선박에 대한 위해를 방지하기 위하여 통상적으로 항해제한구역을 설정한다.

5. 정기용선계약의 주요약관의 내용

1) 선박의 명세

정기용선계약에서 용선선박의 명세를 정확하게 기재하고 선박을 인도할 시 선박명세와 일치하는 선박이 인도되어야 한다. 선박의 명세는 선명, 화물적재능력, 국적, 소유권, 선급, 건조년도, 속력, 연료소모량 등을 포함한다. 이와 관련하여 NYPE 1993 양식에서는 용선계약서의 주내용(main body)에 선박의 명세를 모두 기록할 수 없기 때문에 추가약관(rider clause)에 보다 자세한 선박 명세를 기재하였으나, NYPE 2015 양식에서는 전문을 간략하게 정리하고 선박 명세에 대하여 '부록 A(선박 명세)'를 별도로 두어 박스 형태로 선박의 자세한 명세를 기입하도록 변경하였다.

일반적으로 선박명세는 계약할 당시 현 상태대로 정확하게 기입하면 되지만, 선박소유자의 고의 또는 과실로 인하여 부실표시(misrepresentation)가 되면 용선자는 손해배상청구권 또는 계약의 취소권의 행사가 가능하다.

정기용선계약인 경우에 용선한 선박은 용선자가 수익을 올리는 수단이 되므로 항해용선계약의 경우보다도 선박의 명세가 용선자에게 더욱 중요하다. 선박의 외형에 관한 명세는 용선자의 선박운항시, 항로선택, 기항지, 운하통과 같은 선박운항의 물리적인 면과 직결되며, 선속과 연료소비량과 같은 선박의 성능에 관한 명세는 용선자의 수익성에 영향을 미친다.

본선의 명세에 대한 담보(warranty)는 일단 용선개시일을 기준으로 충족되어야 한다. 만약 용선계약서에 기재되어 있는 선박명세와 다를 경우 용선자는 계약을 해지하거나 손해배상을 청구할 수 있다. 선박속력의 담보는 용선개시일 기준이며, 개시 후 담보위반의 경우에는 용선자는 선박소유자를 대상으로 손해배상을 청구할 수 있다. 선박속력이 계약상의 속력에 미달하는 경우 보통 3%의 과부족을 벗어나는 경우에 손해배상청구가 가능하다. 특히 선박운항의 정시성을 요구하는 정기선 해운에서 선박의 속력은 선사의 영업에 매우 중요하다. 용선자가 정기선 해운서비스를 제공하기 위해 선박을 정기용선한 경우 선박속력은 중간적 의무내용(intermediate obligation)이 되어 사안에 따라 계약취소와 손해배상청구도 가능하다. 다만 이러한 속력저하 또는 연료소모량의 증가가 용선계약서의 예외조항(exception clause)에서 규정하고 있는 면책사유(황천, 선저 fouling 등)에 해당된다면 선박소유자는 면책된다.

2) 선박의 속력과 연료소비량 유지

정기용선자가 용선한 선박을 운항하여 사용수익을 얻게 되는데, 이때 가장 많이 지불하는 비용이 선박의 연료비이며 따라서 연료비의 규모는 운항선박의 수익성에 직결된다. 연료의 소모는 선박의 속력과 관련되어 있으며 시황이 하락하고 연료가격이 상승하면 때에 따라서는 연료비를 줄이기 위해 선박의 속도를 감속하여 운항하기도 한다.

정기용선자가 제3자와 항해용선계약을 체결하여 화물을 운송하는 경우에, 정기용선계약 체결 시에 선박소유자가 고지한 것보다 선박의 속력이 저하되는 경우에는 항차수행 기간이 연장되어 연료비가 증가되며, 또한 실제 연료소비량이 선박소유자가 고지한 것보다 많은 경우에도 연료소비량이 많아져서 예상했던 수익을 올리는데 차질이 생긴다. 그리고 용선한 선박을 재용선하여 제3자에게 정기용선계약으로 대선하는 경우에도 재용선자가 이러한 문제를 제기하여 용선자에게 보상을 요구하게 된다.

정기용선계약을 체결할 때에 선박소유자와 정기용선자 사이에 선박의 속력과 연료소비량에 대한 약관에 대하여 살펴본다.

(1) 약관의 내용 및 성질

선박의 속력과 연료소비는 해당 선박의 건조당시 주기관(main engine)이나 발전기의 종류와 그 설계에 따라 정해진다. 그러나 실제로 운항할 때의 선박의 속력과 연료소비량은 선박의 재화상태, 해상의 날씨, 파도 및 조류(tidal current)와 연료의 종류, 선박의 정비상태와 선저오손 등 선박의 내외적인 요소에 따라 달라진다. 따라서 용선계약을 체결하는 경우에는 선박소유자와 용선자가 합의하는 바람의 세기(Beaufort Scale)에서 양호한 날씨와 해상상태(good weather and smooth sea)의 조건에서 공선과 만선일 경우의 실제의 선박의 속력과, 선박에서 사용하는 연료의 종류와 등급(등급 또는 품질)과 연료소비량을 선박소유자가 고지한다.

선박을 전속서비스(full service speed)로 항해하기 위해 주기관을 가동하였을 경우의 선박의 속력과 주기관과 발전기의 일당 연료소비량(tons per day)과 연료의 종류(등급 또는 품질)를 말한다. 또한 선박이 정박하는 경우에는 하역작업을 하는 경우와 하역작업을 하지 않는 경우 또한 정박지에서 정박하는 경우에 일당 소비량이 연료의 종류와 함께 고지된다.

표준정기용선계약서(NYPE 1993)의 전부(preamble)에 "…… speed about* knots at delivery time, fully laden, in good weather conditions up to and including maximum force (XX) on the Beaufort wind scale, on a consumption of about** metric tons of ……"과 같이 명시되어 있었으나, NYPE 2015에서는 선박의 다른 명세와 함께 부록 A(Appendix A)에 보다 자세하게 명기하도록 요구하고 제12조 선박속력과 연료소모약관에서 별도 규정을 두고 있다.

한편 선박의 속력·연료약관의 성질을 영국법에서는 중간조건(intermediate term)으로 보고 있다. 따라서 선박소유자가 고지한 내용보다 선박의 속력이나 연료소비량에 큰 차이가 나지 않는 경우에는 용선자는 선박소유자에게 이에 대한 손해배상을 청구할 수 있으며, 만약 지속적으로 선박의 속력이 현격히 모자라거나 또는 지속적으로 연료소비량이 현격히 많은 경우에는 용선자는 용선계약의 해제를 요구할 수 있다.

그러나 미국 해상법에서는 이 약관의 성질을 담보약관(warranty clause)로 해석하고 있으며, 선박의 속력과 연료소비량의 고지내용을 두 가지 모두 선박소유자가 충족시켜야 한다고 보고 있다. The Vendelso 판례에서도 이러한 원칙을 적용하였다.

(2) 해석 원칙

선박의 속력과 연료소비량 유지의 약관과 관련한 사항은 날씨와 해상상태의 기상조건, 선박의 속력 및 변동범위와 이러한 내용을 선박소유자가 보증하는 시기에 관한 것은 다음과 같다.

① 기상조건 : 날씨와 해상상태

용선계약에 고지되어 명기되는 선박의 속력은 선박소유자와 용선자가 합의하는 바람의 세기(Beaufort Scale)하에서의 좋은 날씨와 평온한 바다인 상태에서의 선박의 속력과 연료소비량이 선박소유자에 의해서 고지된다. 통상적으로 선박소유자와 용선자는 이때 바람의 세기는 Beaufort Scale 4 이하와 파도의 높이를 나타내는 Douglas Sea Scale[16] 3이하의 해상상태를 기준할 것에 합의한다.

그러나 바람도 잔잔하고 날씨도 양호하나 파도(wave)아닌 높은 너울(swell)을 타고 항해를 하는 경우에 선박은 제대로 항해할 수 없으며 고지된 선속을 낼 수가 없다. 또한 돌풍도 있을 수 있고, 바람의 방향이 순풍인 경우에는 그 세기가 Beaufort Wind Scale 6~7인 상태에서도 오히려 선속을 증가시키기도 한다.

따라서 계약속력의 성립요건인 날씨가 "좋고 평온한 바다"(in good weather and smooth water) 또는 "좋은 날씨"(under good weather condition)라는 것은 날씨와 해상상태의 두 가지를 고려하여 판단하는 것으로 해석된다고 볼 수 있다.

② 속력의 변동범위

용선계약에 표시되는 선박의 속력은 이론적으로 계산하여 정한 것이 아니고 기상상

---

16) 미국의 선장 H.P. Douglas가 1920년에 고안한 것이며, 현재는 전 세계적으로 이용되고 있다.
-The Douglas Sea Scale-
① State of the Sea(wind sea; 파도)

Degree	Height of Wave	Description
0	no wave	Calm(Glassy)
1	0 ~ 0.10	Calm(Rippled)
2	0.10 ~ 0.50	Smooth
3	0.50 ~ 1.25	Slight
4	1.25 ~ 2.50	Moderate
5	2.50 ~ 4.00	Rough
6	4.00 ~ 6.00	Very rough
7	6.00 ~ 9.00	High
8	9.00 ~ 14.00	Very high
9	14.00+	Phenomenal

② Swell(너울)

Degree	Description
0	No Swell
1	Very Low (short and low wave)
2	Low (long and low wave)
3	Light (short and moderate wave)
4	Moderate (average and moderate wave)
5	Moderate rough (long and moderate wave)
6	Rough (short and heavy wave)
7	High (average and heavy wave)
8	Very high (long and heavy wave)
9	Confused (wavelength and height indefinable)

③ Wave(파도)

Wave length	Wave height
· short wave : 100m-	low wave : 2m-
· average wave : 100 - 200m	moderate wave : 2 - 4m
· long wave : 201m +	high wave : 4.01m+

태, 해상상태 및 적하상태를 고려하여 실제적으로 파악한 수치를 약(about)이라는 말과 함께 표시되며 일정한 변동의 폭이 인정된다. 따라서 영국의 이에 관한 중재 판정에서도 용선계약에 표시된 계약속력에 변동 폭을 인정하여 판결한 것을 볼 수 있다.

③ 속력의 보증시기

정기용선계약에서 선박소유자는 계약속력을 언제 보증하여야 하는가에 대한 문제가 제기된다. 정기용선계약은 장기인 경우도 많기 때문에 입거수리 후 일정기간이 지나면 선박의 성능이 저하되며, 용선자가 운항한 항로에 따라서는 선저의 오손이 발생할 수도 있으며 또한 용선자가 운항하는 도중에 장기간 정박하였다면 선저의 오손이 더욱 심해져서 선속이 저하된다. 선박소유자는 이러한 경우 또는 장기의 용선기간 중 항상 계약속력을 유지하여야 하는 의무가 있는가에 대한 문제가 제기 된다.

이 문제에 대해서 NYPE 1993 양식까지는 "선박소유자가 용선선박의 감항능력 주의의무를 위하여 상당한 주의를 다하고, 용선개시 시점, 즉 용선선박을 인도할 때에 계약속력을 유지하였다면 선박의 속력·연료소비량 유지의무를 이행한 것으로 본다."라는 것이 법원의 입장이다.

이와 같이 정기용선계약에서 속력·연료소비량의 유지의무에 관해서 인도일 원칙을 인정하는 것은, 정기용선자는 화물운송을 위한 항해상의 지휘권을 가지고, 필요시 선저 오손이 되기 쉬운 열대해역의 항구에 선박을 장기간 정박하는 등, 항로를 임의로 선택할 수 있는 권리를 부여함과 동시에, 선장이 정기용선자의 이러한 지시에 따른 결과의 손해에 대해서도 용선자가 선박소유자에게 보상하여야 하는 의무로 부과되기 때문이다.

하지만 NYPE 2015 양식에서는 제12조 선박속력과 연료소모약관에서 선박의 계약속력 유지의무를 규정함으로써 선박의 인도일에 추가하여 용선기간동안 Beaufort Scale 4 이하와 Douglas Sea Scale 3 이하에서 계약속력과 일일 연료소비량 유지의무를 부과하고 있다. 결국 이에 대한 선박소유자의 담보책임이 증가하였으므로 의무 이행을 위한 입증 자료를 충분히 준비하는 것이 필요할 것이다.

3) 선박의 인도와 반선

용선계약에 따라 선박소유자가 용선자에게 선박을 인도하는(delivery) 경우와 용선계약이 완료되어 용선자가 선박을 선박소유자에게 반선하는(re-delivery) 경우에 인도와 반선시점을 결정하는 시점과 인도와 반선시점에서의 선박의 상태에 관한 특약을 체결한다. 또한 선박의 인도와 반선시에 선박에 적재되어 있는 선박의 연료 및 선용품에 대하여 선박소유자와 용선자간에 정산한다.

(1) 선박의 인도시점

정기용선계약이 체결되면 선박소유자는 합의한 기일 내에 합의한 장소에서 선박을 용선자에게 인도하여 용선계약이 유효하게 시작된다. 선박의 인도장소를 용선계약서에 명시할 때에 "선박이 안전하게 부상하여 정박할 수 있는 부두(in such available berth where she can safely lie always afloat)"라는 인도시점에서의 선박의 상태를 나타내는 내용과 함께 선박이 인도되는 정확한 부두를 지정하여 용선계약서 표기된다. 그러나 계약서상에 명백한 인도부두(delivery berth)가 지정되어 있지 않은 경우, 선박의 인도시점을 다음과 같이 인도시점을 용선계약이 시작되는 조건으로 한다.

가. 도선사의 승하선 시점으로 하는 경우

선박소유자가 선박을 용선자에게 인도하는 항구에 도착하여 입항할 때에 대부분 도선사를 승선시킨다. 선박이 도선사를 승선시키는 지점에 도착(arrival pilot station: APS)한 시점을 선박의 인도시점으로 정한다. 또한 선박이 부두에 도착하기 위해서는 긴 수로를 항해하여야만 하고 중간지점에서 도선가 교대하는 경우에는 제일 첫 번째 도선사가 승선하는 지점에 도착(arrival first pilot station: AFPS)하는 시점을 선박의 인도시점으로 정하기도 한다.

한편 선박이 양륙을 마치고 출항하는 경우에도 도선사가 승선하여 외항까지 선박을 운항한 후 외항에서 도선사가 하선하는 시점(dropping outward pilot station: DOP)을 선박의 인도시점으로 정한다. 또는 부두에서 선박을 이안시키고 항내를 도선하는 도선사와 항내에서 외항까지 도선하는 도선사가 있을 수 있다. 이렇게 1명 이상의 도선사가 승선하여 도선하는 경우에는 가장 마지막 도선사가 하선하는 시점(dropping last outward sea pilot: DLOSP)을 선박의 인도시점을 선박 인도시점을 정한다.

나. 특정지역 통과 시점으로 하는 경우

선박이 스웨덴의 스톡홀름에서 양륙을 마치고 출항하여 용선자에게 인도되는 시점으로 항해하는 경우에 덴막 북단의 스카우(skaw) 지점을 통과(passing)하는 시점을 기준하는 경우(이때에 "passing skaw"라고 용선계약서에 명시한다)와 같이 특정지역을 통과하는 시점에서 선박을 인도하는 조건을 의미한다.

다. 선박의 인도가 준비된 시점으로 하는 경우

이 조건은 선박의 양륙항이 용선자의 선적항과 동일한 경우에 선박이 양륙을 완료한 후 선창청소를 마치면 용선자에게 선박을 인도할 준비가 완료되었다(when/where ready)고 간주하여 이 시점을 선박의 인도조건으로 하는 경우이다. 예를 들면 미국의 Baltimore 항에서 시멘트 화물을 양륙한 후 인근 부두에서 용선자가 석탄을 선적하려고 하는 경우, 시멘트 화물의 양하를 완료하고 선창의 청소를 마친 시점을 선박의 인도시점으로 정하는 경우와 같은 조건을 말한다. 이 경우에는 시멘트 화물을 양하한 후 선창을 청소하기 위해 Baltimore항을 출항하여 출항도선사 하선시점(DLOSP)에서 선박을 반선하고, 외항에서 선창을 청소한 후 다시 입항도선사 승선시점(APS)을 선박인도시점으로 하는 조건 보다 선박소유자나 용선자에게 시간과 비용을 절약할 수 있다.

라. 공선항해보상(Ballast Bonus)

미국의 Gulf 만에서 곡물을 선적하는 경우에 일반적으로 유럽에서 화물의 양륙을 마치고 항차를 종료한 선박을 1항차 정기용선하는 경우가 많다. 이 경우에는 유럽에서 미국의 Gulf만 또는 인근까지 운송할 화물을 확보하였다면, 유럽에서 이곳까지 화물을 운송하고 운임을 창출할 수 있지만 통상 이러한 화물을 확보하기 어려우므로 공선으로 미국의 Gulf만까지 항해(ballast voyage)를 하게 된다.

한편 Gulf만에서 화물의 양륙을 종료한 선박이나 또는 인도기일(lay/can)을 지키지 못하여 용선계약이 취소된 선박을 1항차 용선하게 된다면 용선자는 유럽에서 미국의 Gulf만까지 공선항해에 필요로 하는 정기용선료를 절감할 수 있다. 이때 용선자는 선박소유자에게 정기용선료에 상당하는 금액을 지불하게 되는데 이것을 공선항해보상(ballast bonus)라고 한다. 만약 이러한 공선항해보상금을 지불하지 않는 경우에는 선박소유자가 용선자에게 높은 용선료를 요구하여 보상받고자 한다.

(2) 선박의 반선 시점

정기용선계약이 종료되어 용선자가 선박소유자에게 선박을 반선하는 경우에 화물을 따라 선박을 운항하여야만 하는 부정기선 영업의 특성상 정기용선계약을 체결하는 시점에 특정의 항구를 지정하여 선박을 반선하기란 극히 어렵다. 따라서 용선자에게 반선항구와 시점의 지정에 대한 융통성을 부여하고 있다. 예를 들면 계약체결 당시에는 "Singapore-Japan range including Korea"라든지 "Skaw-Passero Range"라고 하는 등 특정장소가 아닌 반선구역(range)에 합의하며, 반선 시점도 용선기간에 관하여 "thirty six months with two months more or less charter's option"이라고 합의하여 용선기간만료 2개월 전후에 선박을 반선할 수 있도록 하는 등과 같이 합의한다. 그리고 용선자가 실제로 선박을 반선하는 시기에 임박하여 용선계약에서 합의한 기간 전에 선박소유자에게 반선 날자와 반선구역 내 반선장소에 대하여 구체적으로 추후 통보(pre-notice) 하는 조건으로 특약을 체결한다. 용선자는 용선계약에 약정된 구역 내의 반선장소에서 선박을 반선해야 하며, 만약 다른 구역(장소)에서 반선할 경우 선박소유자는 손해배상을 청구할 수 있다.

(3) 인도와 반선시점의 선박의 상태

선박이 용선자에게 인도되었을 때와 용선기간이 만료되어 선박소유자에게 반선되었을 때의 선박의 상태를 확인하기 위해 선박소유자와 용선자는 각자의 비용으로 각자의 검사관을 지정하여 온-오프 하이어 검사(on-off hire survey)를 실시한다. 각 검사원은 단일 보고서를 채택하여 서명하여야 하나 합의를 할 수 없는 사항에 대해서는 제3자로부터의 방해를 받지 않고 각자의 보고서를 작성할 할 수 있다.

또한 선박소유자와 용선자가 달리 합의하지 않는 한 온-하이어 검사시 소용되는 시간은 선박소유자의 부담이며 반선시(re-delivery) 소요되는 검사시간은 용선자의 부담으로 한다(NYPE 1993 Clause 3, NYPE 2015 Clause 5).

가. 선박인도시의 선박의 상태

NYPE 1993에서는 선박을 용선자에게 인도할 때의 선박의 상태는 모든 면에서 통상적인 서비스에 적합하도록 하여 용선자가 원하는 화물의 선적을 위한 준비가 완료되어 있는 상태이어야 한다("The vessel on her delivery shall be ready to receive cargo with clean-swept holds and tight, staunch, strong and in every way fitted for ordinary cargo service, ……")라고 명시되어 있다(NYPE 1993 GENCON Clause 2). 여기에서 "…… in every way fitted for ordinary cargo service ……"라고 말하는 것은 단순한 선창의 상태나 선박의 상태와 같은 선박의 물리적인 상태뿐만 아니라 자격을 갖춘 선원이나 적정한 수의 선원을 유지함을 의미하고 선박의 항해에 필요한 각종 증서를 구비해야 하는 요건과 같은 선박의 감항성과 관련이 있는 상태를 포함하고 있다.

나. 선박반선시의 선박의 상태

정기용선 기간이 만료되어 약정된 곳에서 선박을 반선하는 경우에 선박은 일반적인 손모(ordinary wear and tear)를 제외하고, 선박은 선박소유자가 용선자에게 인도되었을 때의 상태 그대로 약정된 장소에서 반선되어야 한다. 그러나 어느 정도의 손모를 용선자의 면책이 되는 일반적인 손모로 간주하여야 하는 점에 대해서는 선박소유자와 용선간의 이견이 많아 중재발생이 잦다.

만약 반선 시점에 선박에 인도시점에 없었던 손모가 발견된 것을 이유로 선박소유자는 선박 손상의 이유로 반선을 거절할 수는 없으며, 선박을 반선 받은 후 수리 및 이에 따른 불가동 손실에 대해 용선자에게 손해배상을 청구할 수 있다.

(4) 선박의 인도와 반선시의 정산

기존 NYPE 1993에서는 선박 인도 및 반선시 연료 잔량에 대해서 선박소유자와 용선자간에 합의된 양을 기입하며, 선박의 인도와 반선시점에 각자 지정한 검사관을 통하여 연료유와 디젤유의 잔량을 파악하여 인도시에는 용선자가, 반선시에는 선박소유자가 인수한다.

그리고 때때로 인도시점에 본선 연료량에 대한 예상치를 기입하는 경우도 있다. 이러한 경우에는 “expected about”이라는 명시문구를 삽입하여 선박소유자가 단순히 성실하게 기입하는 것이 아니라 책임사관이 제공하는 합리적인 근거를 바탕으로 한 예상치를 제공할 의무를 부담하게 하는 것이다.

4) 선박의 연료

정기용선계약서 NYPE 1993에서는 선박연료에 관하여 다음과 규정하고 있다(NYPE 1993 Clause 3 On-Off Hire Survey와 Clause 9 Bunkers 참조).

첫째, 정기용선계약에서 선박소유자와 용선자 사이에 용선선박을 인도 또는 반선시 on/off hire survey를 시행하여 연료유 등의 잔존유의 톤수 및 가격과 연료유대금의 정산에 대하여 합의한다.

둘째, 용선자자는 선박을 운항하는 동안 부칙 A에 명시된 성질의 연료와 디젤유를 공급하여야만 하며, 그렇게 하지 않았을 경우 선속의 저하, 연료소모량 증가, 시간손실 및 다른 어떤 결과에 대해서 선박소유자는 책임을 지지 않는다.

셋째, 선박소유자는 용선자가 용선기간 동안에 적절하지 못한 연료유나 디젤유를 공급함으로서 선박의 주기관(main engine)과 보조기관(auxiliary engine)에 손상이 발생할 경우 이에 대한 손해배상을 청구할 권리를 가지고 있다.

한편 연료는 선박소유자와 용선자에게 각기 중요한 자산일 뿐만 아니라 용선자에게는 용선기간동안 선박운항과 관련하여 수익성과 직결되는 가장 중요한 항목 중의 하나

이므로 용선선박의 인도 및 반선시의 연료량 및 가격, 인도 및 반선전의 급유, 연료의 질(quality)에 대한 보다 명확한 합의를 하여야만 하였다.

또한 배출통제구역(emission control area)에서는 선박의 연료연소로부터 배출되는 가스 중 유황의 함량이 최대허용치(maximum sulphur content requirements) 이하가 되어야 하는 등 선박의 연료와 관련해서도 국제표준화기구(International Organization for Standardization: ISO)와 해양오염방지협약(Marine Pollution Convention: MARPOL) 73/78 규정 등 환경오염방지에 대한 강화된 규정을 준수하여야 한다.

공급된 연료가 이러한 규정을 준수하는데 충분한 질(quality)의 연료인가를 확인하는 절차도 필요하다. 그러나 NYPE 1993에서는 이와 같은 내용을 충분하게 포함하지 못함에 따라 실무에서는 이러한 내용을 추가하여 정기용선계약서를 작성하여야만 하였다. 따라서 NYPE 2015 에서는 이러한 사항을 보완하여 아래와 같은 내용을 중심으로 선박의 연료에 관한 별도의 약관을 신설하였다.

(1) 인도와 반선시점의 연료량 및 가격

NYPE 2015는 인도와 반선시점의 연료량과 가격에 관하여 다음의 세 가지 방안을 제시하고 있다. 이 세 가지 방안은 선택사항이며, 용선계약서 작성시 선택되지 않은 것은 삭제하여야하며, 삭제된 것이 없다면 첫째 방안이 적용된다.

첫째, 용선자와 선박소유자는 '각기 인도와 반선시에 선박의 잔유량을 톤당 (　　)의 가격으로 인수한다.'라고 합의하며, 용선자는 연료탱크의 이용에 관하여 재량권이 주어진다.

둘째, 선박소유자가 항차기간용선의 전체기간(entire time charter trip) 동안에 필요한 연료를 보급하고, 용선자와 항차수행 중 예상소비량과 톤당 가격에 합의하며, 용선자는 그 대금을 첫 번째 용선료를 지불할 때에 함께 지불한다. 항차 완료 후에는 실제 소비량과의 차이를 정산한다. 이러한 방안은 항차정기용선계약(trip time charter)일 때에 항해용선계약인 경우와 같이 선박이 사용하는 종류의 연료를 필요한 양만큼 선박소유자가 공급하는 방안이다.

셋째, 용선가가 인도시 선박의 연료잔량에 대한 대금을 지불하지 않고, 용선기간 만료 시 동일한 양과 품질의 연료를 공급하여 반선하는 방안이다. 인도와 반선시의 연료량의 차이는 연료 가격의 공정성을 확보하기 위하여 송장이나 기타 서류로 증빙되는 실제로 지불한 톤당 가격을 기준하여 정산한다.

한편 인도시 NYPE 1993을 이용하여 용선계약을 체결할 때에는 "Owners to deliver

the vessel with sufficient quantity to perform charterers' intended voyage from one safe port in ……" 조항을 추가로 삽입하여 용선자가 의도하는 항차를 수행할 수 있을 만큼 충분한 양의 연료를 선박소유자에게 공급할 것을 요구하는 경우도 있다.

또한 용선자는 인도시점의 연료량과 같은 양만큼 연료를 선박에 공급해야 하는 것으로 합의한 경우, 만약 인도시점의 양보다 많은 양의 연료를 공급하여 반선하려고 할 때에 선박소유자는 초과 연료량에 대해 거부할 수 있다.[17)]

그리고 선박소유자와 용선자간 정산하기 위한 연료유의 가격 결정에 대해서는 상기와 같이 연료를 구입할 시 실제로 지불한 가격이나 인도나 반선 지점의 시장가격을 기준하여 정하기도 하며[18)] 또는 선박소유자와 용선자간에 연료시장 상황을 반영하여 적정 가격을 정하기도 한다(NYPE 1993 Clause 9 및 참고 GENCON 1994 Clause 3 참고).

(2) 인도전과 반선전 연료의 공급

NYPE 2015에서는 연료의 공급에 대해 사전 동의하에 선박의 지연, 하역작업 및 운항에 지장이 없는 범위내에서 항차 기항지에서의 공급을 수행할 수 있도록 규정하고 있다. 그리고 선박소유자는 선박 인도전 용선자 자신의 부담으로 연료 공급을 허용하며, 용선자는 반선시 선박소유자 자신의 부담으로 연료공급을 허용하도록 규정하고, 연료 공급의 실행당사자가 이러한 절차상으로 발생할 수 있는 모든 지연, 손실 및 비용과 경비에 대해 부담하도록 하고 있다. 이것은 용선자나 선박소유자가 선박의 인도 후 또는 반선 후 선박을 직접 운항하는 경우 저렴한 지역에서 미리 급유하여 비용을 절감하기 위한 목적도 있다.

(3) 연료의 질

NYPE 2015에서는 용선선박이 사용하는 연료의 종류와 품질에 대하여 명시규정을 두고 있다. 즉, 용선자는 용선계약서 Appendix A에 명시된 선박에 적합한 사양과 등급의 연료를 공급하며, 안정적이고 동질 연료를 공급할 의무를 부담한다. 연료의 품질에 있어 서면의 별도 합의가 없는 경우에는 국제표준화기구의 기준(ISO 8217:2012), 또는 이에 후속하는 개정서에 부합하도록 요구하고 있으며, 이를 이용하지 못하는 경우에는 용선자에게 연료공급항 또는 장소에서 이용 가능한 국제표준화기구의 가장 최근의 기

17) The Captain Diamantis[1977] 1 Lloyd's Rep. 362 and [1978] 1 Lloyd' Rep. 46(C.A.)

18) 이와 관련하여 Ackner 판사는 "연료 가격에 대한 명시규정이 없는 경우에는 선박의 인도 또는 반선 시점과 지점(항구)에서의 시장가격을 기준으로 하는 것이 묵시적인 합의"라고 판시하였다 (The Good Helmsman [1981] 1 Lloyd's Rep. 377).

준(ISO 8217:2012)에 부합하는 연료 공급 의무를 부과하고 있다.

또한 선박을 유황 최대 함유량 배출통제구역내에서 운항하도록 명령할 경우, 유황 최대 함유량이 이 구역의 기준요건에 언제나 부합하고 허용되는 사양과 등급의 연료를 공급해야 한다.

그리고 용선자는 이와 같은 연료를 공급과 관련하여 연료공급업체, 연료운반선의 운항업자 및 연료 검정원 등 모두가 해양오염방지협약(Marine Pollution Convention: MARPOL) 73/78 부속서 VI의 규정 14 및 18의 규정을 준수할 것을 보장하여야 하며, 이러한 보장내용에는 표본채취에 대한 국제해사기구(IMO)의 지침서의 준수와 연료공급 기록부의 제출을 포함한다. 용선자는 본 약관의 (f)(i)항을 준수하지 못함으로써 야기되거나 발생되는 모든 손실, 책임, 지연, 벌과금, 비용 또는 경비와 관련하여 선박소유자에게 보상하고 선박소유자를 방어하며 선박소유자에게 해가되지 않도록 해야 한다.

한편 용선자가 연료공급과 관련하여 상기 의무(Clause 9 (c)(i))를 충족시키는 경우에 선박소유자는 용선선박이 해상오염방지협약(MARPOL 73/78) 부속서 VI의 규정 14와 18 및 배출통제구역의 요구조건을 준수하고, 용선자가 어떠한 배출통제구역내에 운항을 명령할 때 요구된 유황함유량의 연료를 소모할 수 있도록 하여야 한다. 만약 선박소유자·선박이 이와 같은 것을 준수하지 못함으로써 발생되거나 야기되는 그 어떠한 손실, 책임, 지연, 벌과금, 비용 또는 경비에 대하여 용선자는 책임을 지지 아니한다.

(4) 연료의 공급작업 및 표본채취와 분석

NYPE 2015에서는 용선선박은 용선자가 연료를 공급할 때에 연료공급이전 및 이후 또는 공급중에 연료량을 측정한다든가 연료주입 연료관의 탈·부착 작업에 협조할 것을 요구하고 있다. 이것은 선내 연료탱크 배열 및 연료공급구조에 대하여 숙지하고 있는 용선선박의 선원이 참여하여 연료공급중 오염사고를 방지함은 물론 연료분석을 위한 정확한 연료표본채취를 하기 위함이다.

한편 서로 다른 종류의 등급, 사양 및/또는 공급업체로부터의 연료는 선박내의 탱크구조에 따라서 자연적으로 개별 탱크에 분리되며, 선박소유자는 상기와 같은 연료분리의 결과로 초래되는 연료용량(수용)의 어떠한 제약요인에 대하여도 책임을 지지 않는다.

그리고 해양오염방지협약(MARPOL) 73/78의 부속서 VI, 또는 이에 후속되는 개정에 대해서의 부합여부결정을 위해 위한 국제해사기구(IMO)결의/해양환경오염보호위원회 (MEPC) MEPC.182(59)의 지침서에 따라서 공급되고 있는 연료유의 등급별 표본을 공급시작 처음에(primary sample of each grade) 채취한다. 또한 용선자는 선박소유자에게 연료공급과 표본채취와 관련하여 연료공급업체가 연료약관((Clause 9 (c)(ii))을 준수할 것을 보장하여야만 한다.

또한 연료 등급별로 채취된 각각의 표본은 5개 이상 나누며 연료의 각 등급별 표본 하나씩은 해양오염방지협약(MARPOL) 73/78의 목적으로 선박에 보관하고, 나머지 각 등급의 표본은 선박소유자, 용선자 및 연료공급업체 간에 배분되어야 한다.

그리고 채취한 연료표본의 시험분석시 공정성을 확보하기 위하여 선박소유자의 연료 시험절차에 대한 참여 사항에 대하여 명시하고 있으며, 다음의 절차에 따라 시험·분석한다.

① 선박소유자는 연료시험인증절차에 참여하려고 할 때에는 선박소유자가 보유한 표본 중의 하나를 당해 시험을 위해 제공하여야 한다. 시험비용은 선박소유자의 부담이다.

② 만약 연료의 시험결과가 국제표준화기구(ISO 8217:2012)) 또는 그에 후속하는 부속서의 사양에 부합하지 못할 경우, 선박소유자는 용선자에게 조속히 이 사실을 통지하여야 한다.

③ 용선자가 시험결과에 대하여 의문을 제기하는 채취된 연료표본을 상호 합의된 적격한 독립 실험실로 보내서 다시 분석하게 하며, 이 실험실의 연료의 특성에 관한 분석은 연료의 특성에 관해 최종적이며 당사자들 모두를 구속한다. 만약 연료 표본의 분석이 사양과 부합하지 않을 경우, 용선자가 분석비용을 부담해야 하며, 그렇지 않을 경우는 선박소유자의 비용으로 한다.

5) 용선기간

용선자는 정기용선계약 당시 용선의 목적, 선박의 운용계획, 해운시황의 전망, 차항 확보 가능성 등을 고려하여 용선기간을 결정한다. 예를 들면, 한 항차의 화물 운송 계약을 이행하기 위해 한 항차 기간만큼 선박이 필요하다면 한 항차용선(one trip charter)을 할 것이다. 만약, 용선기간 동안 여러 항차수행을 위해 선박이 필요하다면 기간용선을 할 것이다. 정기용선 기간을 정할 때 용선계약서에 여유일수(margin)는 다양한 형태로 삽입된다.

(1) 여유일수(margin)가 인정되는 경우

용선기간에 대한 여유일수(margin)가 인정되는 경우이다. 용선기간을 3개월(three months), 2개월 내지 3개월(two months to three months), 약 3개월 내지 5개월(about three months to five months), 3년간(two years) 등과 같이 단순하게 확정할 경우 합리적인 선에서 묵시적으로 일정한 여유일수가 인정된다.

예를 들면, 용선선박의 반선 시 최종항차종료일을 계산할 때 5개월(five months) 용선기간의 묵시적인 여유일수는 5일로 허용된다. 또한 "about 4 to 6 months"라고도 용선기간을 정하기도 하는 데 4개월에서 6개월 사이의 기간을 용선자가 임의로 선택하여 용선선박을 이용할 수 있으며, 이때에도 6개월의 용선기간이 지난 후에도 일정기간의 여유일수가 허용된다.

(2) 여유일수(margin)가 인정되지 않는 경우

용선기간에 대한 여유일수가 인정되지 않는 경우이다. 용선계약 기간을 "minimum two months maximum six months" 또는 "five months 20 days more or less"으로 정할 경우 용선자는 용선기간 내에 선박을 반선해야 하며 여유일수가 인정되지 않는다. 또한 "minimum 12 months/maximum 14 months"와 같은 경우에는 최단 12개월/최장 14개월 동안 용선자가 선박을 이용할 수 있으나 추가로 용선기간의 여유가 주어지지 않는다.

(3) 'about'이 있는 경우

'about'이 있는 경우에는 용선기간에 대해 여유일수가 허용되는 경우이지만 개별사건에 대한 사실관계에 따라 달라질 수 있다.

특히 미국 판례에 의하면 "용선계약서에 'about six months'라는 문구가 사용되었다면, 이 'about'이라는 단어의 사용은 용선자에게 선박 반환일에 대해 합리적인 여유를 허용하는 의도로 해석된다."라고 판시하였다.

6) 용선료

(1) 용선료 지급방법

용선료는 선박소유자와 용선자가 합의하는 통화 또는 보통 미화로 지급되며 지급기간은 15일 또는 1개월 단위로 선불 지급한다. 물론 계약 당사자간의 약정에 의해 후불로 지급하는 경우가 있다. 용선료 지급 조건이 현금(cash)으로 되어 있는 경우 입금과 동시에 선박소유자가 바로 조건 없이 사용할 수 있어야 한다. 그렇지 못한 경우 지급기일을 위반한 것이 되어 선박소유자는 용선자의 선박 운항권을 취소하거나 철수시킬 권리를 가진다.

한편 용선료 지불은 일반적으로 현금 지불이 원칙이며, 현금이라 함은 현금뿐 아니라 은행 간 환어음(interbank transfer), 은행환어음(banker's draft), 은행지불어음(banker's payment slips), 은행지불지시(payment orders) 등을 포함한다. 선불용선료의 지급기일(due date)이 은행휴무일인 경우는 그전 은행휴무일까지 지불함이 원칙이다.

또한 용선계약서에 통화가치의 변동에 의한 위험을 줄이기 위해 계약서에 "currency clause"[19] 또는 "escalation(escalator) clause"[20]를 삽입하기도 한다. "currency clause"는 고정 환율을 적용하는 것이며 "escalation clause"는 장기용선 계약 시 환율 변동 또는 인플레이션 등에 의해 비용이 증가할 경우 이를 보존하기 위한 조항이다. 용선기간 동안 환율이 상승하여 선박 비용이 증가할 경우 선박소유자는 "escalation clause"를 삽입하여 비용 상승에 따른 부담을 줄일 수 있다. 용선자는 비용이 상승한 만큼 용선료를 추가 부담한다.

Currency clause

It is mutually agreed that the monthly hire due under Clause …… is based upon the mean of the present Bank of England's selling and buying rate for the U.S. dollar, viz: $ …… to the Pound Sterling. Should this mean rate fluctuate it is understood and agreed that the Sterling hire payments shall be adjusted upwards or downwards and the amount actually payable in Sterling shall be the hire calculated at the agreed rate in Sterling of …… multiplied by $ …… and divided by the new mean rate in force on the due date of payment.

Escalation clause(Escalator clause)

"The rate of hire agreed in this charter is based upon the level of Owners' monthly operating expenses ruling at the date of this charter as shown in the statement for future comparison attached hereto, including provisions, stores, master's and crew's wages, war bonus and other remuneration, maintenance and usual insurance premiums. By the end of every year of the charter period the average monthly expenses for the preceding year shall be compared with the basic statement attached hereto. Any difference exceeding 5 per cent to be multiplied by 12 and regulated in connection with the next hire payment ……".

---

19) https://www.bimco.org/Chartering/Clauses/Currency_Clause.aspx

20) http://www.shipinspection.eu/index.php?action=page_display&PageID=388

한편 용선자가 선박소유자에게 지불하는 용선료는 삭감이나 차감없이 전액 지불되어야 하나, 선박소유자와 용선자가 합의하여 용선자는 다음과 같은 비용을 차기 용선료 지불 시에 차감한 후 용선료를 지불할 수 있다.

① 선박소유자가 지불하여야하는 선박의 운영이나 보수유지를 위한 비용,
② 선장이나 선원들의 비용을 용선자가 지불한 비용,
③ 용선중개인에게 지불되는 수수료

(2) 선박소유자의 선박철수권

용선료 지불은 선박소유자와 용선자가 용선계약을 유지시키기 위한 조건 중 가장 절대적이다. 용선자가 용선료를 지급기일내에 지불하지 않으면 선박소유자는 선박을 철수시키고 용선계약을 종료시킬 권리를 가지고 있다. 용선료의 일부가 지불되고 일부는 지불되지 않았을 경우에도 선박소유자는 이러한 권리를 행사할 수 있다.

7) 용선중단(off-hire)

정기용선계약은 용선자가 선박소유자로부터 일정기간 선박을 빌려서 용익하고 그 대가로 용선료를 지불할 것을 약속하는 계약이다. 따라서 정기용선자의 용익권은 선박소유자가 용선서비스를 합리적으로 이행할 감항성을 포함하여 성능을 가진 특정 선박을 제공한다는 것을 그 전제요건으로 하며, 선박소유자는 용선기간동안 중단없이 선박의 감항성과 이러한 성능을 유지할 의무를 부담하고 있다.

따라서 정기용선계약의 기간 중에 정기용선자 측의 책임이 없는 사유로 인하여 선박이 감항성 또는 다른 사유로 인하여 가동력의 일부 또는 전부를 일시 상실하여 정기용선자가 선박을 용익할 수 없게 된 경우에는, 용선계약상의 용선기간이 일시 중단(선박가동력의 일부상실의 경우는 비례로 용선중단기간 산정)되며 용선자의 선박의 용익도 중단되게 된다. 그러므로 이 기간에 대하여 용선료의 지급이 면제되며, 용선료 지급을 면제하려면 이것을 주장하기 위한 입증책임은 정기용선자에게 있다.

그리고 위와 같이 용선이 중단된 기간동안에 선박이 소비한 연료는 선박소유자가 부담한다. 한편 용선료 지급중단(off-hire)은 선박소유자의 계약위반에 대하여 용선자가 선박소유자에게 행하는 손해배상청구(penalty)와는 별개의 사항이며, 어디까지나 용선계약상 정해진 용선료의 지불을 정지하는 제도에 불과하다.

(1) 용선중단의 사유

용선기간 중에 정기용선계약에서 열거한 사유가 발생한다고 하더라도 자동적으로 용선이 중단되고 용선료 지급중단(off-hire)의 효력이 발생하는 것은 아니다. 용선중단의 사유가 되려면, 첫째, 용선중단의 사유가 현실적으로 일어나야 하고, 둘째, 그 결과로서 업무의 이행이 일정한 기간 사실상 제한을 받거나 또는 이행 불능이 생겨야하며, 셋째, 용선중단(off-hire)의 기간이 선박의 성능회복을 위하여 합의한 허용시간을 초과하여야 한다.

NYPE 2015(Clause 17) 용선계약서에서 다음과 같은 사유로 인하여 용선자의 선박용익상의 시간의 손실이 발생한 경우에는 용선이 중단된다고 규정하고 있다.

가. 사관 또는 부원의 부족과 자격미달(deficiency), 태만(default) 및 파업

선박의 사관은 법적으로 일정한 자격을 갖추어야만 한다. 법적으로 자격을 갖추지 못한 사관이 승선하였거나, 승선한 사관 및 선원의 정원이 부족하거나 또는 사관 및 선원의 태만과 파업으로 용선자에게 선박의 용익에 지장이 되어 시간상의 손실이 발생한 경우를 말한다. 그러나 선원의 정원이 부족하여도 선박의 운항에 지장이 없었다면 선원의 정원부족으로 인한 용선중단은 성립되지 않았던 판례가 있다.

나. 속력의 저하

정기용선계약을 체결할 때에 선박소유자가 제공하는 선박의 명세 중 선박의 속력과 연료 소모량은 용선자의 해당 선박의 용익에 대한 수익성과 직결되는 문제로서 선박소유자는 선박의 이에 대한 성능을 지속적으로 유지 시켜야 할 의무가 있다. 선박의 속력이 저하된다면 항해시간이 연장됨에 따른 용선자의 시간상의 손실이 발생한 경우를 말한다.

다. 선박의 사고/운송화물에 의한 사고 및 수리

선박의 좌초, 충돌 및 화재 등의 사고로 인하여 선박 또는 기기의 파손 또는 손상이 발생하였을 경우 선박의 상태를 회복시키기 위해 운항수리(running repair)나 입거수리(dry docking repair)를 하기 위해 선박의 운항이 중단된 경우를 말한다.

한편 용선중단약관에 황천으로 인하여 피항하거나 또는 용선자의 지시나 명령을 따르지 않은 운송화물의 사고로 인하여 지연된 시간을 용선중단의 사유로 규정한 경우에는 항해 중에 황천을 만나 운송화물의 이동과 같은 이유로 선박에 입은 손상을 수리하기 위해 피난항에서 수리한 기간은 용선중단의 기간으로 간주한다. 이것은 해손에 의한 정박지연(detention by average accident)을 의미하는 것이다. 또한 NYPE 2015(Clause 17)와 NYPE 1993(Clause 17)에서 규정한 해손(average)은 일반적인 개념으로서 해상위험으로부터 생긴 손해와 비용을 말하는 것이며 공동해손을 뜻하는 것은 아니다.

또한 용선선박이 용선자의 지시나 명령을 따르지 않았을 경우에 운송화물의 사고로 인하여 이로 또는 회항하는 경우 해당 선박이 이로 또는 회항을 개시한 때부터 다시 그 지점 혹은 목적지에서 등거리에 있는 지점에서 항해를 재개할 때까지의 기간은 용선중단의 기간이 된다.

라. 하역설비의 고장

선박의 하역설비의 고장으로 화물작업을 하지 못하였을 경우를 말한다. 한편 하역도중에 선창을 개폐하는 기기가 고장이 났으나 하역작업은 계속할 있었을 경우 선박은 용선중단이 되지 않는다. 왜냐하면 선창개폐기기의 고장이 하역작업에 전혀 영향을 주지 않았으며 해당 선창의 작업을 계속할 수 있었기 때문이다.

마. 보급품의 부족

선박소유자는 일반적인 보급품이나 법정비품을 적기에 보급하여야 한다. 법정비품을 선박의 운항을 위해 소비한 경우에는 차항에서 보충하여야 한다. 이러한 법정비품을 포함한 선박의 보급품이 부족한 경우는 선박의 감항성이 결여된 것으로 간주하며, 이로 인하여 용선자의 선박의 이용에 차질이 생긴 경우를 말한다.

바. 항만국통제 또는 선박 결함으로 인한 기타 당국의 억류

항만국통제 등으로 인하여 선박 결함에 대해 지적받아 당국으로부터 출항정지를 당하는 경우에 있어 용선중단의 사유 여부에 대한 논란을 명확하게 정리하여 규정하고 있다.

사. 기타 선박의 운항이 중단된 경우

선박소유자의 선박관리업무상 필요하여 선박의 운항이 중단되는 경우가 있다. 선박의 정기검사 및 중간검사, 선원들의 승하선 절차 및 선박의 정기적인 소독 등은 선박소유자의 비용으로 선박의 관리를 위해 취해야할 조치이다. 또한 선박이나 선박소유자에 공공기관이 내린 명령, 선박의 압류, 보증장의 요구 등으로 인하여 용선자의 선박의 운항이 지연되거나 방해된 경우를 말한다.

(2) 용선중단 사유에 포함되지 않는 경우

다음과 같은 사유로 인하여 용선자가 정상정인 선박의 용익에 지장이 생긴 경우에는 용선중단의 사유에 해당하지 않는다고 규정하고 있으며 용선자는 해당기간에 대하여 계속하여 용선료를 지불하여야 한다[볼타임 제11조(B)].

첫째, 황천으로 인하여 항구 또는 정박지에 피항한(driven into) 경우이며, 이러한 안전구역으로 피항한 것은 선박과 용선자가 운송하기 위해 선적한 화물의 공동안전을 위한 조치이기 때문에 선박의 운항에 지연이 발생하였다 하더라도 용선중단의 사유가 되지 않는다.

둘째, 용선자의 지시에 의하여 수심이 얕은 항만이나 강, 또는 모래톱(bar)이 있는 항만을 항해하는 경우이다. 물론 용선자가 이러한 곳에 항해를 지시하였을 경우 선장은 그 지시에 따를 것을 거부할 수 있으며, 그 지시에 따라 항해한다 할지라도 항만, 강 또는 모래톱의 수심이 얕아서 선박의 좌주(grounding)나 선저(ship's bottom)가 모래톱과 접촉하여 선저에 손상이 발생한 경우에는 용선자는 면책되지 않으며 그러한 지시를 한 용선자의 시간과 비용으로 선박을 수리하여야 한다.

셋째, 용선선박에 선적된 화물의 상태에서 기인한 사고로 용선자의 선박용익기간의 손실이 발생한 경우이다. 따라서 선적된 화물로 인하여 운송도중에 선박에 손상이 발생하였을 경우에는 선박의 손상을 수리하기 위해 정박하는 지연은 용선중단의 경우에 해당되지 않는다.

다음의 판례에서 이에 관하여 잘 알 수 있다.

선박은 항해 중에 황천을 만났으며, 갑판위에 선적한 화물의 이동으로 선박에 손상을 입었다. 이 결과로 이 선박은 항구에 기항하여 황천과 갑판적 화물의 이동에 의한 선박의 손상에 대한 수리를 시행하였다. 이에 대하여 영국의 고등법원은 "…… but should the Vessel being driven into port or anchorage by stress of weather, from accident to the cargo, such detention or loss of time shall be at the charterers' account"라는 용선중단의 약관을 적용하였으며, 이것은 "거친 날씨 또는 운송물의 사고에 의하여 실제로 중단된 기간만을 의미하는 것이지, 황천이나 화물의 사고에 의하여 선박의 입은 손상에서 발생한 중단기간을 의미하는 것이 아니다"라고 판시하였다.

BALTIME 1939(as revised 2001) Clause 11(B)

In the event of the Vessel being driven into port or anchorage through stress of weather, trading to shallow harbours or the rivers or ports with bars or suffering an accident to her cargo, any detention of the Vessel and/or expenses resulting from such detention to be for the Charterers' account even if such detention and/or expenses, or the cause by reason of which either is incurred, be due to, or be contributed to by, the negligence of the Owners' servant.

8) 항해제한구역

정기용선자는 정기용선계약에 의하여 용선한 선박의 용선기간동안에 선박을 임의로 사용하여 수익을 올릴 수 있는 용익권을 가지고 있으나, 이러한 수익을 올리기 위하여 용선한 선박을 계절적으로 위험이 있는 해역이나 전쟁위험이 있는 지역에 선박을 취항시킬 수가 없다. 정기용선계약을 체결할 때에 용선자에게 이러한 위험지역에 선박을 취항시키지 못하도록 의무를 부과하고 하고 있다.

NYPE 1946 서식에는 선박소유자와 용선자가 합의하여 선박을 취항시킬 수 없는 지역과 취항시킬 수 있는 지역을 구체적으로 결정하고 있다(NYPE 1946, Line 27~31). 또한 "The vessel shall be employed in such lawful trades between safe ports and places within Institute Warranty Limits(I.W.L.) excluding ……"(NYPE 1993, Clause 5)에 따라 선박은 런던보험업자협회(Institute of London Underwriters)가 정한 항해 가능구역 안에서 운항해야 한다.

만약 용선자가 계약상의 항해 가능구역을 벗어난 항로를 항해하도록 지시한다면 계약위반이 되어 선장은 그 지시를 거절할 수 있으며, IWL을 벗어난 지역에 입항하여 선적 후 선하증권의 발행을 요청한다면 선장은 이에 대해 거부할 권리를 가진다. NYPE 2015에서는 제1조의 (b)항으로 이동하여 거의 동일하게 명시하고 있다.

만약 용선자가 선박을 항해 가능구역을 벗어난 지역으로 항해를 지시하고 선박소유자가 선장으로 하여금 그 지시를 따르게 하였다면 운항하는 기간 동안에 선박소유자는 계약된 용선료와 현재 시장요율과의 차액을 고려하여 만약 현재 시장요율이 더 높다면 손해배상을 청구할 수 있다.

그리고 전쟁위험지역을 취항하거나 항해제한 지역을 벗어나 항해하려고 할 경우 용선자는 선박소유자의 동의를 얻고 보험자에게 용선자가 추가할증보험료(extra insurance premium)를 지불하는 조건으로 약정된 항해가능구역을 이탈하여 운항할 수 있다.

그러나 추가할증보험료를 지급했다고 하는 것은 기항지와 취항해역에서의 선박의 안전에 대한 용선자의 의무가 경감되는 것을 의미하지 않는다. 선박소유자가 용선자에게 단지 전쟁위험지역에 취항하거나 IWL을 벗어나 선박을 운항할 수 있도록 허용한 것뿐이며, 전쟁위험으로부터 안전하지 않은 항구를 기항하거나 IWL을 벗어나 항해 도중에 입은 선박의 손상에 대해서는 여전히 용선자가 책임을 져야하며 추가보험에 부보하는 것은 별개의 문제이다.

9) 합법적인 화물

(1) 합법적인 화물

정기용선계약서에는 용선자가 합법적인 화물(lawful merchandise)만을 선적해야 함을 명시하고 있으며, 또한 제외되어야 하는 화물에 대해서도 그 종류와 성질에 대해서도 규정하고 있다.

합법적인 화물이라는 것은 선적항(loading port)과 양하항의 국가에서 합법적으로 적·양하할 수 있어야 함은 물론이고 화물을 선적한 선박이 통과하는 국가의 법률에도 저촉되지 않아야 한다. 또한 선박의 국적국(country of flag)과 용선계약서에서 제시하는 사법권에도 합법적인 화물이어야 함을 의미한다.

또한 용선계약서에 선적하지 않아야 하는 제외되는 화물의 종류를 명기하고 있는데(cargo exclusion), 선적하지 않기로 한 제외화물을 선적하였을 경우에는 용선계약을 취소할 수 있다. 그리고 이러한 화물을 선적하는 것에 대하여 선박소유자를 대신한 선장이 이의를 제기한 상태에서 선적이 이루어졌다 하더라도 선박소유자는 적절한 보상을 요구할 수 있다. 또한 자격을 갖춘 관련기관에서 화물운송 시 요구하는 사항이나 추천사항에 따라 운송되지 않는 한 위험하거나, 인체나 선박에 손상을 입힐 수 있거나, 발화 또는 부패하기 쉬운 화물은 용선자가 선적할 수 있는 화물에서 제외된다. 또한 국제해사기구(International Maritime Organization: IMO)에서 등급을 매기는 화물을 선적하는 경우에는 선적할 수 있는 화물량에 대한 제한을 받는다.

그러나 일반적으로 위험하다고 생각하는 무기류가 무조건 불법화물이 아니며, 위험하지도 않고 합법적인 화물일지라도 화물을 취급하는데 선박에 손상을 입히거나 선박을 오염시킬 수 있는 화물도 제외한다. 예를 들면 어분(fish meal), 쇠가죽(untanned raw leather), Cement Clinker, 소금(salt), 유황(sulfur) 또는 고철(shredded scrap)과 DRI(Direct Reduced Iron)와 같은 화물은 전혀 위험하지는 않거나 선적을 기피할 만큼 위험하지 않으나 선박에서 취급 시 냄새가 나거나 온도가 높아 선창의 페인트가 벗겨질 우려가 있기 때문에 선박소유자에 따라서는 이러한 화물을 제외화물에 포함시키기도 한다.

(2) 위험화물

위험화물이라고 분류할 때에 단지 화물의 속성(nature)이 위험한 화물만이 아니고 그 의미를 확대하여 용선자가 선박소유자와 선장에게 화물의 적·양하 또는 운송도중에 화물의 안전한 취급방법에 대한 정보를 제공하지 않았을 경우에도 위험화물로 분류된다. 이러한 정보가 제공되지 않음으로 인하여 화물 취급 시 화물에 대한 문제가 발생하였거나 선박과 선원의 안전에 관한 문제가 발생하였을 경우에는 용선계약을 위반한 것이 된다.

화물이 안전한지 위험한지에 대한 명확한 분류는 거의 불가능하므로 이에 대한 법원의 견해를 살펴보면 Mustill, J.는 "단순히 석탄이 안전한 화물인지 위험한 화물인지 판단하는 것은 불가능하다. 석탄은 공기와 결합하여 폭발적인 혼합물을 생성할 수 있는 메탄가스를 배출할 수 있지만, 선박소유자는 그러한 특별한 높은 온도에서 전혀 예상하지 못한 가스 배출에 대한 위험을 감내하면서 화물에 대한 주의의무를 하여야 하는지 논란이 있을 수 있다. 〈중략〉 특정화물의 선적은 선박소유자가 계약상 감당할 수 있는 위험에 대한 것이다. 〈중략〉 위험화물과 관련된 대부분의 문제는 계약상 명시된 '통상적인 화물'(normal goods)의 운송위험을 감소시킬 수 있는 정도의 '통상적인'(normal) 주의의무이면 충분할 것이다."라는 의견을 제시하였다.

한편 위험화물을 선적하지 말아야 하는 것은 용선계약에서 명시하지 않는다하더라도 당연히 지켜야 하는 묵시적인 사항이기도 하다. 본선에 위험물을 적재할 경우 사전에 선박소유자의 승인을 받고 선장의 지시에 따라 적재해야 하며 만약 위험화물 적재에 따른 손실이 발생하였다면 이 손실은 용선자가 부담하여야 한다. 그리고 용선자가 화물선적과 관련하여 계약을 위반하였을 경우에는 경우 선박소유자는 계약을 취소할 수 있다.

10) 감속항해

(1) 감속 항해의 의의

NYPE 2015 약관(Clasue 38)에서의 감속 항해(slow steaming)의 의미는(감속 항해) 용선자가 자신의 재량으로 선장에게 서면으로 지시하여 선박의 속력을 감속하거나, 엔진의 회전수를 줄이거나 또는 특정 목적지의 입항예정시간에 맞추도록 선박의 속력을 조절하는 것을 말한다.

NYPE 1993에는 없었던 약관으로 NYPE 2015에서 새로이 도입된 약관이며, 감속항해(slow steaming)와 초감속 항해(ultra-slow steaming)를 필요에 따라 선택할 수 있도록 규정하고 있다. 감속항해를 통해 요즘 가장 민감한 사항인 연료비의 절감을 위하여 용선자가 선장에게 감속항해를 서면으로 지시할 수 있고 선박소유자는 이지시를 따를 의무를 규정하고 있다.

또한 최근의 컨테이너 선박의 운항에서는 선속을 낮춤으로써 연료소비를 줄일 뿐만 아니라, 운항하는 선박의 척수를 증가시켜서 과잉 공급된 컨테이너 선박의 계선되는 기회를 감소시키고도 있다.

(2) 감속 항해의 선택 사항

감속 항해를 요청 또는 지시하고자 할 때에 선택할 수 있는 감속 항해의 종류는 일반적인 감속 항해(slow steaming)와 초감속 항해(ultra-slow steaming)로 나눌 수 있다.

가. 감속 항해(slow steaming)

용선자가 선장에게 속력 또는 RPM을 조정하도록 서면 지시하는 경우에, 선장은 항상 선박, 선원과 화물의 안전 및 해양환경보호와 관련된 선장의 의무를 염두에 두고 이 범위를 벗어나지 않도록 주의를 다하여야 할 것이다. 이러한 경우에 실무적으로 선박의 엔진 보조 송풍기(blower)의 급정지점(꺼지는 지점)보다 높은 지점에서 엔진을 작동하여야 한다. 그리고 때때로 발행되는 제조사/설계사의 권고사항의 범위를 벗어난 선박 엔진 및/또는 설비의 작동을 야기하여서는 아니 된다.

나. 초감속 항해(ultra-slow steaming)

초감속 항해는 감속 항해보다 더욱더 감속하여야 하는 경우의 선택사항이다. 즉 용선자가 선장에게 속력 또는 RPM을 조정하도록 서면 지시하는 경우에, 선장은 실무적으로 선박의 엔진 보조 송풍기(blower)의 급정지점(꺼지는 지점)보다 높은 지점 또는 아래 지점에서 엔진이 작동하는 지 여부에 상관없이 선박, 선원과 화물의 안전 및 해양환경보호를 할 수 있는 범위내라면 용선자의 지시를 따르는 경우이다. 다만, 감속 항해와 초감속 항해는 선택사항이지만 어느 한 약관이 선택되어 삭제되지 않으면 감속 항해약관을 적용하게 된다.

다. 연료소비의 최소화를 위한 선박소유자의 의무

선박소유자는 모든 속력하에서 연료소비를 최소화하기 위하여 최선의 노력을 다하여야 하며, 이를 위하여 고려하여야 하는 사항을 규정하고 있다.

① 이 용선계약하의 선박 속력과 연료소모량과 관련된 선박소유자의 담보
② 선박 속력 및/또는 RPM 및/또는 특정 목적지에 대한 특정 도착예정시간에 관한 용선자의 지시
③ 선박, 선원과 화물의 안전 및 해양환경의 보호

④ 선박소유자 또는 그 대리인이 발행한 운송계약을 증명하는 모든 선하증권, 해상화물운송장 또는 기타 서류에 대한 선박소유자의 책임

그리고 이를 위한 상당한 주의의무 규정을 두고 있다. 즉, 항해계획을 수립하고, 선박 트림(trim)을 조정하고, 주기관 및 보조기관을 작동할 때 주의의무를 다하여야 하며, 선박 항해장비 및 보조장비, 항해 최적화 시스템 및 성능 모니터링 시스템 등을 사용할 때 최적화된 상태로 작동될 수 있도록 하여야 하며, 용선자가 선박 에너지 효율성을 높이기 위해 합리적으로 요구하는 자료에 대해서는 선장에게 보고 의무를 부과하고 있다. 또한 선박 에너지 효율성을 위한 잠재적 개선사항의 식별과 실행방법을 공유하여야 한다.

(4) 선박소유자의 입증책임

감속 항해 지시에 따른 속력 또는 감속된 RPM으로 항해를 하는 경우에 선장은 용선자의 이러한 감속 항해의 지시에도 불구하고 선박소유자의 의무인 신속한 항해의무를 준수하여야 한다. 즉, 선장은 용선자의 이러한 지시에 따라 상당한 주의를 다하였음을 입증하여야 하며, 이는 선박소유자의 묵시적 의무 중의 하나인 신속한 항해의무의 위반을 용인하는 것은 아니다. 그러므로 선장은 감속 지시된 상태에 따라 선박소유자가 부담하여야 하는 신속한 항해의 완성을 위한 최선의 노력을 다하였음을 입증할 책임을 부담하는 것이다.

(5) 용선자의 책임

용선자는 이 약관의 실행과 관련하여 발생하는 선하증권, 해상화물운송장 또는 운송계약을 증명하는 기타 문서 등으로 인해 야기되는 책임을 부담하여야 한다. 즉, 감속항해를 위하여 선박소유자는 신속한 항해 의무 등에 따라 상당한 주의의무를 다하면 그 이외에 이로 인해 야기되는 선박소유자의 과중책임 등에 대해서는 용선자가 선박소유자에게 손해배상책임을 부담하게 된다.

11) 화물과 선박의 안전 및 환경오염방지규정의 준수를 위한 신설 약관

NYPE 1993이 제정된 이후 국제연합(UN)이나 국제해사기구(IMO)에서 운송화물에 대한 규정 및 선박의 안전관리에 대한 규정의 강화, 해상화물운송 선박과 항만시설에 대한 테러행위에 대비하고 보안확보를 위한 국제규약, 평형수에 의한 박테리아나 플랑

크톤 등의 각종 유·무해 해양생물의 국제간 이동방지를 위한 규정, 국제규약을 준수하지 않는 국가나 단체 및 개인에 대한 제제대상자 지정, 유럽 및 북미에서의 수출입 및 통과화물의 사전 신고 등과 같은 기존 규정을 강화하거나 신설하였다.

그동안 용선시장에서는 오래전부터 이렇게 강화되거나 신설된 규정을 반영하여 용선계약을 체결하여왔다. 이에 NYPE 2015에서는 이러한 시장상황을 반영하여 변경 내용들을 다음과 같이 약관으로 도입하였다.

(1) 고체 벌크화물/위험화물(Clause 29 Solid Bulk Cargoes/Dangerous Goods)

Clause 16(NYPE 2015)은 운송화물의 적법성과 화물의 특성과 관련한 약관이다. 즉, 용선선박을 이용하여 운송되는 화물은 선적항, 선박의 치적국, 통과국가와 양하항에서 합법적인 화물이어야 하고 화물의 특성상 위험하거나(dangerous) 해롭거나(injurious), 발화성(flammable) 또는 부식성(corrosive)의 화물은 제외되어야 한다고 규정하였다.

한편 Clause 29 (NYPE 2015)는 석탄과 철광석과 같은 고체산적화물과 화물의 고유특성이 인명 및 선박자체와 화물 등에 치명적인 피해를 발생시킬 수 있는 위험화물 등 두 가지 화물의 운송 및 취급과 관련한 약관이다.

국제해사기구(IMO)가 고체산적화물의 운송과 관련하여 '국제해상고체산적화물규칙(IMO International Maritime Solid Bulk Cargoes (IMSBC) Code : IMSBC코드)'을 제정하여 2011년부터 이 규칙을 준수하도록 국제적으로 의무화하였으며, 이러한 화물을 운송하는 선박은 BC코드 적합증서를 '국제해상고체산적화물규칙(MSBC코드) 적합증서'로 교체·발급받아야 한다.

또한 국제해사기구(IMO)는 1965년 제정되어 시행되어 오던 위험화물의 해상운송을 위한 적재방법 등을 규정한 규정을 보완·강화하여 '국제해상위험화물운송규칙(IMO International Maritime Dangerous Goods (IMDG) Code : IMDG Code)' 을 제정하였으며, 2012년 1월 1일부터 강제 적용되고 있다.

상기 두 가지 규칙(IMSBC Code와 IMDG Code)은 '해상인명안전협약에 관한 국제협약(The International Convention for the Safety of Life at Sea)'의 일부(SOLAS 1974의 제6장 및 제7장)이며, NYPE 2015 약관은 이러한 화물의 운송 및 취급과 관련하여 인명과 선박 및 화물의 안전을 도모하고자 하였다. 이러한 규정을 반영하여 용선선박과 선장은 선장(선박소유자)에게 이러한 규칙을 준수할 것은 물론 선장(선박소유자)은 이러한 규칙을 위반한 화물의 선적을 거부 및 이미 선적된 이러한 화물을 용선자의 비용으로 양하시킬 권한을 부여하였다.

(2) 국제안전관리규정(Clause 44 International Safety Management(ISM))

국제안전관리규정은 국제해사기구(IMO)가 해양사고의 대부분이 인적요인에 의해 발생 하는 것을 인식하고 해상인명안전협약(SOLAS) 규정 중의 일부(제9장)로 1994년 5월 개정한 후 1998년 7월 01일부터 점차적으로 강제 시행하게 된 규정이다.

이 규정은 국제해사기구(IMO)가 선박의 구조 및 설비와 같은 선박자체의 물리적인 측면의 국제협약 강화를 통해 선박의 안전과 해양사고를 방지하려고 하였던 노력에 추가하여 인적과실에 의한 해양사고를 방지하기 위해 선박은 물론 해운기업의 육상부서에도 안전관리체제를 수립하여 시행할 것을 요구하고 있다.

해운기업은 이 규정이 강제·발효된 이후 적정 육해상 부서가 운영할 안전관리체제를 수립하고, 이의 시행에 관한 별도의 조직을 갖추고 조직내부의 자체 감사는 물론 관련기관으로부터의 정기적인 심사를 받는 등 적극적으로 시행하여 왔다.

한편 용선시장에서는 용선계약체결시 용선자가 용선하려고 하는 선박은 물론 선박소유자가 국제안전관리규약(IMO)을 시행하며 이에 대한 증서를 비치하고 있는가의 여부를 확인하여 왔으며, 용선계약서 작성시 별도의 약관(rider clause)으로 추가하거나 약관의 내용에 삽입하기도 하였다. 이러한 현실을 참작하여 NYPE 2015에서 선박소유자와 선박이 국제안전관리 규약을 준수할 것을 약관으로 처음 도입·명문화한 것이다.

(3) 국제선박 및 항만시설 보안규칙(ISPS Code)/해상운송보안법(MTSA) [Clause 45 International Ship and Port Facility Security Code (ISPS Code)/Maritime Transportation Security Act (MTSA)]

국제선박 및 항만시설 보안규칙(ISPS Code)은 2001년 9월 11일 미국의 항공기납치테러 사건과 200년 10월 06일 프랑스 초대형 유조선 M/T Limburg호의 피격사건 이후, 국제해사기구(IMO)가 해상화물운송 선박과 항만시설에 대한 테러행위에 대비하고 보안을 확보하기 위해 제정한 국제규약이다. 국제해사기구(IMO)가 국제선박 및 항만시설 보안규칙(ISPS Code)을 제정할 때 미국의 해상운송보안법(US MTSA)을 참조로 하였다.

이러한 국제규약은 통상적으로 해당 국가의 몇 개 국가 이상이 서명하여야 한다거나, 서명한 국가의 선박의 톤수 합계가 전체 선박톤수의 몇 퍼센트 이상이 되어야 하는 등의 발효요건을 두고 있어서 규약이 제정된 후 실제 발효까지는 수년이 걸린다. 그러나 이 보안규칙(ISPS Code)은 묵시적 발효(수락) 절차에 따라 발효절차에 필요로 하는 기간을 단축하여 국제해사기구 설립 이래 가장 단기간인 1년 6개월 만에 발효되었다.

선박소유자와 선박과 회사는 국제 선박 및 항만시설의 보안에 관한 규약과 해상인명

안전에 관한 국제협약(SOLAS)(ISPS Code)을 준수하여야하며, 미국의 수출입화물을 운송(trading) 하거나 또는 미국 수역을 통과하는 경우에는 해상운송보안법(MTSA)을 준수하여야 한다.

그리고 용선계약서에서 달리 규정하고 있는 경우를 제외하고, 선박소유자(선박 및 회사포함) 또는 용선자가 이러한 규약이나 법 또는 본 조(this clause)의 요구사항을 준수하지 못함에 따라 발생한 손실, 손해, 경비 또는 지연(이들의 결과로 발생하는 손실, 손해, 비용 또는 지연은 제외하고)에 대한 것은 준수하지 못한 측이 부담하여야 한다.

한편 본 약관은 상기 두 규칙에 따라 선박과 관련하여 요구되는 사항은 선박소유자의 책임으로 수행되어야 하며, 항만과 관련하여 요구 되는 사항은 화물운송을 위해 선박을 운항하고 항만에 배선하는 용선자의 책임으로 수행하도록 분리하여 규정하고 있다.

선박소유자는 국제선박보안증서(ISSC)(또는 임시국제선박보안증서)의 사본과 선박소유자의 수석안전관리관(CSO)의 모든 연락처를 용선자에게 제공하여야 하며, 항만사정으로 선박의 보안을 강화하기 위해 보안요원을 승선시키는 경우 그 비용은 용선자의 부담이며, 용선선박이 최근에 기항하였을 때의 선박소유자와 선장 및 선원의 안전과 보안에 대한 태만이나 알려져 있는 특징이 있었을 경우에 승선하게 되는 보안요원의 비용은 선박소유자의 부담이다. 회교신자가 일부 선원으로 승선한 선박이 미국 항만에 입항하였을 때에 한때 무장 경관을 24시간 의무적으로 배치하여야 하였던 적이 있었으며, 이때의 비용은 선박소유자가 부담하였다.

한편 용선자는 선박소유자 그리고 선장에게 모든 연락처와 국제 선박 및 항만시설 보안규칙/해상운송보안법을 준수하기 위하여 필요로 하는 다른 정보를 선박소유자에게 제공하여야 한다. 재용선(sub-letting)하는 경우에도 선박소유자와 선장에게 똑같이 모든 재용선자의 모든 연락처를 반드시 전달하여야 한다. 뿐만 아니라 재용선계약에 "용선자는 선박소유자에게 용선자의 모든 연락처를 제공하여야하며, 용선계약의 조건에 재용선(sub-letting)이 허용된다면 모든 재용선계약자의 연락처를 반드시 선박소유자에게 똑같이 제공하여야 한다."라는 내용을 포함시켜야 한다.

또한 용선계약에 다른 어떤 내용이 있음에도 불구하고, 국제 선박 및 항만시설 보안규칙(ISPS Code)/해상운송보안법(MTSA)에 따라 당국이 요구하는 보안규정이나 보안조치(security measures)(보안요원배치, 통선제공(launch service), 선박호위, 보안 관련 요금 또는 세금과 검사 등에 국한하지 않고)와 관련하여 발생되었거나 이와 관련한 모든 지연, 비용(costs) 또는 경비(expense)는 용선자의 부담으로 한다.

그러나 이와 같은 비용과 경비가 오로지 선박소유자, 선장 또는 선원 또는 이전의 거래(trading), 선원의 국적, 선원의 입국사증, 선박의 국적 또는 선박소유자의 관리자의 정체성(identity) 등의 이유로 발생하였거나 선박소유자가 선박보안확보계획(Ship Security Plan)을 준수하기 위해 필요로 하는 모든 방안에 대한 것은 선박소유자의 부담으로 한다.

한편 어느 한쪽이 본 약관(조)에 따라 상대방이 지불하여야만 하는 것을 (대신) 지불한 경우에는 다른 한쪽이 (대신)지불한 상대방에게 보상하여야 한다.

(4) 제재(Clause 46 Sanctions)

용선자가 용선한 선박을 배선할 때에 어떤 국가, 초국가적인 또는 국제적인 정부간 조직이 부과하는 재제나 금지가 내려져 있는 운송과 거래 및 항해를 위해서 용선자가 내린 명령이 선박, 선박소유자, 관리자, 선원, 선박의 보험자, 또는 재보험자를 노출시키는 경우, 선박소유자는 용선자의 이러한 명령을 따르지 않아야 하며, 용선자에게 48시간이내에 대안항해를 지시할 것을 요구하여야 한다.

만약 용선자가 48시간이내에 대안항해를 지시 하지 않을 경우, 선박소유자는 선적되어 있는 화물을 (선적항을 포함하여) 안전한 항구에 양하할 수 있으며, 이와 관련한 모든 비용은 용선자가 부담하여야 함은 물론, 용선자는 이러한 문제와 관련하여 화주와 선하증권 소지자 및 재용선자가 선박소유자에게 제기한 모든 보상요구에 대하여 선박소유자에게 보상하여야 한다.

한편 용선선박은 이 기간 동안에도 용선상태가 지속된 것으로 간주되며, 용선자는 용선계약에 본 조의 이러한 내용이 편입되도록 하여야 한다.

(5) 용선계약과 발틱국제해운협의회의 지정 제재대상자 약관 (Clause 47 BIMCO Designated Entities Clause for Charter Parties)

본 약관은 유엔의 결의(resolution) 또는 무역 또는 경제제재, 또는 유럽연합 또는 미국의 법령(laws)과 규칙(regulations)에 따라 특정 선박과 선대, 특정인, 제재대상자(entities) 또는 단체에게 부과되는 제재(sanctions), 금지(prohibition) 또는 제한(restriction)과 관련하여 적용된다.

선박소유자와 용선자는 용선기간동안 이러한 제재, 금지, 제한 또는 제재대상자로 지정을 당하지 않도록 보장하여야 한다. 또한 선박소유자는 더 나아가 용선선박으로 지명된 선박이나, 또는 대체선박이 이러한 제재대상선박이 아닐 것을 보장하여야 한다. 그리고 용선자는 재용선계약을 체결하는 경우 더 나아가 재용선자, 송하주, 수화주, 또는 화물 이해관계자들이 이와 제재대상자로 지정되어 제한을 받지 않을 것을 보장하여야 한다.

그리고 용선계약의 계약당사자들은 다른 상대방이 위에 언급한 보장내용의 위반여부에 상관하지 않고, 자신이나 선박과 관련이 있는 정부의 법령과 규정을 준수하여야 한다. 그리고 선박소유자의 국적 적용은 물론 강요할 수 있는 권력기관으로부터의 명령(orders) 또는 지시(directions)를 따라야 한다. 만약 그와 같은 명령, 법률 또는 규정이 없는 경우에는 위반을 하지 않고 있는 계약당사자는 당장 용선계약을 종료할 수 있으며, 자신의 선택한 안전한 항구로 선박을 직행하도록 하여 그 항구에서 화물을 전부 또는 일부를 양하할 수도 있다.

한편 본 조(this Clause)의 약관의 내용에 상반되는 내용이 있음에도 불구하고, 선박소유자와 용선자는 양당사자 중 어느 일방에게 문제가 되는 어떤 국가의 법령과 규정의 위반을 구성하는 어떤 것도 하도록 요청하지 않아야 한다. 또한 본 약관의 조항에 따른 어떤 조치의 시행 여부가 용선계약으로부터 벗어난 것(deviation)으로 간주하지 않으며, 이 용선계약서의 성실이행으로 간주하여야 한다. 그러나 선박소유자나 용선자는 각기, 위에 언급한 보장내용을 위반함으로써 발생한 모든 손실(losses), 손해(damages), 비용과 벌금에 대하여 다른 상대방에게 배상하여야 한다.

또한 용선자는 본 약관의 내용이 모든 재용선계약, 운송계약과 본용선계약에 따라 발행되는 선하증권에 편입되도록 하여야 한다.

(6) 평형수 교환 약관(Clause 51 Ballast Water Exchange Regulation)

선박의 공선항해시 적정 흘수유지 등 항해에 적절한 선박의 상태를 확보하기 위해 화물을 양하한 양항(discharging port)에서 평형수 탱크(ballast tank)에 평형수를 주입하며, 적항(loading port)에서는 화물 선적시 화물 적재상태에 따라 평형수를 배출하게 되며, 만재시에는 모든 평형수를 배출한다. 이때에 바닷속에 살고 있는 약 7,000여종이 넘는 박테리아나 플랑크톤 등의 각종 유·무해 해양생물이 함께 적항(loading port) 항만에 배출되며, 이러한 평형수의 국제간 이동량이 연간 50억 톤이 넘는 것으로 추산하고 있다.

이로 말미암아 양항의 이러한 미생물이나 플랑크톤이 적항에 옮겨지는 것을 방지하기 위해 보다 청정한 해역에서 평형수를 교체하고 이를 항해일지에 기록하여야 하며, 평형수 교체에 필요한 시간, 위험 및 비용은 용선자의 부담으로 한다는 약관이다.

한편 국제해사기구는 더 나아가 평형수 탱크의 새로운 구조를 필요로 하는 평형수관리규정(Ballast Water Management: BWM) 을 2004년에 채택하였다. 이 규정에 의하면 신조선박은 건조시에 평형수 처리시설을 탑재하여야 하고, 이미 운항 중인 선박은 2020년까지 관련 시설을 설치할 것을 의무화하고 있다. 이규정은 30개국 이상이 협약을 비준해야 하고, 비준국 보유 선박의 선복량(만재적하톤수; DWT)이 전 세계 선복량의 35% 이상이 되어야 하며, 이 기준이 충족된 후 12개월 후 협약이 발효된다고 규정하고 있다. 국제해사기구(IMO)에 따르면 2015년 11월 25일 현재 한국과 일본 등 44개국이 협약을 비준해 30개국 기준은 넘었지만, 선복량은 34.56%로 발효 조건에 약간 못 미친다.

만약 이러한 규정이 정식으로 발효되면 표준정기용선계약서에 약관의 내용으로 포함되기 전까지는 용선계약서의 추가조항(rider clause)으로 추가 될 것이다.

(7) 용선자의 수출입화물정보 사전 통지의무 약관(북미 및 유럽)

운송화물을 수배하고 화물에 대한 정보를 정확히 파악하고 있는 용선자에게 북 미(미국과 캐나다)와 유럽연합의 세관 및 미국의 통계청 규정을 준수하여야 하며, 이에 따라 화물정보를 사전에 통보하여야 하는 등의 의무를 부과하는 다음과 같은 세 가지 약관을 NYPE 2015에 도입하였다.

① 정기용선계약과 발틱국제해운협의회의 북미화물사전통지 약관(Clause 48)
② 정기용선계약과 발틱국제해운협의회 미국통계청 위임 자동수출신고 시스템 약관(Clause 49)
③ 정기용선계약 2012와 발틱국제해운협의회 유럽화물사전신고 약관(Clause 50)

한편 다음의 세 가지 내용은 상기 약관에서 공동으로 적용된다. 첫째, 상기 약관을 적용할 때에 용선자는 운송인의 역할을 떠맡아야 한다. 그러나 해당 약관에 따라 세관 및 통계청의 규정준수 목적을 위해서 용선자에 의한 운송인의 역할의 인수는 선하증권, 다른 계약, 법 또는 규정에 있어서의 운송인의 위치(identity)와는 관련이 없어야 한다.

둘째, 용선자가 상기 약관의 규정을 준수하지 못함으로서 발생한 모든 손실(loss) 손해(damage)(그 결과로부터 발생한 손실 그리고/또는 손해를 포함하여), 비용, 과태료(fines), 벌금(penalties), 법률비용 및 모든 보상요구에 대하여 책임을 떠안아야 하며, 선박소유자를 방어하며, 선박소유자에게 보상하여야 함은 물론 선박소유자에게 손해가 없도록 하여야 한다.

셋째, 용선자가 상기 약관의 규정을 준수하지 못하여 지연(delay)이 발생하였다면,

본 용선계약서에 반대의 규정이 있을지라도, 선박은 용선상태가 유지된 것으로 하여야 한다.

가. 정기용선계약과 발틱국제해운협의회의 북미화물사전통지 약관 (Clause 48 BIMCO North American Advance Cargo Notification Clause for Time Charter Party)

만약 선박이 미국 또는 캐나다의 수입화물을 향 화물을 선적 또는 운송하거나 미국이나 캐나다 항만을 통과하는 경우에는 용선자는 미국세관규정(19 CFR 4.7) 또는 캐나다의 국경통과관리기관(Border Service Agency)의 규정을 준수하여야 한다. 또한 이와 같은 규정의 적용을 위해서는 운송인의 역할을 떠맡아야 하며, 용선자 자신의 이름, 시간과 비용으로 표준운송인식별고유번호(Standard Carrier Alpha Code(SCAC))/캐나다세관운송인식별고유번호(Canada Customs Carrier Code)를 제시, 미국과의 거래를 위한 국제운송인본드(International Carrier Bond(ICB))를 예치 및 미국세관에 자동적하목록신고제도(Automated Manifest System(AMS)) 또는 캐나다 세관에 자동상업정보신고제도(ACI Automated Commercial Information(ACI))를 이용한 화물신고서를 제출하여야 하여야 한다.

또한 선박소유자에게는 이러한 규정과 관련하여 적절한 조치가 취해졌다는 것을 시간에 맞게 통지·제공하여야 하며, 제출한 화물신고서 사본을 동시에 선박소유자에게 제공하여야 한다.

나. 정기용선계약과 발틱국제해운협의회 미국통계청 위임 자동수출신고 시스템 약관(Clause 49 BIMCO US Census Bureau Mandatory Automated Export System (AES) Clause for Time Charter Parties)

만약 선박이 미국의 어떤 항구 또는 장소에서 화물을 선적한다면, 용선자는 미국 통계청규정(US Census Bureau Regulations (15 CFR 30))을 준수하여야 한다. 그와 같은 규정의 적용을 위해서는 용선자는 운송인의 역할을 떠맡아야 하며, 용선자 자신의 이름, 시간과 비용으로 표준운송인식별고유번호(Standard Carrier Alpha Code(SCAC))를 제시, 국제운송인본드(ICB: International Carrier Bond)를 예치 및 자동수출신고제도(AES)에 따라 수출해송목록(export ocean manifest)을 미국통계청에 제출하여야 한다. 또한 선박소유자에게는 이러한 규정과 관련하여 적절한 조치가 취해졌다는 것을 시간에 맞게 통지·제공하여야 하며, 제출한 수출해송목록(export ocean manifest)의 사본을 동시에 선박소유자에게 제공하여야 한다.

다. 정기용선계약 2012와 발틱국제해운협의회 유럽화물사전신고 약관 (Clause 50 BIMCO EU Advance Cargo Declaration Clause for Time Charter Parties 2012)

만약 선박이 어떤 유럽항구 또는 장소에서 유럽의 항구 또는 장소 밖으로(수출되는) 화물을 선적하거나, 또는 유럽의 외부에서 유럽 항만이나 장소로 향하거나 유럽항만이나 장소를 통과하는 화물(수입되는)을 선적하는 경우에는 용선자는 유럽화물사전신고규정(the Security Amendment to the Community Customs Code, Regulations 648/2005; 1875/2006; and 312/2009)을 준수하여야 한다.

또한 용선자 자신의 이름, 시간과 비용으로 경제운영자등록과고유식별번호(an Economic Operator Registration and Identification (EORI) number)를 제시야야 한다. 그리고 선박소유자에게 적절한 조치가 취해졌다는 것을 시간에 맞게 통지·제공하여야 한다.

한편 수출화물의 경우, 수출화물세관신고서, 또는 세관신고 또는 재수출(re-export) 통지가 필요하지 않다면, 반출(exit)신고 내용의 요약을 제출하거나 또는 제출을 수배하여야한다. 또한 수입화물의 경우 반입신고 내용의 요약을 제출하거나 또는 제출을 수배하여야 한다.

한편 해당 세관당국에서 달리 허락하지 않는 한, 그와 같은 신고는 전자문서로 세관당국에게 제출되어야 한다.

제4절 선체용선계약의 주요약관 및 해설

선체용선계약은 정기용선계약과 같이 선박사용계약으로서 많은 내용이 정기용선계약과 동일하거나 유사하므로, 정기용선계약과 다른 내용 또는 선체용선계약에만 있는 규정에 대하여 최근에 발틱국제해운협의회(BIMCO)가 작성한 표준선체용선계약서인 Barecon 2001을 중심으로 살펴보고자 한다.

한편 선체용선계약은 선체용선기간 만료 시 용선자가 소유권을 취득하는 소유권취득조건부 선체용선계약이 대부분이며, 선박소유자가 금융기관인 경우가 대부분이기 때문에 직접적인 선박운항에 관심이 적고 선체용선계약을 금융거래와 투자의 한 방안으로 간주하므로, 선체용선계약의 내용은 용선자인 해운기업이 선박을 확보하기 위해 선박소유자인 투자자로부터 금융을 차입하는 내용과 이와 관련된 사항을 포함하는 등 표준계약서의 내용이 변경되어 작성되고 있으며, 선체용선계약서 자체도 관련되는 전체 계약서 중의 하나에 불과하다.

1. 선체용선계약서의 구성

용선계약서는 해운시장에서의 상관행과 법령(commercial practice and legislation)의 변경 등으로 개정을 필요로 하는 내용과 상황을 반영하여 관련기관에서 표준계약서를 재작성한다. 가장 최근에 작성된 Barecon 2001은 아래와 같이 5개 부문(Part)으로 구성되어 있다.

① Part I은 선체용선계약의 내용 중에서 중요한 부분을 항목별로 박스(box)에 표시하고 있다.

② Part II는 선체용선계약의 일반적인 내용으로 구성되어 있다.

③ Part III는 신조선박에만 적용되는 내용이며, 선박소유자와 용선자가 상호 합의하여 적용하는 선택사항이다. 선박소유자가 용선자에게 대선할 선박을 신조하는 경우 용선자가 선박건조의 초기과정에서부터 건조에 참여하는 내용을 포함하고 있다.

④ Part IV는 선체용선계약이 만료되는 시점에 선체용선자의 선박소유권 취득(Hire Purchase Agreement)에 관한 내용이며, 이 내용도 선박소유자와 용선자간에 협의하여 결정하는 선택사항이다.

⑤ Part V는 선체용선자가 선박운항에 편리한 국적으로 변경하여 등록하는 것에 관한 내용이다. 선체용선계약은 대부분 장기계약이다. 선체용선자가 장기적으로 선박을 운항할 때에 선박소유자와 협의하여 선체용선기간 동안에 선박소유자가 등록한 선박의 국적을 선체용선자가 선박을 운항하기에 보다 편리한 국적으로 변경하여 등록하는 경우에 적용되는 내용이며, Barecon 2001에 새롭게 추가된 내용이다.

한편 선체용선계약의 약관을 적용하거나 해석할 때에 'Part I과 Part II의 해석이 상충되는 경우에는 Part I의 내용이 우선하며, Part I/Part II 내용과 Part III, Part IV 및 Part V의 내용이 상충되는 경우에는 Part I/Part II의 내용이 우선한다.' 라고 Barecon 2001의 Part I에 규정하고 있다.

2. 선체용선계약의 정의

선체용선계약은 선박소유자가 선박(선체)만을 선체용선자(bareboat charterer)에게 대선하고 선체용선자는 용선기간동안 이 선박에 대한 배타적 점유·지배권을 가지고 선장과 선원의 배승과 선박운영을 담당하고 이에 필요한 비용 일체를 부담하며, 선박을 이용하여 수익하는 대가로 선박소유자에게 선박의 자본비(선박소유자의 선박확보 비용) 성격의 용선료를 지불할 것을 약정하는 선박사용계약을 말한다. 선체용선자는 선박의 소유권에 관련된 사항만을 제외하고 선박소유자의 위치에 있게 되어 관리선박소유자(disponent owner)가 되는 용선계약이다.

3. 선체용선계약의 특성

선체용선계약을 체결할 때에는 반드시 선체용선계약이라는 문언을 계약내용에 표시할 필요는 없으며, 용선자가 선박을 점유하여 관리·사용하는 정황으로부터 선체용선계약임을 알 수 있다. 선체용선계약은 다음과 같은 특성을 가지고 있다.

첫째, 선체용선자 또는 선박임차인은 용선기간동안 용선선박의 점유·지배권 및 항해상의 지휘·명령권을 가지고 있다는 점에서 다른 용선계약의 용선자와는 그 법적 지위를 달리한다. 항해용선계약이나 정기용선계약에서는 선박소유자는 해상운송인으로서 용선자(화주)가 계약항차에 제공한 화물을 운송할 것을 인수하거나(항해용선계약), 계약기간동안 용선자가 확보한 화물을 운송할 것을 인수하게 되는 반면(정기용선계약), 선박임대차계약의 하나인 선체용선계약에서는 선박소유자가 용선자에게 계약기간동안 선박을 점유·이전시키며, 용선자는 이 선박을 자신이 선택한 화물을 운송하기 위한 해상운송 수단으로 사용하여 수익할 수 있다.

둘째, 선장과 선원을 선임 및 해임을 할 수 있는 권리가 선박소유자에게 있지 않고 선체용선자에게 있다. 따라서 선장과 선원은 선체용선자의 피용인의 신분을 가지게 되고, 선장과 선원은 선박소유자의 대리인 또는 이행보조자가 아니며 선체용선자 또는 선박임대차인의 대리인 또는 이행보조자이다.

셋째, 선체용선자는 용선기간동안 용선선박의 자본비를 제외한 일체의 운영비(선원비 및 입거를 포함한 선박 보수유지비, 선체 및 P&I 보험료, 윤활유비, 선박에서 필요로 하는 기부속 및 소모품비 등)와 화물을 운송하기 위해 필요한 연료비를 포함한 일체의 선박운항비를 부담한다.

넷째, 선체용선계약은 순수한 용선계약이라기보다는 선박금융의 한 형태로 선박을 대상으로 한 '금융리스계약(finance lease contract)'인 '금융 선체용선계약(financing bareboat charter contract)'의 경우가 대부분이다. 충분한 자본력을 가지고 있는 투자자나 선박소유자가 투자하여 확보한 선박을 자본이 부족하여 선박확보에 어려움을 겪고 있는 다른 선박소유자에게 대선(chartering out)하되, 계약기간 만료 시 선체용선자가 소유권을 취득할 수 있는 금융리스 형태의 계약을 체결함으로써 금융차입계약의 성격을 띠는 선박금융기법 중의 하나가 되고 있다.

또한 선체용선계약과 선박선도계약(demise charter)인 경우 선박소유자는 선박금융시장에서 자금을 조달하여 선박을 구입·확보만 하고 선박의 운영과 관리는 보다 전문적인 노하우(knowhow)가 축적된 선박관리회사(ship management company)와 선체용선자에게 일임하는 선박운영 형태의 측면에서도 일종의 선박금융계약이라고도 볼 수 있다.

다섯째, 선체용선계약은 계약기간이 장기이며, 소유권취득조건부 선체용선계약이 대부분이다. 계약기간 만료 시 선박소유자에게 선박을 반선(re-delivery)하는 단순나용선계약(bareboat charter without purchase option)과 계약기간만료 시에 용선자가 선박의 소유권을 취득할 수 있는 선택권이 있는 소유권취득조건부 선체용선계약(bareboat charter with hire purchase)의 두 가지 종류가 있다.

전체 용선계약 중에서 선체용선계약이 차지하는 비중은 크지 않지만, 케이프사이즈(capesize) 부정기 시장에서 철광석이나 석탄과 같은 대량화물의 운송이나, 원유와 액화천연가스(liquified natural gas; LNG)와 같이 운송시 선내 특수구조를 필요로 하는 선박들 중 상당수가 소유권취득조건부 선체용선계약으로 운항되고 있다.

한편 우리나라 대부분의 선박소유자들은 선체용선계약이 만료되고 상환이 완료되는 시점에 소유권을 취득하는 경우, 선박을 외국적이 아닌 우리나라 국적으로 등록할 것을 의무화하는 하는 국적취득조건부 나용선계약(Bareboat Charter with Hire Purchase: BBCHP)에 의해 선박을 확보하여 왔다.

여섯째, 선박소유자가 선체용선계약으로 대선할(chartering out) 선박을 확보하는 과정에 선체용선자가 참여하는 경우가 많다. 이것은 선박소유자는 단지 선박을 장기의 투자의 대상으로 간주하는 금융기관이 대부분인 반면, 용선자는 실제로 선박을 장기간 운항하고 사용하여 수익을 창출하려고 하는 당사자이므로 보다 효율적이고 수익성이 보장되는 선박을 용선하고자 할 뿐만 아니라, 용선기간만료 시 소유권을 취득하여 자신의 선박이 되기 때문이다. 따라서 선박소유자가 대선할 선박을 신조하거나 중고선의 매입을 통해 선박을 확보하는 과정에 선형 및 선박의 사양(specifications)의 결정에 선체용선자가 적극적으로 참여한다.

일곱째, 선체용선자가 해운시황의 변동에 대한 부담은 물론 선박의 운영 및 운항비용 증가에 대한 부담을 지게 된다. 즉 선체용선자는 용선한 선박을 이용하여 화물을 운송함으로써 수익을 창출하므로, 선체용선자는 해운시장에서의 시황변동위험 (market risk)에 직접적으로 노출되며 운임수준에 따라 선체용선자의 수익이 크게 달라진다.

또한 선체용선자는 용선선박의 운영비(선원비, 보수유지비, 보험료 및 기부속 보급비용 등)의 가격상승에 대한 일체의 위험뿐만 아니라, 화물운송에 필요한 운항비(선박연료비, 항비 및 화물취급비용 등) 상승에 대한 일체의 위험도 떠안아야 한다.

또한 기후의 변화, 노사분규, 전쟁 그리고 체선 등에 관한 위험(운항위험, operational risk)도 선박소유자가 아닌 용선자의 부담이며, 계약기간 동안 화물을 적재하지 못한 공선항해에 대한 책임으로부터도 당연히 선박소유자는 제외되며 용선자가 부담한다.

여덟째, 선박소유자는 계약기간동안 해운시황의 변동과 운영비나 운항비의 변동에 영향을 받지 않고 안정된 수익을 보장받을 수 있으며, 회계상 수지가 분명해지므로, 그에 따라 기업의 예산편성 및 집행에 정확성을 기할 수 있다.

그러나 정기용선계약인 경우와 같이 선박소유자는 계약기간동안 해운시황이 악화되어 운임과 용선료가 낮아지는 상황으로부터도 보호받을 수 있으나, 해운시황의 상승과 호황으로 용선료가 큰 폭으로 상승하여도 용선자와 이미 합의·계약된 용선료만을 수취하게 되므로 시황상승에 따른 추가이익을 포기할 수밖에 없다.

한편 선원비 및 선박의 보수유지와 보험료 등과 같은 선박의 운영비용이 선체용선 용선료에 포함되지 않음으로 선박소유자가 용선자로부터 받게 되는 용선료의 수준은 그만큼 낮다.

위와 같은 선체용선계약의 특징을 종합하여 볼 때, 선체용선계약은 투자자(선박소유자)가 고가의 자산인 선박을 장기적 투자대상의 하나로 간주하고 선박에 투자하여 자산을 확보하며, 선체체용선자와 장기의 용선계약을 활용하여 투자자산에 대한 수익의 제고에 그 목적을 두고 있는 선박리스계약이다.

즉, 투자자(선박소유자)는 통상적으로 여타 용선계약보다 상대적으로 장기인 선체용선 계약기간동안에 용선자로부터 받게 되는 선박확보(건조 또는 구입) 비용에 해당하는 자본비 성격의 비용과 선박소유자의 이익을 포함한 수준의 용선료와 계약기간 만료시 선박의 매각을 통한 매각차익 등 두 가지 방법을 통해 투자를 회수하고 투자수익을 제고할 수 있는 목적을 달성한다.

또한 선체용선자는 선체용선기간동안 용선료를 지불하고 선박소유자로부터 계약기간 동안 소유권만을 제외한 선박의 운영 및 관리와 운항에 대한 일체의 모든 책임과 권한을 양도받으며, 해당선박의 관리선박소유자(disponent owner)가 된다. 따라서 용선기간동안 선박소유자는 해운시황의 변동에 따른 운임변동위험이나 선박운영과 운항에 필요한 비용의 변동위험에도 무관하게 되며, 선체용선자가 이러한 부담을 감내하고 자신의 상업적인 목적을 위해 선박을 운항한다.

4. 선체용선계약의 주요약관 및 내용

1) 용선기간

선체용선계약은 소유권취득조건부 선체용선계약의 경우가 대부분이기 때문에 선체용선의 용선기간은 정기용선기간에 비하여 비교적 장기인 경우가 대부분이다. 따라서 짧아도, 보통 1~2년 이상이며 신조선박을 소유권취득조건부로 선체용선하는 경우에는 선가상환기간과 연계되어 있으므로 거의 대부분 5년 이상이다. 어떤 경우에는 용선기간이 선가상환종료시점까지인 경우도 있으며 이런 경우에는 10년 이상 15년인 경우도 있다.

용선기간은 선박이 선체용선자에게 인도되었을 시점에 시작되며, 선박이 선박소유자에게 반선되었을 시점에 만료된다. 그 시점을 결정하는 방법은 정기용선의 경우와 유사하다.

2) 본선의 인도 및 반선

선체용선계약에서의 선박의 인도 및 반선에 대하여 두 가지로 나누어 살펴본다.

첫째, 선체용선 선박의 인도 및 반선과 관련하여, 선체용선과 같이 또 다른 선박사용계약인 정기용선계약에 따라 선박을 인도하는 경우와 동일 또는 유사한 통상적인 약관의 내용을 살펴본다. 선박소유자가 단독으로 신조완료한 선박이나 중고선박에 대한 선체용선계약을 체결하는 경우가 될 것이다.

둘째, 선박소유자가 선박을 신조하는 과정에 선체용선자가 적극 참여하여 건조한 선박에 대한 선체용선계약을 체결하는 경우이다. 대부분 조선소에서 선박을 건조완료하는 즉시 선체용선자에게 선박을 인도하는 경우에만 적용하는 특이한 약관의 내용에 대하여 살펴본다.

(1) 선박의 인도 및 반선에 관한 통상적인 약관의 내용

용선계약은 본선을 선체용선자에게 인도(delivery)함으로써 개시되고 선박소유자에게 반선(re-delivery)함으로써 종료된다. 본선의 인도와 반선에 관한 예정일시, 장소의 지정, 상대방에 대한 통지의무, 해약기일, 최종항해를 위한 계약기간의 연장 및 축소 및 허용 등에 관해서는 정기용선의 경우와 대략 동일하며 연료, 소모품 및 식료품 등의 잔존량은 선박의 인도 시에는 용선자가 인수하고, 반선 시에는 선박소유자가 인수하되 그 가격은 해당 항구에서의 시가를 기준으로 한다. 그러나 선박소유자와 용선자간에 상호 합의하여 다른 방법으로 연료가격을 정할 수 있다.

본선의 인도 시에 선박소유자는 선박의 감항능력을 담보하여야 하며, 계약기간의 만료 후에는 선체용선자는 본선을 인도 당시와 같은 상태로 반선하여야 한다. 선체용선자가 선박소유자에게 반선할 때 선박의 일반적인 손실 및 손상이라고 할 수 있는 자연적인 손모(損耗, general wear and tear)에 대해서는 선체용선자가 선박소유자에게 배상할 책임이 없으나, 선체용선자가 자연적인 손모의 정도를 넘는 선박의 손실 및 손상에 대하여 선박소유자에 대한 책임을 면하기 위해서는 그것에 대한 무과실을 입증하여야 할 책임이 있다.

선체용선자는 본선의 이용에 편리하도록 선박소유자의 승인을 얻어 설비 및 선체구조를 변경할 수 있으나 반선 시에 선박소유자의 요구가 있으면 선체용선자의 비용으로 원래의 상태로 복구시켜야 한다. 일본의 표준양식에는 선체용선자가 보충한 속구에 관하여 선박소유자에게 아무런 청구를 할 수 없음을 명기하고 있다.

본선의 인도 및 반선 전에 본선의 상태를 확인하기 위하여 인도 시에는 선박소유자가, 반선 시에는 선체용선자가 각기 선박의 검사비용을 부담하여 선저검사를 시행하고, 만약 수리할 필요가 있으면 수리비용은 검사를 행하는 측이 부담한다. 미국식 양식에도 본선의 상태확인을 위한 검사(survey)규정이 있으나, 그 비용부담에 대해서는 반대로 인도 시에는 선체용선자가, 반선 시에는 선박소유자가 부담하도록 되어 있다.

(2) 선체용선자가 신조과정에 적극 참여한 선박의 인도

조선소에서 선박소유자가 선박을 신조할 때에, 용선자가 장기간에 걸쳐 사용수익할 선박의 운항효율성을 높이기 위해 선박제원(particulars)의 결정을 포함한 선박신조계약의 체결과 건조기간동안에 자신의 신조감독을 파견하는 등 선체용선자가 용선할 선박의 신조과정에 적극 참여하기도 한다. 이렇게 신조한 선박에 대하여 선체용선계약을 체결하는 경우, 선박의 인도시기 및 장소에 대하여 살펴본다.

또한 신조선박의 인도 및 인수와 관련하여 어떠한 이유로 조선소가 선박소유자(발주자)에게 선박의 인도를 거절하는 경우와, 선박소유자(발주자)가 조선소로부터 신조선박의 인수를 거절하는 경우가 발생하는 경우, 선체용선계약의 효력 및 이때의 선박의 인도에 대하여 살펴본다.

가. 선박의 인도 및 시간과 장소

용선자가 용선계약에 따라 신조선박을 인수하는 경우 '선박소유자가 조선소로부터 선박의 인수를 거절할 수 있지 않는 한 어떠한 경우에도 선체용선자는 선박의 인수를 거절할 수 있는 자격이 주어지지 않는다.'라고 규정하고 있다[Part III, Clause 2(c)(iii)]. 따라서 특별한 사유가 없는 한 선체용선계약에 명기된 선박인도 날짜보다 이전에 또는 이후에 선박건조완료가 이루어진다하여도 용선자는 선박건조완료 즉시 선박을 인수하여 용선을 개시하여야 한다. 이것은 조선소의 선박의 건조일정에 따라 선박건조완료 일자가 달라질 수 있기 때문이며, 선박소유자가 선박건조 일정을 조정하는데 한계가 있음을 인정한 것이다.

한편 선박을 조선소에서 신조하기 때문에 선체용선자에게 선박을 인도하는 장소는 특별히 규정하지 않는 한 대부분의 경우 조선소가 된다.

나. 조선소가 선박을 인도하지 않는 경우의 선체용선계약의 효력

선박을 건조하는 도중에 선박소유자의 잘못이 아닌 이유로 인해 조선소가 선박을 인도하지 않아도 되는 경우에는 선체용선계약은 효력이 소멸된다(Part III Clause 2(b).

다. 선박소유자의 신조선박 인수거절시의 선체용선자의 선박인수 [Barecon 2001, Part III Clause 2(c)]

선체용선자는 일반적으로 장기운송계약의 수행 또는 다른 목적으로 선박을 장기적으로 운항할 계획을 수립하였기 때문에 항해용선이나 정기용선이 아닌 선체용선계약을 체결하는 경우가 대부분이다. 따라서 선박을 조선소에서 신조하는 동안 선박소유자는 사정에 의해 이 선박을 확보할 필요성이 없어졌기 때문에 선박의 계속 건조와 인수를 하지 않기로 결정하였다 하더라도, 선체용선자는 이 선박을 필요로 하게 된다. 이 경우 선체용선자가 조선소로부터 선박을 인수·확보할 수 있도록 선박소유자가 협조하여야만 한다.

따라서 선박소유자가 선박신조계약에 따라 조선소가 건조한 선박을 인수하지 않게 되는 경우, 이러한 조치를 취하기 전에 선체용선자와 협의하여야 하며, 선체용선자는 다음과 같은 조치를 취할 수 있다.

① 만약 선체용선자가 선박을 선체용선하기를 원하지 않는 경우에는 용선자는 7일 이내에 선박소유자에게 이 사실을 서면으로 통보하여야 하며, 선박소유자가 용선자의 서면 통보를 받자마자 선체용선계약은 더 이상 효력이 없게 된다.

② 만약 선체용선자가 선박을 선체용선하기를 원한다면, 7일 이내에 선박소유자에게

이 사실을 통보하여야 하며, 선박소유자는 선박인도 거절에 대한 조치를 중단하여야 한다. 또한 선박소유자는 조선소와 선체용선자간의 선박의 인수 및 인도에 관하여 협의 및 협조하여야 한다.

③ 선박소유자가 조선소로부터 선박의 인수를 거절할 수 있지 않는 한 어떠한 경우에도 선체용선자는 선박의 인수를 거절할 수 있는 자격이 주어지지 않는다.

④ 상기 (나) 또는 (다)항에 의하여 선체용선계약이 종료되는 경우에는 선박소유자는 선체용선자에게 선체용선계약에 따라서 또는 이와 같은 선체용선계약의 종료에 따른 어떠한 책임도 지지 않는다.

(4) 선박의 인도지연에 대한 보상

선체용선자가 선박의 제원 등에 대해 만족할 만한 상태로 건조되고 시운전이 완료된 경우에 선체용선자는 선박신조계약에 명시된 장소에서 선박을 인수하여 용선하여야 한다. 이때에 명시적 또는 묵시적인 사항임을 불문하고 선박의 감항성이나 인도지연에 대한 조건(conditions) 및 고지(representations) 와 담보(warranties)사항에 대하여 원칙적으로 선박소유자에게 어떠한 보상을 요구하지 못한다[Part III, Clause 1(d)]. 그러나 조선소와 선박소유자와의 선박건조계약시 계약서에 선박의 조기건조 완료 및 건조지연에 대한 규정을 명시하고 있으나, 선체용선계약과는 일반적으로 무관하다.

그러나 만약 선체용선자가 선박의 인도지연에 따른 손실이나 이에 대한 보상을 받기 위하여 발생한 비용은 박스41(c)[Part I]에 명시된 자가 부담하며, 명시되지 않은 경우에는 당사자들이 공동으로 균등·분담한다(shared equally).

3) 선박의 운영 및 관리

선체용선자는 본선을 양호한 상태로 관리하고 운영하여야하며, 선박소유자로부터 인수할 때와 실질적으로 같은 상태를 유지하기 위하여 용선자의 부담으로 선박에 대한 필요한 조치를 취하여야 한다. 또한 만약 용선자가 선박소유자로부터 감항능력을 갖춘 선박을 인수한 이후 반대의 계약(조항)이 없는 한 선박의 고장(breakdowns)이 발생하였다하여 그 기간 동안 용선계약의 효력이 중단(off-hire)되지 않고 용선료도 선박소유자에게 지불되어야 하며, 선박에 대한 정기적인 점검이나 일체의 수리비용도 선체용선자가 부담하는 등 선박을 인수한 후 발생하는 선박의 고장에 대한 수리비용과 고장으로 인한 운항중단에 대한 위험을 선체용선자가 전적으로 부담하여야한다.

이것은 정기용선계약에서는 선박의 보수유지 등의 업무가 여전히 선박소유자가 수행하므로 선박고장으로 인한 운항중단이 선박소유자의 귀책사유가 되어 용선료가 지불되지 않지만, 선체용선계약에서는 이러한 보수유지 등의 업무를 선체용선자가 수행하기 때문이다.

(1) 선장과 선원의 임면

선체용선계약에서는 선체용선자가 선장 이하 모든 선원을 고용하여 지휘하고 감독하며, 선박을 운항하는 동안 이들을 통하여 선박을 마치 자기 소유의 선박처럼 점유하게 되며 선체용선자의 상업적인 목적달성을 위해 선박을 임의로 사용할 수 있게 된다. 이 점이 선체용선계약이 다른 용선계약과 구별되는 가장 본질적인 규정이라 할 수 있다. 그러나 만일 선박소유자가 선체용선자의 선장 또는 기관장의 임명을 불만족스럽게 생각할 때 정당한 사유에 의하여 선박소유자는 선체용선자에게 선장 또는 기관장의 해임을 요구할 수 있다.

(2) 선박의 보수유지

선체용선자는 본선을 자기의 소유선박처럼 운항할 수 있는 관리권을 갖기 때문에 본선의 사용과 운항 및 보존에 필요한 모든 경비를 부담하고, 선박소유자는 선박의 확보에 필요한 선가상환비용 및 감가상각과 같은 자본비용과 본선의 인도 또는 반선시의 검사비 등만 부담한다.

그러나 이러한 경비부담 관계는 계약서양식에 따라 약간의 차이가 있고 또 당사자의 합의에 따라 조건을 변경할 수 있다. 선체용선자의 비용부담과 관련하여 주의할 사항에 대하여 다음과 같이 살펴본다.

가. 선박의 보수유지비용

선체용선계약이 정기용선계약과의 두드러진 차이는 선체용선자가 선박운항의 자율권을 지닌다는 것이다. “to be in full possession of and at the absolute disposal for all purposes of the charterers and under their complete control and in every respect”와 같이 명확히 선체용선자에게 자율적인 운항권한을 부여하나, 선박의 유지 및 수리에 대한 책임도 동시에 지게 한다.

따라서 선체용선자는 본선을 양호한 상태로 관리하고 인수 시와 실질적으로 동일한 상태를 유지해야하기 때문에 본선을 정기적으로 점검하고 또 필요하면 수리를 해야 한다. 그러므로 이러한 수리비용 및 유지비용은 당연히 선체용선자가 부담해야 한다. 따라서 중고선을 선체용선하는 경우, 용선계약체결 후 단기간 내에 선박에 대해 보다 철저한 검사를 시행하게 되는 정기검사를 받게 되는 시기가 도래된다면, 선체용선자가 정기검사에 필요한 거액의 수리비용을 부담하게 되므로 선체용선자 입장에서는 인수 시에 선박의 상태에 대한 보다 철저한 검사가 필요하다.

또한 선체용선자가 선박을 인수한 후 12개월 이후에 선박의 어떤 하자가 발견된 경우, 비록 선박의 잠재하자(latent defect)일지라도 용선자의 시간과 비용으로 수리하여야 한다. 다만 용선자가 선박을 인수한 이후 12개월 이전에 발견된 잠재하자의 수리비용은 선박소유자가 부담하나 이때에도 수리에 소요되는 시간은 여전히 용선자의 부담이며 용선자는 선박소유자에게 용선료를 지불하여야 한다.

나. 보험료

선박의 보험부보 문제도 다른 계약과 차이점을 보이는데, 선체용선계약의 경우, 용선 선박의 해상위험과 전쟁위험 등으로부터의 물적 손해에 대비하여 선체와 기기(hull and machinery)보험, 전쟁보험과 P&I보험 등에 대하여 선체용선자의 단독비용으로 부보하여야 하고 보험료도 선체용선자가 지불해야 한다.

그러나 선박이 전손(total loss)처리 되었을 때, 보험자로부터 지급되는 전손보험금의 규모는 선체의 부보가액에 따라 결정되며, 보험에 부보하고 보험료를 지불한 선체용선자가 아닌 선박소유자에게 지급된다. 따라서, 선박의 가치와 부보가액은 양 당사자간에 충분히 협의한 후 보험에 가입하여야 하며, 선박을 부보하는 즉시 보험증권 사본을 선박소유자에게 송부해야 한다.

한편 정기용선계약에서는 선박소유자와 정기용선자가 구조로 인한 이익을 공유해야 하나, 선체용선계약에서는 선체용선 기간 동안 용선선박이 인명이나 선박을 구조(salvage)하는 경우, 선체용선자 단독이득으로 처리되며, 구조 중에 발생한 선박손상도 선체용선자가 단독으로 책임을 져야 하고, 용선자의 단독비용으로 수리하여야한다. 이때 선박의 수리에 대한 보험자(보험회사)의 보상금인 보험금은 선체용선자에게 지급된다.

한편 만약 공동해손이 발생한 경우 선체용선자는 용선선박의 재용선자에게 공동해손의 분담을 청구할 수 있으며, 선체용선자로부터 선박을 재용선한 자(예: 재정기용선자)가 선하증권을 발행한 경우 재정기용선자에게도 공동해손 분담을 청구할 수 있는 권리를 행사할 수 있다.

다. 검사비용

용선기간 중에 선박은 정기검사와 중간검사 및 해난사고를 당하였을 경우를 포함한 법정검사를 받아야 할 의무가 있으므로 이러한 검사에 소요되는 비용은 선체용선자가 부담해야 한다. 또한 검사에 필요한 시간도 용선기간에 산입된다.

선박소유자가 용선자에게 선박을 인도할 때나 용선자가 선박소유자에게 선박을 반선할 때의 검사비용에 관한 계약내용은 대부분이 정기용선계약의 경우와 유사하다. 그러나 선체용선계약에서는 용선자가 선박을 인수한 이후에는 선박의 관리와 운영을 선체용선자가 수행하여야 하므로 선박의 상태(condition of the vessel)에 관련되는 계약내용은 정기용선계약에서의 그것보다 선체용선자에게 훨씬 더 중요성을 가지게 되며, 선박의 검사에 관하여 보다 자세히 상황을 기입하고 있다.

또한 선박소유자가 선체용선자에게 선박을 인도할 때에 on-hire survey를 시행하게 되며, 이때에 선체용선자는 선저(vessel bottom)상태를 확인하기 위하여 선박의 입거를 요구할 수도 있다. 선박소유자는 선체용선자에게 선박을 인도한 후 12개월 이내에 발생하는 잠재적 하자(latent defect)를 제외하고는 선박의 인도와 동시에 선박의 상태에 대한 책임이 종료되기 때문에, 선체용선자가 선박을 인수받을 때 선박의 상태를 정확히 검사하는 것이 중요하다.

한편 선박소유자는 용선기간 중이라도 선박의 상태를 확인하기 위해 정기적인 선박검사를 실시할 수 있으며, 필요한 경우에 선박의 입거검사를 할 수 있도록 선체용선자에게 요구할 수 있다. 이 때 선박에 수리를 하여야 할 부분이 발견되지 않는 한 검사비용은 선박소유자가 부담한다. 그러나 이것으로부터 선체용선자는 기대수익을 보상받을 수 없고, 용선료도 계속 지급해야 하며, 만약 입거검사에서 수리해야 할 부분이 발견되면 모든 관련비용을 선체용선자가 부담해야 한다.

라. 기타의 비용

위의 비용 이외에 선체용선자는 선원비(선원급료, 복리후생비, 선원급식비 등)와 윤활유비용, 선박의 기부속품을 포함한 선용품의 구입비용과 같은 선박유지비용(운영비용)은 물론 화물운송을 위해 필요한 화물비와 연료비, 항비 및 도선사비용과 같은 운항비용도 선체용선자가 부담하여야 한다. 즉 본선의 사용과 보수유지에 관한 비용뿐만 아니라 선박의 운항과 선원에 관한 모든 비용도 선체용선자가 부담하여야 한다. 이것은 선체용선자가 선박을 점유할 뿐만 아니라 선박을 이용한 수익권도 가지고 있기 때문에 수익을 위한 비용도 당연히 선체용선자가 부담하여야 한다.

4) 용선료와 용선료 지불

용선료율은 1개월(calendar month)당 또는 3개월당 얼마로 약정하는 것이 일반적이며, 선체용선료의 지불장소와 방법에 대하여는 당사자 간에 협의·결정하여 선체용선계약에 반영한다.

한편 소유권취득조건부 선체용선계약으로 선박소유자가 선체용선자에게 대선(chartering out)하는 경우, 선박의 가격을 정하고 선체용선자는 이 선가를 선체용선기간 동안에 상환하는 형태로 용선료를 결정하는 것이 일반적이다. 따라서 용선료는 선가상환을 위한 금융계약의 조건에 따라 정하여진다고 볼 수 있다. 차입금융의 상환조건에 따라 상환되는 원금과 이자(와 투자자의 이익)의 합이 선체용선자가 지불하여야 하는 용선료가 된다. 원금균등상환 또는 원리금균등상환 등의 방법으로 산정하며, 이자율도 고정이자율과 변동이자율을 선택하여 결정한다.

또한 용선자의 용선료 지불에 관한 것은 선체용선계약 약관에서 엄격하게 규정하고 있으며, 용선료 지불지연 시에는 이에 대한 지연이자도 지불하여야 하며, 용선자가 선박소유자에게 제대로 용선료를 지불하지 않으면 용선계약을 해지하고 선박을 철수할 수 있는 권리를 부여하고 있다.

5) 선체용선자의 책임과 의무

선체용선자는 계약기간 중 본선의 점유자이기 때문에 본선의 운항상 제3자에 끼친 손해에 대해 선체용선자가 책임지는 것은 당연하다. 따라서 선박보험계약 또는 P&I보험 계약에서 배상되지 않는 경우에도 선체용선자가 책임을 져야한다. 또한 본선의 손상에 대한 선체용선자의 배상책임에 관해 황천(heavy weather) 기타 선박소유자의 책임에 귀속되지 않는 원인에 의해 발생한 본선의 손상 중에서 보험계약에서 보상되지 않는 손상도 선체용선자의 비용으로 회복되어야 한다.

선체용선계약에서는 선체용선자의 본선인수에 의해 선박소유자는 계약상의 의무를 완전히 이행하였다는 뜻이 명기되어 있음으로, 선체용선자는 본선인수시의 검사에서 발견되지 않은 숨은 하자(잠재하자, latent defect)를 제외하고 감항능력 등 선박소유자의 보증사항에 대해 선박인도 12개월 이후에는 이의를 제기할 수 없다. 12개월 이내에 잠재하자를 발견하여 선체용선자가 이의를 제기하는 경우 이에 대한 수리비용은 선박소유자가 부담하지만 수리기간에 대한 시간의 손실은 선체용선자가 부담하여야 한다. 즉 수리기간동안의 선체용선료나 선원의 급여 및 다른 용선선박의 기타 보수유지비용을 선체용선자가 부담하여야 한다[Barecon 2001 Clause 3(c)].

따라서 선체용선자가 일단 용선한 선박을 제3자인 화주 또는 다른 용선자에게 재용선하는 경우, 선체용선자는 해당선박의 관리선박소유자(disponent owner)로써 재용선자

(정기용선자 또는 항해용선자)에 대해서 감항능력담보의 책임을 지지 않으면 안 된다.

또한 선박소유자는 선체용선자에게 본선의 보수유지 및 법정검사와 관련한 의무 이외에 본선의 동정을 보고할 의무를 선체용선자에게 부과하여 선박소유자의 요구가 있을 경우 선체용선자가 각 기항지에서의 본선의 입항 및 출항을 항상 선박소유자에게 통지하여야 하며, 매항차의 종료시점에 항해일지를 선박소유자에게 제출하여야 한다.

또한 대부분의 경우 선박소유자가 선박을 확보하는 경우 선박금융제공자가 선박에 대하여 저당권을 설정하는 것이 일반적이다. 이때에는 저당권자가 선박소유자에게 요구하는 사항을 충족시키기 위하여 용선자는 선박의 운항계획이나 서류의 준비나 기타 필요한 사항을 선박소유자에게 제공하여야 한다[Barecon 2001 Clause 11(e)].

6) 본선의 멸실 또는 사용불능

본선이 멸실 또는 행방불명이 되거나 사용불능이 된 때에는 당연히 선체용선계약은 종료되고, 따라서 용선료의 지불의무도 소멸된다. 선박이 멸실 또는 행방불명이 되었다고 간주되는 날짜는 선박이 최종적으로 보고한 날로부터 10일 이후이거나, 로이드(Lloyd's)에 의해 선박이 행방불명이 되었다고 공시한 날짜 중 먼저인 날짜로 한다. 이렇게 결정된 날짜에 따라 선체용선계약은 종료되며 선체용선료도 이 날짜부터 지불되지 않는다.

일본의 표준양식에는 본선이 침몰, 화재, 좌초, 선체 및 기관의 파손과 기타의 사유로 전손(total loss) 또는 수리할 가치가 없는 상태가 된 경우에는 그러한 사고가 발생한 시기, 또 본선이 10일 이상 행방불명이 된 경우에는 선박이 최후로 존재한 시기를 계약종료의 시기로 정하고 있다. 이러한 경우 용선료의 지불은 본선의 멸실 당일까지 지불하며, 만약 멸실 일시가 확정되지 않는 경우에는 최후의 통지가 있은 날까지 지불한다.

7) Off-Hire(용선 중단)

선체용선계약에서도 선박소유자의 책임에 속하는 사고와 수리를 위하여 선체용선자가 선박의 사용이 불가능하게 됨에 따라 선박의 운항이 중단된 기간에 대하여는 용선료를 지불할 필요가 없다. 그러나 선박이 일단 선체용선자에게 인도되면 선박의 운영이나 운항이 용선자의 책임 하에 수행되므로 선박소유자의 책임에 속하는 사고와 수리는 좀처럼 발생하지 않는다. 따라서 특히 소유권취득조건부 선체용선계약의 경우에는 선체용선계약 효력의 중단(off-hire)에 관한 규정을 아예 두지 않는 경우도 있다.

그리고 일단 선박이 선체용선자에게 용선된 후 선박의 일반적인 사고나 그에 따른 수리는 선체용선자의 책임 및 비용과 시간으로 이루어져야 하는 것이 원칙이며 용선중단(off-hire)이 되지 않는다. 또한 수리기간 중 본선의 사용에 부수하여 발생한 비용, 예를 들면 선원급식비, 연료비, 항비 등에 대하여 선박소유자는 책임을 지지 않는다.

선체용선자가 선박을 인수하여 용선이 개시된 후 12개월 이내에 발견된 잠재하자(latent defect)를 수리하는 경우에도 수리비용은 선박소유자가 부담할지라도, 이때의 수리기간까지도 용선중단(off-hire)이 되지 않으며, 용선자는 용선료를 지불하여야 한다.

8) 재선체용선계약

선체용선계약은 장기이며 이 기간 동안 선박의 보수유지를 비롯한 선박의 운영도 용선자가 수행하게 되므로, 선박소유자와 돈독한 신뢰관계가 설정되어 있는 용선자, 또는 선박소유자가 재무적으로나 기술적으로 신뢰할 수 있는 용선자와 선체용선계약을 체결하게 된다. 따라서 용선자가 다시 제3자에게 선박을 재선체용선계약(sub-bareboat charter)으로 대선하기(chartering out) 위해서는 반드시 선박소유자의 승인을 얻어야 한다. 이때에 재선체용선계약의 기간은 원선체용선계약(head bareboat charter)의 기간보다 짧아야 한다.

그러나 선체용선자가 단기간(short period)의 정기용선이나 항해용선계약을 체결하는 것은 선체용선자가 용선한 선박을 이용하여 수익하기 위한 통상적인 선박이용 방안의 하나로 간주하여 선박소유자의 허가를 받지 않는다. 그러나 특히 선체용선자가 제3자에게 장기의 정기용선계약(time charter)으로 선박을 대선하는 경우 선박소유자의 허가를 받아야 한다.

9) 은행지급보증(Bank Guarantee)

선체용선자가 용선료지불과 선박운영에 관한 선체용선자의 의무를 성실히 이행하는 것을 보장하기 위해서 용선자가 선박소유자에게 재무적으로 보장하는 장치를 제출하여야 한다. 이것은 선박소유자가 용선자에게 일단 선박을 인도한 후에는 용선자가 선박의 검사 및 운영을 제대로 하지 않았을 경우, 선박소유자는 입거를 포함한 수리와 검사를 요구할 수 있거나 용선료를 제때 지불하지 않았을 경우 선박의 철수와 용선계약을 해지 할 수 있을 뿐이며, 그 이외에 선박소유자가 선박의 처분에 관하여 할 수 있는 방안이 별로 없기 때문에 선체용선자의 용선계약의 이행에 관해 확실한 보장을 확보하여야 할 필요가 있기 때문이다. 그리고 선체용선계약에서의 선박소유자는 선박에 대한 투자자일 뿐 선박운항의 전문가가 아닌 경우가 많기 때문에, 용선자의 지불불능 또는 용선자의 의무불이행 등으로 선박을 회수하였다하여 직접 운항할 수 있는 적절한 위치에 있지 않다. 따라서 용선자로부터 선체용선계약의 이행을 재무적으로 보장하는 장치를 선박소유자에게 제출하도록 용선계약서에 규정하고 있다.

10) 선박의 징발과 강제적인 소유권 이전

선박의 기국 정부나 공공기관에 의해 선박이 징발되는 경우 선체용선계약은 유지되며, 징발보상금은 용선자의 몫이다. 우리나라의 필수선박제도에 의해 정부가 선박을 징발하는 경우가 그 예가 될 것이다.

그러나 공권력에 의해 선박의 소유권이나 선박에 대한 권리가 강제적으로 탈취되거나 이전(compulsory acquisition)되는 경우에는 선체용선계약은 그 시점부터 해지 된다. 이것은 선체용선자가 원래의 선체용선계약에 따라 선박을 이용할 수 없을 뿐만 아니라 선체용선계약의 한 당사자인 선박소유자가 더 이상 선박소유자의 위치에 있지 않기 때문이다(Barecon 2001, Clause 25).

11) 선박의 등록

선박은 선박을 확보한 선박소유자가 등록(underlying registry)하여 용선자와 선체용선계약을 체결하게 된다. 그러나 선체용선계약이 장기이고, 선박소유자보다는 용선자가 선박에 대한 운영과 운항 상의 이해관계를 보다 더 많이 가지고 있다. 또한 선체용선계약 만료 시에 소유권도 선체용선자에게 이전되는 경우가 대부분이다.

따라서 용선자가 용선기간동안에 편의를 도모하고자 선박소유자와 합의하여 선박의 운영 및 운항에 더욱 편리한 국가에 이전·등록(bareboat charter registry) 한다. 또한 선박소유자와 협의하여 용선자가 선호하는 색깔로 선체를 도색할 수 있으며, 연돌에 용선자를 의미하는 표시를 할 수 있고 용선자의 사기(house flag)도 게양할 수 있다.

한편 이러한 선체용선자의 운영상의 편리를 위해 선적을 변경하게 되면, 선체용선자가 용선계약상의 의무를 다하지 않아 이의 이행을 강제하기 위한 투자자(선박소유자)의 유치권 행사 및 선박 운항제한의 강제집행이 어렵게 되는 경우가 있을 수 있다. 용선자 등록국가의 법령이 자국 선박에 대한 유치권 행사를 까다롭게 하거나 기타 투자자의 선박에 대한 압류 및 억류의 강제집행이 어렵게 된다면, 투자자는 선박의 용선자 등록을 허가하지 않는 경우도 있다.

5. 소유권취득부 선체용선계약

선체용선계약은 용선계약기간 만료 시에 선체용선자가 선박의 소유권을 취득할 수 있는 소유권취득조건부 선체용선계약이 대부분이다. 우리나라 해운기업은 이제도를 이용하여 선박을 많이 확보하였으며, 정부는 국적선대확보를 위해 이제도를 적극 장려하고 지원하되 소유권을 취득할 시 우리나라에 선박을 등록하여 우리나라 국적을 취득하도록 하는 국적취득조건부 나용선제도(이하 "국취부나용선제도" 라고 부른다)에 대하여 살펴본다.

1) 소유권취득조건부 선체용선계약의 의의

선체용선계약은 대개 장기계약이며, 선체용선계약이 완료되는 시점에 소유권이 선체용선자에게 이전되는 경우와 소유권이 이전되지 않고 원래의 선박소유자에게 선박이 반환되는 경우와 같이 두 가지로 나누어진다. 우리나라 해운산업에서는 전자를 국적취득조건부 나용선, 후자를 단순나용선계약(simple bareboat charter)이라고 부른다.

한편 선체용선계약 만료시 소유권을 취득하는 것은 원칙적으로 용선자의 선택사항(option)이다.

그러나 선체용선자가 선박을 점유하여 수익함은 물론 선박소유자를 대신한 선박의 보수유지를 포함한 선박의 관리와 선장과 선원의 임면까지도 용선자가 담당하는 등 선박이 장기간 선체용선자의 관리하에 운영되는 선체용선계약의 특성상 선체용선기간 만료 시에 소유권을 취득하지 않고 선박소유자에게 반선되는 단순나용선계약은 흔하지 않으며, 선체용선기간 만료시 소유권취득이 의무(obligation)인 소유권취득조건부 선체용선인 경우가 대부분이다.

그러므로 소유권취득조건부 선체용선계약은 선박이라는 물건을 대상으로 하는 '소유권취득조건부 임대차계약'으로 내용상 일종의 금융리스(lease) 계약이라고 볼 수 있다. 구체적으로 살펴보면 선박소유권은 금융제공자(예: 리스회사, 외국의 종합상사)가 조세감면지역에 설립한 법인이 소유하고 있으나, 선박의 운영과 이에 따른 수익은 선박을 선체용선한 해운기업이 차지하는 리스계약 내지는 임대차계약이다.

선박의 소유권은 선박을 임차한 해운기업이 선가전액을 이자와 함께 지불을 완료한 시점에 해운기업에게 이전된다. 따라서 소유권취득조건부 선체용선계약은 선체용선자가 향후 실제 선박소유자가 되는 계약이므로 선체용선자가 선박소유자와 협상하여 취사·선택할 수 있는 사항이 많지 않다.

선박을 신조하여 소유권취득조건부 선체용선계약을 체결하는 경우에는, 선체용선자가 필요로 하는 선박의 사양을 요구하여 선박의 설계에 반영하도록 하기도 하며, 건조 중에 선박의 사양을 변경하려면 선박소유자는 용선자의 동의를 받아야 한다. 선박소유자는 용선자와 선박신조감리계약을 체결하여 선체용선자에게 신조감독을 위임하기도 하며, 큰 금액의 신조선가 변동을 가져오지 않는 범위에서 선체용선자의 선박사양에 관한 미세조정도 허락한다.

그리고 선체용선자가 소유권취득조건부 선체용선계약을 체결하여 선박을 운항하는 동안 선박금융을 제공한 금융기관이 설립한 법인의 명의로 등록하며, 선박의 소유 및 등록과 관련한 조세를 감면받을 수 있는 국가에 등록한다. 이러한 국가는 대부분 이 선박을 이용한 영업이익에 대한 조세도 감면하기 때문에 선체용선자도 영업결과에 대한 세금부담을 줄일 수 있다.

2) 우리나라의 국적취득조건부 나용선제도

통상적으로 소유권취득조건부 선체용선계약은 용선자가 선박을 임차하여 점유권과 용익(수익)권을 가지고 선박을 관리운영하며 용선자의 목적을 위해 운항한다. 용선자가 연불방식(lease)으로 선가를 상환하고 상환완료와 동시에 소유권을 취득할 경우에 용선자가 선박소유자가 되어 선박을 등록한다. 이때 우리나라에서는 선체용선자가 용선기간 만료시에 소유권을 취득하여 선박소유자가 되어 선박을 등록할 때에 우리나라 국적선박으로 등록할 것을 의무화하였으며, 이제도를 국적취득조건부 나용선제도 라고 하였다.

(1) 도입배경

소유권취득조건부 선체용선계약인 경우 선체용선자인 국내 해운기업이 선박소유자에게 용선기간동안 용선료 형태로 선가와 이자를 할부·지불완료한 후, 소유권을 취득하기 위해 선박을 등록하는 경우에 어떠한 특정 국가나 선체용선자의 국가에 반드시 등록하여야 할 의무는 없다.

그러나 이때에 우리나라에서는 소유권을 취득한 국내 선박소유자들에게 국내에 선박을 등록하여 국적을 취득하도록 제도화하였으며, 이를 국적취득조건부 나용선제도라고 불렀다. 그 이유는 자원이 부족한 우리나라에서 수출주도형 경제정책으로 원료와 원자재의 수입과 제품의 수출 증가로 폭증하는 수출입물량을 안정적으로 운송하기 위해 자국적선박의 확보가 절실하였기 때문이다.

또한 우리나라에 당시 우수한 자질을 갖춘 해기인력이 확보되어 있었으며 임금이 선진국보다 저렴하였다. 국취부나용선으로 확보한 선박에 선진국보다 운임이 저렴한 우리나라 선원을 승선시키고 선박의 직접 관리를 통해 운영비를 절약하여 국내 해운기업의 경쟁력을 유지할 수 있도록 하였다.

이와 같이 국취부나용선제도는 우리나라 해운기업의 자본력이 부족하였던 시기에 일시에 자금을 필요로 하지 않는 용선제도를 통해 선박을 확보하여 폭증하는 수출입물량의 안정수송을 기하고, 저임금의 우리나라 선원을 승선시켜서 고용을 창출하고 국내 해운기업의 선박의 운영비를 저렴하게 하여 국내 해운기업의 국제경쟁력을 높이고자 국가에서 정책적으로 도입하여 운영한 제도이다.

(2) 국적취득조건부 나용선제도에 대한 정책적인 지원

우리나라의 선박소유자가 선박을 확보하기 위해 중고선을 매입하거나 신조선을 발주할 때에 금융제공자와 체결한 국취부나용선계약은 순수한 용선계약이라기보다는 자본력이 약한 우리나라 해운기업이 선박확보를 지원하기 위한 국가의 정책적 지원 하에 체결되는 선박금융의 일부분이라고 볼 수 있다.

정부는 해운산업을 정책적으로 지원하기 위해 1976년 해운항만청을 설립하였으며, 해운항만청에서는 국취부나용선제도의 운영을 통해 우리나라 선박소유자들의 선박확보시에 정책적으로 지원하였다. 외환거래가 자유롭지 못하였던 시기임에도 불구하고 국취부나용선 선박에 대한 금융차입허가는 물론 세법개정을 통해 국취부나용선계약으로 도입된 선박들의 내용연수를 선령의 40%만큼 연장하여 감가상각 기간을 늘려줌으로써 회계적으로 선박자본비용의 분산을 통해 해운기업의 이익달성이 가능하도록 하였다.

또한 특히 철광석과 석탄 및 원유와 같은 국가 정책적인 대량화물을 운송할 때에 국내 해운기업의 선박이 없을 경우에만 다른 외국적 선박을 이용하여 운송할 수 있도록 하는 국적선 우선정책인 화물유보제도(일명 waiver제도)[21]를 적용하는 경우에도 이러한 국취부나용선제도에 의해 확보한 선박이 우리나라 국적을 취득되지 못한 원리금 상환기간임에도 불구하고 우리나라 국적선과 동일한 위치를 부여하여 국가의 정책적인 대량 화물을 자유롭게 운송할 수 있는 자격을 부여하였다.

또 다른 한편으로는 정부가 국내 해운기업이 국취부나용선계약에 의하여 선박을 확

21) 철광석이나 석탄과 같은 국가적으로 필수적인 대량화물이 출하되었으나 운송에 이용할 국적선박이 없는 경우에만 국적선박을 이용하여야 하는 의무를 면제(waive)하는 제도로서 국적선박을 우선적으로 이용하게 하여 국적선대를 보호하고자 시행하던 제도였으며, 우리나라가 1990년대 초에 OECD와 WTO에 가입한 후 폐지되었다.

보하고 금융차입을 하는 경우에 국가가 이를 심사하여 허가하는 등 국취부나용선계약을 제도적으로 뒷받침함으로써 국내 해운기업이 이 제도를 통하여 선박확보 시 필요한 금융을 조달할 때에 금융제공자에게 신뢰를 높여 금융차입을 보다 용이하게 하였다.

(3) 국적취득조건부 나용선제도를 통한 선박 확보

우리나라의 국취부나용선제도는 선가를 이자와 함께 할부로 상환하게 함으로써 소유권을 점진적으로 취득하여 매입하는 선박확보 및 선박금융을 동시에 해결할 수 있게 하는 복합적인 제도라고 볼 수 있다. 한편 선박을 국취부나용선으로 선박을 확보하는 경우 다음과 같은 절차로 추진한다.

첫째, 실제로 선박을 운항할 해운기업이 화주와 장기운송계약을 체결한다. 장기운송계약은 선박의 경제수명이 다할 때까지의 원가보상제도에 의한 운임이 산정되는 전용선계약이나, 또는 장기운송계약(COA), 또는 장기의 연속항해용선계약(CVC)을 체결한다.

둘째, 국내 해운기업은 위의 장기운송계약을 이용하여 금융을 조달하여 선박을 확보하게 되는데, 금융제공자가 조세감면 지역에 설립한 특수목적법인(Special Purpose Company; SPC 또는 Special Purpose Vehicle; SPV)과 국적취득조건부 나용선계약(BBCHP)을 체결한다.

셋째, 금융제공자는 협조융자단(대주단, syndicators)를 구성하여 확보한 선박건조자금으로 국내 조선소에 신조선박을 발주하여 건조·완료한 후 상기 국적취득조건부 나용선계약에 따라 국내 해운기업에게 예정된 기일에 선박을 인도한다.

넷째, 국내 해운기업은 선박금융제공자에게 용선료 지불형태로 선박에 대한 원금과 이자를 상환하며, 상환완료시 선박의 소유권을 취득하게 된다. 이때 소유권을 등록할 때에 반드시 선체용선자의 국적으로 선박을 등록하여야 하는 것은 아니나, 우리나라에서는 국적선대 확충방안의 하나로 국내 해운기업에게 우리나라에 등록하여 우리나라 국적을 취득하도록 하였다. 이러한 국취부나용선제도를 그림으로 설명하면 다음 [그림 5-7]과 같다.

[그림 5-7]에서 선박소유자인 금융기관은 파나마, 리베리아 및 마셜아일랜드 등과 같은 조세감면지역에 설립한 특수목적법인(SPC 또는 SPV)을 설립하여 선박을 등록한다. 이러한 법인은 실제 거의 조직이 없는 문서상의 법인이므로 이러한 법인을 페이퍼 컴퍼니(paper company)라고도 한다.

따라서 이 특수목적법인은 외견상 국내회사가 아니며, 여기에 속한 선박들도 외견상 국내 선박이 될 수 없다. 그러나 국내 해운기업과의 국취부나용선계약과 조선소와의 신조계약 등 각종계약을 체결하는 경우 이 특수목적법인이 계약의 주체가 된다.

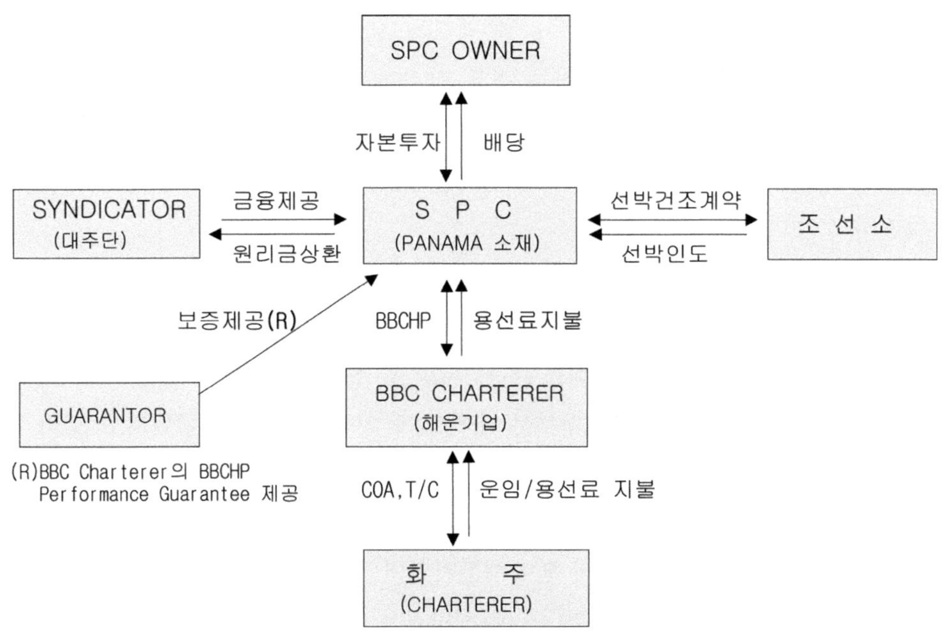

| 그림 5-7 | 국적취득조건부 나용선제도

한편 이러한 외형상의 주체임에도 불구하고 실제로 금융을 제공하는 은행이나 종합상사와 최종 수요자인 국내 선사가 실질적인 지배권을 행사하며, 이러한 특수목적법인 설립은 금융 및 세제상의 편익을 위한 하나의 요식행위에 불과한 것이다.

이러한 방법으로 선박을 확보하여 전용선계약이나 장기운송계약을 수행하며 국내 해운기업의 선체용선계약이 종결될 때까지 선가상환을 완료하면, 선박의 소유권을 취득하고 우리나라 국적선박으로 등록한다.

1970년대 초반까지 우리나라는 국가적으로나 해운기업의 자본력이 영세하여 신조선의 발주·건조는 물론 중고선의 매입도 어려웠다. 포스코의 제철원료 수입물량의 수송이나 한국전력의 발전용 석탄수송과 같은 장기의 전용선 수송계약을 수행하기 위한 신조·발주도 불가능하였다.

따라서 국내선사 중 해운공사(현 한진해운)가 당시 이러한 목적으로 1970년대 중반 유럽으로부터 중고선을 도입한 것이 효시가 되었으며, 기타의 다른 국내 해운기업도 유럽으로부터의 추가적인 중고선 도입이나 일본으로부터 10년 적하보증이 끝난 중고선박을 매입하였으며, 이를 위해 금융제공자인 산업은행과 국취부나용선계약을 체결하였다.

이후 한국전력(발전용 석탄) 기타 국내 대형 화주들(원유 등)이 발행한 적하보증[22]을 받아 국내 해운기업들이 중고 또는 신조선박을 확보하여 이러한 화주들과 전용선계약을 체결하게 되어 대량화물의 수송이 본 궤도에 오르게 되었다.

1980년 이후에는 신조선을 발주하는 경우 건조계약 체결시부터 국취부나용선제도를 이용하였으며, 특히 금융을 차입하여 신조하는 선박에 대해서는 국취부나용선제도에 의한 계약이 대부분이며, 우리나라의 선박확보 중 이 제도에 의한 것이 가장 많은 부분을 차지하고 있다.

국취부나용선제도를 이용하여 1973년부터 1999년까지 국내해운기업이 확보한 선복량은 총톤수(gross ton: GT) 4백7십7만5천 톤으로서 이 기간 동안 국내 해운기업이 확보한 전체 선복량인 총톤수 1천3백11만8천 톤의 36.4%를 차지하고 있었으며, 이후 신규로 확보되는 국적선대는 거의 대부분 이제도에 의한 것으로 이루어지고 있다.

특히 제철원료, 발전용 석탄, 원유 및 액화천연가스(LNG) 등 우리나라 주요 기간산업의 운송수요는 현재에도 거의 대부분 이 제도를 통해 확보된 선박으로 충족되고 있는 실정이다. 2015년말 기준, 국내 외항해운기업의 선박보유량은 1,088척 43,270천GT이며, 이중에서 총톤수(GT) 기준 79.0%에 해당하는 567척, 33,467천GT의 선박을 국취부나용선제도를 이용하여 확보하였다(자료 : 선주협회 2016).

(4) 국적취득조건부 나용선제도의 금융조건

가. 국내조선소 발주 의무

국취부나용선제도는 중고선 확보를 위해 시작되었으나 오래전부터 대부분의 신조선박 발주에도 이용되고 있다. 이 제도를 이용하여 신조발주 선박에 대한 건조자금을 확보하기 위해서는 국내 금융기관은 물론 해외 금융기관으로부터 금융을 차입하는 경우라도 반드시 국내조선소에 선박을 발주하여야하는 의무를 부과하였다. 이것은 이제도를 통하여 국내 조선산업도 함께 육성하겠다는 정부의 의지에서 비롯된 것이다.

나. 국취부나용선의 수요충족의 부족

한편 1976년부터 시행된 계획조선제도[23]가 실시된 후에도 계획조선자금 규모자체가

---

22) 국내 해운기업이 신조 또는 중고선박을 확보하는 경우, 포스코나 한국전력과 같은 대형 화주가 제철원료나 발전용 석탄 운송을 위해 이 선박에 대하여 원가보상제도에 의한 운임을 지불하고, 이 선박의 선령이 다 되어 폐선할 때까지 장기적으로 이용하겠다는 보증을 말한다. 이보증서에는 해당 해운기업이 원리금을 상환하지 못하는 경우에는 대형화주가 국내 다른 해운기업으로 하여금 선박을 운항하게 하고 처음계약과 동일한 조건으로 운임을 지불하겠다는 내용도 포함되어 있다. 대형화주로부터의 이러한 보증은 국내 해운기업의 선박확보를 위해 제공된 선박금융의 안정된 상환을 보장하게 되므로 선박금융제공자의 투자위험이 낮은 안전한 투자로 간주되어 국내해운기업의 금융차입조건을 유리하게 하였다. 이러한 측면에서 포스코나 한국전력이 국내 해운기업의 선박확보를 용이하게 하고 국내 해운산업의 발전에 커다란 공이 있다 하겠다.

연도별로 한정되어 국내 해운기업의 자금수요의 상당부분을 충족시키지 못하는 상황이었다. 그럼에도 정부는 국취부나용선제도에 의한 선박확보와 필요한 금융차입은 1988년 이후 국내의 통화팽창을 이유로 일시 제한을 둔적도 있었다.

그리고 국취부나용선제도에 의한 조달재원규모에 한계가 있었다. 당시 1970~80년대 재부부가 외자도입법과 외환관리법에 따라 국취부나용선제도에 의한 선박확보자금을 일정규모로 매년 한정하였기 때문에 국내 해운기업의 수요를 모두 충족하지는 못하였다. 또한 국취부나용선 선정 대상선박을 선박의 종류에 따라 제한하였으며, 일부 종류의 선박에 잉여재원이 있다하여도 다른 종류의 선박으로 전용할 수가 없는 등 선박의 선정과 자금의 집행에 융통성이 없었다.

다. 국내신조 국취부나용선에 대한 수입관세 부과

또한 국취부나용선은 실질적으로 특히 신조선인 경우 국내 해운기업이 외국금융을 이용하여 국내의 조선소에서 선박을 신조하는 국내 선박이므로 수입된 선박이 아니고 단지 금융상의 절차와 편의에 따라 선박금융 제공자가 조세감면지역에 설립한 특수목적법인과 계약을 체결할 뿐이다. 그럼에도 불구하고 국취부나용선에 대하여 선가의 2.5%에 해당하는 수입관세를 부과하였었다(1990년대 초 수입관세폐지 됨). 당시 이러한 국취부나용선에 대한 수입관세는 우리나라의 선박에 대해서만 부과되었었으며, 그만큼 국내 해운기업의 원가를 높이는 결과가 되어 국제경쟁력을 저하시키는 결과를 초래하였었다.

라. 금융조달의 어려움 및 금융조건의 불리

또한 국취부나용선제도를 이용하여 중고선매입이나 국내조선소에서 선박을 건조하는 경우 대부분의 선박금융은 해외로부터 자금을 차입하였으며, 이때에 일본 대형화주의 10년 적하보증이 끝난 일본 선사의 중고 벌크선을 매입하기 위하여 일본의 상사신용을 이용할 기회가 많았다.

일본의 종합무역회사, 리스회사, 보험 및 신탁회사는 일본의 수출입은행 융자조건에 비해 유리한 조건으로 금융을 제공하였다. 특히 일본의 종합무역상사는 높은 기술수준, 풍부한 자금력과 높은 국제신용도(AAA 또는 AA+)를 이용하여 국제금융시장에서 Libor

23) 정부의 수출산업 우선정책으로 국내의 수출입 화물이 급증하게 되고 이 급증하는 화물을 국내 해운기업에 의해 적기에 안전하게 수송하기 위하여 국내 해운기업의 선박확보와 선박금융을 보다 용이하게 할 목적으로 정부가 1976년 도입한 제도이었다. 국민투자기금이나 산업시설자금으로 국내해운기업에게 비교적 장기로 고정금리의 금융을 제공하였던 제도로 국적취득조건부 나용선제도와 함께 국적선대 증강에 크게 기여하였다.

보다 낮은 수준의 금리로 자금조달이 가능하기 때문에 장기저리로 선박금융을 대출할 수 있었다. 또한 선가의 전액은 물론 금융차입에 필요한 각종 수수료[24] 까지도 금융을 제공하였으므로 자본력이 약한 우리나라 해운기업은 금융조건이 불리한 경우라 하더라도 이용할 수밖에 없었던 실정이었다.

한편 국취부나용선제도에 의해 선박을 확보하기 위해 국제금융시장에서 자금을 조달하는 경우 대부분 미화표시 금융이었으며, 상환이자율은 미화의 리보금리에 연동되는 변동금리(Libor + 가산금리)를 적용하였기 때문에 계획조선의 원화금리보다 낮았다. 특히 신조선박을 발주하는 경우에는 대출비율이 높고(대부분의 경우 선가의 100%) 장기간(대부분의 경우 선박인도 후 12년)의 대출로서 금융조건이 계획조선의 경우보다 유리하다. 그러나 일부 해운기업이 일본 엔화의 저금리를 고려한 일본 엔화금융조달은 엔화의 절상으로 이러한 상사신용의 장기저리 효과가 전혀 없었으며 오히려 불리한 경우가 있었다.

국내 특정 해운기업이 일본의 상사신용을 이용하여 일본으로부터 1986년 3척의 풀 컨테이너선을 도입하였는데, 엔화의 절상으로 결과적으로 극히 불리한 선박금융조달이 되었으며, 결국 거액의 벌금(penalty)을 지불하고 미화(US Dollar) 금융차입계약으로 변경하여만 하였다.

위와 같은 제도상의 불편한 점이나 불리한 점이 있었다 하더라도 국취부나용선 제도는 국내 해운기업에게 선박확보 및 금융조달을 위한 돌파구가 되었다.

(5) 최근의 국적취득조건부 나용선제도

1990년대 초부터는 신조선박을 확보하는 경우 국취부나용선제도를 이용하는 경우가 더욱 증가하였으며, 신조선확보시 대부분 이제도를 이용하였다. 그러나 우리나라가 1996년 경제협력개발기구(OECD)에 가입하고 세계무역기구(WTO) 체제가 가동된 후, 이 세계무역질서의 규정에 따라 정부가 화물유보제도와 같은 국적해운기업을 지원하기 위한 정책의 실시가 더 이상 가능하지 않게 되었다.

그리고 외환관련 규정도 보다 자유로워짐에 따라 국취부나용선제도를 통한 선박확보와 관련한 외환규제도 거의 없게 되고 관련관청으로 부터의 허가도 필요치 않게 되었다. 따라서 우리나라 해운기업이 국적취득조건부 나용선계약에 의한 선박확보자금 차

---

24) 선박금융차입시의 수수료로서 up-front fee, management fee(관리수수료), commitment fee(약정수수료), legal cost(법률 자문료), delivery cost(선박인도비용) 및 guarantee fee(보증료) 등을 말한다.

입시의 금융조건도 금융시장에서 독자적으로 자유롭게 협의하여 해당 해운기업의 신인도에 따라 상업적인 결정으로 정해지고 있다. 또한 최근에는 선박확보를 위한 금융조달 자체도 보다 용이하게 되었으며 금융조건도 유리하게 개선되었다.

한편 우리나라는 2003년부터 독일의 KG Fund나 노르웨이의 KS Fund와 유사한 선박투자회사제도를 아시아 역내에서는 최초로 도입하였으며 국내 해운기업이 이 제도를 이용하여 신조선박이나 중고선박을 확보하는 경우가 증가하고 있다.

이때에도 국내 해운기업은 선박투자회사가 설립한 특수목적법인과 국취부나용선계약을 체결하고 있으며, 기타 다른 형태로 국내 해운기업이 선박을 확보하는 경우 금융제공자도 소유권취득조건부 선체용선계약 체결을 요구하는 경우가 대부분이므로 현재에도 우리나라 해운기업이 선박을 확보하는 경우 국취부나용선제도를 이용하는 경우가 가장 많은 실정이다.

해운 수익성 분석

제1절 해운수입과 해상운임

1. 해운수입의 의의

해운업의 수입은 화물을 운송하고 화주로부터 받는 운임이 그 대부분을 차지한다. 또한 직접 보유하거나 다른 선박소유자로부터 용선한 선박을 또 다른 용선자에게 다시 대선하는 경우에는 대선료 수입이 해운업 수입의 큰 몫을 차지한다. 해운업 수입으로부터 운송에 소요되는 모든 비용을 공제한 차액이 수익이 되며, 수익을 최대화하여 채산성을 향상시키기 위해서는 항차당 운임수입을 최대화하고 운항비용을 포함한 각종 비용을 최소화하여야 한다.

운임수입을 최대화하기 위해서는 선박의 형태에 따라 그 방법을 달리하고 있다. 컨테이너선인 경우에는 단위 컨테이너당 운임률이 높은 컨테이너로 소석률(消席率, fill up ratio)을 최대로 하여야 하며, 장거리 항해 중 역내 항구 간에 운송되는 역내화물(interport cargo)을 최대한 운송하여 운임수입을 최대로 올릴 수 있을 것이다.

또한 재래 정기선이나 철광석, 석탄 및 곡물 등을 운송하는 벌크선은 선창용적도 최대한 화물로 점유되고, 선박의 흘수가 만재 흘수선까지 침하되도록 하여 운임톤(freight ton)이 최대가 되도록 하여야 운임수입이 최대가 된다. 이때 선창의 용적도 100% 화물로 채워지고 선박의 흘수도 만재흘수선까지 침하된 상태를 “Full and Down”이라고 표현하며, 이 상태가 운임톤이 최대가 되어 운임수입 또한 최대로 올릴 수 있다.

또한 유조선, 광탄 전용선 및 곡물 운반선 등은 화물을 최대로 선적하기 위해 본선의 선내 보유잔량(remained on board: ROB)을 최소화 하여야 한다. 본선의 선내 보유잔량은 항해 중 여유(margin)량을 포함한 청수와 연료의 중량 및 발라스트(ballast, 평형수)[1)]의 양과 부지중량(unknown constant)을 말한다.

선박에 화물을 최대량 선적하여 운임수입을 최대로 올리기 위해서는 청수량이나 연료량의 여유를 필요이상 너무 많게 책정하지 않아야 하며, 특히 화물을 선적시에는 본선의 공선항해 시 필요하여 적재한 발라스트를 전량 배출하는 등 본선의 선내잔량을 최소화하여만 한다.

항로상의 수심이 허용하는 한 항상 만재를 원칙으로 하는 광탄선의 경우 이러한 선내 보유잔량을 최소화하여 화물을 최대량 선적하는 것이 수입을 최대로 올릴 수 있는 방안이 된다. 또한 선박을 다른 선사에게 대선하여 대선료 수입을 올리기도 한다. 특히 벌크선박을 이용하여 벌크화물을 운송하는 경우에 이러한 대선과 용선을 이용하는 경우가 많다.

2. 해상운임의 형태

1) 해상운임의 개념과 결정

운임은 운송인의 화물운송에 대한 요금으로서 운송인이 제공하는 운송용역에 대하여 고객이 지불하는 보수이다. 따라서 해운기업은 선박을 이용하여 화물을 안전하게 해상운송하고 운송한 화물을 완전하게 인도하는 해운서비스를 제공함과 동시에 고객에게 운임청구권이 생기게 된다.

또한 운임수준도 일반상품의 가격결정과 같이 수요와 공급의 법칙에 따라 결정된다. 운송서비스의 공급은 해운서비스 생산에 소요된 해운원가, 유가(bunker price), 화물운송량과 가격, 화물의 적양하조건, 적양하지의 항만사정, 운송에 사용되는 기기 및 시설(냉동시설 및 화물보관 특별시설 등)의 구비, 환율과 운송인이 목표로 하는 적정이윤

---

1) 선박이 공선인 경우에 선박이 수면 상에 노출되는데, 선박을 적절한 수준까지 침하시켜서 선박기관의 추진력을 선미의 프로펠러(propeller)에 전달하는 효율을 높이고 선박의 조종성을 향상시키기 위해, 선박의 탱크(tank) 내에 주입하는 해수 등을 말하며, 이러한 용도의 선내 탱크를 평형수탱크(ballast tank)라고 한다. 광탄선은 화물을 선적하는 경우에 선적수순에 맞춰 화물 선적작업이 완료되기 전에 이 평형수를 전량 배출한다.
여객선인 경우에는 선박에 화물을 만재하였을 경우와 공선인 경우의 흘수의 차이가 크지 않음으로 여객선의 흘수를 적당한 수준으로 유지시키기 위해 자갈 또는 시멘트 등과 같은 고체를 이용하여 선내에 영구적으로 발라스트(permanent ballast)를 적재하기도 하기도 한다.

의 수준 등에 영향을 받으며, 이에 따라 공급의 가격수준이 결정된다. 운송인은 되도록이면 이러한 공급가격에 목표로 하는 적정이윤을 더한 금액을 상회하여 운임을 책정한다고 볼 수 있다.

그러나 운임책정 시 운송서비스를 제공하는 운송인의 입장뿐만 아니라, 해운서비스의 수요자인 화주의 입장도 고려하지 않을 수 없다. 컨테이너 정기선인 경우 동일항로에는 선형이나 운송인에 따라 해운서비스의 공급원가가 상이하더라도 운송인에 따라 운임이 크게 달라지지 않으며, 부정기선 해운서비스에서도 동일한 항로에 동일 또는 유사한 선형에 의해 운송되는 경우 선박에 따라 운임이 달라지지 않고 거의 동일한 운임이 결정된다. 예를 들면 미국의 New Orleans 항구에서 한국의 부산까지 운송되는 곡물은 운송서비스를 제공하는 선박마다 운송서비스를 제공하기 위한 원가가 동일하지 않음에도 불구하고 동일하거나 유사한 수준의 운임이 적용된다.

2) 해상운임수준에 영향을 미치는 요소

운임수준은 화물을 운송하는데 직면하게 되는 각종 요인에 따라 달라진다. 이러한 요인을 살펴보면 다음과 같다.

첫째, 항해거리가 가장 큰 영향을 미친다. 항해거리가 길면 항해기간이 길어지고, 선박의 연료소모량이 많아져서 연료비가 증대할 뿐만 아니라, 선박의 자본비와 선비 등의 고정비도 증가하게 되어 운임이 높아질 수밖에 없다.

둘째, 화물의 적하항 또는 양하항의 하역일수를 포함한 항만사정도 운임에 영향을 미친다. 적하 또는 양하율이 높고 항내에서의 선박 운항이 원활하게 되면, 하역을 포함한 항내 운항일수가 적어지고 비용을 절감할 수 있게 되어 운임이 그만큼 낮아질 수 있다.

셋째, 선박이 편도에 한하여 선박의 일부 선창에만 화물을 운송하는 경우에는 화물의 운임이 높게 된다. 따라서 왕복항차에 선박을 얼마만큼 화물을 운송하게 되는가 하는 선박의 소석률(fill up ratio)도 운임에 영향을 미친다.

넷째, 화물의 특성에 따라 운임이 달라진다. 중량화물(heavy cargo)이나 장척화물(長尺貨物, lengthy cargo)은 선박에서 취급하기 곤란할 뿐만 아니라 취급하는데 시간이 많이 걸리고, 적양하 작업에 특수 장비를 필요로 하는 등 운송인에게 비용의 증가를 가져와 운임이 높게 될 것이다.

다섯째, 화물을 적양하항의 위험의 정도에 따라 보험조건 및 보험료가 달라지므로 운임수준이 달라진다. 전쟁위험이 높은 지역에 취항하여 화물을 적양하하는 경우에 선원과 선박 및 화물에 위험이 증가하므로 높은 보험료를 지불하여야 하므로 운임이 높아진다.

여섯째, 해당항로에 많은 선박이 취항하는 등 경쟁의 정도에 따라서 운임수준이 달라진다.

3) 정기선 해운의 수입

정기선해운의 가장 큰 수입은 운임이다. 그 밖에 화주에게 추가 서비스를 제공하고 그 대가를 징수하는 서비스료가 있다.

컨테이너운임은 20 피트(feet) 또는 40 피트(feet) 등 컨테이너 단위당 운임을 기본으로 하고 있다. 그러나 소구화물[小口化物, less than container load(LCL)]은 재래 정기선과 같이 톤당 운임이다. 단위 컨테이너(20 feet 또는 40 feet)당 기본 운임(basic rate)은 화물의 종류에 따라 운임을 달리하고(commodity box rate) 있다. 예를 들면 신발류와 전자제품을 컨테이너에 각각 내장(內藏, stuffing)하는 경우 컨테이너 단위당 운임을 달리하는 경우이다.

그러나 점차 화물의 종류를 불문하고 동일한 운임을 부과하려고 하는 경향이 있다. 이러한 운임을 품목별 무차별운임(freight all kind rate: FAK rate)이라고 하며, 컨테이너 단위당 운송원가는 컨테이너 내에 내장되어 있는 화물의 종류에 따라 일반적으로 크게 달라지지 않는다고 간주하여 이러한 품목별 무차별운임을 결정하는 것이다. 이러한 경우 저가화물은 운임부담능력이 낮기 때문에 저가화물의 무역의 저해 요인이 될 수 있다.

한편 컨테이너 단위당 기본운임에 추가하여 징수하게 되는 추가운임(surcharge or additional charge)이 있다. 그리고 운임은 대부분 미화(US Dollar)로 표시하는데, 정기선은 여러 국가에 기항하게 되며, 취항하는 여러 국가에서 발생하는 비용은 기항지 국가의 화폐단위로 발생하고 지불하여야 하는 특성상 미화와의 환차가 발생하게 되므로 미화표시 기본운임에 이러한 환차를 조정한다(currency adjustment factor: CAF). 즉 운임 결정시 각국의 기본환율을 정하고 각국의 실제 환율과의 차이를 가중평균(weighted average) 하여 실제 적용할 운임을 조정한다. 또한 운항비중 가장 큰 비중을 차지하고 있는 연료비도 운임 결정시 기준연료가격(basic bunker price)을 정하고, 실제 운임을 부과하는 경우에는 연료유 실제 가격의 등락에 따라 운임을 조정한다(bunker adjustment factor: BAF).

한편 중량물이나 장척화물은 일반 컨테이너에 내장하지 못하며, 취급에 시간과 경비를 추가로 필요하기 때문에 추가운임을 부과한다(heavy lift or long length additional charge). 이 밖에 수웨즈 운하 등을 통과하는 경우 추가로 부과하는 운하통과 부가료(canal surcharge)와 다른 선박으로 환적하는 경우 추가로 부과 하는 환적료(transshipment surcharge) 등의 추가운임이 있다.

또한 설비를 이용하여 화주에게 서비스를 제공하고 징수하는 서비스료도 해운업수입으로 간주할 수 있다. 이러한 서비스를 제공하기 위해서는 설비 이용료를 선사가 지불하여야 하기 때문에 실제 순수입은 미미하다. 예를 들면 소구화물 취급료(LCL service charge)이다. 소구화물 취급료는 같은 목적지로 운송하여야 하는 소구화물을 컨테이너 화물 조작 장치장(container freight station: CFS)에서 하나의 컨테이너 내에 장입하거나 소구화물을 목적지에서 컨테이너로부터 반출하는 서비스를 제공하고 화주에게 서비스료를 징수하는 것을 말한다. 그리고 이러한 소구화물을 내륙 컨테이너 화물 조작 장치장(CFS)까지 운송하고 운송료를 화주로부터 징수한다. 그리고 컨테이너를 철도나 화물차를 이용하여 화주로부터 항구까지 운송하거나 또는 항구로부터 화주가 지정하는 장소까지 운송하여 인도하는 서비스를 제공하고 운송료를 화주에게 징수한다.

컨테이너의 양하 후 선사의 터미널에 보관하는데, 일정기간의 무료기간(free time)이 경과되면, 화주에게 체화료(demurrage)를 화주에게 부과한다. 또한 화주가 컨테이너를 선사 터미널로부터 반출한 후 컨테이너 내에 있는 내용물을 화주의 비용으로 꺼내고 무료기간 이내에 공(empty)컨테이너를 선사에게 다시 반송하지 못하는 경우에 지체료(detention charge)를 화주에게 부과하게 된다.

4) 부정기선 해운의 수입

(1) 부정기선해운의 운임

부정기선 해운의 수입은 운임과 대선료 수입 등 크게 두 가지로 나눌 수 있다. 부정기선해운에서도 정기선해운에서와 같이 보유한 선박이나 용선한 선박을 이용하여 화물을 운송하고 화주로부터 징수하는 운임이 수입의 가장 큰 비중을 차지한다. 부정기선 운임은 해운수요와 해운서비스 공급의 원칙이 적용되어 대부분 운임톤당(per freight ton) 운임으로 결정된다.

그리고 항해용선계약과 같은 단기 운송계약인 경우에는 운송계약 협상시의 운임시황이 즉시 반영되어 해당항차의 운임이 결정된다. 한편 장기 전용선계약이나 장기 연속항차운송계약(consecutive voyage charter: CVC)과 장기운송계약(COA)인 경우에는 운송계약 체결 당시의 해운시황과 운임수준은 물론 이들에 대한 장기적 시황전망이 반영될 뿐만 아니라, 선박의 운항원가도 고려하여 운임이 결정된다.

또한 유가는 운항원가에 미치는 비중이 대단히 큼에도 불구하고 선박소유자나 용선자가 유가의 조정이나 향후에 대한 유가예측이 어렵다. 따라서 이와 같은 장기계약을 체결할 때에는 기준유가를 정한 후 실제 운송수행 당시의 실제유가와 비교하여 실제유가의 등락을 운임에 반영하도록 한다.

(2) 부정기선의 용·대선료

한편 부정기해운에서는 정기선해운에서 보다 용선(傭船, chartering in) 및 대선(貸船, chartering out)이 빈번히 발생한다. 선박소유자가 계약한 화물운송을 수행하기 위해 적정선형의 선박을 항상 보유하고 있다고는 볼 수 없다. 설사 보유하고 있다하여도 운송을 계약한 화물을 선적할 항구에 가장 근접한 위치에 있지 않은 경우가 많다.

따라서 선박소유자가 직접 소유한 선박보다는 다른 선사의 선박 중에서 운송계약을 수행하는데 선박의 선형이나 선박의 현재 위치 면에서 가장 적합한 선박을 용선하여 이용하게 된다.

이때 선박소유자는 선박을 대선하고 용선자로부터 대선료를 지급받게 되어 수입이 발생하게 된다. 이때 결정되는 대선료 수준은 용·대선 계약체결시의 해운시황과 선박의 자본비를 포함한 선원비, 보수 유지비와 보험료 등과 같은 선박의 운영비를 기준하게 된다. 특히 용선기간이 몇 개월 또는 1년 또는 그 이상의 장기간이 되는 기간용선계약(time charter agreement)인 경우에는 향후의 해운시황예측과 선박 운영비의 크기가 용선료수준을 좌우한다.

한편 선원의 승하선 및 선박의 보수 유지 등을 포함한 선박의 운영비와 화물운송을 위한 운항비를 용선자가 부담하는 선체용선계약(船體傭船契約, bareboat charter agreement)인 경우의 용선료 수준은 선박소유자가 선박을 확보하는데 필요한 투자비용을 기준하여 정해진다.

3. 운임의 결정방식

1) 부정기선해운시장의 운임지수

부정기선 해운시장의 운임변동 시황을 나타내는 몇 가지 운임지수가 발표되는데 이 중에서 영국의 발틱해운거래소에서 발표하는 발틱운임지수(Baltic Freight Index; BFI)

가 가장 대표적인 운임지수이다. 발틱해운거래소(The Baltic Exchange)는 1982년부터 2년 반 동안 세계 주요항로의 운송화물, 물동량과 선형 등에 관한 관찰과 연구를 통해 운임지수를 산정하기 위한 13개의 주요항로와 각 항로별 화물을 선정하였다.

다시 6개월 동안의 시험기간을 거친 후 아래 표와 같이 선정한 13개의 항해용선항로에서 해당화물[곡물(5개), 석탄(3개), 철광석, 석탄, 인광석 등]의 실제 운임에 가중치를 부여하여 1985년 1월 04일자로 제일 처음 발틱운임지수(Baltic Freight Index: BFI)를 1000으로 산정하기 시작하였다.

| 표 6-1 | 1985년 01월 04일자 최초 BFI 산출

Route No.	Sailing Routes	Quantity(mt) Cargo	%	Average Rate	Weighting Factor	BFI
1	US Gulf-NContinent(ARA)	55,000mt Grain	20	9.078571	22.029897717	200
2	US Gulf - FE(Japan)	55,000mt Grain	20	14.28571	13.999999999	200
3	USNW - FE(Japan)	52,000mt Grain	15	9.225714	16.258903684	150
4	US Gulf - Venezuela	21,000mt Grain	5	11.67142	4.283965728	50
5	Antwerp - Red Sea	20,000mt Grain	5	20.67857	2.417962003	50
6	HR-HBay - FE(Japan)	120,000mt Coal	5	10.31428	4.874645429	50
7	HR - NContinent(ARA)	65,000mt Coal	5	6.778571	8.652657601	50
8	Queensland - Rotterdam	110,000mt Coal	5	11.32142	4.416403785	50
9	Vancouver, San Diego-ARA	55,000mt Pet Coke	5	13.14285	3.804347856	50
10	Monrovia - Rotterdam	90,000mt IOre	5	4.5	11.111111111	50
11	Recife(Brazil) - USEC	20,000mt Sugar	5	16.416667	3.045686279	50
12	Hamburg - India(WC)	20,000mt Potash	2.5	28.92857	0.864197630	25
13	Aqaba - India(WC)	14,000mt 인광석	2.5	13.64285	1.845991561	25
	Initial BFI (as of 4th of January, 1985)					1000

자료 : 한진해운(1988)

위와 같은 방법으로 산출되기 시작한 발틱운임지수는 1988년 11월 04일부터는 Route 11(Recife-USEC)항로의 설탕운송의 운임률을 제외하고, Route 12(Hamburg-India WC) 항로의 가성칼리(Potash) 운송운임률과 가중치 대신에 Casablanca와 인도 서안(West Coast)까지의 인광석(Phosphate Rock) 운송운임률과 가중치를 기준하여 산출하였으며,

1989년 10월 17일부터 남미로부터 극동항로(S.America to Far East)에서의 38,000dwt급 선형의 T/C rate와 대서양의 왕복항로(Trans Atlantic round voyage)에서의 Panamax 선형의 T/C rate를 BFI 산출에 포함하기 시작하였다.

또한 1990년 8월부터는 곡물(3개), 석탄(3개), 철광석(1개), 정기용선(4개) 등의 11개 항로를 기준으로 산출하는 등 각 항로에서 주로 운송되는 해상화물의 종류 및 운송량과 이러한 화물을 운송하기 위한 선형의 변화 등 해운시황과 항로의 변화 등을 반영한 운임지수를 산출하기 위해 발틱운임지수를 산출하는 데에 포함되는 대상화물 및 대상항로를 수차례 변경하였다.

그러나 이렇게 산출되는 발틱운임지수(BFI)도 건화물선시장의 경기를 제대로 반영하지 못한다는 지적이 있어 발틱해운거래소는 1996년 10월 15일부터 시험적으로 BHI(Baltic Handysize Index)를 산출하기 시작한 후 1997년 1월 07일부터는 정식으로 BHI를 산출하기 시작하였다. 또한 1998년 11월 23일부터 시험적인 BPI(Baltic Panamax Index)산출을 시작하였으며, 1998년 12월 21일부터 정식으로 BPI가 산출하기 시작하였다.

그리고 1999년 3월 01일부터 BCI(Baltic Capesize Index)의 시험적인 산출을 시작한 후 1999년 4월 26일부터 BCI를 정식으로 산출하기 시작하였다.

이와 같이 선형별로 새로운 운임지수를 개발하여 BCI(Baltic Capesize Index), BPI (Baltic Panamax Index), BHI(Baltic Handysize Index) 등 3가지 지수를 산출하고 1999년 11월 01일부터 이 3가지 선형별 지수를 산술평균(가중평균이 아님)한 BDI(Baltic Dry Index)를 산출하여 합계 4가지 지수를 발표하기 시작하였으며, BDI를 건화물시장의 전체적인 해운시황을 나타내는 지수로 간주하기 시작하였다.

또한 새롭게 산출하기 시작한 BDI를 1985년 1월 04일 산출하기 시작한 BFI와 연속성을 유지하기 위해 지수(BDI Factor)를 도입하였으며, 그 지수가 0.998007990 이었으며 이 지수는 변해오고 있다. 또한 모든 지수 산출시 소수점이하 9자리까지로 하기로 하였다.

한편 1999년 11월 01일부터는 파나막스 선형이 건화물선시장의 경기를 가장 잘 대표하는 것으로 간주하여 발틱선물(BIFFEX) 및 선도거래(FFA)에 대하여 정산하는 경우, 기존의 BFI대신에 BPI로 대체하였다.

2001년 1월에는 발틱해운거래소는 BHI가 다양한 핸디사이즈 선박의 시장상황을 반영하기에 무리가 있다고 판단하여 BHI대신에 BHMI(Baltic Handymax Index)로 대체하였으며, BHI를 BDI 산정에서 제외하였다. 2005년 6월 1일부터 BHMI를 다시 BSI(Baltic Supramax Index)와 BHSI(Baltic Handysize Index)로 분리하여 산출하기 시작하였다.

따라서 현재는 선형별 지수인 BCI, BPI, BSI와 BHSI 등 4가지의 지수와 이 네 가지 선형의 TC rate를 평균한 후 상수(multiplier)를 곱하여 산출한 BDI를 포함하여 총 5가지 지수가 발표되고 있다. 또한 현재에는 탱커선에 대한 운임지수(Baltic International Tanker Index: BITR)도 발표하고 있다.

2) BDI(Baltic Exchange Dry Index)(as of 07th June, 2013)

위의 표는 2016년 6월 07일의 BCI 920, BPI 542, BSI 567, BHSI 344이며, 이와 같은 4개 선형의 TC rate를 산술평균한 후 상수(multiplier)를 곱하여 산출한 BDI는 606을 기록하고 있음을 보여주고 있다.

| 표 6-2 | BDI 산출방식

	Formula	Multiplier(상수)	Final Index
BDI	(BCI TC Average + BPI TC Average + BSI TC Average + BHSI TC Average) / 4 × 상수 = (6,769+4,330+5,928+4,923) ÷ 4 × 0.110345333)	0.110345333	606

1985년 1월 04일의 최초지수(BFI)가 1,000 이었으며, 이후 30년 동안 물가와 선가 상승이 있었음에도 불구하고 최초지수를 하회하여 발틱건화물지수(BDI)가 606이라는 것은 현재의 해운시황의 불황이 얼마나 심화되었는가를 보여주고 있다.

한편 우리나라에서는 해운거래정보센터(Maritime Exchange Information Center: MEIC)에서 매일 발표하는 MEIC지수가 있는데 건화물선의 아시아 항로를 중심으로 4개 선형(Cape 와 Panamax, Supramax Handysize), 28개의 항로로 구성되어 있다.

3) 정기선해운시장의 운임지수

정기선해운시장은 컨테이너선박을 이용한 컨테이너 화물운송이 주축이 되고 있다. 해운컨설팅 및 브로커인 업체인 영국의 How Robinson[2)]에서 1997년 1월 15일 HR 지수 1000을 기준으로 발표하고 있는 컨테이너 화물의 운임시황의 변동을 보여주는 지수인 HRCI 컨테이너선 종합용선지수이다. 세계 컨테이너선 용선시장에서 주로 거래되는

2) Howe Robinson사는 2015년 1월부터 ICAP Shipping과 결합하여 Howe Robinson Partners 사로 그 명칭이 바뀌었다.

510 TEU에서 3500 TEU까지의 12개 컨테이너선의 선형별 지수 및 종합지수를 발표하고 있다.

한편 중국인민중앙정부와 상해시인민정부가 합작한 비리기업인 상해항운교역 소에서 발표하는 컨테이너 운임지수인 Shanghai(Export) Containerized Freight Index(SCFI)가 있다. 2003년 1월 1일부터 발간된 상해발 컨테이너운임지수로 미주, 구주 등 15개 항로를 기반으로 지수가 산정되며 정기선사 화주 포워딩회사 등 30개사로부터 운임정보를 수집하여 지수를 발표한다. 중국에서 발표한 2016년 07월 01일자의 컨테이너 화물운임지수는 다음과 같다.

| 표 6-3 | 2016년 1월 18일자 상해 컨테이너 운임지수(SCFI)

항 목	Unit	비중 (%)	전 주	이번 주	증 감 (USD)	증감율 (%)
			2016 06 24	2016 07 01		
종합지수(Comprehensive Index)			550.64	752.65	2012.01	36.7
Europe(Base Port)	USD /FEU	20.0	680	1206	526	77.4
Mediterranean(Base Port)		10.0	776	1172	396	51.0
USWC(Base Port)		20.0	753	1209	456	60.6
USEC(Base Port)		7.5	1496	1785	289	19.3
Persian Gulf and Red Sea(Dubhai)		7.5	361	401	40	11.1
Australia/New Zealand (Melbourne)		5.0	315	414	99	31.4
East/West Africa(Lagos)		2.5	909	1242	333	36.6
South Africa(Durban)		2.5	326	325	- 1	- 0.3
South America(Santos)		2.5	2389	2543	154	6.4
West Japan(Base Port)		5.0	190	190	0	0.0
East Japan(Base Port)		5.0	184	184	0	0.0
Southeast Asia(Singapore)		5.0	56	56	0	0.0
Korea(Busan)		2.5	113	109	- 4	- 3.5
Taiwan(Kaohsiung)		2.5	161	159	- 2	- 1.2
Hong Kong(Hong Kong)		2.5	56	56	0	0.0

Note: The freight rate includes ocean freight and surcharges.

주 : FEU 당 총운임은 해상운임과 다음과 같은 할증료를 포함한다.

① 유류할증료(BAF/FAF), ② 긴급연료비할증료(EBS/EBA), ③ 통화할증료(CAF/YAS), ④ 성수기할증료(PSS), ⑤ 전쟁할증료(WRS), ⑥ 항만통제비용(PCS), ⑦ 운하할증료(SCS/SCF/PTF/PCC)

또한 위의 운임지수 이외에 아래 표와 이 수출·입 해운지수, 연안해운지수 및 선가지수 등 다양한 지수를 발표하고 있다.

| 표 6-4 | 상해항운교역소 발표 지수

구 분	종 류	비 고
수출입 해운지수	CCFI(China Containerized Freight Index)	컨 수출
	SCFI(Shanghai Containerized Freight Index)	컨 수출
	CDFI(China Import Dry Bulk Freight Index)	건화물 수입
	CDTI(China Import Crude Oil Tanker Freight Index)	유류 수입
연안 해운지수	CBFI(China Coastal Bulk Freight Index)	연안건화물
	CBCFI(China Coastal Bulk Coal Freight Index)	연안석탄
선가지수	SPI(Ship Sale & Purchase Index)	

4) 유조선 운임지수

유조선의 선형도 원유수송을 위한 ULCC(ultra large crude oil carrier) 및 VLCC(very large crude oil carrier) 및 정제유를 운송하기 위한 Product Carrier 등 선형이 다양하다. 다양한 선형의 유조선의 운임율의 통일을 기하기 위하여 World Scale Association이 1969년 제정한 World Scale Rate(WS)이 가장 대표적인 유조선 운임지수이다. 유조선운임지수인 WS은 운임단위이며, 유조선운임지수를 산정하기 위한 아래와 같은 표준선형의 선박을 적·양하지 간 가장 경제적인 항로에 운항할 때의 운임지수를 100으로 한다. 그리고 표준선형을 이용한 WS산정 기준을 매년 1월 발표한다.

| 표 6-5 | WS 산정 기준 선박의 제원(specification) 및 산정기준

- 선박의 선비 : 1일 미화 12,000 /일 기준
- 만재적하중량톤수(DWT) : 75,000톤,
- 속도 : 14.5 놋트(knots),
- 항해 시 연료소비량 : 55톤/일
- 항해이외의 목적을 위한 연료소비량 : 100톤/항차, 정박중 5톤/일
- 연료가격 : 전년 9월 평균가격

주: 유조선 시장에서 유류화물을 운송하기 위한 주력선대가 변화되면 World Scale Rate를 산정하기 위한 표준선형의 제원(specifications)도 변경한다.

제2절 해운비용과 그 유형

1. 해운비용의 종류

해운업의 비용은 주로 선박과 관련하여 가장 많이 발생하며, 이러한 선박관련 비용(선비)을 포함하여 해운업 비용의 종류를 살펴보면 다음과 같다.

첫째, 선박을 확보하기 위한 비용이다. 선박을 확보하는 방법은 선박의 취득과 선박의 용선으로 구분된다. 선박을 매입·취득하여 확보하는 경우의 자본비와 선박을 용선하여 확보하는 경우의 선박소유자에게 정기적으로 지불하는 용선료이다.

둘째, 선박을 화물을 운송하기 위해 적절한 상태로 유지하기 위한 비용이다. 선원비, 보수·유지비용, 보험료와 윤활유 비용 등을 말하며, 이러한 비용을 선박 운영비 또는 선비라고 한다.

셋째, 선박을 이용하여 화물을 운송하기 위하여 필요한 비용이다. 화물의 적항으로부터 양하항까지 선박이 항해하는데 소요되는 연료비와, 적양하 항에서의 하역비 등과 같은 화물취급료 및 적양하를 위한 기항지에서 발생하는 항비 등이 이러한 비용에 속한다. 이러한 비용을 운항비라고 한다.

넷째, 해운기업의 유지를 위해 임직원의 급여와 사무실 운영비용 등의 일반관리비이다. 적정인원의 임직원과 적정규모의 사무실 공간을 확보하여야 하며 필요하면 국내 및 해외에 지점을 설치하여 운영하는 비용을 말한다.

다섯째, 영업외 비용이다. 선박을 매입하기 위해 차입한 자금에 대한 이자와, 운영자금에 대한 이자가 해운기업의 영업외 비용의 대부분을 차지한다.

여섯째, 세금 및 공과금이다. 해운기업이 올린 이익에 대한 법인세 등 해운기업이 지불하여야 하는 각종 세금을 말한다.

1) 자본비

선박을 구입하게 되면 선박은 선박소유자의 고정자산이 되며, 이 고정자산을 확보하기 위하여 지불한 비용을 자본비라고 말한다. 이러한 고정자산의 비용은 고정자산의 물리적 또는 기능적 가치가 시간에 따라 감소하는 점을 고려할 때 고정자산의 확보행위가 이루어진 기간 동안에만 비용이 발생한 것으로 회계적인 처리를 하는 것은 합리적이 아니라고 할 수 있다. 따라서 자본비를 선가상환 전체기간동안에 배분하는 경우와 고정자산의 내용연수 전체기간동안에 비용을 배분하는 감가상각법이 있다.

(1) 상환기간기준 자본비 산출 및 배분

선박을 구입하기 위하여 차입한 금융의 상환기간 동안에 비용을 배분하는 방법이다. 이 방법은 금융조건에 따라 연도별 자본비가 달라지는데, 원금균등상환 또는 원리금균등상환 등 상환방법과 상환기간 및 상환이자율에 따라 달라진다. 회계적으로는 상환원금은 자본비로 간주하고 이자는 영업외비용으로 간주한다. 이러한 상환기준 자본비 배분은 이 선박투자로부터의 수입과 지출을 비교하여 현금흐름(cash flow)을 판단하는데 이용한다.

(2) 감가상각 방법에 의한 자본비 배분

수익과 비용의 대응 회계원칙에 따라서 영업활동에 사용하는 고정자산의 취득원가를 이 고정자산을 이용하여 수익을 창출할 수 있는 전체기간 동안에 걸쳐서 감가상각 방법에 의해 산출하여 연도별로 자본비를 배분하는 방법을 말한다. 이러한 감가상각 방법에 의해 산출된 자본비는 현금이 유출되지 않는 추정비용이다.

감가상각 방법에 의해 자본비를 산출하기 위해서는 자산의 1) 취득원가, 2) 감가상각 완료 후 추정잔존가치와, 3) 감가상각 기간과 같은 세 가지 요소에 대한 정보가 필요하다. 감가상각 비용은 다음과 같은 세 가지 방법으로 추정하는 것인 일반적이다.

첫째, 정액법으로서 추정 내용연수 동안에 걸쳐 매 회계기간 동안에 동일한 금액을 할당하는 직선법(straight line method)이다. 선박취득 원가에서 추정잔존가치를 차감한 금액(상각대상금액)을 내용연수 또는 상각기간으로 단순히 나누어 추정한다.

둘째, 정률법으로서 선박의 취득원가에서 감가상각비용(감가상각충당금)을 제외한 해당연도의 잔존가액에 고정된 상각률을 곱하여 해당연도의 상각금액을 결정한다.

셋째, 자산사용의 초기연도의 감가상각비를 자산사용의 후기연도 상각비보다 상대적으로 많게 하는 가속상각법이다. 연수합계법이나 정액법 상각율의 두 배를 감가상각률로 정하여 상각하는 이중체감방법 등을 말한다.

회계적으로는 상기 설명하는 계산방법에 의해 감가상각비를 산출하고 이를 자본비로 간주하며, 해당 선박구입을 위하여 금융을 차입하는 경우 차입금에 대한 이자는 발생연도의 영업외비용(지급이자)으로 간주한다. 감가상각에 대하여 법[3]으로 규정하고 있으며, 해운기업이 어떤 감가상각 계산방법을 일단 선택하게 되면, 다른 방법으로 변경

---

3) 법인세법 제23조, 동법시행령 제24조~34조

할 수 없다. 즉 정액법으로 결정하면 계속하여 정액법으로 감가상각비를 계산하여야 하며, 선박의 감가상각기간 동안에 정률법과 같은 다른 방법으로 변경할 수 없다.

2) 선박의 운영과 관련한 비용(선비)

(1) 선원비

선원비는 선원에게 지급되는 임금, 선원의 훈련 등에 소요되는 부대비와 선원의 승하선시 선원의 이동으로 발생하는 비용 등의 여행경비 등 세 가지로 분류할 수 있다. 또한 선박에 승선하여야하는 선원의 규모에 대해서는 법으로 규정하고 있으며 국내 선원노조와 국제운수노조연맹(International Transport Workers' Federation: ITF)[4]과 같은 국제적으로 선원의 급여 및 처우개선에 노력하는 기관에서 요구하는 조건을 충족시켜야만 한다.

선원비를 절약하고자 충분히 훈련되지 않은 선원을 승선시킨 경우에는 선박운항과 선박 기기운영의 미숙으로 사고발생 위험이 더 커지고, 운항효율이 저하될 수도 있으며, 이로 인한 선박의 보수나 유지비와 운항비 등이 상승한다면 오히려 선박운항비가 증가하게 되고, 결과적으로 해운비용이 증가하게 된다.

따라서 선원비를 절약하여 수익성을 향상시켜야 하지만, 선박의 안전과 효율적인 운영 및 안전하고 효율적인 운항을 위하여 가장 핵심적인 요소인 잘 훈련되고 자격을 갖춘 선원을 확보하는 수준까지의 비용은 선원비로서 지불하여야 한다.

(2) 선박 보수유지비

선박은 그 성능이 화물운송에 전혀 지장을 주지 않고 충분한 감항성(seaworthiness)을 유지하여야 하고, 선박의 안전과 환경문제와 관련하여 새롭게 제정되고 시행되는

---

4) 국제적인 산업별 노동조합 조직의 하나로 운소관계노조이며 4년에 한 번씩 세계대회를 개최한다. 여러 분야의 국제기관에 해상을 포함한 운수노동자의 의견과 주장을 반영시켜 국제조약작성 등에 참여하고 있다. 철도, 노면(路面)운수, 내륙수운(水運), 항만, 선원, 민간항공, 여객업의 각 부회에 나누어져 활동하고 있다.
원래 ITF는 1896년에 유럽의 선원과 항만노동자들이 사회주의 국가가 주최하는 회의에 참가하기 위하여 런던에 모인 국제 선박항만하천 노동조합에서 비롯된 것이다. 1898년에 스웨덴 항만노조연맹의 제창으로 전 운수기관 노동자에게 문호가 개방되어 현재의 국제운수노조연맹으로 개편된 것이다. 이 조직은 편의치적선에 승선한 후진국 및 개발도상국 선원들이 임금수준, 고용조건, 노동환경, 사회보장 및 복리후생 등에 있어서 열악한 조건에 놓여 있다고 하여, 편의치적선에 대한 하역반대운동을 전개해 왔다. 편의치적선에 대한 ITF의 반대태도는 최근 강화되어 ITF의 노동조건을 기준으로 해서 선박단위로 청색증명서(Blue Certificate)를 발급하고 이의 소지를 정기용선계약서에 조건으로 삽입했을 뿐 아니라 이를 소지하지 않은 선박에 대해서는 하역을 거부하고도 있다.

국내외 규정에 맞도록 하기 위하여 운항 중에도 지속적으로 필요한 수리나 설비 등을 교체하여야 한다.

또한 선박에 대하여 선급(classification society)에서 요구하는 조건이나 상태를 유지하여야 한다. 선급에서는 선박의 감항성 유지와 선원과 선박의 안전을 위해 중요하다고 판단되는 부분에 대하여 정기적으로 점검한다. 선급에서는 요구하는 기준과 수준에 미달하지 않도록 수리 및 부품의 교환을 요구하고 있으며, 이에 대한 기록도 유지하고 있다.

선급은 이러한 검사와 이에 따른 선박소유자의 선박보수와 선급의 기록유지를 통해 선박에 대한 감항성을 확인하여주는 제3자라고 간주할 수 있다. 이러한 선급의 확인이 있음으로 해서 선박소유자, 화주와 보험회사가 해당선박의 감항성이 확보되었다고 간주하게 된다.

한편 선박의 보수유지를 위한 수리는 운항수리와 입거수리의 두 가지로 나누어진다. 운항수리는 보수와 유지에 필요한 기자재를 선박에 보급하여 운항 중에 선원들로 하여금 보수유지 작업을 하게하거나, 선박이 항구에 기항할 때에 전문수리업체에게 수리를 의뢰하는 방안을 말한다.

한편 입거수리는 선급규정에 따라 5년 이내에 적어도 2회 이상 시행하여야 한다. 입거수리 시에는 입거시가 아니면 시행하기 어려운 보수유지 작업을 시행하게 된다. 수면아래 선체의 부식을 방지하기 위한 도색작업, 조타기 외부 구조 중 수면 아래 부분 검사 및 수리, 선박에서 해수를 흡입 또는 배출하거나 사용한 청수를 배출하기 위한 선체 구조부분(sea chest)과 발라스트 탱크나 청수 탱크의 선저마개(bottom plug)의 점검과 수리와 각 탱크 내의 침전물제거와 같은 작업은 입거시가 아니면 시행하기 어렵다.

또한 용선시장에서 선박을 어느 조선소에서 건조하였느냐 하는 점과 선박의 보수유지를 어떤 선박소유자가 또는 어떤 선박관리회사(ship management company)가 어떻게 하고 있는가 하는 점을 중요시 하며, 선박의 용선료 수준에도 영향을 미친다.

(3) 보험료

선박을 이용한 해상운송은 여러 가지 위험에 노출되어 있다. 선박은 해상에서 침몰(sinking), 좌초(stranding), 충돌(collision) 및 악천후(heavy weather)와 같은 해상에서만 발생할 수 있는 해상고유의 위험(perils of the sea)을 포함하여 해상에서 예상되는 위험(perils on the sea)에 대한 부보를 원칙으로 한다.

선박의 사고나 항해도중 해상상태나 일기불순으로 선박과 기관 자체에 대한 위험, 여객이나 선원의 손상 및 선박 운항과 관련한 선박 이외의 물체(예를 들면 예선 및 부두 등)와 관련한 위험 및 선박운항 도중 선박으로부터 유류가 유출되어 해역에 손상을 입힐 위험 등이 있다. 또한 운송도중 전쟁과 파업이 발생할 위험도 있다.

이러한 위험으로부터 손상과 손실을 입었을 경우 보험으로부터 보상받기 위해서는 반드시 해상보험에 가입하여야 할 뿐 만 아니라, 우리 선박이 제3자에게 손상과 손실을 입힐 경우에 보험을 통하여 보상하기 위해서도 반드시 보험에 가입하여야 한다. 또한 이러한 해상보험에 대하여 선박운항과 관련한 국제법과 국내법 등에서도 선박소유자가 가입할 것을 요구하고 있다.

이러한 해상보험은 크게 두 가지로 구분되는데 ① 선체와 기관(hull and machinery)에 대한 보험, ② 선원의 상해와 선박과 기관이외의 제3자에게 우리선박이 입힌 손상과 손실, 우리 선박으로부터의 유류 유출로 인한 제3자에게 입힌 손상과 손실 및 선박의 사고나 해상상태나 일기불순으로 인한 화물손상 등에 대하여 제3자나 화주에게 입힌 손상과 손실을 보상하기 위한 선주상호보험조합제도(Shipowner's Mutual Protection and Indemnity Association, 일반적으로 "P&I"라고 한다)를 통한 보험이 그것이다.

보험에 가입할 때에 납부하게 되는 보험료의 수준은 선가, 선령, 선박의 크기, 선박의 종류, 선박의 서비스 형태 및 선박의 상태 등에 따라서 결정된다. 또한 선박소유자나 선박을 관리하는 선박관리회사의 과거의 사고 이력도 보험료 수준을 결정짓는데 영향을 미친다.

한편 일정 선령 이상이 된 선박을 이용하여 화물을 운송하고자 하는 경우에는 노령선박에 대한 추가보험료(additional premium: AP)[5]를 부과하게 되는데, 이 추가보험료는 화물에 대한 추가보험료임에도 불구하고 선박이 노령화되어 부과되는 것이므로 화주가 아닌 선박소유자가 부담하며, 선박소유자가 선박을 직접 운항하지 않고 대선하는 경우에도 이 추가보험료는 선박소유자가 부담하게 된다.

또한 선박을 확보하기 위해 차입한 선박금융을 선체용선료(연불 또는 리스료) 형태로 상환하는 경우, 선박금융제공자는 선체나 기관고장으로 선박이 불가동되는 경우에

---

5) 노령선박할증 (I.C.C. Institute Classification Clause협회 선급 약관)
일반적으로 부정기선의 경우 선령 15년(정기선의 경우는 25년 이상) 이상 초과된 선박에 선적되는 화물에 대한 적화보험에 노령선 할증(overage penalty)이 부과된다. 화물종류에 따라 차등 Tariff가 적용된다. 기타 소형 선박 할증(총톤수 1000이하), 무선급선 할증, 지역할증. 환적위험(T/S Transshipment)할증이 적용되어 보험료가 높게 된다.
우리나라에서는 1,000톤 미만의 선박에 대해서는 정기선 여부에 관련 없이 선령할증 및 소형선 할증이 부과되며, 선급에 가입하지 않은 선박에 대하서는 무선급할증을 부과한다. 또한 선박명을 2개월 이내에 고지하지 않을 경우에는 보험자가 임의로 최저요율 이상의 할증료를 부과할 수 있도록 하고 있다.

도 금융을 차입한 선박소유자로부터 선체용선료를 지급받는데 차질이 없도록 불가동 손실위험에 대비하여 부보하기도 한다(Loss of Hire Insurance).

선체 및 기관의 고장으로 인하여 용선자로부터 예상된 수입인 용선료를 받지 못하게(loss of hire: LOH) 되는 경우에는 선박소유자가 이것을 보상받기 위하여 보험에 부보한다. 또한 선박 확보 시 금융을 차입하게 되면, 선박의 선체나 기관의 고장으로 일정기간 선박을 운항하지 못하는 경우에도 금융제공자가 원리금(용선료)상환을 보장 받기 위한 보험에 부보한다. 이때 보험에 부보한 금융제공자가 보험료를 납입한다 할지라도 용선자가 지불하는 용선료를 인상하여 결국은 용선자가 지불하는 결과가 된다.

또한 용(대)선과 관련한 분쟁 등에 관한 변호사의 조언과 도움을 받거나 선박소유자나 용선자가 각기 소송을 제기할 경우 변호사의 비용지불에 대비하여 선박소유자와 용선자가 각기 보험에 부보하기도 한다.

(4) 소모품비

이 비용은 선박을 운항하는 도중 필요한 각종 선용품의 구입에 필요한 비용이며, 선박의 계류색(繫留索, Mooring Line), 공구와 간단한 도색을 위한 페인트 등의 선용품 구입비용과 선박의 기관이나 발전기 및 냉동기와 선박의 각종 기기에 필요로 하는 기부속 부품을 구입하는 비용을 말한다. 또한 선박에서 선내작업을 할 때에 필요로 하는 물품비용도 포함된다. 이러한 선용품은 선형에 따라 구입하는 선용품의 종류가 달라지기도 한다. 예들 들면 컨테이너선의 Lashing Gear 나 Lashing Materials 은 선박에 선적된 컨테이너를 고박하는 데에 필요한 선용품인 반면 탱커선박에는 필요하지 않은 선용품이다.

(5) 윤활유비

윤활유(lubricating oil)는 주기관(main engine)과 발전기(generator)를 비롯한 보조기관(auxiliary engine)의 운전에 필요로 한다. 이러한 윤활유를 구입하는데 필요한 비용을 말한다.

(6) 기타선비

기타선비는 선내에서 필요로 하는 청수나 음료수를 구입하는 급수비와 통신비 및 접대비 등을 말한다.

3) 선박의 운항과 관련한 비용(운항비, voyage cost)

운항비는 선박이 화물의 적하지에 도착하여 화물을 선적한 후 항해하여 양하지에 도착하여 화물의 양하를 완료할 때까지 항해를 하는데 필요한 연료비, 화물의 적양하를 위한 필요한 화물비와 선박의 적양하항 기항 시 발생하는 항비 등을 말한다.

(1) 연료비

선박의 연료는 선박의 항해를 위해 추진력을 얻고자 주기관(main engine)을 운전하는데 필요한 연료와 발전기와 다른 보조기관(auxiliary engine)을 운전하는데 필요한 연료 등 두 가지로 구분한다. 주기관에 사용하는 연료와 발전기에 사용하는 연료의 종류는 일반적으로 다르며, 발전기용 연료유 가격이 일반적으로 비싸다. 연료비는 운항비 중에서 가장 큰 비중을 차지한다. 따라서 이러한 연료비를 절약하기 위해 다양한 노력을 기울인다.

연료비는 운항비중에서 가장 큰 비중을 차지한다. 따라서 이러한 연료비를 절약하기 위해 다양한 노력을 기울인다.

일반적으로 연료를 적항이나 양하항에서 보급하나, 목적지까지 항해 도중 항로에서 연료가격이 싸고 보급시간이 많이 걸리지 않는 다른 항구로 이로(deviation)하여 연료만을 보급받기 위해 기항하기도 한다. 고속으로 항해하여 고객에게 정요일(weekly fixed day) 기항과 화물의 운송기간(transit time)을 단축하려는 서비스를 제공하고자 하는 컨테이너 선박은 불황 시나 또는 유류파동으로 유류가격이 급등하는 경우에는 이 연료비를 절약하기 위해 선박을 감속 운항하여 연료비 절약을 꾀하기도 한다. 계속하여 장기간 감속 운항하는 경우에는 선박의 기관에 문제점이 발생할 우려가 있으며, 이것으로 인한 선박사고가 많아지고 보험금지불이 증가할 것을 염려하고 있다. 또한 선내 발전기용 연료유를 절약하기 위해 축발전기(shaft generator)를 설치하여 항행 중에는 기관 회전의 힘을 선미의 프로펠러(propeller)에 전달하는 프로펠러 축(propeller shaft)의 회전을 이용하여 발전을 일으키기도 한다.

(2) 화물비

화물비는 화물을 적하 또는 양하하는 하역비와 검수료와 같은 부대비용, 화물의 집화 및 중개수수료, 화물취급과 관련한 클레임(claim) 등을 말한다. 화물비의 종류와 그 성격을 좀 더 자세히 살펴보면 다음과 같다.

① 하역비는 본선의 하역기기와 육상에 설치되어 있는 갠트리 크레인(gantry crane)

을 이용하거나, 또는 중량물의 취급을 위해 플로팅 크레인(floating crane)을 사용하여 화물을 적하 또는 양하하는 비용이다.

② 화물부대비용은 창고료(storage), 검수료(tally charges), 검량료(measuring charge and weighting charge), 화물분류(sorting) 비용, 화물보호재(shifting board, dunnage 또는 mat) 구입비용, 화물고박(shoring and lashing) 비용, 선창청소(hold cleaning) 비용 등을 말한다. 한편 터미널에서 컨테이너의 취급 및 보관비용과 소구화물을 컨테이너에 적재하는 등 CFS 에서의 소구화물 취급료 등도 화물부대비용이다.

③ 또한 컨테이너 정기선은 벌크선과 달리 고객에게 문전에서 문전까지(door to door)의 해륙일관운송서비스를 제공하게 되므로, 트럭이나 기차를 이용하여 컨테이너의 육상 운송을 해운기업이 담당하게 되는데 이러한 육상 운송료도 화물비로 분류한다. 이러한 육상 운송료는 특히 영국에서와 같이 그리드 시스템(grid system)[6]을 적용하여 화주로부터 받게 되는 요금이 트럭회사나 철도회사에게 지불하는 비용보다 적은 경우가 많은데, 이로 인해 선사의 비용 부담을 가중시키고 있다.

④ 수수료는 집화수수료(booking commission) 및 화물중개수수료(brokerage) 등이 있다. 또한 선박소유자가 소유한 선박을 대선하거나, 다른 선박소유자가 소유한 선박을 필요에 의해 용선하는 경우 전문적으로 이러한 용·대선을 알선하는 중개인에게 의뢰하고 용·대선 알선 수수료를 지불하기도 한다.

⑤ 석탄, 철광석과 곡물 같은 살적화물(撒積貨物, bulk cargo)을 선적하는 경우 항행 중 화물이동을 방지하여 선박의 안전을 도모하고자 불도저(bulldozer) 등을 이용하여 화물을 선창내에 적절하게 적부하고(stowage) 골라야 하므로 비용이 발생한다. 이 경우 운송계약당시 협의를 통해 화주와 선박소유자 중 누가 부담하여야 할 것인가를 정한다. 일반적으로 FIOST(free in and out, stowing and trimming) 조항을 운송계약서 또는 용선계약서에 명시하여 적·양하비용은 물론 이러한 적

---

6) 영국 국내를 일정한 간격으로 가로와 세로로 구분하여 격자(grid)형으로 나누고, 화주는 선사가 실제로 기항하는 항구와는 무관하게 각 격자 내에서 가장 가까운 항구(container service port)까지의 운송료를 선사에게 지불하게 하는 제도이다. 그러나 선사는 트럭이나 철도운송회사에서 부과하는 실비를 지불하여야만 하므로 특정 격자에서 가장 가까운 항구에 기항하지 않는 한 화주로부터 징수하는 운송료는 선사가 운송회사에 지불하는 실비와 비교할 때 턱없이 부족한 경우가 많다. 예를 들면 런던의 남동쪽에 있는 Felixstowe에 기항하는 선사가 Scotland 지방에서 출하되는 Whisky가 내장된 컨테이너를 선박에 선적하고자 할 때, 화주는 가장 가까운 Glasgow(Scotland)항을 기준한 운송료를 선사에 납부하면 되는 반면에 선사는 선박이 직접 기항하는 Felixstowe까지의 운송료를 운송회사에 지불하게 되므로 화주로부터 징수하는 운송료보다 선사가 지불하는 실비가 훨씬 많다.

부 비용도 화주가 부담하는 경우가 대부분이다.

⑥ 선사가 송화주(shipper)로부터 화물을 인도받아 수하주(consignee)에게 인도할 때까지 화물을 취급하는 도중 각종 사고로 인하여 발생하는 손실에 대하여 화주의 손실보상 요구 등을 해결하기 위한 클레임 관련 비용이 있다.

한편 컨테이선을 중심으로 한 정기선 해운에서는 화주와 특별히 합의하지 않는 한 위에서 살펴본 하역비를 포함한 화물비를 운송인(선박소유자)이 부담하며 이러한 조건을 Liner Term 또는 Berth Term이라고 한다. 그러나 부정기선 해운에서의 화물비 부담은 운송인과 화주사이의 계약에 따라 결정되며, 운송인이 제공하는 운송서비스 형태에 따라 비용부담의 주체가 달라진다(제5장 제4절 화물의 취급 참조).

(3) 항비

선박이 항구에 기항하여 항구내 설비를 이용하거나 선박의 운항에 필요한 서비스나 용역을 제공받았을 경우 지불하는 비용과 대리점에게 지불하는 대리점료 등을 말한다. 선박의 톤수와 같은 사양, 정박 중 화물취급의 유무와 취급화물의 종류, 정박기간 등에 따라 항비 부과기준이 달라진다. 선박이 화물의 취급없이 단지 유류를 보급받기 위해 기항하는 경우에는 항비를 부과하지 않는 경우가 대부분이며, 국내 선박에 대해서는 우대하여 일부 항비를 면제하거나 낮은 요율을 적용하기도 한다.

톤세(tonnage dues), 검역수수료(quarantine fee), 접안사용료(wharfage), 정박료(anchorage fee), 등대사용료(light dues), 도선료(pilotage), 예선료(tugboat charges), 강취방료(line handling charges), 통선료(sampan hire), 대리점료(화물집화 수수료는 제외) 등이 항비이다.

4) 일반관리비(general overhead cost)

선박을 운항하여 수입을 올리기 위해 필요한 영업과 관리를 위해 조직을 갖추고 운영하기 위해 지급되는 비용을 말하며, 임원의 보수, 종업원의 급여 및 상여금, 복리후생비, 각종보험료와 사무실 임대료 및 유지비 등을 말한다. 선원의 선발, 교육 및 훈련 등에 필요한 비용은 회계적으로 일반관리비가 아닌 선원비이며, 이러한 업무를 담당하는 부서의 운영비나 임직원의 급여는 일반관리비에 속한다. 이러한 일반관리비가 해운기업의 전체 해운비용에서 차지하는 비중은 제조업에 비해 상대적으로 적은 편이다.

한편 일반관리비를 선대별, 또는 선박별로의 배분은 해당선박의 예상매출 또는 선박의 톤수를 기준하는 등 해운기업별로 각기 다르며, 일반적으로 부정기선보다는 더 큰 조직을 필요로 하는 정기선에 보다 많이 배분하게 된다.

5) 금융비용 및 영업외비용

(1) 금융비용

선박 및 컨테이너와 컨테이너 터미널과 같은 설비를 갖추기 위한 시설자금 차입과 기업의 유동성이 부족하여 운영자금을 차입하는 등 자금차입이 다른 산업보다 많으며, 이렇게 차입한 부채를 상환하는데 소요되는 비용을 말한다.

또한 리스계약에 의한 리스비용, 주주에게 배당하는 지분비용 및 기업에서 필요로 하는 물건을 할부로 구입하는 경우의 할부구입비용도 금융비용이다.

(2) 영업외 비용

금융을 차입하는 경우 발생하는 이자비용이 대표적인 영업외 비용이다. 선박이나 터미널을 구입하기 위해 차입한 금융에 대한 이자와 같은 시설자금이자와 일시적으로나 또는 해운기업의 유동성이 부족하여 차입한 운영자금에 대한 이자와 같은 운영자금이자 등이 대표적인 영업외 비용이다.

2. 해운비용의 분류

위에서 살펴본 비용을 다음과 같이 분류한다.

1) 선비(직접선비와 간접선비)

선박의 확보와 보수유지에 필요한 비용을 선비라고 하며, 선박의 운항에 직접적으로 관련이 있느냐에 따라 직접선비와 간접선비로 분류한다. 선원비, 보수유지비, 소모품비, 윤활유비, 해난비용, 공동해손정산손비와 보험료 중 P&I보험료를 직접선비로 분류하고, 선박보험료, 감가상각비와 선박구입 차입금이자 등을 간접선비로 분류한다.

2) 고정비와 변동비

선박을 매입취득하기 위해 필요한 금융비용과 선박을 항시 운항 가능한 상태로 유지하기 위한 운영비용을 고정비라고 말한다. 선박을 매입취득하기 위해 차입한 금융 및 금융부대비용을 포함하여 선박을 화물운송에 적합하고 목적지까지 안전하게 항해가 가능하도록 감항성을 유지하는데 필요로 하는 선원비, 보수유지비, 소모품비, 윤활유비 등과 같은 선비를 고정비로 분류한다. 한편, 선박운항 항차의 증감에 따라 증감하는 연료비, 항비와 화물량의 증감에 따라 증감하는 하역비를 비롯한 각종 화물비와 육상운송비, 컨테이너 장비관련 비용과 대리점의 화물수하 수수료 등을 변동비로 분류한다.

3) 운항준비비와 운항비

선박을 확보하여 화물운송을 위해 배선하기까지의 준비단계에 필요한 비용이며, 운항 중 항로에 따라 변동하지 않는 비용을 말하며, 직접선비와 간접선비를 운항준비비로 분류하며 선박의 고정비가 이 비용에 속한다. 한편 선박운항과 화물의 취급 및 적양하를 위해 기항하는 항구에서 발생하는 경비를 운항비로 분류하며, 연료비, 화물비와 항비가 이 비용에 속한다.

3. C/B, H/B, Slot Hire

선박을 운항하여 화물을 운송하고 수입을 제고한 후 이에 따른 비용을 공제하여 해당 선박의 해당 항차의 수익성을 분석하게 된다. 이때 C/B(charter base)와 H/B(hire base)를 이용한다. C/B의 본래의 의미는 [적하톤당(deadweight ton)·1개월(30일)] 단위로 산정한 수익력을 말하며, H/B의 본래의 의미는 [적하톤당(deadweight ton)·1개월(30일)] 단위로 산정한 선박의 운영비용을 말한다. 그러나 실무적으로는 선박별로 일당(per day)으로 산정한 것을 많이 사용한다. 이러한 C/B와 H/B 산정과 컨테이너 선박의 20Ft 컨테이너 Space(slot)당 H/B라고 할 수 있는 Slot Hire에 대하여 살펴보면 다음과 같다.

(1) C/B(Charter Base)

운항수입금에서 해당 수입금을 올리는데 소요된 운항경비를 공제한 금액을 [적하톤당·1개월(30일)] 단위의 금액으로 환산한 것을 C/B라고 한다. 이를 계산식으로 표시하면 다음과 같다.

$$C/B = \frac{\text{선박 운항수익금} - \text{운항비}}{\text{선박 DWT} \times \text{연간 운항일수}} \times 30\text{일(월간, per month)}$$

이러한 C/B는 해당 선박의 수익력을 나타내는 금액이며, 매항차별 또는 일정기간별로 계산하기도 하고, 개별 선박 또는 선대를 구분하여 선대별로 계산하기도 한다.

그러나 실무적으로는 일당(per day) C/B를 계산하여 해당 선박의 해당 항차 수익력을 가름하는데 이용한다. 해당 항차의 일당 C/B를 계산식으로 표시하면 다음과 같다.

$$C/B = \frac{\text{해당항차 운항수익금} - \text{해당항차 운항비}}{\text{해당항차 운항일수}} \text{(일당, per day)}$$

일당 C/B를 계산할 때, 운항비는 연료비, 항비 및 화물비 등 해당 항차를 수행하는데 직접적으로 소요된 비용을 말한다.

(2) H/B(Hire Base)

선박을 ① 확보하는 비용(자본비)과 ② 항행의 유무에 관계없이 언제든지 감항성(seaworthiness)을 가지고 운항시킬 수 있는 상태로 유지하는데 필요한 운영비용(직접선비, 간접선비 등의 고정비)의 총액을[적하톤당·일개월(30일)] 단위의 금액으로 환산한 것을 H/B라고 한다. 이를 계산식으로 살펴보면 다음과 같다.

$$H/B = \frac{\text{연간 운영비(고정비)}}{\text{선박 DWT} \times \text{연간 운항일수}} \times 30\text{일(월간, per month)}$$

그러나 실무적으로는 일당(per day) H/B를 계산하여 일당 C/B와 비교하여 해당 선박의 일당 또는 해당 항차 전체 수익력을 가름하는데 이용한다. 일당 H/B를 계산식으로 표시하면 다음과 같다.

$$H/B = \frac{\text{연간 운영비(고정비)(주)}}{\text{연간 운항일수}} \text{(일당, per day)}$$

주 : H/B 산출은 자본비와 운영비(직접선비와 간접선비 등)의 총액을 기준하여 산출한다. 이때 자본비를 상환기준과 상각기준으로 구분하며, 일반관리비의 포함여부에 따라 각각 달리 계산하기도 한다. 해당 선박의 수익성을 각기 다른 목적으로 분석할 때나, 이 선박을 운항하였을 경우 현금흐름(cash flow)을 예측하는 등 검토하려고 하는 목적에 맞게 H/B를 추정하고 분석하여 투자여부를 결정하는 데에 이용한다. 각각의 경우 일당 H/B를 계산하기 위한 비용의 내용을 살펴보면 다음과 같다.
(1) 선박운영비 + 감가상각비 + 선가상환이자
(2) 선박운영비 + 선가상환원금 + 선가상환이자
(3) 선박운영비 + 감가상각비 +선가상환이자 + 일반관리비
(4) 선박운영비 + 선가상환원금 + 선가상환이자 + 일반관리비

(3) Slot Hire

일반화물선은 선박의 화물운송 용량(capacity)을 적하톤수(deadweight ton)로 표시

하는 반면, 컨테이너 선박은 운송용량을 해당 선박에 선적할 수 있는 길이 20 Feet 또는 40 Feet의 컨테이너 개수로도 표시한다. 최근에는 길이 20 Feet인 컨테이너를 18,000개 이상 선적할 수 있는 대형 선박도 출현하고 있다. 이러한 컨테이너 선박의 TEU당 (선내 20 Feet Container space 당; twenty feet equivalent unit; TEU) 일당 운영비를 Slot Hire라고 한다. 이러한 Slot Hire는 TEU당 H/B 라고도 할 수 있으며, 다음과 같이 추정한다.

$$\text{Slot Hire(S/H)} = \frac{\text{연간 운영비(고정비)}}{\text{선박의 용량(capacity, TEU 단위)} \times \text{연간 운항일수}} \text{(일당, per day)}$$

해당 선박 또는 해당 항차의 운임 및 비용 분석이나, 타선사에게 해당 컨테이너 선박의 Space(slot)를 빌려 주고 임대료를 받는 경우 이 Slot Hire를 기준한다. 만약 Slot Hire가 USD15인 어떤 선박의 100 TEUS를 75일간 타선사에게 임대하여 주었다면 USD112,500의 선박 Space 임차료수입을 올릴 수 있다(주: USD15×100 TEUS×75일 = USD112,500-).

두개 이상의 해운기업이 동일항로에 공동운항체(consortium)를 형성하여 컨테이너 정기선 서비스를 화주에게 공동으로 제공하기로 합의하고, 각기 동일 또는 서로 다른 척수의 선박을 투입하여 선대를 구성한다. 그리고 선박의 Space(slot)를 상호 임차하여(co-charter) 영업을 한다.

예를 들면, 특정항로에 여러 척수의 선박이 투입되는 경우, 경쟁이 심화되어 운임이 하락하고, 수익성이 저하되므로, 컨테이너 컨소시움 선사별로 선박의 척수와 전체 선복량(teu capacity, slot 수)의 할당에 합의하여 투입하는 경우이다. 이럴 경우 선사별로 각기 투입한 선박의 전체 용량(slot 수)은 자사선을 포함하여 다른 구성원의 선사가 투입한 선박 전체 선박에 분산되어 있으며, 이때 각 선박에 각 선사가 임차한(빌린) Slot에 대한 임차료(용선료)를 선사간 정산할 때, TEU당 일당 운영비인 Slot Hire를 이용한다.

한편 컨소시움을 구성하여 선대를 운영하는 경우, 컨테이너 적양하와 같은 개별선사가 부담하여야하는 개별비용(individual expense)과 항비와 연료비와 같은 컨소시움 회원사 공동으로 부담하여야 하는 공동비용(common expense)이 발생한다. 이 공동비용은 해당선박의 전체 선복량(slot 수) 중 각 선사에 할당된 선복량에 비례배분하여 정산한다.

4. 계선점(Laying Up Point)

해운시황이 하락함에 따라 운임과 용선료가 계속 하락하면 C/B가 선원비, 선박수리비, 보험료와 윤활유비 등과 같은 선박의 운영비(직접선비 및 간접선비 등)마저 감당할 수 없는 수준이 된다. 즉 C/B가 H/B보다 낮아 수익을 올리지 못하게 되며, 이 경우에는 선박을 계속하여 운항하기 보다는 계선하는(laying up) 편이 유리하다. 이와 같이 운임이 하락하여 C/B와 H/B가 동일하게 되는 C/B를 계선점 C/B라고 하며 운항과 계선을 결정하는 분기점이라고 할 수 있다.

그러나 선박을 실제로 계선하기 위한 계선점을 결정하기 위해서는 각종 비용의 발생에 대한 보다 정확한 분석이 필요하다. 선박을 계선하는 경우 화물운송을 위한 운항비용은 발생하지 않으며, 선박을 최소한의 운항준비 상태로 유지하기 때문에 직접선비와 간접선비와 같은 선박의 운영비용도 다음과 같이 대폭 감소하게 된다.

① 선박의 경비 및 비상시 연락을 취할 최소한의 당직자만이 필요하게 되거나, 비용이 저렴한 경비회사에게 선박의 경비를 위임할 수 있음으로 선원비가 대폭 줄어든다.
② 해운시황이 상승하여 운임수준이 회복될 경우 다시 준비하여 선박을 운항을 재개할 수 있는 상태로만 선박을 유지하므로 선박의 보수유지비용도 대폭 줄어든다.
③ 선체 및 기관(hull and machinery)에 대한 선체보험료는 운항을 하지 않음으로 대양 항해위험에 대한 노출이 줄어들게 되어 대폭감소하며, P&I 보험료도 대폭 감소하게 된다. 일정기간이상 계선하게 되면, 보험자가 보험료의 일부를 환불한다.
④ 선박의 기부속 및 기타 소모품의 소요가 줄어들어 선용품비도 감소하게 된다.
⑤ 기관과 각종 기기의 운전을 중단시켰으므로 윤활유 소모가 감소하여 윤활유 비용도 감소한다.
⑥ 발전기를 가동하지 않고 비용이 저렴한 경우 육상전력을 이용할 수 있다.
⑦ 각종 검사비도 감소한다.

한편 선박을 계선하는 경우 선박경비원의 배치와 육선전원의 사용 등에 필요한 경비 등 운항 중에는 발생하지 않았던 비용을 비롯한 계선비용이 새롭게 발생하게 된다(계선 직접비용).

따라서 선박을 운항하여 얻어지는 [운항수입에서 운항비와 선박운영비를 뺀 수익금액]과 선박을 계선할 때의 [선박운영비와 계선비용과의 합계금액]이 같게 되는 경우의 운임 수준을 계선점운임으로 보아야 할 것이다. 그럼으로 선박소유자가 소유선박을 이용하여 직접 화물을 운송할 때의 계선점운임(톤당) 수준과 선박을 용·대선하는 경우의 계선점용선료(일당) 수준을 다음과 같이 추정할 수 있다.

1) 선박소유자가 보유선박을 직접운항 할 경우의 계선점운임(톤당) 수준 추정

선박을 화물운송을 위해 운항하였을 경우의 [수입과 비용의 차이인 순수익]과 계선할 때의 [계선비용]이 같게 되는 운임률을 계선점운임률이라고 간주할 수 있다.

선박을 운항하여 해당 항차에서 창출되는 [수입금액]에서 수입을 창출하기 위해 해당 항차기간 동안에 발생하는 [항차비용(연료비와 같은 운항비, 화물비 및 항비 등)과 선박운영비(직접선비 및 간전선비 등)의 합계금액]을 차감한 금액을 [순수익금액]이라 할 수 있다.

그리고 선박을 계선하게 되면 선박이 계선상태에서 발생하는 선박운영비와 선박을 계선함으로써 새롭게 발생하기 시작하는 직접계선비용과의 합이 [전체계선비용]이 될 것이다.

이때에 [순수익금액]과 [전체계선비용]이 같게 되는 경우의 운임 수준을 계선점운임으로 볼 수 있다. 따라서 항차기간 동안의 [(직접선비 + 간접선비 + 항차비용) - 계선점운임수입] = 항차기간과 동일한 [계선기간 동안의 직접선비 + 간접선비 + 계선비용]과 같이 되며, 이를 계산식으로 다음과 같이 표시할 수 있다. 즉,

$$[(C_d + C_i + V_c) - R \bullet T] = [C_{di} + C_{ii} + C_p]$$

$$R = \frac{[(C_d + C_i + V_c)] - [C_{di} + C_{ii} + C_p]}{T}$$

R : 계선점운임률(운임톤당)

T : 화물량(운임톤수)

V_c : 항차비용(운항비, 화물비 및 항비 등)

C_d : 항차기간 중의 직접선비

C_i : 항차기간 중의 간접선비

C_{dl} : 항차기간과 동일한 기간 동안 계선시의 직접선비

C_{il} : 항차기간과 동일한 기간 동안 계선시의 간접선비

C_p : 계선비용

따라서 선박을 운항하여 운임을 창출할 때 톤당 운임수준이 상기 계선점운임률(R) 이하로 하락하게 되면, 선박소유자는 선박의 운항을 중지하고 계선하는 편이 더 유리하게 된다.

2) 선박의 용대선시 계선점용선료 수준 추정

선박을 계선할 것인가 또는 다른 선사에게 대선할 것인가를 결정하는 계선점용(대)선료는 다음과 같이 추정할 수 있다.

운항 중의 [일당 용선료에서 일당 선박운영비(직접선비 및 간접선비 등)를 뺀 금액]과 [계선 중의 일당 선박운영비(직접선비 및 간접선비 등)와 일당 계선 직접비용의 합계금액]이 같게 되는 용(대)선료가 계선점용(대)선료 수준이 될 것이다. 이를 계산식으로 표시하면 다음과 같다.

운항중의 일당 [(직접선비 + 간접선비) - 용(대)선료] = 계선 중의 일당[(직접선비 + 간접선비 + 계선 직접비용)]와 같이 표시할 수 있다. 즉,

$$[(C_d + C_i - C_{ht})] = (C_{di} + C_{ii} + C_p)$$

$$C_{ht} = (C_d + C_i) - (C_{di} + C_{ii} + C_p)$$

C_{ht} : 계선점용(대)선료(일당)
C_d : 운항중의 직접선비(일당)
C_i : 운항중의 간접선비(일당)
C_{dl} : 계선시의 직접선비(일당)
C_{il} : 계선시의 간접선비(일당)
C_p : 계선비용(일당)

따라서 선박을 운항한다 하더라도 일당 용(대)선료 수준이 상기 계선점용(대)선료(Cht) 이하로 하락하게 되면, 선박소유자는 선박을 직접 운항하거나 및 대선을 중지하고 선박을 계선하는 것이 더 유리하게 된다.

그러나 일단 계선하였다가 해운시황이 상승하여 시장의 운임률이나 시장의 용(대)선료가 계선점운임률이나 또는 계선점용(대)선료 이상의 수준에 도달하게 되면, 선박운항을 재개하기 위하여 선박을 운항준비완료 상태로 회복시켜야 한다.

이때에 또 다시 비용이 발생하게 되며, 이러한 이유로 단기간 계선하는 것은 바람직하지 않으며, 장기간 동안 해운시황이 하락할 것으로 예상되는 경우에만 계선을 결정

하여야 할 것이다. 또한 선박의 연차검사, 입거검사 및 정기검사가 임박하고 시황의 하락이 장기간 예상된다면, 이러한 검사만료 기간이 도래하기 전에 계선을 시작하여 이러한 검사에 필요한 경비발생을 지연시킬 수 있다.

5. 선박의 최적속도

1) 기초개념

일반적으로 선박의 속도는 선박설계단계에서 적정화된다. 다시 말해서 설계속도는 어떤 선박이 어느 특정 수송목적에 투입될 때 그 선박의 기대운임율(required freight rate)을 최소화시키는 방향으로 결정된다. 그러나 정기 컨테이너선의 경우에는 선박운항스케줄을 유지하기 위해 적정이상의 속도를 내도록 설계하기도 하고, 어떤 경우에는 비상사태를 대비하여 선박의 최고속도를 다소 여유 있게 설계하기도 한다.

그러나 선박의 속도를 필요이상 높이는 것은 연료유의 과다한 소모뿐만 아니라 주엔진의 부피나 무게를 늘리고, 또 선박의 길이와 넓이 비율을 높여 화물적재능력을 떨어뜨린다는 점에서 비효율적이다. 선박이 실제 운항에 들어가면 적정속도를 결정짓는 3가지 요소를 고려해야 한다.

이 세 가지 요소는 연료유, 가격, 시장운임율, 그리고 항해거리 등이다. 이 세 가지 요소를 염두에 두고 선사가 시간당 운임을 극대화하기 위해서는 단순히 항해와 관련된 비용만을 극소화하려고 해서는 안 된다.

2) 분석모형

우선 문제를 단순화하기 위해 선박의 항만체류시간을 무시하고 연료소비가 선박속도의 세제곱에 비례한다고 가정하면 선박이 하루에 얻게 되는 총이율은 다음과 같이 표시된다.

$$GS = \frac{RW}{d/s} - C_R - PKS^3 \qquad (1)$$

GS = 총이율/일	R = 톤당 운임
W = 화물적재가능톤수	C_R = 운항비/일
P = 연료유가격/톤	d = 항해거리
S = 선속 ; 놋트/일	K = 상수

여기서 단기의 총이윤을 따져보기 위해 자본비용을 단순히 매몰비용(sunk cost)로 간주한다면, 주어진 운임과 운항여건 하에서 유일한 변수는 선속 S다. 따라서 단기에 총이윤을 극대화하기 위한 선박속도를 구하기 위해서는 위 (1)식을 선속 S에 미분하여 (　　)으로 놓고 S를 구하면 될 것이다.

$$\frac{d}{ds}(GS) = \frac{RW}{d} - 3PKS^2 = 0$$

$$3PKS^2 = \frac{RW}{d}$$

$$S = \sqrt{(\frac{RW}{3PKd})}$$

그런데 K 값을 알아내기 위해서는 선박의 설계속도 S_o에서 하루 얼마나 연료를 소비하는지 알 필요가 있다. 즉,

$$\text{일일연료소비량} = KS_o^2$$

$$K = \frac{\text{일일연료소비량}}{S_o^3}$$

3) 실증분석

주기적인 경기변동에 따른 연료유 가격변동 등에 대응하여 선속을 조절한다는 것은 대단히 중요한 의미를 가지게 되었다. 그래서 오늘날 선사들은 위에서 제시한 공식보다 컴퓨터를 활용해 선박의 적정속도를 보다 정교하게 계산하고 있다. 여기서는 위의 공식을 이용하여 특정선박의 적정속도를 구해 보기로 한다.

예제 1 아쿠웨이트와 로테르담 사이를 운항하는 20만dwt 급 VLCC의 연료소비가 선속 15놋트일 때 120톤이고 톤당 연료가격이 180달러, 왕복 항해거리가 21,000 마일, 운임이 ₩30 이라고 할 때 적정속도와 이에 따른 하루 이윤이 얼마인지를 구하라(단 하루 운항비는 7,000 달러이다).

◐ **해답** : ₩100 = $25 라고 가정하면 ₩30 = $7.5 이므로

$$S = \sqrt{\frac{RW}{3PKd}} = \sqrt{\frac{7.5 \times 200,000}{3 \times 180 \times \frac{120}{(15 \times 24)^3} \times 21,000}} = 226.8$$

따라서 적정선속은 226.8/24 = 9.45 놋트이다.

또한 선속변화에 따른 하루 총이윤의 변화는 다음 표와 같다.

| 표 6-6 | 선속변화에 따른 하루 총 이윤의 변화

선 속(kt)	일일총이윤($)	선 속	일일총이윤($)
8	3,437	11	3,339
8.5	3,641	12	2,512
9	3,763	13	1,225
9.5	3,798	14	-562
10	3,743	15	-2,886

따라서 평균 9.5 놋트로 항해하면 하루 3,798 달러의 총이윤을 얻게 되는 이 VLCC가 15놋트의 선속으로 운항하면 하루 2,886 달러의 손실을 보는 것으로 나타났다. 이 표를 자세히 보면 적정속도인 9.5놋트 근처에서는 총이윤의 변동이 별로 없지만 11놋트를 넘어서면 하루 총이윤이 급격히 떨어짐을 알 수 있다.

그러나 실제로 총이윤이 선속의 세제곱에 비례한다는 위의 공식이 적정속도 부근에서는 잘 들어맞지만 속도의 영역이 커지면 잘 들어맞지 않는다. 따라서 어떤 학자들은 선속에 따른 하루 연료소비가 다음 공식으로 나타나야 한다고 주장한다.

$$\text{일일 연료소비} = C_D \times J \qquad (2)$$

$$\text{단, } C_D\text{는 설계속도에서의 연료소비, } J = A_{s^3} + B_{s^2} + C_s \qquad (3)$$

식 (2)와 (3)을 (1)식에 대입하면,

$$GS = \frac{RW}{d/24s} - C_R - {}_PC_D(3A_{s^3} + B_{3^2} + C_s) \qquad (4)$$

다시 (4)식을 S에 대해 미분하면

$$\frac{d(GS)}{ds} = \frac{24RW}{d} - {}_PC_D(3A_{s^2+}2B_s + C) = 0$$

$$\text{따라서 } 3A_{s^2} + 2B_s + C = \frac{24RW}{d_PC_D}$$

$$\therefore \ S = \sqrt{\frac{\frac{24RW}{P_dC_d} - C - 2B_s}{3A}} \qquad (5)$$

그런데 (5)식에서는 양쪽에 모두 S가 나타나 있으므로 우선 오른쪽 S에 적당한 값을, 즉 예컨대 15놋트의 선속을 대입하여 왼쪽의 S값을 구하고 다시 이 구해진 S값을 오른쪽에 대입하는 것을 반복하여 양쪽의 S값이 같아질 때 그것이 답이 된다.

그러면 항만사용료나 항만체류시간을 고려하면 위의 식들은 어떻게 변화할까. 논의를 단순화하기 위해 (1)식을 그대로 쓸 경우 항만사용료나, 항만체류시간을 감안할 경우 (1)식은 다음과 같이 다시 쓸 수 있다.

$$GS = \frac{RW - D}{(\frac{d}{s} + t)} - C_R - \frac{PKS^3 \bullet \frac{d}{s}}{(\frac{d}{s} + t)} \qquad (6)$$

단, D는 항만에서의 지출총액

t는 항만체류일수

(6)식을 다시 S에 대해 미분하여 총이윤의 극대화조건을 찾아보면 다음과 같다.

$$\frac{d(GS)}{ds} = \frac{(RW - D)}{(\frac{d}{s} + t)^2} \cdot (-1)(\frac{-d}{s^2}) - \frac{PKS^2d}{(\frac{d}{s} + t)^2} \cdot (-1)\ (\frac{-d}{s^2}) - (\frac{d}{s} + t)^{-1}2PKSd = 0$$

$$\text{따라서, } \frac{(RW - D)}{(\frac{d}{s} + t)^2} - \frac{PKS^2d}{S^2(\frac{d}{s} + t)^2} - \frac{2PKS}{(\frac{d}{s} + t)} = 0$$

$$\therefore \ (RW - D) - PKS^s d - 2PKS^s\ (\frac{d}{s} + t) = 0$$

$$\therefore \ (RW - D) - PKS^s d - 2PKS^s - 2PKS^3\ t = 0$$

$$\therefore \ (RW - D) - 3PKS^2 d - 2PKS^s t = 0$$

$$\therefore \ S^2 = \frac{RW - D}{3PKD + 2PKSt} = \frac{RW - D}{PK(3d + 2st}$$

$$\therefore\ S = \sqrt{\frac{RW - D}{PK(3d + 2st}} \quad (7)$$

(7)식이 의미하는 바는 항만에서의 체류시간이 길거나 항만사용료가 높을수록 극대이윤을 얻기 위한 선박의 적정속도는 더 떨어져야 한다는 점이다. (7)식도 식 양쪽에 S가 다 나타나 있으므로 (5)식에서와 마찬가지로 S를 반복 대입함으로써 구할 수 있을 것이다.

지금까지는 선박의 속도와 선사의 총이윤 간의 관계를 알아보았는데 이제 이것이 선박운항에 따른 다른 모든 비용과 어떤 관계가 있는지를 살펴보자. 만약 어떤 선박의 생산물이 톤·마일 단위로 표시되고, n을 운항일수라고 하면 선박의 총비용(TC)은 다음과 같이 나타낼 수 있다.

$$TC = C_R n + PKS^3 n$$

또는

$$TC = C_R n + PK(\frac{d}{n})^3 \cdot n \quad (8)$$

단 n = d/s (d는 수송거리)

(8)식을 수송거리 d에 대해 미분하여 한계비용(MC)을 구하면,

$$MC = \frac{d(TC)}{dd} = \frac{3PKn^2}{n^2}$$

그러나 d = ns이므로,

$$MC = \frac{3PKn^2S^2}{n^2} = 3pks^2 \quad (9)$$

(9)식에서는 물론 항만체류시간 등을 고려하지 않았다. 그런데 항만체류시간을 무시한 (1)식으로부터 유도한 선박의 최적속도가

$S = \sqrt{\frac{RW}{3PKd}}$ 로 표시되었고,

이는 다시,

$$RW = 3PKdS^2$$ 로 고쳐 나타낼 수 있는데

RW는 d마일 수송에 대한 운임이므로 결국 마일당 운임은 $3PKS^2$이고, 이것은 (9)식에 나타난 한계비용과 같다. 이것은 완전경쟁시장에서 기업의 극대이윤조건인 MC = MR을 충족시키고 있다. 다시 말하면 톤·마일당 가격, 즉 운임과 톤·마일 한 단위 추가 생산에 들어가는 한계비용을 일치시키는 점에서 이윤이 극대화된다는 것을 알 수 있다.

6. 선박의 최적사이즈

1) 모형과 가정

선박의 최적사이즈란 어떤 화물을 주어진 수송거리상에서 운송할 때 화물단위당 비용이 가장 적게 드는 선박크기를 의미한다. 선박의 최적사이즈를 구하는 일반모델을 만들기 위해 다음과 같이 가정키로 한다.

첫째, 선박이 실어 나를 화물은 무한하다.

둘째, 항만이나 강, 수로, 운하 등에서 선박의 크기와 관련한 어떠한 제약요인도 없다.

셋째, 검토대상이 되는 선박은 크기만 다르지 선형이나 제원은 똑같다.

넷째, 어떤 사이즈의 선박이든지 화물 톤당 항만사용료나 하역료는 동일하다.

또한,

C^{o} = 선박의 자본비

C_p = 일일 선박자본비 = $\dfrac{C_o \times \text{자본회수계수}}{350}$

C_R = 운항비/일

s = 선박속도 ; 마일/일

f = 연료소모량/일

p = 톤당 연료유가

w = 재화중량톤수(dwt)

r = 하역속도 ; 톤/일

d = 수송거리(loaded and ballast)라고 하면,

우선 이러한 선박이 항만에서 선적과 양하 하는데 걸리는 시간은 $\frac{W\times 2}{r}$로 나타낼 수 있다.

따라서 항만에서의 시간비용은,

$$\frac{2W}{r}(C_D + C_R)\text{이고,}$$

항해하는 동안의 시간비용은,

$$\frac{d}{s}(C_D + C_R) + \frac{d}{s}\cdot pf \text{ 이다.}$$

따라서 수송거리 d에서의의 총비용은,

$$\frac{2W}{r}(C_D + C_R) + \frac{d}{s}(C_D + C_R) + \frac{d}{s}pf \text{ 이고}$$

화물처리비나 항만사용료를 제외한 화물 1톤당 총비용(TC)은,

$$TC = \frac{2}{r}(C_D + C_R) + \frac{d}{SW}(C_D + C_R + pf)\text{로 나타난다.}$$

이 총비용모델의 각 변수는 모두 선박의 크기에 영향을 받는다. 따라서 선박크기가 달라짐에 따라 이들 변수가 어떻게 변하는지를 알아 볼 필요가 있다. 그 이후에 이를 바탕으로 선박의 최적사이즈가 어떻게 결정되어야 하는지를 검토할 수 있을 것이다.

2) 변수설정

(1) 선박의 크기와 자본비(C_p)

선박의 최적사이즈에 대해 선구적인 연구업적을 남긴바 있는 스웨덴의 thorbarn 교수는 선박의 자본비는 선박의 용적이 아니라 넓이의 함수하는 가설을 세워 이를 검정한바 있다. 즉 그 가설은 다음 식으로 나타낼 수 있다.

$$\frac{C_1}{C_2} = (\frac{W1}{W2})^{2/3}$$

단, 여기서 $C_1 C_2$ 선박의 크기가 각각 W_1, W_2인 선박의 자본비 이다.

(2) 선박의 크기와 선속

선박이 커지면 선속도 빨라질 법하다. 예컨대 26,500dwt 급 산물선의 선속을 14.5 놋트라고 할 때, 그보다 더 큰 선박의 속도는 전장의 제곱근의 함수인 것으로 가정할 수 있을 것이다. Thorburn 교수는 이러한 착상 하에 선박의 속도는 선박크기의 6승근에 비례하는 것으로 보았다. 즉

$$\frac{S_1}{S2} = (\frac{W_1}{W_2})^{1/6}$$

이것은 선박의 크기가 두 배가 되면 선속은 12% 빨라짐을 의미한다. 그러나 실제 운항중인 15,000dwt -167,500dwt 급의 선속을 비교해본 결과 선속이 모두 15-15.5 놋트 범위 내였기 때문에 선속은 선박의 크기와는 관계없이 모두 15놋트, 즉 하루 360마일 항해할 수 있는 것으로 가정키로 한다.

(3) 선박이 크기와 연료소비

Thorburn 교수는 50년대의 경험으로 선박의 연료소모량은 선박의 크기에 비례한다고 보았으나, 80년대에 들어서서는 선박이 커짐에 따라 연료소비에도 규모의 경제가 이루어져 대략 다음 표와 같이 선박의 연료소비가 선박의 크기에 정비례하지는 않는다.

| 표 6-7 | 선박연료소비에 대한 선박크기의 비교

선박의 크기(dwt)	연료소비량(톤/일)	이론적 소비량(톤/일)
15,000	18	16
26,600	37	25
64,500	49	49
120,000	80	78
167,000	10.5	100

위의 표에서 이론적 소비량이란,

$\frac{C_1}{C_2} = (\frac{W1}{W2})^{0.75}$에 근거를 두고 작성된 것인데 여기서 C_1, C_2는 크기가 W_1 W_2인 선박의 연료소비량을 뜻한다. 실제 연료소비량과 이론적 연료소비량이 매우 유사하므

로 이러한 선박의 크기와 연료소비의 관계를 우리가 추구하는 일반모델에 적용할 수 있을 것이다.

(4) 연료유가

연료유가격은 지역에 따라 다르고, 또한 연도별로 큰 차이를 보이고 있으나 여기서는 톤당 180달러로 가정한다.

(5) 화물처리속도

화물의 선적이나 양하속도는 선박의 크기와 관계없이 일정하다고 가정키로 한다.

(6) 선박의 크기와 운항비(operating costs)

선원임금, 보험료, 유지보수비, 선용품비, 그리고 일반관리비 등을 포함하는 운항비는 선박의 크기가 커짐에 따라 증가하기는 하지만 여기에서도 규모의 경제가 있으므로 다음 식으로 나타낼 수 있을 것이다.

$$\frac{CR_1}{CR_2} = (\frac{W1}{W2})^{0.3}$$

단, CR_1, CR_2는 각각 크기가 W_1, W_2인 선박의 운항비용이다.

(7) 일일 자본비용

선박의 일일자본비용계산은 선박수명을 18년, 일 년에 350일 운항하는 것으로 하고 자본의 기회비용으로는 인플레이션을 감안한 실질금리 5%를 가정키로 한다.

3) 분석결과 요약

이상과 같은 가정 하에 20,000dwt -160,000dwt 급 산물선 8척의 총비용이 운항거리가 변함에 따라 어떻게 변화하는지를 분석하였다. 단, 선적 또는 양하율은 선박크기에 관계없이 5,000톤/일로 하였으며, 그 결과 운항거리가 짧은 경우 상대적으로 크기가 작은 배의 총비용이 낮게 나오고, 수송거리가 긴 경우는 그 반대이다.

예컨대 왕복운항거리가 3,780마일인 경우 20,000dwt 급 선박이나 40,000dwt 급 선박이나 화물단위당 총비용이 6.9달러이지만, 이 거리를 넘어서는 경우 점차 40,000dwt가 더 유리한 것으로 나타났다. 한편 중간적인 8,000마일의 수송거리에 있어서는 화물단위당 수송비용이 가장 낮은 선형은 60,000dwt 급이었다.

한편 화물선적 및 양하율을 일일 10,000톤, 15,000톤, 20,000톤으로 상향조정했을 때의 화물단위당 수송비용을 분석해 본 결과, 그 효과는 주어진 선박의 적정수송거리를 크게 축소시킨 것으로 나타났고, 이를 다른 말로 표현하면 일정한 수송거리에서 선박의 최적사이즈가 크게 증가했다는 것을 뜻한다.

그런데 수송거리가 멀면 멀수록 크기가 비교적 작은 선박에서 규모의 경제에 따른 이익을 더 크게 누리는 경향이 있다. 다시 말하면 거리가 멀수록 14만dwt 선박을 16만dwt 선박으로 대체하는 것보다는 2만dwt 선박을 4만dwt 선박으로 대체하는 데 따른 이익이 훨씬 더 크다.

한편 자본에 대한 이자율, 연료유가격, 선박의 속도, 그리고 운항비를 변화시켜보고 그 효과를 분석해 본 결과는 다음과 같다.

첫째, 이자율이 5%에서 10% 상승은 자본비의 상승을 통해 총비용을 상당히 올려놓았고, 또 주어진 선박의 적정 수송거리도 늘리는 효과를 보였다.

둘째, 연료유가가 $180에서 $200은 짧은 수송거리의 선박에게는 거의 영향이 없었고, 단지 적정수송거리는 조금 늘어나는 것으로 분석되었다.

셋째, 선속을 14.5 놋트로 낮추면 선박의 최적사이즈가 조금씩 늘어나는 효과가 있었다. 마지막으로 운항비가 10% 인상되면 선박의 최적사이즈에는 거의 영향을 미치지 못하지만 화물단위당 비용은 당연히 증가하는 것으로 나타났다. 이와 같은 결과들은 선박운항비관리에 중요한 시사점을 제시하므로 참고할 필요성이 있다고 판단된다.

제3절 선박운항 수익성 분석 실례

1. H/B 산출 실례

다음과 같은 비용구조를 가진 Mokpo Maritime University 소유의 만재재화중량톤이 185,000톤인 케이프사이즈 선박인 MV NEW SAENURI 호의 H/B와 일당 H/B를 산출하면 다음과 같다.

(1) 이 선박의 선가는 미화 50,000,000 불이며, 금융제공자와 조선소로부터 선박소유자가 선박을 인도한 후 10년 동안 연리 6.2%의 고정금리를 적용한 이자와 함께 원리금균등 방식으로 선가의 80%만을 상환하고, 미상환잔액(balloon 금액)[7]인

선가의 20%는 10년의 금융차입계약이 만료되는 시기에 전액 일시에 상환하는 조건으로 금융계약을 체결하였다. 이렇게 선가를 상환하는 경우 연간 상환하여야 할 금액은 원금과 이자를 합하여 연간 미화 599만7천324 불이다.

(2) 한편 이선박의 연간 운영비는 다음과 같이 예상하고 있다.

선 원 비 : 미화 950,000 불
수 리 비 : 미화 350,000 불
보 험 료 : 미화 450,000 불
윤활유비 : 미화 350,000 불
선용품비 : 미화 150,000 불
기타비용 : 미화 150,000 불

합 계 : 미화 2,400,000 불

(3) 또한 해운기업 전체의 영업외 비용 중 선가상환이자는 상기 1)항의에서와 같이 선박별로 해당 선박의 원리금상환에 포함시킨다. 그 이외의 잔여 영업외 비용은 선박별로 균등배분하며 이 선박에 할당된 영업외 비용은 연간 미화 15만 불을 예상하고 있다.

(4) 이 해운기업의 임직원 급여와 사무실 관리비용과 같은 당해 연도 일반관리비중 이 선박에 할당된 일반관리비는 미화 20만 불을 예상하고 있다.

(5) 이선박의 당해 연도 운항일수는 355일을 예상하고 있다.

이 경우 이선박의 H/B는 다음과 같이 추산할 수 있다.

$$H/B = \frac{\text{자본비} + \text{선박운영비} + \text{영업외비용} + \text{일반관리비}}{\text{만재내화중량톤수} \times \text{연간 운항일수}} \times 30\text{일}$$

$$= \frac{\text{미화}5,997,324\text{불} + \text{미화}2,400,000\text{불} + \text{미화}150,000\text{불} + \text{미화}200,000\text{불}}{185,000\text{톤} \times 355\text{일}} \times 30\text{일}$$

$$= \frac{\text{미화}86,74,324\text{불}}{185,000\text{톤} \times 355\text{일}} \times 30\text{일} = \text{미화}3.9501\text{불}(\text{월간, per month})$$

위와 같이 선박의 만재재화중량톤당 월간 비용은 미화 3.9501 불이라는 의미이다.

7) 선박을 확보하기 위해 차입한 선가 중 상환기간 만료 시까지 상환하지 않고 이자만 지불하는 일부금액을 말하며, 상환완료시점에 이 일부금액을 전액상환하든가 또는 금융제공자와 재금융(re-financing)조건을 다시 협상하여 일정기간에 걸쳐 분할하여 상환하기도 한다.

그러나 실무에서는 순수한 의미에 따라 산출한 H/B보다는 선박의 일당(per day)비용을 의미하는 일당 H/B를 산출하여, 일당 용선료라는 이름으로 가장 많이 이용한다. 상기 선박의 일당 용선료는 연간 선박의 비용을 운항일수로 나누어 산출할 때, 아래와 같이 미화 24,359불/일이 된다.

$$H/B = \frac{\text{자본비} + \text{선박운영비} + \text{영업외비용} + \text{일반관리비}}{\text{연간 운항일수}}$$

$$= \frac{\text{미화}5,997,324\text{불} + \text{미화}2,400,000\text{불} + \text{미화}150,000\text{불} + \text{미화}200,000\text{불}}{355\text{일}}$$

$$= \frac{\text{미화}86,74,324\text{불}}{355\text{일}} = \text{미화}24,359\text{불}(\text{일당, paer day})$$

2. C/B 산출의 실례

Mokpo Maritime Co., Ltd.는 POSCO KWANGYANG과 철광석 운송계약을 체결[P.199 성약서(F/N) 참조]하고, 상기 M/V NEW SAENURI호 선박을 일당 미화 26,000불의 용선료를 지불하기로 하며 선주인 Mokpo Maritime University와 1항차 기간용선계약을 체결하였다(P.257 성약서(F/R) 참조). 용선자인 Mokpo Maritime Co., Ltd는 이 선박을 선박소유자로부터 인도받은 후, 한국에서 2021년 10월 1일 0900시 한국을 출항시켜 10월 12일 호주에 도착하였으며(, 철광석을 선적한 후 10월 16일 출항하였다. 10월 27일에 한국의 양하항에 도착하였으며 3일간의 양하작업으로 철광석 양하를 완료한 한 후 10월30일 선박소유자에게 선박을 반선하여 해당 항차를 종료하였다.

이때 운임은 톤당 미화 11.40불/톤이었으며, 만재재화중량톤이 185,000톤임에도 불구하고 선박이 항해에 필요한 연료와 선원들이 사용할 청수 등 4,000톤을 제외하고 181,000톤의 철광석을 선적하였다. 적항과 양하항에서의 하역요율은 각기 일당 70,000톤과 60,000만 톤이었다. 한편 이 항차를 위해 선박에 급유한 주기관용 연료(FO)의 가격은 톤당 미화 650불이었으며, 발전기 및 보조기관용 연료(DO)의 가격은 톤당 미화 1,000불이었다. 또한 기타 운항정보는 다음과 같다.

(1) 이 선박의 주기관은 항해 중에 공선인 경우나 화물 만재 시나 똑같이 하루에 60톤의 연료(FO)를 소비하며, 선박의 속도도 공선 시나 만선시가 똑 같이 15.0 노트(knot)이다. 발전기 및 기타 보조기관 등은 항해 중에는 연료(DO)를 소비하지 않으며 정박 시에만 하루에 2톤의 연료(DO)를 소비한다. 항해기간은 해상의 일기관

계 등 선속을 제대로 낼 수 없는 경우를 고려하여 5%의 추가항해기간(margin)을 두고 있다.

(2) 한편 이 선박은 적항에 도착하여 각종 입항수속을 마치고 선적을 시작할 때까지의 시간과 선적과 출항준비를 완료하고 선박이 실제로 출항할 때까지 합계 12시간의 준비시간(turn time)이 필요하다. 또한 양항에서도 양항에 도착하여 실제로 양하를 시작할 때까지와 양하를 종료하고 출항할 때까지 합계 12시간의 준비시간이 필요하다.

(3) 또한 호주의 적하항에서는 다음과 같은 비용이 발생하였다.

① 각종 공과금과 항비 : 미화 116,000불

② 도선료(pilotage) : 미화 10,000불

③ 터그 보트(tug boat) 사용료(tugage) : 미화 20,000불

④ 대리점료(agency fee) : 미화 4,000불

(4) 또한 한국의 양하항에서는 다음과 같은 비용이 발생하였다.

① 각종 공과금과 항비 : 미화 82,000불

② 도선료(pilotage) : 미화 5,000불

③ 터그 보트(tug boat) 사용료(tugage) : 미화 10,000불

④ 대리점료(agency fee) : 미화 3,000불

아울러 선박에서는 항로의 일기변화 등을 고려할 때 선박이 항해할 때 가장 최적항로에 대한 자문을 받기위해 미화 1,000불을 포함한 기타 비용으로 미화 10,000불을 지불하여야만 하였다.

또한 이번 항차에 선적할 화물을 주선한 화물중개인(cargo broker)에게 운임의 1.25%의 화물중개수수료(brokerage)를 지불하기로 하였으며, M/V NEW SAENURI 호의 선박소유자는 선박의 용선을 알선한 용선중개인(chartering broker)에게 용선료의 1.25%를 중개수수료로 지불하기로 합의하였다. 용선자인 Mokpo Maritime Co., Ltd.는 용선료를 지불할 때에 용선료의 1.25%를 Address Commission로 차감하여 선박소유자에게 용선료를 지불하기로 합의하였다. 한편, 선박소유자가 지불하기로 한 1.25%의 용선중개수수료는 선박소유자가 지불하므로 용선자와는 관련이 없으며, 용선자의 비용이 아니다.

따라서 선박의 용선자인 Mokpo Maritime Co., Ltd.가 용선한 선박 MV NEW SAENURI 호를 상기와 같이 운항하였을 경우 C/B를 추산하면 다음과 같다.

$$C/B = \frac{\text{수입} - \text{비용}}{185{,}000\text{톤} \times 29.71\text{일}} \times 30\text{일} = \frac{\text{미화}2{,}037{,}608\text{불} - \text{미화}1{,}174{,}106\text{불}}{85{,}000\text{톤} \times 29.71\text{일}} \times 30\text{일}$$

$$= \frac{\text{미화}863{,}503\text{불}}{185{,}000\text{톤} \times 29.71\text{일}} \times 30\text{일} = \text{미화}4.7131\text{불(월간, per month)}$$

따라서 용선자인 Mokpo Maritime Co., Ltd.는 M/V NEW SAENURI호를 용선하여 화물을 운송하였을 경우, 선박의 만재재화중량톤당 월간 미화 4.7131불의 수익을 올릴 수 있다는 것을 의미한다.

그러나 실무에서는 선박의 일당 C/B를 산출하여 가장 많이 이용한다. 이것은 이 선박을 운항하여 용선자가 하루에 얼마의 수익을 올릴 수 있는가를 나타내는 것이다. 이 경우의 일당 C/B 는 미화 29,064 불이다.

$$C/B = \frac{\text{수입} - \text{비용}}{\text{운항일수}} = \frac{\text{미화}2{,}037{,}608\text{불} - \text{미화}1{,}174{,}106\text{불}}{29.71\text{일}}$$

$$= \text{미화}29{,}064\text{불(일당, per day)}$$

따라서 용선료가 일당 미화 26,000불인 M/V NEW SAENURI호를 용선하여 화물을 운송하기 위해 운항한 결과 일당 미화 29,064불의 수익을 올릴 수 있으므로, Mokpo Maritime Co., Ltd.는 하루에 미화 3,064불의 순수익(net profit)을 올릴 수 있게 되어, 이 항차 전체기간(29.71일)동안 미화 91,031불(미화 3,064불×29.71일)의 순수익을 올릴 수 있었다는 것을 알 수 있다.

여기에 용선자가 용선료를 지불하는 경우에 1.25% Address Commission을 차감하여 지불하므로 미화 9,656불(미화 26,000불×29.71일×1.25%) 추가 수입이 있다고 간주할 수 있으며, 이 경우 미화 100,687불의 수익을 올렸다고 볼 수 있다. 그러나 용선자를 대신하여 용선중개인이 선박소유자와 용선계약을 협상하였다면 이 Address Commission은 이 용선중개인에게 지불하여야 하므로, 용선계약을 용선자가 직접 협상한 경우에만 수익으로 간주할 수 있다.

한편 실무에서 수익성분석을 위하여 이용하는 Excel Program[8])을 이용하여 상기의

---

8) 담당자가 수익석을 분석하기 위해 Excel Program 에 운임, 선적량, 선박의 속도, 항해거리, 선박의 일일 연료 소비량, 연료가격 및 항비 기타 비용 등 수익성(C/B)을 계산하기 위한 각종 항목을 해당 칸에 입력하면 자동적으로 일당 수익성(C/B per day)과 손익(P/L)이 계산된다. 이러한 계산은 다음과 같이 항차가 완료될 때까지 수차례 계산 확인한다.
① 계약체결 여부를 결정하기 위한 예상수익성을 확인시,
② 실제 선적량과 선적항에서의 정박기간이 정해지는 선적항 출항 직후,
③ 양하항까지 항행 중 실제 선속과 연료소비량을 기준하여 수시 계산,

수익성(C/B per day)과 손익(P/L)을 산출하면 다음과 같다.

3. C/B 산출 및 수익성분석표

〈수익성 분석의 계산〉

1. FREIGHT USD 2,037,608
   1) Gross Freight (선적량 × 운임율) : 181,000 ton×USD11.40/RT=USD 2,063,400
   2) Brokerage (운임 × 수수료 율) : USD 2,063,400 × 1.25% =USD 25,793
   ----
   3) Net Earning(Gross Freight - Brokerage) =USD 2,037,608

2. 항차 일수 : [(실 항해일수 + margin) + (정박일수 + turn time)] : 29.70일
   2(3,960miles÷15knots÷24시간+3,960miles÷15knots÷24시간)X1.05=23.10일
   2(180,000톤÷70,000톤+12시간)+(180,000톤÷60,000톤+12시간) = 6.60일

   합 계 : 29.70일

3. NAVIGATION COST USD 1,174,100
   1) 항비 [Port Charge(항비, 도선료, Tugage, 대리점료 및 기타)]: USD 250,000
      [L(호주): USD 150,000, D(한국): USD 100,0000]
   2) 화물비(선창청소비 등)
      Ocean Route Service Charge USD 1,000
   3) Others (기타 비용) USD 8,000
   4) 연료비 (FO DO 비용) (항해일수 × 일일소비량 × 연료단가)
      FO : 23.10일 × 60톤 × USD 650 = USD 900,900
      DO : 6.60일 × 2톤 × USD 1,000 = USD 13,200

      Total USD 914,100

4. HIRAGE (Gross Hire less Add. Comm) USD 762,547-
   Gross Hire (일당용선료 × 항차일수) : USD26,000 × 29.70 일 = USD 772,200
   Add Comm (Gross Hire × 수수료 율): USD772,200 × 1.25% = USD 9,653

   NET HIRAGE : USD 762,547

---

④ 양항에서 양하완료 후 정박시간 및 정확한 연료소비량을 기준한 계산.
⑤ 항비 및 각종비용의 실비를 확인한 후 최종 계산

VOYAGE ESTIMATE

						PROFIT	$100,894	4
						Charter base	$29,072	5
	CONTRACT		ACTUAL		VSL'S PARTICULARS			6
ACCOUNT	POSCO				VSL NAME	M/V NEW SAENURI		7
CARGO	IRON ORE				FLAGE/BLT	Panama	2015	8
QUANTITY	180000 5%		181,000	MT	DWT/DFT	185,000	18.58	9
LOAD PORT	POR DAMPIER	호주	NIL	M	LOA/BM			10
DIS PORT	POHANG	한국		M	GRT/NRT			11
LOAD TERM	70,000	SHINC/12TT			GRAIN/TPC			12
DIS TERM	60,000	SHINC/12TT	0		SPEED(B/L)	15.0	15.0	13
Freight Rate			$11.40		FO(B/L)	60.0	60.0	14
Gross Freight	$2,063,400				DO(B/L)	0.0		15
DEMURRAGE	$0				HOLD/HATCH			16
BROKEAGE	$25,793		1.25%		PORT(F/D)	0.0	2.0	17
ADDOM	$0		0.00%		GRD(F/D)	380CST		18
NET EARNING	$2,037,608							19
PORT	DISTANCE	S.TIME	P.TIME	W.TIME	PT.CHG	NAVIGATION COST		20
						LOAD PORT	$150,000	21
POHANG VS						DIS PORT	$100,000	22
B	3960	11.00				BUNKER	$0	23
LL			2.59	0.50		CANAL	$0	24
P.DAMPIER L	0	0.00				OTHERS	$0	25
BB			0.00	0.00		CHINES CER	$0	26
L	3960	11.00						27
POHANG DD			3.02	0.50		TTL PT CHG	$250,000	28
L						OCEAN ROUTE	$1,000	29
DD						DEM AT POL		30
						DEM AT POD		31
						H/C		32
						A/P		33
MARGIN	5.00%	1.10		0.00		C/E/V		34
		23.10	5.60	1.00		OTHERS	$9,000	35
TTL DURATION			29.70			TTL CGO EXPS	$10,000	36
	GRADE	QTY(MT)	PRICE	QTY(MT)	PRICE	FO	$900,900	37
FO CONS	380	1386.0	$650.00			DO	$13,200	38
DO CONS	0	13.2	$1,000.00			TTL B. COST	$914,100	39
VOT START	POHANG			HIRE	26000	TTL N. COST	$1,174,100	40
				ADD COMM	1.25%	BALANCE	$863,508	41
26000x(-1.25%)=-$325, net hire 26000-325=25675				B.BONUS	0	HIRAGE	$762,547	42
				C/B	29072	P/L	$100,961	43

해운위험관리와 해상보험

제1절 해운위험관리

1. 분쟁발생과 처리요령

해상운송은 그 업무의 특성상 국제적으로 다소 많은 관계자들이 관여하며 글로벌 비즈니스에 속하는 것이다. 즉, 거래와 계약관계자가 범세계적으로 이루어지고 선박소유자와, 화주, 그리고 중개인 등 많은 당사자가 개입되는 특성을 가진다.

통상 해운기업의 조직에서는 기획실 또는 법무실이 있어서 영업이나 운항 등의 업무과정에서 발생하는 분쟁을 처리하는 부서로 활동하고 있으나, 분쟁사건이 영업이나 운항부에서 이러한 전담부서에 이관되는 경우는 부득이 법적절차를 밟아야 하는 최후적인 수순에 따라야 하는 경우이다. 이 경우 많은 시간과 비용적 지출이 수반되어야만 해결이 가능해지므로, 가능한 이러한 상황이 오지 않도록 해당부서에서 당사자 간의 합리적 방법에 의해 원만히 처리하는 것이 최선의 방책이 될 것이다. 합리적 분쟁해결을 위한 기초지식을 소개하면 다음과 같다.

1) 분쟁해결의 초기단계

(1) 손해경감의무

분쟁이 발생하게 되면 당사자의 귀책여부를 떠나 손해가 더 이상 확대되지 않도록 최선을 다해야 한다. 이러한 의무를 게을리 하여 손해가 확대된다면 그 증가된 책임 또한 가중되어 결국 당사자 간의 분쟁해결이 지연되거나 더 어려워질 수 있는 상황에 처할 수 있기 때문이다. 따라서 어떤 사건이 발생되고 시간적인 여유가 없을 경우에는 우선 손해경감조치를 취하고 후에 보상청구의 방법을 모색해야 하는 것이 합리적인 방안이 될 것이다.

(2) 대응전략수립

계약관계에 어떠한 문제가 발생할 경우 우선 사실관계를 명확히 하고, 그 분쟁이 본건 계약과 합치될 수 있도록 증거를 수집하여 해석하도록 하여 상대방에게 충분히 납득시키는 기술이 필요하다. 또한 상대방의 손해보전능력을 파악하여 법적절차의 타당성 등을 검토하고, 자신에게 유리한 부분과 타인에게 유리한 부분 등을 탐색하여 객관적 분석을 토대로 문제해결의 전략적 접근방법을 수립해야할 것이다.

(3) 협상의 유연성발휘

분쟁해결에 임하는 당사자 간에 주고받는 내용은 개인의 의사가 아닌 회사전체의 입장임을 이해하여야 한다. 따라서 감정에 앞서 공격적인 언행으로 반목과 갈등을 조장하여서는 원만한 합의를 이끌어낼 수 없으므로, 상대방의 주장을 최대한 존중하며 인내심을 갖고 대화를 통한 협상(commercial settlement)의 끈을 유지하는 것이 필요하다.

이를 위해서는 균형 있는 합리적인 인격을 가져야 하며 이성적으로 논리적 대응이 중요하다. 논리적 지식으로 대응하기 위해서는 상황에 따라 유연성을 가져야 할 것이나 이러한 것은 단기간에 배양되기 힘들 것이다. 모든 분쟁은 큰 틀에서는 유사하게 보일지라도 그 내용을 살펴보면 각기 처리방안을 달리하기 때문이다. 결국 이러한 유연한 전략적 사고수립과 해결능력은 실무에서 많은 사례를 접해봄으로써 배양되는 것이기 때문이다.

2) 분쟁처리절차

클레임이 발생할 경우 우선 그 처리절차에 관해 검토를 하여야 한다. 이는 크게 내부적 처리와 외부적 처리로 구분하여 내용에 따라 세부적인 조치를 취하여야 한다. 내부적인 처리는 상대방에 대한 청구근거에 대하여 그간의 업무기록을 바탕으로 사실판단을 하는 것이고, 외부적 처리는 내부적 판단에 따라 전문가 및 변호사 또는 보험사 등의 외부기관과 자문이나 협의를 거쳐 구체적인 처리방안을 수립하는 것이 될 것이다. 이를 구체적으로 살펴보면 다음과 같다.

(1) 내부적 처리절차

① 영업 및 운항기록 등 객관적 사실에 근거한 사실 재구성
② 관련계약내용의 세밀한 검토 및 다른 조항과 충돌여부 확인
③ 계약서와 사실관계를 바탕으로 타당성 분석

(2) 외부적 처리절차

① 사건의 원인과 손해의 범위
② 청구의 근거와 범위의 적정성
③ 화해, 협상 또는 소송 등 대응전략의 수립
④ 재산보전을 위한 담보 등 채권자산 확보나 제공방법과 시기 등

위와 같은 검토가 선행되면 분쟁타당성을 최종 판단하여 거절, 협의, 화해 또는 법적 소송이나 방어조치를 결정하게 될 것이다.

2. 분쟁발생의 유형과 대응책

1) 화물의 선적 및 양하와 관련한 분쟁

선적항 및 양하항에서 하역작업을 할 때에 하역인부가 손상을 입었을 경우에, 용선자나 선박이 그 원인을 제공하지 않았으며 용선자나 선박이 책임을 면하기 위해서는, 손상을 입은 피해자, 발생시점, 선내의 발생장소, 손상발생의 원인과 정도 및 취한 조치에 대한 내용을 보여주는 서한이 작성되어야 하며, 작성된 내용을 확인하는 의미에서 하역담당자와 선장이 작성된 서한에 서명하여야 한다.

이때 서명하여야 하는 자가 책임을 회피하기 위해 "without prejudice"라는 말을 서한에 기재하고 서명하고자 하는 경우가 대부분이나 이러한 말이 기재된다하여 책임이 없어지는 것은 아니다. 이러한 보고서를 참조하여 P&I Club과 협의하여 보험으로 처리하게 된다.

본 장에서는 사고의 여러 가지 유형별 클레임의 대처방안 및 화물의 손상이 발견되었을 경우 작성되는 서한, 선박의 정박시간을 결정하는데 필요한 정보를 제공하는 항내일지 및 전말서, 운임선불인 경우 운임지불 전 선하증권의 발행 시 보증서, 양하지에서 선하증권의 원본이 제출되지 않은 상황에서 화물을 양하하여 수화주에게 인도하여야 하는 경우에 작성되는 서한 등의 예를 들어 설명하고자 한다.

이러한 일은 선박운항에서 빈번히 발생하는 사례로서 적절한 서한의 작성과, 이를 보장하는 보증서의 확보와 또는 이를 확인하는 관련당사자들의 서명을 받아야하는 등, 적절한 서류가 작성되지 않았을 경우에는 선주나 용선자가 금전적인 보상을 하여야 하거나 손실을 감수하여야만 한다.

(1) 항내일지 및 보고서

선박에서 작성하는 항내일지에는 선적 또는 양하항에서의 선박의 동정, 하역인부의 승하선, 하역개시, 중단 및 종료시간, 하역장비의 작동시간 및 고장으로 작동이 중단된 시간 등에 관한 정보를 포함하는 하역작업과 관련된 모든 사항을 기재하여야 한다.

또한 용선자는 대리점으로 하여금 NOR tender와 accept 된 시간, 하역인부의 수배와 비나 눈으로 인하여 하역인부의 취소, 하역을 위해 임차된 하역기기의 수배와 이용시간 등 정박시간을 결정(laytime count) 하는데 영향을 주는 모든 사항에 대한 내용을 담은 보고서를 작성케 하여 제출하도록 하여야 한다.

선박에서 작성되는 항내일지(port log)와 대리점의 보고서를 토대로 용선계약의 내용에 따라 정확한 정박시간을 계산하게 되며, 용선자가 선박소유자에게 체선료를 지불하여야만 하는가, 또는 선박소유자자가 용선자에게 조출료(quick despatch money)를 지불하여야만 하는가를 판단하고 그 금액을 결정하게 된다.

(2) 하역작업 시 하역인부 및 화물손상

선적항 및 양하항에서 하역작업을 할 때에 하역인부가 손상을 입었을 경우에, 용선자나 선박이 그 원인을 제공하지 않았으며 용선자나 선박이 책임을 면하기 위해서는, 손상을 입은 피해자, 발생시점, 선내의 발생장소, 손상발생의 원인과 정도 및 취한 조치에 대한 내용을 보여주는 서한이 작성되어야한다.

또한 화물의 적·양하 작업 중 발견된 화물의 손상에 대해서도 선장의 화물손상 보고서(cargo damage report)가 발행되어야 한다. 운송화물의 손상이 발견되었을 경우, 운송도중에 발생한 손상인가 또는 하역작업 중에 발생한 손상인가 또는 화물의 특성상 자연적으로 발생한 것인가를 분별하여야한다. 하역작업 중 발생하였다면 발생시기, 발생장소, 화물취급방법 및 사고발생 원인에 대한 내용에 관하여 보고서를 작성하고 하역관련자의 서명을 득하여야 한다. 또한 화물손상의 정도가 심하다든가 또는 필요시 화물조사관(cargo surveyor)을 수배하여 검사와 보고서를 작성하도록 하여야 한다.

선박소유자나 용선자 또는 하역관련자들은 이러한 보고서를 토대로 화물보험이나

P&I Club과 협의하여 사고와 관련된 문제를 보험으로 처리하게 된다.

(3) 운임을 지급받지 않은 상태에서의 선하증권 발행

운임선불조건(prepaid)인 경우 운송인은 운임을 수취하기 전에 선하증권을 발행하였다면 선하증권이 발행된 후 운임을 지불하지 않아도 운임수취에 관하여 법적으로 보호받을 수 없다. 이러한 경우에 보증서(Letter of Indemnity: LOI)를 화주로부터 제출받고 선하증권을 발행하여 준다. 이때에 추후에 보다 확실하게 운임수취를 확보할 수 있는 위치가 되기 위해서는 은행의 지급보증(payment guarantee)을 제출받아야 한다. 다음은 일반적으로 사용되는 보증서의 한 예이다.

Letter of Indemnity

To : Date :

The Owners of the M.V. Korea Sea Bridge

Dear Sirs,

Shipper :
Receiver :
Cargo :
Quantity :
Loading Port :
Discharging Port :

The above goods were shipped on the above vessel by Messrs. (and consigned to us) but the relevant freight have not been yet remitted by us.

We would like to hereby request you to issue/release original Bills of Lading marked "Freight Prepaid" to Messrs.(   ) before remitting freight.

In consideration of your complying with our above request, we hereby agree as follows :

1. To indemnify you, your servants and agents and to hold all of you harmless in request of any liability, loss or damage of whatever nature which you may sustain by reason of issuing/releasing the original Bills of Lading to Messrs. (   ) in accordance with our request.
2. In the event of any proceeding being commenced against you or any of your servants or agents in connection with the issuance/release of the original Bills of Lading as aforesaid to provide you or them from time to time with sufficient

funds to defend the same.

3. As soon as all freight for the above goods shall have been remitted and you shall have confirmed the safe receipt, whereupon our liability hereunder shall cease.
4. The liability if each and every person under this indemnity shall be joint and several and shall not be conditional upon your proceeding first against any person, whether or not such person is party or liable under this indemnity.
5. The indemnity shall be construed on accordance with English law and each and every person liable under this indemnity shall at your request submit to the jurisdiction of the High Court of Justice of England.

Your Faithfully

....

Name and Title

(4) 선하증권 원본 회수 전 화물인도

선하증권은 해상운송계약에 따라 운송인이 운송물을 수령하고 특정선박에 운송물이 선적되었다는 것을 운송인(선박소유자, 선장 또는 선박소유자의 대리인)이 서명한 문서이며, 이 선하증권의 소지자나 그의 배서인은 운송인에게 선하증권을 제시하고 운송계약에 의해 운송된 운송물을 청구하여 수령할 수 있는 권리증권인 동시에 유가증권이다.

한편 운송인은 양하항에 도착하여 선하증권에 표시된 화물을 수하인(consignee)에게 인도할 준비가 되어 있으나, 수하인은 아직 선하증권의 원본(Original B/L)을 확보하지 못하였기 때문에 화물 인도를 청구할 수 없다. 이러한 경우에 선박소유자(운송인)는 수하인에게 선하증권의 원본 대신 보증서(Letter of Indemnity: LOI)를 제출할 것을 요구하게 된다. 이때 보증서(LOI)의 양식은 운송인(선박소유자)의 고유의 양식을 이용하기도 하지만 대부분 P&I Club이나 Inter-club에서 추천한 양식을 이용하여 수하인 또는 용선자가 작성한 보증장을 선박소유자에게 제출하면 선박소유자는 화물을 인도하여 준다.

그러나 주의할 점은 보증서(LOI)는 법적 효력이 없기 때문에 상당히 법률적 리스크가 존재하므로 확실히 신뢰할만하고 대형인 수하인/용선자로서 상업적 관계가 많은 경우에만 선하증권의 원본(Original B/L) 대신 보증서를 제출받고 화물을 인도해주기도 한다. 또한 운임선불조건이 경우 운임이 지불되지 않은 상태에서 수하인이 선하증권의 원본과 함께 운임지불에 대한 보증장을 제출하고 화물을 인수해 간 후에 용선자가 운임을 지불하지 않는 경우에 대한 손실은 여전히 선박소유자의 부담이다.

그러므로 보증서를 제출받고 수하인/용선자에게 화물을 인도해 주어야만 할 때는 반드시 이들의 주거래 은행의 보증(guarantee)이 첨부된 보증서를 제출받아야 한다. 선박소유자(운송인)가 선하증권의 원본을 제출하지 않고 화물을 인도받기를 원하는 수하인/용선자에게 제출할 것을 요구하는 보증서(LOI)의 양식 중 일반적으로 사용되는 한 예를 보면 다음과 같다.

INTERGROUP A STANDARD FORM OF LETTER OF INDEMNITY TO BE GIVEN IN RETURN FOR DELIVERING CARGO WITHOUT PRODUCTION OF THE ORIGINAL BILL OF LADING

To: [insert name of Owners] [insert date]
The Owners of the [insert of name of ship]

The above cargo was on the above ship by [insert name of shipper] and consigned to [insert name of consignee or party to whose order the bill of lading is made out, as appropriate] for delivery at the port of [insert name of discharge port stated in the bill of lading] but the bill of lading has not arrived and we, [insert name of party requesting delivery], hereby request you to deliver the said cargo to [insert name of party to whom delivery is to be made] or to such party as you believe to be or to represent [insert name of party to whom delivery is to be made] or to be acting on behalf of [insert name of party to whom delivery is to be made]* at [insert place where delivery is to be made] without production of the original bill of lading.

In consideration of your complying with our above request, we hereby agree as follows;-

1. To indemnify you, your servants and agent and to hold all of you harmless in respect of any liability, loss, damage or expenses of whatsoever nature which you may sustain by reason of delivering the cargo in accordance with our request.
2. In the event of any proceedings being commenced against your or any of your servants of gents in connection with the delivery of the cargo as aforesaid, to provide you or them on demand with sufficient funds to defend the same.
3. If, in connection with the delivery of the cargo as aforesaid, the ship, or any other ship or property in the same or associated ownership, management or control, should be arrested or detained or should the arrest or detention thereof be threatened, or should there be any interference in the use of trading of the vessel(whether by virtue of a caveat being entered on the ship's registry

or otherwise howsoever), to provide on demand such bail or other security as may be required to prevent such arrest or detention or to secure the release of such ship or property or to remove such interference and to indemnify you in respect of any liability, loss, damage of expense caused by such arrest or detention or threatened arrest or detention or such interference, whether or not such arrest or detention or threatened arrest or detention or such interference may be justified.

4. If the place at which we have asked you to make delivery is a bulk liquid or gas terminal or facility, or another ship, lighter or barge, then delivery to such terminal. facility, ship lighter or barge shall be deemed to be delivery to the party to whom we have requested you to make such delivery.
5. As soon as all original bills of lading for the above cargo shall have come into our possession, to deliver the same to you, or otherwise to cause all original bills of lading to delivered to you, whereupon our liability hereunder shall cease.
6. The liability of each and every person under this indemnity shall be joint and several and shall not be conditional upon your proceeding first against any person, whether or not such person is party to or liable under this indemnity.
7. This indemnity shall be governed by and construed in accordance with English law and each and every person liable under this indemnity shall at your request submit to the jurisdiction of the High Court of Justice of England.

Yours faithfully

For and on behalf of
[insert name of Requestor]
The Requestor

....
Signature

*Note : For guidance on this recommended precaution and on precautions to be taken if the Member faced with arrest/interference as referred to in paragraph 3 of the LOI, see P&I Member circular No. 13/2010: International Group Standard Form Letters of Indemnity.

2) 용선클레임의 유형

일반적으로 클레임은 선박소유자나 용선자 또는 화주가 계약서에 표기된 내용과 상이한 행위의 결과로서 일어나는 것이다. 따라서 계약에 임하는 당사자는 화물수집과

오퍼단계 그리고 성약에 이르는 협상의 단계에서 정확한 정보를 주고받고, 사실에 기초한 내용으로 최종 성약과 계약을 이행하여야 하는 것이 클레임예방의 첩경이 될 것이다.

그러나 특히 부정기선 용선운항영업에서는 운항구역과 화물의 선적지, 선적방법 등이 매우 다양하므로 선박소유자와 용선자간의 사안별 해석기준에 따라 분쟁이 가장 많이 발생되고 있는 부분이다. 예컨대 항해용선계약에서 천후작업일(weather working days) 중 악천후(bad weather)가 발생되었을 때 정박기간의 중지여부를 어떠한 기준으로 판단할 것인가에 중점을 두는 경우, 악천후의 해석기준이 선적과 양하작업 시 매우 애매모호한 경우가 많아 신중한 해석이 필요하게 된다.

즉, 악천후(결빙과 강우 등) 중에 의한 영향으로 작업이 중단되는 경우에는 화물의 특성에 따라 다를 수는 있으나 명백히 악천후의 영향으로 인정되어 정박기간이 중지된다. 이 경우에 선박소유자는 체선료(demurrage)에 대한 방어가 불가능하다.

그러나 고조나 파랑일로 인해 체선이 발생되면 판단기준이 명확하지 않으므로 용선자에 대한 선박소유자의 방어가 매우 신중하게 접근해야 한다. 고조(bore tide)[1]와 관련하여서는 아직 명확한 판례가 없고 파랑일(wave day)의 경우 부선이 파랑으로 인하여 본선에 화물을 반입할 수 없는 상황이 발생되어도, 본선에서 파랑의 영향을 받지 않는다면 악천후로 간주될 수 없다는 판례가 있기 때문이다. 따라서 이 경우에는 부선과 본선의 작업위치 선정과 부선의 크기 등이 매우 중요한 변수로 작용하므로, 용선계약 시 반드시 용선자와 충분한 협의와 검토가 필요하다는 시사점을 남긴다.

아울러 선박의 체선과 밀접한 관련이 있는 정박기간과 관련한 문제도 다양한 양상으로 발생될 수 있다. 즉, 정박기간은 기본적으로 화물의 적양하를 위해 용선자에게 유리한 방향에서 적용되고 있으며, 특히 선박을 정박시킬 권리에 대하여서는 양하가 완료되지 않는 한 장기간의 지연이 발생되어도 선박소유자로서는 계약을 해지할 권리가 없다. 그 이유는 용선자가 약정된 정박기간을 초과하여 하역을 완료하였다면 체선료에 의해 운임으로 갈음할 수 있기 때문이다.

그러나 용선자는 무한정 선박을 정박시킬 권리도 없다. 판례에 의하면 정박기간을 용선자가 사용할 수 있는 때는 화물의 선적 또는 양하가 진행되고 있을 때뿐이다. 만약 화물의 적양하가 완료되었다면 용선자는 사용할 수 있는 정박기간이 남아 있더라도 즉시 선박에 대한 사용 권리를 철회시켜 출항을 할 수 있도록 해야 한다. 즉, 용선자가

1) 여기에서 고조란 보르네오 섬 인근의 좁은 강어귀 같은 곳에서 만조의 충돌로 야기되는 비정상적 높이의 조석이다. John Schofield, Laytime and Demurrage, London, 1990, pp.14-19.

하역을 완료하였음에도 선박을 출항시키지 않는다면 불법구속의 책임을 져야하기 때문이다.

또한 양하가 완료된 이후의 모든 지연에 관하여서는 용선자의 과실에 의하지 않는 한 선박소유자의 책임이다. 주의할 것은 용선자의 계약위반에 의해 발생된 지연일 경우에도 선박소유자가 그 결과를 예견할 수 있는 경우에는 용선자에게 책임을 물을 수 없으므로, 이 경우 선박소유자는 본선을 출항시키기 위한 선결 조치를 취하고 그 이후에 용선자에 대한 권리를 주장해야 한다는 점이다. 나아가 하역이 완료된 이후 천후에 의한 결빙이 발생되어 지연이 야기될 경우에도 모든 책임은 선박소유자에게 있으므로, 선박의 운항영업을 위한 정박지의 세심한 사전 주의검토가 요구된다고 할 것이다.

그리고 상기 언급한 사항이외에 다음과 같은 이유로 용선과 관련하여 클레임이 많이 발생하고 있다.

① 선박명세의 오기
② 선박의 감항성
③ 용선자에 의한 선박사용(employment)
④ 화물의 적양하를 포함한 화물의 취급
⑤ 안전항과 안전한 선석(safe berth)의 지정
⑥ 용선선박의 on-off hire
⑦ 선박의 속력과 연료소비량

(1) 화물과 관련한 클레임

NYPE 서식으로 정기용선계약이 체결된 경우 화물에 대한 클레임은 통상 Inter-Club Agreement(ICA)에 따라 해결하도록 약정하는 문구[2])를 삽입하고 있다. 아울러 당사자간의 책임관계를 보다 명확히 하기 위해 위의 NYPE 서식에 언급된 내용을 수정·변경하여 사용할 수도 있다.[3]) 화물클레임의 경우 해당화물에 대한 선하증권이나 해상화물

2) NYPE 1993 서식 Main Body 제27조에 다음과 같은 문구가 삽입되어 있다. 즉, "Cargo claims as between the owners and the charterers shall be settled in accordance with the Inter-Club New York Produce Exchange Agreement of February 1970, as amended May, 1984 or any subsequent modification or replacement thereof."

3) 중대한 수정·변경의 문구란 NYPE 제26조에 선박소유자가 화물클레임에 대하여 책임여부를 언급하는 것이며 다음과 같은 형식으로 삽입된다. 즉, "The owners are to be responsible for the cargo claims, navigation of the vessel, insurance ……," 또는 "Owners not to be responsible for shortlanded cargo." 혹은 "Owners not to be held responsible for any cargo claim for damage to cargo attributable to contamination by fishmeal" 등이다.

운송증권 등의 운송증권을 누가 발행하느냐에 따라 책임범위가 달라진다.

발행된 운송증권이 Master B/L인 경우는 선박소유자가 우선적으로 수화인이나 기타 정당한 B/L 소지인으로부터 클레임을 당할 것이며, 이 클레임은 용선자의 연결고리(charter chain)에 따라 아래로 가게 될 것이다. 반면, Charterers' B/L인 경우에는 수하인이나 정당한 B/L 소지인은 용선자에 대해 클레임을 제기할 것이며, 용선자의 연결고리(charterers chain)에 따라 위로 올라가게 될 것이다. 일반적인 화물클레임의 처리절차는 다음과 같다.

① 화물양하 시 또는 양하 직후 화주로부터 클레임제기
② P&I Club/P&I Correspondent에 사건통지 및 협조요청
③ 검정인(surveyor)선임 및 화물의 손상범위와 원인 등 확인
④ 클레임 내용 요약정리 후 화주에 대한 Claim 대응
⑤ ICA의 규정에 따라 용선자에게 클레임 통지서 발송
⑥ 화주 측 클레임 거절, 승인, 분쟁화, 합의, 정산 등

선박소유자가 용선자에게 하는 ICA에 따른 클레임 통지는 화물인도일 또는 인도예정일부터 2년 이내에 이루어져야 하며 통지문의 예시는 다음과 같은 형식으로 작성된다.

"화물클레임 통지문"

We, ABC Co., Ltd. as the Owners of the subject vessel, refer to the charterparty dated 12th Feb., 2021 between you as the charterers and write to give you notification of cargo claims being dealt with by ourselves. This notification is given in accordance with the terms of the Inter-Club Agreement as incorporated in the governing Charter Party per Clause 00.

There are two cargo claims that are currently being dealt with and the details are as follows:-

- Bill of Lading KYCY14565707, Container No. FDND6030432R5 -
  the claim involves alleged damage to a consignment of grapes and the claimant is Green Fire and Marine Insurance Company Limited. The claim amount is KRW30,000,000. The claim is currently the subject of litigation in Seoul and Lawyers appointed on behalf of the owners are in the process of negotiating a settlement.

- Bill of Lading KYCY14556303, Container No. FDND6081846R5 -
  This claim is for the alleged damage to a consignment of fresh oranges and grapes and is pursued by Verisource International LLC. The amount claimed is USD3,000.
  Please let me know should you require any additional information. We are gathering claim documents and will provide you with a copy of same as and when available.

(2) Inter-Club New York Produce Exchange Agreement (ICA)

정기용선계약 하에서 선박소유자와 용선자간에 화물손해에 대한 보상과 관련하여 손해에 대한 책임소재와 손해 보상금액에 대한 합의에 도달하는 것이 용이하지 않다. 더욱이 재용선계약(sub-let)이 몇 차례 이루어진 경우 선박소유자와 화물을 운송한 최종 용선자 사이에 용선체인(chartering chain)이 형성된 경우에는 선박소유자와 용선자 및 재용선자간에 이러한 화물손해에 대한 합의를 이루는 것은 불가능하다.

그러나 일반 벌크 선박의 정기용선계약의 표준서식으로 NYPE양식이 가장 보편적으로 통용되고 있으나, 이 표준용선계약서에는 화물손해 클레임(claim to cargo damage)에 대한 선박소유자와 용선자간에 책임을 어떻게 분담하여야 한다는 것에 관한 규정이 없다. 따라서 화주로부터 손해보상 요구가 제기 되면 다시 손해보상청구체인(claim chain)이 형성되고, 관련 당사자들은 시간과 비용을 소비하여야 하며, 손해보상요구 금액이 거액이 아닌 경우에는 이를 해결하기 위한 중재에 시간과 비용을 낭비할 수밖에 없다.

이에 화물손해에 대한 클레임의 처리에 되도록 불필요한 시간과 비용의 지불을 절감하고자 선주상호보험조합(P&I Club)들이 공동으로 화물손해 클레임발생을 원인별로 분석·분류하여 종류별로 유형화하고, 선박소유자와 용선자간에 손해보상의 책임분담에 관하여 선주상호보험조합(P&I Club)간에 합의한 내용을 규정화 하여 협정을 맺게 되었다. 이 협정이 "Inter-Club New York Produce Exchange Agreement"(ICA)이며 1970년에 처음 시행되기 시작하였다. 이 협정은 1984년과 1996년에 개정되었으며, 적용범위(scope of application), 화물손해보상제기 시한(time bar), 선박소유자와 용선자간의 제기된 화물손해금액의 분배(apportionment of claim) 와 준거법(governing law) 등에 관하여 규정하고 있으며, 최근에는 2011년 9월 1일부터 그 내용이 일부가 다시 개정되었다. 2011년 개정된 내용에 따르면 용선계약의 한 당사자(예를 들면 선박소유자)가 화물손해에 대한 클레임에 대해 보증 또는 담보(security)를 제공한 경우, 선박소유자와 용선자가 상호 보증 또는 담보(security)를 교환할 수 있다는 조항이 추가로 신설되었다. 따라서 Security를 제공한 선박소유자는 상대방에게 동일한 금액의 담보 또는 보증을 제공하도록 요구할 권리가 있다. 개별 P&I Club들은 이 협정에 의한 당사자 간 화물 클레임처리를 유도하고 있어 실제적으로는 P&I Club 회원사들은 이를 따르는 것이 보편화 되어 있으며,

한편 개별 P&I Club들은 이 협정에 의한 당사자 간 화물 클레임처리를 유도하고 있어 실제적으로는 P&I Club 회원사들은 이를 따르는 것이 보편화 되어 있으나, 선박소유자나 용선자가 단지 선박소유자상호보험조합의 회원이라는 사실 때문에 이 협정을 강제적으로 준수하여야만 하는 것은 아니고, 각 선주상호보험조합은 자신의 회원들이 화물손해에 대한 분쟁을 이 협정에 따라 해결하는데 동의할 것을 추천할 의무가 있다.

가. 적용범위(scope of application)

이 협정은 정기용선계약인 경우에 한하여 적용되며 구체적인 적용범위는 다음과 같다[ICA 1996 Clause (1)~(3)(a)(b)(c)].

첫째, 운송계약에 따라(under the contract of carriage) 운송된 화물에 대해 제기된 클레임에 대하여 적용한다. 이때 운송계약은 표준용선계약서 NYPE 1946 및 1993과 Asbatime 1981 양식(이후 이들의 개정된 내용 포함)에 따른 운송계약은 물론 일괄운송(through transport) 또는 복합운송(combined transport)계약에 의한 운송계약을 포함한다.

또한 이 협정은 작성된 용선계약서상의 다른 조항에 반대되는 조항이 있더라도 우선적으로 적용되며, 특히 클레임제기 시한(time bar)에 대해서도 용선계약서상 다른 조항이 있더라도 우선적으로 적용된다. 이 협정에서의 화물 클레임을 제기 할 수 있는 것은 화물의 손실(loss), 손해(damage), 부족(shortage including slackage, ullage or pilferage), overcarriage 및 화물에 대한 지연으로 인해 발생한 손실에 대한 것이며, 이러한 것으로부터 부과된 관세, 벌금 뿐 만아니라, 소송을 제기하는 데에 발생한 법적인 비용, 이자 및 통신비용 또는 전문가에 대한 자문 비용과 같은 클레임을 제기하는 데에 지불하게 된 부대비용도 포함된다.

그러나 제일 처음 클레임을 제기한 소송자(original person)의 클레임과 관련한 법률비용은 클레임 제기금액에 포함되나, 해당 용선계약에서의 면책사항이나 클레임을 제기한 후 발생한 기타의 사항에 대해서는 보상되지 않는다.

둘째, 용선계약서 작성 시 표준용선계약서의 화물에 대한 책임조항을 현저하게 수정하지(materially amended) 않았을 경우에 제기된 화물 클레임에 대하여 적용한다.

NYPE 1946, 1993 또는 Asbatime 1981의 제8조에 단순히 "and responsibility"라는 단어를 추가하거나 이와 유사한 수정으로 선장에게 화물취급에 대한 책임을 지우는 내용으로 수정되었다하더라도 이러한 수정은 현저하게 수정한 것으로 간주하지 않으며 "인터그룹협정 1996"을 적용한다는 것이다[ICA 1996, Clause (4)(b)(i)]. 그렇지만 용선계약서 작성 시 NYPE 1946과 1993의 제26조와 Asbatime 1981의 제25조에 "cargo claim"이라는 단어를 추가하게 되면 비록 관련 용선계약서가 "인터그룹협정 1996"을 적용한다고 명시하더라도 화물 클레임의 분배를 위해 이 협정서를 적용하지 못한다는 것이다[ICA 1996, Clause (4)(b)(ii)].

나. 클레임 제기시한(time bar)

화물 클레임은 화물의 인도일 또는 인도되어야만 하는 날짜로부터 24개월 이내에 서면으로 제기되어져야 한다. 그러나 함부르그 규칙(Hamburg Rules)을 채택한 국가나 국내 규정에 의하여 24개월의 클레임 제기시한을 준수할 수 없는 경우에는 클레임 제기시한이 36개월이 된다.

그리고 클레임을 제기할 때에 가능하면 관련 운송계약의 명세, 클레임의 성격과 클레임 금액이 포함되어야 한다.

다. 클레임 금액의 분배(The Apportionment)

본 협정에 따른 화물 클레임 분담금액은, 또 다른 용선 계약서의 계약에 따라 그 금액이 분할이 이루어진다 하더라도 이에 관련 없이 현재 선박소유자와 용선자가 적용하고 있는 용선계약서에 따라 실제로 발생한 금액을 다음과 같이 분할한다.

① 선박의 감항성 부족이나 선장의 항해 또는 선박운영상의 문제로 인하여 발생한 화물클레임은 선박소유자가 전액(100%) 부담한다. 그러나 선박소유자가 화물 클레임이 화물의 취급[선적, 적하 및 양하, 고박(securing) 등]과 관련하여 발생하였다는 것을 증명한다면 다음의 ②항에 따라 배분한다.

② 화물 클레임이 화물 취급의 부주의나 잘못으로 인하여 발생하였다면, 용선자가 전액(100%) 부담한다. 그러나 상기 세 가지 용선계약서의 제8조에 "and responsibility"라는 어구가 추가되거나, 또는 유사한 수정을 가하여 화물 취급 방법에 대하여 선장이 책임진다고 용선계약이 체결되었다면 선박소유자와 용선자가 50%씩 분담한다. 그러나 용선자가 이러한 화물취급상의 클레임발생 원인이 선박의 감항

성 부족으로 발생하였다는 것을 증명해내면 클레임금액은 전액 선박소유자가 부담한다.

③ 상기 ①과 ② 항의 적용을 전제로 하고, 운송화물의 양이 부족하거나 과도한 경우에 대한 화물 클레임은 선박소유자와 용선자가 반반씩 부담한다. 그러나 이와 같은 화물량의 부족이나 과도하게 된 원인이 어느 일방이나 그의 하수인 또는 대리계약자에 의한 도난, 행위 또는 태만 등에 의해 발생하였다면 그 일방이 클레임의 전액(100%)을 부담하게 된다.

④ 화물의 지연이나 화물 클레임이 그 발생의 원인이 규명될 수 없거나 어느 일방이나 그의 하수인 또는 대리 계약자에 의한 행위나 태만 등에 의해 발생하였다는 증거가 없는 경우에는 선박소유자와 용선자가 화물 클레임 금액을 반반씩(50:50)으로 분담한다.

한편, 재용선(sub-let)이 여러 차례 이루어져 용선관련자가 Chain을 이루고 있을 경우에는 클레임 금액의 분담이 복잡하여지며 다음과 같이 분담한다. 처음 클레임을 제기 받은 자가 반(50%)을 부담하고 다음 하위자 또는 상위자는 차하위 또는 차상위자와 잔여 클레임 금액을 반반씩 분담하는 방법으로 용선관련자간에 분담한다.

㉮ 클레임이 최종 하위 용선자에게 최초로 제기되었을 경우
선박소유자(12.5%) - 1차용선자(12.5%) - 2차용선자(25%) - 최종 용선자(50%)의 비율로 분담한다.

㉯ 클레임이 선박소유자에게 최초로 제기되었을 경우
선박소유자(50%) - 1차용선자(25%) - 2차용선자(12.5%) - 최종 용선자(12.5%)의 비율로 분담한다.

라. 준거법(Governing Law)

용선계약서에 명시된 국가의 법률을 적용한다. 그러나 "인터그룹협정 1996"의 내용이 용선계약서에 편입되어 있지 않는 경우에는 영국법(English law and jurisdiction)을 적용한다.

(3) 용선료 미지급의 경우

정기용선의 경우 통상 운임은 선불로 처리되어야 한다. 그러나 용선자의 재무적 사정이나 기타의 이유로 용선료가 제때 지불되지 않을 경우 선박소유자는 수차례에 걸쳐

일정기한 내에 용선료지불이 완료될 것을 독촉하게 될 것이며, 그래도 용선자가 지불이행을 하지 않을 경우 계약위반으로 용선중단을 선언하게 되고 용선된 선박을 철수하는 절차를 밟게 될 것이다. 용선중단이 선언되면 용선계약은 해지되며 선박소유자는 더 이상의 손해가 확 대되지 않도록 손해경감의무를 다하게 된다.

아울러 선박소유자는 기존에 받지 못한 용선료에 더하여 계약해지 이후 잔여계약기간에 대한 손해배상(damages)을 청구할 수 있게 되며, 잔여계약기간에 대한 손해산정은 계약상 용선료율과 시장용선료율의 차액에 잔여계약일수를 곱하여 산출된다. 이에 관한 통지문은 다음과 같이 작성된다.

"용선료미지급 통지문"

Despite our messages of 15 Feb., 2021 and 21 Feb., 2021 of anti- technicality notice, Charters have failed to pay the 27th hire in the sum of USD0000 within three(3) clear banking days of 21 Feb., 2012

Charterers have also failed to pay, as demanded, the outstanding hire in full. Owners consider that Charterers have demonstrated a clear intention no longer to be bounded by the terms of the contracts, and are in repudiatory breach of the charterparty.

Owners hereby accept charterers repudiatory breach of the charterparty and terminate the charterparty. Owners reserve the right to claim also and damage suffered due to the repudiatory breach by the charterers. Entirely without prejudice to the position set out above, Owners hereby give notice of withdrawal for Charterers failure to make full and prompt payment of hire in accordance with Clause 5 of the Charterparty. Owners hereby withdraw the vessel from Charterer's service with immediate effect.

(4) 조기반선의 경우

용선시황이 악화되어 용선자가 선박소유자에게 선박을 조기반선(early redelivery of the vessel)함으로써 손실을 줄이려고 하는 경우가 발생한다면, 이는 명백한 계약위반이 되지만 선박소유자는 그 반선을 거부할 수가 없으므로 선박을 회수하여야 할 것이다. 이 경우 선박소유자는 계약해지에 따른 손해배상청구권 행사를 유보하는 통지를 하게 되며, 손해산정의 기본원칙은 계약상 용선료율과 시장용선료율의 차액에 잔여계약일수를 곱한 것이 될 것이다. 이에 따른 통지문은 다음과 같은 형식으로 발송된다.

"조기반선의 손해배상 통지문"

Charterers are in breach of the Charter by failing to use the vessel until the minimum date designated by the charterparty and failing to give Owners valid redelivery notices under the Charter. Charterers have failed to perform your charter obligations and your inaction and approach to the charter clearly indicates that you do not intend to or cannot perform your remaining charter obligations.

Without prejudice to the above, Owners accept Charterers' repudiatory breach of the Charter and consider the Charter as having come to an end. Charterers' actions are clear repudiatory and/or renunciatory breaches of the charter.

Charterers' breaches have generated very subsequential losses which will be claimed from charterers.

(5) 용선료의 유치권행사

선박소유자가 용선계약상의 용선료나 운임을 지급받지 못하는 경우 계약서의 관련조항[4]에 따라 화물에 대한 유치권(right of the lien against the cargo)을 행사함으로써 문제를 해결할 수 있다. 유치권의 대상은 주로 용선자가 화주로부터 받을 운임과 화물에 대한 것이며, 선박이 재용선(sub charter)된 경우는 "sub hire" 또는 "sub freight"가 될 것이다.[5] 선박소유자가 유치권을 행사할 때는 재용선자(sub charterers)에게도 이를 통보함으로써 문제를 공론화 시켜 용선자의 책임감을 가중시킬 필요가 있다.

운임에 대한 유치권행사에도 불구하고 용선료가 지급되지 않는 경우 선박소유자는 화물에 대한 유치권을 행사할 수도 있으며, 이 때 주의해야 할 것은 선하증권상에 운임조건이 선불조건인가를 먼저 살펴보아야 하며, 또 한편으로 유치권을 행사한 곳의 법률이 용선계약 또는 화물운송계약의 직접적인 당사자가 아닌 경우에도 유치권이 인정되는가 하는 것을 확인하여야 한다. 전자의 경우는 선하증권의 문언증권상에 따라 정당한 선하증권의 소지인은 선박소유자의 유치권이 위법임을 주장할 것이며, 후자의 경

4) NYPE 1946 Clause 18. "That the Owners shall have a lien upon all cargoes, and all sub-freights for any amounts due under this Charter, including General Average contribution, and the Charterers to have a lien on the Ship for all monies paid in advance ……"
GENCON 1994 Clause 8. "The Owners shall have a lien on the cargo and on all sub-freights payable in respect of the cargo, for freight, deadfreight, demurrage, claims for damages and for all other amounts due under this Charter Party including costs of recovering same."

5) 용선료(hire)는 운임(freight)과는 다른 개념이라는 주장도 있으므로 계약상에 당사간의 합의로서 유치권조항에 sub-hire라는 문구를 sub-freight 문구 뒤에 부기해 놓을 필요가 있다.

우는 선박소유자의 그러한 행위가 위법이 된다. 따라서 이러한 경우에는 반대로 선박소유자가 화주로부터 클레임을 당할 수 있는 위험이 발생할 수 있다. 그러나 실무에서는 경우에 따라 이러한 위험을 감수하고서라도 유치권행사를 실행하기도 한다.[6] 이에 관한 통지문은 다음과 같은 형식으로 작성된다.

"유치권실행 통지문"

We, ABC Co., Ltd. ("ABC"), are the desponent owners of the MV. "SNR"(the "Vessel") and chartered the vessel to "GHI" under a time charter dated 12 feb., 2012. We understand that "GHI" then sub-chartered the vessel to "JKL" under a time charter("Sub Charter").

As of today's date "GHI" have failed top pay advance time charter hire totaling USD1M. The hire invoices are attached. The terms of "ABC"'s NYPE charter party with "GHI" includes a clause 23 which reads,

"The Owners shall have a lien upon all cargoes and all sub-freights and/or sub-hire for any amounts due under this Charter Party."

This clause means that "ABC" have a right to demand payment to them of any sub hire may be due and outstanding from you and/or your agents. This Fax is ABC's notice of Lien. "ABC" hereby calls on you to pay any hire due now or any time in the future from you/your agents/sub-charterers to "ABC" directly to the following account and to no other party.

-Account name : ABC Co., Ltd.
-Bank :
-Account No. :
-Swift code :
-Correspondence :

***IMPORTANT

Should you fail to comply with the terms of this notice of lien "ABC" will look to you for damages and/or indemnity for any losses suffered by them. As a result, this would almost certainly mean you would have to settle any commitments

6) 유치권실행은 계약당사자에 따라 다음과 같은 절차로 실행된다. 즉, 어떠한 선박소유자 "ABC"가 어떤 용선자 "GHI"와 특정 선박에 대하여 용선계약을 체결하고, 그 용선자가 동일 선박을 다시 다른 용선자 "JKL"에게 재용선을 주는 경우에, 선박소유자 "ABC"와 계약관계에 있는 용선자 "GHI"가 "ABC"에 용선료를 지급하지 못한 때에 이를 회수하기 위해 선박소유자 "ABC"가 sub-charter인 "JKL"가 "GHI"에 지급할 용선료를 계약상의 유치권조항에 따라 직접 "ABC"에 지급할 것을 요구함으로써 발생하게 된다.

you may have twice over. Please confirm that you are attending to this matter and confirm receipt of this notice and please also advise the total of any hire currently due from you/your agents in relation to the charter of the Vessel.

제2절 해상보험

1. 적하보험(Cargo Insurance)

협회적하약관의 구약관은 1912년 런던보험자협회에 의해 협회적하약관 분손부담보 조건(Free from Particular Average Clause), 1921년 분손을 담보하는 협회적하약관 분손 담보 조건(With Average Clause), 1951년 협회적하약관 전위험담보조건(All Risks Clause)이 제정되어 이 세 가지가 협회적하약관의 기본약관으로 사용되기 시작하였다. 그 후 1982년 신양식의 해상보험증권이 제정될 때 약관의 명칭과 내용이 알기 쉽게 대폭 정비된 협회적하약관 A약관, 협회적하약관 B약관 및 협회적하약관 C약관을 기본약관으로 하는 신약관이 제정되어 사용되고 있다. 이후 2009년 신약관은 A약관, B약관 및 C약관을 기본으로 하는 체제로 1982년 신약관과 동일하지만 테러리즘에 대해 새로운 정의를 포함하고 그 동안 애매모호했던 표현을 확실하게 하였다.

1) 적하보험 약관(clause)

(1) 담보약관

| 신약관 |

신약관(ICC.A)	신약관(ICC.B)	신약관(ICC.C)
1. 피보험 목적물에 발생한 멸실, 손상의 일체의 위험을 담보	1. 화재 또는 폭발 2. 본선 또는 부선의 좌초, 교사, 침몰, 전복 3. 육상운송용구의 전복 또는 탈선 4. 본선, 부선 또는 운송용구 5. 피난항에서의 화물의 하역	1. 화재 또는 폭발 2. 본선 또는 부선의 좌초, 교사, 침몰, 전복 3. 육상운송용구의 전복 또는 탈선 4. 본선, 부선 또는 운송

신약관(ICC.A)	신약관(ICC.B)	신약관(ICC.C)
	6. 지진, 화산의 진화, 낙뢰 7. 공동해손 희생손해 8. 투하 또는 갑판유실 9. 본선, 부선, 선창, 운송용구, 콘테이너, 지게자동차 또는 보관장소에 해수, 호수, 강물이 침입 10. 본선 또는 부선으로의 선적 또는 하역작업 중 바다에 떨어지거나 갑판에 추락한 화물의 포장당 전손 11. 쌍방과실 충돌약관에 의한 손해 12. 담보위험으로 인한 항해 종료시 양하, 입고, 계반비용 13. 공동해손, 구조비. 단, 면책위험으로 인해 발생되는 것 제외	용구와 물외의 다른 물체와의 충돌 또는 접촉 5. 피난항에서의 화물의 하역 6. 공동해손 희생손해 7. 투하 8. 쌍방과실 충돌약관에 의한 손해 9. 담보위험으로 인한 항해 종료시 양하, 입고, 계반비용 10. 공동해손, 구조비. 단, 면책위험으로 인해 발생되는 것 제외

| 구약관 |

구약관(All Risks)	구약관(W.A)	구약관(F.P.A)
1. 피보험 목적물에 대하여 멸실 혹은 손상을 야기시키는 모든 위험을 담보	1. 전손 2. 공동해손 3. 좌초, 침몰, 대화재에 기인한 단독해손 4. Heavy Weather에 의한 단독해손 5. 소화재, 폭발, 충돌, 접촉 및 피난항에서의 하역 등의 사고에 직접 기인한 단독해손 6. 선적, 환적 또는 역작업 중 화물의 포장당 전손 7. 손해방지비용 8. 특별비용(양하, 입고, 계반)	1. 전손 2. 공동해손 3. 좌초, 침몰, 대화재에 기인한 단독해손 4. 소화재, 폭발, 충돌, 접촉 및 피난항에서의 하역 등의 사고에 직접 기인한 단독해손 5. 선적, 환적 또는 역작업 중 화물의 포장당 전손 6. 손해방지비용 7. 특별비용(양하, 입고, 계반)

(2) 면책위험

피보험자의 고의적 불법행위, 항해의 지연 등에 기인한 손해, 자연소모, 누손 및 포장의 불량 등에 의한 통상적인 파손, 고유의 하자, 쥐 혹운 벌레에 의한 손해, 자연 소모성의 기관손해, 선주 등의 파산에 의한 손해, 원자 핵무기, 사보테지나 악행 등 제3자의 불법행위(적하약관 A에서는 담보됨)에 의한 손해, 피보험자가 알고 있는 불내항 및 부적합에 의한 손해, 전쟁위험, 동맹파업 등. 그러나 이러한 손해라도 특별약관에 의해 보험을 부보할 경우 담보가 가능하다.

2) 품목별 손해형태

(1) 곡물류·사료 및 유채류

① 운송형태

주로 살적화물로 운송되며 대량 운송이 특징이다.

② 손해형태

- Shortage : 가장 많이 발생하는 손해형태이며, 선적 또는 하역중의 취급부주의에 기인되거나 수분차에 의한 자연감량에 기인됨. 그러나 Shortage 위험을 담보하는 경우에도 Excess를 적용하여 인수하므로 손해사정시 반드시 Excess를 적용해야 함. 그리고 곡물은 그 성질상 수분 함량에 따라서 무게 및 부피가 달라지므로 손해사정시 수분 함량율과 하역시의 수분함량율을 감안하여 Shortage량을 정확하게 계산하여야 한다.
- Sweat & Heating : 이러한 손해는 해상운송을 선창내외의 온도차에 의해서 선창내의 공기가 응결되어 Wet Damage형태로 나타나지만 손해량은 소량일 수밖에 없다. 한편, Wet Damage 의 경우, 검정인은 먼저 질산은테스트(Silver Nitrate Test)를 통하여 Wet Damage 의 원인이 담수인지 혹은 해수인지 여부를 판별하므로, 테스트 결과 담수에 대해서 발생한 Wet Damage이나 그 정도가 심한 경우에는 Sweat & Heating에 의한 Wet Damage의 가능성은 배제되어야 하며 운송중 혹은 보관중 비 등에 의한 Wet Damage인지를 조사하여야 한다.
- 기타사항
  - 주 위험이 Shortage와 Sweat & Heating이나 이는 All Risks 및 ICC(A)에 서도 담보되는 것이 아니므로 이러한 위험은 별도 부보하여야 한다. Shortage위험 을 담보하는 경우 중국산에 대하여는 In excess of 3%이상의 조건으로 인수한다.
  - 운송중 수분(Moisture)감량을 감안한 정확한 하역량을 계산하는 공식은 다음과 같다.

$$\text{하역항의 하역량} \times \frac{100\% - \text{하역지 수분함량율}(\%)}{100\% - \text{선적시 수분함량율}(\%)} = \text{실하역량}$$

③ 사고사례

- 계약사항 · 보험가입금액 : ₩562,000,000 · 보험목적물 : 15,000 MT of Tapioca · 보험조건 : W.A. 3% Shortage in excess of 1%, Sweat & Heating, Special Survey Clause
- 사고내용 : 인도에서 상기 화물을 선적한 본선이 항해도중 악천후에 조우하였으나 무사히 인천항에 도착하였다. 검정결과 14,470 M/T만이 하역되었으며, 이중 400M/T은 해난 중 Sea Water에 의하여 Wet Damage가 발생하였다. 한편, 선적시 수분함량은 12.4%였으나 양륙시 정상품의 수분함량은 11.9%였고 손상품의 수분함량은 16.5%였다.
- 보험보상여부 · 악천후에 의한 Sea Water Damage손해는 W.A.에서 보상하는 손해이나 손해액이 보험금액의 3%이상이어야 보상되는데 본건의 경우 손해량 400M/T은 공제액 3% 인 450M/T미만이므로 보상되지 않는다. · Shortage는 보험조건상 담보되지만 Excess 1%을 적용하므로 손해액이 보험금액의 1%를 초과하여야 보상이 가능하다.
- 지급보험금 계산 · 실 하역량 : 하역량은 14,470M/T이나 운송중 수분에 의한 자연감량은 손해량에서 제외되어야 하고 Sea Water와의 접촉으로 수분함량이 많아 하역량이 증가했으므로 수분함량을 감안하여 하역량을 재계산하여야 하는바, 400M/T을 양륙당시 수분함량 을 기준으로 환산하면

  (100%-16.5%)/(100%-11.9%)×400M/T = 379,115 M/T

  하역항에서의 하역량은

  14,449,115M/T(14,470M/T-400M/T+379,115M/T)

  선적당시의 수분을 감안하여 다시 계산하여 보면

  (100%-11.9%)/(100%-12.4%)×14.449,115=14,531,587

  부족량

  i) 선적량 : 15,000M/T ii) 도착량 : 14,531,587 M/T

  iii) 부족량 : 468,413M/T

  iv) Excess : 150M/T (15,000M/T × 1%)

  v) 순부족량 : 318,413 M/T

• 지급보험금 (318,413M/T/15,000 M/T)×₩562,000,000=₩11,920,873

(2) 비료

① 운송형태

살적화물 형태로 운송되어 하역 항에서 Bag에 담는 방법, Bag형태로 운송하는 방법 혹은 Bag을 컨테이너에 적재하여 운송하는 방법이 이용되며 대량 운송이 특징이다.

② 손해형태 - Shortage

• 비료에서 자주 발생하는 전형적인 손해형태이다. 살적화물로 운송하여 하역항에서 Bag에 담는 경우에는 하역과정 중 취급부주의에 의한 Shortage가 발생하고, Bag을 이용하여 운송되는 경우에는 Bag이 Torn 되어 Shortage가 발생한다. 또한, 살적화물 운송의 경우에는 자연감량에 의한 Shortage도 발생하는데, 이는 선적항과 하역항에서 발행된 Draft Survey Report를 비교하여 그 수량을 파악한다.
• Discoloration : 산적화물 운송의 경우 가끔 악천후에 조우하여 발생한다.
• 유의사항 : 수출, 수입화물의 경우에는 All Risks나 ICC(A) 로 인수할 수 없으며 Shortage위험도 담보하지 아니한다. 그러나 수출화물의 경우에는 All Risks 및 ICC(A) 뿐만 아니라 Shortage 담보도 가능하다.

③ 사례연구 : 계약사항

• 보험가입금액 : ₩387,200 (5,500M/T×U$64×110%)
• 보험목적물 : 5,500M/T of Ammonium Sulphate
• 보험조건 : All Risks, Shortage
• 사고내용 : 비료 5,000 M/T을 선적하고 울산항을 출항한 본선이 필리핀에 도착하여 하역한 결과 50Kg들이 109,096 Bag은 양호한 상태로 하역되었으나 악천후에 조우하여 358 Bag 의 화 물이 변색되었고, Bag의 손상으로 인해 흩어진 화물을 쓸어 모아 재포장한 결과 257 Bag이 되었다. 한편, 화주는 변색된 화물에 대해서는 30%의 감가, 쓸어 모아 재포장한 화물 에 대해서는 50%를 감가하여 인수하기로 합의하였다.
• 보험보상여부 : Shortage 손해는 Shortage가 특약으로 부보되어 보상가능하며, Discoloration손해도 All Risks하에서 보상된다.
• 지급보험금 계산·부족량

i) 선적량 : 5,500 M/T

ii) 하역량 : 5,485.55M/T(109,096Bag+358Bag)×50Kg]

iii) 부족량 : 14.45 M/T·

• 손해량

i) Shortage : 14.45 M/T

ii) Discoloration : 5.37M/T(358 Bag × 50 Kg × 30 %)

iii) Sweeping : 6.425M/T(257 Bag × 50 Kg × 30 %)

iv) 합 계 : 26,245 M/T·

• 지급보험금

(26.245 M/T / 5,500 M/T)×U$387,200 = U$1,847.65

(3) 유류

① 운송형태

대부분 탱커선을 이용한 산적화물 형태로 운송되나 Drum 이나 Can에 포장되어 운송되기도 한다. 탱커선을 이용하여 운송하는 경우에 선적항이나 하역항에서 모두 송유관을 이용하여 본선 선적 및 하역을 하고 있다.

② 손해형태

• Shortage : 송유관을 이용하여 선적 및 하역을 실시하므로 송유관내에 잔량이 남아 있어 Shortage가 발생하는 경우가 생긴다. 즉, 연안탱크와 본선 탱크를 연결하는 송유관에 선적, 하역 후에 잔량이 남게 되어 전량이 운송되지 않는 경우이다.

• Contamination : 다른 물질, 특히 해수 등과 혼합되어 오염되는 것으로써 이 경우에는 원래 화물자체에 이상이 없는지 여부 혹은 탱크나 송유관의 오염여부를 조사해야 한다.

③ 유의사항

• Pipeline Risks(Whatsoever caused by)를 담보하는 경우에는 송유관약관 (A), (B) [Pipeline Clause (A), (B)]를 첨부 하고 Excess 및 A.P.를 적용하는데 송유관약관 (A)는 보험의 목적물이 선적항에서 본선의 상설 호스연결점을 통과한 때부터 개시되어 보험증권에 기재된 도착항에서 수하주의 탱크 또는 다른 연안탱크 안에 보험의 목적물이 하역됨으로써 종료되고 송유관약관 (B)는 보험의 목적물이 선적항에서 연안탱크의 파이프 연결점을 통과한 때부터 개시되어 보험증권에 기재된 도착항에서 수하주의 탱크 또는 다른 연안 탱크 안에 보험의 목적물이 하역됨으로써

종료된다.

- 송유관약관 (A)에서는 본선에 선적된 량과 하역항의 연안탱크에 들어온 수량의 차이를, 송유관약관 (B)에서는 선적항의 연안탱크와 하역항의 연안 탱크에서 측정한 수량의 차이를 Shortage로 인정한다. 한편, 이러한 송유관약관에도 불구하고 선적항에서 본선에 선적된 양을 확인하기 위해서 Weighing Report 등을 요구할 필요가 있다.

④ 사고사례

- 계약사항·보험가입금액 : ₩720,000,000·보험목적물 : 4,000 M/T of Naphtha
- 보험조건 : F.P.A., Shortage in excess of 0.5% from shore tank to shore tank, Pipeline Clause (B), Contamination (Excl. Contamination caused by Improper Tank Cleaning), Explosion
- 사고내용 : 사우디에서 Naphtha 4,000 M/T을 선적하고 울산항에서 하역한 결과 3,852M/T만이 연안탱크에 입고되었으며, 이 중 400 M/T은 이물질에 Contamination 되어 M/T 당 ₩50,000의 정제비용이 들었다.
- 보험보상여부 : Shortage에 대해서는 Excess 0.5% 를 적용하여야 하므로 선적량(B/L Quantity)의 0.5%를 초과한 부족손을 보상한다.
- Contamination은 보상되나 Improper Tank Cleaning에 기인된 Contamination은 보상되지 않는다.
- 지급보험금 계산·부족량

  i) 선적량 : 4,000 M/T

  ii) 도착량 : 3,852 M/T

  iii) 부족량 : 148 M/T iv) Excess 0.5% : 20 M/T(4,000 M/T× 0.5%)

  v) 순부족량 : 128 M/T

  vi) 손해액 : (128M/T/4,000M/T)×₩720,000,000 = ₩23,040,000-오염손(정제비): 400M/T×₩50,000= ₩20,000,000
- 지급보험금 : ₩43,040,000

2. P&I 보험(선주상호책임 보험)

1) P&I(Protection & Indemnity)의 개념

- 선박 운항 시 발생한 해난사고로 인하여 제3자가 입은 피해에 대한 선주의 배상책임을 선주상호간에 담보하는 보험
- 세계 최초의 P&I는 Britannia Club으로 영국에서 1855년 설립
- 당시 해상보험에서 보상되지 않던 충돌배상책임과 인명에 대한 배상책임을 선주 스스로 담보하기 위하여 시작되어 1870년 이후에는 화물의 손상에 대한 배상책임도 담보
- 선주의 충돌배상책임 및 인명에 대한 배상책임 담보(Protection cover)와 화물손상에 대 한 배상책임 담보(Indemnity cover)를 합쳐 P&I라고 함
- 이후 선주의 배상책임 강화와 위험의 다양화에 따라 P&I Club의 위험 담보범위 확대

2) P&I Club 운영 현황

- 현재 영국을 중심으로 약 25개의 P&I Club 설립 운영 중
  - 세계에서 가장 큰 규모의 P&I는 8,000여척 1억톤(G/T)이상이 가입된 영국의 UK Club
  - 조합의 선박보유량과 비슷한 크기의 P&I는 세계 제7번째 규모의 North of England, London, Liverpool, America Club
- 주요 P&I Club간에 그룹을 형성하여 협정을 맺고 상호협의 및 공조체제 구축(International Group Agreement : IGA)
- 아시아에서는 일본(1950), 중국(1984), 이란(1997)이 각각 P&I Club 설립·운영 중

3) P&I의 특징

- 선주자신이 보험자이자 피보험자의 지위를 갖는 상호보험
- 선박운항에 따른 제3자의 피해에 대한 선주의 법적 책임 담보
- 사고발생 정도에 따라 보험료를 추가 징수하는 정산보험료제 채택
- 단, 소형선박, 특수선에 대해서는 고정보험료제 채택

4) P&I 담보위험의 종류

- 선원 재해보상책임

- 선원의 사상,질병,행방불명,장제비,수색비등에 대한 배상책임
- 실업수당, 소지품 유실보상, 교체자 파견비용, 송환비용 등

• 여객 배상책임
- 여객의 사상 등에 관한 책임
- 선박의 해난에 의한 여객에 생긴 책임, 수하물에 관한 책임

• 제3자 신체상해에 관한 배상책임
- 선원 및 여객 이외의 자의 사상 등에 관한 책임

• 밀항자 또는 난민 등에 관한 비용

• 선박충돌에 의한 배상책임
- 선박보험의 대상이 되는 것의 1/4 상당액
- 초과충돌책임
- 충돌로 인한 타선의 선원, 여객, 제3자, 재물, 오염 등에 대한 책임

• 재물 등에 관한 책임
- 항만시설, 해저전선, 어구 기타 시설물 손해에 대한 배상책임
- 난파선 제거비용

• 오염 등에 관한 책임
- 오염물질에 의한 손해
- 유류오염에 관한 협약에 관한 책임

• 예항에 관한 책임
- 타선에 의한 가입선박의 예항
- 가입선박에 의한 예항

• 제3자와의 계약에 관한 책임

• 방역에 관한 책임

• 적하에 관한 책임
- 적하에 발생한 손해
- 적하의 양하, 처분, 재 적재에 소요된 비용

• 공동해손

• 벌과금
- 출입국 관리 등 법령에 의해 부과된 벌과금
- 오염사고등과 관련된 벌과금

• 책임방어를 위한 책임

- 변호사 비용, 소송비용등
- 조합이 용인하는 특례
  - 보상함이 상당하다고 인정되는 것
  - ※ 각 P&I Club에서 담보하는 위험의 범위는 담보능력 및 관리능력에 따라 상이

5) P&I의 주요기능

- 위험의 담보
  - 선주의 선박운항에 따른 재산적 손실 보전
- 클레임(Claim)의 처리와 관리 - 범세계적 조직망을 이용하여 변호, 교섭, 해결 등 클레임 처리 및 관리
  - 선주부담 클레임에 대해 합의, 적정 과실비율 조언, 법적 처리절차 대행조언
- 보증의 제공
  - 억류선박의 해제를 위한 보증의 제공이나 국제협약에서 요구하는 유류오염사고에 대한 재정보증 증명서 발급 6. P&I Club의 재보험 체계
- 보상한도
  - 일반손해(45억불) / 유류오염손해(10억불)
- 재보험 방법 - IGA POOL을 통한 재보험
  - 일반손해와 유류오염손해를 분리하여 처리

| 표 7-1 | 해상보험의 비교

구분	해운조합	P&I	선박보험	적하보험
보험자	선주	선주	손보사	손보사
사업조직	조합	조합	회사	회사
피보험자	선주	선주	선주	화주
보험내용	선박/배상책임	배상책임	선박손해	화물손해
보험료	고정보험료제	정산보험료제	고정보험료제	고정보험료제
보상한도	가입금액(법정금액)	무제한(법정금액)	가입금액	가입금액
영리성	비영리	비영리	영리	영리

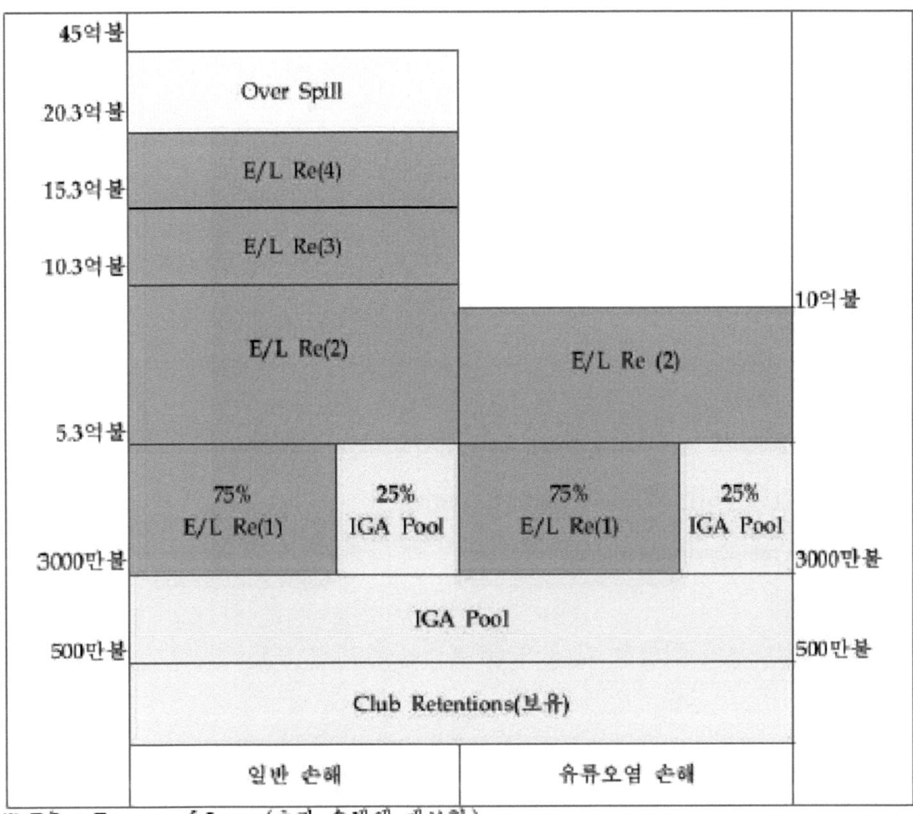

| 그림 7-1 | 재보험 도표(Diagram)

3. 선박보험(Hull & Machinery Insurance)

1) 선박보험의 개념

해상사업을 하는 선박 소유자, 선박관리자 또는 나용선자 등은 선박을 사용하던 중에 해상위험 등으로 우연한 사고를 당하면 물적손해, 비용손해 또는 다른 선박과 충돌에 의한 배상책임손해 및 선박을 이용하여 얻어야 할 운임과 같은 수익의 상실 이라는 경제적 손해를 입게 된다. 이와 같이 선박의 건조, 운항 또는 계선 중에 해상위험 등에 의하여 피보험자가 입은 경제적 손해를 소정의 보험료를 대가로 하여 보험자가 피보험자에게 계약 당시에 합의한 방법과 범위에 따라 보상하는 보험이 선박보험이다.

2) 선박보험의 담보위험

(1) 위험담보의 방식

가. 포괄책임주의

약관에 면책위험만 열거하고 있는 것으로 면책위험 이외의 일체의 해상위험을 담보위험으로 하는 주의를 포괄책임주의라고 한다.

나. 열거책임주의

해상위험 중 약관에 열거되어 있는 위험만을 담보위험으로 하는 주의를 열거책임주의라고 하는 데, 선박보험은 열거책임주의를 채택하고 있다.

(2) 담보위험(보상하는 위험 : Insured perils)

a. 항해 가능한 수면에서의 위험
b. 화재, 폭발
c. 선박 외부로부터 침입한 자에 의한 폭력을 수반한 도난
d. 투하
e. 해적
f. 핵장치나 원자로의 고장이나 사고
g. 항공기 또는 이와 유사한 물체 또는 그로부터 추락하는 물체, 육상운송용구, 독크 또는 항만시설이나 장비와의 접촉
h. 지진, 화산의 분화 또는 낙뢰
I. 적하 또는 연료의 선적, 양하 또는 이동 중의 사고
j. 기관의 파열, 차축의 파손 또는 기관이나 선체의 잠재적 하자
k. 선장, 직원, 부원 또는 도선사의 과실
l. 수리자 또는 용선자의 과실
m. 선장, 직원 부원의 악행

(3) 면책위험(보상하지 않는 위험 : Excluded perils)

면책위험은 보상하지 않는 위험으로서 법률에 규정하고 있는 법정면책위험과 약관에 규정하고 있는 약정면책위험으로 분류하고 또 법정면책사항은 절대적면책위험과 상대적면책위험으로 분류한다.

가. 법정면책위험(MIA55조)

① 피보험자의 고의의 불법행위(2항 a호) : 절대적면책위험

② 지연에 의한 손해(2항 b호) : 상대적면책위험

③ 통상의 자연소모, 통상의 누손 및 파손, 고유의 하자나 성질, 쥐나 벌레 등에 근인한 손해, 해상위험에 근인하여 발생하지 않은 기관의 손상(2항 c호) : 상대적면책위험

나. 약정면책위험

① 전쟁(ITC23조)

② 동맹파업(ITC24조)

③ 악의행위(ITC25조)

④ 원자핵위험(ITC26조)

3) 선박보험의 담보손해

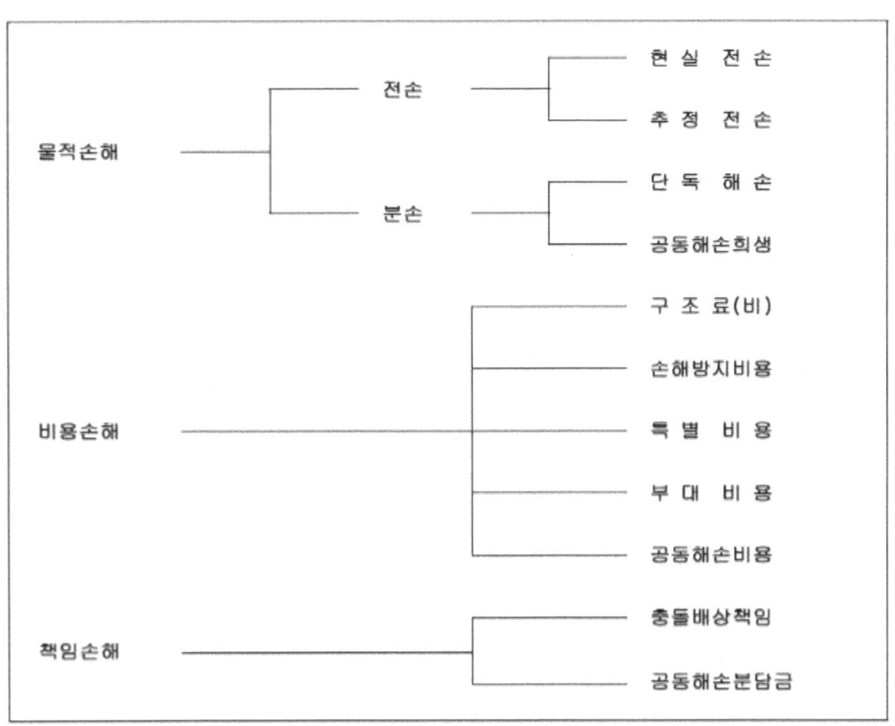

(1) 전손(Total Loss)

가. 현실전손(actual total loss)

담보위험으로 인하여 보험목적물이 전부 소멸되는 경우 전손이라고 하여 반드시 보험 목적물이 완전하게 소멸되는 것만을 뜻하지 않고 전멸에 가까운 경우라도 전손으로 인정한다. 보험목적물의 물리적 손상만을 의미하지 않으며 보험목적물이 현존하더라도 피보험자가 더 이상 점유할 수 없으면 전손이 성립한다.

a. 선박의 현실전손: 선박의 침몰, 좌초, 화재 행방불명
b. 화물의 현실전손: 선박의 현실전손으로 인한 화물의 전손. 화물의 투하, 화물의 매각, 화물인도의 과실
c. 운임의 현실전손: 화물의 전손, 선박의 전손 및 항해불능

나. 추정전손(Constructive Total Loss)

담보위험으로 인하여 보험목적물이 전부 소멸되는 경우 전손이라고 하여 반드시 보험목적물 이 완전하게 소멸되는 것만을 뜻하지 않고 전멸에 가까운 경우라도 전손으로 인정한다. 보험목적물의 물리적 손상만을 의미하지 않으며 보험목적물이 현존하더라도 피보험자가 더 이 상 점유할 수 없으면 전손이 성립한다는 것은 상기 현실전손의 개념과 동일하다.

다. 추정전손의 성립

a. 피보험자가 담보위험으로 인하여 선박 또는 화물의 점유를 상실하여 이를 회복할 가능성이 없거나 혹은 회복하기 위한 비용이 회복하였을 때의 가액을 초과하리라고 예상될 경우
b. 담보위험으로 선박이 심하게 손상되어 수리비용이 수리완료 후의 선박가액을 초과할 것으로 판단되는 경우
c. 담보위험으로 화물이 심하게 훼손되어 수선비용과 목적지까지 계속 운반하는 데 소요되는 비용이 도착시의 화물가액을 초과할 것으로 판단되는 경우
   - 선박의 추정전손 : 선박의 소유권 박탈, 선박의 손상
   - 화물의 추정전손 : 화물의 소유권박탈, 화물의 손상,
   - 운임의 추정전손 : 운임취득권 상실

(2) 위부(abandonment)와 대위(subrogation)

위부란 추정전손의 사유가 발생하여 피보험자가 보험목적물에 대한 일체의 권리를

보험자에게 이전하고 그 대신 전손에 해당하는 보험금을 청구하는 행위를 말한다. 위부가 성립되려면 피보험자가 먼저 위부를 하겠다는 의사표시를 하고 보험자가 이를 수락하여야 한다.

대위란 손해보험에서는 보험자가 전손 보험금을 지급하면 보험목적물에 관련되는 일체의 권리를 피보험자로부터 승계하게 되는데 이를 대위권을 행사한다고 말한다.

가. 위부의 사유

a. 피보험자가 보험사고로 인하여 자기의 선박 또는 적하의 점유를 상실하여 이를 회복할 가능성이 없거나 회복하기 위한 비용이 회복하였을 때의 가액을 초과하리라고 예상될 경우
b. 선박이 보험사고로 인하여 심하게 훼손되어 이를 수선하기 위한 비용이 수선하였을 때의 가액을 초과하리라고 예상된 경우
c. 적하가 보험사고로 인하여 심하게 훼손되어서 이를 수선하기 위한 비용과 그 적하를 목적지까지 운송하기 위한 비용과의 합계액이 도착하는 때의 적하의 가액을 초과하리라고 상상될 경우

나. 위부의 특징

a. 위부는 피보험자의 단독행위이다. 즉 추정전손이 성립될 수 있는 사유가 발생한 경우 무조건 위부 해야 하는 강제성은 없다.
b. 위부가 성립되면 피보험자는 전손보험금을 청구할 권한을 가진다.
c. 피보험자는 잔존물에 대한 모든 가치와 권리를 보험자에게 이전해야 한다.
d. 보험자는 잔존물을 인수하더라도 이익이 없다고 판단될 때는 위부를 거부하고 전손보험금만 지급할 수 있다.

다. 대위의 원칙

a. 보험목적물에 대한 대위는 보험사고의 결과 잔존물이 있는 경우 그 잔존물을 취득할 수 있는 권한이며, 이 권한은 전손 보험금을 지급한 경우에 한하고, 만약 보험자가 분손 보험금을 지급하였다면 잔존물에 대한 소유권을 취득할 수 없다.
b. 제3자에 대한 대위 피보험자가 제3자의 과실에 의해 손실을 입은 경우 보험금을 지급한 보험자는 보험금의 한도 내에서 제3자에 대한 피보험자의 권리를 취득한다. 제3자에 대한 대위권은 전손 또는 분손에 상관없이 보험자가 자신이 지급한 보험금의 범위 내에서 행사할 수 있다.

(3) 분손(partial loss, average)

담보위험으로 인하여 보험목적물의 일부분만이 손해를 입는 경우이며, 단독해손(particular average)과 공동해손(general average)이 있다. 단독해손은 담보위험으로 인하여 발생한 보험목적물 일부분의 손해로서 피보험자가 단독으로 책임지는 손해이며, 공동의 안전을 위하여 희생된 손실이나 비용을 해상사업에 관련되는 이해관계자들이 공동으로 비례하여 분담하는 손해이다.

(4) 비용손해

가. 구조비(salvage cost)

보험증권에 명시규정이 있는 경우를 제외하고 담보위험으로 인하여 발생하는 손해를 방지하기 위하여 지출한 구조비는 담보위험에 의한 손해로서 보상받을 수 있다. 구조비라 함은 구조자가 구조계약과는 상관없이 해상법상으로 회수할 수 있는 비용을 말한다.

이 구조비는 피보험자·대리인 또는 보수를 받고 고용된 자가 담보위험을 피하기 위하여 행한 구조의 성질을 띤 노무의 비용을 포함시키지 않는다. 그러한 비용은 적절하게 발생한 비용이라면 비용이 발생한 사정에 따라서 특별비용(particular charge)이나 혹은 공동해손손해(general average loss)로서 보험자로부터 보상 받을 수 있다. 해상보험에서 구조비가 성립되기 위한 구조행위는 계약에 의하지 않은 순수구조여야 한다. 인명을 구조한 것은 일종의 봉사활동이기 때문에 인명을 구조한 자는 원칙적으로 구조비를 청구할 수 없다. 그러나 인명구조자에 대해서는 응분의 대가를 하는 것이 바람직하기 때문에 간접적으로 이를 보상하고 있다.

나. 손해방지비용(sue & labour cost)

보험증권상의 손해방지약관에 따라서 보험자가 추가로 보상하는 비용이며, 보험증권에 손해 방지약관이 포함되어 있으면 이 약관에서 합의된 내용은 보험계약을 보충(supplementary) 하는 것으로 간주되어 손해방지비용은 보험목적물의 손해 이외에 추가로 보상한다. 적하보험에서는 피보험자·사용인 및 그의 대리인이 손해를 방지하기 위하여 적절하고 합리 적으로 지출한 비용은 손해방지비용으로 전액 보상하며, 선박보험에서도 손해방지비용은 추가로 보상되지만 그 한도액은 보험금액으로 한다.

보험금액 이상의 비용을 투입 하면서까지 손해방지행위를 한다는 것은 합리적이지 못하기 때문이다. 그리고 일부 보험의 경우나 선박의 가격이 상승할 경우에는 손해방지행위에 지출된 비용 전액이 보상되지 않는 경우도 있다.

다. 특별비용(particular charge)

일반적으로 보험목적물의 손해를 담보위험으로부터 방지하기 위해 피보험자 혹은 그 대리인 이 지출한 비용을 말한다. 적하보험에서는 손해방지비용을 제외한 순수한 특별비용을 부대비용(extra charge)이라고 하며, 부대비용에는 손해조사비용(survey fee), 판매비용(sales charge), 포장비용(repacking charge) 및 조정비용(reconditioning charge) 등이 있는데 대부분 화물에 일부 손상이 발생한 경우 생기는 비용들이다. 선박보험에서는 실무적으로 분손과 관련되는 비용을 모두 수리비에 포함시키기 때문에 적하보험에서처럼 특별비용이 발생하지 않는다.

(5) 책임손해

가. 공동해손비용(general average cost)

선박과 화물 및 기타 해상사업에 관련 있는 단체에 공동의 위험이 발생했을 경우 그러한 위험을 제거하거나 경감시키기 위하여 선체·장비·화물 등의 일부를 희생시키거나 혹은 필요한 경비를 지출했을 때의 손해와 경비를 말한다.

① 공동해손의 성립요건

a. 공동의 희생손해나 비용손해는 이례적이어야 함
b. 공동해손행위는 임의적(intentionally or voluntarily)이어야 함
c. 공동해손행위와 공동해손은 합리적이어야 함
d. 위험은 현실적이어야 함
e. 위험은 항해단체 모두를 위협하는 것이어야 함

② 공동해손희생손해

a. 적하의 투하(Jettison of Cargo)
b. 투하로 인한 손상((Damage by Jettison and Sacrifice for the Common Safety)
c. 선박의 소화작업(Extinguishing Fire on Shipboard)
d. 기계 및 기관손해(Damage to Machinery and Boilers)
e. 임의 좌초(Voluntary Stranding)
f. 하역작업 중 발생하는 손해(Damage to Cargo in Discharging, etc)
g. 운임의 희생손해(Loss of Freight)

③ 공동해손의 정산규칙

공동해손이 발생할 경우 이를 정산하는데 사용되는 국제규칙은 요크-앤트워프규칙

(YAR: York-Antwerp Rules)이며, 이 규칙은 해석규정인 7개의 문자규정과 22개 의 숫자규정으로 구성되어 있다. 그러나 요크-앤트워프 규칙은 법령이 아니므로 강제성이 없고 계약서에 "공동해손과 관련되는 사항은 요크-앤트워프 규칙에 따른다"는 별도의 조항이 삽입되어야만 효력이 발생한다.

나. 충돌배상책임 손해배상책임

자신의 과실·과오·부주의 등으로 인하여 제3자가 입은 손실에 대해 서 법적으로 배상해줄 책임이다. 배상책임손해(liability loss)은 이에 따라 지출되는 비용이며, 충돌손해배상책임(collision liability loss)은 해상보험에서 손해배상책임 이라고 할 때 사용되는 용어로서 곧 선박의 충돌에 따른 배상책임을 의미한다.

선박의 충돌과 책임 문제를 해결하는 국제조약이 있으며 '선박충돌에 관한 규정의 통일을 위한 국제조약(International Convention for the Unification of Certain Rules of Law in regards to Collision)'에는 영국·프랑스·독일 등 주요 선진해운국가 들은 대부 1910년의 선박충돌에 관한 국제조약을 비준하였고, 우리나라의 상법도 이 국제조약과 동일한 내용으로 선박충돌에 관한 책임 문제를 규정하고 있다. 대부분의 국가에서는 1957년에 성립된 '항해선박소유자의 책임제한에 관한 조약 (International Convention Relating to the Limitation of the Liability of Owners of Seagoing Ships)'에 따라서 선주의 배상책임을 일정 한도로 제한하고 있다.

충돌손해배상책임약관은 1836년의 De Vaux v. Salvado 사건에서 "피보험자의 과실로 인해 발생한 충돌손 해배상책임은 보험자가 담보하지 않는다."는 판결이 계기가 되었다. 그 후 1888년 협회기간 약관(ITC-Hulls)이 제정될 때 보험자가 충돌손해배상금을 보상하는 취지의 충돌약관이 작 성되어 협회기간약관에 삽입되었다.

4) 선박보험의 종류

(1) 선체 및 기관보험의 보험조건(Hull & Machinery Insurance)

선박보험의 대표적이자 기본적인 보험으로서 피보험자의 소유에 속하는 선체, 기관, 선용품, 의장품, 기타 비품 등을 보험목적물로 하고 있다. 보험기간은 일반적으로 12개월로 하고 있는데 이 기간 동안 여러 차례 보험사고가 발생하더라도 매 사고마다 보험금액 한도 내에서 보상을 하여 주며, 복원에 따른 추가보험료는 없다.

가. I.T.C.조건

13항목의 담보위험으로 인한 물적손해, 비용손해 및 충돌배상책임손해를 보상하여 주는 보험조건(ITC(Hulls)-1/10/83)

나. FPL조건

13항목의 위험으로 기인된 단독해손 이외의 물적손해와 비용손해 및 충돌배상책임손해를 보상하여 주며, 단독해손의 경우 S.S.F.C.E.(침몰, 좌초, 화재, 충돌(접촉포함) 및 폭발)의 위험으로 기인된 경우에 한하여 보상되는 조건. Institute Time Clauses (Hull-1/10/83) But free of any claim in respect of partial loss of and/or damage to the vessel unless caused by the vessel being stranded, sunk, burnt, on fire, explosion, in collision or in contact with any external object other than water (but including ice) including general average damage.

다. TLO, G.A. SALVAGE, SC/SL, RDC조건

13항목의 위험으로 기인된 손해 중 전손, 계약구조료, 임의구조료, 손해방지비용, 공동해손 및 충돌배상금을 보상하여주는 보험조건(ITC-Hulls, Total Loss, General Average and 3/4ths Collision Liability (Including Salvage, Salvage Charge and Sue and Labour-1/10/83)이며, 이 조건에서 단독해손은 보상의 대상이 아니다.

라. TLO, SALVAGE, SC/SL, RDC조건

13항목의 위험으로 기인된 손해 중 전손, 계약구조료, 임의구조료 및 손해방지비용을 보상하여주는 보험조건(ITC-Hulls, Total Loss Only(Including Salvage, Salvage Charge and Sue and Labour-1/10/83)이며, 이 조건에서는 단독해손과 공동해손은 보상의 대상이 아니다.

(2) 계선보험(Port Risk Insurance)

선체 및 기관 등을 보험의 목적으로 하는 보험이라는 점에서는 선체 및 기관보험과 동일하다. 그러나 선체 및 기관보험은 선박이 항해는 물론 계선하고 있는 동안을 보험계약기간으로 하고 있으나, 계선보험은 선박이 항구나 안전한 해역에서 휴항하는 경우나 준설선과 같이 안전한 특정 해역에서 작업하는 경우에 가입한다. 이는 선체 및 기관보험보다 상대적으로 보험료가 저렴하기 때문이다. 계선보험에서는 4/4충돌배상금과 P&I 위험을 보상하는 것으로 약관에 규정하고 있다.

(3) 증액 및 초과책임보험(Increased value and excess liabilities Insurance)

전손의 경우 선체 및 기관보험에 추가하여 보험금을 보상받기 위하여, 또 선체 및 기관보험이 기평가 보험임에도 불구하고 비용손해는 Vessel's Contributory Value와 Insured Contributory Value보다 많은 경우 비례보상을 받게 되는데, 이렇게 비례보상을 받게 됨으로써 입는 손실을 보전받기 위한 보험이고 끝으로 충돌배상금도 선체 및 기관보험에서는 보험금액의 3/4을 최고보상액으로 하고 있으므로 배상액이 최고 배상한도액을 초과하는 경우 보상받기 위한 보험이다.

(4) 운임보험(Freight Insurance)

해상사고로 항해를 중단하거나 포기하지 않았더라면 취득하였을 운임의 손실을 보상해 주는 보험이다. 이 보험은 운송계약서에 운임확정취득약관이 없는 경우에 가입한다.

(5) 선박 불가동 손실보험(Loss of Charter Hire Insurance)

영국, 미국 또는 노르웨이의 선체 및 기관보험에서 열거하고 있는 위험 또는 전기 기계와 기관을 포함한 기계의 고장(단 마모나 피보험자의 상당한 주의를 기울지 않음으로써 발생한 경우는 제외)으로 선박이 불가동상태가 됨으로써 운항자가 입는 손실을 보상하는 보험이다.

계약을 체결할 때 1일 불가동손실금을 약정(약정하는 경우도 있고 사고시 산정하는 경우도 있다)하고 있으므로 증권 공제일수(공제금에 해당함)를 초과하는 불가동기간이 있다면 그 일수에 1일 협정불가동손실금을 곱하 여 보험금(정액보상임)을 산정한다, 이 보험에서는 전손이 발생한 경우에는 지급보험금이 발생하지 않으며 선박이 수리가 되어져야 보험보상이 되어 지므로 미수리 손상으로 인한 불가동손실 보험금의 지급도 발생하지 않는다.

또 최고 보상 일수도 약 정하고 있다. 불가동손실에 대한 구상금이 있다면 이는 보험자와 선주가 비례로 분배한다.

우리나라에서 사용하고 있는 약관은 Loss of charter hire insurance excluding war와 Loss of charter hire insurance including war(ABS-1/10/83) 및 Loss of earning and/or charter hire special clause가 있다.

(6) 전쟁보험(War Risk Insurance)

해상위험을 담보위험으로 하는 보험조건에서는 전쟁위험을 보상하지 않는다. 따라서 전쟁위험으로 인한 선체손해를 보상받기 위한 보험이다.

4. 해난구조 및 구조계약서(LOF 2020)

해난사고가 발생한 경우 구조계약의 체결과 구조비지급 및 보험보상 등의 처리가 불가피하다. 구조행위(salvage act)는 항해의 이해당사자가 아닌 제3자에 의해 행해지는 순수구조(pure salvage)와 선주와의 계약을 통해서 행해지는 계약구조(salvage under contract)로 나누어지며 영국법상에서 구조라고 하면 임의구조(voluntary salvage) 또는 고유구조(salvage proper)라고 일컬어지는 순수구조를 의미한다.

오늘날 해상에서는 인공위성 등 통신의 발달로 구조는 1890년 최초로 제정되고 가장 최근을 기준으로 2020년에 개정된 로이즈 표준 구조계약서(Lloyd's Standard Form of Salvage Agreement)에 의한 계약구조가 일반적이다.

구조비는 구조된 재산을 기준으로 보수액을 산정하고 당사자 합의가 이루어지지 않는 경우 해사법원(Admiralty Court)에서 정한 금액이 구조비가 되며, 구조가 성공한 경우에만 인정되는 "불성공무보수"(no cure no pay)가 원칙이며 LOF 계약서에도 이를 반영하고 있다.

1) LOF 80-Safety Net

그러나 기름유출 등을 동반하는 대형 유조선 사고를 통하여 환경오염의 문제가 제기되면서 1980년에 개정된 "LOF 80"에는 "no cure no pay"의 원칙을 수정한 "Safety Net" 조항이 도입되어 피구조 선박이 유조선인 경우 구조가 성공하지 못하더라도 구조자의 과실이 없을 경우 합리적으로 지출된 비용과 약간의 이익을 보장하는 내용을 담고 있었다.

2) Salvage Convention 1989

그러나 벌크선 등 다른 종류의 선박이 사고가 발생하는 경우 구조업체들이 작업에 소극적으로 대응하게 되어 사고가 악화될 위험성이 증가하게 되었고 이렇게 증가된 위험은 결국 선주 또는 화주뿐만 아니라 보험회사의 손해율만 악화시키는 결과를 초래하게 되었다. 이에 대한 대책으로 "Salvage Convention 1989"에서는 "Safety Net"개념을 확대 적용하여 일반적인 구조활동의 경우 보수를 산정하되 구조자가 환경손해를 방지 또는 경감하는데 성공한 경우에는 발생비용의 최대 100%까지 증액된 특별보상(special compensation)을 받을 수 있다고 개정하였으며 P&I Club이 특별보상의 지불을 부담하게 된다.

3) SCOPIC(Special Compensation P&I Club Clause)

그러나 특별보상의 적용 및 지불범위에 대한 구조업자와 선주 및 보험자간의 분쟁이 일어나자 그 대안으로 "SCOPIC"이 탄생되어, 구조업체가 자체적 판단으로 "SCOPIC"을 발동시킬 수 있게 하였으며, 이 경우 해당 선박의 P&I Club은 2영업일 이내에 특별보상 지불을 보장하기 위한 USD300만 상당의 보증장을 제공하여야 하고, 작업경과에 따라 증액 및 보증장이 제공되지 않을 경우 구조업체는 발동을 취소할 수 있도록 하였다.

LOF 2020

LLOYD'S STANDARD FORM OF SALVAGE AGREEMENT

(Approved and Published by the Council of Lloyd's)

NO CURE - NO PAY

1. Name of the salvage Contractors: (referred to in this agreement as "the Contractors")	2. Property to be salved: The vessel: her cargo freight bunkers stores and any other property thereon but excluding the personal effects or baggage of passengers master or crew (referred to in this agreement as "the property")
3. Agreed place of safety:	4. Agreed currency of any arbitral award and security (if other than United States dollars)
5. Date of this agreement	6. Place of agreement
7. Is the Scopic Clause incorporated into this agreement? State alternative: Yes/No	
8. Person signing for and on behalf of the Contractors Signature:	9. Captain or other person signing for and on behalf of the property Signature:

A **Contractors' basic obligation:** The Contractors identified in Box 1 hereby agree to use their best endeavours to salve the property specified in Box 2 and to take the property to the place stated in Box 3 or to such other place as may hereafter be agreed. If no place is inserted in Box 3 and in the absence of any subsequent agreement as to the place where the property is to be taken the Contractors shall take the property to a place of safety.

B **Environmental protection:** While performing the salvage services the Contractors shall also use their best endeavours to prevent or minimise damage to the environment.

C **Scopic Clause:** Unless the word "No" in Box 7 has been deleted this agreement shall be deemed to have been made on the basis that the Scopic Clause is not incorporated and forms no part of this agreement. If the word "No" is deleted in Box 7 this shall not of itself be construed as a notice invoking the Scopic Clause within the meaning of sub-clause 2 thereof.

D **Effect of other remedies:** Subject to the provisions of the International Convention on Salvage 1989 as incorporated into English law ("the Convention") relating to special compensation and to the Scopic Clause if incorporated the Contractors services shall be rendered and accepted as salvage services upon the principle of "no cure - no pay" and any salvage remuneration to which the Contractors become entitled shall not be diminished by reason of the exception to the principle of "no cure - no pay" in the form of special compensation or remuneration payable to the Contractors under a Scopic Clause.

E **Prior services:** Any salvage services rendered by the Contractors to the property before and up to the date of this agreement shall be deemed to be covered by thisagreement.

F **Duties of property owners:** Each of the owners of the property shall cooperate fully with the Contractors. In particular:

(i) the Contractors may make reasonable use of the vessel's machinery gear and equipment free of expense provided that the Contractors shall not unnecessarily damage abandon or sacrifice any property on board;

(ii) the Contractors shall be entitled to all such information as they may reasonably require relating to the vessel or the remainder of the property provided such information is relevant to the performance of the services and is capable of being provided without undue difficulty or delay;

(iii) the owners of the property shall co-operate fully with the Contractors in obtaining entry to the place of safety stated in Box 3 or agreed or determined in accordance with Clause A.

G **Rights of termination:** When there is no longer any reasonable prospect of a useful result leading to a salvage reward in accordance with Convention Articles 12 and/or 13 either the owners of the vessel or the Contractors shall be entitled to terminate the services hereunder by giving reasonable prior written notice to the other.

H **Deemed performance:** The Contractors' services shall be deemed to have been performed when the property is in a safe condition in the place of safety stated in Box 3 or agreed or determined in accordance with clause A. For the purpose of this provision the property shall be regarded as being in safe condition even though that property (or part thereof) is damaged or in need of maintenance provided that (i) the Contractors are not obliged to remain in attendance to satisfy the requirements of any port or harbour authority, governmental agency or similar authority and (ii) the continuation of skilled salvage services from the Contractors or other salvors is no longer necessary to avoid the property becoming lost or significantly further damaged or delayed.

I **Arbitration and the LSA Clauses:** The Contractors' remuneration and/or special compensation shall be determined by arbitration in London in the manner prescribed by Lloyd's Salvage Arbitration Clauses ("the LSAC") in force at the date of this agreement. The provisions of the said LSAC are deemed to be incorporated in this agreement and form an integral part hereof. Any other difference arising out of this agreement or the operations hereunder shall be referred to arbitration in the same way.

J **Governing law:** This agreement and any arbitration hereunder shall be governed by English law.

K **Scope of authority:** The Master or other person signing this agreement on behalf of the property identified in Box 2 enters into this agreement as agent for the respective owners thereof and binds each (but not the one for the other or himself personally) to the due performance thereof.

L **Inducements prohibited:** No person signing this agreement or any party on whose behalf it is signed shall at any time or in any manner whatsoever offer provide make give or promise to provide or demand or take any form of inducement for entering into thisagreement.

IMPORTANT NOTICES

1 **Salvage security.** As soon as possible the owners of the vessel should notify the owners of other property on board that this agreement has been made. If the Contractors are successful the owners of such property should note that it will become necessary to provide the Contractors with salvage security promptly in accordance with Clause 4 of the LSAC referred to in Clause I. The provision of General Average security does not relieve the salved interests of their separate obligation to provide salvage security to the Contractors.

2 **Incorporated provisions.** Copies of the applicable Scopic Clause and LSAC in force at the date of this agreement may be obtained from (i) the Contractors or (ii) the Salvage Arbitration Branch at Lloyd's, One Lime Street, London EC3M 7HA.

3 **Awards.** The Council of Lloyd's is entitled to make available the Award, Appeal Award and Reasons on www.lloydsagency.com (the website) subject to the conditions set out in Clause 13 of the LSAC.

4 **Notification to Lloyd's.** The Contractors shall within 14 days of their engagement to render services under this Agreement notify the Council of Lloyd's of their engagement and forward the signed agreement or a true copy thereof to the Council as soon as possible. A copy of any other agreement that amends or varies the provisions or terms of this Agreement must also be provided to the Council as soon as possible. The Council will not charge for such notification.

Tel.No. + 44(0)20 7327 5408/5407
Fax No. +44(0)20 7327 6827
E-mail: lloyds-salvage@lloyds.com
www.lloyds.com/agency

15.1.08 3.12.24 13.10.26 12.4.50 10.6.53 20.12.67 23.2.72
21.5.80 5.9.90 1.1.95 1.9.2000 6.5.2011 1.1.2020

▌그림 7-2▌ LOF 2020

▌참고문헌▐

[국문 단행본 및 논문]
강대섭, “정박기간과 정박료지급에 관한 고찰”, 경남법학 제11집, 1996.
구종순, 「해상보험」, 서울 : 박영사, 2012.
기회원·노창균, 「해운실무」, 부산, 해인출판사, 2006.
기회원·김명재·노창균, 「최신해운경영론」, 서울 : 도서출판 두남, 2010.
김동훈, “정기용선계약에 대한 법적검토”, 한국해법학회지, 제24권제2호, 2002.
김명재, “항해용선계약에서 악천후에 의한 정박기간중지 판단기준 일고찰”, 목포해양대학교 교내논문집, 2012.
_____, “항해용선계약서상 용선자의 권리와 의무에 관한 연구, 한국항해항마경제학회지 제28호 제1호.
_____, 「e-Navigation 해운경영실무」, 젊은 느티나무, 2017.
김종석, “이로에 관한 소고-영국보통법을 중심으로-”, 「해양비즈니스」 제14호, 2009.12.
김진권, “영국법상의 프러스트레이션 법리에 관한 고찰”, 한국해사법학회, 해사법연구 제12권 제2호, 2000.12.
김인현, “선박운항과 관련한 책임주체확정에 대한 연구”, 고려대학교 대학원 박사학위논문, 1998.12.
_____, 「해상법」제2판, 서울 : 법문사, 2007.
김정수, 「해상보험론」, 서울 : 박영사, 1995.
김준호, 「민법강의」, 서울 : 법문사, 1998.
김학동, “영미법상의 Frustration 법리(I)”, 판례월보, 제154호, 1983.7.
김형수, “정박기간과 체선료의 산정기준에 관한 연구”, 한국해양대 석사학위논문, 2002.
김종현, “무인선 기술개발 동향 및 산업현황”, KEIT PD Issue Report, March 2015, Vol. 5-3.
류동근, 「해상운송의 이해」, 부산 : 다솜출판사, 2010.
박길상·양정호, “항해용선계약에서 정박기간의 개시요건”, 한국해법학회지, 제28권 제1호, 2006.4.
박상조·주기종·윤종진, 「국제상사중재법론」, 서울 : 한올출판사, 1997.
박석민, 「국제운송론」, 서울 : 삼영사, 2006.
박용섭, 「정기용선계약법」, 부산 : 효성출판사, 1999.
_____, 「해상법론」, 서울 : 형설출판사, 1998.
배병태, 「용선계약과 해상물건운송계약」, 서울 : 해사문제연구소, 1999.

서헌제, 「상법강의(하)」, 서울 : 법문사, 2002.
손주찬, 「상법(하)」 제11보정판, 서울 : 박영사, 2005.
손태현, 「한국해운사」, 부산 : 아성출판사, 1982.
송상현·김　현, 「해상법 원론」, 서울 : 박영사, 2005.
鴻常夫, 「영미상사법사전」, 서울 : 대광서림, 1997.
심재두, 「해상운송법」, 서울 : 길안사, 1997.
양승규·박길준, 「상법요론」, 서울 : 삼영사, 1999.
양승규, "정기용선계약의 법적성질", 「상법의 논점」, 서울: 삼지원, 2000.
염정호, 「정기용선계약법」, 서울 : 법문사, 2010.
오학균, 김진권, 유동근, 김명재,「용선론」, 서울 : 두남출판사, 2016.
오학균 외, 「용선중개론」, 부산 : 한중해사법연구센터, 2012.
이광희·이원정, 「용선계약실무」, 서울 : 박영사, 2012.
이기환·오학균·신주선·황두건, 「선박금융원론」, 서울 : 도서출판 두남, 2012.
이시환, "항해용선계약과 중재", 「중재」 제292호, 1999.
이창희, "용선자의 안전항 지정의무에 대한 소고", 한국해법학회지, 제27권 제1호, 2005.4.
_____, "정기용선계약법의 개정방안에 관한 연구", 전남대학교 법학박사 학위논문, 2003.
정동윤, 「상법(하)」, 서울 : 법문사, 2008.
정병윤, "해상법상의 판례의 형성과 변천", 「법학연구」 제47권, 부산대학교 법학연구소, 1998.12.
정찬형, 「상법강의(하)」, 서울 : 박영사, 2009.
채이식, 「상법강의(하)」, 서울 : 박영사, 2003.
_____, 「상법Ⅳ-보험법·해상법」, 서울 : 박영사, 2001.
최기원, 「상법학신론」, 서울 : 박영사, 1997.
최도수 외, 「용선클레임실무」, 부산 : 한중해사법연구센터, 2012.
최종현, 「해상법상론」, 서울 : 박영사: 2009.
최준선·이범찬, 「상법개론」, 서울 : 삼영사, 1999.
한낙현, "해상보험계약에 있어서 화물갑판적재의 효과에 관한 고찰", 「해상·보험연구」 제4호, 2004.
해사기술연구소, 「세계 금융시장의 환경변화가 우리나라 선박금융에 미치는 영향분석」, 1992.
한국무역협회 무역교육자료, www.kita.net
한국해운조합, 해상보험교육자료, www.haewwon.or.kr
blog.naver.com '크리스토폴의 바다'

[일본 단행본]
古川哲次郎, 「海運實務の基礎理論」, 東京 : 海文堂, 1975.

谷川 久, "定期傭船契約の法的構成", 「法學協會雜誌」第72卷第3號, 東京大學法學協會, 1955.
吉本英雄, 「傭船契約解釋の基礎理論」, 東京 : 日本海運集會所, 1986.
大木一男, 「用船契約の實務的解說」, 東京 : 成山堂書店, 1993.
山戸嘉市,「碇泊期間と滯船料」, 東京 : 啓文社, 1985.
新井正男, "後發的履行不能", ジュリスト臨時增刊 : 英米判例百選, 1964.
阿保榮司, 矢澤秀雄, 「サプライチェーン・コストダウン」, 東京 : 中央經濟社, 2000.
日本海技協會, 「傭船契約と海上物品運送契約」, 東京 : 成山堂書店, 1983.

[영미 단행본]

Brewer, A. M., Button, K. J. and Hensher, D. A., Handbook of Logistics and Supply-Chain Management, New York : Pergamon, 2001.
Colinvaux, R., Carver's Carriage By Sea, 13th ed., London : Sweet & Maxwell, 1982.
Cooke, J., Timothy Young, Andrew Taylor, John D. Kimball, David Martowski, LeRoy Lambert, Voyage Charters, 3rd ed., London : Lloyd's of London Press Ltd, 2007.
Dockray, M., Cases and Materials on the Carriage of Goods by Sea, 3rd ed. Cavendish, 2004.
Frazelle, E. H., Supply Chain Strategy, New York : McGraw-Hill Companies, Inc., 2002.
Gorton L. and Ihre, R. A Practical Guide to Contracts of Affreightment and Hybrid Contracts, London : LLP, 1985.
Gorton, L., Ihre, R. and Sandevarn, A., Shipbroking and Chartering Practice, London : LLP, 1999.
Grime, R., Shipping Law, London : Sweet & Maxwell, 1978.
Guest, A. G., Anson's Law of Contract, 25th ed., Oxford : Clarendon Press, 1979.
Ivamy, E. R. H., Payne and Ivamy's Carriage of Goods by Sea, 12th ed., London : Butterworths, 1985.
Mocatta, A. A., Michael J. M.. and Steward C. B., Scrutton on Charterparties and Bill of Lading, 20th ed., London : Sweet & Maxwell, 1996.
Packard, W. V., Laytime Calculating, London : Fairplay Publications, 1979.
Pardalos, P. M., Migdalas, A., Baourakis, G., Supply chain and Finance, World Scientific, 2004.
Schofield, J., Laytime and Demurrage, 3rd ed., London : LLP, 1996.
Treitel, G. H., Frustration and Force Majeure, London : Sweet & Maxwell, 1994.
Wilford, M., Coghlin, T., Kimball, J. D., Time Charters, 5th ed., London : LLP, 2003.

찾아보기

ㅇ

ㅈ

ㅊ

ㅋ

ㅌ

ㅍ

ㅎ

기타

저자 약력

■ 김 명 재(金 明 在)

- 국립목포해양대학교 해상운송학부 교수
- 한국해양대학교 경영학 박사(해운경영학)
- 중국인민대학교 정경대학원 정치·경제학 고급연구과정 수료
- 한국외국어대학교 경영학 석사(국제해운물류학)
- 목포해양대학교 해양학사(항해학), 한국방송대학교 경제학사(경제학)
- mjkim@mmu.ac.kr, mjkim8060@hanmail.net

〈연구분야〉

해운정책·경영·관광·국제물류·글로벌 해양·해사동향에 관한 연구
(해운력강화, 연안여객선 활성화, 환경·안전관리, 국제공급망분석)

〈저서·논문〉

최신해운경영론, 용선론, 해운경제론, 해운정책론, 수색구조론,
용선이 경영규모에 미치는 영향 외 다수

〈주요경력〉

- 해양수산부 정책자문위원(해양수산총괄), 국제해사기구(IMO)해운경제 컨설턴트
- 한국항만경제학회 부회장, 국제 e-Navigation 경제학회 이사
- 한국해양구조협회 비상임 감사, 거제시 백년거제디자인 자문위원
- 서울중앙지방법원 민사조정 자문·심의위원, 법원행정처 전문심리위원
- 해기사국가고시 출제위원, 국립필리핀해양대학(PMMA) 평생객원교수
- (재)풍양연구장학재단 이사장, 수필문학 등단작가, 전남서예협회 초대작가 외

- 前)국립목포해양대학교 대학원장, 해양산업대학원장, 평생교육원장
- 前)교육부 대학특성화(CK) 사업단장, 광주·전남지역 국공립 대학원장 협의회장
- 前)해양수산부 런던 국제해사기구(IMO) 제5차 항해통신수색구조회의 한국대표
- 前)KOICA 한·필리핀 해상교통시설 공적개발원조(ODA)사업 마닐라 대표
- 前)세월호 침몰사고 KBS·MBC외 방송해설위원 및 구조구난 TF팀 자문위원
- 前)해양수산부 제2차 항로표지계획 타당성 조사연구용역 책임연구원
- 前)영광군 여객선 완전공영제 자문위원 및 현장분석 분과위원장
- 前)여수광양항만공사 항만배후부지 입주자선정 평가위원장
- 前)세계 인명사전 마르퀴즈 후즈 후 등재 및 알버트 넬슨 평생공로상 수상
- 前)민주평화통일자문위원, 한국해양대학교 겸임교수 및 입학사정관
- 前)동지상선(주) 항해사, 다스카손해사정(주) 해상보험 검정원
- 前)두양상선(주) 영업1&2부 과장(용선·운항), 풍양해운(주) 대표이사 외

해운실무론

초 판 1쇄 인쇄 —— 2023년 9월 5일
초 판 1쇄 발행 —— 2023년 9월 10일
지은이 —— 김 명 재
펴낸이 —— 전 두 표
펴낸곳 —— 도서출판 두남
서울시 강동구 성내로 6길 34-16 두남빌딩
신 고 : 제25100-1988-9호
TEL : 02) 478-2065~7, 2311
FAX : 02) 478-2068
E-mail : dnbooks@dunam.co.kr
http://www.dunam.co.kr

정가 37,000원

ISBN 978-89-6414-976-8 93320